Theologischer Kommentar
zum Neuen Testament

Herausgegeben von
Ekkehard W. Stegemann
Peter Fiedler
Luise Schottroff
Klaus Wengst

Band 4,1

Klaus Wengst

Das Johannesevangelium

1. Teilband: Kapitel 1–10

Zweite, durchgesehene und ergänzte Auflage

Verlag W. Kohlhammer

Umschlagbild entnommen aus
„Nestle-Aland – Novum Testamentum Graece", S. 247
27. revidierte Auflage
© 1898, 1993 Deutsche Bibelgesellschaft Stuttgart

Zweite, durchgesehene und ergänzte Auflage 2004

© 2000 W. Kohlhammer GmbH Stuttgart
Umschlag: Gestaltungskonzept Peter Horlacher
Gesamtherstellung:
W. Kohlhammer Druckerei GmbH + Co. Stuttgart
Printed in Germany

ISBN 3-17-018198-X

Den Freundinnen und Freunden
in der
Arbeitsgemeinschaft Juden und Christen
beim Deutschen Evangelischen Kirchentag

Vorwort

Als ich meine Monographie über das Johannesevangelium für die dritte Auflage überarbeitet und erweitert hatte, meinte ich, dieses Feld erst einmal verlassen zu können. Noch vor dem Erscheinen dieser Überarbeitung kam die Initiative von Prof. Dr. Peter von der Osten-Sacken für eine Kommentarreihe, „die sich das Ziel einer Erneuerung des christlich-jüdischen Verhältnisses in Gestalt der Art und Weise der historisch-theologischen Auslegung des Neuen Testaments und damit einer unpolemischen, verstehenden und theologisch vertieften Wahrnahme des jüdischen Volkes zu eigen macht". Dieser Herausforderung wollte ich mich für das Johannesevangelium stellen; und so hat es mich über die Jahre hin weiter beschäftigt und begleitet.

Der erste Anstoß zu dieser Kommentarreihe liegt nun schon gut zehn Jahre zurück. Es bedurfte mancher Zusammenkunft unter den für das Projekt Gewonnenen, um es weiter zu entwickeln. Über lange Zeit hin war dabei Herr Kollege von der Osten-Sacken der *spiritus rector*. Dafür gebührt ihm großer Dank. Dass er sich nun, da die Reihe zu erscheinen beginnt, aus der Herausgeberschaft zurückgezogen hat, ist schade.

Vor allem durch Frau Kollegin Prof. Dr. Luise Schottroff ist als zweiter Schwerpunkt hinzugekommen, für die durch die feministisch-theologische Forschung ins Blickfeld gerückten Aspekte sensibel zu sein. Ich habe das, so gut ich konnte, zu beachten versucht, wenn auch für mich das Gewicht auf dem ersten Schwerpunkt liegt. In ihm vor allem sehe ich die Berechtigung dafür, dass es überhaupt zu einer neuen Kommentarreihe kommt. In dieser Setzung des Schwerpunkts ist es auch begründet, dass es nicht mein Ziel war, das Gespräch mit der Fachliteratur erschöpfend zu führen. Es trifft sicherlich zu, dass ich Vieles nicht wahrgenommen habe, von dem ich gewiss hätte lernen können. Ich habe stattdessen mir viel Zeit genommen, auf die zu hören, denen in unserer Tradition wenig Gehör entgegengebracht worden ist: auf die jüdischen Zeugen. Ich nehme diese Einseitigkeit bewusst in Kauf und hoffe, dass sie durch das Ergebnis gerechtfertigt ist.

Wahrscheinlich wird man rügen, dass in diesem Kommentar die „Einleitungsfragen" zu kurz kommen. Wen sie interessieren, möge sie in einer „Einleitung in das Neue Testament" nachlesen. Ich biete in der Einleitung des Kommentars nur das, was für meine Kommentierung wichtig ist.

Dass der erste Band dieser Reihe nur ein halbes Evangelium umfasst, widerspricht in einem Punkt ihrer Konzeption. Um es zu ermöglichen, dass auch die größeren neutestamentlichen Schriften in einem Band kommentiert werden können, sollen nicht alle Teile in gleicher Intensität behandelt werden. Das ist mir nicht gelungen – und ich wollte es auch nicht mehr, als ich mit der Niederschrift begonnen hatte. Was der Evangelist geschrieben hat, hat er offenbar des Lesens, Hörens und Bedenkens für nützlich und notwendig gehalten; und das ganze Evangelium ist schon lange ein kanonischer Text.

Die Fertigstellung dieses ersten Bandes hat länger gedauert, als ursprünglich gedacht. Es gab immer wieder Unterbrechungen. Den größten Teil habe ich während eines vierjährigen Dekanats abgefasst. Ich hoffe, den zweiten Band in wesentlich kürzerer Zeit schreiben zu können. Eine Ankündigung über sein Erscheinen mache ich aber nicht, nachdem ich mich einmal in dieser Hinsicht gründlich vertan habe.

Mein Dank gilt zuerst meiner Sekretärin, Frau Ilse Bornemann, die das Manuskript erstellt hat. Da es während eines langen Zeitraums entstanden und dieser Band nun der erste einer neuen Reihe ist, deren formale Richtlinien erst relativ spät feststanden, erwies sich eine mehrfache Überarbeitung als notwendig, nicht zuletzt die Angleichung an die neue Rechtschreibung. Bei der Formatierungsarbeit am Computer stand Frau Bornemann tatkräftig zur Seite Frau stud. theol. Kathrin Mudrack. Frau stud. theol. Claudia Günther und Herr stud. theol. Jens Maschmeier haben die Stellenangaben und Zitate überprüft und mir darüber hinaus auch inhaltlich hilfreiche Hinweise und Anregungen gegeben.

Zu Beginn der Arbeit an der Kommentierung hat die Deutsche Forschungsgemeinschaft einen Probelauf an Kap. 7 gefördert. Meine jetzige Assistentin, Frau Dr. Elke Tönges, hat 1991/92 als studentische Hilfskraft über Konkordanzen und andere Hilfsmittel in mühseliger Kleinarbeit rabbinische Texte gesammelt, die einen möglichen Gesprächshintergrund erhellen können. Diese Arbeit ist inzwischen sehr viel einfacher geworden durch die „Tora-Bibliothek" auf CD-ROM. Ich kann mir meinen Arbeitsalltag ohne sie gar nicht mehr vorstellen.

Einen herzlichen Dank sage ich auch meinem unmittelbaren Fachkollegen in Bochum, Herrn Prof. Dr. Horst Balz. Er hat mir bei der Semesterplanung immer wieder das Johannesevangelium überlassen, obwohl er selbst dazu eine ausgearbeitete Vorlesung hat, die es verdient hätte, öfter zu Gehör gebracht zu werden, als es nun durch seine Großzügigkeit mir gegenüber geschehen ist. Herrn Kollegen Prof. Dr. Ekkehard Stegemann danke ich für viel Ermutigung und korrigierende Hinweise; und ich danke Herrn Jürgen Schneider vom Verlag, der sich, als der Autorenkreis mit dem Vorschlag einer neuen Reihe an ihn herangetreten war, des Projektes angenommen und es zielstrebig und kundig gefördert hat.

Ich widme diesen Band den Freundinnen und Freunden, mit denen ich in der Arbeitsgemeinschaft Juden und Christen beim Deutschen Evangelischen Kirchentag zusammenarbeite. In der Krisensituation des zweiten Golfkriegs ist mir in ihr Verantwortung zugefallen. Ich habe in den Jahren seither viele mich beglückende Erfahrungen des gemeinsamen Nachdenkens, Arbeitens und Lebens von Juden und Christen machen können, aber – mehr als mir lieb war – auch spüren müssen, wie empfindlich und gefährdet das Pflänzchen eines erneuerten Verhältnisses von Christen zu Juden in Deutschland ist. Zu seinem weiteren Gedeihen möchte dieser Kommentar beitragen.

Bochum, im Mai 2000   Klaus Wengst

Vorwort zur 2. Auflage

Für diese Auflage habe ich den Text durchgesehen, Versehen und Druckfehler korrigiert und geringfügig Veränderungen vorgenommen sowie einige Ergänzungen angebracht. Hinzugekommen sind vor allem Zitate von Origenes und Augustin sowie Luther und Marquardt. Darüber hinaus habe ich die Anmerkungen um ein paar Titel neuerer Fachliteratur und Zitate aus ihnen vermehrt und gelegentlich die Auseinandersetzung damit geführt. Als studentische Hilfskräfte haben Angelika Angerer und Susanne Streckmann Zuarbeit geleistet, Letztere und Elfi Runkel das Register erstellt. Dafür danke ich ihnen herzlich. Den Mangel, den dieser Kommentar hat – er informiert nicht über den „Stand der Forschung" und über Positionen zu verhandelten Problemen, sein Anmerkungsapparat enthält keine hinreichend imponierende Anzahl neuerer und neuester Sekundärliteratur –, behebe ich mit den jetzt vorgenommenen Ergänzungen selbstverständlich nicht. Es ist mir allerdings zweifelhaft, ob es so etwas wie einen „Stand der Forschung" gibt. Es gibt unterschiedliche Diskurse. Niemand kann sich an allen beteiligen; an einigen will ich mich nicht beteiligen. Was ich in diesem Kommentar bieten möchte, ist in der Einleitung gesagt.

Dass ich zum Verstehen des Johannesevangeliums ziemlich einseitig jüdisch-rabbinische Quellen herangezogen habe, wurde als grobe Verletzung der für einen historisch-kritischen Kommentar geltenden Informationspflicht bezeichnet. Das mag auf sich beruhen. Aber dass ich damit nicht den Text des Evangeliums zu Wort kommen ließe, sondern ihn tendenziös verzerrte, kann ich nicht stehen lassen. Dass das Neue Testament wurzelhaft jüdisch ist, lässt sich im Ernst nicht bestreiten. Die meisten neutestamentlichen Autoren waren Juden und hatten ein jüdisches Selbstverständnis. Hat man sich die Frage, seit wann es Christentum gibt, einmal gestellt, merkt man, dass sie gar nicht so leicht zu beantworten ist. Die neutestamentlichen Texte als „christliche" im Gegenüber zu jüdischen Texten zu reklamieren, ist aller Wahrscheinlichkeit nach ein Anachronismus. Wenn ich nun – was zweifellos hypothetisch bleibt, aber irgendeine Hypothese muss ich ja setzen – in diesem Kommentar die Entstehung des Johannesevangeliums in einem innerjüdischen Konflikt voraussetze, in dem sich der Autor im Gegenüber zur Mehrheit seiner Landsleute vorfindet, die vom Lehrhaus in Javne geprägt wird, wie sollten dann *nicht* gerade die Texte herangezogen werden, die in diesem Lehrhaus und in der von dort weitergehenden Tradition gebildet wurden?

Mir haben sich beim Versuch, das Johannesevangelium Satz für Satz zu verstehen, diese Texte als hilfreich erwiesen. Dabei kommt der Text des Evangeliums nicht nur in der jeweils den einzelnen Abschnitten vorangestellten Übersetzung zu Wort, sondern noch einmal fast vollständig im Vollzug der Auslegung. Wo ich die Aussagen des Evangelisten nicht nachsprechen kann, sage ich das in aller Offenheit und begründe es. Dabei will ich nicht „‚moralisch' im Recht" oder „politically correct" sein;

es geht vielmehr um die Wahrnahme mir geschichtlich zugewachsener Verantwortung auch in der Ausübung des exegetischen Geschäfts. Ich möchte als christlicher Ausleger keine theologischen Aussagen mehr machen, die jüdische Identität in Frage stellen und jüdische Integrität verletzen. Im Übrigen habe ich es theologisch als Gewinn erfahren, dass ich die Aussagen der jüdischen Tradition nicht mehr abgrenzend wahrnehmen muss, sondern als Zeugnisse über denselben Gott verstehen kann, zu dem ich mich durch Jesus Christus als Glied der Kirche und Mensch aus den Völkern in Beziehung gesetzt finde.

Dass ich bei meinem Umgang mit den rabbinischen Texten nicht „auf der Höhe des kritischen Diskurses" bin, akzeptiere ich. Da ich mit bestimmten Methoden historischer Kritik den neutestamentlichen Texten nicht mehr zusetze, tue ich das auch nicht mit den rabbinischen.

Gegenüber dem Vorwurf, dass ich Adolf Schlatter „gerne süffisant, gelegentlich auch diffamierend in die antijudaistische Ecke" stellte, betone ich ausdrücklich, dass ich großen Respekt vor Schlatter habe und besonders seine Bereitstellung jüdischer Texte zum Matthäus- und Johannesevangelium schätze. Umso mehr hat es mich entsetzt, dass jemand, der die jüdischen Texte so gut kennt, immer wieder so massiv judenfeindliche Äußerungen macht. Das ist anders bei Paul Billerbeck, dessen gewaltige Arbeitsleistung ich bewundere. Er partizipiert an der traditionellen und seiner Zeit noch selbstverständlichen Annahme christlicher Überlegenheit, die dann auch die neutestamentlichen Texte gegenüber den jüdischen erweisen müssen. Von daher ist manche kommentierende Einleitung und mancher Zuschnitt der dann gebrachten jüdischen Texte bei ihm bestimmt, sodass sein großes Werk m.E. nur so benutzt werden darf, dass bei ihm gefundene Texte in ihren eigenen Kontexten aufgesucht und bedacht werden. Dagegen hat Schlatter sich in die genannte „Ecke" selbst gestellt, nicht nur in seiner unseligen Schrift von 1935 über die Frage, ob „der Jude über uns siegen" wird, sondern auch in seinen exegetischen Arbeiten. Es bedarf schon eines gehörigen Maßes an Ignoranz, das nicht wahrhaben zu wollen. Allerdings habe ich keinen Anlass, gegenüber Schlatter selbstgefällig oder dünkelhaft zu sein. Wenn meine Formulierungen so erscheinen, tut mir das leid; beabsichtigt ist es nicht.

Ein Letztes: Ich betone noch einmal, dass mein Zugang eine bestimmte Voraussetzung macht, die hypothetisch bleiben muss. Sie hat nur eine heuristische Funktion. Ich beanspruche selbstverständlich nicht, nun die „richtige" Auslegung des Johannesevangeliums zu bieten. Ich hoffe, dass es eine mögliche ist. Der kanonische Text hat ein Potential, das – Gott sei Dank! – in *einem* Kommentar und von *einem* Kommentator gar nicht ausgeschöpft werden kann. Dass meine Auslegung als mögliche erscheint und sich vielleicht auch als hilfreich erweist, zeigt mir das nicht geringe positive Echo, über das ich mich ebenso freue wie über die Notwendigkeit dieser zweiten Auflage.

Bochum, im Oktober 2003   Klaus Wengst

Inhalt

Band 2

VII. Die Auferweckung des Lazarus und ihre Folgen (11,1–57)

Die Abkürzungen richten sich in den folgenden Verzeichnissen und im ganzen Kommentar nach Religion in Geschichte und Gegenwart, 4. Auflage (Band 1, Tübingen 1998) und nach S. M. SCHWERTNER, Theologische Realenzyklopädie. Abkürzungsverzeichnis, Berlin u.a. ²1994. Biblische Namen werden in der Regel wiedergegeben nach: Ökumenisches Verzeichnis der biblischen Eigennamen nach den Loccumer Richtlinien, Stuttgart ²1981. Darüber hinaus wird folgende Abkürzung gebraucht:

BDR = F. BLASS / A. DEBRUNNER, Grammatik des neutestamentlichen Griechisch, bearb. v. F. REHKOPF, Göttingen, 17. Aufl. 1990.

Quellenverzeichnis

a) Bibel

Tora Nevi'im K'tuvim, Jerusalem 1989.

Biblia Hebraica Stuttgartensia, hg.v. K. ELLIGER u. W. RUDOLF, Stuttgart ³1987.

Novum Testamentum Graece (Nestle-Aland), hg.v. BARBARA u. K. ALAND u.a., Stuttgart, 27. Aufl. 1993.

Septuaginta Vol. I u. II, hg.v. A. RAHLFS, 6. Aufl., Stuttgart o.J.

b) Außerrabbinisches Judentum

Weisheit Salomos (D. GEORGI), JSHRZ III 4, Gütersloh 1980.

Jesus Sirach (Ben Sira) (G. SAUER), JSHRZ III 5, Gütersloh 1981.

Die syrische Baruch-Apokalypse (A. F. J. KLIJN), JSHRZ V 2, Gütersloh 1976, 103–191.

Das 4. Buch Esra (J. SCHREINER), JSHRZ V 4, Gütersloh 1981.

Das äthiopische Henochbuch (S. UHLIG), JSHRZ V 6, Gütersloh 1984.

Philonis Alexandrini opera quae supersunt Vol. I–VI, ed. L. COHN et P. WENDLAND, Berlin 1896–1910 (Nachdruck 1962).

Philo von Alexandria. Die Werke in deutscher Übersetzung, Bd. I–VI, hg.v. L. COHN u.a., Berlin ²1962 (= Breslau 1910–1938); Bd. VII, Berlin 1964.

Flavius Josephus, De Bello Judaico. Der jüdische Krieg, Griechisch u. Deutsch, Bde. I–III, hg.v. O. MICHEL u. O. BAUERNFEIND, München 1959–1969.

Josephus (with an English Translation), LCL, I: The Life. Against Apion, London, Reprint 1961 (1926); IV: Jewish Antiquities I–IV, Reprint 1961 (1930; H. ST. J. THACKERAY); V: V–VIII, Reprint 1958 (1934; DERS. / R. MARCUS); VI: IX–XI,

Reprint 1958 (1937); VII: XII–XIV, Reprint 1961 (1943); VIII: XV–XVII, 1963
(R. MARCUS); IX: XVIII–XX, 1965 (L. H. FELDMAN).

The Dead Sea Scrolls. Study Edition, Vol. I–II, ed. F. G. MARTÍNEZ & E. J. C.
TIGCHELAAR, Leiden u.a. 1997 u. 1998.

c) Rabbinische Texte

sifrijá toranít m'muchaschévet. Computerized Torah Library, CD-ROM Version 2,
o.O. 1996.

Mischna: *schischah sidrej mischnah*, hg.v. CH. ALBECK, Bde. 1–6, Jerusalem u. Tel
Aviv 1952–1958 (Nachdruck 1988).

The Tosefta: *tosefta*, hg.v. S. LIEBERMAN, *seder serajim*, Jerusalem [2]1992; *seder
mo'ed*, New York 1962; *seder naschim (sota, gittin, kidduschin)*, New York 1973.

tosefta, hg.v. M. S. ZUCKERMANDEL, mit *taschlum tosefta* v. S. LIEBERMAN, Neuausgabe Jerusalem 1970.

Jerusalemer Talmud: *talmud jeruschalmi*, Bde. 1–7, Nachdruck Jerusalem o.J.
(Romm, Wilna 1922).

talmud jeruschalmi, Nachdruck Jerusalem 1969 (Krotoschin 1866).

Babylonischer Talmud: *talmud bavli*, Bde. 1–20, Nachdruck Jerusalem 1981 (Romm,
Wilna 1880–1886).

Aboth de Rabbi Nathan. *avot de-rabbi Natan*, hg.v. S. SCHECHTER, verb. Ausgabe
New York 1967 (Erstausgabe Wien 1887).

DER u. DEZ: M. VAN LOOPIK, The Ways of the Sages and the Way of the World.
The Minor Tractates of the Babylonian Talmud: Derekh 'Eretz Rabbah, Derekh
'Eretz Zuta, Pereq ha-Shalom, Tübingen 1991.

The Tractate „Mourning" (Semahot). *evel rabbati hanikra masechet s'machot*, hg.v.
D. ZLOTNICK, New Haven u. London 1966.

Mechilta d'Rabbi Ismael. *mechilta d'Rabbi Jischmael*, hg.v. H. S. HOROVITZ u. I. A.
RABIN, Jerusalem [2]1970 (Erstausgabe Frankfurt am Main 1931).

Mekhilta d'Rabbi Sim'on b. Jochai. *mechilta d'Rabbi Schim'on ben Jochaj*, hg.v. J.
N. EPSTEIN u. E. Z. MELAMED, Jerusalem 1955.

Sifra on Leviticus. *sifra d'bej Rav ve-hu sefer torat kohanim*, hg.v. L. FINKELSTEIN,
Bd. 2: Text of Sifra according to Vatican Manuscript Assemani 66; Bd. 3: Variants
from other manuscripts, early printed editions and quotations by medieval autho-
rities, New York 1983.

sifra d'bej Rav. hu sefer torat kohanim, hg.v. J. H. WEISS, Nachdruck New York
1947 (Wien 1862).

Sifre zu Num. *sifrej al sefer bamidbar ve-sifrej suta*, hg.v. H. S. HOROVITZ, Nachdruck Jerusalem 1992 (Leipzig 1917).

Siphre ad Deuteronomium. *sifrej al sefer d'varim*, hg.v. L. FINKELSTEIN u. H. S. HOROVITZ, Nachdruck New York 1969 (Berlin 1939).

Midrasch Rabba über die fünf Bücher der Tora und die fünf Megillot. *midrasch rabbah*, 2 Bde., Nachdruck Jerusalem o.J. (Romm, Wilna 1887).

Bereschit Rabba. *b'reschit rabbah*, hg.v. J. THEODOR u. CH. ALBECK, 3 Bde., korrigierte Neuausgabe Jerusalem 1965, ²1996 (Berlin 1912–1936).

Midrash Shemot Rabbah (I–XIV). *midrasch schemot rabbah (paraschot 1–14)*, hg.v. A. SHINAN, Jerusalem u. Tel Aviv 1984.

Midrash Wayyikra Rabbah. *midrasch wajikra rabbah*, 5 Teile in 2 Bänden, hg.v. M. MARGULIES, Jerusalem ³1993.

Midrasch Echa Rabbati. *midrasch echah rabbah*, hg.v. S. BUBER, Nachdruck Hildesheim 1967 (Wilna 1899).

Pesikta de Rav Kahana, 2 Bde., hg.v. B. MANDELBAUM, New York ²1987.

Pesikta Rabbati, hg.v. M. FRIEDMANN, Nachdruck Tel Aviv 1963 (Wien 1880).

Midrasch Tehilim, hg.v. S. BUBER, Nachdruck Jerusalem 1977 (Wilna 1891).

Midrasch Schmu'el, hg.v. S. BUBER, Nachdruck (zus. mit MMish) Jerusalem 1965 (Krakau 1893).

Midrasch Mischlej, hg.v. S. BUBER, Nachdruck (zus. mit MShem) Jerusalem 1965 (Wilna 1893).

Midrasch Hiob, in: Batei Midrashot. *batej midraschot*, Bd. 2, hg.v. A. J. WERTHEIMER, Jerusalem ²1989, 157–186.

Midrasch Tanchuma, 2 Bde., hg.v. S. BUBER, Nachdruck Jerusalem 1964 (Wilna 1885).

Midrasch Tanchuma, Nachdruck in Israel o.O. u. o.J. (Wilna 1833).

Pseudo-Seder Eliahu zuta (Derech Erec und Pirke R. Eliezer). *seder Elijahu rabbah ve-seder Elijahu suta (tanna d'bej Elijahu)*, hg.v. M. FRIEDMANN, Jerusalem ³1969 (Wien 1904).

Pirke de Rabbi Eliezer, translated and annotated by G: FRIEDLANDER, New York , 4. Aufl. 1981 (London 1916).

d) Nichtjüdische antike Literatur

Pausanias, Reisen in Griechenland, auf Grund der kommentierten Übersetzung von E. MEYER hg.v. F. ECKSTEIN, Bd. 1, Darmstadt 1986.

Petronius, Satyrica. Schelmengeschichten, Lateinisch-deutsch, hg.v. K. MÜLLER u. W. EHLERS, München ²1978.

Plinius Secundus d. Ä., Naturkunde, Lateinisch – Deutsch, Buch 28, hg. u. übs. v. R. KÖNIG, München 1988.

Suetonius (with an English Translation), LCL, The Lives of the Caesars I.II, London, Reprint 1964 (1913.1951), 1965 (1914) (J. C. ROLFS).

P. Cornelius Tacitus, Historiae. Historien, hg.v. J. BORST, München, [3]1977.

Neuer Wettstein. Texte zum Neuen Testament aus Griechentum und Hellenismus I/2: Texte zum Johannesevangelium, hg.v. UDO SCHNELLE, Berlin 2001.

Abgekürzt zitierte Literatur

a) Kommentare zum Johannesevangelium
Sie werden mit Verfassernamen und „Komm." zitiert.

BARRETT, CHARLES KINGSLEY: Das Evangelium nach Johannes, KEK Sonderband, Göttingen 1990.

BAUER, WALTER: Das Johannesevangelium, HNT 6, Tübingen, [3]1933.

BECKER, JÜRGEN: das Evangelium des Johannes, ÖTBK 4/1.2, Gütersloh, [3]1991.

BLANK, JOSEF: Das Evangelium nach Johannes, GSL.NT 4, Düsseldorf (1a.b: 1981; 2.3: 1977).

BRODIE, THOMAS L.: The Gospel according to John, Oxford u.a. 1993.

BROWN, RAYMOND E.: The Gospel according to John, AncB 29,1.2, London u.a. [2]1971.

BULTMANN, RUDOLF: Das Evangelium des Johannes, KEK, Göttingen, 20. Aufl. 1985 (= 10. Aufl. 1941).

CALVIN, JOHANNES: Auslegung des Johannes-Evangeliums, übs.v. M. TREBESIUS u. H. C. PETERSEN, Neukirchen-Vluyn 1964.

DIETZFELBINGER, CHRISTIAN: Das Evangelium nach Johannes. Teilband 1: Johannes 1–12; Teilband 2: Johannes 13–21, ZBK.NT 4.1/2, Zürich 2001.

HAENCHEN, ERNST: Das Johannesevangelium, hg.v. U. BUSSE, Tübingen 1980.

HEITMÜLLER, WILHELM: Das Johannes-Evangelim, SNT 4, Göttingen [3]1918, 9–184.

HOLTZMANN, H. J.: Evangelium, Briefe und Offenbarung des Johannes, HC 4, Freiburg 1894.

ORIGENES: Werke IV, hg.v. ERWIN PREUSCHEN, GCS, Berlin 1903; dt.e Übers.: ORIGENES: Das Evangelium nach Johannes, übers.v. ROLF GÖGLER, Zürich 1959.

SCHENKE, LUDGER: Johannes. Kommentar, Düsseldorf 1998.

SCHNACKENBURG, RUDOLF: Das Johannesevangelium, HThK 4, Freiburg u.a. (1: [3]1972; 2: 1971; 3: [2]1976).

SCHNEIDER, JOHANNES: Das Evangelium nach Johannes, ThHK Sonderband, Berlin 1976.

SCHNELLE, UDO: Das Evangelium nach Johannes, ThHK 4, Leipzig 1998.

SCHULZ, SIEGFRIED: Das Evangelium nach Johannes, NTD 4, Göttingen 1972.

THOLUCK, A.: Commentar zum Evangelium Johannis, Gotha, 7. Aufl. 1857.

WEISS, BERNHARD: Das Johannes-Evangelium, KEK, Göttingen, 8.Aufl. 1893.

WILCKENS, ULRICH: Das Evangelium nach Johannes, NTD 4, Göttingen 1998.
ZAHN, THEODOR: Das Evangelium des Johannes, KNT 4, Leipzig, 5. u. 6. Aufl. 1921.

b) Übrige Literatur
Sie wird mit Verfassernamen und einem Wort des Titels zitiert, das in der folgenden
Liste hervorgehoben ist.

ADNA, JOSTEIN: Jerusalemer *Tempel* und Tempelmarkt im 1. Jahrhundert n.Chr.,
ADPV 25, Wiesbaden 1999.
AUGUSTIN: Sancti Aurelii Augustini in Iohannis evangelium tractatus CXXIV, post
Maurinos textum edendem curavit D. RADBODUS WILLEMS, CCSL 36, Turnholt
1954; dt.e Übers.: Des heiligen Kirchenvaters AURELIUS AUGUSTINUS *Vorträge*
über das Evangelium des hl. Johannes, übers.v. THOMAS SPECHT, BKV 4–6, Bd. 1
u. 2, Kempten 1913, Bd. 3, 1914.
BARTH, KARL: Erklärung des *Johannes-Evangelium*s (Kapitel 1–8), hg.v. W. FÜRST,
Zürich 1976.
BORNHÄUSER, KARL: Das *Johannesevangelium*, eine Missionsschrift für Israel,
BFChTh.M 15, Gütersloh 1928.
CULPEPPER, R. ALAN: *Anatomy* of the Fourth Gospel. A Study in Literary Design,
Philadelphia 1983.
DENKER, JOCHEN: Das *Wort* wurde messianischer Mensch. Die Theologie Karl
Barths und die Theologie des Johannesprologs, Neukirchen-Vluyn 2002.
DODD, C. H.: The *Interpretation* of the Fourth Gospel, Cambridge u.a., 1953 (Reprint
1992).
DSCHULNIGG, PETER: *Jesus* begegnen. Personen und ihre Bedeutung im Johannes-
evangelium, Münster 2000.
Ders.: Der *Hirt* und die Schafe (Joh 10,1.18), SNTU 14, 1989, 5–23.
FREY, JÖRG: Die johanneische *Eschatologie* I, WUNT 96, Tübingen 1997; II, WUNT
110, 1998; III, WUNT 117, 2000.
HENGEL, MARTIN: Die johanneische *Frage*. Ein Lösungsversuch. Mit einem Beitrag
zur Apokalypse von JÖRG FREY, WUNT 67, Tübingen 1993.
HIRSCH, EMANUEL: Das vierte *Evangelium* in seiner ursprünglichen Gestalt ver-
deutscht und erklärt, Tübingen 1936.
KÄSEMANN, ERNST: Jesu letzter *Wille* nach Johannes 17, Tübingen [3]1971.
KRIENER, TOBIAS: „*Glauben* an Jesus" – ein Verstoß gegen das zweite Gebot? Die
johanneische Christologie und der jüdische Vorwurf des Götzendienstes, Neukir-
chener theologische Dissertationen und Habilitationen 29, Neukirchen-Vluyn 2001.
KUHN, PETER: Gottes *Selbsterniedrigung* in der Theologie der Rabbinen, StANT 17,
München 1968.

LATTKE, MICHAEL: *Einheit* im Wort, StANT 41, München 1975.

LENHARDT, PIERRE / OSTEN-SACKEN, PETER VON DER: Rabbi *Akiva*. Texte und Interpretationen zum rabbinischen Judentum und Neuen Testament, ANTZ 1, Berlin 1987.

LUTHER: D Martin Luthers *Evangelien-Auslegung 4*: Das Johannes-Evangelium mit Ausnahme der Passionstexte, hg.v. ERWIN MÜHLHAUPT, bearb.v. EDUARD ELLWEIN, Göttingen 1954.

Ders.: D Martin Luthers *Evangelien-Auslegung 5*. Die Passions- und Ostergeschichten aus allen vier Evangelien, hg.v. ERWIN MÜHLHAUPT, Göttingen 1950.

MARQUARDT, FRIEDRICH-WILHELM: Von Elend und Heimsuchung der Theologie. *Prolegomena* zur Dogmatik, München 1988.

Ders.: Das christliche Bekenntnis zu Jesus, dem Juden. Eine *Christologie 1*, München 1990.

Ders.: Das christliche Bekenntnis zu Jesus, dem Juden. Eine *Christologie 2*, München 1991.

Ders.: Eia, wärn wir da - eine theologische *Utopie*, Gütersloh 1997.

MEEKS, WAYNE A.: The *Prophet-King*. Moses Traditions and the Johannine Christology, NT.S 14, Leiden 1967.

METZNER, RAINER: Das Verständnis der *Sünde* im Johannesevangelium, WUNT 122, Tübingen 2000.

PANCARO, SEVERINO: The *Law* in the Fourth Gospel. The Torah and the Gospel, Moses and Jesus, Judaism and Christianity according to John, NT.S 42, Leiden 1975.

POPP, THOMAS: *Grammatik* des Geistes. Literarische Kunst und theologische Konzeption in Johannes 3 und 6, Arbeiten zur Bibel und ihrer Geschichte, Leipzig 2001.

REIM, GÜNTER: *Jochanan*. Erweiterte Studien zum alttestamentlichen Hintergrund des Johannesevangeliums, Erlangen 1995.

RIESNER, RAINER: *Bethanien* jenseits des Jordan. Topographie und Theologie im Johannes-Evangelium, Gießen 2002.

SCHLATTER, ADOLF: Der Evangelist *Johannes*. Wie er spricht, denkt und glaubt, Stuttgart ³1960 (= 1930).

SÖDING, THOMAS: „Ich und der Vater sind eins" (Joh 10,30). Die johanneische *Christologie* vor dem Anspruch des Hauptgebots (Dtn 6,4f), ZNW 91, 2002, 177–199.

Ders.: ‚Was kann aus *Nazareth* schon Gutes kommen?' (Joh 1.46). Die Bedeutung des Judeseins Jesu im Johannesevangelium, NTS 46, 2000, 21–41.

THOMAS, JOHN CHRISTOPHER: The Fourth *Gospel* and Rabbinic Judaism, ZNW 82, 1991, 159–182.

THYEN, HARTWIG: Art. *Johannesevangelium*, TRE 17, 1988, 200–225.

WELCK, CHRISTIAN: Erzählte *Zeichen*. Die Wundergeschichten des Johannesevangeliums literarisch untersucht, WUNT 2, 69, Tübingen 1994.

WENGST, KLAUS: Christologische *Formeln* und Lieder des Urchristentums, StNT 7, Gütersloh 1972.

Ders.: Bedrängte *Gemeinde* und verherrlichter Christus. Ein Versuch über das Johannesevangelium, München, 4. Aufl. 1992.

Einleitung

1. Einige Erwägungen vorab

Ich beginne, indem ich von zwei widersprüchlichen Erfahrungen erzähle, die ich mit dem Johannesevangelium gemacht habe. Wenn ich einen Abendmahlsgottesdienst halte und mich nicht ausdrücklich auf die Voten zur Entlassung der Abendmahlsgäste am Altar vorbereitet habe, kommen mir mit großer Wahrscheinlichkeit Worte aus dem Johannesevangelium in den Sinn. Dieses Evangelium ist offenbar ein Text, der in hohem Maße christliche Identität zum Ausdruck zu bringen vermag.

Als ich, spät genug, im März 1988, als Mitglied einer Gemeindegruppe zum ersten Mal in Israel war, ließ unser Pfarrer am Morgen des ersten Tages, einem Sonntag, den Bus am Stadtrand von Tel Aviv für eine Andacht halten. Für den Text hielt er sich an die fortlaufende Bibellese. Für jenen Tag war ein Ausschnitt aus Joh 8 vorgesehen. Ich konnte nicht anders, als den Text mit den Ohren unseres jüdischen Reiseleiters zu hören – und hätte mich am liebsten vor Scham unter meinem Bussitz verkrochen. Als ich ihn einige Tage später auf sein Empfinden beim Hören eines solchen Textes ansprach, sagte er: „Ach, Johannes! Immer nur ‚die Juden‘, ‚die Juden‘. Das geht bei mir in ein Ohr hinein und sofort aus dem anderen wieder heraus."

Ich stelle also fest, dass ich einerseits das Johannesevangelium in großer Selbstverständlichkeit zur christlichen Selbstvergewisserung benutze und dass ich andererseits schamrot werde, wenn es vor mithörenden jüdischen Ohren gelesen wird. Wie soll ich das beides zugleich in seiner Widersprüchlichkeit aushalten können, und was heißt das für meine weitere Lektüre dieses Evangeliums? Soll ich doch lieber alles beim Alten lassen und mir das jüdische Mithören wieder aus dem Kopf schlagen, weil es meine christliche Selbstvergewisserung stört? Soll ich es mir gar verbitten und verbieten, weil es nichts zur Sache tue? Aber das geht nicht, nachdem es mir einmal bewusst geworden ist. Es geht schon deshalb nicht, weil zumindest *ein* Jude anwesend ist, sooft Christen sich versammeln – wenn sie denn ernst nehmen, was ihnen Mt 18,20 verheißen ist. Aber ist das nur eine Frage höflicher Rücksichtnahme, oder tut es auch etwas zur Sache? Für jüdisches Mithören sensibel zu sein, ist deshalb keine Frage bloßer Höflichkeit, sondern gehört elementar zur Sache selbst, weil Jesus und die neutestamentlichen Zeugen keinen neuen und anderen Gott verkündet haben, der bis dahin unbekannt und unbezeugt gewesen wäre, sondern den in Israel bezeugten und bekannten Gott, weil der Vater Jesu Christi der Gott Israels ist, der seinem Volk Treue zugesagt hat und hält und dem dieses Volk seinerseits Treue erwiesen hat und erweist.

Wenn ich also *um Gottes willen* nicht auf jüdisches Mithören verzichten kann, wäre es dann angezeigt, dass das Johannesevangelium – oder zumindest bestimmte Teile von ihm – besser nicht gelesen würde? Aber das geht auch nicht. Es ist Teil unseres Kanons, den wir nicht beliebig verändern können, sondern dem wir uns zu stellen haben. Es ist Teil unserer Geschichte, die wir nicht verdrängen dürfen.

Müsste die Frage also lauten: Gibt es eine Möglichkeit, das Johannesevangelium zu lesen, ohne angesichts Israels schamrot zu werden? Aber so wäre die Frage nicht präzis genug, zumindest missverständlich gestellt. Es gibt ja im Blick auf die Auslegungs- und Wirkungsgeschichte realen Anlass zur Scham gegenüber Israel; und diese Scham ist nicht durch andere Auslegung schnell beiseitezuschieben, sondern wirklich anzunehmen und auszuhalten. Zu fragen wäre, ob sie dazu verhelfen kann, so zu lesen, dass bei der Lektüre des Johannesevangeliums nicht von vornherein ein Gespräch mit Jüdinnen und Juden unmöglich gemacht, sondern ermöglicht wird.

Wie können wir dieses Evangelium lesen und verstehen – wirklich *verstehen*? Es kann ja nicht darum gehen, bei bestimmten Stellen festzustellen, dass sie mir nicht „passen", und sie sich dann irgendwie zurechtzulegen. Zum Versuch des Verstehens gehört es auch, die Frage zu stellen, warum die im Johannesevangelium überlieferten Aussagen, die angesichts Israels Befremden hervorrufen, so sind, wie sie sind. Es ist also die Frage nach den Entstehungsbedingungen des Evangeliums zu stellen, nach der Intention seiner Aussagen in der ihm vorgegebenen Situation. Zum Verstehen gehört es dann aber auch, die eigene Situation zu reflektieren und ihre Unterschiedenheit von der Ursprungssituation wahrzunehmen. Eine Sinnerhebung des Textes, losgelöst von seinen Situationen – der seines Autors und denen seiner Rezipienten –, wäre eine abstrakte Exegese. Dieselben Aussagen, in veränderter Situation wiederholt, bleiben nicht dieselben Aussagen. Das nötigt zum Mitbedenken der eigenen Situation schon in der Exegese – und nicht erst in der Homiletik.

Die Rede gegen eine „Exegese aus schlechtem Gewissen" hat vordergründige Evidenz, ist aber nichtsdestotrotz ein unbedachtes Schlagwort. Können wir denn ein „gutes Gewissen" haben? Wäre das nicht allenfalls ein ignorantes? Haben wir nicht mit Recht ein „schlechtes Gewissen"? Die allein wichtige Frage wäre dann, wie wir damit – auch exegetisch – umgehen. Wenn das schlechte Gewissen dazu führt, neutestamentliche Aussagen „umzudrehen" oder *vorschnell* Sachkritik zu üben, wäre man von diesem Gewissen m.E. schlecht beraten. Ich halte es aber für unbedingt nötig, dass es sensibel macht für die Wirkung neutestamentlicher Aussagen in anderen Kontexten und dazu anleitet, deren Beachtung in die Auslegung einzubeziehen. Gegen eine Trennung in einen scheinbar objektiven wissenschaftlichen und einen „moralischen" Bereich, für den Betroffenheit zugelassen werden könnte, ginge es um die Integration des Gewissens in den Vollzug exegetischer Arbeit selbst, um eine wirklich „gewissenhafte" Exegese.

Von diesem Zugang, der Erschließung der Ursprungssituation mit ihren spezifischen Bedingungen und der Reflexion der Veränderungen, die zu unserer anderen

Situation führten und sie ausmachen, erhoffe ich mir eine im Horizont des jüdisch-christlichen Gesprächs mögliche Lektüre des Johannesevangeliums.

2. Die Entstehung des Johannesevangeliums in einer innerjüdischen Kontroverse[1]

Der meiner Einsicht nach entscheidende Ansatzpunkt für das Verständnis des Johannesevangeliums ist damit gegeben, dass es im Kontext einer scharfen Auseinandersetzung geschrieben wurde. Sie wurde geführt zwischen jüdischen Menschen, die den gekreuzigten Jesus für den Messias hielten, und der Mehrheit ihrer Landsleute, die diesen Glauben entschieden ablehnten – und dafür Gründe hatten.

Der Evangelist Johannes[2] schreibt die Geschichte Jesu neu. Er schreibt sie so, dass

---

[1] Was ich im Folgenden darstelle, ist eine knappe Zusammenfassung dessen, was ich in meiner Monographie zum Johannesevangelium ausgeführt habe. Für weitere Argumentation, Belege und Diskussion mit anderen Ansätzen verweise ich auf dieses Buch: Bedrängte Gemeinde und verherrlichter Christus. Ein Versuch über das Johannesevangelium, München [4]1992.

[2] Ich gebrauche im Folgenden der Bequemlichkeit halber den traditionellen Verfassernamen, ohne vorauszusetzen, dass dieses Evangelium tatsächlich vom Zebedaiden Johannes, dem „Presbyteros" Johannes oder sonst einem Johannes geschrieben worden ist. Diese Frage war einmal in der Forschung des 19. Jahrhunderts „die johanneische Frage" und ist so in neuester Zeit programmatisch wieder von M. HENGEL aufgenommen worden. Mit der zuerst erschienenen englischen Fassung seiner Antwort habe ich mich im Nachwort meiner in Anm. 1 genannten Monographie auseinandergesetzt (258–265). Die inzwischen erschienene – wesentlich umfangreichere – deutsche Fassung (Die johanneische Frage. Ein Lösungsversuch. Mit einem Beitrag zur Apokalypse von Jörg Frey, 1993) bekräftigt einerseits Hengels Sicht und macht sie andererseits dadurch weniger angreifbar, dass er den „Alten Johannes" als Verfasser von Evangelium und Briefen nicht mehr auch noch den Verfasser der Apokalypse sein lässt. Mein Haupteinwand gegen Hengel bleibt freilich bestehen, dass bei seiner Sicht nicht zu erklären ist, warum und wofür das Evangelium überhaupt geschrieben worden ist. Seine Antwort, es handle sich um das „christologische *Vermächtnis* des Autors" (6), erklärt nichts. Der Verweis auf den Römerbrief des Paulus als angebliche Analogie trifft nicht; denn dort gibt es klar bestimmte Adressaten, und ebenso klar sind Anlass und Ziel. Demgegenüber bleiben Hengels Angaben für das Johannesevangelium vag: „Es bildete gewissermaßen das theologische ‚Vermächtnis' des Alten für seine Schüler und Gemeinden, ja für die ganze Kirche" (204; vgl. 264.301). Dass ein Lehrer im 1. Jh., der nach Hengel „ein Mann der mündlichen Rede" war (269) und als Briefschreiber nur aufgrund einer konkreten Notsituation und zu deren Bewältigung aktiv wurde (ebd.), jahrzehntelang im Blick auf die Zeit nach seinem Tod geschrieben habe, ist nur schwer vorstellbar. Auf diese Weise lässt sich auch nicht klären, warum die Christologie so ausgeprägt wurde, wie sie im Evangelium erscheint. Mir ist nicht deutlich, was Aussagen der späteren dogmatischen Tradition – der Evangelist habe „als erster im frühen Christentum das *vere homo* et *vere deus* als Ausgangspunkt aller echten Christologie in seiner ganzen Abgründigkeit erfaßt" (257; vgl. 265; weiter die Rede von der „Gottheit und Menschheit Jesu" auf S.266 oder gar die von „Jesu wahrem ‚gottmenschlichen' Wesen" auf S.308) – zu einem historischen Verstehen beitragen. – Was Hengel bietet, ist, wie der Untertitel seines Buches sagt, „ein Lösungsversuch", eine denkbare Möglichkeit. Mehr beanspruche ich auch für meinen historischen Verortungsversuch selbstverständlich nicht. Wichtig ist, was solche Versuche für das Verstehen des Textes leisten können. Dazu scheint mir die Fixierung auf die Frage nach der Identität des Verfassers relativ wenig beizutragen. So schließe ich diese Anmerkung mit zwei skeptischen Zitaten zur „johanneischen Frage": „Diese Frage nach dem *Wert* und – ihre Voraussetzung – die Frage nach dem rechten *Verständnis* des Evangeliums bilden in Wirklichkeit *die johanneische Frage*, nicht eigentlich die, welche heute insgemein als solche behandelt wird, die heiß umstrittene Frage nach dem Verfasser, nach der ‚Echtheit' oder ‚Unechtheit' des Buches" (HEITMÜLLER, Komm. 11). „Mit der ‚johanneischen Frage' verhält es sich bei

die das Evangelium lesende und hörende Gemeinde in den Auseinandersetzungen
Jesu mit „den Juden" und „den Pharisäern" ihre eigenen Auseinandersetzungen mit
der jüdischen Mehrheitsposition in ihrer Umgebung wiedererkennen, dass sie in der
Darstellung der Schülerschaft Jesu sich selbst entdecken kann. Die Erfahrungen, die
Johannes und seine Gemeinde in ihrer Gegenwart machen, wirken sich also aus auf
seine Darstellung der Geschichte Jesu, färben sozusagen darauf ab. Und so schreibt
er die Geschichte Jesu in solcher Weise neu, dass die Gemeinde in den Auseinandersetzungen ihrer Situation gestärkt wird.

Dass in der Tat die Auseinandersetzung einer jüdischen Minderheit mit der jüdischen Mehrheit die die Gegenwart des Johannes und seiner Gemeinde bestimmende
Situation ist, zeigt sich wahrscheinlich am deutlichsten in dem dreimal im Evangelium begegnenden Motiv vom Ausschluss aus der Synagoge. An allen drei Stellen
sind Verhältnisse vorausgesetzt, die für die erzählte Zeit, die Zeit Jesu, nicht vorstellbar sind, die aber ausgezeichnet in die Zeit nach 70 n. Chr. passen, so dass damit ein
Datum für die frühest mögliche Abfassung des Evangeliums gegeben wäre.

Die erste Stelle ist 9,22. Sie steht innerhalb der Erzählung von der Blindenheilung.
Nachdem der Geheilte selbst behördlich vernommen worden ist, werden seine Eltern
herbeizitiert. Die Vernehmenden wollen von ihnen wissen, ob es sich bei dem fragli-
chen Menschen um ihren Sohn handle, der blind geboren worden sei, und wieso er
jetzt sehe (V.19). Die Eltern beantworten klar und eindeutig die Frage nach der Identität ihres Sohnes. Der Frage nach seiner Heilung aber, bei deren Beantwortung Jesus
ins Spiel kommen müsste, weichen sie aus, und verweisen auf die Mündigkeit ihres
Sohnes (V.20f.). Zu diesem Verhalten merkt Johannes zunächst an: „Das aber sagten
seine Eltern, weil sie die Juden fürchteten" (V.22a). Auf das Jerusalem der Zeit Jesu
bezogen, wäre diese Aussage mehr als seltsam. Was sollte es da heißen, dass die Eltern, als wären sie selbst keine Juden, „die Juden" fürchteten? So kann nur in einer
Umgebung geredet werden, in der Juden nicht die einzigen Bewohner sind, in der sie
aber die dominierende Kraft bilden. Wenn die Eltern „die Juden" fürchten, obwohl
sie gar nicht als Anhänger Jesu geschildert werden, und deshalb Nichtwissen vorgeben, sobald die Person Jesu ins Blickfeld gerät, dann ist eine Atmosphäre der Angst
vorausgesetzt, in der es opportun erscheint, nicht mit Jesus in Verbindung gebracht
zu werden. Das unterstreicht die in V.22b gegebene Begründung für die Furcht der
Eltern: „Denn schon hatten die Juden untereinander beschlossen, dass – wer immer
ihn als Gesalbten bekenne – aus der Synagoge ausgeschlossen würde." Aufschlussreich ist das Wörtchen „schon". Es schließt ein, dass – wie immer es sich mit dem
hier genannten Geschehen auf der Zeitebene der Erzählung verhalten haben mag – es
sich auf alle Fälle um ein solches handelt, das Johannes und seiner ersten Leser- und

---

mir so, daß ich ob der johanneischen *Antwort* keinerlei Geschmack an ihr gewinnen kann"
(Barth, Johannes-Evangelium VIII).

Hörerschaft als gegenwärtige Erfahrung vertraut und also auf ihrer Zeitebene zu Hause ist. Als Grund des Ausschlusses gilt, Jesus als Gesalbten, als Messias, zu bekennen. Am Schluss einer zweiten Vernehmung des Geheilten, in der er sich zu Jesus bekennt, heißt es: „Und sie stießen ihn aus" (V.34). Vordergründig ist natürlich das Hinauswerfen aus dem Versammlungsraum gemeint. Aber dieser Satz kann nicht ohne Bezug auf V.22 gelesen werden. Was dort die Eltern befürchteten und wovor sie sich durch klug taktierendes Verhalten zu schützen wussten, das trifft hier ihren Sohn: Er wird aus der Synagoge ausgeschlossen.

An der zweiten Stelle, 12,42, wird nach der Feststellung allgemeinen Unglaubens von doch vorhandenem Glauben geredet, der aber nicht wirklich zum Zuge kommt: „Gleichwohl glaubten auch viele von den Oberen an ihn, aber wegen der Pharisäer bekannten sie (ihn) nicht, damit sie nicht aus der Synagoge ausgeschlossen würden." Diese Aussage ist für die Zeit vor 70 n. Chr. unvorstellbar, in der die Pharisäer eine Gruppe unter anderen waren, aber keineswegs über die ihnen hier zugeschriebene Macht verfügten. Die Aussage von 12,42 wird aber verstehbar, wenn sich in ihr Erfahrungen zur Zeit der Abfassung des Evangeliums widerspiegeln: Die Gemeinde hatte Sympathisanten aus der Führungsschicht, die aber aus Furcht vor den Folgen ein offenes Bekenntnis unterließen und sich lieber bedeckt hielten. Für sich selbst „glauben" sie zwar, aber sie „bekennen" nicht, machen ihren Glauben nicht öffentlich.

Die dritte Stelle schließlich ist 16,2, an der der Abschied nehmende Jesus seinen Schülern ankündigt: „Aus der Synagoge werden sie euch ausschließen." Hier ist nun ganz deutlich, dass es bei dem Ausschluss aus der Synagoge nicht um eine Maßnahme zur Zeit Jesu geht, sondern dass die nachösterliche Zeit im Blick ist. Da auch sonst in den Abschiedsreden die Schüler transparent für die Gemeinde sind, so dass Johannes Jesus über die Schüler zu seiner Leser- und Hörerschaft sprechen lässt, ist es von vornherein wahrscheinlich, dass es bei dem hier angekündigten Synagogenausschluss nicht um ein für die Gemeinde längst vergangenes und sie nicht mehr berührendes Problem geht. Es ist vielmehr bedrängende Erfahrung ihrer Gegenwart; und weil sie diese Erfahrung macht, lässt sie Johannes von Jesus vorausgesagt sein, um sie aushalten zu können.

Wie lässt sich die durch den Synagogenausschluss gekennzeichnete Situation genauer bestimmen und beschreiben? In 16,2 steht neben der Ankündigung des Ausschlusses die von Tötungen. Wie immer letztere zu verstehen ist, zeigt doch das bloße Nebeneinander beider Ankündigungen, dass der Synagogenausschluss als ein Akt definitiver Trennung vorgestellt sein muss. Es kann mit ihm also nicht der Synagogenbann gemeint sein, ein zeitlich befristeter Ausschluss aus der synagogalen Gemeinschaft, der Besserung eines Mitgliedes, das sich verfehlt hat, beabsichtigt und dessen volle Wiedereingliederung zum Ziel hat. Ein definitiver Ausschluss ist am besten vorstellbar für die Zeit nach 70, und zwar gegenüber *Ketzern*. Für die Zeit vor

70 von „Ketzern" zu reden, macht keinen Sinn, da in ihr das Judentum durch die Existenz unterschiedlicher Gruppen charakterisiert ist. Durch die Zeitumstände bedingt und gefordert, bildet sich erst nach 70 ein pharisäisch-rabbinisch bestimmtes Judentum heraus, das die weitere Geschichte des jüdischen Volkes ermöglicht und prägt. Erst von ihm Abweichende können als Ketzer bezeichnet werden.

Das Jahr 70 mit dem Ende des vierjährigen jüdisch-römischen Krieges bildet einen tiefen Einschnitt in der Geschichte des Judentums: das Land vom Krieg ausgesaugt, ein großer Teil der Bevölkerung getötet oder in die Sklaverei verkauft, viele Städte und Orte zerstört, Jerusalem dem Erdboden gleichgemacht, sein Tempel – religiöser Mittelpunkt – niedergebrannt. Die Aufstandspartei der Zeloten war durch den Ausgang des Kriegs vernichtet. Die Sadduzäer hatten mit dem Tempel ihre ökonomische Basis verloren. Das geistige Zentrum der Essener, ihre Zentralbibliothek in Qumran mit eigener Schriftrollenproduktion, war schon im Sommer 68 von den Römern völlig zerstört worden. Die unmittelbar vorher in benachbarten Höhlen versteckten Bibliotheksbestände blieben dort. Niemand vermochte sie zu neuem Gebrauch herauszuholen[3]. Wie konnte in dieser katastrophalen und trostlosen Situation jüdisches Überleben möglich sein?

Noch vor dem Ende des Krieges schmuggelten zwei Schüler ihren Lehrer Jochanan ben Sakkaj im Sarg aus dem belagerten Jerusalem[4]. Der erwirkte es beim römischen Feldherrn Vespasian, dem späteren Kaiser, dass dieser ihm die Eröffnung eines Lehrhauses in dem in der Küstenebene gelegenen kleinen Ort Javne erlaubte. Dieses Lehrhaus wurde zur Keimzelle jüdischen Überlebens nach der Katastrophe des Jahres 70. In der Bindung an die Tora und in Aufnahme und Weiterführung der Tradition wurden Wege jüdischer Identitätsbildung in veränderter Situation gesucht und gefunden. Die Lehrer von Javne mussten mit dem von den Siegern gesetzten Faktum, der Zerstörung des Tempels ohne Aussicht auf Wiederaufbau, umgehen. Dieses Faktum schien weite Teile der Tora, die den Tempel und seine vielfältigen Funktionen betreffen, hinfällig zu machen. Die Zerstörung des Tempels war bittere Wirklichkeit. Die Lehrer von Javne ignorierten diese von den Römern bestimmte Wirklichkeit zwar nicht, sondern trugen ihr durchaus Rechnung, aber sie erkannten sie auch nicht als die entscheidende Wirklichkeit an. Die Wirklichkeit schlechthin war für sie die Tora; und so beschäftigten sie sich auch weiter mit ihr in allen ihren Teilen. Dafür war es sicherlich hilfreich, dass bei den Pharisäern schon zur Zeit des Tempels die Reinheitsvorschriften, die nach der Tora nur den Priestern während ihres Tempeldienstes gelten, in die täglichen Lebensvollzüge umgesetzt wurden, so dass es hier schon

---

3   Zu Qumran vgl. nach den pseudowissenschaftlichen Aufgeregtheiten um die „Verschlußsache Jesus" die solide Information durch M. KRUPP: Qumran-Texte zum Streit um Jesus und das Urchristentum, Gütersloh 1993, sowie das Buch von H. STEGEMANN: Die Essener, Qumran, Johannes der Täufer und Jesus, [2]1993.
4   Vgl. dazu J. EBACH: Des Treulosen Treue. Versuch über Jochanan ben Zakkai, in: Umgang mit Niederlagen, Einwürfe 5, hg.v. F.-W. MARQUARDT u.a., 1988, 28–39.

einen Gottesdienst im Alltag der Welt gab. In der die Tradition aufnehmenden und sie im Diskurs weiterführenden Auslegung der Tora wiesen die Lehrer von Javne für den konkreten Lebensvollzug Wege, die als von Gott gebotene gegangen werden konnten.

Dabei wurde eine breite Diskussion zugelassen. Abweichende Stellungnahmen wurden nicht unterdrückt und ausgeschieden, sondern mit der Mehrheitsmeinung weiter überliefert. Darin zeigt sich ein Bemühen um weite Integration. Die Lehrer von Javne waren nicht auf scharfe Abgrenzung aus, sondern auf Sammlung. Doch gab es auch integrationsunwillige und integrationsunfähige Gruppen, nämlich solche, die einen bestimmten exklusiven Anspruch vertraten und ihn für alle verbindlich machen wollten, den aber die Mehrheit nicht zu teilen vermochte. Zu diesen Gruppen zählten auch diejenigen jüdischen Menschen, die Jesus für den Messias hielten und darauf aus waren, dass alle anderen sich diesem Glauben anschlössen, und für den Fall, dass sie es nicht täten, mit dem Gericht Gottes drohten. Abgesehen davon, dass es gerade in der Phase der Neukonsolidierung nach dem Krieg für das Judentum schon aus politischen Überlebensgründen geboten schien, sich von einer messianischen Bewegung zu distanzieren, die dem Verdacht der Illoyalität ausgesetzt war, gab es theologische Gründe, dem erhobenen Anspruch zu widersprechen. Kein Evangelium spiegelt so stark die Diskussion darüber wider, ob Jesus der Messias sei oder nicht, wie das Johannesevangelium. Das wird je im einzelnen bei der Kommentierung der betreffenden Stellen zu besprechen sein. Wenn die Bibel unter der Voraussetzung des Glaubens an die Messianität Jesu gelesen wird, ist es zwar durchaus möglich, dass dieser Glaube sich dabei bestätigt findet. Aber fehlt diese Voraussetzung, erbringt die Lektüre Gegengründe. So kann auf Aspekte der Biographie Jesu hingewiesen werden, die zu einschlägigen Aussagen von Schrift und Tradition in Widerspruch stehen. Das lässt dann nur die Folgerung zu: Jesus kann nicht der Messias sein; der für ihn erhobene Anspruch wird zu Unrecht geltend gemacht.

Gruppen, die einen exklusiven Anspruch vertraten und damit die jüdische Gemeinschaft zu sprengen drohten und sie gefährdeten, wurden von den Lehrern des sich herausbildenden und die Mehrheit repräsentierenden rabbinischen Judentums als Ketzer, als Häretiker bezeichnet und schlimmer eingeschätzt als Nichtjuden[5]. Das hatte zur Folge, dass die Abweichenden sich religiöser Diskriminierung, sozialer Isolierung und wirtschaftlicher Boykottierung ausgesetzt fanden[6].

Solche Erfahrungen dürften im Blick sein, wenn im Johannesevangelium vom Synagogenausschluss gesprochen wird. Aus der Sicht der Betroffenen sind es bittere

---

5   So wird in tShab 13,5 (LIEBERMANN S.58) auf Rabbi Tarfon folgende Aussage zurückgeführt: „Wenn mich ein Verfolger verfolgte, würde ich in einen Götzentempel eintreten, aber ich würde nicht in ihre (nämlich der Ketzer) Häuser eintreten. Denn die Götzendiener kennen ihn (nämlich Gott) nicht und verleugnen ihn, aber diese kennen ihn und verleugnen ihn."

6   Vgl. den Exkurs zu 9,23.

Erfahrungen, die ihre Lebensmöglichkeiten stark beeinträchtigen. Setzt man diese Situation für die Abfassung des Johannesevangeliums voraus, also den Abgrenzungsprozess zwischen der rabbinisch geleiteten Mehrheit und einer auf Jesus bezogenen Minderheit, wird ein weiteres Textphänomen verstehbar, das sonst unbegreiflich bleibt: die eigenartig pauschale Redeweise von „den Juden" und „den Pharisäern", wobei zudem dieselben Menschen in denselben Kontexten einmal als „die Pharisäer" und dann als „die Juden" erscheinen. Von den jüdischen Gruppen treten im Johannesevangelium praktisch nur noch die Pharisäer auf; das in ihm begegnende Judentum ist ein pharisäisch bestimmtes Judentum. Dieses Bild entspricht weder der Wirklichkeit der Zeit Jesu noch der der Zeit zwischen Jesu Tod und dem Ende des jüdisch-römischen Krieges. Es ist vielmehr Ausdruck dessen, dass Pharisäer und pharisäische Tradition in das rabbinische Judentum nach 70 eingegangen und in ihm aufgegangen sind.

Die theologische Gegenargumentation und die Erfahrungen sozialer Isolierung und ökonomischer Gefährdung haben offenbar dazu geführt, dass Glieder der Gemeinde sich von ihr abwandten und den Weg zurück zur Mehrheit einschlugen (vgl. 6,66; 8,31). In solcher Situation schreibt Johannes sein Evangelium. Er will zum Bleiben veranlassen und die Gebliebenen dessen vergewissern, „dass Jesus der Gesalbte ist, der Sohn Gottes" (20,31)[7].

3. Konsequenzen für die Interpretation

Von der im vorigen Abschnitt nachgezeichneten wahrscheinlichen Entstehungssituation des Johannesevangeliums ist die Situation, in der wir es lesen, in denkbar deutlicher Weise unterschieden. Die Veränderung der Situation ist vielleicht uns Heutigen besonders bewusst geworden, aber sie ist bereits in der frühen Zeit der Verbreitung des Johannesevangeliums eingetreten. Johannes hatte – zumindest primär – jüdische Adressaten im Blick, die sich gegenüber der Mehrheit ihrer Landsleute in einer bedrängten Minderheitenposition vorfanden. In dieser noch innerjüdischen Kontroverse macht er harte Aussagen über die andere Seite, die ganz und gar diktiert sind von den eigenen negativen Erfahrungen und in der vollen Überzeugung gemacht werden, selbst im Recht zu sein, weshalb mögliche Gründe der Gegenseite kaum in den Blick kommen[8]. Was wird aus solchen Aussagen, wenn sie in einer Situation jenseits dieser

---

7   In der in Anm. 1 genannten Arbeit habe ich versucht, die Entstehung des Johannesevangeliums im nördlichen Ostjordanland zur Zeit der Herrschaft Agrippas II. zu lokalisieren (Gemeinde, 160–179). Das ist eine Möglichkeit, die mir immer noch die wahrscheinlichste zu sein scheint. Eine ganz analoge Lokalisierung unternimmt Reim, Jochanan, 410–424. Wichtiger als die genaue Lokalisierung ist allerdings die Verortung in einem innerjüdischen Konflikt.

8   SÖDING will „die scharfe und polemische Kritik an den Juden, die den Glauben an Jesus verweigern", „nicht einfach" als Reaktion aus einer solchen Situation heraus verstehen. „Die Polemik

Kontroverse wiederholt, wenn sie von nichtjüdischen Menschen gelesen, gehört und nachgesprochen werden? Werden sie nicht von einer nur noch Völkerkirche, die dem Judentum gegenübersteht, im Sinne einer prinzipiellen Judenfeindschaft rezipiert werden? Und ist die Kirche erst einmal mächtig geworden, wird es nicht ausbleiben, dass solche Texte – einfach nachgesprochen – zur Legitimation einer höchst handfesten und praktischen Judenfeindschaft herhalten müssen. Aus einer bedrängten Minderheitenposition heraus formulierte Sätze werden so zu skrupellos gebrauchten Hilfsmitteln einer mächtigen Mehrheit gegen die jüdische Minderheit. Ich weise jetzt nur auf die äußerste Zuspitzung dieser Entwicklung hin, die darin besteht, dass der Satz aus Joh 8,44 von den Juden als den Kindern des Teufels der legitimierenden Vorbereitung des massenhaften Judenmordes durch Deutschland im 20. Jahrhundert diente[9].

Das Erschrecken darüber – über den Mord und die christliche Schuld daran aufgrund christlicher Judenfeindschaft – führte in erheblichem zeitlichen Abstand zu einer Neubesinnung in den christlichen Kirchen und in der Theologie – allerdings noch längst nicht von allen wahrgenommen –, die nach einer Veränderung des Verhältnisses zum Judentum sucht. Was aber bedeutet das für die Exegese – sicherlich nicht nur, aber gerade auch – des Johannesevangeliums? In aufmerksamer Wahrnehmung der gründlich veränderten Situation kann es schlechterdings nicht mehr darum gehen, einfach nur nachzusprechen und verstehend zu umschreiben, was dasteht. Gefordert ist vielmehr ein kritisches Nach-denken der Texte, das sich eine fundamentale Voraussetzung der damaligen Kontroverse bewusst machen muss, die trotz aller Schärfe unhinterfragt feststand: der gemeinsame Bezug auf den einen Gott, den Gott Israels. Diese Voraussetzung gilt, auch wenn sie dadurch verdeckt wird, dass das Johannesevangelium immer wieder Zeugnis eines gescheiterten Gespräches ist. Es bietet Dialoge, die in Wirklichkeit keine sind, sondern sich bei näherem Zusehen als Proklamationen der eigenen Position erweisen, der auch die Gegenseite letztlich dienen muss. Zum kritischen Nachdenken und somit zum wirklichen Verstehen gehört es deshalb konstitutiv dazu, den möglichen Gesprächshintergrund der Texte des Johannesevangeliums wieder sichtbar zu machen, die andere Seite mit demselben Ernst zu hören wie die Argumentation des Johannes und sie von ihren Voraussetzungen her und mit ihren eigenen Texten einsichtig und stark zu machen. Vielleicht könnte so das im Johannesevangelium manifeste Nichtgespräch aufgebrochen

---

gegen ‚die Juden' ... erweist sich als Streit um das wahre Judentum" (Nazareth, 41). Von solchem „wahren Judentum" hatte er schon auf S. 30 gesprochen und dafür positiv auf Jesus bezogene Personen angeführt. „Mit diesen Juden, welche für Johannes die Juden nach dem Herzen Gottes sind, schließt der Jude Jesus sich zum ‚wir' von Joh 4.22 zusammen." Was Söding damit implizit über das nicht an Jesus glaubende Judentum sagt, darüber macht er sich leider keine Gedanken.

9 Vgl. die näheren Angaben bei der Auslegung der Stelle.

werden, um heute ins Gespräch zu kommen[10]. Von der vermuteten Verortung des Johannesevangeliums her ergibt es sich, dass in religionsgeschichtlicher Hinsicht bei der Auslegung nicht alle möglichen Bezugstexte herangezogen und diskutiert werden. In bewusster Einseitigkeit wird vielmehr im Wesentlichen eine Beschränkung auf jüdische – und d.h. vor allem jüdisch-rabbinische – Quellen vorgenommen. Es soll für den gesamten Text des Johannesevangeliums erprobt werden, ob und wie weit der hier vorgestellte Ansatz trägt. Dabei geht es nicht darum, Kontrastfolien zu gewinnen oder bloße „Parallelen" zu verbuchen. Ziel ist es vielmehr einmal, mit Hilfe der jüdischen Texte Gesprächszusammenhänge zu entdecken und genau zu beschreiben, in denen die Aussagen des Johannesevangeliums möglicherweise entstanden sind. Ziel ist es zum anderen, in der verstehenden Wahrnehmung der jüdisch-rabbinischen Texte ihnen gegenüber Respekt zu gewinnen und dabei auch zu erkennen, dass es in der Sache mehr Verbindendes gibt, als die aus der Situation sich ergebende Polemik vermuten lässt. Da die jüdisch-rabbinischen Texte Grundlage des Judentums bis heute sind, bedeutet Respekt ihnen gegenüber zugleich auch Respekt gegenüber gegenwärtigem Judentum.

Gegenüber dem möglichen methodischen Einwand, die jüdisch-rabbinischen Texte seien in ihrer Masse viel zu jung, um für das Verstehen des Johannesevangeliums eine Rolle spielen zu können, ist zweierlei zu bemerken. Der erste Punkt ist nicht entscheidend, soll aber doch angeführt werden: Auch wenn eine Tradition sich in einer „jungen" Sammlung findet, kann sie doch sehr alt sein[11]. Das wird sich jedoch in den meisten Fällen nicht nachweisen lassen. Das Altersargument hätte Gewicht, wenn intendiert wäre, „Abhängigkeiten" zu erweisen. Darum aber – und das ist der zweite Punkt – geht es nicht, sondern um den Aufweis jüdischer Sprachmöglichkeiten und Denkmuster; und dafür ist es relativ unerheblich, wie alt oder jung ein Text ist. Dabei ist auch zu bedenken: Gegenüber dem starken Wandel in der Zusammensetzung der auf Jesus Christus bezogenen Gemeinschaft von ihren Anfängen bis zur Mitte des zweiten Jahrhunderts – von einer jüdischen Gruppierung zur Völkerkirche – besteht auf der jüdischen Seite eine viel stärkere Traditionskontinuität. Auch das relativiert das Altersargument. Im Lehrhaus in Javne wurde in Aufnahme schon älterer Traditionen der Grund gelegt für eine kontinuierliche Entwicklung, die sich literarisch in Mischna, Talmudim und Midraschim niedergeschlagen hat. Auch ein nachweislich junger Text aus dieser Tradition zeigt, dass eine ihm entsprechende Aussage im Neuen Testament eine jüdische Sprachmöglichkeit ist.

---

[10] Das findet sich als Programm schon bei BLANK, Komm. 1a, 9, ist aber in diesem schönen Kommentar allenfalls in Ansätzen durchgeführt.

[11] Als eindrückliches Beispiel dafür sei der Terminus „Sitz des Mose" angeführt, der in der gesamten rabbinischen Literatur nur PesK 1,7 (MANDELBAUM S.12) begegnet und doch schon vor 100 n.Chr. gebräuchlich gewesen sein muss (Mt 23,2). Vgl. dazu: H.-J. BECKER, Auf der Kathedra des Mose, 1990, 31–51.

4. Der zu interpretierende Text

Die Frage, welcher Text interpretiert werden soll, mag seltsam erscheinen. Natürlich ist das Johannesevangelium auszulegen. Aber ein Blick in zumindest zwei Kommentare zeigt, dass es offenbar gar nicht von vornherein ausgemacht ist, was denn nun als „Johannesevangelium" verstanden werden soll. Wer sich in RUDOLF BULTMANNS Kommentar zu einer Stelle des Johannesevangeliums informieren will und entsprechend ihrem Ort im Evangelium ihre Erörterung im Kommentar sucht, kann die Erfahrung machen, sie auf diese Weise nicht zu finden, sondern dafür die Tabelle „Die Abschnitte der Erklärung in der Reihenfolge des Textes des Evangeliums" im Anschluss an das Inhaltsverzeichnis zu benötigen. Denn BULTMANN hat gegenüber dem überlieferten Text erhebliche Umstellungen vorgenommen und damit gemeint, das „ursprüngliche" Evangelium wiederherzustellen. Das interpretiert er und nicht das Evangelium in seiner überlieferten Gestalt. Darüber hinaus hat er die Bearbeitung einer „kirchlichen Redaktion" vom „ursprünglichen" Evangelium abgehoben, vor allem Kap.21 als Nachtrag, den eucharistischen Abschnitt 6,51b–58, die Aussagen zur traditionellen Zukunftserwartung in Kap.5f. und „einige Sätze..., die den Zusammenhang formal oder auch sachlich stören"[12].

Der „kirchlichen Redaktion" ist in der „neueren Literarkritik" erheblich mehr Stoff zugewiesen worden. Darüber hinaus wurde ein vielschichtiger Entstehungsprozess des Johannesevangeliums zu rekonstruieren versucht[13]. Einen der ausführlichsten und gründlichsten Versuche in dieser Hinsicht hat JÜRGEN BECKER unternommen und vor allem in seinem Kommentar durchgeführt. Was er im Grunde interpretiert, ist das von ihm selbst hypothetisch rekonstruierte „Evangelium". Vor aller Kritik im Einzelnen ist gegenüber einem solchen Unterfangen grundsätzlich einzuwenden, dass das überlieferte Evangelium zunächst die Vermutung verdient, ein so gewollter und in sich stimmiger Text zu sein. Nur wenn in ihm selbst ausdrücklich ein Hinweis auf nachträgliche Redaktion gegeben wird, wenn es in der Textgeschichte und Textrezeption entsprechende Zeugnisse gibt oder wenn der ernsthaft unternommene Versuch, ihn als Einheit zu verstehen, offensichtlich scheitert, ist es geboten, hinter die jetzt vorliegende Textgestalt zurückzugehen. Historische Kritik ist voreilig und verfehlt ihr Ziel, wenn sie – statt sich um das Verständnis des ihr Überlieferten zu bemühen – sich den Gegenstand der Auslegung mit fragwürdigen Kriterien erst selber schafft.

Dass es schon am Ende des 19. und zu Beginn des 20. Jahrhunderts eine johanneische Literarkritik gab und im letzten Drittel des 20. Jahrhunderts eine „neuere" Lite-

---

[12] Zusammenfassend hat BULTMANN das Problem und seine Lösung dargestellt im Art. Johannesevangelium, RGG³ 3, 1959 (840–850), 840f.; das Zitat auf Sp.841.
[13] Zur „neueren Literarkritik" verweise ich auf meine kritische Stellungnahme in dem Anm.1 genannten Buch, S.20–41.

rarkritik am Johannesevangelium in Gang gekommen ist, zeigt zumindest, dass der überlieferte Text dazu Anstöße bietet, die auf eine Vorgeschichte seiner überlieferten Gestalt hinweisen. Die Frage ist jedoch, ob und wie weit diese Vorgeschichte durch Scheidung von Schichten und Herauslösung von Quellen erhellt werden kann, ob der jetzige Text nicht in einer Weise durchgeformt und überformt ist, die einem solchen Unternehmen enge Grenzen oder gar unüberwindliche Barrieren setzt. Das Johannesevangelium ist gewiss nicht ein in einem Guss geschriebenes schriftstellerisches Werk. Es hat eine Vorgeschichte. Zu bezweifeln ist jedoch, dass sie mit auch nur geringer Wahrscheinlichkeit rekonstruiert werden kann. Angesichts dieser Sachlage, dass es einerseits Hinweise auf Traditionen und Quellen sowie auf einen Entstehungsprozess gibt und sich andererseits ein das ganze Evangelium gestaltender Wille, eine durchgängige Konzeption und eine einheitliche Sprachgestalt zeigen, erscheint es angebracht, nicht vorab Modelle über Schichten, Traditionen und Quellen zu entwerfen und dann von ihnen her die Interpretation bestimmt sein zu lassen. Mir scheint hier ein pragmatisches Vorgehen angemessener zu sein, indem jeweils gefragt wird, was die eine oder andere Annahme über die Vorgeschichte zum besseren Verständnis einer Textstelle beitragen kann bzw. ob sie überhaupt etwas dazu austrägt. Das gilt auch für die immer wieder diskutierte Frage nach dem Verhältnis des Johannes zu den Synoptikern, ob er eins der anderen Evangelien oder auch alle drei gekannt oder eine gemeinsame oder ähnliche Tradition benutzt hat[14]. Diese Frage sei offengelassen. Wo Berührungen mit den Synoptikern vorliegen, ist jeweils darauf einzugehen. Dann muss sich zeigen, ob etwas mit der einen oder anderen Annahme für das Verständnis der jeweiligen Textstelle gewonnen ist.

Ich werde also den Versuch machen, das Johannesevangelium in seiner überlieferten Gestalt als Einheit zu verstehen – mit einer Ausnahme. Denn an einer Stelle gibt der Text selbst einen ausdrücklichen Hinweis auf unterschiedliche Verfasserschaft. In 21,24 wird „der Schüler, den Jesus liebte", als der bezeichnet, „der das geschrieben hat". Daran schließt sich die Beteuerung an: „Und wir wissen, dass sein Zeugnis wahr ist." Im abschließenden V.25 wird in der ersten Person Singular geredet: „Ich meine." Nach dieser klaren Auskunft will also der Schluss von jemand anderem, der sich mit weiteren zu einem „Wir" zusammenschließen kann, geschrieben sein als das übrige Evangelium. Natürlich kann man diese Differenzierung für ein literarisches Mittel eines einzigen Verfassers halten. Man kann sie aber auch mit gleichem, wenn nicht mit größerem Recht beim Wort nehmen. Zusammen mit der Beobachtung, daß in 20,30f. ein regelrechter Buchschluss vorliegt, scheint mir daher nach wie vor mehr

---

14 Die letztgenannte Position leuchtet mir bisher eher ein. Sie wird etwa von B. LINDARS vertreten. Vgl. die Aufsätze Nr.7 bis 9 und 14 in seinem Band Essays on John, hg.v. C. M. TUCKET, Leuven 1992. – Zur Gegenposition vgl. etwa HENGEL, Frage 209, und die dort Anm. 16 angegebene Literatur.

für die schon lange bestehende und weit verbreitete Annahme zu sprechen, dass es sich bei Kap.21 um einen späteren Nachtrag von anderer Hand handelt.

Besonders H. THYEN hat sich entschieden dafür eingesetzt, Joh 21 als integralen Bestandteil des Evangeliums zu betrachten. Er hat dafür vor allem auf die **Textüberlieferung** hingewiesen und daraus geschlossen: „Das Evangelium hat öffentlich nie in einer anderen als der uns überlieferten Gestalt existiert"[15]. Die älteste uns bekannte Handschrift, die Joh 21 bezeugt, ist der Papyrus 66, der am Ende des zweiten oder zu Beginn des dritten Jahrhunderts geschrieben wurde. Der Abstand zur Abfassungszeit des Johannesevangeliums von etwa 100 Jahren ist zu groß, als dass das ausgesprochene Urteil als gesichert gelten könnte. Ist es wirklich nur ein „unkritisch-textkritisches ‚Fündlein'" (HENGEL, Frage 218f. Anm. 36 von S.218; das Zitat auf S.219), wenn M. LATTKE auf eine Stelle aufmerksam macht, die für den Anfang des dritten Jahrhunderts Joh 20,31 als Schluss des Evangeliums bezeugt[16]? In seiner Schrift gegen Praxeas setzt sich Tertullian mit dessen modalistischer Christologie auseinander. Ausführlich lässt er sich auf dessen Verwendung von Joh 14,8f. ein. Dazu unternimmt er von 21,1 bis 25,4 einen umfangreichen Durchgang durch das ganze Johannesevangelium. Das stellt er in 26,1 auch ausdrücklich fest. Am Ende dieses Durchgangs heißt es in 25,4: „Gerade auch der Schluss (*clausula*) des Evangeliums – weswegen denn besiegelt (*consignat*) er diese Schrift? Doch nur ‚damit ihr glaubt, dass Jesus Christus der Sohn Gottes ist'. Wenn du also gemeint hast, dass dir hieraus irgend etwas zum Erweis der Identität von Vater und Sohn dienlich sein könnte, versuchst du den Beweis gegen den abschließenden Satz (*definitivam sententiam*) des Evangeliums. Denn nicht dazu ist es ja geschrieben[17], damit du Jesus Christus als Vater glaubst, sondern als Sohn." Es sei noch einmal unterstrichen, dass Joh 20,31 hier nicht beiläufig herangezogen wird, sondern am Ende eines Durchgangs durch das ganze Evangelium. Dass bei diesem Durchgang Joh 21 keine Erwähnung findet, 20,31 aber zweimal betont als Schluss des Evangeliums herausgestellt wird, ist zumindest auffällig. Tertullian zeigt an anderen Stellen Kenntnis von Joh 21 (vgl. HENGEL, a.a.O. 218f.), die kaum durch mündliche Tradition erklärt werden kann. Aber schließt das aus, dass er hier ein Exemplar des Evangeliums ohne Kap.21 benutzt? Das scheint mir jedenfalls die nächstliegende Erklärung der genannten Stellen aus der Schrift gegen Praxeas zu sein. Wichtiger ist allerdings die Beobachtung am Text des Evangeliums selbst. Der Befund, dass sich bis auf die eine mögliche Ausnahme bei Tertullian nur Textzeugnisse mit Kap.21 finden, könnte auch darauf beruhen, dass für die weitere Textüberlieferung die schon im 2. Jh. erfolgte Ausgabe des Neuen Testaments dominant geworden ist. Vgl. dazu D. TROBISCH, Die Endredaktion des Neuen Testaments, 1996.

Da also im überlieferten Text des Evangeliums selbst, in 21,24f., eine Differenzierung in der Verfasserschaft angegeben wird und 20,30f. einen Buchschluss bildet, halte ich Kap.21 für einen Nachtrag und sehe zunächst die Einheit 1,1–20,31 als den

---

15 Johannesevangelium 200; vgl. ders., Entwicklungen innerhalb der johanneischen Theologie und Kirche im Spiegel von Joh. 21 und der Lieblingsjüngertexte des Evangeliums, in: L'Évangile de Jean. Sources, rédaction, théologie, hg. v. M. DE JONGE, BEThL 44, Leuven 1977 (259–299), 259.

16 Joh 20,30f. als Buchschluß, ZNW 78, 1987, 288–292.

17 Im lateinischen Text stehen die Worte „*scripta sunt*". Sie dürften durch Joh 20,31 veranlasst und von dort aufgenommen sein. Dadurch wie auch durch die gleich folgende Aussage ist es deutlich, dass Tertullian immer noch die Stelle 20,31 im Blick hat und also „*definitivam sententiam*" in der übersetzten Weise zu verstehen ist.

zu interpretierenden Text an[18]. Sodann ist natürlich auch das Nachtragskapitel auszulegen und danach zu fragen, welche Akzente von ihm her rückwirkend im vorangehenden Text neu gesetzt werden.

5. Gattung und Gliederung

Wie immer man sich die Entstehung des Johannesevangeliums vorstellen mag, so ist doch das, was uns jetzt vorliegt – sowohl in der ursprünglichen Gestalt von Kap.1 bis 20 als auch unter Einschluss von Kap.21 –, seiner literarischen Form nach ein *Evangelium*. In dieser Hinsicht unterscheidet es sich nicht von den drei synoptischen Evangelien. Wie sie erzählt es die Geschichte Jesu von Nazaret, angefangen mit seinem Auftreten neben Johannes dem Täufer bis zu seinem Tod und seiner Auferweckung. Es bietet nicht die traktatmäßige Entfaltung eines theologischen Gedankens, sondern eine fortlaufende Erzählung. Bei aller Andersartigkeit gegenüber den synoptischen Evangelien in Sprache und „Stimmung" ist doch der Charakter der Erzählung gegeben und auch für das Johannesevangelium prägend.

Das ist keine bloß formale Feststellung, sondern enthält wichtige Fingerzeige dafür, wie es – und insbesondere die Gestalt Jesu in ihm – zu verstehen ist. Es unterscheidet sich grundlegend von alsbald im 2. Jahrhundert produzierten gnostischen Schriften – seltsamerweise auch „Evangelien" genannt –, die Jesus zu einem himmlischen Geistwesen verflüchtigen und die in einem Prozess harter Auseinandersetzungen von der Kirche als ketzerisch ausgeschieden werden. Indem Johannes die *Geschichte Jesu erzählt*, steht es überhaupt nicht in Frage, sondern ist selbstverständliche Voraussetzung, dass es um diesen bestimmten jüdischen Menschen geht.

Zum anderen ist festzuhalten, dass nicht nur die synoptischen Evangelien, sondern auch das Johannesevangelium wesentlich mehr enthält als das, was SÖREN KIERKEGAARD für einzig bedeutsam gehalten hat: „Das Geschichtliche, daß der Gott in menschlicher Gestalt gewesen ist, ist die Hauptsache, und die übrigen geschichtlichen Einzelheiten sind noch nicht einmal so wichtig, wie wenn da von einem Menschen die Rede wäre, anstatt von dem Gotte … Selbst wenn die gleichzeitige Generation nichts anderes hinterlassen hätte als die Worte: ‚Wir haben geglaubt, daß der Gott anno so und so sich gezeigt hat in der geringen Gestalt eines Knechts, unter uns gelebt und gelehrt hat, und alsdann gestorben ist' – das ist mehr als genug. Das gleichzeitige Geschlecht hat getan was nötig war; denn diese kleine Anzeige, dies weltgeschichtliche N.(ota) B.(ene) reicht zu, um Veranlassung zu werden für den Späteren; und der umständlichste Bericht kann doch in alle Ewigkeit kein Mehr für

---

[18] Dieser Text, 1,1–20,31, lässt sich als eine abgeschlossene Größe verstehen. Er ist keineswegs ein „opus nondum plene perfectum" oder „paene perfectum", wie HENGEL meint (Frage 258; vgl. 269.271).

den Späteren werden"[19]. Das ist von R. BULTMANN aufgenommen und in seiner Interpretation des Johannesevangeliums durchgeführt worden[20]. Gewiss, was doch auch Johannes über „diese kleine Anzeige" hinaus erzählt, kann natürlich nicht den für Jesus erhobenen Anspruch begründen. Aber es ist andererseits offenbar nicht bedeutungslos, was von ihm erzählt werden kann. Für KIERKEGAARD und BULTMANN ist allein entscheidend das Paradox, dass Gott in diesem bestimmten Menschen Jesus begegnet. Dieses Paradox ist schon mit dem Prolog gegeben; zu ihm kommt nach BULTMANN sachlich nichts mehr hinzu. Aber die Erzählung einer Geschichte ist nicht schon an ihrem Anfang am Ziel, sondern sie erreicht es erst mit ihrem Ende. Es ist deshalb auch nicht gleichgültig, wie die Erzählung auf ihr Ziel zugeht, wie das Johannesevangelium aufgebaut und gegliedert ist.

Es erzählt die Geschichte Jesu anders als die synoptischen Evangelien – auch in zeitlicher und örtlicher Hinsicht. Letztere setzen nur ein knappes Jahr der öffentlichen Wirksamkeit Jesu voraus. Sie vollzieht sich vor allem in Galiläa und greift bloß gelegentlich auf die angrenzenden Gebiete im Osten, Westen und Norden aus. Jesus reist nur einmal zu Pessach nach Jerusalem. Dort wird er festgenommen, verurteilt und hingerichtet. Bei Johannes setzt die Erzählung nicht lange vor einem Pessachfest ein. Der Ort ist das Ostjordanland (1,28). Von da geht Jesus nach Galiläa (1,43; 2,1.12). Anschließend steigt er zu Pessach nach Jerusalem hinauf (2,13) und hält sich dort auf (2,23), danach in Judäa (3,22). Er verlässt Judäa und durchzieht Samarien, um wieder nach Galiläa zu gelangen (4,3f.). In Sychar hat er einen Zwischenaufenthalt von zwei Tagen (4,5.40), bevor er wieder Kana in Galiläa erreicht (4,43.46.54). Anschließend aber steigt er wiederum zu einem Fest nach Jerusalem hinauf (5,1). Gedacht ist wohl an Schavuot. Danach wird ein größerer zeitlicher und örtlicher Sprung vorausgesetzt. Jesus geht auf die andere Seite des Sees Gennesaret (6,1) und setzt dann nach Kafarnaum über (6,17.21.59); zeitlich wird die Nähe von Pessach angemerkt (6,4). Zu diesem Pessach aber steigt er nicht nach Jerusalem hinauf, sondern zieht in Galiläa umher, weil er in Judäa tödliche Verfolgung fürchtet (7,1). Als aber Sukkot naht (7,2), stellt sich erneut die Frage, ob er nach Jerusalem hinaufsteigt; er tut es (7,10). Er ist dort das ganze Fest über (7,14.37) und auch im Anschluss daran. An Chanukka hält er sich immer noch in Jerusalem auf (10,22). Danach zieht er sich ins Ostjordanland zurück an den Ort, der Ausgangspunkt der Erzählung war (10,40). Von dort reist er in das Dorf Betanien in der Nähe von Jerusalem (11,1.17f.).

---

[19] Übersetzung von E. HIRSCH, Düsseldorf und Köln, 1960, 100f.

[20] In einem Brief vom 10.12.1926 an K. BARTH hat sich BULTMANN ausdrücklich auf die zentrale Aussage dieser Kierkegaard-Stelle bezogen und sie mit den einleitenden Worten zitiert: „Ich weiß natürlich wohl, daß grundsätzlich Kierkegaard recht hat" (K. BARTH/R. BULTMANN: Briefwechsel 1922–1966, hg. v. B. JASPERT, Zürich 1971, 63–65; das Zitat auf S.65). Als Beleg für seine dementsprechende Sicht des Johannesevangeliums sei auf S.63f. desselben Briefes verwiesen und eine Aussage aus seiner „Theologie des Neuen Testaments" zitiert: „Johannes stellt also in seinem Evangelium nur das Daß der Offenbarung dar, ohne ihr Was zu veranschaulichen" ([9]1984, durchgesehen u. ergänzt v. O. MERK, 419).

Es erfolgt wiederum ein Rückzug aus der jüdischen Öffentlichkeit nach Efraim am Rande der Wüste (11,54). Pessach ist nahe (11,55); und sechs Tage vor dem Fest geht Jesus nach Betanien (12,1). Am nächsten Tag zieht er in Jerusalem ein (12,12f.). Am Abend des Tages vor Pessach hat er mit seinen Schülern eine Mahlzeit (13,1f.). Im Anschluss daran begibt er sich mit ihnen in einen Garten jenseits des Kidrontales (18,1). Dort wird er festgenommen und am nächsten Morgen vor Pilatus gebracht (18,28). Zur Zeit, da die Pessachlämmer im Tempel geschlachtet werden, wird er verurteilt und hingerichtet (19,14).

Johannes erzählt also von einer mehr als zweijährigen Wirksamkeit Jesu mit einem relativ häufigen örtlichen Wechsel zwischen dem Ostjordanland, Galiläa und Judäa mit dem Zentrum Jerusalem, wobei auf dieser Stadt ein deutlicher Schwerpunkt liegt[21]. Die Beobachtung, dass die Zeit der Wirksamkeit Jesu bei Johannes mehr als doppelt so lang ist als in den synoptischen Evangelien, ist nun mit einer Beobachtung zur Gliederung zu verbinden. Ohne Zweifel liegt zwischen Kap.12 und Kap.13 ein tiefer Einschnitt vor, der das Evangelium in zwei Teile teilt. In 12,37–43 reflektiert Johannes im Rückblick ausführlich über den Unglauben, den Jesus gefunden hat, und lässt ihn – mit betonter Einleitung versehen – in V.44–50 eine Rede halten, die Art und Absicht seines Wirkens konzentriert zusammenfasst. Es folgt in 13,1–3 ein hervorgehobener und breit angelegter Neueinsatz, der nicht nur die unmittelbar anschließende Fußwaschungsszene einleitet, sondern zugleich auch den ganzen zweiten Teil des Evangeliums, indem er die Thematik der Abschiedsreden anschlägt und Passion und Ostern in den Blick nimmt. Das von 1,19–12,50 erzählte Geschehen umfasst einen Zeitraum von mehr als zwei Jahren, während die in 13,1–19,42 geschilderten Ereignisse nur einen einzigen Tag ausmachen. Mit 20,1–23 kommt der dritte Tag nach Jesu Tod hinzu, mit 20,24–29 eine weitere Woche. Die jeweilige Zeit, über die sich die beiden Teile des Evangeliums erstrecken, ist also völlig disproportional zum jeweiligen Umfang. Daraus aber ist zu schließen, dass dem Geschehen und Verstehen des letzten Lebenstages Jesu – und das heißt vor allem seines Todes am Kreuz – im Johannesevangelium ein außerordentlich großes Gewicht zukommt. Das wird noch dadurch unterstrichen, dass auch schon im ersten Teil Passion und Tod Jesu immer wieder in den Blick kommen. Hier scheint das entscheidende Problem zu liegen. Hier erfolgt in der dargestellten Gemeindesituation offenbar die stärkste Infragestellung: Wie kann derjenige der Messias sein, der am Kreuz so schmählich hinge-

---

21 Diese zeitliche und örtliche Anordnung ist mit der synoptischen nicht harmonisierbar. Fragt man zurück, welche der historischen Wirklichkeit Jesu näherkomme, ist es m.E. überhaupt nicht ausgemacht, dass selbstverständlich die synoptische den Vorzug verdiene. Sie beruht ja auf den markinischen Konzeptionen der raschen Geschehensfolge (vgl. das 41malige Vorkommen des Wortes „sofort"!) und der Gegenüberstellung von Galiläa als dem Ort des Wirkens und der Nachfolge Jesu und Jerusalem als dem Ort seiner Passion. *Wenn* man denn historisch zurückfragt, hat das johanneische Bild wesentlich größere Wahrscheinlichkeit, weil es den Gepflogenheiten frommer galiläischer Juden entsprach, nach Möglichkeit an den Wallfahrtsfesten nach Jerusalem zu ziehen.

richtet worden ist, wo doch mit dem Messias das Reich der Gerechtigkeit kommt, in dem das Unrecht der Gewalttäter nicht mehr triumphieren kann[22]? Johannes versucht, dem nachzuspüren und es auszusagen, wie denn Gottes Gegenwart und Handeln in diesem bestimmten Schicksal Jesu gedacht werden kann. Er greift dazu unterschiedliche Vorstellungen auf und arbeitet sie aus. Eine, die immer wieder begegnet und das ganze Evangelium übergreift, ist die des Gesandten. Von ihr her ist vielleicht am ehesten eine Charakterisierung der beiden Teile des Evangeliums möglich: 1. Das Wirken Jesu als des von Gott Gesandten findet Glaubende und Nicht-Glaubende (1,19–12,50). 2. Der ans Kreuz gehende Jesus gibt sich den Glaubenden als zu Gott Zurückkehrender zu verstehen und verheißt seine Gegenwart im Geist (13,1–20,29). Doch bevor Johannes die Geschichte Jesu zu erzählen beginnt, gibt er mit dem Prolog vorab einen grundsätzlichen Hinweis, in welcher Perspektive diese Geschichte gelesen und gehört werden soll.

---

[22]   Vgl. schon HEITMÜLLER, Komm. 17.

Der Prolog (1,1–18)

1 Am Anfang war das Wort,
und das Wort war bei Gott,
und gott(gleich) war das Wort.
2 Das war am Anfang bei Gott.
3 Alles ward durch es,
und ohne es ward auch nicht eins, was geworden.
4 In ihm war es Leben,
und das Leben war das Licht der Menschen.
5 Und das Licht scheint in der Finsternis,
und die Finsternis hat es nicht gefasst.

6 Es ward ein Mensch,
gesandt von Gott,
sein Name: Johannes.
7 Der kam zum Zeugnis,
damit er Zeuge sei für das Licht,
damit alle durch ihn glaubten.
8 Nicht der war das Licht,
sondern damit er Zeuge sei für das Licht.

9 Er war das wahre Licht,
das jeden Menschen erleuchtet
bei seinem Kommen in die Welt.
10 In der Welt war er,
und die Welt ward durch ihn,
und die Welt erkannte ihn nicht.
11 In das Seine kam er,
und die Seinen nahmen ihn nicht an.
12 Die ihn aber aufnahmen –
ihnen gab er Macht,
Kinder Gottes zu werden:
den an seinen Namen Glaubenden,
13 die nicht aus Blut noch aus Fleischeswillen
noch aus Manneswillen,
sondern aus Gott geboren worden sind.

14 Und das Wort ward Fleisch
und wohnte unter uns,
und wir schauten seine Herrlichkeit,
Herrlichkeit gleichsam des Einzigen vom Vater –
Voll von Gnade und Treue.
15 Johannes ist Zeuge für ihn und ruft aus, spricht:
Der war's, von dem ich sagte:
Der nach mir kommt, wurde mir voraus,
denn er war eher als ich.

> 16   Denn aus seiner Fülle nahmen wir alle,
>   ja: Gnade über Gnade.
> 17   Denn die Tora wurde durch Mose gegeben,
>   die Gnade und Treue kam durch Jesus Christus.
> 18   Noch niemals sah einer Gott,
>   ein Einziger, gott(gleich), der am Busen des Vaters ist, der hat erklärt.

Der Abschnitt 1,1–18 bildet eine in sich geschlossene Einheit, die der mit 1,19 beginnenden Erzählung als bedeutsames Vor-Wort voransteht. Gewiss gibt es Verbindungslinien zwischen diesem Prolog und der folgenden Erzählung, insofern in beiden Jesus als die zentrale Person in den Blick gerückt wird und in Bezug auf ihn im Prolog Themen anklingen, die später in der Erzählung ihre Ausführung finden. Am unmittelbarsten ist die Verbindung zwischen Prolog und beginnender Erzählung durch die Gestalt Johannes des Täufers als des paradigmatischen Zeugen gegeben. Seine Zeugenfunktion wird einmal im Prolog breit herausgestellt, und zum anderen erklingt sein Zeugnis selbst. Mit ihm beginnt auch die Erzählung. Dennoch wäre es kaum angemessen, Kap.1 im ganzen als doppelte Einleitung in das Evangelium zu betrachten[1]. Denn der Anfang der Erzählung ist durch ein Sieben-Tage-Schema gekennzeichnet, das über Kap.1 auf den Beginn von Kap.2 hinausgreift. Mit 1,19 beginnt die fortlaufende Erzählung des ganzen Evangeliums; davon ist das Voranstehende deutlich abgehoben. Dort wird mit dem Schöpfungsanfang eingesetzt. Zwar ist mit der zweimaligen Anführung des Täufers, den unmissverständlichen Anspielungen auf die Geschichte Jesu und der schließlichen Nennung seines Namens schon ganz bestimmtes historisches Geschehen im Blick, aber das wird grundsätzlich beschrieben und charakterisiert. Es wird proklamiert und bekannt, aber nicht erzählt. Das zeigt sich auch in sprachlicher Hinsicht. Man darf im Blick auf diese Verse wohl von gehobener und gebundener Prosa sprechen. Die Übersetzung versucht, dem Rechnung zu tragen. So ist es berechtigt, den Abschnitt 1,1–18 als eigenständige Einheit in den Blick zu nehmen; und es ist nötig, danach zu fragen, in welchem Verhältnis er zur folgenden Erzählung steht, welche Funktion er ihr gegenüber wahrnimmt.

Doch zunächst ist der Aufbau des Prologs zu besprechen, und davor noch soll auf zwei Problembereiche eingegangen werden, die in der Forschung bisweilen eine große Rolle gespielt haben, aber für das Verständnis des jetzt vorliegenden Textes m.E. keine vorrangige Bedeutung haben: die Frage nach einer Vorlage und die Frage nach dem religionsgeschichtlichen Hintergrund.

---

[1]   So M. THEOBALD in seiner großen Monographie: Die Fleischwerdung des Logos, 1988. Nach ihm bilden 1,1–18 und 1,19–51 „die beiden Tafeln des Eröffnungsdiptychons" (295; vgl. die „Zwischenbilanz" zu S.164–294 auf S.294f. sowie S.489). Hinzuweisen ist vor allem auch auf seine umfangreiche Forschungsgeschichte zum Prolog im 19. und 20. Jh. (3–161).

1. Zur Frage einer Vorlage

Wie nach der Entstehungsgeschichte des Evangeliums im Ganzen gefragt worden ist,
so auch nach der des Prologs im Besonderen. Dass Johannes hier nicht in einem Zug
selbst formuliert, sondern Tradition verwendet hat, lässt sich nicht gut bestreiten.
Vielleicht handelt es sich dabei auch um eine zusammenhängende Vorlage. Dafür
spricht vor allem die Stellung der Verse 6 bis 8 im Kontext. Sie unterbrechen den
engen Zusammenhang zwischen V.4f. und V.9–11. Dass in V.9–11 wieder das Wort
Subjekt sein muss, ergibt sich erst über V.6–8 hinweg im Rückgriff auf V.1–5. Eine
ähnliche Unterbrechung bildet die zweite Erwähnung des Täufers in V.15. Aber
wenn man über die Feststellung hinaus, dass Johannes hier Tradition, möglicherweise eine zusammenhängende Vorlage, aufnimmt, diese rekonstruieren will, begibt
man sich auf ein Feld, auf dem nur hypothetisch bleibende Ergebnisse gewonnen
werden können. Von ihnen her weitere Folgerungen zu ziehen, vergrößert die Un-
sicherheit. Hier gilt am stärksten, was H. J. HOLTZMANN vor über hundert Jahren über
die Auslegung des Prologs im Ganzen gesagt hat: „Ueberhaupt zeigt jeder Blick in
die Commentare, dass die Exegese des Prologs sich von jeher der Methode des
Rathens bediente"[2]. Doch wie immer man rekonstruiert, dürfte doch so viel klar sein,
dass Johannes an dieser hervorgehobenen Stelle seines Evangeliums, am Anfang, die
Tradition nicht deshalb aufnimmt, weil er sie für unzureichend oder gar falsch hält
und selbst völlig anderer Meinung ist als sie, sondern weil es eine grundsätzliche
Übereinstimmung gibt, weil er meint, mit ihr das sagen zu können, was er sagen will.
Und wenn er vorgegebene Zusammenhänge unterbricht, dann ist ihm das nicht als
Ungeschick anzulasten, sondern dann ist davon auszugehen, dass er seine Gründe
dafür hat. Auch hier gilt es also, den jetzt vorliegenden Text zu nehmen, wie er ist,
den Versuch zu machen, ihn in seiner gewordenen Gestalt als so gewollte Einheit zu
verstehen.

2. Zum religionsgeschichtlichen Hintergrund

Es bildet sich ein immer stärkerer Konsens heraus, dass die Sprachmöglichkeit des
Prologs bzw. seiner Tradition in jüdischen Weisheitsspekulationen gegeben ist. Sie
finden sich schon in der hebräischen Bibel, in Spr 8 und Hi 28, und in Büchern, die
die Septuaginta darüber hinaus hat, in Sir 24, SapSal 7–9 und Bar 3,9–4,4, und in
weiteren Schriften. Nach diesen Stellen ist die Weisheit das erste der Geschöpfe

---

[2]   Komm. 21. Ich beziehe das auch ausdrücklich auf meinen eigenen Versuch in meiner Disserta-
       tion: Formeln 200–208.

Gottes. Sie hat ihm bei der Schöpfung geholfen. Sie suchte Wohnung bei den Menschen zu finden, wurde aber abgewiesen. Nach einer Tradition kehrte sie an ihren Ort bei Gott zurück, nach einer anderen fand sie Aufnahme in Israel. Die Parallelität von Aussagen in den genannten Texten und Aussagen im Prolog reicht dort bis V.12.

Ich zitiere einige **Texte zur Weisheit**, ausgewählt nach den in Joh 1,1–12 begegnenden Motiven: „Adonaj erschuf mich (die Weisheit) als Anfang seines Weges, das früheste seiner Werke ehedem. Von Weltzeit an bin ich gemacht, von Beginn der Urzeiten der Erde an... Als er den Himmel errichtete, war ich dort. Als er einen Kreis festsetzte über der Urflut, als er die Wolken oben stark, die Quellen der Urflut mächtig machte, als er dem Meer seine Grenze setzte, dass das Wasser sein Geheiß nicht überschritte, als er die Grundfesten der Erde festmachte, da war ich bei ihm als Werkmeister, da war ich Ergötzen Tag für Tag, spielte vor ihm allezeit, spielte auf dem Kreis seiner Erde, und mein Ergötzen war mit den Menschenkindern" (Spr 8,22f.27–31).
„Die Architektin aller Dinge..., die Weisheit" (SapSal 7,21).
„Abglanz ewigen Lichtes ist sie und ein unbefleckter Spiegel von Gottes Wirksamkeit und ein Bild seiner Güte. Eine ist sie und vermag alles, bleibt bei sich selbst und erneuert das All" (SapSal 7,26f).
„Sie erstreckt sich voll Kraft von einem Ende zum andern und verwaltet das All zum Nutzen" (SapSal 8,1).
„Was ist reicher als Weisheit, die das All erschafft?" (SapSal 8,5)
„Gott..., der Du mit Deinem Wort das All gemacht und mit Deiner Weisheit den Menschen bereitet hast" (SapSal 9,1f.).
„Und mit Dir ist die Weisheit, die Deine Werke kennt, und die zugegen war, als Du die Welt machtest" (SapSal 9,9).
„Ich (die Weisheit) ging aus dem Munde des Höchsten hervor... Vor der Weltzeit, von Anfang an hat er mich geschaffen..." (Sir 24,3.9).
„Und die Weisheit – wo wird sie gefunden? Und was ist der Ort der Einsicht? Nicht kennt ein Mensch ihren Wert, und nicht wird sie gefunden im Lande der Lebenden... Und die Weisheit – woher kommt sie? Und was ist der Ort der Einsicht? Sie ist verhüllt vor den Augen alles Lebendigen und verborgen vor den Vögeln des Himmels" (Hi 28,12f.20f.).
„Draußen ruft laut die Weisheit, lässt ihre Stimme erschallen auf den Gassen. Mitten im Getümmel ruft sie, am Eingang der Tore, redet ihre Reden in der Stadt: Wie lange noch wollt ihr Toren Torheit lieben und begehrt ihr Spötter Spott für euch und hasst ihr Narren Kenntnis? Kehrt um, dass ich euch zurechtweise! Siehe, ich lasse euch meinen Geist hervorsprudeln und meine Worte wissen. Wenn ich rufe und ihr euch weigert, ich meine Hand ausstrecke und keiner zuhört, wenn ihr all meinen Rat unbeachtet lasst und meine Zurechtweisung nicht wollt, dann werde auch ich lachen bei eurem Unglück, spotten, wenn eure Angst kommt... Dann wird man mich rufen, und ich will nicht antworten, man wird mich suchen und mich nicht finden" (Spr 1,20–26.28; vgl. 8,1–11).
„Die Weisheit fand keinen Platz, wo sie wohnen konnte, da hatte sie eine Wohnung im Himmel. Die Weisheit ging aus, um unter den Menschenkindern zu wohnen, und sie fand keine Wohnung; die Weisheit kehrte an ihren Ort zurück und nahm ihren Sitz unter den Engeln" (1Hen 42,1f.).
„Über die Wogen des Meeres und über die ganze Erde, über jedes Volk und jede Nation habe ich (die Weisheit) Herrschaft gewonnen. Bei ihnen allen suchte ich Ruhe und in wes sen Erbe ich Aufenthalt haben könnte. Da gebot mir der Schöpfer des Alls, und der, der mich erschuf, brachte mein Wohnen zur Ruhe und sprach: In Jakob wohne ein, und in Israel soll dir Erbe zufallen" (Sir 24,6–8).

Gott „hat jeden Weg zur Erkenntnis gefunden und hat sie Jakob, seinem Sohn, gegeben, und Israel, dem von ihm Geliebten" (Bar 3,37)[3].

In diesen Zitaten klingen so gut wie alle Motive und Motivzusammenhänge an, die sich – abgesehen vom Einschub über Johannes den Täufer – in Joh 1,1–12 finden. Allerdings ist im Prolog nicht von der Weisheit die Rede, sondern vom Wort. Doch stehen beide einander sehr nahe. Denn die Weisheit ist in den angeführten Texten ja vor allem im Zusammenhang der Weltschöpfung und Welterhaltung im Blick. Die erfolgen durch Gottes schöpferisches Wort. So kann nach der zitierten Stelle Sir 24,3 gesagt werden, dass die Weisheit aus dem Mund Gottes hervorgeht; und nach der ebenfalls schon zitierten Stelle SapSal 9,1f. werden die Erschaffung des Alls durch das Wort[4] und die des Menschen durch die Weisheit einander parallelisiert. Diese Stellen zeigen zur Genüge, dass die Möglichkeit gegeben war, so zu reden, wie es im Prolog geschieht[5]. Bei der Einzelbesprechung wird sich zeigen, dass Johannes in V.14–18 noch andere Sprachmöglichkeiten wahrnimmt.

So kann es nicht darum gehen, den Prolog von religionsgeschichtlichen Modellen her zu „erklären", sondern es ist danach zu fragen, warum Johannes die ihm gegebenen Möglichkeiten so nutzt, wie er es tut. Er setzt offenbar bewusst am Anfang seiner jüdischen Bibel an, beim schöpferischen Wort Gottes, das er deshalb mit Jesus identifizieren kann, weil in ihm wiederum ein schöpferisches Handeln Gottes geschieht. Warum aber beginnt Johannes mit dem von Gott bei der Schöpfung gesprochenen Wort, wenn er doch im Evangelium die Geschichte Jesu erzählen will? Damit ist wieder die Frage nach der Funktion des Prologs gestellt. Doch ist zuvor noch auf seinen Aufbau einzugehen, der wichtige Hinweise für sein Verstehen geben kann.

3. Aufbau

Zunächst ist deutlich, dass zwischen V.13 und V.14 ein Einschnitt vorliegt. Das zeigt sich formal daran, dass in V.1–13 beschrieben wird, die Subjekte durchgängig in der 3. Person stehen, während in V.14–18 auch die 1. Person begegnet, ja dominiert; hier wird bekannt und bezeugt. Dementsprechend wird Johannes der Täufer in V.6–8 nicht als Redender zitiert, sondern sein Auftreten wird vermerkt, seine Funktion ge-

---

3   Die Fortsetzung in 3,38 lautet: „Danach erschien sie auf der Erde und wandelte unter den Menschen." Das wäre dann eine über Joh 1,12 hinausreichende Parallele zum Prolog. Aber wahrscheinlich liegt in diesem Vers, der sich kaum in seinen Kontext einfügen lässt, eine christliche Interpolation vor. So W. ROTHSTEIN in APAT 1, 221 Anm.g.
4   Zur Schöpfung durch das Wort vgl. weiter Ps 33,6; 4Esr 6,38.43; 7,139; 2Bar 14,17.
5   Dass auch bei Philon von Alexandria „die Gestalten des λόγος und der σοφία als parallele Figuren nebeneinander auftreten" (R. BULTMANN, Der religionsgeschichtliche Hintergrund des Prologs zum Johannes-Evangelium, in: Ders., Exegetica, 1967 [10–35], 22), ist dafür ein weiterer Beleg.

nannt und als deren Ziel angegeben, dass alle glauben. Von einer anfänglichen Ver-
wirklichung dieses Ziels berichtet V.12. Dort ist nach der vorangehenden Feststellung umfassender Ablehnung auch von Glaubenden die Rede, die in V.13 näher bestimmt werden. Wenn danach in V.14 in der 1. Person Plural gesprochen wird, kann
es sich bei diesen „Wir" nur um die unmittelbar vorher erwähnten Glaubenden handeln. Anders als in V.6–8 wird Johannes der Täufer in V.15 als Redender eingeführt,
der zunächst sein Zeugnis in der 1. Person Singular gibt und sich dann in V.16 mit
den Glaubenden, die vorher gesprochen haben, in einem gemeinsamen Wir zusammenfasst.

Von diesen Beobachtungen her lässt sich nun auch das Verhältnis beider Teile
zueinander bestimmen. Dass in beiden Teilen Johannes der Täufer und die Glaubenden begegnen, zum einen innerhalb der Beschreibung und zum anderen als Bekennende und Bezeugende, schließt es aus, den ganzen Prolog im Sinne eines fortlaufend
erzählten Geschehens zu lesen, als werde in V.14 ein Ereignis eingeführt, von dem
vorher noch nicht die Rede war. Es ist vielmehr in beiden Teilen dasselbe Geschehen
im Blick. Einmal wird es beschrieben, und auf diese Beschreibung wird mit
Bekenntnis und Zeugnis geantwortet. Zwar beginnt der erste Teil mit dem urzeitli-
chen Wort, das die Schöpfung ins Leben rief, während der zweite Teil mit der Inkarnation des Wortes in der Geschichte Jesu Christi einsetzt. Aber im ersten Teil ist
spätestens durch die Erwähnung Johannes des Täufers klar, dass das ursprüngliche
Wort kein anderes ist als der, für den er Zeugnis ablegt; und umgekehrt wird auf dessen weit zurückreichende Tiefendimension im zweiten Teil im Zeugnis des Johannes
hingewiesen, wenn er den höheren Rang des nach ihm Kommenden damit begründet,
dass er eher war.

Fragt man nach der Gliederung der beiden Teile je für sich, geben wiederum
formale Merkmale des Textes klare Hinweise. Ich beginne mit dem zweiten
Teil. V.14 ist Bekenntnis der in V.12 eingeführten Glaubenden. V.15 führt Jo-
hannes den Täufer als Zeugen an und bietet in wörtlicher Rede sein Zeugnis in der 1.
Person Singular. Wenn daran V.16 ohne eine neue Einführung unmittelbar an-
schließt, kann der jetzt vorliegende Text nicht gut anders gelesen werden, als dass
Johannes der Täufer weiterhin der Redende ist[6]. Wenn aber nun die 1. Person Plural
steht, lässt sich das am besten so verstehen, dass er sich von hier an mit den vorher in
V.14 redenden Glaubenden zusammenschließt. Da auch nach V.16 keine weitere
Einführung mehr gegeben wird, reicht dieses gemeinsame Reden bis zum Ende des
Prologs.

Im ersten Teil zeigt sich ein Einschnitt zwischen V.4 und V.5 daran, dass die Verben in V.1–4 in Zeitformen der Vergangenheit gehalten sind, während in V.5a ein

---

6   Vgl. ORIGENES, Komm. II 35 über V.15–18: „Diese Rede ist also ganz vom Täufer gesagt, der für
     den Gesalbten Zeugnis ablegt, was einigen entgeht, die meinen von 'Aus seiner Fülle nahmen wir
     alle' bis 'Der hat erklärt' rede der Apostel Johannes" (S.213).

Präsens erscheint. Die ersten vier Verse beschreiben das anfängliche Sein des Wortes bei Gott und sein schöpferisches Wirken. Dass demgegenüber mit der Aussage von V.5 ein großer Sprung vorausgesetzt ist, wird auch daran deutlich, dass für das nun als Licht prädizierte Wort Johannes der Täufer als Zeuge angeführt wird. Es ist also jetzt konkret das geschichtliche Auftreten und Wirken Jesu im Blick, ohne dass sein Name hier schon genannt wird. Die Aussage von V.5a: „Und das Licht scheint in der Finsternis" entspricht damit sachlich der Aussage am Beginn des zweiten Teils in V.14a: „Und das Wort ward Fleisch". Das geschichtliche Wirken des Wortes wird zunächst unter dem Gesichtspunkt der Ablehnung thematisiert, die es erfahren hat (V.5.9–11). Innerhalb dieses Zusammenhangs bietet die Einführung Johannes des Täufers einen Exkurs (V.6–8). Den Schluss des ersten Teils bilden Aussagen über die Annahme des Wortes. Danach ergibt sich folgende Gliederung:

I. Beschreibung des Wirkens des Wortes sowie seiner Ablehnung und Aufnahme (V.1–13)

    1. Das schöpferische Sein und Wirken des Wortes am Anfang (V.1–4)

    2. Die Ablehnung des geschichtlich wirkenden Wortes (V.5.9–11)
       Exkurs: Johannes der Täufer als Zeuge des Wortes (V.6–8)

    3. Die Aufnahme des geschichtlich wirkenden Wortes (V.12f.)

II. Bekenntnis zum fleischgewordenen Wort und Zeugnis für es (V.14–18)

    1. Das Bekenntnis der Glaubenden (V.14)

    2. Das Zeugnis des Johannes (V.15)

    3. Das gemeinsame Bekenntnis und Zeugnis des Johannes und der Glaubenden (V.16–18)

Es ist deutlich, dass im gesamten bekennenden und bezeugenden Teil und im beschreibenden Teil ab V.5 das geschichtliche Wirken Jesu im Blick ist, dessen Name endlich in V.17 genannt wird. Aber Jesus wird hier in eine unüberbietbar weite Dimension hineingestellt, wenn Johannes der Täufer bezeugt, dass er eher war, wenn von ihm gesagt wird, dass die Welt durch ihn geworden ist, wenn er mit dem schöpferischen Wort identifiziert wird, das am Anfang bei Gott war. Weshalb stellt Johannes Jesus in diese Dimension? Das ist zugleich die Frage nach der Funktion des Prologs am Beginn des Evangeliums.

4. Funktion

Einleitend ist in diesem Teil über den Prolog gezeigt worden, dass er der mit 1,19 beginnenden Erzählung als eine eigenständige Größe voransteht. Die Frage nach dem Verhältnis dieses Vorworts zum übrigen Evangelium, die sich damit aufdrängte, ist nun ausdrücklich aufzunehmen. Dabei kann der Vergleich mit den Anfängen der drei anderen Evangelien hilfreich sein. Markus bietet vor dem Beginn der Erzählung mit dem Auftreten Johannes des Täufers nur eine knappe Überschrift: „Anfang des Evangeliums Jesu Christi, des Sohnes Gottes". Mit ihr wird die folgende Erzählung als „Evangelium" charakterisiert. Matthäus stellt dem Bericht über Johannes den Täufer Geschichten über die Geburt und früheste Kindheit Jesu voran. Noch davor, ganz am Beginn seines Evangeliums, bringt er einen Stammbaum Jesu, der mit Abraham beginnt. Auch er gibt damit der Geschichte Jesu eine Tiefendimension, indem er sie in der Geschichte Gottes mit seinem Volk Israel verankert. Dieser Aspekt zeigt sich auch bei Lukas, wenn er die Geburtsgeschichten Johannes des Täufers und Jesu miteinander verbindet und vor allem in den Liedern – dem Magnificat der Maria (Lk 1,46–55), dem Benedictus des Zacharias (1,68–79) und dem Nunc dimittis des Simeon (2,29–32) – den engen Zusammenhang mit der Geschichte des Gottesvolkes deutlich macht. Auch er bietet einen Stammbaum, allerdings erst am Ende von Kap.3 unmittelbar vor dem Bericht über das Auftreten Jesu. Er lässt diesen Stammbaum über Abraham hinaus bis auf Adam und über diesen bis auf Gott selbst zurückgehen.

In dieser Linie kann der Prolog des Johannesevangeliums nicht gesehen werden – als werde hier nun dieser Anfang bei Gott noch stärker betont und breiter ausgeführt. Johannes stellt nicht, wie es ein Stammbaum tut, eine entwicklungsgeschichtliche Abfolge dar; er zeichnet keine kontinuierliche Linie nach. Wie bei Markus setzt bei ihm die Erzählung mit Johannes dem Täufer ein. An zwei Stellen zieht er ihn schon in den Prolog hinein – als Zeugen des Lichtes, das in der Finsternis scheint, und als Zeugen des fleischgewordenen Wortes. Aber ohne jedes Zwischenglied steht hart daneben die Rede vom anfänglichen Sein des Wortes bei Gott. Es geht daher bei diesem dezidierten Reden vom Anfang am Beginn des Prologs nicht um die Angabe eines Anfangspunktes, an dem eine kontinuierliche Entwicklung einsetzt, sondern es geht um die Bezeichnung des Anfangsgrundes, des schlechthinnigen Ursprungs, auf den die folgende Erzählung bezogen ist, in dem sie gründet.

Weiterhin lässt sich eine Abgrenzung durch die Feststellung vornehmen, dass der Prolog kein Vorwort im Sinne einer literarischen Rechenschaftsablegung und Zielangabe sein will, wie das bei den Anfangsversen des Lukasevangeliums der Fall ist (1,1–4). Der Prolog ist Vor-Wort in dem prägnanten Sinn, dass er eine „Leseanweisung"[7] für die folgende Erzählung gibt. Er steckt den Horizont ab und zeigt die Dimension auf, in dem und in der das Evangelium zu lesen ist. Die Leserschaft erhält hier ein Vorverständnis für ihre weitere Lektüre, einen klaren Durchblick für das, um was es im Folgenden geht[8].

---

7   Vgl. H. THYEN: „… so scheint mir der Prolog die Anweisung an den Leser zu enthalten, wie das ganze Evangelium gelesen und verstanden sein will" (ThR 39, 1975, 223). An anderer Stelle spricht er vom Prolog als „Lektüreanweisung" (Johannesevangelium 213).

8   Vgl. THYEN, Johannesevangelium 201: „Derart ausgezeichnet, teilt der Leser von Anfang an das Wissen Jesu um sein ,Woher' und ,Wohin' und gewinnt damit eine eigentümliche Überlegenheit über alle Akteure der Erzählung, die Jesu Worte und Taten ständig mißverstehen. Selbst die Jün-

Dabei nimmt der Prolog in komprimierter Weise das Evangelium schon vorweg, so dass es durchaus berechtigt ist, ihn auch als „Ouvertüre" zu bezeichnen[9]. Was nämlich im Evangelium immer wieder gesagt und dargestellt wird, dass Jesus von Gott gekommen ist und dass er weithin Ablehnung erfährt und nur wenige an ihn glauben, das wird hier schon angeschlagen, als Schicksal des Wortes beschrieben, das Johannes in V.17 mit Jesus identifiziert.

Welche Leseanweisung gibt er nun mit dem Prolog? In welchen Horizont rückt er die Darstellung des Evangeliums? Hat man die geschilderte Situation der Gemeinde mit im Auge, kann es darauf nur eine Antwort geben: Gegenüber der massiven Infragestellung, die diese Gemeinde erfährt, soll der Prolog von vornherein unmissverständlich und unzweideutig klarmachen, dass es im Evangelium bei der Darstellung der Geschichte Jesu um nichts weniger als um Gott selbst geht, dass Er in dieser Geschichte vernehmbar wird. Diese Dimension reißt sofort der erste Vers des Prologs auf, und sie wird durchgehalten bis zum letzten, der Jesus als „Exegeten" Gottes kenntlich macht. Das wird einer Gemeinde gesagt, die in ihren bedrängenden Erfahrungen das „Gott in Jesus" nicht mehr recht zu begreifen und festzuhalten wusste. Mit dem Prolog weist Johannes diese Gemeinde an, die folgende Erzählung so zu lesen, dass im dort wiedergegebenen Wort Jesu Gott spricht und im dort berichteten Schicksal Jesu Gott handelt. Damit stellt er heraus, dass in dem erniedrigten und getöteten Jesus Gott selbst zum Zuge kommt, hier irdisch auf den Plan tritt. Von vornherein wird damit deutlich: Wer Jesus sieht und an ihn glaubt, glaubt nicht an ihn als „an einen besonderen Menschen, wie heilig auch immer er sei"[10], sondern an den, der ihn gesandt hat, nimmt Jesus wahr als den Ort der Präsenz Gottes.

5. Einzelauslegung

a) Das schöpferische Sein und Wirken des Wortes am Anfang (1,1–4)

Mit dem Anfang seines Evangeliums erinnert Johannes an den Anfang seiner Bibel. [1] Er beginnt mit denselben beiden Worten: „Am Anfang" und fährt damit fort, dass er von „dem Wort" spricht, durch das „alles geworden ist". Er nimmt hier auf, was im Schöpfungsbericht in Gen 1 immer wieder in dem Schema begegnet: „Und Gott sprach ... Und so geschah es." Doch zeigt sich auch gleich eine Verschiebung: Aus

---

ger holen den Leser darin erst ein in ihren österlichen Begegnungen mit ihrem Herrn (vgl. 1,18 mit 20,28)." Vgl. CULPEPPER, Anatomy 19.

[9] So HEITMÜLLER, Komm. 37: „Zum nachfolgenden Evangelium verhält sich der Prolog wie eine Ouvertüre. Es erklingen schon hier die Haupt-Themen, die dann im Evangelium näher ausgeführt werden."

[10] BARRETT, Komm. 426.

dem schöpferischen Sprechen Gottes ist „das Wort" geworden, das – gleichsam ein eigenes handelndes Subjekt, eine „Hypostase" – „bei Gott" ist.

Bei diesem „Wort" hat Johannes von vornherein Jesus im Blick. Das deutet sich schon an, wenn er in V.6–8 den Täufer als Zeugen für das als Licht prädizierte Wort anführt und in V.10–12 dessen Schicksal von umfassender Ablehnung und dennoch auch erfolgender Aufnahme skizziert; das wird klarer, wenn er in V.14 von seiner Fleischwerdung spricht und in V.15 noch einmal den Täufer mit einem bekannten Zeugnis aufbietet; und es tritt in aller Eindeutigkeit hervor, wenn er dieses Wort in V.17 schließlich ausdrücklich mit dem Namen „Jesus Christus" benennt. So wird schon, wer das Evangelium zum ersten Mal liest oder hört, sehr schnell auf diese Identifizierung des Wortes mit Jesus geführt. Für Wiederholungslesende ist die Ausrichtung des Blickes auf Jesus bereits mit dem ersten Satz gegeben. Dennoch ist es wichtig, festzuhalten, dass Johannes auf diese Identifizierung hinführt und sie nicht an den Anfang gesetzt hat. Er hätte sein Evangelium nicht mit dem Satz beginnen können: „Am Anfang war Jesus Christus." Erst nachdem er die Aussage von der Fleischwerdung des Wortes in V.14 gemacht hat, kann er im Evangelium Jesus gelegentlich von sich als Präexistentem reden lassen.

Warum redet Johannes in dieser Weise im Blick auf den Menschen Jesus, dessen Geschichte er im Evangelium erzählen will? Warum kann er so reden? Die in Punkt 2 gegebenen Hinweise auf den religionsgeschichtlichen Hintergrund, die Aussagen über die Weisheit als Schöpfungsmittlerin anführten, zeigen lediglich die Möglichkeit auf, dass in dieser Weise gesprochen werden kann, sind aber noch keine Erklärung in der Sache. Sie sagen nicht, wieso diese Möglichkeit genutzt, warum und wozu diese Aussagen über die Weisheit mit dem bestimmten Menschen Jesus in Zusammenhang gebracht werden.

Doch bevor auf diese Fragen eingegangen wird, sei auf **jüdische Analogien zur Hypostasierung des Sprechens Gottes zum „Wort"** hingewiesen. In bBB 121a.b und bTaan 30b wird eine Tradition angeführt, nach der bis zum Tod aller Angehörigen der Wüstengeneration „das Wort (*dibbúr*)[11] nicht mit Mose war". Dafür wird Dtn 2,16f. zitiert, dass nach dem Tod der waffenfähigen Männer der Wüstengeneration „Adonaj zu mir (Mose) redete" (*wajedabbér*). Das wird sofort wieder erklärt: „Zu mir geschah das Wort" (*dibbúr*). Als aktiv handelndes Subjekt begegnet „das Wort" in Aufnahme derselben Tradition in ShirR 2 zu Hhld 2,13 (Wilna 17c): „Und nicht redete das Wort mit Mose, bis dieses ganze Geschlecht umgekommen war." Hier ist die Hypostasierung eindeutig. An einigen weiteren Stellen, an denen für „Wort" andere Begriffe begegnen und damit Schöpfungsaussagen verbunden sind, ist zumindest der Weg dahin offen. In mBer 6,2f. wird als Segensspruch, der über einer Reihe von Lebensmitteln zu sprechen ist, angegeben: „... denn alles ward durch sein Wort" (*davár*). In BerR 28,2 (THEODOR/ALBECK S.260f.) zu Gen 6,7 werden Überlegungen Gottes zur Vernichtung der Menschen durch die Sintflut mitgeteilt: „,Und Adonaj sprach: Ich will auswischen usw.' Was meinen sie? Dass ich Heerlager nötig hätte? Habe ich nicht mit einem Wort (*davár*) die Welt geschaffen? Ein Wort lasse ich herausgehen und vertilge sie."

---

[11]   Genau so gut möglich ist die Übersetzung „die Rede".

Ähnlich heißt es MekhJ Beschallach (Schira) 10 (HOROVITZ/RABIN S.150): „Als der Heilige, gesegnet er, die Welt erschuf, erschuf er sie nur mit dem Wort (*ma'amár*); denn es ist gesagt: ‚Durch das Wort (*davár*) Adonajs wurden die Himmel gemacht' (Ps 33,6)"[12].

Wenn also auch die Möglichkeit, von Gottes schöpferischem Wort hypostatisch zu reden, dem Evangelisten Johannes in seiner jüdischen Tradition gegeben war, bleibt doch die Frage, warum er sie wahrnimmt; zugespitzt: warum er sie im Blick auf Jesus, eine geschichtliche Person, wahrnimmt. Dabei wird die Aussage von der Schöpfungsmittlerschaft auffällig wiederholt. Sie wird nicht nur in V.3 gemacht von dem Wort, das am Anfang bei Gott war, sondern auch in V.10 von dem Wort, das in der Welt war und für das Johannes der Täufer Zeugnis abgelegt hatte, also von dem Menschen Jesus. Wie kommt Johannes dazu, so von Jesus zu sprechen? Es ist zu vermuten, dass hinter bestimmten Formulierungen bestimmte Erfahrungen von Menschen stehen, die diese Formulierungen machen und aufnehmen. Im Prolog ist die Erfahrung, die zur Bildung der Aussage von der Schöpfungsmittlerschaft des mit Jesus identifizierten Wortes führte, ausdrücklich ausgesprochen und also greifbar. Die in V.14 sprechenden „Wir" sind vorher in V.12f. beschrieben worden als diejenigen, die das Wort aufnahmen und an seinen Namen glaubten, denen es „Macht gab, Kinder Gottes zu werden", und die „aus Gott geboren worden sind". Auch hier ist von einem „Werden" die Rede, von Schöpfung. Dahinter steht die Erfahrung des Entstehens von Gemeinde durch die Christusverkündigung, die als ihre Voraussetzung den Glauben an das schöpferische Handeln Gottes in der Auferweckung Jesu von den Toten hat. Von daher wird Gemeinde als endzeitliche Neuschöpfung verstanden. Diese Erfahrung wird bei Paulus als Grenzen überschreitendes Zusammenkommen von Juden und Griechen, Freien und Sklaven, Männern und Frauen zu geschwisterlicher Gemeinschaft beschrieben und auf das Wirken des Geistes Gottes zurückgeführt (vgl. 1Kor 12,13; Gal 3,28). So kann er formulieren: „Ist jemand in Christus, so gilt: neue Schöpfung! Das Alte ist vergangen; siehe, Neues ist geworden" (2Kor 5,17). Das spiegelt sich im Johannesevangelium darin wider, dass Gemeinde als Schülerschaft Jesu konzipiert ist und Jesus seine Schüler „Freunde" nennt (15,14f.). Die neue Schöpfung, als die die Gemeinde sich auch hier begreift (1,12f.; 3,3.5), steht in Relation zur anfänglichen Schöpfung; sie ist Teil der ganzen Schöpfung. Das anfängliche Schöpferwort Gottes ist kein anderes als das, wie es jetzt in der Verkündigung des auferweckten Jesus Gestalt gewinnt und neue Schöpfung zeitigt. Das Wort, durch das jetzt neue Schöpfung entsteht, ist Wort desselben Gottes, mit

---

12 Vgl. auch BerR 3,2 (THEODOR/ALBECK S.19): „‚Durch das Wort Adonajs wurde der Himmel gemacht und durch den Hauch seines Mundes usw.' (Ps 33,6): nicht mit Mühe und Anstrengung, sondern durch das Wort." Siehe zum ganzen: H. BIETENHARD: Logos-Theologie im Rabbinat. Ein Beitrag zur Lehre vom Worte Gottes im rabbinischen Schrifttum, ANRW II 19.2, 1979, 580–618. Er bemerkt am Schluss: „Sowohl das AT wie das rabbinische Schrifttum kennen die Vorstellung vom ‚Wort' als Hypostase. Vielleicht geht diese Erkenntnis einmal in einen Johanneskommentar ein..." (616 Anm. 175).

dem er am Anfang Schöpfung werden ließ. Im Prolog wird also gewiss dem mit Jesus identifizierten Wort Schöpfungsmittlerschaft und uranfängliches Sein bei Gott
zugesprochen. Damit ist aber nicht intendiert, den bestimmten Menschen Jesus, der
eine bestimmte Geschichte mit einem bestimmten Ende gehabt hat, zu einem präexistenten Himmelswesen zu mythisieren[13]. Es geht vielmehr darum, die Selbigkeit des
Sprechens Gottes in Schöpfung und Neuschöpfung herauszustellen. Gott, der in Jesus
zu Wort kommt, ist kein anderer als der, den der Anfang der jüdischen Bibel als
Schöpfer von Himmel und Erde bezeugt.

Aus der genannten Erfahrung heraus, die das Entstehen und Leben von Gemeinde
als endzeitliche Neuschöpfung verstehen lässt, wird im Prolog das schon in der jüdischen Tradition hypostasierte schöpferische Sprechen Gottes von Gen 1 zum Wort,
das sozusagen die Züge Jesu trägt. Dadurch erhält umgekehrt die Gestalt Jesu eine
Tiefendimension, die bis in den schöpferischen Ursprung zurückreicht, den Anfang,
vor dem es keinen Anfang gibt. Und hier liegt das besondere Interesse des Johannes,
insofern er die Geschichte Jesu als Geschichte der Begegnung *Gottes* mit der Welt
und den Menschen in ihr erzählen will. In Jesus spricht und handelt kein anderer als
Gott selbst. In ihm kommt er zu Wort als der, der er von Anfang an war: „Am Anfang war das Wort"[14].

Dass sich hinter dem ersten Teil des Prologs deutlich die Tradition von der Weisheit (*sophía*) zeigt, Johannes aber vom Wort (*lógos*) spricht, ist nicht darin
begründet, dass er die weibliche Sophia durch den männlichen Logos ersetzen wollte,
was besser zu Jesus passe, den er ja hier schon im Blick hat. Diese Verschiebung in
der Begrifflichkeit dürfte durch den Bezug auf Gen 1 veranlasst sein, wo vom
Sprechen Gottes die Rede ist. Wenn Johannes den Begriff „Wort" aufnimmt, knüpft
er der Sache nach damit zugleich an eine Tradition an, wie sie etwa in Ps 50,3 zum
Ausdruck gelangt: „Unser Gott kommt und schweigt nicht." Wort ist Mitteilung,
Kundgabe, Anrede, Zuwendung. Gott, wie er in der Bibel bezeugt wird, ist ein
entgegenkommender und ansprechender Gott[15].

---

13   Die Aussagen, die z.B. WILCKENS zum Prolog macht, sind nicht vom Wortlaut des Textes nahe-
     gelegt, sondern von der späteren dogmatischen Entwicklung: „Er (Jesus) ist ‚das Wort', der ein-
     zig-eine Sohn Gottes, ‚Gott von Gott, Licht vom Licht'" (Komm. 20). „Es ist der in Jesus offen-
     bare Gottessohn, der bereits im Uranfang vor der Schöpfung des Alls als Sohn des Vaters bei
     Gott war" (Komm. 25).

14   Vgl. E. THURNEYSEN, der seine Auslegung von V.1 mit diesen Sätzen beginnt: „Wir stehen mit
     einem Sprung mitten in der Welt der jenseitigen, der ewigen, göttlichen Realitäten. Aber unüber-
     sehbar ... ist die unausgesprochene, aber schon vom ersten Wort an tatsächliche Beziehung aller
     Aussagen auf die Person Jesu des Christus. Das will sagen: es sind keine freischwebenden Spe-
     kulationen, sondern Interpretationen eines Gegebenen, das aber unerhörterweise daheim ist in der
     Welt der nichtgegebenen, der ewigen Realitäten" (Der Prolog zum Johannes-Evangelium, ZZ
     3,1925 [12–37],18).

15   Vgl. P. V. D. OSTEN-SACKEN zu Gen 1: „Wenn Gottes schöpferisches Wirken als effektives Reden
     dargestellt ist, so kommt darin zugleich eine Hochschätzung des Menschen als eines mit Sprache
     begabten Wesens zur Geltung. Gott erschafft die Welt durch das Wort und handelt mit der Welt
     durch sein Wort, das allen Teilen der Schöpfung gilt, aber in besonderer Weise Anrede an den

Das anfängliche Wort hat seinen Platz „bei Gott" (V.1b.2). Es wird so nah wie irgend möglich an Gott herangerückt, aber nicht mit ihm identifiziert. Es bleibt eine Differenz. Sie wird auch in V.1c gewahrt: „Und gott(gleich) war das Wort." Die Übersetzung „gott(gleich)" versucht, dem Rechnung zu tragen, dass im griechischen Text an dieser Stelle das Wort „Gott" – im Unterschied zu den beiden anderen Vorkommen in V.1f. – ohne Artikel steht.

In der überwältigenden Mehrzahl der Fälle hat **das Wort „Gott" im griechischen Text des Johannesevangeliums** den Artikel. Es gibt jedoch eine nicht geringe Anzahl von Stellen, an denen er fehlt. Aber außer in 1,1 und 1,18 findet sich kein Beleg für absolutes *theós* im Nominativ. Zu diesen beiden Stellen gehört sachlich auch noch 10,33. Der Artikel fehlt relativ oft in Verbindung mit Präpositionen, dreimal in Genitivverbindungen (1,12; 6,45; 19,7; vgl. 1Joh 3,1f.), dreimal in Verbindung mit einem Possessivpronomen (8,54; 20,17) und einmal beim Akkusativ am Satzanfang (1,18; vgl. 1Joh 4,12). Zur letztgenannten Stelle findet sich eine analoge Aussage in 3Joh 11 in anderer Satzstruktur, und dort steht auch wieder der Artikel. Sein Fehlen in 2Joh 9 dürfte durch die Voranstellung des Akkusativobjekts im Nebensatz zu erklären sein. Die Übersetzung von *theós* in 1,1.18 und 10,33 mit „gott(gleich)" wird aufgrund der zu 10,33 parallelen Stelle 5,18 durch den Text des Johannesevangeliums selbst nahegelegt. In 5,18 sprechen zwar in indirekter Rede „die Juden"; das tun sie in direkter Rede auch in 10,33, gebrauchen dort aber wie der Evangelist in 1,1.18 *theós* ohne Artikel. Die sprachliche Differenzierung des griechischen Textes darf in der Übersetzung nicht unkenntlich gemacht werden. DENKER versucht, ihr mit der Formulierung „Gott(esgegenwart)" gerecht zu werden (Wort 186).

Den Unterschied zwischen *theós* mit und ohne Artikel in V.1 beobachtet auch ORIGENES: Er betont, dass Johannes sehr genau darauf achte, wo er den Artikel setzt und wo nicht. „Er setzt nämlich den Artikel dann, wenn die Bezeichnung ‚Gott' sich auf den ungewordenen Ursprung von allem bezieht; er lässt ihn weg, wenn das Wort als ‚Gott' bezeichnet wird" (Komm. II 2, S.13f.). „Gott" mit Artikel ist „aus sich selbst Gott" (*autótheos* – II 2, S.17). Das Wort ist „Gott" aus seinem „‚Bei-Gott'-Sein" (II 1, S.10.12; II 2, S.17.183). MARQUARDT stellt heraus, dass zwischen Gott mit und ohne Artikel „die wohl zu beachtende Grenze zwischen Gott und dem Namen Gottes (läuft)" (Christologie 2, 113; zu dieser Grenze vgl. S.112); vgl. weiter ders., Utopie 537f.

Es ergibt sich also, dass der Artikel vor *theós* in V.1c nicht zufällig fehlt, sondern dass seine Auslassung in bewusster Differenzierung zu der vorher und nachher begegnenden Wendung „bei Gott" erfolgt, die im griechischen Text den Artikel hat[16].

Eine **entsprechende Unterscheidung zwischen „Gott" und „gott(gleich)"** nimmt Philon von Alexandrien in seiner Auslegung von Gen 31,13 (LXX) ausdrücklich vor. „Der wahrhaftige Gott ist einer, die uneigentlich sogenannten sind mehrere." Ersteren bezeichne die heilige Schrift an der angeführten Stelle mit Artikel. Das Vorkommen ohne Artikel deutet Philon so: „Sie nennt aber jetzt gott(gleich) sein ältestes Wort" (Som I 229f.). In der Weise, wie bei Philon und in Joh 1,1f. zwischen „Gott" mit und ohne Artikel unterschieden wird, kann die rabbinische Tradition zwischen *elohim* und *el* unterscheiden und von Jakob als

---

sprachbegabten Menschen ist" („Am Anfang war ..." Biblisch-jüdische und biblisch-christliche Schöpfungsgewißheit, in: FS Manfred Josuttis, hg. v. C. BIZER u. a., 1996 [2–14], 5).

16 Nach BROWN vermeidet Johannes „durch Auslassung des Artikels jeden Gedanken an eine personelle Identifikation des Wortes mit dem Vater" (Komm. 1,24).

„gott(gleich)" sprechen. In bMeg 18a wird Gen 33,20 in folgender Weise verstanden und ausgelegt: „Weiter sagte Rabbi Acha im Namen Rabbi Elasars: Woher (lässt es sich belegen), dass der Heilige, gesegnet er, Jakob ‚gott(gleich)' (*el*) nannte? Es ist ja gesagt: ‚Und er nannte ihn gott(gleich) (*el*), der Gott Israels (*elohéj jisraél*)' (Gen 33,20). Wenn du meinst, Jakob habe den Altar gott(gleich) genannt: ‚Und Jakob nannte ihn.' Vielmehr heißt es aber: ‚Und er nannte ihn, nämlich den Jakob, gott(gleich).' Und wer nannte ihn gott(gleich)? ‚Der Gott Israels'." In BerR 98,3 (THEODOR/ALBECK S.1252) lesen zwei Rabbinen den Satz: „Und hört auf Israel (*el jisraél*), euren Vater!" in unterschiedlicher Weise: „Rabbi Judan sagte: Hört den Gott Israels, eures Vaters! Und Rabbi Pinchas sagte: Gott(gleich) (*el*), das ist Israel, euer Vater. Wie der Heilige, gesegnet er, Welten erschafft, so erschafft auch euer Vater Welten; wie der Heilige, gesegnet er, Welten verteilt, so verteilt auch euer Vater Welten." Als Vater des Zwölfstämmevolkes und als den Stämmen Segen Zusprechender wird hier Jakob in Entsprechung zu Gott gesetzt und als gott(gleich) bezeichnet.

2   „Und gott(gleich) war das Wort." Hier wird größte Nähe zwischen Gott und dem Wort betont und doch zugleich eine Differenz festgehalten und durch V.2, der die beiden ersten Sätze von V.1 zusammenfassend wiederholt, unterstrichen: „Dieses war am Anfang bei Gott." Gott ist von seinem Wort unterschieden; er geht nicht in ihm auf. Da bei diesem Wort von vornherein Jesus im Blick ist, ergibt sich schon von dieser Unterscheidung her, dass er im Johannesevangelium nicht als „der über die Erde schreitende Gott" verstanden ist[17]. Wohl aber kommt in ihm wirklich Gott selbst so zu Wort, dass er Gemeinde als neue Welt schafft[18].

3   Worauf in V.1a durch die Anspielung auf Gen 1,1 schon hingewiesen wurde, das wird nun in V.3 ausdrücklich ausgesprochen: die Schaffung alles Seienden durch das Wort. „Alles ward durch es, und ohne es ward auch nicht eins, was geworden"[19]. Nichts von allem, was ist, ist ausgeschlossen. Alles verdankt sich dem schöpferi-

---

[17] Mit diesem Stichwort ist die liberale Interpretation der johanneischen Christologie gekennzeichnet (vgl. HEITMÜLLER, Komm. S.27: „Der Johannes-Christus ist, kurz gesagt, eine über die Erde wandelnde Gottheit."), die in eindrucksvoller Weise von E. KÄSEMANN wieder aufgenommen worden ist: Jesu letzter Wille nach Johannes 17, 1966, ³1971.

[18] Die enge Verbundenheit Gottes mit seinem von ihm unterschiedenen Wort wird von LUTHER so ausgedrückt: „Also bekennet alle Welt, daß kein Bild dem Herzen so ebengleich und gewiß ist wie die Rede des Mundes. An dem Gesang kennt man den Vogel; denn er singt, wie ihm sein Schnabel gewachsen ist, gleich als wäre das Herz wesentlich im Wort. Also ist's in Gott auch; da ist sein Wort ihm so ebengleich, daß die Gottheit ganz drinnen ist, und wer das Wort hat, der hat die ganze Gottheit" (Evangelien-Auslegung 4, 5). Zur gleichzeitigen Zusammengehörigkeit und Unterschiedenheit von Gott und seinem Wort in Analogie zu Gott und seinem Namen in der hebräischen Bibel vgl. MARQUARDT, Christologie 2, 113f.

[19] Die Frage, ob die Worte „was geworden" den Schluss des Satzes von V.3 bilden oder als Anfang von V.4 zu lesen sind, wird sich wohl nie definitiv entscheiden lassen. Da das Griechisch des Johannesevangeliums im Ganzen ein semitisierendes Griechisch ist und m.E. auch hier ein Semitismus vorliegt, entscheide ich mich für die erste Möglichkeit. Auf einem hebräischen Sprachhintergrund ergibt sich die Formulierung von V.3b fast von selbst. Da so diese Formulierung einleuchtend erklärt werden kann, ist nicht einzusehen, warum durch Herüberziehen des Schlusses von V.3 zu V.4 dessen Aussage komplizierter gemacht werden soll, als sie ist. Aber das ist möglich. Dann wäre *ho gégonen* ein Nominativus pendens (vgl. BDR § 466,2), der durch *en autó* aufgenommen wird: „Was geworden ist, darin war es Leben." In jedem Fall sollte *zoé* („Leben") als Prädikatsnomen verstanden werden, was der fehlende Artikel nahelegt, so dass als Subjekt „das Wort" zu denken ist.

schen Wort. Es ist oben schon herausgestellt worden, dass Johannes deshalb von der Schöpfung durch das mit Jesus identifizierte Wort redet, weil er Gemeinde als neue Schöpfung kennt. Wenn aber von erfahrener Neuschöpfung her der Text Gen 1 und mit ihm die ganze Schöpfung in den Blick kommt, dann kann die Gemeinde nicht als vom Irdischen völlig getrennte Projektion des Himmlischen verstanden sein[20]. Wenn vom Geschaffensein durch das Wort „auch nicht eins, was geworden", ausgenommen ist, verbietet sich für Johannes von vornherein ein doketischer oder gar ein gnostischer Schöpfungsbegriff, dann ist die Gemeinde als restituierte Schöpfung begriffen, Darstellung dessen, was das Irdische durch Jesus ist.

Das Verständnis der Gemeinde als neuer Schöpfung hat eine Analogie in der jüdischen Tradition, wenn dort **Israel als „neue Schöpfung"** begriffen wird. Die an Abraham ergehende Verheißung in Gen 12,2: „Ich will dich zu einem großen Volk machen" wird in BerR 39,11 (THEODOR/ALBECK S.373) von Rabbi Berechja so interpretiert: „‚Ich will dich geben' oder ‚Ich will dich setzen' steht hier nicht geschrieben, sondern: ‚Und ich will dich machen'. Wenn ich dich zu einer neuen Schöpfung mache, bist du fruchtbar und zahlreich." Ausgangspunkt dieser Interpretation ist die Verwendung des Wortes „machen" in Gen 12,2, durch das der Ausleger an das damit bezeichnete Schöpferhandeln Gottes in Gen 1,7 erinnert sein lässt[21]. Von daher gilt Israels „Genese" als neue Schöpfungstat Gottes. Auf demselben Gedanken, dass das Wort „machen" ein Schöpfungsterminus ist, beruht die Interpretation von Num 29,2, wo für „den ersten Tag des siebten Monats" im Rahmen der Opfervorschriften nicht zum „Darbringen", sondern zum „Machen" aufgefordert wird: „Der Heilige, gesegnet er, sprach zu ihnen: Weil ihr am Neujahrstag zu mir eingetreten seid zum Gericht, werdet ihr in Frieden hinausgehen. Ich will es euch anrechnen, als wäret ihr als neue Schöpfung erschaffen worden"[22]. Die Neuschöpfung Israels erfolgt hier durch Sündenvergebung. Möglicherweise besteht ein Zusammenhang mit der bRHSh 10b.11a überlieferten Meinung Rabbi Eliesers ben Hyrkanos, die sich durchgesetzt hat (bRHSh 27a), dass im Monat Tischri die Welt erschaffen wurde und ebenfalls im Monat Tischri Israel einst erlöst werden wird. Das wäre dann zugleich ein Hinweis auf das hohe Alter dieser Tradition. Die Verbindung von Neuschöpfung und Sündenvergebung findet sich jedenfalls öfter. So heißt es PesR 40 (FRIEDMANN 169a): „Der Heilige, gesegnet er, sprach zu Israel: Kehrt um in jenen zehn Tagen zwischen Neujahr und dem Versöhnungstag, und ich will euch am Versöhnungstag freisprechen und euch zu einer neuen Schöpfung erschaffen." Nach MTeh 102,3 legt die rabbinische Mehrheitsmeinung Ps 102,19 so aus: „Das sind die Generationen, die durch ihre schlimmen Taten schuldig geworden sind. Aber sie kommen und vollziehen Umkehr und beten vor Dir an Neujahr und am Versöhnungstag, und weil sie ihre Taten erneuern, erschafft sie der Heilige, gesegnet er, als neue Schöpfung." Die in der Umkehr geschenkte Sündenvergebung bewirkt Neuschöpfung. In WaR 30,3 (MARGULIES S.698) wird Ps 102,18 ausdrücklich auf die Zeit nach dem Verlust des Tempels ausgelegt, in der Israel „nichts hat als nur dieses Gebet": „David sprach vor dem Heiligen, gesegnet er: Herr der Welt, verschmähe nicht ihr Gebet! ‚Dies wird geschrieben für eine spätere Generation.' Daraus (lernt man), dass der Heilige, gesegnet er, die Umkehrenden annimmt. ‚Und ein

---

20 Nach KÄSEMANN kennt Johannes „neue Schöpfung ... nur in Gestalt der Wiedergeborenen. Sie repräsentieren aber nicht mehr die irdische, sondern die himmlische Welt und darum auch nicht eine restituierte Schöpfung" (Wille 130f.; vgl. 137f.).

21 Gen 1,7 wird in der Parallelfassung in BemR 11,2 (Wilna 42a) ausdrücklich zitiert.

22 jRHSh 4,8 (21a; Krotoschin 59c); Paralleltexte in PesK 23,12 (MANDELBAUM S.346); WaR 29,12 (MARGULIES S.686).

Volk, erschaffen, wird Adonaj preisen' (Ps 102,19). Denn der Heilige, gesegnet er, erschafft sie als neue Schöpfung." Die unterschiedlichen Stellen zeigen, dass Sündenvergebung und Neuschöpfung einen festen Traditionszusammenhang bilden. Auf hohes Alter weist die sachlich enge Parallele 2Kor 5,17–19.

4 In allem durch das schöpferische Wort Geschaffenen war es nach V.4 „Leben." Es war so Leben, dass es ins Leben rief, Leben vermittelte. Und als Wort vermittelte es Leben nicht anders, als dass es zugleich Orientierung gab: „Und das Leben war das Licht der Menschen." Das Neue an V.4 ist, dass jetzt nicht mehr vom Geschaffenen im Ganzen gesprochen wird, sondern die Menschenwelt im Besonderen in den Blick kommt; und da geht es nicht um Leben überhaupt, sondern um rechtes Leben, um erhelltes Leben. Daher ist es natürlich nicht die bloße physische Lebendigkeit, die „das Licht der Menschen" genannt wird. Wie sollte sie es auch sein können, da sie ja Menschen nicht daran hindert, sich auch in finsterster Weise zu begegnen und einander das Lebenslicht auszulöschen? Deshalb ist V.4 auch kein Beleg für eine wie immer geartete „natürliche Theologie" und sind alle Erwägungen abwegig, die in dem „Licht der Menschen" ein ihnen gegebenes „inneres Licht", ihre sie von den Tieren unterscheidende Vernunft erblicken wollen[23]. Leben und Licht bleiben an das Wort gebunden, haben nur von ihm her ihre Eindeutigkeit.

Da Johannes das Wort mit Jesus identifiziert, ist es gewiss kein Zufall, dass gerade auch die Bezeichnungen „Leben" und „Licht" im weiteren Evangelium im Zusammenhang von Ich-bin-Worten Jesu begegnen. So folgt in 8,12 auf die Selbstbezeichnung Jesu als „Licht der Welt" die Verheißung an die ihm Nachfolgenden, dass sie nicht in der Finsternis das Leben führen, sondern „das Licht des Lebens" haben werden. Lebensführung in seinem Licht wird Lebenszeichen setzen. Solches Leben unterliegt nicht der Vergeblichkeit. Weil der ans Kreuz gehende Jesus „die Auferstehung und das Leben" ist, kann Leben auch trotz und angesichts des Todes verheißen werden (11,25f.).

Dass also im Wort Leben und das Leben das Licht der Menschen war, weist die das Evangelium nicht zum ersten Mal Lesenden und Hörenden auf die Nachfolge Jesu, in der der Lebensweg Orientierung erhält und in der Leben erfahren und auch angesichts des Todes als bleibend versprochen wird. Es weist im Zusammenhang mit dem vorangehenden Kontext besonders hin auf die Geschöpflichkeit des Menschen, auf ein Leben, das im Verhältnis zum Schöpfer und den Mitgeschöpfen gestaltet sein will. Und im jüdischen Kontext kann es schließlich nicht ausbleiben, dass die Aussage von der Orientierung gebenden Lebensvermittlung des Wortes an die Tora erinnert. So heißt es in DevR 7,3 (Wilna 113d) in einem Vergleich des Öls mit den Worten der Tora: „Wie das Öl Leben für die Welt ist, so sind auch die Worte der

---

[23] So schreibt etwa CALVIN zu dieser Stelle von den Menschen: „... denn sie sind ja geschaffen nicht ähnlich dem Vieh, sondern als vernunftbegabte Wesen stehen sie auf einer höheren Stufe" (Komm. 11).

Tora Leben für die Welt. Wie das Öl Licht für die Welt ist, so sind auch die Worte der Tora Licht für die Welt"[24]. Nach 2Bar 17,4 brachte Mose „die Tora den Nachkommen Jakobs und zündete dem Stamm Israels eine Leuchte an". Nach Rabbi Akiva manifestiert sich die Liebe Gottes zu den Israeliten darin, dass ihnen mit der Tora „ein kostbares Gerät gegeben worden ist, mit dem die Welt erschaffen wurde" (mAv 3,14). Gott, der zu Israel in der Tora spricht, ist kein anderer als der Schöpfer der Welt. Und so ist nicht zufällig am Beginn dieser Mischna-Stelle von der Liebe Gottes zur Menschheit die Rede, die sich darin ausdrückt, dass er den Menschen in seinem Bild geschaffen hat. Man sollte hier keine vorschnellen Abgrenzungen konstruieren. Die Struktur ist jedenfalls dieselbe: Sowohl das Wort, das in der Tora besteht, als auch das, mit dem Jesus identifiziert wird, gibt Orientierung für einen Weg, auf dem Leben erfahren und verheißen wird. In welchem möglichen Verhältnis beides zueinander steht, wird zuerst bei der Auslegung von 1,17 zu fragen sein.

Johannes stellt in den ersten vier Versen seines Evangeliums Jesus in die Dimension des Wortes, mit dem Gott selbst sich vernehmbar macht, mit dem er schon in der Schöpfung gesprochen hat. Indem er so vom Wort redet, es von Anfang an „bei Gott" weiß und dieses Wort sozusagen „Platzhalter" sein lässt für Jesus[25], hat er damit einen Bezugsrahmen abgesteckt, innerhalb dessen das im Evangelium erzählte Handeln und Geschick Jesu als Selbstmitteilung Gottes begriffen werden kann und soll.

b) Die Ablehnung des geschichtlich wirkenden Wortes (1,5.9–11)

Bei der Besprechung des Aufbaus des Prologs war deutlich geworden, dass zwischen 5 V.4 und V.5 ein großer Sprung vorausgesetzt ist. Er wird zwar in formaler Hinsicht durch die Wiederaufnahme des Wortes „Licht" überspielt. Aber er zeigt sich doch am Wechsel in der Zeitform. Begegneten vorher nur Zeitformen der Vergangenheit, und zwar ausschließlich von den Verben „sein" und „werden", so wird nun in V.5a im Präsens gesprochen. Außerdem ist der Sprung an der in V.6–8 beschriebenen Zeugenschaft Johannes des Täufers erkennbar. Wenn dieser als Zeuge für das Licht auftritt, unter dem niemand anders als Jesus verstanden werden kann, dessen Name aber noch nicht genannt, sondern von dem zunächst implizit, dann aber auch explizit als von „dem Wort" geredet wird, dann bestätigt sich von hier aus noch einmal, dass „das Licht" in V.4 keine allgemeine Bestimmung menschlicher Existenz, sondern an „das Wort" gebunden ist.

---

24 Vgl. auch SifDev § 306 zu Dtn 32,2 (FINKELSTEIN/HOROVITZ S.336): „Wie der Regen Leben für die Welt ist, so sind auch die Worte der Tora Leben für die Welt."
25 Vgl. dazu BARTH, Johannes-Evangelium 27 sowie KD II 2,103.

Mit V.5 tritt ein bestimmtes Geschehen in der Zeit in den Mittelpunkt und beherrscht von nun an so die Szene, dass die vorangehenden Verse nur noch als ein Vorspann erscheinen – ein notwendiger Vorspann, der die Tiefendimension dieses Geschehens aufzeigt. V.5 knüpft mit dem Begriff „Licht" zwar an das Vorangehende an, ist aber inhaltlich doch auf das Folgende ausgerichtet. Was dort ausgeführt wird, dass das als Licht gekennzeichnete Wort Ablehnung erfährt, wird hier thetisch vorweggenommen.

Der Evangelist Johannes springt also vom schöpferischen Wirken des Wortes „am Anfang" sofort hinüber zum Wort, wie es in Jesus wirkt. Sein Interesse dabei dürfte die Zuordnung von urzeitlichem und endzeitlichem Handeln Gottes sein: Er kommt in Jesus nicht anders zu Wort, als der er am Anfang schöpferisch gesprochen hat. Aus dieser Nebeneinanderstellung von Schöpfung und Neuschöpfung, die um der Prägnanz der Zuordnung willen alles, was dazwischen liegt, überspringt, darf nun nicht umgekehrt geschlossen werden, Johannes habe an der Geschichte Gottes mit seinem Volk Israel kein Interesse. Selbstverständlich denkt er nicht an einen Schöpfer, der vom Gott Israels unterschieden wäre. Das wird im Evangelium oft genug deutlich. Auch das von Gott bei der Schöpfung gesprochene Wort kennt er ja nur aus seiner jüdischen Bibel. Und noch im Prolog wird er ausdrücklich Mose und die Tora erwähnen, keineswegs in negativ abgrenzender Weise. Dass er nun, da er das in Jesus wirksame Wort in den Blick nimmt, zunächst dessen Ablehnung thematisiert, dürfte mitbedingt sein durch seine geschichtliche Erfahrung.

Vom Menschen Jesus also spricht Johannes, wenn er in V.5 schreibt: „Und das Licht scheint in der Finsternis." Indem er aus dem vorangehenden Vers den Begriff „Licht" aufnimmt, betont er, dass hier kein anderes Licht aufscheint als das, von dem er im Schöpfungszusammenhang gesprochen hatte. Und doch ist nun ganz unvermittelt von „Finsternis" die Rede. Der Evangelist macht nicht den mindesten Versuch, die Finsternis von irgendwoher abzuleiten oder ihr Vorhandensein zu erklären[26]. Er spekuliert nicht, er stellt einen Tatbestand fest[27]. Und mit der „Finsternis" meint er ja nichts anderes als die zuvor erwähnte Welt, die er mit dem Wort „alles" umschrieben hatte, und die Menschen in ihr, die durch das Wort erschaffen worden sind. Im Licht des Auftretens Jesu erkennt er, dass die Welt, so wie sie ist, dass die

---

[26]   Er behauptet sie nicht als ein Urprinzip, führt sie nicht auf eine mythische Gestalt zurück und stellt auch keine Betrachtungen darüber an, wie denn Licht in die Finsternis gelangen konnte. Man sehe sich hier zum Vergleich die unterschiedlichen Bemühungen gnostischer Denker an (vgl. dazu nur K. RUDOLPH, Die Gnosis, 1977, 67–74), für die der dualistische Gegensatz von Licht und Finsternis und das Verschlagensein von Licht in Finsternis fundamental sind, um zu merken, wie weit das Johannesevangelium von der Gnosis entfernt ist.

[27]   Finsternis, schreibt BARTH, ist für den Evangelisten „eine Realität, die sich auf *der* Ebene befindet, wo man die Frage nach dem Ursprung nicht stellen kann, wo alle Möglichkeit objektiver Betrachtung abgeschnitten ist, wo dem Menschen gar nichts übrig bleibt, als mit den hier auftauchenden Realitäten als solchen zu rechnen, sich in Krieg oder Frieden mit ihnen auseinanderzusetzen" (Johannes-Evangelium 55; vgl. auch S.56).

Geschichte der Menschen, so wie sie verläuft, nicht in Ordnung sind. Damit tritt von hier aus in aller Deutlichkeit hervor, dass die Aussagen von V.3f. keine schöpfungstheologische Rechtfertigung der faktischen geschichtlichen Wirklichkeit bedeuten. Das Auftreten Jesu lässt die Welt in keinem guten Licht erscheinen[28]. Beides ist zusammenzuhalten und darf nicht auseinanderfallen: die umfassende Schöpfungsaussage einerseits und andererseits die Kennzeichnung der faktischen Welt als Finsternis im Licht des Auftretens Jesu. Das impliziert die Hoffnung auf Neuwerden der ganzen Schöpfung[29]. Mit Jesus ist mitten in der Welt eine gegenüber dem faktischen Geschichtsverlauf *andere*, sie in Erinnerung an die Schöpfung *ändernde* Wirklichkeit aufgeleuchtet, die in seiner Nachfolge Raum gewinnt (vgl. 8,12). Die Welt soll und kann anders sein; sie ist es in der Nachfolge Jesu.

Für die erste Leser- und Hörerschaft des Johannesevangeliums, die mit ihrer jüdischen Bibel lebte, klingen bei der **Aussage vom Scheinen des Lichtes in der Finsternis** zwei biblische Zusammenhänge an. Es ist einmal die Hoffnung auf (messianische) Rettung aus einer als finster erfahrenen Wirklichkeit. So spricht Israel in Mi 7,8: „Freue dich nicht, meine Feindin: Wenn ich gefallen bin, stehe ich auf; wenn ich in der Finsternis sitze, ist Adonaj mir Licht." So heißt es Jes 9,1 im Vorblick auf das dann in V.5 genannte messianische Kind: „Das Volk, das in der Finsternis geht, hat ein großes Licht gesehen; über denen, die im Land des Todesschattens sitzen, erstrahlte ein Licht." Der andere Zusammenhang bezieht sich auf das rechte sozialethische Verhalten, das ausstrahlende Kraft hat und bedrückten Menschen das Leben hell macht – so in Jes 58,10 und Ps 112,4 mit ihrem jeweiligen Kontext. Beides gehört zusammen; denn die Rettung erfolgt aus konkreter Not und zielt auf ein Leben „in Recht und Gerechtigkeit von jetzt an und für immer", wie Jes 9,6 ausdrücklich festgestellt wird. Wo ihm in konkreter Tat entsprochen wird, scheinen schon hier und jetzt hoffnungsvolle Lichter der kommenden Welt auf.

Diese Zusammenhänge begegnen auch in der rabbinischen Rezeption der biblischen Stellen. DevR 11,10 (Wilna 120a) spricht Michael als der für Israel zuständige Engel in Auslegung von Mi 7,8: „Denn ich fiel wegen des Hinscheidens von Mose; ich stand auf wegen Josuas Vorstehertum in der Stunde, da er die 31 Könige niederwarf. Denn ich sitze in Finsternis bei der Zerstörung des ersten und des letzten Tempels, Adonaj ist mir Licht für die Tage des Messias." Vgl. auch die Auslegung von Mi 7,8 in jJom 3,2 (14a; Krotoschin 40b); EstR 10,14 (Wilna 15c); ShirR 6,10 (Wilna 34d). In MTeh 22,15 wird Jes 9,1 auf die Zeit Mordochais bezogen, die hier als die schlimmste und finsterste für Israel gilt, „da über sie erlassen wurde, ,sie zu vernichten, zu töten und zu vertilgen'. ,Und sie sahen ein großes Licht.' Denn es ersprosste für sie ein Retter, der sie rettete. Und wer war es? Es war Mordochai." In bBB 9b wird als Handlung gegenüber Armen neben dem Geben von Geld freundliches Zureden mit Worten genannt und auf Jes 58,10 bezogen.

„Und das Licht scheint in der Finsternis." Der Evangelist Johannes sieht das Licht, das in Jesus aufscheint, in diesen biblischen Dimensionen. Es hat kritischen, überfüh-

---

28 THURNEYSEN (s. Anm. 13) bemerkt zu V.5: „Es ist *nicht* alles gut, wie es ist" (27).
29 Wiederum ist gegen KÄSEMANN auch von hier aus festzuhalten, dass im Johannesevangelium kein dualistischer Schöpfungsbegriff vorliegt. Er zitiert V.5 an allen Stellen, an denen er ihn bringt, seltsamer- und bezeichnenderweise in der Fassung: „Das Licht scheint *in die* Finsternis" (Wille 77.132.138).

renden Charakter (3,19; vgl. 7,7); von ihm erleuchtet soll ein Weg gegangen werden (8,12; vgl. 3,21; 12,35f), und es vermittelt Leben (8,12; vgl. 12,47).

„Und die Finsternis hat es nicht gefasst", stellt Johannes lapidar in V.5b fest. Das deutsche Wort „fassen" ist in seiner Mehrdeutigkeit vielleicht am ehesten geeignet, das zum Ausdruck zu bringen, was das griechische Wort *katalambánein* hier meint. Es enthält die Bedeutungen von „umfassen" und „erfahren", von „greifen", „ergreifen" und „begreifen". Was hier formuliert ist, wird ja in V.10f. in einem Aspekt aufgenommen, wenn es dort heißt, dass „die Welt ihn nicht erkannte", „die Seinen ihn nicht annahmen". Der andere Aspekt zeigt sich in 12,35, wenn Jesus mahnt, dass „euch nicht Finsternis ergreife"[30]. Die Welt kann die Wirklichkeit Gottes in einem doppelten Sinn nicht „fassen" – es sei denn, dass Gott sich fassbar macht, womit er sich aber zugleich wieder in solcher Fassbarkeit verbirgt.

Eine sachliche Analogie hierzu bietet **die rabbinische Tradition, dass die ganze Welt Gott** in seiner Gegenwart (*sch'chináh*) bzw. seine Herrlichkeit **nicht fassen kann**. Aber Gott kann sich sozusagen zusammenziehen, sich beschränken auf den Bereich des Zeltes der Begegnung, den Tempel oder auch auf einen anderen Ort. Nach BemR 12,3 (Wilna 46a) spricht Gott zu Mose: „Wenn ich die ganze Welt verlangte, könnte sie meine Herrlichkeit nicht fassen... Aber ich verlange von deiner Hand nichts sonst als zwanzig (Balken) im Süden, zwanzig im Norden und acht im Westen", nämlich zum Bau des Zeltes der Begegnung; vgl. MTeh 91,1; PesR 4 (FRIEDMANN 14a). Nach ShemR 34,1 (Wilna 62d) verheißt Gott im Anschluss an den Wunsch nach den genannten Balken: „Ich werde herabsteigen und mich in meiner Gegenwart zusammenziehen Elle um Elle." Auf Hi 38,1 bezogen heißt es PesR 47 (FRIEDMANN 190a): „Die Oberen und die Unteren fassen nicht die Herrlichkeit des Heiligen, gesegnet er, und er zog sich selbst zusammen in die Mitte des Sturmes." Indem in Hi 38,1 „Haar" statt des im Hebräischen fast gleich lautenden und fast gleich geschriebenen „Sturm" gelesen wird, kann nach BerR 4,4 (THEODOR/ALBECK S.28) auch gesagt werden: „Manchmal ist es, dass die Welt und ihre Fülle seine Herrlichkeit nicht fasst; manchmal ist es, dass er mit dem Menschen zwischen den Haaren seines Kopfes heraus spricht."

Wenn Johannes Jesus als „das Licht" bezeichnet, von dem er vorher in Verbindung mit dem schöpferischen Wort gesprochen hat, dann kann das auch so verstanden werden, dass Gott seine Herrlichkeit in Jesus konzentriert, so dass sein Licht hier aufscheint. Auf solche Zusammenhänge wird die Auslegung von V.14 führen. „Und die Finsternis hat es nicht gefasst." Wie sollte „die Finsternis" auch „das Licht" fassen können – sie bliebe ja dann nicht mehr Finsternis! Dass aber auch diese logische Unmöglichkeit von Gott her Wirklichkeit werden kann, darauf wird der Evangelist in V.12f. zu sprechen kommen. Zunächst aber schiebt er in V.6–8 einen Exkurs ein.

---

[30] Im griechischen Text steht auch hier eine Form von *katalambánein*.

Exkurs: Johannes der Täufer als Zeuge des Wortes (1,6–8)

Die Erwähnung des Wortes „Licht" veranlasst den Evangelisten zu einer deutlichen 6–8
Abgrenzung und Zuordnung. Der Aspekt der Abgrenzung zeigt sich in aller Klarheit
in V.8a: „Nicht der war das Licht." Diese betonte Verneinung, bezogen auf Johannes
den Täufer, weist darauf hin, dass es hier offenbar einen konkurrierenden Anspruch
abzuwehren galt.

Auch nach der Hinrichtung Johannes des Täufers durch Herodes Antipas (vgl. Josephus, Ant
18,116–119; Mk 6,17–29 par. Mt 14,3–12) gab es **Täufergemeinden**, die Johannes weiterhin für *die* endzeitliche Gestalt hielten (vgl. H. LICHTENBERGER, Täufergemeinden und
frühchristliche Täuferpolemik im letzten Drittel des 1. Jahrhunderts, ZThK 84, 1987, 36–
57). Die Konkurrenz zwischen christlicher Gemeinde und Täufergemeinde spiegelt sich in
allen Evangelien wider – in den Synoptikern tritt sie besonders klar in Mt 3,14f. hervor –,
am stärksten aber im Johannesevangelium. Rückprojektion solcher Konkurrenz in die Zeit
Jesu dürfte in 3,22–26 und 4,1 vorliegen. Weiter sind in diesem Zusammenhang anzuführen
die Abwehr aller Titel von sich selbst, die der Täufer in 1,19–27 vornimmt, und das Übergehen des Faktums, dass Johannes Jesus getauft hat in 1,29–34 wie überhaupt die Vermeidung der Bezeichnung „Täufer" für Johannes. Schließlich ist hier noch das Bekenntnis des
Täufers vor seinen eigenen Schülern in 3,27–30 zu nennen[31].

Wenn es also auch dem Johannes abgesprochen wird, „das Licht" zu sein, so heißt
das doch keinesfalls, dass er deshalb zur „Finsternis" gehörte. Er wird vielmehr „dem
Licht", als das der Evangelist Jesus versteht, in einer positiven Weise zugeordnet.
Das macht eindrücklich deutlich, dass die Begriffe „Licht" und „Finsternis" (V.4f.)
nicht dualistisch verstanden sind. So wird Johannes eingeführt als „gesandt von Gott"
(vgl. 1,33; 3,28). Von Gott gesandt zu sein, wird sonst im Evangelium nur noch von
Jesus selbst – sehr häufig – und von „dem Helfer", dem heiligen Geist (14,26; vgl.
15,26), ausgesagt[32]. Johannes ist nicht „das Licht", und doch ist er „gesandt von
Gott". Daraus ergibt sich als seine Bestimmung die des Zeugen. Er wird schon im
Prolog und dann gleich wieder zu Beginn der Erzählung in 1,19ff. als der Zeuge
schlechthin vorgestellt, der von sich weg auf Jesus hinweist. „Der kam zum Zeugnis,
damit er Zeuge sei für das Licht"[33].

---

31 Zur Umkehrpredigt Johannes des Täufers und zur Rezeption seiner Botschaft bei seinen Schülern
   vgl. STEPHANIE VON DOBBELER, Das Gericht und das Erbarmen Gottes, 1988; J. ERNST, Johannes
   der Täufer, 1989; H. STEGEMANN, Die Essener, Qumran, Johannes der Täufer und Jesus, 1993,
   292–313; zu den Täufertraditionen im Johannesevangelium M. STOWASSER, Johannes der Täufer
   im Vierten Evangelium, 1992.
32 Der Evangelist spricht damit in einer Weise über Johannes, wie er es auf die Schüler Jesu bezogen nicht tut. Sie werden von Jesus gesandt: 4,38; 13,20; 17,18; 20,21.
33 Aus der ursprünglich auch bei der Verwendung mit Genitiv möglichen lokalen Bedeutung der
   Präposition *perí* (um, um ... herum), die aber im Neuen Testament nicht mehr begegnet, gewinnt
   BARTH eine sehr schöne Beschreibung von Zeugenschaft: „Zeugen ist wirklich und im besten
   Sinn ein um die Sache *Herumreden*, ein genaues und vollständiges *Umschreiben*, ein Hinweisen,
   Bestätigen, Wiederholen, bei dem die Sache doch immer die Sache bleibt und für sich selber re-

Als Ziel seines Zeugnisses für das Licht erscheint, „damit alle durch ihn glaubten". Es ist dasselbe Ziel, das der Evangelist mit dem Schreiben seines Evangeliums im Ganzen verfolgt (20,31). Er tut damit nichts anderes, als dem Beispiel zu folgen, das er sich in der Gestalt des Johannes hier vorgibt. Was von ihm an dieser Stelle paradigmatisch gesagt wird, führt dann die Erzählung in 1,19–37 ausdrücklich aus.

Obwohl also die Konkurrenzsituation zwischen der an Jesus glaubenden Gemeinde und der Täufergemeinde nach dem Johannesevangelium schärfer ist als nach den synoptischen Evangelien, ist hier **die positive Funktion des Täufers im Blick auf Jesus** wesentlich gewichtiger als dort. Bei den Synoptikern ist er Vorläufer und Wegbereiter; im Johannesevangelium ist er *Zeuge*. Derjenige, auf den sich der Glaube einer konkurrierenden Gruppe bezieht, wird hier zum Zeugen des eigenen Glaubens. Es ist wohl nicht zufällig, dass Johannes in der Erzählung vor allem Zeuge für Jesus als „das Lamm Gottes" ist (1,29.36), also für den für die Welt leidenden und sterbenden Jesus. Wenn in 4,1 Jesus- und Johannesschüler nebeneinander aus der Perspektive „der Pharisäer" betrachtet werden, könnte sich darin niederschlagen, dass für das pharisäisch-rabbinische Judentum nach 70 Täufergemeinde und johanneische Gemeinde beide häretisch waren. Die Mitglieder der Täufergemeinde werden also ähnliche bedrängende Erfahrungen gemacht haben wie die der johanneischen Gemeinde. Könnte es nicht sein, dass die hervorragende Rolle des Täufers als Zeugen für den leidenden Jesus mitbestimmt ist durch die Erfahrung gemeinsamer Bedrängnis, die für den Evangelisten zum Zeugnis für den wird, der für ihn der Leidende schlechthin ist? Und wird nicht solches von außen kommendes Zeugnis, das die Gemeinde auf ihren eigensten „Gegenstand" verweist, sie zur Solidarität mit diesen Zeugen verpflichten?

9 Nach dem Exkurs, der die Funktion Johannes des Täufers herausstellte, beschreiben die V.9–11 die Ablehnung des in der Welt wirkenden Wortes. Sie tun es in Aufnahme der knappen Feststellung von V.5b. Von diesem Zusammenhang her ergibt es sich auch, dass das Subjekt in V.9–11, das nicht ausdrücklich genannt wird, „das Wort" sein muss. Bei diesem Wort ist nun aber – das hat der Exkurs in V.6–8 unmissverständlich deutlich gemacht – an das geschichtliche Wirken Jesu gedacht. Um das auch in der Übersetzung anzudeuten, ist dort zum maskulinen Personalpronomen „er" übergegangen worden. Anders als im Griechischen ist im Deutschen „Wort" ja neutrisch.

V.9 kennzeichnet zunächst allein sein Wirken als Licht, womit der Sache nach noch einmal V.5a aufgenommen und weitergeführt wird: „Er war das wahre Licht, das jeden Menschen erleuchtet bei seinem Kommen in die Welt."

Diese Übersetzung lässt offen, was auch vom griechischen Text her nicht entschieden werden kann, ob sich nämlich die Wendung am Schluss des Verses vom **Kommen in die Welt** auf Jesus oder auf alle Menschen bezieht. Aus zwei Gründen lässt sich aber eine Entscheidung im ersten Sinn treffen: 1. Im rabbinischen Schrifttum findet sich zwar häufig die Wendung „die in die Welt Kommenden" als *Umschreibung* für Menschen, an keiner einzigen Stelle aber als *Näherbestimmung* einer vorangehenden kollektiven Nennung von Menschen.

---

den kann, nicht irgendwie in ein menschliches Gerede hineingezogen, von ihm übertönt und vergewaltigt wird" (Johannes-Evangelium 64).

Das ist nicht verwunderlich, da diese Wendung ja auch gar keine nähere Bestimmung leistet. Wohl aber findet sie sich auf einzelne namentlich genannte Menschen bezogen (vgl. SifDev § 312 [FINKELSTEIN/HOROVITZ S.353]). – 2. Im Johannesevangelium ist vom „Kommen in die Welt" sonst immer nur in Bezug auf Jesus die Rede (6,14; 9,39; 11,27; 16,28; 18,37), zweimal sogar in Verbindung mit dem Wort „Licht" (3,19; 12,46; vgl. BAUER, Komm. 18).

Jesus, das Wort, kommt also nach V.9 in die Welt als „das wahre Licht" und erleuchtet alle Menschen. Die Betonung des Wortes, das Jesus ist, als des *wahren* Lichtes ist in diesem Kontext zunächst darauf bezogen, dass unmittelbar vorher herausgestellt wurde, Johannes sei *nicht* das Licht. Hier zeigt sich wieder die Konkurrenzsituation zur Täufergemeinde: Jesus wird als das wahre Licht hervorgehoben, weil es einen konkurrierenden Anspruch gibt, der in einem anderen das Licht erkennt. In „wahr" ist aber noch ein anderer Aspekt enthalten, nämlich der des Wirklichen und Wesentlichen, von dem auf keinen Fall abgesehen werden darf. Daher ist zu fragen, welche Wahrheit, welche Wirklichkeit denn im Lichte des Auftretens Jesu erkannt werden kann. Womit „erleuchtet" er das Leben der Menschen? Hier kann nun zum Zuge kommen, dass der Evangelist im voranstehenden Exkurs Johannes als Zeugen für das Licht angeführt hatte; und das erinnerte diejenigen, die das Evangelium nicht zum ersten Mal lesen, vor allem an sein Zeugnis über Jesus als „das Lamm Gottes, das die Sünde der Welt trägt" (1,29.36). Das also leuchtet in Jesus als Wahrheit und Wirklichkeit auf, dass Gott hier als barmherzig und vergebend gegenüber der Welt, gegenüber allen Menschen begegnet, die deshalb auch im Lichte Jesu, in seiner Nachfolge, einen Weg gehen können, der Leben verheißt (8,12).

Sachlich entsprechend versteht die spätere rabbinische Tradition **das Erleuchten Gottes** von seiner Barmherzigkeit her. In WaR 31,6 (MARGULIES S.724) scheint zwar nur ganz schlicht vom Licht der Sonne und des Mondes die Rede zu sein: „„Und über wen erhebt sich nicht sein Licht?' (Hi 25,3) Wer kommt von allen, die in die Welt kommen, und spricht: Mir leuchtet die Sonne nicht am Tage, und mir leuchtet der Mond nicht in der Nacht? Du leuchtest den Oberen und den Unteren und Du leuchtest allen, die in die Welt kommen; und Du begehrst nach dem Licht Israels. Das ist, was geschrieben steht: ,Gebiete den Kindern Israels!' (Lev 24,2)." Aber die ausdrückliche Anrede an Gott als den, der allen leuchtet, lässt doch noch eine andere Dimension mitschwingen. Sie ist schon vorher in derselben Parascha ausgesprochen, nämlich in 31,1 (MARGULIES S.715): „„Gott, wer ist wie Du?' (Ps 71,19) Wer ist wie Du bei den Oberen, und wer ist wie Du bei den Unteren? Wer ist wie Du, der Du niederzwingst das Maß des Rechts (und also das Maß des Erbarmens die Oberhand gewinnen lässest)? Du leuchtest den Oberen und den Unteren, Du leuchtest allen, die in die Welt kommen; und Du begehrst nach dem Licht Israels. Das ist, was geschrieben steht: ,Gebiete den Kindern Israels!' (Lev 24,2)." Mit der Gabe der Tora hat sich Gott Israel in besonderer Weise zugewandt und erwartet nun von ihm, dass es im Befolgen der Tora auch selber leuchtet. So kann auch ein Ausleger der Tora als jemand bezeichnet werden, der erleuchtet. Nach SifDev § 32 (FINKELSTEIN/HOROVITZ S.57) sagt Rabbi Tarfon zu dem erkrankten Rabbi Elieser: „Rabbi, du bist Israel lieber als das Rad der Sonne. Denn das Rad der Sonne erleuchtet in dieser Welt, du aber hast erleuchtet in dieser Welt und in der kommenden Welt."

10f. Die V.10f. konstatieren umfassende Ablehnung. Sie tun es in parallelen Formulierungen. „In der Welt war er" und „In das Seine kam er" entsprechen einander ebenso
wie „und die Welt erkannte ihn nicht" und „und die Seinen nahmen ihn nicht an".
Aus dieser genauen Parallelität fällt der mittlere Teil von V.10 als überschießend
heraus: „und die Welt ward durch ihn". Diese Wiederaufnahme der Aussage von V.3
hält fest, dass das Wort, das Jesus ist, sich in der Welt nicht als in irgendeiner Fremde aufhält, sondern in der von Gott durch sein Wort geschaffenen Welt, dass der in
Jesus präsente Gott derselbe ist, der am Anfang sein schöpferisches Wort sprach.
Wiederum ist deutlich, dass im Johannesevangelium kein doketischer Schöpfungsbegriff vorliegt. Dennoch muss der Evangelist feststellen, dass „die Welt ihn nicht erkannte". „Erkennen" dürfte im Sinn von „anerkennen" verstanden sein. Die Welt
erkennt nicht an, dass in Jesus als dem „wahren Licht" Gott als barmherziger und
vergebender präsent ist, was ja zugleich die Wahrheit über sie selbst enthält, dass ihre
Taten böse sind und sie deshalb die Finsternis mehr liebt als das Licht (3,19; vgl.
7,7).

Für die Zuordnung von V.11 zu V.10 gibt es zwei Verstehensmöglichkeiten, die
sich nicht entscheiden lassen. Einmal kann die überschießende Aussage von V.10,
dass „die Welt durch ihn ward", als Vorbereitung für V.11 gelesen werden, so dass
dieser inhaltlich nichts anderes sagt als V.10, sondern nur die Welt und alle Menschen in ihr betont als sein Eigentum, als „das Seine" und „die Seinen", herausstellt.
Er kommt nicht in die Fremde, sondern in das ihm sozusagen von Haus aus Eigene,
aber er wird nicht akzeptiert, wie ein Fremder behandelt, weil die Welt sich ihrem
Schöpfer entfremdet hat, der in ihm präsent ist.

Zum anderen kann aber das Verhältnis von V.10 und V.11 auch als das zweier
konzentrischer Kreise gelesen werden. Nach der ganzen Welt käme dann ein engerer
Kreis ins Blickfeld; und damit kann nur Israel gemeint sein, so dass „das Seine" und
„die Seinen" das eigene Land und die Landsleute Jesu bezeichneten[34]. In solcher
Weise wird schon in Ex 19,5 Israel als „Eigentum" Gottes „vor allen Völkern" bezeichnet, dem doch, wie gleich anschließend festgestellt wird, „die ganze Erde" gehört. Liest man so, formuliert der Evangelist in V.11b die Ablehnung, die Jesus in
Israel erfahren hat.

Wenn ich es so lese, kann ich das nicht anders, als dass ich zugleich wahrnehme, was inzwischen in der Geschichte zwischen Juden und Christen geschehen ist und was im Neuen Testament Paulus über seine nicht an Jesus als den Messias glaubenden Landsleute sagt. Er
fängt mit der **jüdischen Ignorierung Jesu** etwas Positives an, indem er feststellt, dass erst
dadurch die Botschaft zu den Völkern gelangt ist (Röm 11,11f.15.25.31). Die daraus entstandene Kirche aus den Völkern hat, mächtig geworden, oft genug Jüdinnen und Juden zur
Stellungnahme gegenüber Jesus gezwungen, weil sie es auch ihnen gegenüber für die einzig

---

[34] So spricht Josephus von Jerusalemer Bürgern, die „zu den Fremden flohen und bei den Römern
      Rettung erlangten, an der sie unter den Ihren verzweifelt waren" (Bell 4,397).

relevante Frage hielt, ob Jesus der Messias ist oder nicht. Ich muss wahrnehmen, dass schon ab dem 2. Jh. Jüdinnen und Juden darauf mit „Nein" antworten mussten, wollten sie ihre jüdische Identität bewahren. Ich muss wahrnehmen, dass ihr Nein zu Jesus ganz und gar kein Nein zum einen Gott bedeutet, der doch der Gott Israels ist und bleibt. Und ich sehe, dass Paulus nicht das Evangelium von Jesus Christus zum entscheidenden Kriterium der Wahrnehmung Israels durch christusgläubige Menschen aus den Völkern macht, sondern dessen in Geltung bleibende Erwählung (Röm 11,28f.).

c) Die Aufnahme des geschichtlich wirkenden Wortes (1,12f.)

Hatten die V.10f. von umfassender Ablehnung Jesu als des Wortes gesprochen, so wissen die V.12f. doch auch von Ausnahmen. Es gibt solche, die ihn aufgenommen haben, es gibt die Glaubenden. Der Evangelist weist damit die Gemeinde auf sich selbst hin, auf die eigene Erfahrung. Sie, die Glieder der Gemeinde, sind ja diejenigen, die es vernommen haben, dass in Jesus Gott zu Wort gekommen ist. Darin werden sie bestätigt und bestärkt. Zugleich wird hier, wo zum ersten Mal die Gemeinde in den Blick kommt, sehr deutlich herausgestellt, dass sie nicht aus dem eigenen Entschluss ihrer Mitglieder entstanden ist und auf deren Willen beruht, sondern dass es sie nur als Wunder, als Werk Gottes, als seine Neuschöpfung gibt. Aktiv und Passiv, Handeln Gottes und Handeln der Menschen sind hier unauflöslich miteinander verbunden. Sie nehmen auf und glauben bzw. vertrauen; sie werden geboren, werden zu Kindern Gottes. Die Passivität, dass der Mensch zu seiner eigenen Geburt nichts beiträgt, und die Aktivität, das Aufnehmen, wo Nicht-Annahme das zu Erwartende und Übliche ist, liegen beim Entstehen von Gemeinde ineinander.

Der aktive Aspekt wird also als ein Annehmen und Aufnehmen Jesu als des Wortes beschrieben, als ein Akzeptieren dessen, dass in ihm Gott spricht[35]. Diejenigen, die das tun, sind damit zugleich „die an seinen Namen Glaubenden". Die Erwähnung „seines Namens" taucht hier recht unvermittelt auf, da ja bisher noch gar kein Name genannt worden ist. Daran zeigt sich, dass Johannes eine Leser- und Hörerschaft voraussetzt, die schon weiß, um wen es geht und welches sein Name ist, den er selbst erst ausdrücklich in V.17 nennt: Jesus Christus. „Das Wort", von dem im Prolog die Rede ist, hat also einen Namen, den Namen eines bestimmten Menschen. Glauben an seinen Namen heißt, an ihn zu glauben; denn der Name steht für die Person[36]. Die Akzeptanz dessen, dass in Jesus Gott zu Wort kommt, kann nur so erfolgen, dass diesem Wort gefolgt, dass auf den hier präsenten Gott vertraut wird. Nichts anderes meint die Wendung vom „Glauben an seinen Namen".

Die Randzahl **12** steht am rechten Rand neben dem Absatzbeginn „Hatten die V.10f."

---

[35] Dass nach dem Kompositum *parélabon* in V.11 jetzt das Simplex *élabon* steht, ist nicht mehr als stilistische Abwechslung. Für die Akzeptanz und Nicht-Akzeptanz Jesu, seines Zeugnisses oder seiner Worte gebraucht Johannes üblicherweise das Simplex: 3,11.32f.; 5,43; 12.48; 13,20.

[36] Die Wendung vom „Glauben an seinen Namen" findet sich im NT nur im johanneischen Schrifttum, außer an dieser Stelle noch Joh 2,23; 3,18; 1Joh 3,23; 5,13.

Solche Zusammenhänge zeigen sich hinsichtlich der Wendung vom **„Glauben an den Namen"** analog in einer rabbinischen Tradition. ShemR 16,1 (Wilna 32b) heißt es zu Ex 12,21: „Der Heilige, gesegnet er, sprach: Siehe, ich entgelte es den Ältesten, dass sie Israel dazu brachten, auf meinen Namen zu vertrauen (bzw. an meinen Namen zu glauben). Als Mose zu ihnen sprach: Der Gott eurer Väter hat mich zu euch gesandt – wenn nicht die Ältesten die Worte des Mose angenommen hätten, hätte auch ganz Israel (sie) nicht angenommen. Aber die Ältesten nahmen sie zuerst an und zogen ganz Israel hinter sich und brachten sie dazu, dem Namen des Heiligen, gesegnet er, zu vertrauen"[37]. Auch hier geht es darum, dass die Worte eines, der beansprucht, von Gott gesandt zu sein, als Worte Gottes angenommen, akzeptiert werden und dass damit dem hier zu Wort kommenden Gott vertraut, geglaubt wird. Das wiederum äußert sich im Befolgen seines Wortes. Aber besteht nicht darin ein gravierender Unterschied, dass hier vom Glauben an den Namen Gottes, in dem johanneischen Text aber vom Glauben an den Namen Jesu Christi die Rede ist? Demgegenüber ist auf zweierlei hinzuweisen. Einmal kann neben dem Glauben an Gott schon biblisch vom Glauben an Mose gesprochen werden (Ex 14,31; vgl. 19,9). Das Vertrauen auf Mose richtet sich darauf, dass er nicht irgendetwas, sondern Gottes Worte vermittelt, dass also in dem, was er dem Volk sagt, Gott selbst zu Wort kommt. Nicht anders verhält es sich – und das ist der zweite Punkt –, wenn im Johannesevangelium vom Glauben an Jesus die Rede ist. Besonders zugespitzt ist das in 12,44 ausgesprochen, wenn es in der den ersten Teil des Evangeliums abschließenden Jesusrede heißt: „Wer an mich glaubt, glaubt nicht an mich, sondern an den, der mich geschickt hat"[38].

So ist deutlich, dass „Glauben" kein bloßes „Fürwahrhalten" ist, sondern für diejenigen, die es denn für wahr halten, dass in Jesus der Gott Israels präsent ist, hat diese Wahrheit darin Wirklichkeit, dass sie auf diesen Gott hören und auf ihn setzen, daraufhin ihr Leben wagen, wie er sich hier gezeigt hat. Damit ist auch klar, dass mit dem Glauben notwendig Handeln verbunden ist, das Gehen eines Weges, und die Hoffnung, dass dieser Weg nicht ins Leere führt.

„Die ihn aufnahmen", „die an ihn Glaubenden" werden in V.12 als „Kinder Gottes" bezeichnet. Damit nimmt Johannes auf, was in der jüdischen Bibel von Israel gilt. So heißt es etwa Dtn 14,1: „Kinder seid ihr Adonajs, eures Gottes." Für Rabbi Akiva ist diese Stelle Beleg dafür, dass die Israeliten von Gott Geliebte sind, wobei sich Gottes besondere Liebe darin erweist, dass er ihnen diese Kindschaft auch kundgetan hat (mAv 3,14). Je nach Situation, ob der implizite paränetische Aspekt oder ob Gottes frei sich zusagende Erwählung betont werden soll, kann die Aussage von Dtn 14,1 bedingt oder unbedingt aufgenommen werden: „Rabbi Jehuda sagt: Wenn ihr euch verhaltet, wie es sich für Kinder gehört, siehe, dann seid ihr Kinder, wenn aber nicht, seid ihr auch nicht Kinder. Rabbi Meir sagt: So oder so – ‚Kinder seid ihr Adonajs, eures Gottes'"[39].

---

[37]   Vgl. auch DevR 11,10 (Wilna 120a), wo Mose zu Gott spricht: „Herr der Welt, offenbar und bekannt ist vor Dir meine Arbeit und Mühe, dass ich mich abgemüht habe um Israel, bis sie Deinem Namen vertrauten (bzw. glaubten)."

[38]   Auf das hier angesprochene Problem wird bei der Auslegung von 12,44 und 14,1 einzugehen sein.

[39]   SifDev § 96 (FINKELSTEIN/HOROVITZ S.157); vgl. jQid 1,7 (21b; Krotoschin 61c); bQid 36a; bBB 10a.

Johannes formuliert in V.12 genauer, dass er – nämlich Jesus als das Wort – „den an seinen Namen Glaubenden" „Macht gab, Kinder Gottes zu werden". Hinter dem griechischen Wort *exusía* („Macht") dürfte das hebräische *reschút* stehen[40], das die Bedeutungen von „Erlaubnis", „Bevollmächtigung", „Berechtigung" enthält. Er, der im Evangelium als „der Sohn" schlechthin bezeichnet und beschrieben werden wird, der mit „dem Vater" in vollkommener Willenseinheit steht, berechtigt die zur Gotteskindschaft, die sich auf den in ihm zu Wort kommenden Vater einlassen.

V.13 unterstreicht, dass die Gotteskindschaft wirklich und ganz und gar von Gott 13 her begründet ist: „Die nicht aus Blut noch aus Fleischeswillen noch aus Manneswillen, sondern aus Gott geboren worden sind"[41]. Was ist damit über die Glaubenden gesagt? Natürlich sind sie – wie andere Menschen auch – „aus Blut und aus Fleisches- und aus Manneswillen[42] geboren worden", also auf dem üblichen Weg in die Welt gekommen. Sie sind ja leibhaftige Menschen und keine Scheinwesen. Aber *Glaubende* sind sie nicht aus natürlichen Voraussetzungen. Dass es überhaupt welche gibt, die im Wirken und Geschick Jesu die Präsenz des Gottes Israels erkennen und anerkennen, das kann der Evangelist nur als Wunder verstehen, als Tat Gottes selbst.

Luther äußert sich sehr eindrücklich **zur Geburt aus Gott**: „Und muß also der ganze Mensch in das Evangelium kriechen und allda neu werden, die alte Haut ausziehen; wie die Schlange tut, wenn ihre Haut alt wird, sucht sie ein enges Loch im Felsen, da kriecht sie hindurch und zieht ihre Haut selbst ab und läßt sie draußen vor dem Loch. Also muß der Mensch auch in das Evangelium und Wort Gottes sich begeben und getrost folgen seiner Zusage; er wird nicht lügen; so zieht er ab seine alte Haut, läßt heraußen sein Licht, seinen Dünkel, seinen Willen, seine Liebe, seine Lust, sein Reden, sein Wirken und wird also ein ganz anderer neuer Mensch, der alle Dinge anders ansiehet als vorher, anders richtet, anders urteilt, anders dünkt, anders will, anders redet, anders liebt, nach anderem gelüstet, anders wirkt und fähret als vorher" (Evangelien-Auslegung 4, 39).

Mit der Erwähnung der Glaubenden schließt der erste, beschreibende Teil des Prologs ab. Diese Glaubenden kommen nun zu Beginn des zweiten Teils mit ihrem Bekenntnis und Zeugnis selbst zu Wort.

---

40 Vgl. SCHLATTER, Johannes 18.
41 Vor allem Tertullian bezeugt für V.13 eine singularische Lesart: „der ... geboren worden ist", bezieht den Vers also auf Jesus, der damit als Beleg für die Jungfrauengeburt taugt. Er polemisiert gegen die Plurallesung bei den Valentinianern, die sie auf ihre Vorstellung vom Samen der Pneumatiker beziehen (De Carne Christi 19). Ausführlich zur Textkritik dieser Stelle SCHNACKENBURG, Komm. 1,240f.
42 Nach AUGUSTIN „steht Fleisch für Gattin, wie manchmal auch Geist für Gatte. Warum? Weil dieser regiert, jene regiert wird, dieser herrschen, jene dienen soll. Denn wo das Fleisch herrscht und der Geist dient, ist das Haus verkehrt. Was ist schlechter als ein Haus, wo das Weib die Herrschaft über den Mann hat? Recht aber ist das Haus, wo der Mann befiehlt, das Weib gehorcht" (Vorträge 2,14; Übersetzung SPECHT S.29f.).

d) Das Bekenntnis der Glaubenden (1,14)

14 Der Wechsel im Stil, dass der Beschreibung in der dritten Person nun ein bekennen-
des Wir folgt, ist durch die in V.12f. als Gotteskinder beschriebenen Glaubenden
vorbereitet, auf die der erste Teil zulief. Sie ergreifen das Wort; jetzt redet die bekennende Gemeinde. Ihr legt der Evangelist in den Mund, was sie nach den vorher gemachten Darlegungen über „das Wort" und angesichts ihrer, nach und angesichts der
dort gegebenen Beschreibung nun ihrerseits selbst zu sagen, zu antworten hat. Auf
die Proklamation des im schöpferischen und neuschöpferischen Wort handelnden
Gottes folgt das Nachsprechen dieser Proklamation als Bekenntnis. Dem Beschreiben
folgt als allein angemessene Reaktion das Bekennen derer, die sich in der Beschreibung als Gotteskinder wiedergefunden haben[43].

Sie bekennen: „Das Wort ward Fleisch und wohnte unter uns." Ausdrücklich wird
hier am Beginn des zweiten Teils noch einmal der am Beginn des ersten Teils in V.1
dreimal gebrachte zentrale Begriff „das Wort" wieder aufgenommen. Gottes schöpferisches Sprechen nimmt konkrete Gestalt an, verdinglicht sich geradezu, wird welt-
lich und gegenständlich. Es steht hier dasselbe Wort „Fleisch", das gerade in V.13
gebraucht wurde, wo sich die Geburt „aus Fleicheswillen" und die Geburt aus Gott
gegenüberstanden. In der biblischen Tradition bezeichnet „Fleisch" als anthropologi-
scher Ausdruck den Menschen in seiner Hinfälligkeit und Vergänglichkeit[44] – im
Unterschied zu Gott, der gerade nicht „Fleisch" ist[45]. Von dem Wort, das „am Anfang bei Gott war", das einen solchen Anfang hat, vor dem es keinen weiteren Anfang gibt, das *der* Anfang schlechthin ist, heißt es jetzt, dass es Fleisch wurde und
also hinfällig-vergängliche Materie, dass es einen Anfang in der Zeit hat und damit
auch ein Ende in ihr[46].

Die Aussage, dass „das Wort Fleisch ward", legitimiert nicht die christlich beliebt
gewordene Redeweise von der „Menschwerdung Gottes"[47], sodass man allgemein
theologisch-anthropologisch von Jesus als dem menschlichen Antlitz Gottes reden
könnte. Johannes spricht genauer davon, dass das Wort Fleisch geworden ist. Noch

---

[43]   Von dieser Beachtung des Textzusammenhangs her ergibt es sich, dass das „Wir" in V.14 (und
       V.16) nicht einen ausgegrenzten Kreis von Augenzeugen des Lebens Jesu meint, sondern die
       Glaubenden überhaupt, in die die ersten Zeugen selbstverständlich einbeschlossen sind.
[44]   Vgl. Jes 40,6f.: „Alles Fleisch ist Gras und all seine Anmut wie die Feldblume. Verdorrt ist das
       Gras, verwelkt die Blume; denn der Wind Adonajs wehte darüber."
[45]   Vgl. Jer 17,5.7; 2Chr 32,8.
[46]   BARTH schreibt: „Dürr und klar steht das Paradoxon da: ... das Wort wurde, es war da. Konkret-
       heit, Kontingenz, historisches Einzeldasein des ewigen, absoluten, göttlichen Wortes, das ist's,
       was mit diesem Satz gesagt ist" (Johannes-Evangelium 107).
[47]   Schon ORIGENES spricht davon, „dass Gott, der über allem Hervorgegangenem steht, Mensch ge-
       worden ist (*enenthrópesen*)" (Komm. II 34, S.202).

zugespitzter wäre zu sagen: das Wort des Gottes Israels jüdisches Fleisch[48]. Dementsprechend hatte er ja in V.1f. Gott und das Wort nicht einfach miteinander identifiziert, sondern einen differenzierten Zusammenhang aufgewiesen. Gott geht nicht in seinem Wort auf, wenn er sich auch ganz und gar in ihm entäußert, in ihm präsent ist. „Das Wort ward Fleisch" – Gott teilt sich wirklich in der Konkretheit des Menschen Jesus von Nazaret mit, aber es bleibt indirekte Mitteilung, vermittelt durch Auftreten und Schicksal dieses Menschen. Es geht dem Evangelisten nicht um die Vergöttlichung Jesu – und schon gar nicht um die Vergottung der an ihn Glaubenden –, sondern um die Herausstellung dessen, dass in diesem Menschen wirklich Gott selbst auf den Plan tritt, hier sein schöpferisches Wort spricht und also auch neue Wirklichkeit setzt. Sie manifestiert sich darin, dass dieses Wort Gemeinde als neue Welt hervorruft[49].

„Das Wort ward Fleisch und wohnte unter uns." Die beiden Hälften dieses Satzes bilden einen synthetischen Parallelismus. Die hier in der 1. Person Plural Sprechenden sind zwar gewiss die vorher in V.12 genannten Glaubenden, aber indem das „unter uns" in Entsprechung zu „Fleisch" steht, das den Menschen in seiner Vergänglichkeit und Hinfälligkeit bezeichnet, sind sie zugleich Repräsentanten aller Menschen. Und so gilt ja auch in 3,16 die Sendung Jesu als Erweis der Liebe Gottes zur *Welt.*

Indem Johannes so redet, nimmt er jüdische Sprachmöglichkeiten wahr. Die Formulierung vom „Wohnen unter uns", die Konzeption von der Gegenwart Gottes in einem geschichtlichen Ereignis, die enge, fast an Identifizierung reichende Beziehung zwischen Gott und seinem Wort und die doch dabei gewahrte Differenz – das alles setzt die jüdische Vorstellung von der *sch'chináh* voraus, dem Einwohnen Gottes, seiner Gegenwart bei seinem Volk und in der Welt[50]. Diese Annahme legt sich vor allem für die Wendung vom „Wohnen unter uns" nahe. Aber von den dazu heranzuziehenden Texten her fällt dann auch Licht auf das Verständnis der besonderen Formulierung von der Fleischwerdung des Wortes.

Es seien zunächst Texte angeführt, die das Herabsteigen und die Selbsterniedrigung Gottes aus Liebe zu Israel zum Ausdruck bringen. Ich beginne mit einem späten Midrasch, nach dem der dem Volk durch Mose vermittelte Auftrag, Gott ein Heiligtum zu bauen, von Gott selbst so interpretiert wird: „Sage den Israeliten: Nicht deshalb, weil ich gleichsam nicht hätte, wo ich wohnen sollte, sage ich euch, dass ihr

---

48 Vgl. K. BARTH, KD IV 1, 1953, S.181: „Das Wort wurde – nicht ‚Fleisch', Mensch, erniedrigter und leidender Mensch in irgend einer Allgemeinheit, sondern *jüdisches* Fleisch." Weiter sei nachdrücklich hingewiesen auf DENKER, Wort 259–262.

49 Völlig verfehlt erscheint mir die Auslegung von V.14a durch SCHNELLE, die in dem Satz gipfelt: „Jesus ist Mensch geworden und zugleich Gott geblieben!" (Komm. 40).

50 Zu dieser Vorstellung vgl. die große Monographie von A. M. GOLDBERG, Untersuchungen über die Vorstellung von der Schekhinah in der frühen rabbinischen Literatur. Talmud und Midrasch, 1969, zu den im Folgenden angeführten Texten besonders S.160–176. 493–496. Ein instruktives Referat über „Das Zelten JHWHs bei seinem Volk Israel" im AT bietet DENKER, Wort 268–272.

mir eine Wohnung machen sollt; noch bevor die Welt erschaffen wurde, siehe, da war mein Heiligtum schon oben erbaut." Nach Schriftbelegen dafür wird der Bau des irdischen Heiligtums dann so begründet: „Aber aus Liebe zu euch verlasse ich das obere Heiligtum, das bereitet ist, noch bevor die Welt erschaffen wurde, und ich will hinabsteigen und unter euch wohnen; denn es ist gesagt: ‚Ein Heiligtum sollen sie mir machen, und ich will unter ihnen wohnen' (Ex 25,8)"[51]. In der Motivation damit übereinstimmend, in anderen Aspekten noch prägnanter ist folgende Überlieferung: „‚Und es rief zu Mose und sprach zu ihm Adonaj aus dem Zelt der Begegnung folgendermaßen' (Lev 1,1). ‚Aus dem Zelt der Begegnung' – man könnte annehmen: aus dem ganzen Haus? Die Belehrung (der Schrift) sagt: ‚von dem Deckel' (Ex 25,22). Wenn vom Deckel, könnte man annehmen: vom ganzen Deckel? Die Belehrung (der Schrift) sagt: ‚zwischen den beiden Keruben hervor' (Ex 25,22). Worte Rabbi Akivas. Schim'on ben Asaj sagte: Ich bin nicht wie jemand, der gegen die Worte meines Lehrers Einwände erhebt, sondern wie einer, der seine Worte weiterführt. Die Herrlichkeit, von der gesagt ist: ‚Erfülle ich nicht den Himmel und die Erde, Spruch Adonajs?' (Jer 23,24) – siehe, bis wohin die Liebe zu den Israeliten diese reiche Herrlichkeit gebracht hat, dass sie sich nämlich zusammengedrängt hat, um zu erscheinen und zu reden vom Deckel zwischen den beiden Keruben"[52].

Aus Liebe zu Israel steigt Gott vom Himmel herab und wohnt im Zelt der Begegnung inmitten seines Volkes, ja, drängt seine Herrlichkeit, die Himmel und Erde erfüllt, auf dem engen Platz zwischen den Keruben auf dem Deckel der Bundeslade zusammen, um von dort zu Israel zu reden. Dieser Gesichtspunkt, dass Gott seine Herrlichkeit im Zelt der Begegnung wohnen lässt, begegnet auch in der Fortsetzung der zuerst zitierten Tradition. Dort wird von Mose unter Hinweis auf Texte wie Jer 23,24 eingewandt, dass doch niemand Gott ein Haus bauen könne, und er erhält zur Antwort: „Ich verlange es nicht gemäß meiner Kraft, sondern gemäß ihrer Kraft. ... Und sobald sie die Wohnung gemacht hatten, wurde sie erfüllt von seiner Herrlichkeit... Da sagten die Fürsten: Siehe, das ist die Stunde, da wir Opfer darbringen wollen in Freude, denn Gott in seiner Gegenwart hat sich unter uns niedergelassen"[53]. Das Einwohnen Gottes wird hier jetzt nominal ausgedrückt: *sch'chináh*, ja geradezu personalisiert. Vielleicht ist dieser Ausdruck, wie eben in der Übersetzung geschehen, am besten wiederzugeben mit „Gott in seiner Gegenwart". Zudem zeigt sich hier ein – wie noch zu zeigen sein wird – auch sonst begegnender Zusammenhang vom Wohnen Gottes, von seiner Herrlichkeit und *sch'chináh*. Das sind alles Momente, die auch für Joh 1,14 bedeutsam sind.

---

[51] TanB Naso 19 (18a).
[52] Sifra Wajikra dibura dindava 1,2,12 (FINKELSTEIN S.17f); vgl. hierzu LENHARDT/OSTEN-SACKEN, Akiva 154–173.
[53] Ganz ähnlich ist die Parallele in Tan Naso 11 (Wilna 254a).

In den beiden angeführten Traditionen erfolgt das Einwohnen Gottes im Zelt der Begegnung, das für den Tempel archetypisch ist. Aber seine Gegenwart in seinem Volk ist nicht an den Tempel gebunden. Das zeigen am eindrücklichsten Texte, nach denen Gott in seiner Gegenwart mit seinem Volk in jedes Exil gegangen ist und geht. So heißt es in der folgenden Überlieferung: „In jeder Zeit, da Israel unterjocht war, war die *sch'chináh* gleichsam mit ihnen unterjocht... Rabbi Akiva sagt: Wenn es nicht die Schrift wäre, in der es geschrieben steht, wäre es unmöglich, es zu sagen. Die Israeliten sagten vor dem Ort (= Gott): Du hast Dich selbst erlöst (nämlich bei der Befreiung Israels aus Ägypten). Und so findest du, dass an jedem Ort, zu dem sie ins Exil gingen, die *sch'chináh* mit ihnen war; denn es ist gesagt: ‚Exiliert, exiliert worden bin ich mit dem Haus deines Vaters, als sie in Ägypten waren im Hause des Pharao' (1Sam 2,27). Sie gingen nach Babel ins Exil, die *sch'chináh* mit ihnen... (Jes 43,14). Sie gingen nach Elam ins Exil, die *sch'chináh* mit ihnen... (Jer 49,38). Sie gingen nach Edom ins Exil, die *sch'chináh* mit ihnen... (Jes 63,1). Und wenn sie zurückkehren, kehrt die *sch'chináh* mit ihnen zurück... (Dtn 30,3)"[54].

Gott und sein Volk Israel gehören untrennbar zusammen. Deshalb kann formuliert werden: „Jeder, der Israel hasst, hasst gleichsam den, der da sprach, und es ward die Welt"; „jeder, der Israel hilft, hilft gleichsam dem, der da sprach, und es ward die Welt"[55]. Hier kann eine Seite nicht ohne die andere gedacht werden. Auch wenn es terminologisch nicht begegnet, so gibt es doch „Fleischwerdung" des Wortes in Israel von Abraham an[56]. Als Möglichkeit für das Verständnis Jesu im vierten Evangelium

---

54 SifBam Beha'alotcha § 84 (HOROVITZ S.82f); vgl. MekhJ Bo 14 (HOROVITZ/RABIN S.51f). Weiter sind in diesem Zusammenhang anzuführen: jSuk 4,3 (19a; Krotoschin 54c); bMeg 29a; SifBam Masej § 161 (HOROVITZ S.222f); BemR 7,10 (Wilna 21c); EkhaR Eröffnung § 34 (BUBER 19b). An der letztgenannten Stelle heißt es, dass bei der Abführung Israels ins babylonische Exil Gott „gleichsam in Ketten gefesselt ist". In BemR 7,8 (am Ende; Wilna 21a) wird einerseits gesagt, dass die *sch'chináh* trotz Israels Unreinheit unter ihnen ist; andererseits heißt es anschließend in 7,10, dass Götzendienst, Unzucht und Blutvergießen die *sch'chináh* vertreiben und Israel ins Exil bringen. Beides ist nicht als Widerspruch gegeneinander auszuspielen, sondern zusammen zu hören. Einmal wird Gottes unverbrüchliche Treue betont und zum anderen Israels Verantwortung angesichts der Gegenwart Gottes. Letztere kann auch mit der Gabe der Tora zusammengedacht werden: „Du hast einen Kauf, bei dem der, der verkauft, mit seiner Ware verkauft wird. Der Heilige, gesegnet er, hat zu Israel gesagt: Ich habe euch meine Tora verkauft. Ich bin gleichsam mit ihr verkauft worden" (ShemR 33,1 [Wilna 61b]). Zur Aufnahme der Tradition von der *sch'chináh* in 1,14 vgl. BROWN, Komm. 1,33f., und vor allem P. DSCHULLNIGG, Rabbinische Gleichnisse und das Neue Testament, 1988, 61f.

55 SifBam Beha'alotcha § 84 (HOROVITZ S.81 und 82). Vgl. weiter MekhJ Beschallach (Schira) 6 (HOROVITZ/RABIN S.134f.); Tan Wajechi 5 (Wilna 74b); Tan Beschallach 16 (Wilna 115b.116a).

56 Vgl. die Zusammenstellung von rabbinischen Texten und die dazu gemachten Studien von KUHN, Selbsterniedrigung; vgl. weiter K.-E. GRÖZINGER, Ich bin der Herr, dein Gott! Eine rabbinische Homilie zum Ersten Gebot (PesR 20), 1976, 238–240. Im Blick auf das Verhältnis von Gott zu Israel formuliert MICHAEL WYSCHOGROD: Gott ist „durch ein Volk in die Welt hineingegangen, das er sich als seine Wohnstätte gewählt hat. So kam es zu einer sichtbaren Gegenwart Gottes im Universum, zuerst in der Person Abrahams und später in seinen Nachkommen, dem Volk Israel" (Gott und Volk Israel. Dimensionen jüdischen Glaubens, Stuttgart 2001, S.23). Diese Redeweise lässt sich durchaus als inkarnatorisch bezeichnen. Vgl. ders., Inkarnation aus jüdischer Sicht, EvTh 55, 1995, 13–28, wo er sagt, dass das Judentum mit der Vorstellung vom Eintreten Gottes

ergibt sich von daher: Was die hebräische Bibel und die jüdische Tradition von ganz Israel aussagen, wird von Johannes in einer ungeheuren Konzentration auf den einen Menschen Jesus bezogen[57].

Die Sicht von der engen Beziehung zwischen Gott und seinem Volk hindert die jüdischen Weisen nicht daran, **von der ganzen Welt als dem Ort der Gegenwart Gottes** zu sprechen. So wird die Frage, warum Gott mit Mose aus dem Dornbusch gesprochen hat, in folgender Weise beantwortet: „Weil es keinen Ort gibt, der frei wäre von der *sch'chináh* – und sogar im Dornbusch ist sie" (ShemR 2,5 [SHINAN S.112], vgl. BemR 12,4 [Wilna 47b]; PesK 1,2 [MANDELBAUM S.4]). Das kann neben die vorher zu Joh 1,14 gemachte Beobachtung gestellt werden, dass die „Wir", unter denen das fleischgewordene Wort wohnte, Repräsentanten der Welt sind.

Diejenigen, die die Formulierung von der Fleischwerdung des Wortes wagten und von seinem Wohnen „unter uns" sprachen, bekennen weiter: „Und wir schauten seine Herrlichkeit." Betrachtet man die auf Jesus bezogenen Stellen mit *dóxa* im Johannesevangelium, lassen sie sich dann einheitlich verstehen, wenn man voraussetzt, dass es um die Herrlichkeit *Gottes* geht. Beim Schauen der Herrlichkeit des fleischgewordenen Wortes ist der ganze Weg Jesu im Blick, wie er im Evangelium beschrieben wird – ein Weg, der in der äußersten Niedrigkeit am Kreuz endet. Aber weil gerade dieser Weg als Weg der Begegnung Gottes beschrieben wird, muss von „Herrlichkeit" gesprochen werden.

Dass die **„Herrlichkeit" eines Menschen**, die von anderen gesehen wird, nicht eine diesem innewohnende Qualität, sondern **ihm von Gott her erwiesene Ehre** bezeichnet, zeigt sehr schön folgende Tradition aus bSan 59b: „Rabbi Jehuda ben Tema sagt: Der erste Mensch lagerte zu Gast im Garten Eden, und die Dienstengel brieten ihm Fleisch und seihten ihm Wein. Die Schlange erblickte ihn und sah seine Herrlichkeit und wurde eifersüchtig auf ihn." Eine parallele Version mit leichten Varianten wird ARN (A) 1 (SCHECHTER 3a) auf Rabbi Jehuda ben Batyra zurückgeführt. Die „Herrlichkeit" Adams wird hier also daran erkannt, was die Engel für ihn tun. Im Blick auf Jesus vgl. in dieser Hinsicht Joh 1,51 und den Schluss der Versuchungsgeschichten in Mk 1,13 und Mt 4,11.

Dass in Joh 1,14 die Aussage vom Wohnen des fleischgewordenen Wortes „unter uns" fortgeführt wird mit der vom Schauen seiner Herrlichkeit, hat eine Analogie in dem engen Zusammenhang, in dem die Gegenwart Gottes *(sch'chináh)* und seine Herrlichkeit *(kavód)* in rabbinischen Texten stehen. So wird der Schluss von Ez 43,2, dass „die Erde leuchtete von seiner Herrlichkeit", damit erklärt: „Das ist das Ange-

---

in die Welt der Menschen „inkarnatorisch" sei und dass das Christentum „diese Tendenz konkretisiert" habe (22f.).

[57] Für uns Menschen aus den Völkern, die wir durch diesen einen Juden Zugang zum Gott Israels gefunden haben, käme es darauf an, diese Beziehung zwischen Gott und Jesus nicht exklusiv und antithetisch gegenüber der zwischen Gott und seinem Volk Israel zu verstehen, sondern die Analogie zu erkennen und also die leiblichen Geschwister Jesu als Zeugen Gottes wahrzunehmen.

sicht der *sch'chináh*"[58]. Nach einer anderen Tradition verheißt Gott für die Zukunft: „In der kommenden Welt, wenn ich meine *sch'chináh* nach Zion zurückkehren lasse, bin ich in meiner Herrlichkeit offenbar über ganz Israel, und sie sehen mich und leben für immer"[59]. Die Rückkehr der *sch'chináh* zum Zion und ihre bleibende Anwesenheit dort lassen Gottes Herrlichkeit offenbar sein. In ihr wird er selbst gesehen; und das verbürgt Leben, das nicht mehr in Frage gestellt werden kann. Wenn sich im Johannesevangelium solche Aussagen in Verbindung mit Jesus finden, ist er verstanden als Ort endzeitlicher Gegenwart Gottes. Und wo Gott in seiner Gegenwart da ist, gibt es mitten in der Not Erfahrungen von Rettung, von Trost, von Leben.

„Und wir schauten seine Herrlichkeit" – das ist das gegen den Augenschein gesprochene Bekenntnis derjenigen, die in Jesus das fleischgewordene Wort erkennen, wovon der erste Satz des Verses sprach. Jesu Herrlichkeit – das ist nicht seine, des Menschen aus Nazaret, Herrlichkeit, etwa sein imponierendes Auftreten und machtvolles Reden. Mit dieser Herrlichkeit, die alle sehen konnten, war es am Kreuz vorbei, was ebenfalls alle sehen konnten. Jesu Herrlichkeit – das ist allein *Gottes* Herrlichkeit, die sich dem Glauben gerade und besonders am Kreuz zeigt, wo alle menschliche Herrlichkeit zu Ende ist.

So wird dann ja auch die geschaute Herrlichkeit in einer Apposition näher bestimmt als „Herrlichkeit gleichsam des Einzigen vom Vater". Diese Präzisierung bestätigt die Aussage, dass es bei der hier in Rede stehenden Herrlichkeit letztlich um die Herrlichkeit Gottes geht. Es ist die Herrlichkeit des Vaters, die im Sohn begegnet. In ähnlicher Weise kann in der rabbinischen Tradition von Israel als Kindern Gottes geredet werden. Gott fand Israel in der Wüste: „Glücklich die Ohren, die hörten, wie er sie liebte, wie er sie behütete, wie er sie bewahrte – gleichsam wie seinen Augapfel. Siehe, wie er sie liebte, sie behütete, sie bewahrte. Denn der Heilige, gesegnet er, sprach zu Mose: Sage ihnen, dass sie eine Wohnung machen sollen, und ich werde unter ihnen wohnen. Ich verlasse gleichsam die Oberen und steige herab und wohne unter ihnen. Und nicht nur das, sondern ich werde sie zu Panieren *(degalím)* für meinen Namen machen. Warum? Weil sie meine Kinder sind. Denn es ist gesagt: ‚Kinder seid ihr Adonajs, eures Gottes' (Dtn 14,1)"[60]. Die Einwohnung Gottes in Israel gilt also als Ausdruck seiner Liebe zu seinem Volk. So wird Israel zum Zei-

---

58 ARN (A) 2 (SCHECHTER 7a). Vgl. auch BemR 2,12 (Wilna 6b), wo es von Abraham heißt: „Er führte die Geschöpfe unter die Flügel der *sch'chináh* und machte die Herrlichkeit des Heiligen, gesegnet er, in der Welt bekannt." Angesichts dessen ist es unerfindlich, wie WILCKENS behaupten kann, „diese christliche (?) Aussage vom ungebrochen-klaren Sehen der Herrlichkeit des ‚Wortes' in Jesus" zeige „ein völlig neues Niveau" (Komm. 33f.)

59 TanB Bemidbar 20 (9b); par Tan Bemidbar 17 (Wilna 246a). Vor dem zitierten Satz werden das Sehen der *sch'chináh* und das Sehen der Herrlichkeit Gottes in genaue Parallele gesetzt.

60 TanB Bemidbar 14 (7a). Vgl. auch PesR 27,4 (FRIEDMANN 132 b), wo Spr 23,22 und Dtn 32,18 miteinander verbunden werden: Israel soll auf seinen Vater im Himmel hören, der es gezeugt hat; „und er behandelt dich wie einen einzigen Sohn; und wenn (du) nicht (auf ihn hörst), behandelt er dich wie Sklaven".

chen der Liebe Gottes in der Welt. Man kann geradezu formulieren, da *dégel* ja auch die Bedeutung „Fahne", „Flagge" hat: Mit Israel zeigt Gott Flagge. Und zwar kann er es deshalb, weil sie seine Kinder sind. Was hier von Israel als Kindern Gottes im Ganzen gilt, wird im Johannesevangelium von Jesus als dem einzigen Sohn[61] gesagt. Joh 10,34–36 wird zeigen, dass die Betonung der Einzigkeit nicht im Sinne der Exklusivität verstanden ist. Die hier ausgesagte Einzigkeit lässt sich begreifen als Konzentration und gleichzeitige Ausweitung: Der Vater liebt den Sohn (vgl. 15,9) und in der Sendung des Sohnes die Welt (vgl. 3,16; 1Joh 4,9; 3,2).

Die Wendung am Schluss von V.14, „Voll von Gnade und Treue", bietet zunächst ein grammatisches Problem. Der Nominativ *pléres* („voll") hat nämlich im unmittelbar vorangehenden Kontext kein im Nominativ stehendes Bezugswort. Dieses Problem wird in der Regel – meist unter Verweis auf Deissmann – so erledigt, dass *pléres* als indeklinabel gelte[62]. Übersehen wird dabei gerne, dass sich Deissmann über die dann verbleibende Schwierigkeit – die Belege dafür finden sich nur in Vulgärsprache, von der der Prolog nun wahrhaftig nicht bestimmt ist – im wahrsten Sinn des Wortes blumig hinweggeholfen hat: „Die vulgäre Form mitten in dem lapidaren Prolog, eine Feldanemone zwischen Marmorblöcken…"[63]. Das lässt zumindest nach einer anderen Möglichkeit Ausschau halten. Zu *cháris kaí alétheia* („Gnade und Wahrheit/Treue") wird zwar öfter auf das hebräische Begriffspaar *chésed ve-emét* hingewiesen, und dabei werden auch Ex 34,6 und andere Stellen angeführt[64], aber – soweit ich sehe – macht nur Bornhäuser darauf aufmerksam, dass der Zusammenhang noch enger ist[65]. Denn die Wendung *pléres cháritos kaí aletheías* entspricht exakt der hebräischen Wendung *rav chésed ve-emét*, ist eine mögliche genaue Übersetzung dieses Schlusses von Ex 34,6 und Ps 86,15[66].

Im Blick auf das Verständnis der V.14 abschließenden Wendung **„Voll von Gnade und Treue"** und ihrer Wiederaufnahme und Fortführung in V.16f. lohnt es sich, den Kontext von Ex 34,6 und die jüdische Rezeption dieser biblischen Wendung zu beachten. In Ex 34 wird erzählt, dass Mose zum zweiten Mal die Tafeln erhalten soll, beschriftet mit den zehn Worten, aufgrund deren der Bund zwischen Gott und seinem Volk geschlossen wird. Bei der Begegnung mit Mose auf dem Berg Sinai ruft Gott, sozusagen sich selbst vorstellend, aus: „Adonaj, Adonaj, Gott(heit), barmherzig und gnädig, langmütig und voll von Gnade und

---

[61] Mit der Bezeichnung *monogenés* („Einziger") kann auch die Erzählung von der Bindung Isaaks (Gen 22) eingespielt sein (vgl. u. zu 3,16). Der „Einzige" ist hier derjenige, an dem die Verheißung hängt. Zu den möglichen Bedeutungen von *monogenés* vgl. Denker, Wort 279. Origenes muss in seinem kulturell-philosophischen Kontext diese Bezeichnung mit der Kategorie des „Wesens" (*usía*) zusammenbringen: „Das ‚Gleichsam des Einzigen vom Vater' hält uns zu dem Verständnis an, dass der Sohn aus dem Wesen des Vaters ist" (Komm. Bruchstück 9, S.490).

[62] Vgl. Bauer, Komm. 26.

[63] A. Deissmann, Licht vom Osten 99f.; das Zitat auf S.100.

[64] Vgl. z.B. Schnackenburg, Komm. 1,248 sowie den Aufsatz von A. Hanson, John I. 14–18 and Exodus XXXIV, NTS 23, 1977, 90–101.

[65] Bornhäuser, Johannesevangelium 12f. Die Bedeutung von Ex 34,6 und seines Kontextes stellt schon Zahn heraus, geht aber nicht auf die rabbinische Rezeption ein (Komm. 83f. mit Anm. 92).

[66] Vgl. den in Anm. 58 angeführten Aufsatz von Hanson, S.93.

Treue." Eine ganz enge Parallele steht in Ps 86,15 als Anrede an Gott. Die Septuaginta übersetzt den Schluss ungenau: *polyéleos kaí alethinós* (etwa: „erbarmensreich und wahrhaftig"). Im Blick auf den unmittelbaren Kontext der Wendung *rav chésed ve-emét* ist zunächst festzuhalten, dass sie in einer Reihe von Begriffen steht, die Gottes Barmherzigkeit ausdrücken. In solchem Zusammenhang steckt in *emét* mehr der Aspekt der Treue als der Wahrheit. *rav chésed ve-emét* – das ist dann Gottes reiches und anhaltendes Erbarmen. Es setzt Wirklichkeit und ist insofern natürlich auch „wahr". Sodann ist der weitere Kontext in Ex 34 in den Blick zu nehmen. Danach ist es gerade der die Tafeln – und mit ihnen der die Tora gebende und damit den Bund schließende – Gott, der sich als barmherzig, als „voll von Gnade und Treue" vorstellt. Gegenüber christlichen Denkgewohnheiten, für die Gesetz und Gnade antithetisch sind, manifestiert sich hier Gottes Gnade und Barmherzigkeit gerade in der Gabe der Tora.

Die Wendung *rav chésed ve-emét* wird am Ende des Midrasch Rabba zu Ester in folgendem Zusammenhang zitiert: „Du findest (in der Schrift), dass es die guten Maße (*middót* – ‚Zumessungen‘) des Heiligen, gesegnet er, im Überfluss, in Menge und in Fülle gibt." Aufgezählt werden dann: Güte, Gnade, Erbarmen, Gerechtigkeit, Treue, Erlösung, Segen, Lobpreis, Friede. Als Schriftbegründung für „Gnade" wird Ex 34,6 angeführt (EstR 10,15; Wilna 15d)[67]. Wie mit Ex 34,6 der gnädige Gott betont wird, zeigt sich besonders eindrücklich in bRHSh 17b: ‚„Und Adonaj zog vorbei an seinem Angesicht und rief‘ (Ex 34,6). Rabbi Jochanan sagte: Wenn es nicht als Schrift geschrieben stünde, wäre es unmöglich, es zu sagen. Sie (die zitierte Schriftstelle) lehrt, dass der Heilige, gesegnet er, sich einhüllte (in einen Gebetsmantel) wie ein Beauftragter der Gemeinde (= Vorbeter) und dem Mose die Gebetsordnung zeigte. Er sagte zu ihm: Immer wenn die Israeliten sich verfehlen, sollen sie vor mir nach dieser Ordnung verfahren, und ich verzeihe ihnen. ‚Adonaj, Adonaj‘ – ich bin's (nämlich unter dieser Bezeichnung: gnädig), bevor der Mensch sich verfehlt, und ich bin's, nachdem der Mensch sich verfehlt und Umkehr vollzieht. ‚Gott, barmherzig und gnädig.‘ Rabbi Jehuda sagte: Es ist ein geschlossener Bund für die dreizehn Maße (Gottes), dass sie nicht leer (vom Gebet des Menschen) zurückkehren. Denn es ist gesagt: ‚Siehe, ich schließe einen Bund‘ (Ex 34,10)."

In mShevu 4,13 gilt die Wendung „Langmütig und reich an Gnade" neben anderen nicht nur als Maß Gottes, sondern als Beiname *(kinúj)*, als umschreibende Benennung. Als Beinamen werden dort aufgezählt: Alef-Dalet (= Adonaj), Jud-He (= Anfang des Tetragramms), Schaddaj, Z'vaot, Gnädig und barmherzig, Langmütig und reich an Gnade. Eine ganz ähnliche Aufzählung findet sich MekhJ Mischpatim 20 (HOROVITZ/RABIN S.332). Dort heißt es im Gegenüber zu Benennungen von Götzen: „Aber der Ort (= Gott) wird mit Ausdrücken des Preisens genannt: Gottheit, Gott, Schaddaj, Z'vaot, Ich werde sein, der ich sein werde, Gnädig und barmherzig, Langmütig und reich an Gnade und Treue, Starker." Unmittelbar vorher ist vom „Namen" die Rede. An anderer Stelle werden solche Bezeichnungen ausdrücklich „Namen" genannt: jMeg 1,9 (13a; Krotoschin 71d–72a); Sof 4,9; bShevu 35a. Von hier aus ergibt sich die Möglichkeit, dass auch „Voll von Gnade und Treue" ein Beiname Gottes war. Das wäre dann eine mögliche Erklärung dafür, dass *pléres* in Joh 1,14 im Nominativ steht: Der Evangelist verstand die Wendung *pléres cháritos kaí aletheías* als genaue Übersetzung dieses Beinamens Gottes[68].

Die Verbindung dieser Charakterisierung Gottes als „Voll von Gnade und Treue" mit der Tora, wie sie schon in Ex 34 vorgegeben ist, findet sich in der rabbinischen Literatur ausdrücklich. In bBer 5b wird Spr 16,6 zitiert: „Durch Gnade und Treue wird Sünde bedeckt." Danach werden die beiden ersten Begriffe als „Wohltaten" und als „Tora" gedeutet. Die-

---

[67]   Vgl. SES 6 (FRIEDMANN S.183), wo von den „13 Maßen" Gottes die Rede ist, darunter: „und reich an Gnade und Wahrheit (Treue)".

[68]   Das ist die Anm. 59 ins Auge gefasste These von BORNHÄUSER.

selbe Auslegung findet sich im Midrasch Tehilim 25,11 mit der Fortsetzung: „Und wem hat er's gegeben? ‚Denen, die seinen Bund halten' (Ps 25,10)." An derselben Stelle heißt es vorher in Auslegung von Ps 25,10: „Alle Pfade Adonajs sind Gnade und Treue. Man könnte annehmen: für alle? Die Belehrung (der Schrift) sagt: ‚Denen, die seinen Bund halten'." Gottes Gnade und Treue erweisen sich im Bundesschluss mit seinem Volk und haben auf dessen Seite das Halten der Tora zu Folge[69].

Man muss also nicht das Vorliegen von Vulgärsprache annehmen, wenn man die Wendung am Schluss von V.14 als genaue Entsprechung zu *rav chésed ve-emét* erkennt und sie als einen der Beinamen Gottes versteht. Dann ist auch ihr Bezug auf den Vater klar. Und es ist weiter deutlich, dass auf diesem Hintergrund *alétheia* besser mit „Treue" als mit „Wahrheit" wiedergegeben wird. Von Gottes reicher Gnade und Treue ist die Rede, die sich in der Fleischwerdung des Wortes, im Auftreten Jesu von Nazaret, erweist. Hier sagt sich Gott gnädig zu und erweist darin seine Treue. Wenn also Johannes so an die Tradition anknüpft, an die Bibel und ihre Auslegung, ist es auch von hier aus völlig klar, dass nach ihm Jesus nicht einen bisher unbekannten Gott „offenbart"; er will vielmehr herausstellen, dass in Jesus kein anderer als der in Israel schon als gnädig und treu bekannte Gott zum Zuge kommt.

e) Das Zeugnis des Johannes (1,15)

15   Wie im ersten Teil des Prologs, in der Beschreibung, Johannes der Täufer eingeführt wurde, so tritt er auch im zweiten Teil, im Bekenntnis, wiederum ins Blickfeld. Das bekennende „Wir" wird in V.15 unterbrochen und ihm zur Stärkung ein Zeuge zugestellt, von dem es einführend heißt: „Johannes ist Zeuge für ihn und ruft aus, spricht." Die Hauptaussage von V.6–8, dass Johannes zum Zeugnis gekommen ist, wird in dieser Einführung wiederholt. Auffällig ist dabei das Präsens. Der Täufer wird vom Evangelisten bis in seine eigene Gegenwart hinein als Zeuge für Jesus beansprucht. Er behält diese Funktion.

Das zweite Verb der Einführung hat zwar die grammatische Form des Perfekt, aber hier liegt ein „präsentisches Perfekt" vor[70]. Das Wort *krázo* („ausrufen") begegnet im Johannesevangelium außer an dieser Stelle noch dreimal zur Einführung von Aussagen Jesu (7,28.37; 12,44). Dabei handelt es sich jeweils um gewichtige Proklamationen. Das Wort dürfte daher nicht bloß als „lautes Rufen" oder gar „Schreien" verstanden sein[71], sondern im Sinne des Proklamierens und Kundgebens, des inspirier-

---

[69]   Vgl. noch ShemR 5,10 (SHINAN S.162f.), wo in Auslegung von Ps 85,11 („Gnade und Treue treffen sich, Gerechtigkeit und Frieden küssen sich") gesagt wird: „Gnade: das ist Aaron", begründet mit Dtn 33,8; „Treue: das ist Mose", begründet mit Num 12,7.

[70]   Siehe BDR § 341,3. Vgl. auch den von BAUER (Komm. 27) angeführten Plutarchtext Cato Minor 58, 1.

[71]   Dafür gebraucht der Evangelist *kraugázo*: 11,43; 12,13; 18,40; 19,6.12.15.

ten Ausrufens. Damit steht Johannes wieder in jüdischer Tradition, in der das entsprechende hebräische Wort in einschlägigen Zusammenhängen begegnen kann[72].

Diese Einleitung legt also Johannes dem Täufer großes Gewicht bei. Dessen anschließende wörtliche Rede enthält zunächst selbst noch einmal eine Einführung: „Der war's, von dem ich sagte." Sie ist in beiden Teilen merkwürdig. „Der" – das kann sich nur auf das fleischgewordene Wort beziehen, also auf Jesus. Wie kann der Täufer von ihm in der Vergangenheitsform sprechen? „Der war's" – das ist ja ein Rückblick auf die Wirksamkeit Jesu im Ganzen, wie ihn Johannes gar nicht vornehmen konnte, da er schon vor Jesus von der historischen Bühne abgetreten war. Er wird hier über seine eigene Lebenszeit hinaus zum Zeugen gemacht, der in der Gegenwart des Evangelisten spricht. Der dürfte zu solcher Formulierung durch die Konkurrenz der Täufergemeinde veranlasst worden sein. Johannes selbst entscheidet hier den Streit, indem er sagt: „Der war's", nicht ich.

Aber auch der zweite Teil der Einführung des eigentlichen Täuferwortes ist merkwürdig: „Von dem ich sagte." Johannes hat bisher im Evangelium noch gar nicht gesprochen; das geschieht hier erstmals. Und doch weist er auf etwas hin, das er schon gesagt hat. In der Erzählung des Evangeliums wird das dann in V.15 zitierte Täuferwort erst in V.30 gebracht und in einer der synoptischen Tradition näheren Formulierung in V.27. Der Evangelist setzt Lesende und Hörende voraus, die schon wissen, worauf hier hingewiesen wird. Seine Gemeinde kennt das Täuferwort aus ihrer Tradition, wie es dann ja auch in V.27 zitiert wird, das Wort von dem nach ihm Kommenden, dessen Schuhriemen zu lösen, der Täufer nicht würdig ist.

Dieses Wort wird jedoch charakteristisch abgewandelt: „Der nach mir kommt, wurde mir voraus, denn er wahr eher als ich"[73]. In dem entsprechenden synoptischen Täuferwort wird der Vorrang Jesu komparativisch ausgedrückt, insofern er als „der Stärkere" gilt (Mk 1,7parr.). Hier aber finden sich nur Kategorien der Zeit. Nach chronologischen Maßstäben jedoch war es gerade Johannes der Täufer, der *vor* Jesus da war. Das kann sehr gut ein Argument der Täufergemeinde gewesen sein, zumal ja Johannes Jesus getauft hatte und es sich nicht umgekehrt verhielt. Diese chronologische Zuordnung wird in V.15 auch ausdrücklich festgehalten, wenn Jesus als der *nach* Johannes Kommende gekennzeichnet wird. Es soll demnach hier nicht der Maßstab angelegt werden, dass das in der Zeit Frühere das Ursprüngliche und also

---

[72] In MekhJ Beschallach (Schira) 3 (HOROVITZ/RABIN S.126) wird viermal hintereinander nach einem mit „Israel sagt" eingeführten Bibelzitat jeweils ein anderes gebracht, das die Einleitung hat: „Und der heilige Geist ruft aus und spricht vom Himmel her." Diese Einleitung begegnet relativ oft in den aggadischen Midraschim. Subjekt kann auch eine Himmelsstimme oder „der Prophet" sein.

[73] Eine andere Übersetzung ist möglich. Statt mit „wurde mir voraus" kann die Wendung natürlich übersetzt werden mit: „ist vor mir gewesen", so dass bereits hier die zeitliche Vorordnung ausgesagt wäre. Aber dann läge eine doch seltsame Tautologie vor, zumal der Schlusssatz von V.15 als Begründung angeschlossen ist. Daher schließe ich mich BAUER an: „überholen, den Rang ablaufen, über den Kopf wachsen" (Komm. 28; vgl. schon HOLTZMANN, Komm. 30).

Gewichtigere sei. Die dennoch vorgenommene zeitliche Vorordnung muss daher in einem anderen als bloß chronologischen Sinn verstanden sein. Darauf weist auch hin, dass der Evangelist in dem komparativischen Schlusssatz von V.15 doch nicht den Komparativ *próteros* setzt, sondern den Superlativ *prótos*. Dieser Sinn kann nur der von V.1f. sein. Obwohl in der Zeit nach Johannes aufgetreten, ist Jesus ihm voraus, weil in ihm das Wort vom Anfang zur Sprache kommt, in dem Gott die Fülle seiner Gnade und Treue zuspricht, die ihm schon immer zu eigen war.

Johannes hätte sein Evangelium nicht mit dem Satz beginnen können: „Am Anfang war Jesus Christus." Nachdem er begonnen hat: „Am Anfang war das Wort" und fortgefahren ist: „Das Wort ward Fleisch", kann er nun den Täufer sagen lassen: „Der nach mir kommt, wurde mir voraus, denn er war eher als ich." Aber das kann er erst jetzt, nachdem er durch die Herausstellung der Identität des in Jesus gesprochenen Wortes mit Gottes Schöpferwort sozusagen die Tiefendimension Jesu aufgezeigt hat.

f) Das gemeinsame Bekenntnis und Zeugnis des Johannes und der Glaubenden (1,16–18)

16 In V.15, eigens als Aussage des Johannes eingeführt, hatte dieser in der 1. Person Singular geredet. In V.16 begegnet wieder, wie schon in V.14, die 1. Person Plural. Wie in der Einleitung zum Prolog dargelegt, lässt sich dieser Zusammenhang am besten so verstehen, dass nun Johannes und die Glaubenden gemeinsam als Sprechende gedacht sind. Möglich ist aber auch, dass V.15 als Parenthese verstanden sein will. Die Gemeinde kennt ja die Aussage des Täufers, auf die hier angespielt wird, und weiß, wie weit sie reicht. Als Intention dürfte aber in jedem Fall erkennbar sein, dass das Zeugnis des Johannes in das Bekenntnis der Gemeinde mündet: „Denn aus seiner Fülle nahmen wir alle, ja, Gnade über Gnade." Hier wird an die am Ende von V.14 genannte Bezeichnung Gottes angeknüpft: „Voll von Gnade und Treue". Gott, der diesen Beinamen zu Recht hat, teilt sich genau als so Benannter mit, indem er in Jesus auf den Plan tritt. Das Wort „Fülle" zeigt an, dass davon, worauf es sich bezieht, genug und mehr als genug, ja in überreichem Maße vorhanden ist: „Gnade", Gottes Gunst, seine überströmende Freundlichkeit. Den Aspekt unerschöpflicher Fülle unterstreicht auch die Verdoppelung des Wortes „Gnade"[74]. Hier ist an die vorher zitierte Stelle aus EstR 10,15 zu erinnern, nach der „es die guten Maße des Heiligen, gesegnet er", wozu auch „Gnade" *(chésed)* gehört, „im Überfluss, in Menge und in Fülle gibt". Die in V.16 sprechenden „Wir" sind zuallererst Nehmende, Empfan-

---

[74] Das *kaí* vor *chárin* ist ein erklärendes: BDR § 442,6a. – Die Verdoppelung von „Gnade" könnte auch beeinflusst sein von dem ersten Begriffspaar in Ex 34,6: „gnädig und barmherzig".

gende. Wenn es nicht nur „wir" heißt, sondern betont „wir *alle*", ist in jedem Fall noch einmal der Aspekt der Fülle unterstrichen. Von V.17 könnte sich aber noch eine weitere Dimension erschließen.

Dieser Vers begründet die Aussage, Gnade empfangen zu haben: „Denn die Tora 17 wurde durch Mose gegeben, die Gnade und Treue kam durch Jesus Christus"[75]. Beide Vershälften sind ganz parallel formuliert: Am Beginn steht das jeweilige Subjekt: die Tora sowie Gnade und Treue. Es folgt die Angabe des jeweiligen Mittlers: Mose und Jesus Christus. Den Schluss bildet das jeweilige Prädikat in einer grammatisch passiven Form, die auf Gott als logisches Subjekt weist. Er ist der Geber der Tora durch die Vermittlung des Mose. Und er ist es auch, der durch Jesus Christus in seiner Gnade und Treue gekommen ist[76]. Gott ist gnädig Gebender durch Mose und durch Jesus Christus. Das Bekenntnis von V.16, überreich Gnade empfangen zu haben, wird also doppelt begründet: zunächst durch die Gabe der durch Mose vermittelten Tora[77] und dann durch die Präsenz des gnädigen und treuen Gottes in Jesus Christus[78].

---

75 Die beiden Aussagen dieses Verses werden häufig antithetisch interpretiert. So lässt sich schon ORIGENES zu der Feststellung verleiten: „Das durch Mose gegebene Gesetz strafte die Sünder und vergab niemandem die von ihm begangenen Übertretungen" (Komm. Bruchstück 9, S.491) Ähnlich äußert sich AUGUSTIN, im Kontext geleitet von bestimmten paulinischen Aussagen: „Durch einen Diener ist das Gesetz gegeben worden, es erzeugt Schuldige; durch den Herrscher ist die Verzeihung gewährt worden, er hat die Schuldigen befreit" (Vorträge 3,16; Übers. SPECHT S.44). Als modernes Beispiel führe ich H. WEDER an, der in einem Aufsatz (EvTh 52, 1992, 319–331) von Joh 1,17 „als Schlüssel zur Sache des Evangeliums" ausgeht (320). Obwohl er bemerkt, dass der Evangelist „ohne jedes philologisch faßbare Signal einer Antithese" formuliert, interpretiert er antithetisch: „Auf der einen Seite steht das Gesetz, das Mose dem Volk Israel gab. Das Gesetz ist von Mose unterscheidbar; er gibt es. Die Gnade und die Wahrheit sind demgegenüber nicht vom Christus unterscheidbar: sie sind durch ihn entstanden. Sie sind nicht etwa seine Gabe, sondern er selbst stellt Gnade und Wahrheit dar" (ebd.). Das wird im folgenden weiter ausgeführt und mündet schließlich in der Konstatierung eines „qualitativen Sprungs vom Gesetz zur Christologie" (ebd.). Hier stimmt es schon schlicht philologisch nicht: 1. Mose und Jesus Christus stehen genau parallel; von beiden wird jeweils Mittlerschaft (*diá* c.gen.) ausgesagt. 2. Nicht Mose ist also Geber der Tora; er ist nur der Mittler. In dem Passiv *edóthe* ist Gott logisches Subjekt. *Er* ist der Geber der Tora. 3. Ebenso ist Jesus Christus Mittler von „Gnade und Treue". Gott ist hier ebenso logisches Subjekt wie in der ersten Vershälfte. 4. Das Prädikat in V.17b steht im Singular, obwohl das Subjekt von zwei Nomina gebildet wird. Sie sind also als Einheit verstanden, was mit dem o.g. Beinamen Gottes in Zusammenhang stehen dürfte. – Dass Weder in einem Kontext, in dem er die „Rezeption" betont, das Wort „geben" negativ konnotiert muss, zeigt die Seltsamkeit seines Unterfangens. Vgl. dagegen BARTH, Johannes-Evangelium 151: „Es scheint mir vor allem wichtig, festzustellen, daß irgendeine Disqualifizierung sei es des Mose, sei es des Gesetzes in diesem Sätzchen mit keiner Silbe stattfindet ... Es besteht kein Anlaß, in dem unschuldigen ἐδόθη ich weiß nicht was für eine Minderwertigkeit gegenüber dem ἐγένετο des zweiten Satzteils zu wittern ... Was liegt denn Abschätziges darin, daß das Gesetz ‚gegeben' wurde? Als ob nicht im Neuen Testament an so und so vielen Stellen auch vom Geben der Gnade die Rede wäre!"

76 *gínomai* kann natürlich die Bedeutung „entstehen" haben (so Weder an dieser Stelle), wie es im Prolog in V.3 oder 10 der Fall ist. Aber es kann auch „kommen" bedeuten, was im Prolog V.6 und 15 belegen.

77 Vgl. die o. Anm. 49 zitierte Stelle aus ShemR 33,1, nach der Gott mit der Gabe der Tora auch sich selbst gibt; vgl. weiter z.B. MTeh 68,11, wonach die Israeliten störrisch waren, „aber als sie die Tora empfangen hatten, wohnte Gott in seiner Gegenwart unter ihnen".

78 Vgl. THYEN, Johannesevangelium 203: „Wegen der Gesamtstruktur des Prologs und des fehlenden δέ im Nachsatz zumal handelt es sich nicht um einen antithetischen, sondern um einen syn-

Von dieser Feststellung her, dass die Gabe der Tora unter die Kategorie „Gnade"
gehört, kann erwogen werden, das betonte „wir alle" in V.16 inklusiv zu lesen, nämlich die einbeziehend, die die Tora empfangen haben, zumal ja der nicht zur Schülerschaft Jesu gehörende Jude Johannes von V.15 her auch als das Folgende mitspre-
chend gedacht ist.

Dass der Evangelist an dieser Stelle Mose erwähnt, dürfte doppelten Grund haben.
Einmal legte es sich von dem schon am Ende von V.14 mit der Bezeichnung „Voll
von Gnade und Treue" angespielten und in V.16 wieder aufgenommenen Traditionszusammenhang her nahe, nun auch ausdrücklich von der Gabe der Tora durch Mose
zu sprechen. Zum anderen konnte ihn zu der Nebeneinanderstellung von Mose und
Jesus Christus die Gemeindesituation veranlassen, wie sie sich paradigmatisch in
9,28 widerspiegelt. Dort sagen „die Juden" zu dem geheilten Blindgeborenen, der
sich immer wieder positiv auf Jesus bezieht: „Du bist Schüler von dem da, wir aber
sind Schüler des Mose." Als der Geheilte sich weiter an Jesus hält, wird er von den
anderen hinausgeworfen (9,34). Für sie besteht ein unüberbrückbarer Gegensatz zwischen Mose und Jesus. Es ist nun wichtig und schon bei der ersten Gegenüberstellung von Mose und Jesus im Johannesevangelium wahrzunehmen, dass Johannes
seinerseits sich nicht auf diesen Gegensatz einlässt mit nur umgekehrter Wertung.
Einen Gegensatz kann und will er hier nicht nachsprechen. Es geht ihm auch an dieser Stelle um die Einheit Gottes, des Gottes Israels. Der durch Mose die Tora Gebende ist kein anderer als der in Jesus Christus Präsente.

Natürlich liegt für den Evangelisten auf dem zweiten Satz von V.17 das Gewicht.
Hier nennt er ja auch ausdrücklich den Namen, den er von vornherein im Blick hatte:
Jesus Christus. Der Fortgang des Evangeliums macht deutlich, dass für ihn das
zweite Wort nicht bloß Teil eines Doppelnamens ist, sondern seinen messianischen
Klang bewahrt hat. Es geht ihm nicht um Abqualifizierung der Gabe der Tora durch
Mose. Über die allen Juden gemeinsame Erfahrung der hier erfolgten gnädigen Zuwendung Gottes hinaus möchte er vielmehr positiv betonen, dass in Jesus Gott in
seiner gnadenreichen Fülle präsent ist. Sein Beiname „Voll von Gnade und Treue"
macht sich endzeitlich fest an dem Namen dieses messianischen Menschen[79].

18   Das wird in V.18 unterstrichen. Der einleitende Satz, dass „noch niemals einer
Gott sah", ist eine Feststellung, die in biblischer Tradition allgemein Gültigkeit hat.
Dafür sei nur auf die häufige Bezeichnung Gottes als dessen hingewiesen, „der alles

---

thetisch-klimaktischen Parallelismus: Beschrieben wird ein in beiden Gliedern heilvolles Nacheinander."

[79]   Die Rezeption durch die Völkerkirche, die in der Ignorierung des Judentums auch das jüdische
Profil des Neuen Testaments nicht mehr wahrnimmt, steht in der Gefahr und ist ihr immer wieder
erlegen, die Zusammenstellung von Mose und Jesus unter die Kategorie der Gnade durch
Johannes in eine Antithese von Gesetz und Gnade zu überführen.

sieht und nicht gesehen wird"[80]. Entsprechend heißt es in Ex 33,20 in einer Gottesrede an Mose: „Du kannst mein Angesicht nicht sehen. Denn kein Mensch, der mich
sähe, bliebe am Leben." Aber in diesem Kontext wird dann dem Mose ein Sehen
Gottes „von hinten" ermöglicht[81]. Und in Dtn 34,10 heißt es im Rückblick auf Mose
sogar: „Und nicht mehr stand in Israel ein Prophet wie Mose auf, den Adonaj erkannte von Angesicht zu Angesicht." Aber das hebt die Gültigkeit der Aussage nicht
auf, dass Gott nicht gesehen wird. Auf diesem Hintergrund tritt vielmehr die Besonderheit der Beziehung des Mose zu Gott umso stärker hervor. Nicht anders verhält es
sich in Joh 1,18, wo auf demselben Hintergrund dieses allgemein anerkannten Satzes
nun die Besonderheit der Gottesbeziehung Jesu herausgestellt wird[82].

Das tut Johannes zunächst so, dass er aus V.14 die Bezeichnung „Einziger"
wiederholt[83], wodurch die Beziehung von Gott und Jesus als die von Vater und Sohn
charakterisiert wird. Wieder ist also auf Jesus konzentriert, was von Israel im Ganzen
gilt[84]. Sodann nimmt er aus V.1 die Bezeichnung „gott(gleich)" auf[85]. Was dort vom
„Wort" gesagt worden war, das wird nun von Jesus Christus gesagt. Aber diese Aussage kann nur deshalb von ihm gemacht werden, weil sie in V.1 vom „Wort" gemacht und weil in V.14 von der Fleischwerdung des Wortes gesprochen worden war.
Auch hier geht es nicht um Mythisierung, nicht um Vergöttlichung eines Menschen,
sondern darum, dass in diesem Menschen wirklich Gott zu Wort kommt.

Das ist auch der Sinn der dritten Charakterisierung Jesu in diesem Vers: „Der am
Busen des Vaters ist". Möglich ist auch die Übersetzung: „der im Schoß des Vaters
ist". Den vorstellungsmäßigen Hintergrund könnte einmal das Sitzen des Kindes im
Schoß des Vaters oder der Mutter bilden. So nahm nach der Geschichte von Salomos
Urteil die eine der beiden Frauen den Säugling der anderen „und setzte ihn in ihren
Schoß" (1Kön 3,20). Elifas und Amalek wuchsen im Schoß Isaaks bzw. Esaus
heran[86]. Das einzige kleine Schaf des Armen in der Erzählung des Propheten Natan
„lag in seinem Schoß und war ihm wie eine Tochter" (2Sam 12,3). Mose will Israel

---

[80] Z.B. BemR 12,3 (Wilna 46a): „Der Heilige, gesegnet er, der in der Verborgenheit der Welt
wohnt: Er sieht alles und wird nicht gesehen."
[81] Ex 33,18–23; vgl. den ähnlichen Vorgang in Bezug auf Elija in 1Kön 19,11–13.
[82] Dass die Aussage von V.18a nicht Aufnahme eines Allgemeinsatzes biblisch-jüdischer Tradition
sei, sondern ausdrückliche Polemik gegen die wenigen Ausnahmen von diesem Allgemeinsatz (so
z.B. DIETZFELBINGER, Komm. 1, 33), dass also Johannes hier bestreite, was in seiner Bibel über
das Sehen Gottes durch Mose und Elija steht, erscheint mir als absurde Annahme.
[83] Wörtlich: „Einziggezeugter" oder „Einziggeborener".
[84] In dem späten Midrasch ShirS erscheint in 1,1 unter den 70 Namen Israels an vierter Stelle:
„Einziger".
[85] Statt „ein Einziger, gott(gleich)" bzw. „der Einzige, gott(gleich)" haben viele Handschriften: „der
einzige Sohn". Die Sohnesvorstellung ist in diesem Vers sowohl durch „Einziger" als auch durch
die folgende Erwähnung „des Vaters" in jedem Fall gegeben. Von daher dürfte es wahrscheinlicher sein, dass ein ursprüngliches *theós* ersetzt wurde, um „den Sohn" auch terminologisch ausdrücklich zu machen, als dass umgekehrt ein in keiner Weise Anstoß gebendes ursprüngliches
„Sohn" ersetzt worden wäre.
[86] DevR 2,20 (Wilna 102c).

nicht in seinem Schoß tragen wie eine Amme den Säugling (Num 11,12)[87]. Eine andere enge Beziehung ist im Blick, wenn vom Liegen der Frau im Schoß oder am Busen des Mannes die Rede ist (Mi 7,5; 2Sam 12,8). Diese Vorstellung ist metaphorisch gewendet, wenn die Frage, was „am Busen des Menschen" liege, so beantwortet wird: „der Lebenshauch", „die Seele" (*n'schamáh*) (bHag 16a).

Während sich die eine Vorstellung für Joh 1,18 durch die in diesem Vers enthaltene Vater-Sohn-Relation nahelegt, wird die andere durch die Wiederaufnahme der Wendung in Joh 13,23 gestützt, wo „der Schüler, den Jesus liebte", beim Mahl „am Busen Jesu" liegt, also den Platz des engsten Vertrauten einnimmt. In jedem Fall aber ist die Intention dieser Ortsbestimmung Jesu „am Busen" oder „im Schoß des Vaters" durch CALVIN mit der Zielangabe treffend zum Ausdruck gebracht, „damit wir wissen, im Evangelium haben wir gleichsam das Herz Gottes offen vor uns"[88].

An zwei Stellen der rabbinischen Literatur ist diese **Vorstellung vom Ruhen im Schoß** mit der Tora verbunden. In ARN (A) 31 (SCHECHTER 46a) heißt es von Rabbi Elieser, dem Sohn Rabbi Joses, des Galiläers: „974 Generationen, bevor die Welt erschaffen wurde, war die Tora geschrieben und ruhte im Schoß des Heiligen, gesegnet er, und sang mit den Dienstengeln." Begründet wird das mit Spr 8,30f., also mit der auch sonst begegnenden Identifizierung von Weisheit und Tora. In MTeh 90,12 werden sieben Dinge aufgezählt, die der Welt 2000 Jahre vorausgingen. Unter ihnen ist die Tora, von der es dann heißt: „Und sie ruhte auf dem Knie des Heiligen, gesegnet er." Beide Stellen werden von HOFIUS angeführt und für Joh 1,18 ins Spiel gebracht („Der in des Vaters Schoß ist" Joh 1,18, ZNW 80, 1989, 163–171). Dass der Vergleich mit der ersten „ein zuversichtliches Urteil (erlaubt): Die Worte: ὁ ὢν εἰς τὸν κόλπον τοῦ πατρός sind zu übersetzen: *, der in des Vaters Schoß ist'*" (168), dass also die vorher genannten beiden Möglichkeiten eindeutig im Sinne der ersten zu entscheiden sind, ist angesichts der übrigen genannten Texte nicht zwingend. Abwegig ist die weitere von HOFIUS gezogene Folgerung, dass erst die eben aus V.18 zitierten Worte und nicht schon die Bezeichnung als *monogenés* Jesus als Sohn prädizierten. Was soll denn *monogenés* – wie auch schon in V.14 – anderes aussagen? „Jemand, der μονογενής in Bezug auf einen πατήρ ist, kann niemand sonst als der einzige *Sohn* sein" (DODD, Interpretation 305). Für verfehlt erachte ich schließlich auch, dass diese Worte Jesus als *präexistenten* Sohn bezeichneten. In den beiden zitierten rabbinischen Texten ist ausdrücklich von der Präexistenz der Tora die Rede; sie wird nicht mit der Wendung „im Schoß" bzw. „auf dem Knie des Heiligen, gesegnet er", zum Ausdruck gebracht. Eine entsprechende Aussage von der Präexistenz Jesu findet sich in Joh 1,18 nicht. Der Evangelist spricht von der Präexistenz des Wortes (V.1–4). Diese Unterscheidung ist alles andere als „künstlich" (so der Vorwurf von SÖDING, Christologie 191 Anm. 54), sondern vom Text des Prologs geboten. Johannes beginnt sein Evangelium auch nicht mit dem Satz: „Am Anfang war der Sohn (Gottes)." Aufgrund seiner Bibel kann er an den Anfang nur „das Wort" setzen und spricht dann folgerichtig von der Fleischwerdung des Wortes. Zu Gleichsetzungen zwingt erst die griechische Ontologie. Die biblisch-jüdische Tradition erlaubt es Johannes, differenzierter zu reden.

---

[87] Parallel ist die Formulierung vom Liegen des Kindes „auf dem Knie seiner Mutter": jSot 5,4 (24b; Krotoschin 20c).
[88] CALVIN, Komm. 27.

Von dem so dreifach in seiner Besonderheit Charakterisierten heißt es nun am Schluss des Prologs: „der hat erklärt". Das hier gebrauchte Verb ist ein Auslegungsbegriff. Durch die geradezu intime Beziehung zu Gott ist Jesus als dessen Ausleger legitimiert. Was das Calvin-Zitat schon aussagte, wird hiermit noch einmal unterstrichen, bevor nun gleich die Erzählung des Evangeliums beginnt. Jesus, wie er im Evangelium dargestellt wird, ist Auslegung Gottes – des Gottes Israels; und nicht ist er „Offenbarer" eines bislang unbekannten Gottes oder bringt er „Kunde" von einem bisher mehr oder weniger verborgen gebliebenen Gott. Dass er den in Israel bekannten Gott auslegt, ist schon durch den ersten Satz des Prologs mit seiner Anspielung auf Gen 1,1 deutlich.

Von daher ist es mehr als seltsam, wenn HOFIUS in dem genannten Aufsatz zu Joh 1,17f. weiter schreibt: „Außerhalb der in Jesus Christus vollzogenen Offenbarung gibt es nicht nur kein Wissen von ‚Gnade', sondern überhaupt kein Wissen über Gott selbst" (170). Was für ein Bedürfnis steckt eigentlich dahinter, wenn in diesem kurzen Aufsatz gehäuft so hochgespannte Aussagen begegnen wie diese: „Ausschließlich Jesus Christus in seiner Person und in seinem Werk ist die rettende Offenbarung Gottes, – während Gott abgesehen von Jesus Christus grundsätzlich verborgen ist und bleibt" (163). „Gleich V.17 formuliert eine ‚radikale Antithese', die jede Heilsrelevanz des Mose und der durch Mose gegebenen Tora bestreitet" (169f.). Ist es denn immer noch so, dass christliche Identität nur gewonnen werden kann in Abgrenzung vom Judentum, insbesondere in der Entgegenstellung zur Tora? Und selbst wenn HOFIUS exegetisch im Recht wäre, müsste denn nicht heute respektvoll wahrgenommen und bedacht werden, was das Judentum in seiner langen Geschichte selbst über den Zusammenhang von Tora und Gnade gesagt hat und sagt? Geschähe solch aufmerksames Hören, würde es sich wahrscheinlich von selbst verbieten, im Johannesevangelium angenommene **Exklusivitäts- und Absolutheitsaussagen** einfach nachzusprechen.

Erster Teil:
Das Wirken Jesu als des von Gott Gesandten findet Glaubende und Nichtglaubende (1,19–12,50)

I. Die erste Woche (1,19–2,12)

Nach dem Prolog beginnt in 1,19 die Erzählung des Evangeliums mit der Gestalt des Johannes, die schon zweimal im Prolog als Zeuge schlechthin begegnet war. Jetzt wird von seinem Zeugnis ausführlich erzählt und von der Kettenreaktion, die es auslöst. Der hier angestoßene Zusammenhang reicht bis 2,12. Er wird formal zusammengehalten durch ein Tagesschema, das zusammengenommen genau eine Woche ergibt[1]. Der erste Tag umfaßt 1,19–28 und enthält ein indirektes Zeugnis des Johannes, das er gegenüber Fragestellern abgibt. Die Angabe „am nächsten Tag" in 1,29 weist das 1,29–34 erzählte Geschehen, das direkte Zeugnis des Johannes angesichts des hier erstmals auftretenden Jesus, dem zweiten Tag zu. Dieselbe Angabe markiert in 1,35 den nächsten Einschnitt: Am dritten Tag kommen aufgrund des Zeugnisses des Johannes die ersten beiden Schüler zu Jesus (1,35–39). Durch die Bemerkung in V.39, dass diese beiden „jenen Tag" bei Jesus blieben, ergibt sich, dass das Hinzukommen des Simon Petrus in 1,40–42 dem vierten Tag zugehört[2]. 1,43 begegnet wieder die Wendung „am nächsten Tag". Es ist der fünfte, für den der Aufbruch nach Galiläa berichtet wird, womit das Hinzukommen von Philippus und Nathanael verbunden ist (1,43–51). Wenn in diesem Zusammenhang am Beginn von 2,1 die Zeitbestimmung „am dritten Tag" gegeben wird, ist damit wohl nicht der dritte Wochentag, der Dienstag, gemeint, sondern ist sie zurückzubeziehen auf die letzte Zeitangabe in 1,43: Der sechste Tag wird übersprungen; das jetzt Erzählte, die Hochzeit in Kana, füllt also den siebten Tag aus. Der sechste Tag ist als Reisetag gedacht.

Diese Gliederung nach den Tagen einer Woche am Anfang der Erzählung entspricht dem, dass auch an ihrem Ende eine Woche steht. In 12,1 findet sich die Zeitangabe: „sechs Tage vor Pessach", und in 20,1 ist, von da an gezählt, mit „dem ersten Wochentag" der achte Tag erreicht. Der erste Wochentag wird gleich anschließend noch einmal gebracht, indem die Thomasgeschichte an ihm – „nach acht Tagen" – das Evangelium beschließt. In 2,13 wendet sich Jesus nach Jerusalem; und diese

---

[1] Vgl. dazu R. RIESNER, Bethany Beyond The Jordan (John 1:28). Topography, Theology And History In The Fourth Gospel, Tyndale Bulletin 38, 1987 (29–63), 45–47; jetzt ausführlicher ders., Bethanien 73–76. Auf diese Beiträge beziehe ich mich im Folgenden.
[2] Vgl. die Argumentation von BRODIE, Komm. 130f., dass das Geschehen von 1,35–39 als eigener Tag zu zählen ist.

Stadt ist dann Schauplatz des erzählten Geschehens bis zum Ende von Kap.3. Auch von daher ist der Einschnitt nach 2,12 deutlich.

Diese erste Einheit von 1,19–2,12 wird nicht nur durch das Zeitschema zusammengehalten, sondern es ergibt sich auch ein inhaltlich sinnvoller Zusammenhang. Zuerst begegnet die Gestalt des Johannes als Zeuge, der von sich wegweist und, als Jesus die Szene betritt, ausdrücklich auf ihn hinweist. Das führt Jesus die ersten Schüler zu, die durch ihr Zeugnis weitere dazukommen lassen. Sie erweisen sich nach der ersten Tat Jesu als diejenigen, bei denen sie ihr Ziel erreicht, wenn es von ihnen heißt, dass sie auf ihn ihr Vertrauen setzten (2,11).

1. Das indirekte Zeugnis des Johannes (1,19–28)

19 Und dies ist das Zeugnis des Johannes, als die (führenden[3]) Juden aus Jerusalem Priester und Leviten zu ihm gesandt hatten, damit sie ihn befragten: Du, wer bist du? 20 Und er bekannte und leugnete nicht und bekannte: Ich – der Gesalbte bin ich nicht. 21 Und sie befragten ihn: Was dann? Bist du Elija? Und er sagte: Ich bin's nicht. – Der Prophet – bist du der? Und er antwortete: Nein. 22 Da sprachen sie zu ihm: Wer bist du? Damit wir denen Antwort geben, die uns geschickt haben. Was sagst du über dich selbst? 23 Er sprach: Ich – die Stimme des Rufers: In der Wüste bahnt den Weg Adonajs! Wie Jesaja, der Prophet, gesprochen hat.
24 Und sie waren gesandt von den Pharisäern 25 und befragten ihn und sprachen zu ihm: Wieso taufst du denn, wenn du weder der Gesalbte bist noch Elija noch der Prophet? 26 Johannes antwortete ihnen, sprach: Ich, ich taufe in Wasser. Mitten unter euch steht da, den ihr nicht kennt: 27 der nach mir Kommende, dessen ich nicht wert bin, dass ich den Riemen seiner Sandale löse. 28 Das geschah in Betanien jenseits des Jordan, wo Johannes taufte.

Der Abschnitt ist in zwei Teile untergliedert. Formal wird das durch die variierende Wiederholung der Aussage von der Sendung derjenigen deutlich gemacht, die Johannes befragen sollen (V.19.24)[4]. Im ersten Abschnitt wehrt er die Identifikation mit endzeitlichen Rettergestalten von sich ab und gibt sich als „die Stimme des Rufers" von Jes 40,3 zu erkennen (V.19–23); und im zweiten benutzt er die Frage nach sei-

---

3   Wo Johannes pauschal von „den Juden" spricht, füge ich in der Übersetzung ein sich vom Kontext ergebendes Adjektiv hinzu, um den in unseren Ohren beim Lesen und Hören sich ansonsten unvermeidlich ergebenden antijüdischen Klang wegzunehmen.

4   Viele Handschriften haben vor ἀπεσταλμένοι ein οἱ eingefügt. Dann ist das ἐκ partitiv zu verstehen: „Und die Abgesandten gehörten zu den Pharisäern." Die besseren Handschriften bieten das οἱ nicht. Dann muß das ἐκ gleichbedeutend mit ὑπό gelesen werden, so dass V.24 sachlich V.19 entspricht. Für diese Lesart spricht, dass auch sonst im Johannesevangelium „die Juden" und „die Pharisäer" promiscue gebraucht werden.

nem Taufen, um auf den Kommenden hinzuweisen, dem er sich ganz und gar unter- und zuordnet (V.24–28).

Die Verse 19 und 24 stehen also nicht in Spannung, sondern korrespondieren einander als Gliederungssignale. Zugleich wird damit sofort am Beginn der Erzählung eine Atmosphäre erzeugt, die für die Gemeinde transparent ist: „Die Juden" und „die Pharisäer" erscheinen als beauftragende Behörde, die vom Zentrum her Vernehmungsbeamte[5] entsendet, weil hinter dem Taufen des Johannes messianische Ansprüche vermutet werden (V.25), derentwegen er vernommen werden soll.

In der Darstellung des Evangelisten hat die Frage nach der Identität des Johannes 19f. von vornherein den Sinn, das Auftreten Jesu vorzubereiten und die Frage nach dessen Identität zu klären, wofür Johannes Zeugnis ablegt. Deshalb wehrt er mögliche Identifikationen mit endzeitlichen Rettergestalten von sich ab und nimmt ausschließlich die Funktion des Zeugen für sich in Anspruch. Dabei ist es sicherlich kein Zufall, dass an erster Stelle – besonders feierlich eingeführt[6] – die Verneinung dessen steht, dass er „der Gesalbte" sei. Mit dem Kommen des Gesalbten, des königlichen Messias, sind Hoffnungen auf die Beseitigung von Not und Bedrückung, auf das Ende von Unrecht und Gewalt verbunden. Ob Jesus der Gesalbte sei, darum wird im Johannesevangelium immer wieder gestritten. Es war der wesentliche Streitpunkt in der Zeit des Evangelisten zwischen seiner Gruppe und der jüdischen Mehrheit. Weil aber diese umstrittene Identifikation nach dem Evangelium doch Jesus zukommt, muss sie Johannes hier an erster Stelle für sich selbst verneinen.

Nach diesem ersten negativen Ergebnis führen die Befragenden die Vernehmung in 21 V.21a fort und machen ihrerseits ein mögliches Identifikationsangebot: „Was dann? Bist du Elija?"

Nach 2Kön 2,1–11 ist der Prophet **Elija** nicht gestorben, sondern im feurigen Wagen lebendig in den Himmel aufgenommen worden. Von daher lag es nahe, dass sich im Blick auf seine Gestalt Traditionen bildeten und er weiterhin eine Rolle spielt. Diese Traditionsbildung beginnt schon innerhalb der hebräischen Bibel. Die Verheißung von Mal 3,1: „Siehe, ich sende meinen Boten; und er wird den Weg vor mir bahnen" wird in V.23f. so aufgenommen, dass Elija als dieser Bote identifiziert wird: „Siehe, ich sende Elija, den Propheten, bevor der Tag Adonajs kommt, der große und furchtbare. Und er wird umkehren lassen das Herz der Väter zu den Söhnen und das Herz der Söhne zu den Vätern – damit ich nicht komme und das Land mit dem Bann schlage." Das ist aufgenommen und weitergeführt in Sir 48,10 in einer Anrede an Elija: „Der du bestimmt bist, bereit zu sein für die Zeit, um den Zorn zu beschwichtigen, bevor er entbrennt, um umkehren zu lassen das Herz der Väter zu den Söhnen und um wieder erstehen zu lassen die Stämme Israels." Es ist möglich, dass sich der „historische" Johannes der Täufer als Elija redivivus verstanden hat[7]. Auf alle Fälle aber

---

5   Die nur hier im Johannesevangelium auftretenden „Priester und Leviten" begegnen nicht als eigenständige Gruppe, sondern nur in Zuordnung zu „den Juden" bzw. „den Pharisäern".
6   Dabei verweist die betonte Einleitung von V.20 indirekt auf die dem Johannes vom Evangelisten tatsächlich zugewiesene Funktion, indem sie mit „bekennen" und „nicht verleugnen" Zeugenterminologie benutzt.
7   Vgl. H. STEGEMANN, Die Essener, Qumran, Johannes der Täufer und Jesus, [2]1993, 298–301.

gilt in neutestamentlichen Texten Johannes der Täufer als wiedergekommener Elija: Mk 9,11–13 parr. Mt 17,10–13; Lk 1,17; vgl. Mt 11,14.

Obwohl Johannes mit Elija identifiziert wurde und obwohl es keine Tradition gibt, die Jesus als wiedergekommenen Elija versteht[8], lässt der Evangelist es Johannes kategorisch ablehnen, Elija zu sein. Die damit verbundene Absicht ist wohl die, ihn ganz und gar und ausschließlich auf die Rolle des Zeugen festzulegen.

Nach der erneuten Verneinung machen die Vernehmenden ein drittes Identifikationsangebot, das ebenfalls abgelehnt wird: „der Prophet". Der Artikel macht deutlich, dass nicht irgendein Prophet gemeint ist. Wahrscheinlich ist die an Dtn 18,15.18 anknüpfende Erwartung eines Propheten wie Mose im Blick, die im
22 Evangelium für Jesus reklamiert wird (6,14; 7,40)[9]. Nachdem Johannes so dreimal gesagt hat, was er nicht ist, verlangen die Vernehmenden, dass er sage, wer er sei, „damit wir denen Antwort geben, die uns geschickt haben". Denen, die ausgesandt und beauftragt haben, Antwort zurückzubringen, gilt in der jüdischen Tradition als selbstverständliche Lebensregel[10].

23 Johannes gibt Antwort, indem er mit der Schrift spricht und ausdrücklich den Propheten Jesaja als Autor angibt: „Ich – die Stimme des Rufers: In der Wüste bahnt den Weg Adonajs!" Nur das vorangestellte, identifizierende „Ich" ist dem Text von Jes 40,3a hinzugefügt. Anders als bei den Synoptikern lässt es sich bei diesem Zitat für das Johannesevangelium nicht erweisen, dass es von der Septuaginta abhängig sei[11]. Dass der Evangelist ein anderes Verb als die Septuaginta bietet, das dem im hebräischen Text gebrauchten näherkommt, spricht für Beeinflussung durch diesen. Auch dessen Zuordnung der Angabe „in der Wüste" zum Bahnen des Weges und nicht zum Rufer liegt für ihn näher, da er sich das Auftreten des Johannes nicht in der Wüste vorstellt[12]. Der will hier also nichts sonst sein als „die Stimme des Rufers", die dazu auffordert, Gott den Weg zu bahnen. Mit *kýrios* im Zitat meint der Evangelist nicht Jesus, sodass er die Umschreibung des Gottesnamens der Bibel auf Jesus übertrüge[13]. Er identifiziert nicht Gott und Jesus. Er differenziert zwischen *kýrios* ohne Artikel als Entsprechung zur Umschreibung des Gottesnamens mit „Adonaj" und *kýrios* mit

---

8   Das ist nach Mk 6,15; 8,28 parr. lediglich die Meinung von Außenstehenden.
9   Vgl. dazu MEEKS, Prophet-King; weiter REIM, Jochanan 110–144.
10 In MekhJ Jitro (BaChodesch) 2 (HOROVITZ/RABIN 209f.) wird Ex 19,8 zitiert: „Und Mose brachte die Worte des Volkes zurück zu Adonaj." Die Frage, wieso er das denn nötig hatte, wird so beantwortet, dass die Tora hier eine Lebensregel lehre: „Mose kam und brachte Antwort dem, der ihn gesandt hatte. Denn so sprach Mose: Obwohl er es weiß und Zeuge ist, will ich dem Antwort bringen, der mich gesandt hat."
11 In Mk 1,3parr. wird der ganze Vers Jes 40,3 zitiert. In V.b weicht die Septuaginta charakteristisch vom hebräischen Text ab; genau mit dieser Abweichung erscheint das Zitat bei den Synoptikern.
12 „Die Wüste" spielt im Johannesevangelium keine Rolle. Sie begegnet außer hier im Zitat nur in weiteren Schriftbezügen auf die Wüstenzeit Israels (3,14; 6,31.49) und beim Rückzug Jesu nach Efraim, „nahe der Wüste" (11,54). – Auf die Lokalisierung „in Betanien" in V.28 ist gleich näher einzugehen.
13 So allerdings zuletzt wieder DIETZFELBINGER, Komm 1, 45.

Artikel als Bezeichnung für Jesus, was dem aramäischen *mará* entspricht[14]. Um diese Differenzierung in der Übersetzung kenntlich zu machen, ist *kýrios* hier mit „Adonaj" wiedergegeben. Indem aber der Evangelist den Johannes als „die Stimme des Rufers" versteht, um dem zur Rettung kommenden Gott den Weg zu bahnen, und damit zugleich, wie das Folgende ausdrücklich macht, als Zeugen für Jesus, bringt er Gott und Jesus in engsten Zusammenhang miteinander: Im Auftreten Jesu tritt Gott selbst heilvoll und rettend auf den Plan.

Dass Johannes sich positiv als „die Stimme des Rufers" von Jes 40,3 zu erkennen 24f. gibt, befriedigt die ihn Vernehmenden nicht. Sie setzen mit ihrer Befragung neu ein und greifen dabei auf die Verneinungen zurück: „Wieso taufst du denn, wenn du weder der Gesalbte bist noch Elija noch der Prophet?" (V.25) Erst jetzt wird das Wirken des Johannes erwähnt, das ihn vor allem auszeichnete, das Taufen, und das ihm die ihn spezifisch charakterisierende Bezeichnung „der Täufer" einbrachte. Die erhält er aber im Johannesevangelium nicht – wahrscheinlich deshalb nicht, weil hier seinem Taufen keinerlei soteriologische Eigenbedeutung zukommt. Es dient einzig dazu, den kenntlich zu machen, für den Johannes nichts als Zeuge ist. Er sagt: „Ich, ich taufe in 26 Wasser." Das ist der erste Teil eines Wortes, das auch Mk 1,8parr. begegnet, das der Evangelist Johannes aber erst in V.33 ganz bringt, während er die in Mk 1,7parr. vorangehende Aussage anschließend in V.27 bietet. Wenn auf die schlichte Feststellung, dass er in Wasser taufe, unmittelbar folgt, dass mitten unter ihnen stehe, den sie nicht kennen, wird der Eindruck erweckt, den der folgende Abschnitt bestätigt, dass sein Taufen einzig dazu dient, diesen noch Unbekannten bekannt zu machen[15]. Ihm 27 ordnet er sich ganz und gar zu, und ihm ordnet er sich auch unter, wenn er sich in V.27 für nicht wert erklärt, dem nach ihm Kommenden den Riemen der Sandale zu lösen[16]. Damit erklärt er sich im Verhältnis zu ihm für geringer als einen Sklaven gegenüber seinem Herrn. Nach tQid 1,5 vollzieht sich „die Besitzergreifung von Sklaven" so: „Er (der Sklave) zieht ihm (seinem Erwerber) seine Sandale an, und er löst ihm seine Sandale"[17].

Die Szene wird in V.28 mit einer geographischen Notiz abgeschlossen, die das 28 erzählte Geschehen und die Tauftätigkeit des Johannes „in Betanien jenseits des Jordan" lokalisiert. Traditionell wird als Taufort des Johannes eine Furt am Unterlauf

---

14 Das hat schon SCHLATTER herausgestellt: Johannes 42.
15 Dass der Evangelist damit dem „historischen" Johannes nicht gerecht wird, ist natürlich keine Frage. Zu seiner Taufe vgl. G. BARTH, Die Taufe in frühchristlicher Zeit, 1981, 23–36, und vor allem STEPHANIE VON DOBBELER, Das Gericht und das Erbarmen Gottes. Die Botschaft Johannes des Täufers und ihre Rezeption bei den Johannesjüngern im Rahmen der Theologiegeschichte des Frühjudentums, 1988.
16 Drastisch LUTHER, nach dem „Johannes seine Heiligkeit von sich wirft und sie nicht den Lumpen sein lassen will, mit dem man einen beschissenen Schuh abwischt" (Evangelien-Auslegung 4, 72).
17 Nach ShemR 25,6 (Wilna 46b) ist sich Gott nicht zu schade, an Israel Sklavendienst zu verrichten: „Bei Fleisch und Blut zieht der Sklave seinem Herrn die Sandalen an. Aber der Heilige, gesegnet er, handelt nicht so: ‚Und ich habe dir Sandalen aus Tachasch-Leder angezogen' (Ez 16,10)." Vgl. die Parallele in TanB Beschallach 10 (29b).

des Jordan angenommen. Origenes konnte im 3. Jh. keinen Ort „Betanien jenseits des Jordan" finden. Von daher erklären sich wohl die Varianten „Betabara" und „Betaraba"[18]. Doch welche Stelle am Unterlauf des Jordan man auch immer annimmt, ergeben sich für das Johannesevangelium unüberwindliche Schwierigkeiten. Auf den 1,28 genannten Ort wird noch einmal 10,40 Bezug genommen. Danach geht Jesus dahin zurück, bevor er nach dem Tod des Lazarus zu dem Dorf Betanien bei Jerusalem (11,1.18) aufbricht. Verlegt man die mit „Betanien" angegebene Taufstelle des Johannes in den Süden, ist einmal der Weg von dort nach Kana (2,1) zu weit, um an einem Reisetag bewältigt werden zu können; und zum anderen ist der Weg von dort nach Betanien bei Jerusalem zu kurz, um einsichtig zu machen, dass Lazarus schon vier Tage im Grabe liegt (11,17). Diese Schwierigkeiten lösen sich, wenn „Betanien" im Norden liegt und mit der Landschaft Batanäa östlich des Sees Gennesaret identifiziert wird[19].

2. Das direkte Zeugnis des Johannes angesichts Jesu (1,29–34)

> 29 Am nächsten Tag sieht er Jesus auf sich zukommen und spricht: Siehe, das Lamm Gottes, das die Sünde der Welt trägt! 30 Der ist's, über den ich sagte: Nach mir kommt ein Mann, der mir voraus wurde, denn er war eher als ich. 31 Auch ich hatte ihn nicht gekannt; damit er jedoch Israel offenbar würde, deshalb bin ich gekommen, um in Wasser zu taufen.
> 32 Und Johannes legte Zeugnis ab, sprach: Ich schaute den Geist vom Himmel herabsteigen wie eine Taube, und er blieb auf ihm. 33 Auch ich hatte ihn nicht gekannt; der mich jedoch geschickt hat, in Wasser zu taufen, der hatte mir gesagt: Auf wen du den Geist herabsteigen und auf ihm bleiben siehst, der ist's, der mit heiligem Geist tauft. 34 Und ich hab's gesehen und bin Zeuge: Der ist der Sohn Gottes.

Auch dieser Abschnitt, an dessen Beginn Jesus erstmals die Szene betritt und der im Übrigen nur aus einer Rede des Johannes angesichts des ihm begegnenden Jesus besteht, ist zweigeteilt. Der Einschnitt ist in V.32 durch die erneute Redeeinleitung markiert, obwohl Johannes doch schon das Wort hat. Das ist nicht schriftstellerisches Ungeschick, weil der Evangelist nur auf diese Weise ihm vorliegende unterschiedli-

---

[18] Zur Textkritik vgl. RIESNER, Bethanien 13-15, zur Ortskenntnis des Origenes ebd. 15–18.
[19] Vgl. dazu ausführlich die o. in Anm. 1 angegebenen Beiträge von Riesner. Im Buch führt er auf S.54–56 Vorgänger dieser These an, bespricht die Wendung „jenseits des Jordan" (57–70), legt für Joh 1,28 die Notwendigkeit einer Lokalisierung im Norden dar (71-77) und erweist die sprachliche Möglichkeit einer Identifizierung von „Betanien" mit Batanäa (78–80). Er macht auch darauf aufmerksam, dass der Taufort in 10,40 als ein *tópos* bezeichnet wird, das bei Jerusalem liegende Betanien aber in 11,1.30 als eine *kóme* (80f.). Die Zurückweisung der Identifikation dieses Betanien mit Batanäa durch HENGEL (Frage 291 Anm.77) erfolgt apodiktisch. Es findet sich nicht die Spur einer Argumentation.

che Traditionen zusammenbekäme, sondern bewusste Gestaltung. Dass er Traditionen aufnimmt, braucht nicht bestritten zu werden und ist zumindest für V.32f. evident. Aber er ordnet sie einander zu, was sich vor allem auch an der Wiederholung des Motivs zeigt, dass Johannes Jesus vorher nicht gekannt hatte (V.31a.33a). So fällt alles Gewicht auf die beiden Jesus charakterisierenden Sätze am Beginn des ersten und am Schluss des zweiten Teils: „Siehe, das Lamm Gottes, das die Sünde der Welt 29 trägt!" „Der ist der Sohn Gottes."

Als Personen der Szene sind nur Johannes und Jesus vorgestellt, obwohl Johannes sofort eine mit „Siehe" eingeleitete Proklamation abgibt, die eigentlich ein Publikum voraussetzt: „Der Text verfährt wie eine Großaufnahme, die alles Nebensächliche ausblendet"[20]. Das Publikum wird von der Leser- und Hörerschaft des Evangeliums gebildet; sie soll hören, was Johannes zu sagen hat[21]. Die Erzählung hatte mit ihm begonnen und ihn als Zeugen des nach ihm Kommenden herausgestellt; wenn nun dieser Kommende auftritt und Johannes mit Blick auf ihn eine feierliche Proklamation abgibt, dann ist vorauszusetzen, dass diese Aussage vom Evangelisten wohl überlegt ist, dass ihr im Rahmen des Evangeliums eine große Bedeutung zukommt[22]: „Siehe, das Lamm Gottes, das die Sünde der Welt trägt!"

Die biblische Wendung vom „Tragen der Sünde" findet sich im Neuen Testament außer hier nur noch an der davon abhängigen Stelle 1Joh 3,5. Daher ist es nicht wahrscheinlich, dass der Evangelist eine bekannte Tradition zitiert. Unter Aufnahme biblischer Motive dürfte er vielmehr selbständig formulieren. Dabei scheint er von der hebräischen Bibel beeinflusst zu sein. Denn die dort häufige Wendung vom „Tragen der Sünde" begegnet in der Septuaginta nur zweimal mit dem von Johannes gebrauchten Verb (1Sam 15,25; 25,28). Meistens steht eine Form von *lambáno*.

Die Aussage, die Johannes über Jesus in V.29 macht, enthält durch die möglichen biblischen Anspielungen mehrere Aspekte. Einmal legt sich ein Bezug auf Lev 16,21f. nahe: „Und Aaron stütze seine beiden Hände auf den Kopf des lebendigen Bockes und bekenne über ihm alle Verfehlungen der Kinder Israels und alle ihre Vergehen samt all ihren Sünden; und er gebe sie auf den Kopf des Bockes und schicke ihn durch einen bestimmten Mann in die Wüste. Und der Bock trage auf sich alle ihre Verfehlungen in abgeschiedenes Land." Das ist aufgenommen in mShevu 1,6, wonach der in die Wüste geschickte Bock mit Ausnahme der kultischen Vergehen „die übrigen in der Tora genannten Übertretungen ... sühnt": „die leichten und die

---

20 BLANK, Komm. 1a,130; vgl. HAENCHEN, Komm. 170, der von einem „Standfoto" spricht.
21 Vgl. HAENCHEN, Komm.166: „Eigentlich angesprochen sind die Leser des Buches."
22 Von daher sind Interpretationen zu hinterfragen, die die Bedeutung von 1,29 herunterspielen, wie es KÄSEMANN (Wille 23 Anm.7 von S.22) und HAENCHEN (Komm. 166f.; vgl. 493f.) tun. Eine Interpretation, zu der eine so eingeführte Aussage querstet, kann keine dem Johannesevangelium angemessene sein.

schweren, die absichtlichen und die versehentlichen, bewusst und unbewusst, Gebot und Verbot, mit Ausrottung und Todesstrafe belegt"[23].

In Jes 53,12 heißt es von dem in diesem Kapitel beschriebenen Knecht Gottes, der leidet und getötet wird, dass er „die Sünden der Vielen getragen hat"[24]; und in V.7 wurde er mit einem Lamm und Schaf verglichen. Dass in Joh 1,29 nicht von einem die Sünden tragenden Bock gesprochen wird, sondern von einem Lamm, ist aber vor allem dadurch bedingt, dass Jesus im Johannesevangelium als endzeitliches Pessachlamm verstanden wird. Das zeigt sich daran, dass der Evangelist in 19,14 die Verurteilung und anschließende Hinrichtung Jesu auf die Zeit der Schlachtung der Pessachlämmer legt und dass er in 19,33.36 den Bezug auf das Pessachlamm ausdrücklich herstellt. Diese Kennzeichnung Jesu kann nicht beziehungslos zu der Aussage von 1,29 gedacht werden. Vielmehr spannt der Evangelist hier einen Bogen über fast das ganze Evangelium hinweg, vom ersten Auftreten Jesu bis zu seinem Tod[25]. Als endzeitliches Pessachlamm trägt Jesus „die Sünde der *Welt*", vermittelt er allen Gottes barmherzige Zuwendung[26]. Die niederschmetternde Erfahrung, dass hier ein Unschuldiger in einem Prozessverfahren zum Tode verurteilt und elend hingerichtet wurde, verwandelt sich mit Hilfe dieser biblischen Kategorien in die Aussagen: Er ist der Sündenbock; er ist der wie ein Lamm zur Schlachtbank geführte Gottesknecht; er ist das endzeitliche Pessachlamm. Damit wird dieses schlimme Geschehen mit Gott zusammengedacht. Dann muss dieses unschuldige Leiden und Sterben anderen zugutekommen. Dann kann prinzipiell niemand davon ausgeschlossen sein. Das darf aber nicht in das falsche Schema „neutestamentlicher Universalismus gegen alttestamentlich-jüdischen Partikularismus" gepresst werden. Gerade auch bei der Aussage von der Sühnung kennt die rabbinische Tradition einen Bezug auf die Welt, wenn es von „den Stieren, die verbrannt werden, und den Böcken, die verbrannt werden", heißt: „die zur Sühnung für die Welt kommen"[27].

---

23   In Sifra Sch'mini Parascha 1, Perek 2 zu Lev 10,17 (WEISS 47b) wird die Frage, „welcher Bock die Schuld der Gemeinde trägt", mit dem Hinweis auf den Ziegenbock von Num 29,5 als Bock des Monatsanfangs beantwortet; vgl. bSev 101b.

24   Vgl. die sachliche Parallele in V.11. Der Bezug auf Jes 53 findet sich schon bei ORIGENES: „Denn wie ein unschuldiges Schaf, zum Schlachten geführt, ist das Lamm Gottes geworden, damit es die Sünde der Welt trägt; der allen das Wort gewährt, ward gleich einem Lamm, stumm vor dem Scherer, damit wir alle durch seinen Tod rein werden" (Komm. I 32, S.233). An anderer Stelle verbindet ORIGENES die Aussage von 1,29 mit dem täglichen Lammopfer (VI 52, S.268–270).

25   „Daß das erste Wort, das der Täufer über Jesus zu sagen hat, sofort auch das Letzte sagt, was überhaupt über ihn zu sagen ist, daß die Weihnachtsbotschaft hier sofort als Passionsbotschaft auftritt, das ist keine Frage" (BARTH, Johannes-Evangelium 169).

26   In der jüdischen Tradition wird in ShemR 15,12 (Wilna 27d-28a) ein Zusammenhang zwischen dem Pessachlamm und der Sündenvergebung in der folgenden auf Rabbi Meir zurückgeführten Aussage hergestellt, in der es in Gottesrede heißt: „Dieser Monat (Nissan) ist bestimmt für mich und für euch, dass ich das Blut von Pessach sehe und für euch sühne – denn es ist gesagt: ‚Redet zu der ganzen Gemeinde der Kinder Israels‘ (Ex 12,3) – und eure Freude vollkommen sei, selbst wenn einer arm ist." Die sühnende Kraft des „Pessachblutes" wird noch einmal am Ende des Abschnitts erwähnt (28a).

27   MekhJ Mischpatim (Nesikin) 10 (HOROVITZ/RABIN S. 282).

Der Evangelist verbindet die Aussage von Jesus als dem Lamm Gottes in V.30 mit 30
dem von ihm neugestalteten Wort des Johannes über den, der nach ihm kommt, das
er schon in V.15 gebracht hatte. Jetzt könnte deutlich werden, warum er – anders als
die Synoptiker – von dem Kommenden nicht als dem „Stärkeren" spricht: Als
„Lamm Gottes" ist der Kommende zugleich und vor allem der Gekreuzigte. Wenn an
dieser Stelle die Aussage wiederholt wird, dass der Kommende „eher war"[28], deutet
der Evangelist an, dass sich Gott von diesem Tod betreffen lässt, hier selbst begegnet.

V.31 führt aus, was in V.26f. angelegt ist: Nicht nur das Volk, sondern auch Johan- 31
nes hatte den Kommenden, der schon mitten unter ihnen da war, nicht gekannt. Damit bestimmt der Evangelist als einzigen Zweck des Taufens durch Johannes, den
bisher noch Unbekannten bekannt zu machen. Adressat des Jesus offenbar machen-
den Handelns ist „Israel". Das Lamm Gottes, das die Sünde der *Welt* trägt, ist jemand, der einen sehr konkreten und nicht beliebigen Ort in dieser Welt hat: Er ist
Jude in Israel. Erst von seinem heilvollen Tod her kommen andere in den Blick. So
heißt es in 11,51f. hinsichtlich des Ausspruchs des Hohenpriesters vom Sterben Jesu
für das Volk weiter: „und nicht nur für das Volk, sondern damit er auch die zerstreu-
ten Kinder Gottes in eins zusammenbrächte"[29].

Der **Begriff „Israel"** begegnet viermal im Johannesevangelium, außer an dieser Stelle in
3,10, wo von Nikodemus als „einem berühmten Lehrer Israels" gesprochen wird; und
zweimal wird Jesus als „der König Israels" bezeichnet (1,49; 12,13). Hinzu kommt die Benennung Natanaels als eines, der „wirklich ein Israelit" ist (1,47). Von Israel wird also
durchweg positiv geredet, nicht in einem übertragenen Sinn und nicht eingeschränkt auf
Jesusanhänger. Das steht im Kontrast zur überwiegend negativen Darstellung „der Juden".
Letzteres streicht ersteres nicht aus. Es ist vielmehr zu betonen, dass Johannes trotz der
bedrängenden Erfahrungen, die die weithin negative Redeweise von „den Juden" bedingen,
an einem positiven Gebrauch des Begriffs „Israel" festhält – und damit die Juden meint. Er
ist ein jüdischer Autor, der so auch eine primäre Bedeutung Jesu für Israel formuliert. Eine
zur Völkerkirche gewordene Kirche, die endlich die Einsicht in die bleibende Erwählung
Israels wiedergewonnen hat und die Treue Gottes zu seinem Volk Israel und die Treue
dieses Volkes zu seinem Gott respektvoll wahrnimmt, wird das nicht nachsprechen können,
dabei aber selbstverständlich entschieden das Judesein Jesu und seinen Ort in Israel festhalten. Sie müsste sonst den unseligen Weg der Judenmission wieder aufnehmen oder
weitergehen. Für uns Menschen aus den Völkern, die wir durch Jesus zum Gott Israels gekommen sind, ergibt sich als Konsequenz aus seinem Judesein, seine leiblichen Geschwister
als Zeugen Gottes wahrzunehmen.

Der zweite Teil des Abschnitts bietet die johanneische Fassung der Taufgeschichte 32
Jesu – die aber hier gar keine Taufgeschichte ist. Vielmehr wird erzählerisch ausgeführt, was Johannes schon in V.31 als Zweck seines Taufens in Wasser bezeichnet
hatte. Dass er Jesus getauft hat, wird nicht erzählt, nicht einmal erwähnt. Der Evan-

---

28 Vgl. o. zu V.15.
29 Auch Stellen wie 1,29 und 3,16, die ebenfalls die Weltdimension der Bedeutung Jesu formulie-
    ren, haben ja seinen Tod im Blick.

gelist setzt aber die Tradition von der Taufe Jesu voraus und lässt Johannes aus ihr
bestimmte Elemente in seiner Rede aufnehmen. Dass der Geist in Gestalt einer Taube
33 auf Jesus herabsteigt, wird hier zum bloßen Erkennungszeichen für Johannes, wen er
als den Kommenden zu bezeugen habe. Von ihm sagt er jetzt über V.26f. hinaus,
dass er „mit heiligem Geist tauft". Johannes ist nichts als Zeuge für den, der die end-
34 zeitliche Gabe des Geistes vermittelt[30]. Diese Zeugenschaft äußert sich schließlich in
diesem Abschnitt so, dass der Evangelist in V.34 den Johannes sich noch einmal
selbst einführen und die Aussage über Jesus machen lässt, die in der Tauftradition
dominant ist und in der synoptischen Fassung von „einer Stimme aus dem Himmel"
gesprochen wird[31]: „Und ich hab's gesehen und bin Zeuge: Der ist der Sohn Gottes."
Die betonte Einleitung zeigt, dass der Evangelist die Bezeichnung Jesu als „Sohn
Gottes"[32] nicht einfach aus Traditionsgründen bringt. In der Zielangabe des gesamten
Evangeliums in 20,31 steht sie parallel neben der Bezeichnung Jesu als „des Gesalbten", um die im Evangelium heftig gestritten wird. „Sohn Gottes" ist daher keine
seinsmäßige Wesensbestimmung Jesu, sondern eine Funktionsbezeichnung im Rahmen der königlichen Messiaserwartung[33]. Er ist endzeitlicher Beauftragter Gottes.
Indem der Evangelist die beiden Jesus gleichsam definierenden Aussagen des Abschnitts einander zuordnet, bekommt so auch die Bezeichnung „Lamm Gottes" messianischen Klang[34].

3. Die ersten beiden Schüler aufgrund des Zeugnisses des Johannes (1,35–39)

> 35 Am nächsten Tag stand Johannes wieder da und zwei von seinen Schülern;
> 36 und als er Jesus erblickte, wie er daherging, sagte er: Siehe, das Lamm
> Gottes! 37 Und seine beiden Schüler hörten ihn reden und folgten Jesus.
> 38 Als Jesus sich aber umwandte und sie folgen sah, sagte er zu ihnen: Was
> sucht ihr? Die aber sprachen zu ihm: Rabbi – das heißt übersetzt: Lehrer –, wo
> ist deine Bleibe? 39 Er sagte ihnen: Kommt und seht! Da kamen sie und
> sahen, wo seine Bleibe war, und blieben jenen Tag bei ihm. Es war ungefähr
> die zehnte Stunde.

Die ersten beiden Schüler, die Jesus nach dem Johannesevangelium bekommt, werden in diesem Abschnitt nicht mit Namen genannt; und auch im Folgenden wird nur

---

[30] Vgl. Mk 1,8parr. Zur Verbindung von Taufe und Geist vgl. BARTH, a.a.O. (Anm. 14) 60–72.
[31] Vgl. Mk 1,11parr.
[32] Nicht ausgeschlossen ist, dass die von wenigen Handschriften bezeugte Lesart: „der Erwählte
Gottes" doch die ursprüngliche ist; vgl. dazu SCHNACKENBURG, Komm. 1, 305; DSCHULNIGG,
Jesus 18f.
[33] Vgl. Ps 2,7; 4 QFlor I 10–12; 4Q 246.
[34] Hier besteht eine sachliche Analogie zu Apk 5,5f. Dort wird „der Löwe aus dem Stamm Juda, die
Wurzel Davids", mit „dem Lamm, wie geschlachtet", identifiziert.

einer der Anonymität entrissen. Sie sind vorher Schüler eines anderen, nämlich des Johannes. Sie werden auch nicht von Jesus berufen, sondern folgen ihm auf das Zeugnis ihres bisherigen Lehrers hin. Die Szenerie ist fast die des Vortages: Johannes ist da, und Jesus tritt in sein Blickfeld. Jetzt aber gibt es zusätzlich noch zwei Schüler 35f. des Johannes. Sie werden am Ende von V.35 eher nebenbei eingeführt; aber sie werden die Handlung vorantreiben. Wieder sagt Johannes das Wort vom „Lamm Gottes", im Vergleich zu V.29 jetzt nur die erste Hälfte. Mehr ist auch nicht nötig; die Leser- und Hörerschaft hat ja die ganze Aussage gerade erst vernommen und kennt also ihre Fortsetzung. Die Wiederholung unterstreicht die Bedeutsamkeit dieses Wortes, das Gewicht, das es im Johannesevangelium hat. Johannes legt also wiederum Zeugnis ab; und sein Zeugnis zeigt jetzt bei seinen beiden anwesenden Schü- 37 lern die Wirkung, die es nach 1,7 bei „allen" haben soll: Sie folgen Jesus. In einem einfachen Sinn gehen sie in der dargestellten Szene hinter Jesus her. Für die Leser- und Hörerschaft schwingt aber in der Aussage: „Und sie folgten ihm" zugleich die volle Bedeutung der „Nachfolge Jesu" mit[35]. Man braucht also nur – so stellt der Evangelist es dar – dem Hinweis des Johannes über sich selbst hinaus zu folgen, um zu Jesus zu kommen. Diese Darstellung könnte auch ein Reflex dessen sein, dass Mitglieder der johanneischen Gemeinde einmal zur Täuferbewegung gehört hatten.

Wie die Erzählung fortgeführt wird, kann wieder ganz vordergründig gelesen und 38f. gehört werden, enthält aber gewiss weitere Dimensionen. Das erste, was Jesus im Johannesevangelium sagt, ist keine Proklamation, keine lange Rede, sondern er stellt eine kurze Frage: „Was sucht ihr?" „Wonach verlangt ihr?" Und auf die Frage der beiden, wo er seine Bleibe habe, folgt eine ebenso knappe Einladung: „Kommt und seht!" Mehr sagt Jesus an diesem Tag nicht.

Die erste Dimension, die über das vordergründig Erzählte hinausgeht und die doch auch in ihm direkt anklingt, ist die der Lehre. Jesus wird als „Rabbi" angeredet; und der Evangelist übersetzt das sofort mit „Lehrer"[36]. Die Schüler eines Rabbi gehen nicht nur zu ihm in den Unterricht, sie wohnen, „bleiben" bei ihm, leben mit ihm zusammen und dienen ihm, um umfassend – und also auch von seinem Leben – zu lernen[37]. Die „Schule Jesu" – das zeigt das weitere Evangelium – führt in die Gemeinschaft der Gemeinde; und bei Jesus „bleibt", wer in seiner Lehre bleibt, wer

---

[35] Dass Schüler ihrem Lehrer folgen, wenn er unterwegs ist, sagt auch die rabbinische Überlieferung. Sie tun es, weil sie in einer Lebensgemeinschaft mit ihm stehen. So heißt es SifDev § 305 (FINKELSTEIN/HOROVITZ S.325) von Rabban Jochanan ben Sakkaj, dass er „auf einem Esel ritt, und seine Schüler gingen hinter ihm her" (vgl. die Parallele bKet 66b).

[36] Im Johannesevangelium begegnen öfter hebräische und aramäische Worte, die der Evangelist regelmäßig bei ihrem ersten Vorkommen ins Griechische übersetzt. Da sich zudem bei seinen Schriftzitaten Einfluss der hebräischen Bibel zeigt und er ein zwar fehlerfreies, aber doch deutlich semitisierendes Griechisch schreibt, ist davon auszugehen, dass er außer Griechisch auch Hebräisch und Aramäisch konnte. Die ausdrückliche Übersetzung hebräischer und aramäischer Begriffe ins Griechische macht aber klar, dass er in seiner Leser- und Hörerschaft auch Menschen voraussetzt, die nur Griechisch sprachen.

[37] Vgl. dazu LENHARDT/OSTEN-SACKEN, Akiva 92–93.352–377.

sich an das hält, was er gelehrt und gelebt hat. Wer so bei Jesus bleibt, hat eine „Bleibe" bei Gott. Das wird Kap.14 zeigen. Dort sagt der von seinen Schülern Abschied nehmende Jesus, dass im Haus seines Vaters viele „Bleiben" seien und er gehe, ihnen einen Platz zu bereiten (V.2). In V.23f. aber ist die Richtung umgekehrt, wenn Jesus sagt, dass er und der Vater kommen werden, um „Bleibe" zu nehmen bei denen, die ihn lieben und seine Worte halten. In der Nachfolge also „bleiben" die Mitglieder der Gemeinde bei Jesus (vgl. 12,26). Er selbst hat seine „Bleibe" bei Gott, wie in der vorigen Szene das Herabsteigen des Geistes und dessen „Bleiben" auf ihm anzeigte[38]. Das macht die Nachfolge verheißungsvoll. Dass sie sich tatsächlich als solche erweist, kann nicht im Voraus andemonstriert werden. Deshalb erfolgt die Einladung: „Kommt und seht!" Lasst euch darauf ein, und ihr werdet schon eure Erfahrungen machen. Die können, wie die Situation der Gemeinde des Evangelisten zeigt, zwiespältig, ja bedrängend sein. Von den beiden ersten Schülern Jesu im Text heißt es, dass sie kamen, sahen und blieben. Für die Leser- und Hörerschaft des Evangelisten ist das zugleich eine indirekte Mahnung, doch auch ihrerseits zu „bleiben" – in der Schule Jesu und damit in der Gemeinschaft der Gemeinde.

Der Evangelist schließt den Abschnitt mit einer Zeitangabe ab: „Es war ungefähr die zehnte Stunde." Er legt also das erzählte Geschehen auf die Zeit um vier Uhr am Nachmittag. Dass er hiermit nichts sonst als eine chronologische Fixierung geben möchte, ist unwahrscheinlich. Solche Angaben sind bei ihm, wie schon für 19,14 angedeutet wurde, Signale für eine tiefere Sinndimension[39]. Bei dem Versuch, sie zu erschließen, sollte nicht allgemein von der Zahl Zehn, sondern von „der zehnten Stunde" ausgegangen werden. In der jüdischen Überlieferung spielt „die zehnte Stunde", soweit ich sehe, nur in einer einzigen Tradition eine Rolle, die an mehreren Stellen angeführt wird. In ihr wird die durch andere Elemente weitergeführte biblische Erzählung von der Erschaffung des ersten Menschen bis zu seiner Vertreibung aus dem Garten Eden in einen einzigen Tag zusammengefasst und in einem Schema

---

[38] Vgl. BRODIE, Komm. 158f.

[39] Allerdings sind die bisherigen Versuche der Deutung nicht sehr ermutigend. Sie gehen in der Regel von der Zahl 10 als einer Zahl der Vollkommenheit aus und verstehen dann „die zehnte Stunde" als „die Stunde der Erfüllung" (so BULTMANN, Komm. 70), als „die Erfüllung der Zeit, die vollkommene Stunde" (so SCHULZ, Komm. 41). Das hat so wenig überzeugt, dass andere darin nur „phantasievolle Raterei" sahen (so BECKER, Komm. 1,122) und es schlicht bestritten, dass die Zeitangabe „einen symbolischen Sinn" habe (so SCHNACKENBURG, Komm. 1,309). Aber die dann gegebenen „Erklärungen" – „sie dient dazu, die Dauer ... und die Fruchtbarkeit des Gesprächs sowie die Bedeutung der Stunde für die Jünger anzusagen" (SCHNACKENBURG); „so (bleibt) hinreichend Zeit zum gemeinsamen Gespräch und zur Abendmahlzeit" (BECKER im Anschluß an einen Aufsatz von FERD. HAHN) – machen m. E. nur deutlich, dass die Zeitangabe entweder überflüssig ist oder eben doch einen hintergründigen Sinn hat. AUGUSTIN bezieht „die zehnte Stunde" auf den Dekalog: „Diese Zahl bedeutet das Gesetz, weil in zehn Geboten das Gesetz gegeben wurde. Es war aber die Zeit gekommen, daß das Gesetz aus Liebe erfüllt werden sollte, weil es von den Juden nicht aus Furcht erfüllt werden konnte." Er erklärt es nicht für abgeschafft: „Fürchte nicht, du möchtest das Gesetz nicht erfüllen können, nimm die Zuflucht zur Barmherzigkeit" (Vorträge 7,10; Übers. SPECHT S.119f.).

von zwölf Stunden geboten. In der Fassung von ARN (A) 1 (SCHECHTER 3a) heißt es: „In der zehnten (Stunde) gebot er (= Gott) ihm (= dem ersten Menschen)." Ein solcher Bezug ergäbe einen möglichen Sinn für Joh 1,39, zumal das Gebieten, das Lehren eines Gebotes bzw. von Geboten einerseits und das Halten der Gebote und Worte Jesu andererseits in der im weiteren Evangelium beschriebenen Relation zwischen Jesus und seinen Schülern eine wichtige Rolle spielen. Wie Gott dem ersten Menschen gebot, so gebietet Jesus als sein endzeitlicher Beauftragter, als messianischer Lehrer seinen Schülern – und über sie der Gemeinde[40].

4. Das Hinzukommen des Simon Petrus (1,40–42)

> 40 Es war aber Andreas, der Bruder des Simon Petrus, einer von den beiden, die es von Johannes gehört hatten und ihm gefolgt waren. 41 Der fand zunächst seinen Bruder Simon und sagte ihm: Wir haben den Messias gefunden. Das ist übersetzt: Gesalbter. 42 Er führte ihn zu Jesus. Als Jesus ihn erblickte, sprach er: Du bist Simon, der Sohn des Johannes. Du sollst Kephas genannt werden. Das wird übersetzt: Fels (Petrus).

Einer der beiden im vorigen Abschnitt anonym gelassenen Johannesschüler, die Je- 40
susschüler werden, wird nun nachträglich benannt. Er trägt den griechischen Namen Andreas. Er wird sofort als „Bruder des Simon Petrus" eingeführt. Der gilt damit als die prominentere Person und als der Leser- und Hörerschaft bekannt. Andreas begegnet im Johannesevangelium noch in Kap.6 und 12 und tritt als eigenständig Handelnder viel stärker hervor als in den Synoptikern, wo er außer in der Berufungserzählung (Mk 1,16–18) nur noch in Aufzählungen vorkommt. Hier in Kap.1 ist er Simon nicht nur zeitlich vorgeordnet, sondern tritt ihm gegenüber als Zeuge Jesu auf und führt ihn zu Jesus. Diese Beobachtung hat ihre Entsprechung an weiteren Stellen des Evangeliums, an denen andere namentlich genannte Schüler auftreten. Der Evangelist umstellt sozusagen die prominente Figur des Simon Petrus mit einer Mehrzahl anderer

---

[40] An den beiden anderen Stellen, an denen die genannte Tradition begegnet – bSan 38b und Tan Sch'mini 8 (Wilna 198b-199a) –, ist das Stundenschema leicht verändert. Dort tut der erste Mensch schon in der zehnten Stunde, was nach der Fassung von ARN in die elfte gehört: „Er sündigte" bzw. „übertrat das Gebot". Auch hier wäre für Joh 1,39 – im Rückgriff auf V.36 und V.29 – ein Bezug denkbar: Für die vom ersten Menschen herkommende Sünde tritt Jesus endzeitlich als „das Lamm Gottes" ein. – Dass der von Johannes mit der „zehnten Stunde" intendierte symbolische Sinn für uns schwierig zu erkennen ist, sollte nicht dazu führen, sein Vorliegen zu bestreiten, wie FREY es tut (Eschatologie 2,189–191). Seine Lösung, die Zeitangabe lasse „eine erzählerische Pause" entstehen, durch die „den Lesern ... die Gelegenheit geboten wird, sich das Erzählte vorzustellen, darüber nachzudenken und seine Bedeutung zu erkennen" (191), vermag nicht zu überzeugen. Die analogen Angaben haben diese Funktion nicht, sondern lassen gerade nach der Bedeutung der jeweils konkret genannten Zeit fragen.

Schüler. Diese Art der Darstellung dürfte dadurch veranlasst sein, dass er ein geschwisterschaftliches und kein hierarchisches Modell von Gemeinde vertritt.

41   Andreas „findet" seinen Bruder Simon, wie später Jesus den Philippus findet (V.43) und der den Natanael (V.45). Hier „findet" sich gleichsam alles wie von selbst – zufällige Begegnungen, aus denen dann doch auf einmal eine ganze Gruppe von Schülern resultiert, in der Gemeinde sich wiedererkennen kann. Wie Johannes gegenüber seinen Schülern, so wird Andreas gegenüber seinem Bruder zum Zeugen[41]. In seinem Zeugnis, in dem er sich mit dem ungenannten anderen zusammenfasst, spricht er aus, was sich ihnen aus dem „Bleiben" bei Jesus ergeben hat: „Wir haben den Messias gefunden"[42]. Was Johannes in V.20 von sich abgewiesen hatte und was also seine Schüler bei ihm nicht finden konnten, nämlich der Gesalbte zu sein, das

42   wird hier als in Jesus gegeben bezeugt. Und so führt Andreas seinen Bruder zu Jesus. Noch bevor einer der beiden Brüder etwas sagt, redet Jesus den Simon mit Namen an. Er kennt ihn schon, ehe er mit ihm bekannt gemacht worden ist. Hier ist in Erzählung umgesetzt, was Jesus von sich als dem guten Hirten in 10,3 sagen wird: „Und die Schafe hören seine Stimme, und er ruft seine Schafe mit Namen und führt sie hinaus."

Jesus spricht den zu ihm Geführten mit Vaternamen an: „Simon, Sohn des Johannes". Das erinnert an die in Mt 16,17f. aufgenommene Tradition, in der er „Simon bar Jona" genannt wird. Der Vatername ist zwar jeweils unterschiedlich, hat aber doch ähnlichen Klang, so dass eine Beziehung zwischen beiden Stellen wahrscheinlich ist. Darauf weist auch die in ihnen begegnende Benennung des Simon mit „Kephas"[43]. Der Evangelist Johannes muss die Tradition, die sich Mt 16,17f. niedergeschlagen hat, gekannt haben. Aber es ist aufschlussreich, wie er sie rezipiert. Dort folgen die Namengebung und eine Verheißung auf das Messiasbekenntnis des Simon; hier hat schon Andreas dem Simon gegenüber Jesus als Messias bekannt. Dort spricht Jesus einen Makarismus über Simon; hier hat er ihn schon im Voraus mit Namen erkannt. Dort wird die in der Benennung als „Fels" angelegte ekklesiologische Bedeutung des Simon ausdrücklich entfaltet; hier bleibt es bei der bloßen Benennung, und es fehlt jeder Hinweis auf eine ekklesiologische Bedeutung. Können diese Besonderheiten anders gedeutet werden, als dass der Evangelist eine antihierarchische Tendenz verfolgt? Simon wird in der Darstellung dieses Abschnitts – in jedem Sinn – hineingeholt in die Gemeinschaft der Schüler Jesu.

---

41   „Andreas … handelt gleich so, wie es dem wahren Jünger Jesu entspricht. Er bekennt Jesus als Messias und weist seinen Bruder werbend auf den Retter hin" (DSCHULNIGG, Jesus 39).

42   „Messias" ist die mit Schluss-Sigma versehene griechische Transkription des aramäischen Wortes *meschichá*. Wieder bietet der Evangelist sofort die Übersetzung: „der Gesalbte".

43   „Kephas" ist die mit Schluss-Sigma versehene griechische Transkription des aramäischen Wortes *kefá*, das die Bedeutung „Fels" hat. Die genaue griechische Übersetzung wäre *pétra*. Da aber hier ein Mann als „Fels" bezeichnet wird, erschien dieses feminine Wort als unpassend. So nahm man die maskuline Form *pétros*, auch wenn sie nur das Stück von einem Felsen, einen Stein, bezeichnet.

5. Das Hinzukommen des Philippus und Natanael beim Aufbruch nach Galiläa (1,43–51)

> 43 Am nächsten Tag wollte er nach Galiläa hinübergehen und fand Philippus. Und Jesus sagte zu ihm: Folge mir! 44 Philippus aber war aus Betsaida, aus der Stadt des Andreas und Petrus. 45 Philippus fand Natanael und sagte zu ihm: Von dem Mose in der Tora geschrieben hat und die Propheten, den haben wir gefunden: Jesus, den Sohn Josefs, aus Nazaret. 46 Und Natanael sprach zu ihm: Aus Nazaret kann etwas Gutes kommen? Philippus sagte ihm: Komm und sieh! 47 Jesus sah Natanael zu ihm kommen und sagte über ihn: Siehe, wirklich ein Israelit, in dem kein Trug ist! 48 Natanael sagte ihm: Woher kennst du mich? Jesus antwortete und sprach zu ihm: Als du, bevor Philippus dich rief, unter dem Feigenbaum warst, habe ich dich gesehen. 49 Natanael antwortete ihm: Rabbi, du bist der Sohn Gottes, du bist der König Israels! 50 Jesus antwortete und sprach zu ihm: Weil ich dir gesagt habe, dass ich dich unter dem Feigenbaum sah, glaubst du? Größeres als das wirst du sehen. 51 Und er sagte zu ihm: Amen, Amen, ich sage euch: Ihr werdet den Himmel offen sehen und die Engel Gottes hinaufsteigen und herabsteigen auf den Menschensohn.

Der Abschnitt setzt ein mit dem beabsichtigten Aufbruch von Batanäa nach Galiläa. 43 Das bleibt bloße Vorbemerkung, die den Ort des siebten Tages vorbereitet. Denn statt von dessen Durchführung wird vom Hinzukommen zweier weiterer Schüler erzählt. Dabei bildet die Berufung des Philippus durch Jesus nicht mehr als ein kurzes Vorspiel zu der Doppelszene mit Natanael, die nun am Schluss von allen Schülergeschichten den größten Raum einnimmt. Die zunächst erzählte Begegnung zwischen Philippus und Natanael führt zur Begegnung zwischen Jesus und Natanael, abgeschlossen mit einer Verheißung an alle Schüler, die das ganze folgende Evangelium im Blick hat.

Wie vorher Andreas seinen Bruder Simon fand, so findet Jesus selbst nun Philippus[44]. Nicht mehr wird von dieser Begegnung erzählt, als dass er ihn auffordert, ihm zu folgen. Das erinnert an die synpotischen Berufungsgeschichten (Mk 1,16–20; 2,14f. parr.). Aber während dort erzählt wird, dass diejenigen, die Jesus ruft, einer beruflichen Beschäftigung nachgehen, in der sie der Ruf Jesu trifft, woraufhin sie alles stehen und liegen lassen und ihm folgen, steht davon hier nichts. Nur die Begegnung und die Aufforderung Jesu, ihm zu folgen, werden erwähnt. Dass Philippus

---

[44] Zu ihm lassen sich ganz ähnliche Beobachtungen machen wie zu Andreas. Wie er trägt er einen griechischen Namen. Während er in den synoptischen Evangelien nur im Zwölferkatalog begegnet (Mk 3,18parr.), tritt er im Johannesevangelium außer hier noch mehrfach auf (6,5–7; 12,21f.; 14,8f.). Ob dieser Schüler Jesu identisch ist mit dem Philippus des Siebenerkreises von Apg 6,5, der in Apg 8 eine wichtige Rolle spielt und in 21,8 genannt ist, wird sich nicht klären lassen. Zu Philippus vgl. A. VON DOBBELER, Der Evangelist Philippus in der Geschichte des Urchristentums, 1999.

44   ihr Folge leistet, ist in der weiteren Erzählung vorausgesetzt. Statt dessen findet sich
     die Herkunftsangabe, dass Philippus aus Betsaida stamme, was zugleich auch als „die
     Stadt des Andreas und Petrus" gekennzeichnet wird.

Josephus berichtet in Ant 18,28, dass der Tetrarch Philippus das Dorf **Betsaida** am See
Gennesaret zu einer Stadt ausgebaut und zu Ehren der Tochter des Augustus „Julias" genannt habe. An der Parallelstelle Bell 2,168 lokalisiert er den Ort „in der unteren Gaulanitis". Danach muss er am Norderufer des Sees gelegen haben, in unmittelbarer Nähe des Jor-
daneinflusses (vgl. Bell 3,515). Auf die Lage am See weist auch sein Name: „Fischerhau-
sen". Dass der Evangelist diese Lokaltradition hier aufnimmt und dass er die Erzählung in
seinem Evangelium in Batanäa und Gaulanitis beginnen lässt, spricht für die These, dass es
diese Gebiete sind, in denen seine erste Leser- und Hörerschaft lebte. Vgl. dazu WENGST,
Gemeinde 157–179. Die Mitteilung, dass wie Philippus auch „Andreas und Petrus" aus Betsaida stammen, muss nicht der synoptischen Angabe widersprechen, dass die beiden letzteren in Kafarnaum zu Hause seien (Mk 1,21.29).
   Dagegen sind auf der Erzähleben die Geschichten im ganzen nicht harmonisierbar, wie
die erste Schülerschaft nach den Synoptikern und nach Johannes zustandegekommen
ist. Das scheitert schon an der Frage der Lokalität, aber auch der beteiligten Personen, der
Reihenfolge und Art und Weise ihres Hinzukommens. Aber es dürfte auch nicht das Interesse dieser Geschichten sein, einen vergangenen Geschehensablauf genau zu protokollieren.
Die synoptischen heben in ihrer knappen Stilisierung als entscheidende Dimension hervor:
Wer zu Jesus kommt, in seine Schule geht und ihm folgt, weiß sich letztlich von ihm selbst
berufen und ist diesem Ruf unbedingt verpflichtet. Das Zeugnis anderer Menschen weist
seinerseits immer nur wieder auf ihn, der allein Gewissheit gibt. Das wird Johannes in Kap.4
betonen. Hier in Kap.1 stellt er die unterschiedlichen Ausgangspunkte heraus. Nur einer
wird von Jesus direkt aufgefordert, ihm zu folgen. Ansonsten begegnet das Zeugnis in einem
Außenstehenden oder in schon Gewonnenen – und es „findet" sich Gemeinde.

45   Philippus „findet" Natanael[45]; und wie im analogen Fall Andreas gegenüber Simon
     ein Zeugnis über Jesus ablegte, so tut es jetzt Philippus gegenüber Natanael. Hatte
     Andreas sein Zeugnis auf den Begriff „Messias" gebracht, so gibt Philippus eine
     Umschreibung: „Von dem Mose in der Tora geschrieben hat und die Propheten."
     „Mose" und „die Propheten" bezeichnen zusammenfassend „die Schrift". Es könnte
     sein, dass hier die Erwartungen „*des* Propheten"[46] und des königlichen Messias zu-
     sammengebracht werden. Die unterschiedlichen Hoffnungsvorstellungen der Schrift
     schießen in der Person Jesu zusammen, sind in ihm konzentriert. Wer daher auf ihn
     seine Hoffnung setzt, hofft auf den in der Schrift sein Verheißungswort sprechenden
     Gott. Dass dieser Gott als der geglaubt wird, der Jesus von den Toten auferweckt hat,
     ist Unterpfand dafür, dass die Verheißungen gelten und die darauf bezogene Hoff-

---

45   Dieser Schüler begegnet nur hier und im Nachtragskapitel (21,2). In den synoptischen Evangelien
     wird er an keiner Stelle erwähnt. Das singuläre und doch relativ ausführliche Vorkommen am
     Schluss der Schülergeschichten in Kap.1 lässt fragen, ob nicht im Namen dieses Schülers („Gott
     hat gegeben") prägnant zum Ausdruck gebracht wird, was die entscheidende Dimension aller
     dieser Geschichten ist: In den zufälligen Begegnungen, in denen sich alles „findet", ist es letztlich
     Gott, der „gibt".
46   Vgl. o. zu 1,21.

nung nicht vergeblich ist. Unter der Voraussetzung dieses Glaubens haben die neu-testamentlichen Autoren die Schrift gelesen und so von ihr her Wirken und Schicksal Jesu gedeutet. Sofern daraus allerdings ein „Beweis" für die Messianität Jesu abge-leitet wird, muss mit BLANK gesagt werden: „Dieser ‚Beweis' ist freilich nicht zwin-gend und sagt im Grunde nur dem etwas, der schon an die Messianität Jesu glaubt"[47]. Das deutet sich auch gleich im Fortgang des Textes an, wenn Philippus den, von dem Mose und die Propheten geschrieben haben, als „Jesus" identifiziert und diesen Trä-ger des häufig begegnenden Namens ganz schlicht näher beschreibt als „Sohn Josefs" und als „aus Nazaret". Beide Näherbestimmungen erscheinen an späteren Stellen des Evangeliums als Einwände gegen die Messianität Jesu[48]. Für Johannes aber gilt: Ge-rade in diesem Sohn Josefs aus Nazaret wird die Hoffnungsgeschichte der Schrift manifest[49].

An die Herkunftsaussage „aus Nazaret" knüpft dann in der unmittelbaren Fortset- 46 zung des Textes auch gleich der skeptische Einwand des Natanael an: „Aus Nazaret kann etwas Gutes kommen?" Im Unterschied zu heute war Nazaret im ersten Jahr-hundert ein unbedeutender Flecken. Vor allem aber wird es nirgends in der Schrift erwähnt und kommt auch nicht in der jüdischen Traditionsliteratur vor. Wenn also Philippus den in der Schrift Verheißenen mit einem aus Nazaret Kommenden identi-fiziert, ist die Skepsis des Natanael nicht aus der Luft gegriffen. Ihr begegnet Philip-pus mit der Aufforderung: „Komm und sieh!" Er wird eingeladen, sich auf das Zeug-nis über Jesus einzulassen und eigene Erfahrungen zu machen. So schildert es dann auch der Fortgang der Erzählung.

In ihm ist Philippus aus der Szene verschwunden; und Jesus tritt auf – aber sofort 47 so, dass er Subjekt ist und die Initiative ergreift, indem er über den zu ihm kommen-den Natanael sagt: „Siehe, wirklich ein Israelit, in dem kein Trug ist!" Dass Johannes die Bezeichnung „Israelit" hier deshalb gebrauche, weil Natanael zu Jesus komme, und dass er so „die wahren Israeliten" auf die an Jesus Glaubenden beschränke, sagt

---

47 Komm. 1a, 157f.
48 „Ist das nicht Jesus, der Sohn Josefs, dessen Vater und Mutter wir kennen?" (6,42) „Kommt denn etwa aus Galiläa der Gesalbte?" (7,41; vgl. 7,52)
49 CALVIN merkt zu dieser Stelle an: „Wie wenig Glauben Philippus hatte, wird hier deutlich; er vermag von Christus nicht vier Worte auszusagen, ohne zwei schwere Irrtümer mit auszuspre-chen" (Komm. 41). Johannes hat jedoch nicht die mindesten Schwierigkeiten mit der Vaterschaft Josefs und der Herkunft aus Nazaret. Dass er Philippus an dieser Stelle etwas seiner eigenen Meinung nach nicht Zutreffendes sagen lässt, ist unwahrscheinlich. Natürlich kennt er das Stil-mittel des Unverständnisses und Missverständnisses. Dass er es hier anwendet, ist durch nichts an-gedeutet. Entschieden dagegen spricht, dass das Bekenntnis des Philippus völlig parallel steht zu den anderen Bekenntnissen dieses Kapitels, zu denen des Johannes (V.34), des Andreas (V.41) und des Natanael (V.49). Die Vorstellung von der Jungfrauengeburt ist im Johannesevangelium nirgends ausgesprochen oder auch nur angedeutet. Für Johannes ist Josef ganz selbstverständlich der Vater Jesu. Und doch ist gerade dieser Josefssohn für ihn „der Sohn Gottes", „der Sohn des Vaters". Ebenso selbstverständlich ist für ihn die Herkunft Jesu aus Nazaret. Über eine Geburt in Betlehem sagt er nichts und deutet er auch nichts an. Vgl. u. zu 7,41f.

er nicht und deutet er auch durch den Gang des Textes in keiner Weise an[50]. Was den echten Israeliten ausmacht, als der Natanael ja schon gelten muss, bevor er zu Jesus in Beziehung tritt, wird in Anklang an Ps 32,2b gesagt: In ihm ist kein Trug; er ist das Gegenteil von einem Ränkeschmied[51]. Dass Jesus Natanael so anerkennt, bringt wieder – wie schon die Begegnung mit Simon – zum Ausdruck, dass er die Seinen kennt. Vor allem aber hat es die Funktion, ein Gespräch in Gang zu setzen und voranzutreiben, in dem seine Person weiter profiliert wird.

48   Auf die Frage Natanaels, woher er ihn kenne, antwortet Jesus, ihn schon unter dem Feigenbaum gesehen zu haben, bevor Philippus ihn rief[52]. Das hier zum ersten Mal im Johannesevangelium auftauchende Motiv vom wunderbaren Wissen Jesu lässt sich in seiner Funktion an dieser Stelle wohl am besten mit BLANK so verstehen, dass die Begegnung mit Jesus „den Menschen betroffen (macht), indem sie diesem auch zugleich die Wahrheit über sich selbst enthüllt"[53]. Das wird hier nicht psychologisch einsichtig dargestellt, sondern konstatiert. Es genügt, wenn die das Evangelium lesende und hörende Gemeinde entsprechende Erfahrungen macht.

49   Der von Jesus schon gesehene Natanael, bevor er selbst kommt und sieht, wird angesichts dieser Gewissheit, von Jesus schon erkannt und „ersehen" zu sein, seinerseits zum Bekenntnis geführt: „Rabbi, du bist der Sohn Gottes, du bist der König Israels!" Wie die beiden Johannesschüler (V.38) redet er ihn zunächst als „Rabbi" an und bekennt ihn dann – wie Johannes (V.34) – als „Sohn Gottes" und – analog den Bekenntnissen in V.41 und 45 – als „König Israels". Das Nebeneinander von „Sohn Gottes" und „König Israels" kennzeichnet Jesus als Gottes messianischen Beauftragten.

50   Mit diesem schönen Bekenntnis könnte die Szene eindrucksvoll beendet sein. Sie ist es nicht. Das Bekenntnis Natanaels führt zu einer Frage und Ankündigung Jesu: „Weil ich dir gesagt habe, dass ich dich unter dem Feigenbaum sah, glaubst du? Größeres als das wirst du sehen"[54]. Doch wie ist diese Antwort Jesu zu verstehen? Etwa so, dass die gerade gemachte Erfahrung mit dem wunderbaren Wissen Jesu nur „eine

---

50   Vgl. o. zu 1,31 den kurzen Exkurs zum Gebrauch von „Israel" im Johannesevangelium. – Anders HIRSCH: „Allein der Glaube an die göttliche Verheißung, die in Jesus wahr wird, gibt Anspruch auf den religiösen Ehrennamen ‚Israelit'" (Evangelium 116).

51   Wieder ist Johannes dem hebräischen Text näher als der Septuaginta. Das – so wörtlich – „in seinem Geist" des hebräischen Textes gibt er angemessen mit dem Relativpronomen wieder, während die Septuaginta „in seinem Mund" hat. Nach dem Kontext des Zitates ist der, an dem kein Trug ist, zugleich derjenige, der seine Sünde bekennt und dem sie vergeben wird.

52   Im Blick auf phantasievolle Vermutungen, was Natanael unter dem Feigenbaum getan und dass er gewiss gerade über etwas Entscheidendes nachgedacht habe, schreibt BARTH: „Daß wir über diese Situation außer durch die drei Worte ὑπὸ τὴν συκῆν gar keinen Unterricht empfangen, das ist für alle Liebhaber von Bekehrungsgeschichten ein wirklich bedauerlicher Umstand" (Johannes-Evangelium 184f.).

53   Komm. 1a,161.

54   Der erste Satz muss nicht unbedingt als Frage gelesen werden. Doch auch wenn er als Feststellung verstanden wird, erfährt er durch die folgende komparativische Ankündigung eine Relativierung.

kleine Kostprobe" war, der noch große Wunder folgen[55]? An einer anderen Stelle des Evangeliums findet sich eine klare Parallele. In 16,29–32 bekennen Jesu Schüler zu glauben. Jesus fragt zurück: „Jetzt schon glaubt ihr?" und kündigt ihnen an, dass sie sich zerstreuen und ihn allein lassen werden. Was sie als ihren Glauben aussagen, ist gewiss nicht falsch, aber es ist sozusagen ein vorzeitiger Glaube, der noch nicht das Kreuz Jesu im Blick hat und sich angesichts dieses Kreuzes erst noch bewähren muss. So ist auch hier in 1,49 das Bekenntnis Natanaels zutreffend. Aber der sich darin aussprechende Glaube hat seine Bewährung noch vor sich. Jesus hat seinen Weg ja gerade erst begonnen und ist ihn noch längst nicht zu Ende gegangen. Wohin dieser Weg führt, ans Kreuz, das wird Natanael und werden die anderen sehen. Dass dennoch und gerade hier Gott präsent ist, dessen will Johannes mit seinem Schreiben vergewissern. Dem soll auch die Ankündigung in V.51 dienen.

Das Gewicht dieser Ankündigung wird in zweifacher Weise betont herausgestellt. 51 Einmal führt der Evangelist Jesus nochmals als Redenden ein, obwohl er doch schon das Wort hat[56]. Zum anderen gibt Jesus selbst in direkter Rede eine abermalige Einleitung: „Amen, Amen, ich sage euch"[57]. Schließlich fällt auf, dass Jesus in der wörtlichen Rede in der zweiten Person Plural spricht, während ihn die erzählende Einleitung – in Entsprechung zur vorgestellten Szene – nur Natanael anreden lässt. Über ihn ist gleichsam wieder die Leser- und Hörerschaft des Evangeliums Adressat des Sprechens Jesu. Auch das unterstreicht die Bedeutung dieses Verses.

Die so gewichtig eingeleitete Verheißung: „Ihr werdet den Himmel offen sehen und die Engel Gottes hinaufsteigen und herabsteigen auf den Menschensohn" ist eine deutliche Aufnahme von Gen 28,12 und gibt sich als bestimmte Interpretation dieses Textes zu verstehen. Nach ihm und seinem Kontext sieht Jakob auf seiner Flucht vor Esau im Traum eine Leiter von der Erde zum Himmel und „Engel Gottes hinaufsteigen und herabsteigen". Er erkennt daran die Gegenwart Gottes an diesem Ort (V.16), sieht in ihm „das Tor des Himmels" und nennt ihn „Haus Gottes" (V.17; vgl. V.19). Johannes zeigt sich beeinflusst von einer bestimmten Leseweise des hebräischen Textes von Gen 28,12, der an seinem Schluss nicht eindeutig ist. Er kann so gelesen werden, dass Engel Gottes hinauf- und herabsteigen „auf ihr", nämlich der Leiter. Es

---

55   So versteht es BECKER für die postulierte Semeiaquelle, deren Text hier zugrundeliegen soll; Komm. 1,124.

56   Die Kennzeichnung dieser Einleitung als „überflüssig" (BECKER, Komm. 1,119) verkennt diese Funktion, die ihr der Evangelist gibt.

57   Obwohl „Amen" ein hebräisches Wort ist, wird es von Johannes nicht übersetzt. Das zeigt, dass es in seiner griechisch sprechenden Gemeinde in selbstverständlichem Gebrauch war. Außerhalb von Jesusworten in den Evangelien ist „Amen" immer responsorisch gebraucht. „Amen" am Satzanfang betont die unbedingte Gewissheit des dann Gesagten. Im Johannesevangelium ist das „Amen" am Satzanfang durchgehend verdoppelt. Vgl. K. BERGER, Die Amen-Worte Jesu, 1970. Doppeltes responsorisches „Amen" ist biblisch zweimal belegt: Num 5,22; Neh 8,6. Die erste Stelle ist mehrfach aufgenommen, z.B. in mSot 2,3.5; beide Stellen finden sich in MTeh 89,4. bJom 84a und bBB 73a steht doppeltes Amen am Schluss von Beschwörungsformeln. Als Abschluss begegnet mehrmals dreifaches Amen, so am Ende von QohS.

ist aber auch möglich, den Text so zu verstehen, dass Engel hinaufsteigen und herabsteigen „auf ihn", nämlich Jakob[58].

Die **rabbinische Auslegung von Gen 28,12** führt beide Möglichkeiten an: „Rabbi Chija und Rabbi Jannaj: Der eine sagte: Hinaufsteigend und herabsteigend auf der Leiter. Und der andere sagte: Hinaufsteigend und herabsteigend auf Jakob." Die zweite Interpretation wird so näher erläutert, dass zunächst Jes 49,3 zitiert wird, wo Gott Israel als seinen Knecht anspricht: „Israel, an dir will ich mich verherrlichen." Das wird mit Gen 28,12 in Verbindung gebracht: „Du bist es, dessen Bild oben eingeritzt ist. Sie steigen hinauf und sehen sein Bild, sie steigen hinab und sehen ihn schlafen", nämlich den, dessen Bild sie oben gesehen haben[59]. Dieselbe Tradition findet sich noch an einer anderen Stelle; dort sagen die Engel beim Anblick des Gesichtes Jakobs: „Das ist das Gesicht gleich dem Gesicht des Wesens (nämlich dem Ez 1,10 genannten Menschengesicht), das am Thron der Herrlichkeit ist"[60]. Dass diese Tradition im Hintergrund von Joh 1,51 stehen muss, zeigt sich daran, dass nicht vom Hinauf- und Herabsteigen der Engel auf der Leiter gesprochen wird, sondern vom Herabsteigen der Engel auf Jesus. Dass er hier als „der Menschensohn" bezeichnet wird, dürfte ebenfalls durch diese Tradition veranlasst sein, nämlich durch die Rezeption von Ez 1,10.

Wenn Johannes den in dieser Deutungslinie verstandenen Text auf Jesus bezieht, heißt das nicht, dass er Jesus damit als „den wahren Jakob" begreife und so diesen Text von Jakob wegziehe. Das von Jakob Gesagte ist ja Text seiner Bibel; dass die gilt und in Geltung bleibt, ist Voraussetzung der Interpretation. Weiter ist zu bedenken, dass Jakob zugleich auch für das Volk Israel steht[61]. Wieder dürfte es also so sein: Was von Jakob als Urbild Israels und damit von ganz Israel gilt, ist hier auf Jesus als den einen aus Israel in einer ungeheuren Weise konzentriert. Mit der Anspielung auf Gen 28 gibt der Evangelist Jesus als „das Haus Gottes" (vgl. 2,19–22) zu verstehen, als Ort der Gegenwart Gottes[62]. Im Fortgang des Evangeliums wird nun keineswegs erzählt, dass Natanael und die übrigen Schüler tatsächlich Engel hinaufsteigen und auf Jesus herabsteigen sehen. Es werden Begebenheiten erzählt, die sie und die Leser- und Hörerschaft gewiss machen sollen, dass Gott wirklich in Jesus

---

58 Im hebräischen Text lässt sich das Pronomen sowohl auf die im Hebräischen maskuline Leiter als auch auf Jakob beziehen. Da im Griechischen das Wort für „Leiter" feminin ist und es auch zur Präposition keine Entsprechung mit ähnlich weitem Bedeutungsumfang gibt, muss die Septuaginta den Text eindeutig machen; sie lässt die Engel „auf ihr", der Leiter, hinauf- und herabsteigen.

59 BerR 68,12 (THEODOR/ALBECK S.787f.). Vgl. eine Baraita in bHul 91b: „Sie steigen hinauf und betrachten sein oberes Bild und steigen hinab und betrachten sein unteres Bild."

60 PRE 35, in der englischen Übersetzung von G. FRIEDLANDER auf S.265. Vgl. zu diesen und weiteren Texten, vor allem auch zu den Targumen zu Gen 28,12, und ihrem möglichen Bezug auf Joh 1,51: C. ROWLAND, John 1.51, Jewish Apocalyptic and Targumic Tradition, NTS 30, 1984, 498–507; dort auch weitere Literatur.

61 Das zeigte sich in der aus BerR 68,12 zitierten Stelle daran, dass Gen 28,12 mit Jes 49,3 zusammen interpretiert wurde. Und in ShemR 42,2 (Wilna 70c) wird Mose von Gott gesagt, dass er nicht um seiner Ehre willen zu Gott hinaufsteige, sondern um der Ehre der Kinder Gottes, also Israels, willen; und das wird sofort in Zusammenhang gebracht mit „ihrem Alten" und den hinauf- und hinabsteigenden Engeln von Gen 28,12.

62 „Die Engel von 1. Mose 28,12 dienen hier also dazu, um Jesus als die Stelle verständlich zu machen, an der die himmlische Welt in das Irdische einbricht" (DIETZFELBINGER, Komm. 1, 61).

gegenwärtig ist. Was sie aber schließlich „sehen" werden, ist dies, dass Jesus ans Kreuz geht. Von hier aus bekommt für diejenigen, die das Evangelium nicht zum ersten Mal lesen, die Bezeichnung „Menschensohn" Bedeutung. Sie begegnet im Evangelium häufig im Zusammenhang der Rede von der Erhöhung und Verherrlichung Jesu, die auf seine Kreuzigung bezogen ist (z.B. 3,14; 8,28): Darauf wird es ankommen, gerade den gekreuzigten Jesus als Ort der Herrlichkeit Gottes zu erkennen[63].

6. Hochzeit in Kana (2,1–12)

1 Und am dritten Tag gab es eine Hochzeit im galiläischen Kana; die Mutter Jesu war auch dort. 2 Es war aber auch Jesus zur Hochzeit eingeladen worden, auch seine Schüler. 3 Und als der Wein ausgegangen war, sagte die Mutter Jesu zu ihm: Sie haben keinen Wein. 4 Und Jesus sagte ihr: Was sagst du mir das, Frau? Noch ist meine Stunde nicht gekommen. 5 Seine Mutter sagte zu den Bedienenden: Was immer er euch sagt, tut! 6 Es standen aber dort sechs steinerne Wasserkrüge für die jüdische(n) Reinigung(sriten); die fassten jeder zwei oder drei Metretes. 7 Jesus sagte ihnen: Füllt die Krüge mit Wasser! Und sie füllten sie bis oben hin. 8 Und er sagte ihnen: Schöpft jetzt und bringt's dem Speisemeister! Und sie brachten's. 9 Als aber der Speisemeister das Wasser geschmeckt hatte, das Wein geworden war, und nicht wusste, woher er kam – die Bedienenden aber wussten's, die das Wasser geschöpft hatten –, rief der Speisemeister den Bräutigam und sagte ihm: 10 Jedermann gibt zuerst den guten Wein und, wenn sie betrunken sind, den schlechteren. Du hast den guten Wein verwahrt bis jetzt. 11 Dies tat Jesus als Anfang seiner Zeichen im galiläischen Kana und offenbarte seine Herrlichkeit; und seine Schüler glaubten an ihn. 12 Danach stieg er hinab nach Kafarnaum, er, seine Mutter, seine Brüder und seine Schüler; aber dort blieben sie nur einige Tage.

Diese Erzählung hat bei Auslegern immer wieder Verlegenheit hervorgerufen. Die gewisse Schroffheit, mit der Jesus seine Mutter anspricht, und vor allem die außerordentlich große Menge Alkohol, für deren Beschaffung er verantwortlich ist, haben nicht wenig Kopfzerbrechen bereitet. Praktische Gemeindefrömmigkeit erfindet noch ein Wunder hinzu. So hat mir einmal eine fromme Frau versichert: „Von dem Wein, den Jesus da aus Wasser gemacht hat, ist niemand betrunken geworden"[64]. Wissen-

---

63 Dass die Aussage vom Menschensohn in 1,51 auf den Gekreuzigten verweist, wird betont von P. DSCHULNIGG herausgestellt: Die Berufung der Jünger Joh 1,35–51 im Rahmen des vierten Evangeliums, FZPhTh 36, 1989 (427–447), 443–445.

64 Vgl. die von BARTH mitgeteilte Stimme eines Blaukreuzlers: „Das war auch nicht sein witzigstes Stücklein" (Johannes-Evangelium 197).

schaftliche Exegese nimmt offen Anstoß[65] und hilft sich mit einer religionsgeschichtlichen „Erklärung": Die Geschichte sei „aus heidnischer Legende übernommen und auf Jesus übertragen worden", wobei auf die „Dionysos-Legende" verwiesen wird[66]. Hat man so den Stoff religionsgeschichtlich verortet und damit – vermeintlich – den Evangelisten von der Verantwortung für ihn befreit, ist man frei, nach einer „eigentlichen" Bedeutung zu fragen[67]. Dabei zeigten sich in der Auslegungsgeschichte immer wieder antijüdische Stereotypen. So heißt es bei HOLTZMANN: „Die dem äusseren Ceremoniell dienenden Gefässe des Judenthums ... enthalten das Wasser, welches durch Jesus in Wein verwandelt werden soll: äusserlich reinigendes Wasser in herzstärkenden Wein. Dieser aber bedeutet im Gegensatz zum blossen Sinnbilde das geistige Leben selbst ... Die Hilflosigkeit des Alten liegt zu Tage, die Lebenskraft ist ihm ausgegangen: dem gesetzlichen Judenthum ‚gebricht es an Wein'"; und in 2,4 spreche „nicht der Sohn zur Mutter, sondern der göttliche Logos zur theokratischen Gemeinde Israels"[68]. SCHLATTER folgert aus dem in der Erzählung liegenden Um-

---

65 Vgl. z.B. M. DIBELIUS: „Jedem Bibelleser fällt auf, daß Jesus hier nicht Rettung in einer Not bringt, sondern in einer Verlegenheit aushilft und daß diese Hilfe keineswegs notwendig, ja vielleicht sogar bedenklich ist, jedenfalls mit evangelischem Ethos nichts zu tun hat" (Die Formgeschichte des Evangeliums, [4]1961, 98).

66 So z.B. BULTMANN (Komm. 83) nach vielen anderen. Bultmann schreibt weiter: „In der Tat ist das Motiv der Geschichte, die Verwandlung des Wassers in Wein, ein typisches Motiv der Dionysos-Legende, in der dieses Wunder eben das Wunder der Epiphanie des Gottes ist und deshalb auf den Zeitpunkt des Dionysos-Festes, nämlich die Nacht vom 5. auf den 6. Januar, datiert wird." Dagegen hat sich in einer gründlichen Besprechung der spärlichen Quellen vor allem H. NOETZEL gewandt: Christus und Dionysos. Bemerkungen zum religionsgeschichtlichen Hintergrund von Johannes 2,1–11, o.J. (1960). Ich habe nicht den Eindruck, dass seine Arbeit „veraltet" sei. Vor allem das Argument mit dem Datum des 6. Januar dürfte von ihm widerlegt sein (29–38). Seine Skepsis, dass mit der Anführung der Dionysos-Texte Wesentliches erklärt sei, bleibt begründet, auch wenn es dort das Motiv der Verwandlung von Wasser in Wein gibt, was er bestritten hatte. Man lese die 26 Texte zu Joh 2,9 im „Neuen Wettstein" (111–121), um des sehr anderen Charakters der Erzählung in Joh 2,1–11 ansichtig zu werden. Vor allem INGO BROER hat in zwei langen Aufsätzen nachzuweisen versucht, dass das Motiv der Verwandlung von Wasser in Wein in Dionysos-Texten aus der Zeit vor Abfassung des Johannesevangeliums mit großer Wahrscheinlichkeit vorliegt: Noch einmal: Zur religionsgeschichtlichen „Ableitung" von Jo 2,1–11, SNTU 8, 1983, 103–123; Das Weinwunder zu Kana (Joh 2,1–11) und die Weinwunder in der Antike, in: Das Urchristentum in seiner literarischen Geschichte. FS JÜRGEN BECKER, hg.v. ULRICH MELL u. ULRICH B. MÜLLER, Berlin 1999, 291–308. Aber was hat er daraus gemacht? Nachdem er am Schluss des ersten Aufsatzes die Erklärung abgewiesen hat, im Hintergrund stünden akute Auseinandersetzungen zwischen „Christen" und Dionysos-Verehrern, vermutet er: „Die Übernahme dieses Motivs könnte evtl. auch dadurch veranlaßt sein, daß die Verwandlung von Wasser in Wein als besonders schweres Wunder galt" (122). Der zweite schließt mit dem Satz: „Die zweite Exegese kann sich auf die Auslegung des Zusammenhangs zwischen Joh 2,1–11 und den religionsgeschichtlichen Parallelen konzentrieren" (308). Ich meine, mich auf den Duktus der Erzählung in Joh 2,1–11 und ihren Zusammenhang mit dem übrigen Evangelium konzentrieren zu sollen. Es ist nicht auszuschließen, vielleicht sogar wahrscheinlich, dass der Evangelist - oder schon seine Tradition - das Motiv aus der „Dionysos-Legende" übernommen hat. Aber er hat es in einen von ihm gestalteten Zusammenhang eingearbeitet. Was durch diese Übernahme auch mitschwingen könnte, ist mir (noch) nicht deutlich.

67 Vgl. BAUER, Komm. 46: „Einem allegorischen Verständnis heben sich die Anstöße." Ein solches allegorisches Verständnis kann selbstverständlich auch ohne die angeführte religionsgeschichtliche „Erklärung" vorgenommen werden.

68 Komm. 47.

stand, dass die Krüge nun kein Wasser mehr enthalten: „Die Sorge für die Reinheit endet. Da die Schuld weggenommen ist, gibt es keine Unreinheit mehr, die die Jünger von Gott trennte. Mit dem Urteil Jesu, sie seien rein, weil er bei ihnen ist, 13,10, enden die dem Unreinen aufgelegten Waschungen"[69]. Schließlich sei noch HIRSCH zitiert: „Die Reinheit des Gesetzesdienstes wird verschlungen von der Gabe des Heiligen Geistes. Wahrscheinlich muß man die Gleichnisbeziehung möglichst allgemein nehmen, als Entgegensetzung des jüdischen Gottesdienstes durchs Gesetz und des christlichen Gottesdienstes in Geist und Wahrheit"[70].

Von woher immer Johannes diese Erzählung übernommen hat[71], er verantwortet den vorliegenden Text als ganzen. Anders als bei der Erzählung der meisten Wunder im Evangelium sonst findet sich hier keine lange Fortsetzung mit Auseinandersetzungen und Reden Jesu. Aber es liegt auch nicht die bloße Wiedergabe einer Wundergeschichte vor; die Erzählung dieses „Geschenkwunders"[72] enthält Notizen, die sie mit dem Gesamtkontext des Evangeliums verbinden und Sinndimensionen anzeigen, die über das unmittelbar Erzählte hinausgehen.

Der Text ist klar gegliedert. Die Einleitung (V.1f.) nennt die Voraussetzungen der folgenden Handlung: Zeit, Ort, Anlass und beteiligte Personen. Die V.3–5 skizzieren die Vorbereitung des Wunders: Die eingetretene Notlage wird festgestellt und der Wundertäter indirekt um Abhilfe gebeten. Er lehnt zunächst ab; aber der Erzähler lässt erkennen, dass doch noch mit ihm zu rechnen sein wird. Die V.6–8 schildern eine vom Wundertäter initiierte Handlung, an der selbst nichts Wunderbares zu erkennen ist, von der aber jede Leserin und jeder Leser überzeugt ist, dass sich in ihr das Wunder vollzogen hat. Dass das tatsächlich der Fall ist, konstatieren dann die Verse 9f. im Handlungsablauf sehr indirekt, für die Leser- und Hörerschaft aber aus-

---

[69] Johannes 69. Wie infam diese Auslegung ist, wird deutlich, wenn nach dem Sinn der Reinigungsriten gefragt wird. Siehe u. zu 2,6.

[70] Evangelium 125; bei HIRSCH größtenteils hervorgehoben. – „Das Motiv der Ablösung und Überbietung der jüdischen Religion durch den christlichen Glauben" wird hier auch in neuen Kommentaren gefunden (das Zitat bei SCHNELLE, Komm. 60; vgl. BARRETT, Komm. 212; WILCKENS, Komm. 58; BRODIE, Komm. 172).

[71] Auf Quellentheorien gehe ich in diesem Kommentar nicht ein. Lange Zeit verbreitet war und als gesichert galt die Annahme einer „Semeia-" oder „Zeichenquelle", einer Sammlung von Wundergeschichten. Man hat sogar gemeint, so sicher auf sie schließen zu können, wie Robinson Crusoe aus einer nicht von ihm stammenden menschlichen Fußspur im Sand die Existenz eines weiteren Menschen auf seiner Insel folgern musste. Wie die Infragestellung dieser Quelle im Fortgang der Arbeit am Johannesevangelium gezeigt hat (vgl. G. VAN BELLE, The Signs Source in the Fourth Gospel. Historical Survey and Critical Evaluation of the Semeia Hypothesis, 1994), ist eine solche Evidenz keineswegs gegeben; vgl. auch E. RUCKSTUHL/ P. DSCHULNIGG, Stilkritik und Verfasserfrage im Johannesevangelium, 1991, 238–241. Abgesehen von der großen Hypothetik bei der Erschließung einer Quelle, ohne dass der Autor direkte Hinweise gibt und ohne dass Paralleltexte vorliegen – eine Situation, die zur Produktion von Doktorarbeiten anregt –, dient ihre Annahme oft genug weniger dem Verstehen des vorliegenden Textes, als dass sie vielmehr dazu verführt, diesen nicht im Zusammenhang zu interpretieren. Statt dessen wird mit der Erklärung der angenommenen Quelle der Evangelist sozusagen vom Wunder entlastet und lediglich mit der über es hinausgehenden Deutung verbunden.

[72] So die Klassifizierung von G. THEISSEN, Urchristliche Wundergeschichten, 1974, 111–114.

drücklich. V.11 ist eine auf das Wunder zurückblickende und es zusammenfassend bewertende Bemerkung, V.12 Überleitung im Blick auf die Fortsetzung des Evangeliums.

1   Die einleitende Zeitbestimmung „am dritten Tag" bezieht sich zurück auf 1,43 und verbindet dieses Stück mit den vorangehenden Ereignissen seit 1,19. Nachdem Johannes über Jesus Zeugnis abgelegt und Jesus Schüler gewonnen hat, vollbringt er nun seine erste Tat, was Konsequenzen für das Verhältnis der Schüler zu ihm hat. Für die Leser- und Hörerschaft kann es aber bei der Wendung „am dritten Tag" nicht ausbleiben, dass sie dabei auch noch eine andere Assoziation hat und an den Auferstehungstag Jesu denken muss[73]. So wird also gleich zu Beginn dieser Erzählung auch die österliche Dimension aufgerissen. Darauf ist zurückzukommen.

Sieht man die Verknüpfung der Zeitangabe **„am dritten Tag"** mit dem vorangehenden Tagesschema nicht und liest sie isoliert, scheint noch eine andere Deutung nahezuliegen. In der jüdischen Bezeichnung der Wochentage hat nur der siebte Tag, der Sabbat, einen Namen. Alle übrigen werden schlicht vom ersten bis zum sechsten Tag durchgezählt, während sich in unseren Benennungen die heidnischen Namen durchgehalten haben. „Der dritte Tag" entspricht unserem „Dienstag"; und das ist ein in Israel und im Judentum beliebter Hochzeitstag. Denn nur an ihm heißt es im biblischen Schöpfungsbericht zweimal: „Und Gott sah, dass es gut war" (Gen 1,10.12). „Deshalb fand jene Hochzeit zu Kana – wie die meisten jüdischen Trauungen bis auf den heutigen Tag – ,am dritten Tag' der Schöpfungswoche statt" (P. LAPIDE: Ist die Bibel richtig übersetzt? 1986, 89). Aber Lapides Behauptung, dass „dieser ,dritte Tag' seit uralten Zeiten zum klassischen Hochzeitstag der Juden geworden" sei (ebd.), trifft in dieser Unbedingtheit nicht zu. Zunächst ist festzuhalten: Die Mischna nennt ausdrücklich andere Tage: „Eine Jungfrau wird am vierten und eine Witwe am fünften Tag geheiratet" (mKet 1,1). Die Begründung liegt nach der Fortsetzung des Textes darin, dass es in den Städten wöchentlich zwei Gerichtstage gab, montags und donnerstags, und so der Bräutigam, wenn er in der Hochzeitsnacht zu der Überzeugung gelangt war, seine Braut sei keine Jungfrau mehr gewesen, sofort am nächsten Morgen mit seiner Klage vor Gericht gehen konnte. Der von den zwei Gerichtstagen her als Hochzeitstag auch mögliche Sonntag wird in der zugehörigen Gemara im babylonischen Talmud abgewiesen, weil dann wegen des vorausgehenden Sabbat nicht hinreichend Vorbereitungszeit für die Hochzeit sei. „Die Weisen waren sehr bedacht auf den Vorteil der Töchter Israels, dass er (der Bräutigam) sich drei Tage um das (Hochzeits-)Mahl bemühe, am ersten, zweiten und dritten Wochentag, und sie am vierten heimführe" (bKet 2a). Bei der Wiederaufnahme dieser Aussage in bKet 3b heißt es unmittelbar anschließend: „Aber seit der Gefahr hatte das Volk den Brauch, am dritten (Tag) zu heiraten, und sie wurden von den Weisen nicht daran gehindert" (vgl. die Parallelen in tKet 1,1; jKet 1,1 [1a; Krotoschin 24d]). Im Folgenden wird diskutiert, was die Gefahr sei. Deutlich ist dabei jedenfalls, dass der genannte Brauch die Festsetzung der Mischna verändert hat und nicht umgekehrt diese einen solchen älteren Brauch. Die Heirat „am dritten Tag" wird hier auch noch nicht mit Gen 1,10.12 begründet.

Als Ort, an dem nach der Erzählung die Hochzeit stattfindet, wird „das galiläische Kana" genannt, das im NT nur im Johannesevangelium erwähnt wird, außer hier in

---

73   Diese Assoziation zu wecken, dürfte geradezu der Sinn dessen sein, dass das Sieben-Tage-Schema mit dieser Formulierung abgeschlossen wird.

betonter Anknüpfung an diese Stelle noch in 4,46.54[74]. Mit der Kennzeichnung des Ortes als „galiläisch" muss nicht die Unterscheidung von einem anderen Kana beabsichtigt sein. In 12,21 wird Betsaida in derselben Weise näher bestimmt. Gemeint sein dürfte ein heute nicht mehr bewohnter kleiner Ort einige Kilometer nördlich von Sepphoris.

Ein eigener Satz berichtet die Anwesenheit der Mutter Jesu. Als Handlungsteilnehmerin wird sie im Johannesevangelium nur noch in der Szene unter dem Kreuz zusammen mit dem Schüler, den Jesus liebte, angeführt. In 6,42 sprechen andere über sie. Ihr Name wird in diesem Evangelium nirgends genannt. In der gleich erzählten Geschichte übernimmt sie eine Rolle; deshalb wird sie hier eingeführt. Eine ungleich größere Rolle wird Jesus spielen, vor allem für seine Schüler. So vermerkt V.2, dass auch er mit ihnen zur Hochzeit geladen war. **2**

Der Beginn von V.3 stellt lapidar den Mangel an Wein fest[75]. Das ist eine prekäre Lage für eine Hochzeitsfeier. Denn für sie wird Entsprechendes wie für Wallfahrtsfeste gegolten haben, an denen es dem Hausherrn als Pflicht obliegt, „seine Kinder und Hausangehörigen zu erfreuen. Womit erfreut er sie? Mit Wein! Denn es ist gesagt: ‚Und Wein erfreut des Menschen Herz' (Ps 104,15)"[76]. **3**

Die Mutter Jesu weist ihn auf das Fehlen von Wein hin. Dessen Antwort ist nicht ganz so abweisend, wie sie in der alten Luther-Übersetzung klingt: „Weib, was habe ich mit dir zu schaffen?" Es geht nicht um die Aufkündigung oder Bestreitung von Gemeinschaft. Die schon in der hebräischen Bibel begegnende Wendung[77] – wörtlich: „was mir und dir?" – fragt abwehrend, wieso sich aus der beiderseitigen Beziehung das Verhalten des Partners ergibt. Die Anrede entspricht einem „Madame". So redet etwa nach DER 6,2 ein Armer die Frau Hillels an. Gegenüber der Mutter zeigt diese Anrede jedoch, wie auch die Frage im Ganzen, eine ungewöhnliche Distanz. **4**

Jesus begründet seine Distanzierung mit der Feststellung: „Noch ist meine Stunde nicht gekommen." Sollte damit lediglich die „Selbstbestimmung" des Wundertäters zum Ausdruck gebracht werden[78]? Aber hätte der Evangelist dann die Formulierung vom Gekommensein der Stunde gewählt, die im Evangelium immer wieder begegnet und dort eindeutig die Stunde der Passion und des Todes Jesu bezeichnet? Wie die

---

[74] Im Nachtragskapitel wird 21,2 vermerkt, Natanael stamme „aus dem galiläischen Kana". Josephus merkt in Vita 86 an, dass er sich „in einem Kana genannten galiläischen Dorf" aufhielt.

[75] ZAHN weiß zu viel: „Die ältere Freundin des Hauses empfindet die Verlegenheit der Gastgeber um so lebhafter, als sie sich sagen mochte, daß der unerwartete Zuwachs, welchen die Festgesellschaft durch die Ankunft ihres Sohnes und seiner 6 Begleiter bekommen hatte, die Verlegenheit mit verursacht habe" (Komm. 153f.).

[76] tPes 10,4; vgl. bPes 109a.

[77] Vgl. Ri 11,12; 2Sam 16,10; 2Kön 3,13.

[78] So BECKER, Komm. 1,128; vgl. 130.

einleitende Zeitbestimmung einen Hinweis auf Ostern gibt, so wird hier auf Passion und Tod Jesu vorausverwiesen[79]. Auch darauf ist zurückzukommen.

5   Die Mutter lässt sich nicht entmutigen; nach V.5 sagt sie den Bedienenden: „Was immer er euch sagt, tut!" Darin zeigt sich eine eigenartige Rollenverschiebung: Jesus gerät in die Rolle des Hausherrn. Dabei ist er doch Gast, für den – wie selbstverständlich für Bedienstete – gilt: „Alles, was ihm der Hausherr an Anweisungen gibt, soll er tun"[80]. Mit der Zuweisung dieser Rolle an Jesus erfolgt für die Leser- und Hörerschaft zugleich wieder ein Fingerzeig über die Erzählung hinaus; denn „eben darauf kommt es letztlich an, all das zu tun, was Jesus sagt"[81].

6   Bevor dann Jesus in der Tat den Bedienenden eine Anweisung gibt, werden zunächst in V.6 die dafür nötigen Requisiten genannt: „sechs steinerne Wasserkrüge für die jüdische(n) Reinigung(sriten)". Steingefäße haben den Vorteil, „dass sie keine (kultische) Unreinheit annehmen" (bShab 96a)[82]. Das in ihnen verwahrte Wasser dient rituellen Waschungen. Die zu Beginn dieses Abschnitts gebrachten Zitate zeigen, dass unverständige christliche Überheblichkeit darin nur „äusseres Ceremoniell" und Gesetzlichkeit sieht – und nicht gewahrt, wie sie daran erinnern und zugleich Ausdruck dessen sind, dass Leben vor dem Angesicht Gottes geschieht und deshalb seiner Heiligkeit entsprechen muss. „Heilig sollt ihr sein; denn heilig bin ich, Adonaj, euer Gott" (Lev 19,2). Was für die Priester beim Tempeldienst galt, rein vor Gott zu treten, wofür sie sich bestimmten Riten unterzogen, das übertrugen Pharisäer in den Alltag, da es doch keinen Ort und keine Zeit gibt, wo der Mensch nicht vor dem heiligen Gott steht und seinen Weg im Tagesablauf vor ihm zu verantworten hat. „Und ihr sollt mir ein Königreich von Priestern sein und ein heiliges Volk" (Ex 19,6).

Das Fassungsvermögen eines jeden der sechs Steinkrüge wird mit zwei oder drei Metretes angegeben. Der Metretes ist von Haus aus ein attisches Maß. Der Begriff findet sich als Fremdwort gelegentlich auch im rabbinischen Schrifttum[83]. Ein Metre-

---

[79] BECKER wendet dagegen ein: „Vom Kontext her würde kein Leser darauf kommen" (Komm. 1,128). Das gilt aber nur für diejenigen, die das Evangelium erstmals lesen und mit der Lektüre gerade hier angelangt sind. Es dürfte aber von vornherein für die wiederholte Lesung in der versammelten Gemeinde konzipiert sein. Vom Gesamtkontext ist genau das Gegenteil richtig: Jede Leserin und jeder Leser muss hier den Bezug auf Passion und Tod Jesu erkennen.

[80] DER 6,1; vgl. bPes 86b.

[81] BLANK, Komm. 1a,181.

[82] THOMAS zeigt von mKel 5,11; mBez 2,3 und mPara 3,2 her, „dass Steinkrüge im Judentum des 1.Jh.s eine wichtige Rolle in Reinheitsfragen spielten" und sich Johannes damit vertraut zeigt (Gospel 162–165; das Zitat auf S.165). Vgl. vor allem die ausführlichen Darlegungen von R. DEINES, die auch den archäologischen Befund einbeziehen und es wahrscheinlich machen, dass die Wasserkrüge dem rituellen Reinigen der Hände vor und nach den Mahlzeiten dienten: Jüdische Steingefäße und pharisäische Frömmigkeit: ein archäologisch-historischer Beitrag zum Verständnis von Joh 2,6 und der jüdischen Reinheitshalacha zur Zeit Jesu, 1993. Leider folgt aber auch seine Interpretation von Joh 2,1–11 dem Überbietungs- und Ablösungsmodell; ebenso WELCK, Zeichen 136.

[83] bKet 110a (dreimal); EkhaR Eröffnung § 2 (BUBER 1b).

tes entspricht etwa 39 Litern, so dass die Gesamtmenge Flüssigkeit, die die Steinkrüge aufnehmen können, mindestens 468 und höchstens 702 Liter beträgt.

Diese Krüge mit Wasser zu füllen, gebietet nun Jesus nach V.7 den Bedienenden.   7
Das setzt nicht voraus, dass sie völlig leer waren. Dann hätten sie ja ihre gerade genannte Funktion nicht erfüllen können. Aber nach Ausführung des Befehls sind sie
voll „bis oben hin", wie ausdrücklich festgestellt wird. Aus den so gefüllten Krügen   8
sollen die Bedienenden schöpfen und es dem Speisemeister zum Kosten bringen.

Der *architríklinos* ist nicht der Vorsitzende der Festtafel oder des Symposiums – für die
Zeit des Festes der Erste unter Gleichen[84] –, sondern der dafür Verantwortliche, dass im
Festsaal (*tríklinon*)[85] die Speisen und Getränke zur rechten Zeit gut zubereitet aufgetragen
werden. In großen römischen und griechischen Häusern wurde diese Funktion natürlich von
einem dafür qualifizierten Sklaven ausgefüllt. Rabbi Schim'on ben Gamliel sagt, dass es
Sitte in Jerusalem war, „das Gastmahl einem Koch zu übertragen. Wenn etwas beim Gastmahl verdorben wurde, bestrafte man den Koch. Alles gemäß dem Ansehen der Gäste und
alles gemäß dem Ansehen des Hausherrn"[86]. BILLERBECK meint, da „die Sitte ... ausdrücklich als eine jerusalemische bezeichnet" werde, hätten wir „kein Recht, sie auf Galiläa zu
übertragen" (Bill. II 408). Aber die Bräuche der besseren Kreise in der Hauptstadt färben auf
die Provinz ab. Kana war ein kleines Dorf. Das Hochzeitshaus wird, wie die sechs großen
Krüge zeigen, nicht ganz klein vorgestellt; andererseits mangelt es am Wein. Dass für die
Ausrichtung einer Hochzeit in einem Dorf ein „Speisemeister" bestellt wird, ist jedenfalls
nichts, was den Rahmen des Möglichen sprengt. Ich stelle es mir gemäß folgender Analogie
vor: In meinem Heimatdorf war meine Großmutter von der Schulentlassung bis zu ihrer
Heirat mit einem Knecht acht Jahre lang Hausmädchen im Pfarrhaus. Weil sie dort die
feinere Lebensart und die bessere Küche kennengelernt hatte, wurde sie noch jahrzehntelang
bei großen Bauernhochzeiten als Oberköchin engagiert[87].

Der Speisemeister kostet von dem ihm Gebrachten und stellt es als Wein fest[88], von   9
dem er nicht weiß, woher er kommt (V.9). Aber die Bedienenden wissen es, vermerkt
der Evangelist ausdrücklich; und vor allem weiß es seine Leser- und Hörerschaft.
Wenn der Speisemeister in V.10 dem Bräutigam vorwirft, er habe den guten Wein   10
„bis jetzt" verwahrt, während man ihn doch eigentlich zuerst reiche und dann den
schlechteren, wenn die Gäste schon angeheitert sind, ist damit zumindest und auf alle
Fälle die gute Qualität des von Jesus beschafften Weines festgestellt. Aber nicht nur

---

84   In Sir 32,1f. erhält er, der hier *hegúmenos* genannt wird, gute Ratschläge.
85   Im rabbinischen Schrifttum als Fremdwort übernommen. Es begegnet relativ oft. mAv 4,16 zeigt
      sehr schön, wie es auch metaphorisch verwandt werden konnte: „Rabbi Ja'akov sagt: Diese Welt
      gleicht dem Vorzimmer in Hinsicht auf die kommende Welt. Bereite dich im Vorzimmer vor,
      damit du in den Festsaal eintreten darfst."
86   tBer 4,10 (ZUCKERMANDEL: 4,8). In der Parallelstelle bBB 93b wird der mit dieser Funktion
      Betraute einfach „Mitmensch" genannt.
87   Auch unter den *diákonoi* muss keineswegs eine fest angestellte Dienerschaft vorgestellt werden.
      Es kann sich um für das Fest angeworbene Helferinnen und Helfer aus der Nachbarschaft han-
      deln. Deshalb übersetze ich mit „die Bedienenden".
88   Nach AUGUSTIN wird „das Wasser in Wein verwandelt ..., damit wir nunmehr den offenbar
      gewordenen Christus im Gesetze und in den Propheten schmecken" (Vorträge 9,6; Übers. SPECHT
      S.156). „Vom Herrn ist zwar auch jene Schrift; aber sie schmeckt gar nicht, wenn darin nicht
      Christus verstanden wird" (9,5; Übers. SPECHT S.155).

dafür dürfte diese „Weinregel", die sonst nicht begegnet[89], gebildet sein. Für diejenigen, die das Evangelium zum wiederholten Mal lesen und hören, ist mit dem betont am Schluss des Verses stehenden „bis jetzt" hintergründig noch mehr gesagt.

Plötzlich ist Wein im Überfluss da, für eine dörfliche Hochzeitsgesellschaft eine maßlose Menge. Geschichten dieser Art werden nicht von Menschen erzählt, deren Weinkeller reichlich und gut sortiert ist, sondern von solchen, die wenigstens bei großen Festen einmal Wein im Überfluss haben möchten. Allen verklemmten Moralisten und unfrohen Asketen zum Trotz wird in dieser Geschichte das Verlangen nach Lebensfreude, die im Weingenuss zum Ausdruck kommt, positiv aufgenommen und ihm Erfüllung verheißen.

Der Evangelist nennt das, was Jesus tut, ein „Zeichen". Ein Zeichen ist nicht die Sache selbst, sondern weist über sich hinaus auf sie hin. In ihm blitzt aber auch schon etwas von der gemeinten Sache auf. So konnte Rabbi Ja'akov den Festsaal zur kommenden Welt in Beziehung setzen[90]. Nach Mk 14,25 par. blickt Jesus beim letzten Mahl mit seinen Schülern darauf aus, mit ihnen im Reich Gottes wieder Wein zu trinken. In jüdischen und urchristlichen Texten ist eine unvorstellbare Überfülle von Wein Kennzeichen der messianischen Zeit bzw. der kommenden Welt[91]. Das Signal, das so in der Erzählung vom Weinwunder in Kana gegeben wird, lautet daher, dass die messianische Zeit angebrochen ist, dass „Jesus durch dieses Wunder sich als den zu erkennen gibt, der die Heilszeit bringt"[92]. Das dürfte auch der hintergründige Sinn der seltsamen „Weinregel" sein, an die der Speisemeister die Bemerkung anfügt: „Du hast den guten Wein verwahrt bis jetzt." Dieses *árti*, mit dem die Erzählung endet, wird im Evangelium noch öfter begegnen. *Jetzt* ist der gute Wein da, und Jesus hat ihn gebracht; *jetzt* ist die messianische Zeit angebrochen. Wird die Geschichte so gelesen, hat auch die Erwähnung der Hochzeit schon messianischen Klang, da die Heilszeit mit einer Hochzeitsfeier verglichen werden kann (vgl. Mk 2,19a). Entsprechend ließ schon die einleitende Zeitbestimmung „am dritten Tag" die österliche

---

89   Erwähnt werden in auf Theopomp sich beziehenden Texten „schlechte Krämerinnen", die zunächst guten Wein ausschenken und dann zum selben Preis schlechten, wenn die Gäste betrunken sind (vgl. die Texte Nr. 1 und 2 zu Joh 2,10 im „Neuen Wettstein" S.122f.).

90   Siehe Anm. 85.

91   Eine solche Tradition findet sich in ähnlichen Formulierungen in 2Bar 29,5 und bei Papias von Hierapolis nach Irenäus, Gegen alle Häresien V 33,3.4 (vgl. Text und Übersetzung in: Papiasfragmente. Hirt des Hermas, Schriften des Urchristentums III, hg.v. ULRICH H.J. KÖRTNER u. MARTIN LEUTZSCH, Darmstadt 1998, S.50–53), aber auch – in etwas anderer Form – in bKet 111b. An der letztgenannten Stelle wird Dtn 32,14 („Und Traubenblut trinkst du schäumend") so ausgelegt: „Nicht wie diese Welt ist die kommende Welt. In dieser Welt gibt es Mühsal beim Weinlesen und Keltern. In der kommenden Welt bringt man eine einzige Traube auf einem Karren oder Kahn, lagert sie in einem Winkel seines Hauses und hat von ihr genug wie von einem großen Fass. Und ihr Holz heizt unter der Speise; und du hast keine einzige Traube, in der nicht dreißig Garav Wein sind." Zu der Maßangabe vgl. S. KRAUSS, Talmudische Archäologie II, 1911, 396. 30 Garav sind etwa 360 Liter.

92   BLANK, Komm. 1a,195.

Dimension aufscheinen; sie verknüpft so Jesu messianisches Wirken mit dem Zeugnis von Gottes auferweckendem Handeln an ihm.

In V.11 zieht Johannes ausdrücklich ein Resümee aus der Erzählung: „Dies tat 11 Jesus als Anfang seiner Zeichen im galiläischen Kana und offenbarte seine Herrlichkeit; und seine Schüler glaubten an ihn." Diese Aussagen haben schon von ihrer Stellung her Gewicht. Das Glauben der Schüler darf daher nicht als nur eingeschränkt oder gar negativ qualifiziert verstanden werden, weil es sich ja „nur" auf ein Wunder bezöge. Dieses Wunder hat sich als mehrdimensionales Zeichen erwiesen, das in einer einzelnen Geschichte doch zugleich das ganze Evangelium repräsentiert. In ihr wie in ihm offenbart Jesus seine „Herrlichkeit", die letztlich auf Gott selbst verweist (vgl. zu 1,14). Mit den Worten „Zeichen" und „glauben" nimmt Johannes einen biblischen Zusammenhang auf. Er begegnet z.B. Num 14,11. Dort fragt Gott Mose auf die ängstlich-mürrische Weigerung des Volkes hin, den Weg ins verheißene Land fortzusetzen, nachdem der Bericht der Kundschafter Gefahren erkennen ließ: „Wie lange glauben sie mir nicht bei all den Zeichen, die ich in seiner (des Volkes) Mitte getan habe?" Hier wird deutlich, was „glauben" heißt: aufgrund bisher gemachter heilvoller Erfahrungen, von denen im Volke Gottes erzählt wird, im Vertrauen auf Gott einen gebotenen und verheißenen Weg selbständig weiterzugehen, der keineswegs ohne Risiken ist[93]. Von daher ist Glauben immer „vorläufig". Im Blick auf die Schüler Jesu wird es die Frage sein, ob sie auf dem Weg bleiben und weitergehen, auf den sie sich mit Jesus eingelassen haben. Sie haben nicht jetzt einen vorläufigen und irgendwann einen vollkommenen, den „richtigen" Glauben. Die das Evangelium lesende und hörende Schülerschaft Jesu nimmt hier nicht nur schon die österliche Dimension wahr; mit der Erwähnung der „Stunde" wird ihr Blick auch schon auf das Kreuz Jesu gerichtet[94]. Leidvolle Wirklichkeit wird nicht illusionär übersprungen, sondern gegen sie werden hoffend Wunder erzählt, und mitten in ihr werden doch auch schon wunderbare Erfahrungen gemacht von Sattwerden und Rettung, Gemeinschaft und Freude mit Brot und Wein, genug und im Überfluss. „Glauben" ist nicht statisch zu verstehen, sondern es ist das vertrauensvolle Gehen eines Weges, das „Zeichen" braucht als Wegweiser und Stärkung[95]. Von diesem biblischen Glaubensverständnis her werden die alternativen Zuordnungen von Glaube und Gnade einerseits und Gebot und Tun andererseits hinfällig.

---

93 Glauben kann sich auf Zeichen beziehen, muss es aber nicht. So heißt es ShemR 23,5 (Wilna 43a) im Blick auf die am Schilfmeer geretteten Israeliten, die ein Lied singen wollen: „Rabbi Jizchak sagte: Sie sahen alle jene Zeichen, die für sie gemacht worden waren – und sollten nicht zum Glauben gekommen sein? Aber Rabbi Schim'on bar Abba sagte: Um des Glaubens willen, mit dem Abraham dem Heiligen, gesegnet er, glaubte! Denn es ist gesagt: ‚Und er glaubte Adonaj!' Von daher erlangten es die Israeliten, ein Lied am Meer zu singen."

94 BARTH gibt zu „bedenken, daß … die Form des Wunders durch v4 in aller Bestimmtheit in den Schatten des Kreuzes gestellt ist" (Johannes-Evangelium 197).

95 Ist es ein Zufall, dass im Johannesevangelium nur – und zwar häufig – das Verb *pisteúein* begegnet, aber kein einziges Mal das Nomen *pístis*?

12   V.12 hat die Funktion einer Überleitung. Er ist nicht mehr als eine Zwischenbemerkung, die einen Ortswechsel notiert. Außer Jesus und seinen Schülern, die auch
in der folgenden Erzählung begegnen, werden seine Mutter, in der gerade erzählten
Geschichte aufgetreten, und seine Brüder, die bisher nicht eingeführt waren und die
sich am Anfang von Kap.7 mit Jesus auseinandersetzen werden, genannt. Sie alle
steigen von Kana nach Kafarnaum hinab. Über den Aufenthalt dort heißt es aber lediglich, dass sie nur einige Tage blieben. Dieser Ort, der in den synoptischen Evangelien eine so zentrale Rolle spielt, wird im Johannesevangelium nur an wenigen
Stellen erwähnt: außer hier und in der Notiz 4,46, dass der Sohn des Königlichen in
Kafarnaum krank liegt, während Jesus sich wieder in Kana aufhält, nur noch in
Kap.6, wo Jesu große Brotrede in der dortigen Synagoge lokalisiert wird.

II. Erste Wirksamkeit in Jerusalem und Judäa (2,13–3,36)

Dieser Teil wird durch die Lokalisierung in Jerusalem und Judäa zusammengehalten. Inhaltlich ist er durch die erste Konfrontation Jesu mit „den Juden" bestimmt. Zeitlich beginnt er kurz vor Pessach und reicht eine nicht näher bestimmte, aber kaum lang vorgestellte Zeit darüber hinaus. Er lässt sich in drei Abschnitte unterteilen: die Aktion Jesu im Tempel (2,13–22), das Gespräch mit Nikodemus über die Geburt aus dem Geist (2,23–3,21) und das letzte Zeugnis des Johannes (3,22–36).

1. Die Austreibung aus dem Tempel und das Wort über ihn (2,13–22)

13 Und das jüdische Pessach war nahe; und Jesus stieg hinauf nach Jerusalem. 14 Und er fand im Heiligtum die Verkäufer von Rindern, Schafen und Tauben und die Geldwechsler, die da saßen. 15 Und nachdem er eine Peitsche aus Stricken gemacht hatte, trieb er sie alle aus dem Heiligtum hinaus, auch die Schafe und die Rinder, und den Münzwechslern schüttete er das Kleingeld aus und stürzte ihre Tische um. 16 Und zu den Taubenverkäufern sprach er: Schafft das fort von hier! Macht nicht das Haus meines Vaters zu einem Kaufhaus! 17 Seine Schüler erinnerten sich daran, dass geschrieben steht: Der Eifer um dein Haus wird mich verzehren.
18 Da ergriffen die (anwesenden) Juden das Wort und sprachen zu ihm: Mit was für einem Zeichen kannst du dich uns ausweisen, dass du das tust? 19 Jesus antwortete und sprach zu ihnen: Zerstört diesen Tempel, und in drei Tagen will ich ihn aufrichten. 20 Da sprachen die(se) Juden: 46 Jahre lang ist dieser Tempel erbaut worden. Und du – in drei Tagen willst du ihn aufrichten? 21 Jener aber redete vom Tempel seines Leibes. 22 Als er nun von den Toten aufgerichtet worden war, erinnerten sich seine Schüler, dass er das gesagt hatte; und sie glaubten der Schrift und dem Wort, das Jesus gesprochen hatte.

Der Abschnitt weist eine deutliche Zweiteilung auf. Der erste Teil erzählt von einer Aktion Jesu im Tempelbezirk, der zweite von einer Auseinandersetzung mit ihn daraufhin Befragenden. Beide Teile enden mit einer teilweise gleichlautenden Bemerkung über die Schüler Jesu, die „sich erinnerten". Damit ordnet sie der Evangelist einander zu[1].

Die Zeitangabe von der Nähe des Pessach, mit der der Abschnitt in V.13 beginnt, 13

---

[1] Genau diese Zuordnung wird zerstört, wenn man V.17 als „eine Ergänzung" erklärt; so nach anderen BECKER, Komm. 147.

begegnet noch zweimal in fast identischer Formulierung (6,4; 11,55), bezogen auf verschiedene Pessachfeste. Das dritte nimmt breiten Raum ein, weil es das Pessach ist, an dem Jesus stirbt. Von daher erhalten auch die vorausgehenden Erwähnungen für Wiederholungslesende sozusagen Passionsklang. Das ist auch der Grund, weshalb Johannes – anders als die Synoptiker – die Erzählung von der Tempelaktion an den Anfang und nicht an das Ende der Wirksamkeit Jesu setzt. Im zweiten Teil des Abschnitts stellt er einen ausdrücklichen Zusammenhang mit Tod und Auferweckung Jesu her. Nach den impliziten Bezügen auf die Passion in den vier vorausgegangenen Stücken macht er nun diesen Bezug explizit. Damit gibt er der gesamten Darstellung des Wirkens Jesu eine klare Ausrichtung auf das Ende.

Nach der Angabe der Zeit folgt in V.13 die des Ortes: Jesus steigt hinauf nach Jerusalem. Zum ersten Mal wird im Johannesevangelium ein Wallfahrtsfest erwähnt; und in aller Selbstverständlichkeit führt der johanneische Jesus aus, wozu das Gebot jeden Juden über 20 auffordert: Er pilgert nach Jerusalem[2]. Auch dass er offenbar 14–16 sofort zum Tempel geht, entspricht dem Üblichen[3]. Dann aber unternimmt er nach V.14–16 eine besondere Aktion. Er macht aus Stricken eine Peitsche und treibt die Verkäufer von Rindern, Schafen und Ziegen samt ihrem Vieh hinaus, schüttet den Geldwechslern das Kleingeld aus und stürzt ihre Tische um, befiehlt den Taubenverkäufern, ihre Ware wegzubringen, und schließt mit der Aufforderung, das Haus Gottes nicht zu einem Kaufhaus zu machen. Das Geschehen ist ausschließlich aus der Perspektive Jesu erzählt. Über eine Reaktion der Betroffenen verlautet nichts. Gegenüber der Darstellung in den synoptischen Evangelien ist die Aktivität Jesu gesteigert: Er macht sich eine Peitsche; als Hinausgetriebene werden auch Viehhändler erwähnt.

Als tatsächliches Geschehen ist diese Darstellung aus einer ganzen Reihe von Gründen **nicht vorstellbar.** 1. Wie soll ein einzelner, selbst wenn er eine Peitsche hat, eine nicht gering gedachte Anzahl von Viehhändlern, Taubenverkäufern und Geldwechslern aus dem großen Areal des Vorhofs der Völker oder auch nur der königlichen Säulenhalle[4] hinaustreiben können? Wie sollten sich diese, in ihren elementaren Interessen getroffen, nicht zur Wehr setzen und damit auch Erfolg haben? Und würde nicht auch das levitische Tempel-

---

2   Über „die Wallfahrt im Zeitalter des Zweiten Tempels" vgl. das so betitelte Buch von S. SAFRAI, 1981.

3   Nach SAFRAI war es so, „daß die Festpilger bei der Ankunft in Jerusalem zunächst ihre Schritte zum Tempel lenkten, ohne sich in der Stadt aufzuhalten"; er verweist dafür auf mBik 3,3 (a.a.O. 173). – LUTHER sagt in einer Predigt zu Joh 2,13–16: „Christus ließ sich beschneiden und im Tempel opfern und ging zum Osterfest nach Jerusalem. Das alles ist Gesetz des Mose und gehört nicht zum Neuen Testament. Wiederum läßt er die Saat ausraufen, heilt am Sabbat und hält ihn nicht ... So hält er Mose, wenn er will, und wenn er nicht will, dann verwirft er ihn." Er tut, „was im Gesetz geboten ist, nicht weil er's tun muß, sondern weil er's tun will" (Evangelien-Auslegung 4, 113). „Er ist gleichzeitig mitten drin zwischen dem Alten und Neuen Testament gewesen." Seit „Christi Auffahrt" jedoch sei „Moses aufgehoben" (114).

4   Vgl. ADNA, Tempel 72–90.

personal in einem solchen Fall sofort eingreifen[5]? – 2. In der jüdischen Literatur ist es nirgends bezeugt, dass die Viehhändler ihre Ware im Tempelbezirk anboten. Das ist im Gegenteil sogar ausgeschlossen. Nach mSheq 7,2 gelten vor den Viehhändlern gefundene Münzen immer als Zehntgeld (weil die Opfertiere vorwiegend vom Zweiten Zehnten gekauft wurden), auf dem Tempelberg gefundene als profan. Auf dem Tempelberg werden also keine Viehhändler vorausgesetzt. Nach SAFRAI saßen sie „allem Anschein nach sogar nicht einmal innerhalb Jerusalems, sondern draußen vor einem der Stadttore"[6]. – 3. Ob die Taubenhändler ihre Ware im Tempelbezirk verkauften, ist zumindest fraglich. Die Evangelientexte sind dafür die einzigen Belege. In einer Erzählung über Rabban Schim'on ben Gamliel in mKer 1,7 ist in Bezug auf Opfertiere allgemein vom Taubenpreis „in Jerusalem" die Rede. In einer Überlieferung in jTaan 4,5 (24b; Krotoschin 69a) heißt es: „Zwei Zedern standen auf dem Ölberg. Unter einer von ihnen verkauften vier Läden für rein Erklärtes (= kultisch reine Lebensmittel). Aus der anderen wurden jeden Monat 40 Sea junge Tauben herausgeführt; und von ihnen lieferte man Taubenpaare (für Opfer im Tempel) für ganz Israel." Unter den in mSheq 6,5 benannten dreizehn Widderhornbüchsen ist eine für „Nester" und eine für „Brandopfertauben". tSheq 3,2f. wird der darauf bezogene Vorgang für Nestopfer so beschrieben: Wer dazu verpflichtet ist, legt den Geldwert in die entsprechende Büchse; Priester besorgen dann die Tauben und die Opferdarbringung als Schuld- und Ganzopfer. „Die Frau, die ihr(en) Nest(-Wert) in die Widderhornbüchse gegeben hat, isst am Abend von den Opfern." So brauchten die Opfernden die Tauben gar nicht selbst zu kaufen. SAFRAI vermutet, dass diese Regelung zur Zeit Jesu vielleicht noch nicht bestand (a.a.O. 186; vgl. auch ADNA, Tempel 130–139). Aber auf keinen Fall wird man das in der Auslegung der „Tempelaustreibung" Jesu entstandene Bild pflegen dürfen, als habe im Tempelbezirk munteres Jahrmarktstreiben geherrscht. – 4. Dass Geldwechsler, die für die Einziehung der Tempelsteuer zuständig waren, ihre Tische im Tempelbezirk hatten, ist ebenfalls nicht gesichert. In mSheq 1,3 heißt es: „Am 15. (Adar) stellte man Tische in der Provinz auf; am 25. stellte man sie im Heiligtum auf." SAFRAI weist darauf hin, dass die hier gebrauchten Ausdrücke häufig „zur Bezeichnung des Landes Israel einerseits und der Stadt Jerusalem andererseits" gebraucht werden, und folgert daraus, „daß die Banken sich in Jerusalem niederließen, nicht unbedingt im Bereich des Tempels selbst" (a.a.O. 187). Außerdem können die Tische nur fünf Tage gestanden haben, da nach mSheq 3,1 einen halben Monat vor Pessach schon die Abhebung erfolgte[7]. – 5. An den Wallfahrtsfesten

---

5   Liest man die Angaben historisch, wird den Folgerungen von R. EISLER kaum zu widersprechen sein: „Wer die Welt und die Menschen, Jerusalem, Galiläa und Rom nicht nur aus Sonntagspredigten kennt, der weiß …, daß, wenn nicht der Angriff auf die Bankhalter, so doch der auf die Viehhändler Menschenleben gekostet haben muß. In der ganzen Welt gibt es keinen Ochsentreiber, der sich, seine Herde oder seinen Herrn vom Markt vertreiben läßt, ohne sein Messer zu ziehen und auf den Gegner loszuhauen und zu stechen. Der königliche Prophet … muß mit Grauen die Ausschreitungen der entfesselten Leidenschaften der eigenen Anhänger mit angesehen haben" (IHSOUS BASILEUS OU BASILEUSAS II, 1930, 515). Doch indem man so oder anders nach einem tatsächlichen historischen Geschehen fragt, verlässt man die Erzählung in ihrer vorliegenden Gestalt. Auf sie wird schließlich zurückzukommen sein: Warum erzählt Johannes, wie er erzählt?

6   SAFRAI, a.a.O. 185. Mit mSheq 7,2 stimmt tSheq 3,9 überein. Dort wird die angegebene Aussage als Meinung der Schule Schammajs bezeichnet und dann die davon abweichende der Schule Hillels zitiert, die aber auch die Anwesenheit von Viehhändlern auf dem Tempelberg ausschließt.

7   Eine andere Auswertung der Quellen bei ADNA, Tempel 109–112.116–118. – Schlicht falsch sind die „Informationen" bei HAENCHEN (Komm. 200) und WILCKENS (Komm. 61), der tyrische Schekel wäre deshalb als Münze für die Tempelsteuer gebraucht worden, weil auf ihm nur der Wert angegeben gewesen sei bzw. „weil er keinerlei Abbildungen von Menschen" zeigte. Auf der Vorderseite hatte er das Brustbild des Stadtgottes Melkart; vgl. Abbildung und Beschreibung bei K. MATTHIAE/EDITH SCHÖNERT-GEISS, Münzen aus der urchristlichen Umwelt, 1981, 50f. Er wurde gefordert wegen seines hohen Silbergehaltes.

zeigte auch die römische Besatzungsmacht im Tempelbezirk militärische Präsenz. Josephus berichtet von einem Vorfall zu Pessach unter dem Statthalter Cumanus, der eine Kohorte auf dem Dach der den Tempelvorhof umgebenden Säulenhalle Aufstellung nehmen ließ. Dabei macht er die allgemeine Bemerkung: „An den Festen pflegen sie immer das versammelte Volk bewaffnet im Auge zu behalten, damit es ja keinen Aufruhr anfange" (Bell 2,224). Und an der Parallelstelle in Ant 20,106f. schreibt er: „Das hatten auch die früheren Statthalter an Festen stets angeordnet." Eine Aktion im Tempelvorhof von solchem Ausmaß, wie sie von Jesus in den Evangelien erzählt wird, hätte das sofortige Eingreifen der römischen Truppe provoziert[8].

Wenn also Johannes – stärker noch als die Synoptiker – die Geschichte in einer Weise darbietet, wie sie historisch unvorstellbar ist, muss gefragt werden, warum er sie so erzählt, wie er es tat. Was sagt gerade die so und nicht anders gefasste Erzählung? Sicher nicht das, was SCHLATTER aus ihr gewinnt: Jesus habe „aus dem ganzen Opferwesen ... nur die Verbindung des Tempeldienstes mit einem höchst umfangreichen und Gewinn bringenden Geschäft" herausgegriffen und „damit das letzte, tiefste Motiv der ganzen gottesdienstlichen Arbeitsamkeit" berührt[9]. „Um Geld zu verdienen, benützt der Jude (!) auch den Tempel, und er vermag nicht zu erkennen, daß dies mit dem Dienst Gottes nicht vereinbar sei"[10]. Diese 1930 gemachte, in jeder Hinsicht schlimme Aussage ist zudem völlig ignorant gegenüber jüdischen Selbstzeugnissen.

Der Tempel ist der Ort der besonderen Gegenwart Gottes; und so ist es selbstverständlich, dass die Menschen, die diesen Ort betreten, seiner Heiligkeit in kultischer und ethischer Reinheit zu entsprechen suchen. Unter Heranziehung rabbinischer Belege[11] und Verweis auf Stellen bei Josephus kommt SAFRAI zu dem Schluss, „daß jeder, der den Tempel betreten wollte, ein Tauchbad zu nehmen hatte"[12]. Es sei dahingestellt, ob das Tauchbad vor Betreten des Tempelbezirks wirklich für alle verbindlich war oder nur für Priester. Sicher ist jedenfalls die Erwartung, dass die den

---

[8]   Vgl. den Vorgang, wie ihn Lukas in Apg 21,27–33 bei der Verhaftung des Paulus beschreibt.

[9]   Johannes 74.

[10]   Ebd. 77; vgl. HIRSCH, Evangelium 132. Nach HAENCHEN wollten sich im Tempel „die Juden Gottes Gunst erkaufen" (Komm. 205; ähnlich 203).

[11]   Vgl. vor allem mJom 3,3 und jJom 3,3 (14b; Krotoschin 40b). Der Jeruschalmi legt die Vorschrift der Mischna, dass alle, die den Tempelvorhof zum Gottesdienst betreten, vorher ein Tauchbad zu nehmen haben, so aus, dass sie auch dann gilt, wenn kein Bezug zum Gottesdienst besteht.

[12]   A.a.O. 174–176, das Zitat S.175. Der von SAFRAI auf S.176f. angeführte Text aus einem apokryphen Evangelium (B. P. GRENFELL/S. S. HUNT: The Oxyrhynchus Papyri V, London 1908, Nr.840, S.1–10) trägt zur Frage, ob alle Tempelbesucher ein Tauchbad nehmen mussten, nichts aus. SAFRAI unterläuft eine Verwechslung. Was nach ihm Jesus sagt, dass er im Davidsteich ein Tauchbad genommen und weiße Gewänder angelegt habe, sagt vielmehr der Priester, während Jesus anschließend von dessen Reinigung als äußerer sehr abschätzig spricht und ihr für sich und seine Schüler entgegensetzt, „im Wasser des ewigen Lebens eingetaucht worden" zu sein. Dass dieser fundamentale Gegensatz zum jüdischen Kult auch schon für die Berichte der Evangelien anzunehmen sei, ist durch nichts angezeigt. Für sie ist vielmehr selbstverständlich vorauszusetzen, dass sich Jesus mit Ausnahme des ausdrücklich anders Erzählten ansonsten wie ein normaler Pilger verhalten hat. Das ist für das Johannesevangelium besonders deutlich. Es erzählt ja noch von einer ganzen Reihe von Tempelbesuchen Jesu über zwei Jahre hin, wobei der normale Tempelbetrieb vorausgesetzt ist.

Tempel Aufsuchenden im Zustand kultischer Reinheit waren. Leviten waren als Tempelaufseher an wichtigen Stellen postiert[13]. Die Funktion der im Vorhof Dienst tuenden gibt Philon damit an, „dass nicht jemand derer, denen es nicht erlaubt ist, absichtlich oder unabsichtlich hineingehe"[14].

Für die Erwartung, dass auch in ethischer Hinsicht integer sein möge, wer zum Tempel kommt, sei nur auf Ps 24,3–5 und auf eine Notiz bei Josephus hingewiesen, nach der den Tempel nur betreten darf, dessen Verhalten untadelig ist[15].

Eine an mehreren Stellen begegnende Tradition verlangt **besondere Ehrfurcht hinsichtlich des Betretens des Tempelberges**, die sich im äußeren Erscheinungsbild niederschlägt. Sie lautet in mBer 9,5: „Nicht darf man den Tempelberg betreten mit seinem Stock, mit seinem Schuh, mit seinem Geldgürtel und mit Staub auf seinen Füßen. Auch zum Abkürzungsweg darf man ihn nicht machen. Auch Spucken (ist nicht erlaubt)"[16]. In der Parallele in Sifra Qedoschim 3,7 (91b.c) ist zwischen Stock und Schuh noch der Ranzen genannt. Bei diesen zuerst angeführten Dingen handelt es sich um die übliche Reiseausrüstung[17], also auch um die der Pilger. So sollen sie den Tempelberg nicht betreten. Die Baraita in bBer 62b macht hinsichtlich der Schuhe deutlich, weshalb das so ist, indem sie Ex 3,5 zitiert, wo Mose aus dem brennenden Dornbusch heraus von Gott aufgefordert wird, seine Schuhe auszuziehen, „denn der Ort, auf dem du stehst, ist heiliges Land". Der Heiligkeit des Ortes soll auch im äußeren Erscheinungsbild entsprochen werden. Die sich darin zeigende Ehrfurcht vor dem Tempel gilt nach bJev 6b selbstverständlich dem, der hinsichtlich des Tempels geboten hat. Was das Geld betrifft, wird in der in der vorigen Anmerkung genannten Toseftastelle und in bBer 62b genauer gesagt, dass der Geldgürtel nicht „auf dem Rücken" bzw. „nach außen", also nicht offen getragen werden soll. Bestimmte Geldgeschäfte mussten im Tempelbereich erledigt werden. Oben wurden schon die Kassen für Taubenopfer genannt. Die Marken für Speis- und Trankopfer wurden möglicherweise auch dort verkauft (mSheq 5,3f.); und die an mehreren Stellen erwähnten „Läden" standen wohl im Grenzbereich zwischen Tempelberg und Stadt (bRHSh 31a; bShab 15a). In der Anordnung, das Geld nicht offen zu tragen, zeigt sich jedenfalls das Bestreben, das Geschäftliche nicht in den Vordergrund treten zu lassen.

So wie Johannes die Aktion Jesu im Tempel darstellt, stimmt er in der Tendenz völlig überein mit den jüdischen Zeugnissen, die ein der Heiligkeit des Ortes entsprechendes Verhalten im Bereich des Tempels verlangen. Wenn nach ihm Jesus die Viehhändler samt ihrem Vieh hinausjagt, die Tische der Wechsler umstürzt und die Taubenverkäufer auffordert, ihre Ware hinauszuschaffen, ist das ja alles andere als eine radikale Infragestellung des ganzen Tempelkultes, eine grundsätzliche Tempelopposition, sondern nicht mehr und nicht weniger als die Hinausverweisung des Geschäftlichen aus dem heiligen Ort. Dem entspricht auch die Zitatanspielung am Schluss des Wortes Jesu in V.16, die zugleich die Funktion einer Begründung für seine Aktion haben dürfte: „Macht nicht das Haus meines Vaters zu einem Kauf-

---

13 mMid 1,1 nennt 21.
14 SpecLeg I 156; auf diese Stelle verweist SAFRAI, a.a.O. 179 Anm. 165.
15 Ant 19,332; diese Stelle bei SAFRAI, a.a.O. 189. Vgl. zum Ganzen dort S.188–191.
16 Parallelen in tBer 6,7 (ZUCKERMANDEL; bei LIEBERMAN: 19); bBer 62b; bJev 6b.
17 Vgl. die kleine Geschichte in jJev 16,9 (84b; Krotoschin 16a).

haus!" Die synoptischen Evangelien bieten an dieser Stelle eine Zitatenkombination von Jes 56,7 und Jer 7,11[18], in der in einer Gottesrede vom Tempel als „meinem Haus" gesprochen wird. Demgegenüber ist einmal zu betonen, dass die johanneische Formulierung vom „Haus meines Vaters" die Beziehung zwischen Jesus und dem Tempel direkter und enger herausstellt. Zum anderen ist zu beachten, dass hier eine Anspielung auf Sach 14,21 vorliegt. Dort wird für die künftige Heilszeit verheißen: „Und es wird keinen Händler mehr geben im Haus Adonajs Z'vaot an diesem Tag"[19]. Die Aktion Jesu im Tempel, wie sie im Johannesevangelium erzählt wird, stimmt in ihrer Intention mit diesem Sacharja-Zitat genau überein. Was hier verheißen wird, stellt Jesus jetzt schon her. So ist diese Darstellung zugleich ein Hinweis darauf, dass mit ihm die erwartete Heilszeit bereits angebrochen ist.

17   Der erste Teil des Stückes wird in V.17 mit einem ausdrücklichen Schriftzitat abgeschlossen. Angesichts des Geschehens „erinnern" sich die Schüler Jesu an eine Schriftstelle. „Sich erinnern" heißt hier also, gegenwärtiges Geschehen in der Schrift zu entdecken und so von Gott her zu begreifen. Das Zitat aus Ps 69,10 – „der Eifer um Dein Haus wird mich verzehren" – weicht in gleicher Weise von der hebräischen und der griechischen Bibel ab, insofern das Verb im Futur steht. Ob es in dieser Weise verändert wurde, um besser als Weissagung auf Jesus verstanden werden zu können, ist möglich; das muss aber nicht das entscheidende Motiv gewesen sein. Auf alle Fälle wird auch hier eine starke Bindung Jesu an den Tempel zum Ausdruck gebracht. Sein Eifer um Gott manifestiert sich im Eifer um den von ihm erwählten und so geheiligten Ort. Die futurische Fassung scheint eher dadurch motiviert zu sein, dass hier zugleich auch ein Ausblick auf die Passion erfolgt[20] – wie ja auch Ps 69, in dem der unschuldig verfolgte Gerechte seine Hoffnung auf Gott setzt, im Ganzen Passionsklang hat.

18   Diese Dimension tritt im zweiten Teil ins Zentrum. Anders als in den synoptischen Evangelien, in denen die Frage nach Jesu Vollmacht von der Erzählung der Austreibung aus dem Tempel getrennt ist und von „den Oberpriestern, Schriftgelehrten und Ältesten" gestellt wird, verlangen hier „die Juden" sofort nach einem Zeichen (V.18). Nach 1,19 treten sie an dieser Stelle zum zweiten Mal im Evangelium auf, jetzt in direkter Konfrontation mit Jesus. Nach einer Zwischenfrage sind sie aber schon wieder aus der Erzählung verschwunden, die somit hinsichtlich des dargestellten Geschehens seltsam unabgeschlossen wirkt. Kompositorisch geschlossen ist sie aller-

---

[18]   Mk 11,17; Mt 21,13; Lk 19,46.

[19]   An dieser Stelle zeigt sich wieder Beeinflussung des Johannes durch die hebräische Bibel. Im hebräischen Text steht *kana'ani*, was üblicherweise „Kanaanäer" bedeutet, an einigen Stellen aber – so auch hier – „Händler". In bPes 50a wird das Wort in Sach 14,21 ausdrücklich als „Händler" erklärt, und auch der Targum zu Sach 14,21 bietet das entsprechende Wort, während die Septuaginta „Kanaanäer" hat.

[20]   „Johannes interpretiert den Psalm so, dass der Eifer für den Tempel Jesus vernichten und ihm den Tod bringen wird" (BROWN, Komm. 1,124).

dings für die Leser- und Hörerschaft; ihr wird zu verstehen gegeben, was sie verstehen soll.

„Die Juden" stellen die Frage nach einem „Zeichen". Sie kann kaum anders verstanden werden, als dass Jesus seine Aktion im Tempel durch ein Wunder legitimieren soll.

Nach BULTMANN entspricht diese **Frage nach einem Zeichen** „dem typisch jüdischen Standpunkt, der freilich in dieser Hinsicht der allgemein menschliche ist" (Komm. 88). Demgegenüber sei auf die Tradition in bBM 59b verwiesen, nach der Rabbi Elieser seine Lehrentscheidungen durch Wundertaten zu legitimieren sucht, darin aber von seinen Kollegen entschieden zurückgewiesen wird[21]. Nach bSan 98a fragen den Rabbi Jose ben Qisma seine Schüler, wann der Sohn Davids komme. Er will zunächst nichts sagen, weil er fürchtet, dass sie von ihm ein Zeichen verlangen. Nach ihrer Versicherung, es nicht zu tun, gibt er ihnen eine Antwort. Daraufhin sagen sie dann doch: „Unser Lehrer, gib uns ein Zeichen!"

In der Erzählung in bSan 98 steht das Verlangen nach einem Zeichen in einem messianischen Kontext. Auch in Joh 2,18 dürfte die messianische Dimension im Blick sein. Durch die Anspielung auf Sach 14,21 war die Erzählung so gedeutet worden, dass Jesus schon herstellte, was dort für die Heilszeit verheißen war. Nun soll er dafür einen messianischen Erweis bieten. Und in seinem Fortgang verweist dann ja auch der Text – wenn auch auf der erzählten Ebene verschlüsselt, aber für die Leser- und Hörerschaft in aller wünschenswerten Klarheit – auf *das* messianische Zeichen, *das* Wunder schlechthin.

Die Antwort, die Jesus in V.19 gibt, kann in der vorgestellten Situation schlechterdings nicht verstanden werden: „Zerstört diesen Tempel, und in drei Tagen will ich ihn aufrichten"[22]: In der erzählten Situation halten sich Jesus und seine Gesprächspartner im Vorhof des Tempels auf. Worauf anders als auf die ihnen vor Augen stehenden Gebäude sollen sie die Aussage Jesu beziehen? Und so kontrastieren sie die lange Bauzeit des Tempels von 46 Jahren[23] mit der für die Wiedererrichtung angegebenen kurzen Zeitspanne von drei Tagen.

19

20

---

21 Vgl. dazu LENHARDT/OSTEN-SACKEN, Akiva 98–113.
22 Ein Wort über Zerstörung und Wiederaufrichtung des Tempels findet sich hier im Munde Jesu selbst und in unmittelbarer Nachbarschaft zur Erzählung von der Tempelaktion. In den synoptischen Evangelien erscheint es in anderer Fassung im Munde falscher Zeugen im Prozess vor dem Synhedrion (Mk 14,58/Mt 26,61; vgl. Apg 6,13) und im Munde von Spöttern unter dem Kreuz Jesu (Mk 15,29; Mt 27,40). Man hat immer wieder versucht, nach dem tatsächlichen historischen Geschehen zurückzufragen. Das nach meiner Kenntnis Beste dazu hat G. THEISSEN geschrieben: Die Tempelweissagung Jesu. Prophetie im Spannungsfeld von Stadt und Land, in: Ders.: Studien zur Soziologie des Urchristentums, 1979, 142–159. Aber m.E. bleibt hier in historischer Hinsicht doch mehr im Dunkeln, als Theissen zu erhellen meint.
23 König Herodes hatte im Jahre 19 v. Chr. eine gründliche Renovierung des Zweiten Tempels beginnen lassen, der nach dem Exil unter bescheidenen Umständen anstelle des zerstörten salomonischen errichtet worden war. Über den Neubau berichtet Josephus in Ant 15. Das für die kultischen Vollzüge Nötige wurde recht zügig errichtet; die Bauarbeiten an der gesamten Anlage fanden aber erst wenige Jahre vor dem jüdisch-römischen Krieg ihren Abschluss (zum herodianischen Tempelbau vgl. ADNA, Tempel 3–71). Bezieht man die in Joh 2,20 angegebenen 46 Jahre auf den Beginn des Neubaus, kommt man für die vorgestellte Situation auf das Jahr 27 n. Chr. Ob

21   Danach wird die Szene verlassen. Johannes erklärt in V.21 das Wort Jesu für seine Leser- und Hörerschaft: „Jener aber redete vom Tempel seines Leibes." Der Tempel ist dadurch ausgezeichnet, dass er Ort der besonderen Gegenwart Gottes ist; und so bezeugt diese Formulierung: Wie Gott im Tempel gegenwärtig ist, so ist er es auch in Jesu[24]. Nichts weist darauf hin, dass Johannes das im Sinne eines Ablösungsmodells verstanden hat, wie z.B. SCHLATTER interpretiert: „An die Stelle des beseitigten Tempels tritt Jesus, der der Gemeinde die wirksame Gegenwart Gottes und sein Vergeben bringt"[25]. Zur Zeit der Erzählung – und über 40 Jahre darüber hinaus – stand der Tempel noch; der erste Teil des Abschnitts hat betont herausgestellt, wie eng die Beziehung Jesu zum Tempel ist. Zur Zeit, da Johannes sein Evangelium schreibt, ist der Tempel zwar zerstört. Aber zum einen behält der Tempelberg seine besondere Bedeutung[26], und zum anderen erweist sich Gottes bleibende Gegenwart inmitten seines Volkes als nicht an den Tempel gebunden[27]. Wieder ist hier also auf Jesus konzentriert, was vom Volk Gottes im Ganzen gilt.

22   Dass in der vorgestellten Situation selbst die Schüler Jesus nicht verstanden haben und auch gar nicht verstehen konnten, ergibt sich aus V.22: „Als er nun von den Toten aufgerichtet worden war, erinnerten sich seine Schüler, dass er das gesagt hatte." Die Gesprächspartner Jesu sind einfach aus der Szene verschwunden. Johannes hat seine Leser- und Hörerschaft im Blick. Ihr will er hiermit deutlich machen, dass Jesus nur angemessen wahrgenommen werden kann unter der Perspektive seines Todes am Kreuz und des Zeugnisses, dass Gott ihn von den Toten auferweckt hat. Das ist das messianische Zeichen, das Jesus in V.19 anbietet: sein Tod und seine Auferweckung. Die sich am gekreuzigten Jesus als lebendig machend erweisende Gegenwart Gottes legitimiert ihn als Messias. Nur unter dieser Perspektive gibt Johannes seine Darstellung der Geschichte Jesu[28].

„Und sie glaubten der Schrift und dem Wort, das Jesus gesprochen hatte." „Die Schrift" meint hier die vorher in V.17 zitierte bestimmte Schriftstelle und „das Wort"

---

das historische Rückschlüsse erlaubt, sei dahingestellt. Der Evangelist bewegt sich damit jedenfalls im Bereich des Vorstellbaren.

[24]   Von der Erfahrung der geistgewirkten Gegenwart Gottes her in ihrer Mitte konnten sowohl die Gemeinde von Qumran (vgl. 1QS VIII 1–10) als auch die auf Jesus bezogene Gemeinde (vgl. 1Kor 3,16) metaphorisch von sich selbst als dem Tempel Gottes reden.

[25]   Johannes 79. Ähnlich UDO SCHNELLE, Die Tempelreinigung und die Christologie des Johannesevangeliums, NTS 42, 1996 (359–373), 373: „Mit dem Auftreten Jesu ist nach johanneischem Verständnis der jüdische Kult, jeder Kult außer Kraft gesetzt."

[26]   Als Beleg sei nur genannt, daß nach bJev 6b die oben genannte Vorschrift, den Tempelberg nicht mit Stock, Schuh, Geldgürtel und Staub auf den Füßen zu betreten, auch für die Zeit gilt, in der das Heiligtum nicht mehr besteht.

[27]   Vgl. vor allem die oben zu 1,14 zitierten Stellen, dass die *sch'chináh* mit Israel exiliert wurde.

[28]   Vgl. SCHNELLE, Komm. 21: „Der *nachösterliche Rückblick* ist für Johannes gleichermaßen theologisches Programm und Erzählperspektive, er ermöglicht es dem 4. Evangelisten, theologische Einsichten in erzählte Geschichte umzusetzen. Zwar sind alle Evangelien aus der Perspektive des Rückblickes geschrieben, aber Johannes ist der einzige Evangelist, der diesen Blickwinkel ausdrücklich thematisiert und zum Verstehensschlüssel seines ganzen Werkes erhebt."

Jesu seine Aussage von V.19. Beide werden aufeinander bezogen. Die Schrift steht nicht isoliert für sich, sondern sie spricht in einer bestimmten Auslegungstradition. Aber sie wird von dieser auch nicht aufgesogen. Indem in dieser Erinnerung die Schüler Jesu gegenwärtiges Geschehen in der Schrift entdecken, wird es damit zugleich zurückgebunden an die Geschichte Gottes mit seinem Volk. Uns ist inzwischen bewusst geworden, dass diese Geschichte weder mit Jesu Tod und Auferweckung noch mit der Tempelzerstörung beendet worden, sondern weitergegangen ist und weitergeht. Wenn daher wir Menschen aus den Völkern in dieser Geschichte des Johannesevangeliums Gottes lebendige Gegenwart in Jesus bezeugt finden und uns in der darauf bezogenen Verkündigung Gottes Mitsein und seine vergebende Zuwendung zugesagt sein lassen, verstehen wir den „Tempel seines Leibes" nicht als Ablösung des dann später zerstörten Tempels, sondern nehmen dabei zugleich wahr, dass noch und wieder Jüdinnen und Juden an der Westmauer des Tempelberges in Jerusalem beten und Gottesdienst feiern und dass Israel es gelernt hat, auch ohne den Tempel in der Gegenwart Gottes zu leben.

2. Die Geburt aus dem Geist (2,23–3,21)

> 23 Und als er während des Pessachfestes in Jerusalem war, setzten viele ihr Vertrauen auf seinen Namen, weil sie seine Zeichen sahen, die er tat. 24 Jesus selbst aber vertraute sich ihnen nicht an, weil er alle kannte 25 und weil er es nicht nötig hatte, dass jemand Zeugnis ablege über den Menschen; denn er selbst wusste, was im Menschen war.
> 1 Und es war da ein Mensch, der zu den Pharisäern gehörte, Nikodemus sein Name, ein Ratsherr der Juden. 2 Der kam nachts zu ihm und sprach zu ihm: Rabbi, wir wissen, dass du ein von Gott gekommener Lehrer bist. Denn niemand kann diese Zeichen tun, die du tust, wenn Gott nicht mit ihm wäre. 3 Jesus antwortete und sprach zu ihm: Amen, amen, ich sage dir: Wer nicht von oben her neu geboren wird, kann das Reich Gottes nicht sehen. 4 Nikodemus sagte zu ihm: Wie kann ein Mensch geboren werden, wenn er ein Greis ist? Kann er etwa ein zweites Mal in den Bauch seiner Mutter hineinkommen und geboren werden? 5 Jesus antwortete: Amen, amen, ich sage dir: Wer nicht aus Wasser und Geist geboren wird, kann nicht in das Reich Gottes hineinkommen. 6 Das aus dem Fleisch Geborene ist Fleisch, und das aus dem Geist Geborene ist Geist. 7 Wundere dich nicht, dass ich dir gesagt habe: Ihr müsst von oben her neu geboren werden. 8 Der Wind weht, wo er will; und du hörst sein Rauschen, aber du weißt nicht, woher er kommt und wohin er geht. So verhält es sich mit jedem und jeder aus dem Geist Geborenen.
> 9 Nikodemus antwortete und sprach zu ihm: Wie kann das geschehen? 10 Jesus antwortete und sprach zu ihm: Du als Lehrer Israels weißt das nicht? 11 Amen, amen, ich sage dir: Was wir wissen, reden wir und bezeugen, was wir gesehen haben; und unser Zeugnis nehmt ihr nicht an. 12 Wenn ich zu euch vom Irdischen sprach und ihr nicht vertraut, wie werdet ihr vertrauen,

wenn ich zu euch vom Himmlischen spräche? 13 Und niemand ist in den Himmel hinaufgestiegen, außer wer vom Himmel herabgestiegen ist: der Menschensohn. 14 Und wie Mose die Schlange in der Wüste erhöht hat, so muss der Menschensohn erhöht werden, 15 damit alle, die vertrauen, durch ihn ewiges Leben haben. 16 So nämlich hat Gott die Welt geliebt, dass er den einzigen Sohn gab, damit alle, die auf ihn vertrauen, nicht verloren gehen, sondern ewiges Leben haben. 17 Nicht nämlich hat Gott seinen Sohn in die Welt gesandt, dass er die Welt richte, sondern dass die Welt durch ihn gerettet werde. 18 Wer auf ihn vertraut, wird nicht gerichtet; wer aber nicht vertraut, ist schon gerichtet, weil er nicht vertraut hat auf den Namen des einzigen Sohnes Gottes. 19 Das aber ist das Gericht, dass das Licht in die Welt gekommen ist und die Menschen die Finsternis mehr liebten als das Licht. Ihre Werke nämlich waren böse. 20 Denn alle, die Schlechtes tun, hassen das Licht und kommen nicht zum Licht, damit ihre Werke nicht aufgedeckt werden. 21 Wer aber die Wahrheit tut – die kommen zum Licht, damit ihre Werke sichtbar werden, dass sie durch Gott gewirkt sind.

Den Mittelpunkt dieses Stückes bildet das Gespräch Jesu mit Nikodemus. Ab V.13 aber gerät der Gesprächspartner Jesu völlig aus dem Blick. Ohne dass davon Notiz genommen würde, verschwindet er. Hinzu kommt, dass Jesus ab V.13 von sich nicht mehr in der ersten Person spricht, sondern in der dritten Person vom Menschensohn und Gottessohn. Schließlich ist spätestens in V.13 die in V.1f. angegebene Situation weit überschritten, insofern hier auf das gesamte Wirken Jesu zurückgeschaut wird. Diese Beobachtungen könnten dazu führen, nach der Entstehungsgeschichte des Textes zu fragen. Doch wäre damit noch nicht geklärt, ob und wie der Text in seiner jetzt vorliegenden Gestalt eine sinnvolle Einheit darstellt. Das Verschwinden des Nikodemus beruht nicht etwa auf einer ungeschickten Zusammenstellung unterschiedlichen Quellenmaterials durch den Evangelisten, sondern ist bewusst eingesetztes Mittel seiner Textgestaltung. Auf der Gesamtebene des Evangeliums ist Nikodemus Kontrastfigur zur samaritischen Frau im nächsten Kapitel. In ihren Reaktionen auf Jesus zeigen sich zunächst Entsprechungen. Aber während Nikodemus in abwehrender Fragehaltung verharrt, wird die Frau zur Zeugin Jesu. So gerät er aus dem Blick, während sie bis zum Schluss der Szene im Spiel bleibt[29]. Für die Leser- und Hörerschaft steht die von Nikodemus in V.9 gestellte Frage noch im Raum, auch wenn er selbst ihn schon verlassen hat. Auf diese Frage nach der Möglichkeit der Geistgeburt geben die Verse 13–21 eine inhaltlich passende Antwort. Dieser Stelle kommt innerhalb des Evangeliums insofern besonderes Gewicht zu, als es sich hier um die erste längere Ausführung im Munde Jesu handelt.

Formal ist der gesamte Abschnitt 2,23–3,21 durch die Situationsangabe in V.23 –

---

[29] Eine Entsprechung zeigt sich bei den beiden Geheilten in Kap.5 und 9. Der von Kap.5 als der negative Fall wird geradezu zum Denunzianten Jesu und verschwindet danach von der Bildfläche; der von Kap.9 wird in der christologischen Erkenntnis immer weiter geführt und bestimmt die Szenenfolge entscheidend mit.

das Pessachfest in Jerusalem – zusammengehalten. In 3,22 erfolgt ein Zeit- und Ortswechsel. Diese so formal bestimmte Einheit lässt sich in folgender Weise gliedern: a) Überleitung (2,23–25); b) die These von der Geistgeburt und ihre Erläuterung (3,1–8); c) die Frage nach der Möglichkeit der Geistgeburt und ihre Beantwortung (3,9–21)[30].

a) Überleitung (2,23–25)

Dieses kleine Stück ist in erster Linie Überleitung zum Nikodemusgespräch, hat aber auch eigenes Gewicht. Indem Nikodemus in seinem ersten Redebeitrag anerkennend auf die Zeichen hinweist, die Jesus tut (3,2), wird er als einer von den Vielen erkennbar, die nach V.23 aufgrund dieser Zeichen „ihr Vertrauen auf seinen Namen setzten" bzw. „an seinen Namen glaubten". Sie aber werden durch die beiden folgenden Verse sofort in ein Zwielicht gestellt, insofern sich Jesus ihnen gegenüber äußerst reserviert verhält. Weshalb?

Die „Vielen" hier tun dasselbe wie „die Kinder Gottes" nach 1,12: Sie „glauben an 23 seinen Namen"[31]. Dass sie es aufgrund von Zeichen tun[32], muss ihr Verhalten nicht als negativ qualifizieren. Denn in 2,11 wurde dieselbe Aussage von den Schülern Jesu im Blick auf das erste Zeichen in Kana gemacht. Am Ende des darauf folgenden Abschnitts, unmittelbar vor dem jetzigen, kam aber die österliche Zeit in den Blick und wurde auf sie bezogen die Glaubensaussage für die Schüler Jesu wiederholt (2,22). Durch diese Anordnung erscheint der Glaube aufgrund der Zeichen als einer, der noch vor seiner Bewährung angesichts des gekreuzigten Jesus steht, auf den alle Zeichen hinweisen. Nikodemus wird als Repräsentant einer Gruppe deutlich werden, die zur Zeit des Evangelisten eine Rolle spielt: heimliche Sympathisanten, die kein offenes Bekenntnis wagen und sich bedeckt halten, die die mögliche Konsequenz scheuen, im Glauben mit dem gekreuzigten Jesus in irgendeiner Weise konform gemacht zu werden.

So hat Johannes zwar in V.23f. eine bestimmte Gruppe im Auge; weil aber deren Versagen auch die Gefährdung des nachösterlichen Glaubens bleibt, kann er in V.25

---

30 Eine sehr ausdifferenzierte Besprechung des gesamten Zusammenhangs von 2,23–3,36 als einer gestalteten Einheit bietet - unter ausführlicher Heranziehung neuerer und neuester Sekundärliteratur – Popp, Grammatik 81–255.

31 Zu dieser Wendung vgl. die Ausführungen dort. – Ebenso gut möglich wie die geläufige Übersetzung von *pisteúein* mit „glauben" – wahrscheinlich sogar treffender – ist die mit „vertrauen". Das in V.23f. im griechischen Text vorliegende Wortspiel mit *pisteúein* lässt sich jedenfalls im Deutschen nur bei der Übersetzung mit „vertrauen" nachvollziehen.

32 An was für „Zeichen" denkt Johannes hier? Konkret erzählt und als Zeichen benannt hat er nur das Weinwunder in Kana, das aber die Jerusalemer nicht gesehen haben. Die Aktion Jesu im Tempel versteht er nicht als Zeichen, da er ja in V.18 auf sie bezogen nach einem Zeichen fragen lässt. So bleibt nur die Möglichkeit, dass er Jesus ständig wirkend vorstellt (vgl. 5,17) – mit viel mehr Zeichen, als im Evangelium berichtet (vgl. 20,30).

ganz allgemein vom Menschen reden. Den Glauben „hat" man nicht ein für allemal, sondern er wird bewahrt, indem er sich bewährt. In je konkreter – und besonders in bedrängender – Situation erweist es sich schon, worauf ich wirklich mein Vertrauen setze.

24f.   Die Distanz zu den hier erwähnten Glaubenden wird in einem Wortspiel zum Ausdruck gebracht, dass sich Jesus seinerseits ihnen nicht anvertraut. Damit liegt eine negative Entsprechung zu der Szene mit Natanael vor, den Jesus von vornherein als „echten Israeliten" kannte (1,47), während er hier „wusste, was im Menschen war" – offenbar nichts Gutes; von sich aus scheint er jedenfalls nicht die Gewähr für Zuverlässigkeit, Beständigkeit und Treue zu bieten. In der rabbinischen Tradition wird unter den „sieben Dingen, die vor dem Menschen verborgen sind", angeführt: „Kein Mensch weiß, was im Herzen seines Mitmenschen ist"[33]. Wird Jesus als Kenner dessen, was im Menschen ist, gezeichnet, erscheint er damit als Beauftragter und Bevollmächtigter Gottes.

Die in dieser Überleitung herausgestellte Nicht-Entsprechung zwischen den „Vielen" und Jesus bereitet es vor, dass Nikodemus als ein herausragender Repräsentant dieser Vielen und Jesus im folgenden Abschnitt dieses Teils keine gemeinsame Gesprächsebene finden.

b) Die These von der Geistgeburt und ihre Erläuterung (3,1–8)

Der Abschnitt ist klar aufgebaut. Die ersten beiden Verse leiten in die Szene ein, indem sie Nikodemus als Gesprächspartner Jesu vorstellen und die Situation beschreiben, in der er zu ihm kommt. V.3 bietet als Wort Jesu die den ganzen Zusammenhang bis V.21 bestimmende These. Auf den Einwand des Nikodemus in V.4 hin wird die These in leichter und weiterführender Abänderung in V.5 wiederholt und anschließend in V.6–8 erläutert.

1   Der Name des Gesprächspartners Jesu, Nikodemus, ist griechisch. Er wurde – wie viele andere griechische Namen – auch von Juden im Land Israel übernommen[34]. Dieser Nikodemus „gehörte zu den Pharisäern"[35] und war „ein Ratsherr der Juden". Da er in V.10 darüber hinaus noch als bedeutender Lehrer bezeichnet wird, ist er mit

---

[33]   MekhJ Beschallach (Wajassa) 5 (HOROVITZ/RABIN S.171); bPes 54b; BerR 65,12 (THEODOR/ALBECK S.722f.). An der letztgenannten Stelle steht als Schriftbegründung die Gottesrede aus Jer 17,10: „Ich, Adonaj, erforsche das Herz."

[34]   Die rabbinische Tradition kennt einen reichen „Nakdimon ben Gorjon", der um die Zeit der Tempelzerstörung in Jerusalem lebte (vgl. z.B. bTaan 19b-20a). Versuche, ihn mit dem Nikodemus des Johannesevangeliums zu identifizieren, sind müßig.

[35]   Zu ihnen vgl. o. zu 1,24.

all dem als pharisäischer Schriftgelehrter im Synhedrium vorgestellt, dem höchsten Gremium jüdischer Selbstverwaltung unterhalb der römischen Besatzungsmacht[36].

Als dessen Mitglied begegnet **Nikodemus** ausdrücklich in 7,50f. Dort wendet er sich gegen das Vorgehen seiner Kollegen, die schon von vornherein ihr Urteil über Jesus gefällt haben. Gegenüber ihrem Zorn auf die erfolglos zurückgekehrten Häscher (7,45–49) legt er Wert auf ein gesetzlich einwandfreies und faires Verfahren. Auf die zurückweisende Antwort seiner Kollegen, die darin ein mögliches Eintreten für Jesus wittern (7,52), schweigt er. Nach 19,38–42 sorgt er zusammen mit Josef von Arimatäa für eine aufwendige Bestattung des hingerichteten Jesus, wobei er es ist, der die übergroße Menge einer Gewürzmischung aus Myrrhe und Aloe beisteuert. Josef wird ausdrücklich „ein heimlicher Schüler Jesu" genannt (19,38) – eine Kennzeichnung, die wohl auch auf den hier mit ihm gemeinsam handelnden Nikodemus zutrifft. Dass die Stellen 7,50f. und 19,39 „sein stufenweises Voranschreiten im Glauben an Jesus andeuten (sollen)"[37] oder dass, wie „sein Kommen zu Jesus seinen Ernst bezeugt, so sein späteres Verhalten … seine Treue"[38], ist unwahrscheinlich. Denn nirgends wird ein offenes Bekenntnis zu Jesus von ihm berichtet. Johannes beurteilt jedenfalls Leute wie Nikodemus und Josef von Arimatäa durchaus negativ. In 19,38 wird die Heimlichkeit der Schülerschaft Josefs mit seiner „Furcht vor den Juden" begründet. Das erinnert an 12,42, dass auch „viele von den Oberen" an Jesus glaubten, aber aus Furcht vor dem Synagogenausschluss kein offenes Bekenntnis wagten. Zu diesen „Oberen"[39] gehört auch Nikodemus. Über sie fällt Johannes in 12,43 ein wenig schmeichelhaftes Urteil: „Sie liebten die Ehre der Menschen mehr als die Ehre Gottes."

Will man nach diesem Überblick Nikodemus zusammenfassend charakterisieren, so wird man sagen müssen, dass er der Typ eines mit „weltlicher" und „geistlicher" Macht ausgestatteten „Oberen" ist, der sich gern mit einem gewissen liberalen Nimbus umgibt: Er ist aufgeschlossen und interessiert, grundsätzlich bereit, jedem Anerkennung zu zollen, der sie seiner Meinung nach verdient (3,2); er ist gegen voreilige, aus reinem Machtwillen heraus gefällte Urteile und verlangt gründliche, dem Gesetz genügende Prüfung des Falles (7,51); er ist hilfreich bis zu verschwenderischer Großzügigkeit, wenn es zu spät ist (19,39); im Entscheidungsfall passt er sich opportunistisch an und geht in die innere Emigration (12,42); er hat zutiefst keine Ahnung, um was es geht, und erhebt statt dessen noch einen Einwand und stellt noch eine Frage (3,4.9), die ihn daran hindern, in klarer Weise Stellung zu beziehen und eindeutig Partei zu ergreifen[40].

---

36 SCHLATTER weist darauf hin, daß Josephus Schammaj, Evtaljon und Schim'on ben Gamliel nicht „Schriftgelehrte" nennt, sondern „Pharisäer", was hier seine Entsprechung in der Zuordnung des Nikodemus zu den Pharisäern habe (Johannes 84).

37 So SCHNACKENBURG, Komm. 1,379; er schränkt allerdings mit einem „Vielleicht" ein; vgl. schon ZAHN, Komm. 181f.

38 So BULTMANN, Komm. 94 Anm. 1.

39 Im griechischen Text steht dasselbe Wort, das in 3,1 Nikodemus charakterisiert und das ich dort mit „Ratsherr" übersetzt habe.

40 Der hier gegebene Versuch, die Gestalt des Nikodemus zu zeichnen, hat sich ganz und gar die Perspektive des Evangelisten, wie ich sie sehe, zu eigen gemacht. Dass es für die Wertung des Verhaltens dieser Person auch eine andere Perspektive gibt, sollte wahrgenommen werden. Vgl. dazu den Versuch zu 19,39.

Johannes ist an Nikodemus nicht als an einer möglichen historischen Person interessiert. Mag es sich mit einem Nikodemus und seinem Verhältnis zu Jesus in historischer Hinsicht verhalten haben wie auch immer, für Johannes ist er Repräsentant einer bestimmten Gruppe, die im Umkreis seiner Gemeinde eine Rolle spielt. Das zeigte sich ja schon daran, wie 3,1ff. der Abschnitt 2,23–25 vorgeschaltet ist; und dafür gibt es weitere Indizien in Kap.3: 1. In 3,2 spricht Nikodemus in der ersten Person Plural („wir wissen"); das lässt sich am besten erklären, wenn er als Exponent einer Gruppe vorgestellt ist. 2. In den grundsätzlichen Ausführungen von 3,7b und 3,11f. wird Nikodemus in der zweiten Person Plural angeredet, obwohl in den jeweiligen Einleitungsformulierungen der Singular steht. Hier gilt er in aller Deutlichkeit als Repräsentant einer Mehrzahl. 3. Trotz der singularischen Einführung („*ich* sage *dir*") ist 3,11 im Plural formuliert: „Was *wir* wissen, reden *wir* und bezeugen, was *wir* gesehen haben; und *unser* Zeugnis nehmt *ihr* nicht an." Hier spricht die Gruppe des Evangelisten, die einer von Nikodemus repräsentierten Gruppierung gegenübersteht.

Bei ihr handelt es sich gewiss um Juden; aber sie sind nicht identisch mit „den Juden", die im Johannesevangelium alsbald als Gegner Jesu schlechthin auftreten werden. Denn Nikodemus kommt ja zu Jesus und ist ihm gegenüber ganz und gar nicht feindlich eingestellt. Wen er repräsentiert, ergibt sich aus 12,42: Es sind heimliche Sympathisanten aus der Oberschicht, die sich nicht offen bekennen, weil sie befürchten, aus der Synagoge ausgeschlossen zu werden. Weil sie ihren sozialen Status nicht aufs Spiel setzen wollen, verhalten sie sich so, wie Nikodemus dargestellt wird. Deshalb heißt es von ihm in 3,2 auch, dass er *nachts* zu Jesus kommt[41]. Er geht nicht am Tage zu ihm, weil nicht bekannt werden soll, dass er hier Kontakte knüpft, die ihn in der öffentlichen Meinung diskreditieren könnten.

Nikodemus redet Jesus als „Rabbi" an – so wie es Schüler gegenüber ihrem Lehrer tun. Das ist erstaunlich; wird er doch selbst in V.10 als bedeutender Lehrer vorgestellt. Seine Anerkennung Jesu tritt noch klarer hervor, wenn er ihn als „von Gott gekommenen Lehrer" bezeichnet. Allerdings spricht er damit für das Evangelium wiederholt Lesende und Hörende mehr aus, als er selbst zu sagen meint. Denn von Gott gekommen zu sein, wird im Johannesevangelium immer wieder von Jesus ausgesagt[42], und zwar nur von ihm. Damit nimmt Johannes die Dimension auf, in die er Jesus schon im Prolog gestellt hatte. Würde Nikodemus seine Aussage in dieser Weise verstehen, müsste er sich im Folgenden anders verhalten, als er es tut. Dieses andere Verhalten, nämlich zu verstehen und anzunehmen, was der von Gott gekom-

---

41   Die Situationsangabe, dass Nikodemus nachts kommt, hat zu vielfältigen Spekulationen Anlass gegeben, auf die hier nicht eingegangen werden soll. Ich verweise nur auf meine Bemerkungen in Gemeinde 123 Anm. 1.

42   Vgl. 3,13; 6,33.41f.50f.; 7,28; 8,23.42; 9,39; 13,3; 16.27f.30; 17,8.

mene Lehrer sagt, erwartet Johannes von seiner Leser- und Hörerschaft, die sich damit zugleich von Nikodemus distanzieren soll.

Dass Nikodemus den Weg des Verstehens und Annehmens nicht gehen wird, ist keineswegs schon damit gegeben, wie er seine Anerkennung Jesu begründet, dass nämlich die von diesem gewirkten Zeichen es erweisen, dass Gott mit ihm ist. Gewiss erscheint er in diesem Kontext durch seinen Hinweis auf die Zeichen als Repräsentant der aufgrund der Zeichen Vertrauenden, denen sich Jesus seinerseits nicht anvertraute (2,23–25). Aber andererseits führte das erste Zeichen die Schüler Jesu zum Vertrauen auf ihn (2,11); und vor allem wird der geheilte Blindgeborene den Zusammenhang dessen, der eine solche Heilung vollbrachte, mit Gott hartnäckig festhalten (9,30–33) und so zur vollen Erkenntnis und Anerkenntnis Jesu gelangen (9,38).

Auf die bloße Anrede des Nikodemus hin fängt Jesus in V.3 an zu sprechen. Er **3** redet ungefragt[43] und bestimmt damit auch das Thema. Wieder mit dem doppelten Amen feierlich eingeleitet[44], formuliert er eine These, deren große Bedeutung mit all dem hervorgehoben wird: „Wer nicht von oben her neu geboren wird, kann das Reich Gottes nicht sehen." Es fällt auf, dass der Begriff „Reich Gottes", der in den synoptischen Evangelien häufig begegnet und dort von zentraler Bedeutung ist, im Johannesevangelium nur an dieser Stelle und ihrer variierenden Wiederholung in V.5 vorkommt[45]. Er gehört daher sicherlich nicht zum bevorzugten theologischen Vokabular des Evangelisten, sondern er wird ihn hier eher beiläufig aus der Tradition übernommen haben. Aber er zitiert nicht bewusstlos. Es ist ja schon deutlich geworden, welche hervorgehobene Stellung die These von V.3 einnimmt. Dass Johannes hier den Begriff „Reich Gottes" umpräge, ist auch nicht ersichtlich; er steht in V.3 und 5 jeweils in großer Selbstverständlichkeit im Hauptsatz. Auch wenn Johannes ihn sonst nicht gebraucht, hat er doch keine Schwierigkeiten mit ihm[46].

Die Wendung vom „Sehen des Gottesreiches" begegnet auch in den synoptischen Evangelien nur einmal[47]. Sie entspricht sachlich der vom „Hineinkommen in das

---

[43] HOLTZMANN weiß zu viel: „Er beantwortet die Frage, welche Nikodemus auf der Zunge hat" (Komm. 51).

[44] Vgl. o. zu 1,51.

[45] Darüber hinaus spricht Jesus nur noch in 18,36 von „meinem Reich" bzw. „meiner Herrschaft" im Gegensatz zur römischen Herrschaftsausübung, die sein dortiger Gesprächspartner Pilatus repräsentiert.

[46] Das ist gegen die idealistische und zugleich antisemitische Deutung von HIRSCH zu betonen, der meint, „daß die Hoffnung auf das kommende Gottesreich damals auch bei den Christen stark irdische und äußerliche Züge wieder angenommen hatte, im Gegensatz zu Jesus und Paulus. Mithin konnte eine gewaltsame operative Entfernung des mißbrauchten Ausdrucks zweckmäßig erscheinen" (Evangelium 136). In biblisch-jüdischer und in neutestamentlicher Tradition hat das Gottesreich selbstverständlich „stark irdische und äußerliche Züge", Jesus und Paulus eingeschlossen.

[47] Lk 9,27: „Und ich sage euch in Wahrheit: Es gibt welche unter den Dastehenden, die den Tod nicht schmecken werden, bis sie das Reich Gottes sehen." In der Parallele Mk 9,1 heißt es am Schluss: „bis sie das Reich Gottes in Macht gekommen sehen". Bei Matthäus ist an der entspre-

Gottesreich" (V.5)[48]. Bei dem „Sehen" geht es also nicht um ein Sich-Niederlassen auf der Zuschauertribüne beim großen Weltspektakel, sondern um Teilhabe. Der johanneischen Formulierung von V.3 im ganzen stehen Mk 10,15[49] und Mt 18,3[50] am nächsten. In den synoptischen Fassungen liegt ein bildlicher Vergleich vor, mit dessen Hilfe eine Einlassbedingung für das Gottesreich formuliert wird. Man muss wie ein Kind werden, um an ihm teilzuhaben. Das ist allerdings eine eigenartige Bedingung, insofern ein Kind keine Leistungen erbringt, sondern nur empfängt.

Die Besonderheit der johanneischen Fassung besteht vor allem darin, dass hier kein bildlicher Vergleich vorgenommen wird. Statt vom Werden wie die Kinder bzw. vom Annehmen wie ein Kind ist hier ohne Vergleichspartikel von einem Geborenwerden die Rede. Es geht also nicht nur um ein Werden *wie* die Kinder, sondern radikaler um das Werden eines neuen Menschen, der durch seine Geburt eine neue Herkunft erhält. Damit ist die Intention des synoptischen Wortes hier verstärkt zum Ausdruck gebracht. Denn seine Herkunft kann sich der Mensch nicht selbst geben. Er erhält sie und hat sie, ob sie ihm gefällt oder nicht.

Aber wie ist ein solches Geborenwerden als Einlassbedingung in das Reich Gottes zu verstehen? Dazu wird in V.3 nur gesagt: „von oben her neu". Das griechische Wort *ánothen* enthält beide Aspekte: „von oben" und „von neuem". „Von oben" meint in jüdischer Tradition und auch im Johannesevangelium „vom Himmel her"[51]. Hier in V.3 fallen beide Aspekte zusammen: Eine Geburt „von oben", die Gabe einer anderen Herkunft, kann nur eine neue Geburt sein, da es ja um irdisch schon geborene Menschen geht; und umgekehrt kann deren neue Geburt nur die Gabe einer nicht-irdischen Herkunft sein, also „von oben" geschehen[52]. Wer „von oben her neu geboren wird", bekommt damit eine Herkunft, wie sie Jesus, der „von oben" ist (8,23), von vornherein schon hat. Das nähere Verständnis der These von V.3 soll sich aus dem weiteren Text ergeben, der sie ja nach dem Einwand des Nikodemus in V.4 anschließend erläutert.

---

chenden Stelle Gegenstand des Sehens der „mit seiner Herrschaft kommende Menschensohn" (16,28). Der Vergleich zeigt, dass die lukanische und johanneische Formulierung vom „Sehen des Reiches Gottes" ungewöhnlich ist. Sie findet sich m.W. auch nirgends in der jüdischen Tradition, auch nicht in der Fassung vom „Sehen der kommenden Welt". Der unmittelbare Zusammenhang des synoptischen Spruchs („den Tod nicht schmecken") macht deutlich, dass „sehen" hier im Sinne von „erleben" verstanden ist. Das hat seine Entsprechung in der biblischen Wendung vom Sehen (= Erleben) des Guten (Jer 29,32; Ps 4,7; 27,13; 34,13; Hi 7,7; Pred 2,1; 3,13).

[48]   Sie kommt in den synoptischen Evangelien häufiger vor (Mk 9,47; 10,23–25 parr; Mt 5,20; 7,21; 18,3; 21,31; Lk 23,42) und hat ihre Parallele in der rabbinischen Redeweise vom „Kommen in die kommende Welt".

[49]   „Wer das Reich Gottes nicht annimmt wie ein Kind, kommt nicht in es hinein."

[50]   „Wenn ihr nicht umkehrt und wie die Kinder werdet, kommt ihr nicht in das Himmelreich hinein."

[51]   Vgl. 3,31; 19,11.

[52]   Daher erscheint mir der Übersetzungsvorschlag von HIRSCH: „von oben her neu" (Evangelium z.St.) als eine geglückte Formulierung.

SCHLATTER münzt die These von V.3, nach der „Gottes Gnade darin offenbar (wird), daß sie dem Menschen einen neuen Anfang des Lebens gewährt", sofort **antijüdisch aus**: „Zum religiösen Verhalten des Pharisäers war diese Beschreibung des göttlichen Wirkens der vollendete Gegensatz, da sich dieser seinen Anteil an Gott durch sein eigenes Wirken mit dem erwirbt, was er durch die Natur und das Gesetz besitzt. Mit dem Satz, daß das Leben als ein neues Werk Gottes empfangen werde, war die Gottessohnschaft verkündet und das Gesetz überschritten" (Johannes 86f.). Selbstverständlich gibt es rabbinische Aussagen, die in der Betonung menschlicher Verantwortlichkeit die Notwendigkeit des Tuns hervorheben. Aber es gibt sie ebenso und mit Recht im Neuen Testament. Das antijüdische Klischee besteht in dieser künstlichen Zuordnung von Gnade zum Neuen Testament und von Leistung zum Judentum. Dass im Zusammenhang des Kommens in die kommende Welt auch in der rabbinischen Tradition in geradezu provozierender Weise von Gottes Gnade geredet werden kann, zeigt sehr schön ein Abschnitt aus bSan 104b-105a. Im Kontext der Frage, wer alles an der kommenden Welt nicht teilhat, wird die Diskussion schließlich zu der Aussage geführt: „Die Schriftforscher sagten: Sie alle kommen zur kommenden Welt." Das wird mit einem Zitat aus Ps 60,9f. begründet, indem die dort genannten Landschaften, die Gott gehören, auf Menschen gedeutet werden, die sich gottfeindlich verhalten haben. Der Text fährt fort, indem er die sich daraus ergebende Konsequenz bedenkt, dass dann David gemeinsam mit Feinden an der kommenden Welt teilhat: „Da sprachen die Dienstengel vor dem Heiligen, gesegnet er: Herr der Welt, wenn David kommen wird, der den Philister umbrachte und deine Kinder Gat erben ließ, was machst du mit ihm? Er sprach zu ihnen: Mir obliegt es, sie miteinander zu Freunden zu machen."

Gegenüber der These Jesu erhebt Nikodemus in V.4 einen Einwand: „Wie kann ein Mensch geboren werden, wenn er ein Greis ist? Kann er etwa ein zweites Mal in den Bauch seiner Mutter hineinkommen und geboren werden?" Man sollte diesen Einwand nicht als unsinnig, als völliges Missverständnis abtun[53]. Er kann auch anders gelesen werden – nämlich so, dass Nikodemus durchaus verstanden hat, aber im Entscheidenden nicht verstehen will. Er hat begriffen, dass Jesu Aussage von V.3 einen in seiner Radikalität nicht mehr zu überbietenden Neuanfang meint. Aber er schiebt solchen Neuanfang ins Illusionäre. So schön es wäre, noch einmal völlig neu anfangen zu dürfen ohne die Last der bisherigen Lebensgeschichte, die man sich aufgebürdet hat und die einem aufgebürdet worden ist, so gehört so etwas für Nikodemus offenbar doch in den Bereich religiöser Träumerei: Ein Greis kann keinen neuen Anfang nehmen; ein Greis hat eine lange Lebensgeschichte hinter sich, die ihn unausweichlich geprägt und geformt hat, von der er schlechterdings nicht mehr loskommen kann. Eine neue Geburt gibt es für ihn nicht.

In Nikodemus spricht also auch der nüchterne Realist. Er zieht die äußerste Konsequenz aus dem, was Jesus gesagt hat. Er zieht sie bis ins Absurde. Das tut er nicht, um selbst etwas Absurdes zu sagen, sondern um die Absurdität der Aussage Jesu zu erweisen, um diese Aussage gegenüber den bestehenden harten Realitäten als Illusion bloßzustellen. Er ist Realist, insofern er mit der Unabänderlichkeit des faktischen Weltlaufs im Grundsätzlichen rechnet, mit den „Gegebenheiten" – innerhalb deren er

---

[53] So z. B. HOLTZMANN: „Nikodemus bleibt beim Wortsinn, d.h. hier Unsinn stehen" (Komm. 52).

eine Position einnimmt, die er auf keinen Fall gefährdet sehen möchte (vgl. 12,42). Unter der selbstverständlichen Voraussetzung der absoluten Geltung dieser „Realitäten" zieht er seine Konsequenz. Er zieht sie unter der ebenso selbstverständlichen Nichtbeachtung der Wirklichkeit Gottes, wie sie in Jesus – irdisch und das Irdische verändernd – auf den Plan getreten ist. Dabei hatte er doch in V.2 von den durch Gott gewirkten Zeichen gesprochen, die Jesus tut. Setzt nicht Gottes Wirklichkeit Zeichen gegen die „Realitäten" und über sie hinaus? Dass Jesus für diese Wirklichkeit Gottes steht, darauf will Nikodemus offenbar nicht sein Vertrauen setzen. Darin allein besteht sein Unverständnis.

SCHLATTER meint, in der Zeichnung des Nikodemus durch Johannes sei „der Pharisäismus", „das Rabbinat" im ganzen zutreffend beschrieben: „Erst der kommende Aeon bringt das göttliche Wunder der Auferweckung ... In der Gegenwart hat dagegen ein göttliches Wirken, das den Willen des Menschen neu machte, keinen Raum" (Johannes 88f.). Sachlich entsprechend schreibt HIRSCH zu V.4: „Der Jude ist in einen Dienst gebunden, der seinen Blick verschließt für eine Gotteskindschaft, die als Wundergabe Gottes in das erdgebundene Leben sich senkt" (Evangelium 135). Demgegenüber ist schon auf Ps 51,12–14 hinzuweisen. In MMish 20,9 wird Gott dafür gepriesen, dass er Israel rein macht. Darauf bezogen wird Ps 51,12 zitiert und auf David ausgelegt.

5 Die Antwort Jesu in V.5 wiederholt und variiert seine These von V.3: „Wer nicht aus Wasser und Geist geboren wird, kann nicht in das Reich Gottes hineinkommen." Die sachlich weiterführende Änderung besteht in der Ersetzung der Wendung „von oben her neu" durch die Worte „aus Wasser und Geist". Wie die folgenden Verse zeigen, liegt das entscheidende Gewicht auf dem Begriff „Geist". Er bezeichnet im Johannesevangelium die Wirklichkeit Gottes (4,24). Sie steht im Gegensatz zum „Fleisch", der Wirklichkeit der Welt (1,13; 3,6; 6,63). Doch herrscht hier keine bloße Antithetik. Denn der Geist ist Jesus gegeben (1,32f.) als dem Fleisch gewordenen Wort (1,14). Es geht also um die Wirklichkeit Gottes, der sich in der Fleischwerdung des Wortes, im Auftreten Jesu von Nazaret, gerade *irdisch* manifestiert hat. Wenn aber Gottes *andere* Wirklichkeit irdisch auf den Plan tritt, dann kann das nur so geschehen, dass sie irdische Wirklichkeit *ändert*, dass sie die absolute Geltung der „Gegebenheiten" aufhebt und „Realisten" wie Nikodemus ins Unrecht setzt, dass sie in der Tat Menschen einen neuen Anfang gibt, indem sie sie von der Last und Belastung ihrer bisherigen Lebensgeschichte befreit. Und so ist der Geist den Glaubenden verheißen[54], bei denen er nach dem Tod Jesu vergegenwärtigt und wirksam erhält, was in Jesu Reden, Tun und Erleiden zum Zuge gekommen ist: Gottes Liebe zur Welt (3,16) im Zuspruch der Vergebung (1,29). Daher kann zugespitzt gesagt werden: „Geist" bezeichnet die sich irdisch selbst durchsetzende Wirklichkeit Gottes. Von Gott her einen neuen Anfang zu erhalten und sich auf seine Wirklichkeit gegen die

---

54 Vgl. 7,38f.; 14,16f.26; 15,26; 16,7.13.

scheinbare Dominanz des Faktischen einzulassen – das meint die Geburt aus dem Geist.

Neben „Geist" steht in V.5 „Wasser". „Jeder christliche Hörer oder Leser des Ev(angeliums) mußte dabei sofort an die Taufe denken"[55]. Dass im weiteren Text nur noch vom Geist und nicht mehr vom Wasser die Rede ist, zeigt die Vorordnung des Handelns Gottes im Geist vor dem menschlichen Handeln des Taufens mit Wasser. Der Geist allein ist es (V.8.), der die Geburt „von oben her neu" bewirkt. Von daher ist ein Verständnis ausgeschlossen, als könne das Taufen mit Wasser den Geist sozusagen herbeizwingen. Aber dass nun in V.5 neben dem Geist doch auch das Wasser – und damit die Taufe – erwähnt wird, gibt den konkreten irdischen Ort an, an dem die Geburt aus dem Geist geschieht. Da die Taufe zugleich Aufnahmeritus in die Gemeinde ist, wird damit auch deutlich, dass der Geist nicht voneinander isolierte Individuen produziert, sondern dass die Geburt aus dem Geist in die Gemeinschaft der Gemeinde versetzt. Die Taufe mit Wasser ist daher gegenüber dem primären Wirken des Geistes als menschlicher Gehorsamsakt zu bestimmen, der dieses Wirken als ein in die Gemeinde berufendes öffentlich und verbindlich anerkennt.

Mit der Erwähnung des Wassers bringt Johannes also die Dimension der Gemeinde ins Spiel. Er stellt damit die Erwartung des kommenden Reiches Gottes, die er in V.3 und 5 aufnimmt, in den Horizont der Gegenwart der Gemeinde. Das tut er deshalb, weil es ihm gerade in deren bedrängter Situation nicht um Vertröstung auf eine bessere Zukunft geht, sondern weil es ihm auf konkrete heilvolle Erfahrungen in der Gemeinde ankommt. Von hier aus ergibt es sich, inwiefern die gegenüber V.3 leicht veränderte These von V.5 eine Antwort auf den Einwand des Nikodemus in V.4 sein kann. Diesem Einwand, der die Unmöglichkeit eines echten Neubeginns am Beispiel des mit seiner langen Geschichte belasteten Greises demonstrieren will, setzt die Antwort das Wirken des Geistes entgegen, der die in Jesus als Liebe zur Welt zum Zuge kommende Wirklichkeit Gottes vergegenwärtigt. Er tut es, indem er Gemeinde beruft und erhält als einen Bereich, in dem ein Mensch wirklich von vorn anfangen darf, weil er im Miteinander anderer Menschen steht, denen derselbe Anfang gewährt ist und die deshalb ihre Vergangenheit einander nicht aufrechnen und so in der Gegenwart nicht miteinander abrechnen, sondern wirklich *leben* können.

War so zunächst im Blick auf den Begriff „Wasser" der unübersehbare Bezug auf die Taufe herauszustellen – nicht zuletzt wegen des oft belegten Zusammenhangs von Taufe und Geistbegabung –, so ist doch auch zu beachten, dass die **Zusammenstellung von Wasser und Geist** in Verbindung mit einem erneuernden Handeln Gottes schon biblisch vorgegeben ist und **in der jüdischen Tradition** aufgenommen wird. Diese Beachtung lässt Gemeinsamkeiten wahrnehmen, die durch die Auseinandersetzungen, in denen Johannes steht, verdeckt sind. In Ez 36,24–28 wird dem exilierten Israel eine Zeit nach dem Exil verheißen, in der Gott reines Wasser über sie sprengen wird, um sie zu reinigen. Er wird ihnen ein neues Herz

---

[55] SCHNACKENBURG, Komm. 1,383.

und einen neuen Geist geben, seinen Geist, dass sie das von ihm Gebotene tun. In mJom 8,9 wird Ez 36,25 in einem Spruch Rabbi Akivas auf die Erfahrung bezogen, die Israel an jedem Versöhnungstag macht: „Glücklich ihr, Israel! Wer ist es, vor dem ihr gereinigt werdet? Wer ist es, der euch reinigt? Euer Vater im Himmel!" In einem Midrasch wird in Auslegung derselben Bibelstelle differenziert zwischen der Gegenwart und der erhofften Zukunft: „Der Heilige, gesegnet er, sprach zu ihnen (zu Israel): In dieser Weltzeit werdet ihr wegen eurer Vergehen zurechtgewiesen und gereinigt und wieder zurechtgewiesen. In der kommenden Weltzeit bin ich selbst es, der euch reinigt von oben her"[56]. Selbstverständlich ist Gott auch Subjekt des Zurechtweisens und Reinigens in dieser Welt. Aber in ihr werden die Menschen seines Volkes immer wieder rückfällig und bedürfen der erneuten Vergebung. Die Verheißung für die Zukunft besteht darin, dass Gottes reinigendem Handeln ein endgültiger Erfolg beschieden sein wird. BARRETTS Behauptung, dass das Judentum „damit zufrieden war, die wunderbare Errettung Israels im Reich Gottes zu erwarten und die Notwendigkeit für innere Umkehr oder Wiedergeburt nicht zu beachten" (Komm. 229), ist eine das jüdische Selbstzeugnis ignorierende Unterstellung. Auch die Taufe, die Johannes in V.5 im Blick hat, schafft ja keine perfekten Menschen, die von nun an nur noch das von Gott Gebotene tun, ohne es je zu verfehlen. Die Kirche steht nicht über Israel, sondern teilt mit ihm sowohl die Erfahrung von Schuld und Vergebung als auch die Verheißung einer Zukunft, die das Verfehlen nicht mehr kennt.

6   Die neutrische Formulierung von V.6 unterstreicht, dass er als Allgemeinsatz verstanden sein will: „Das aus dem Fleisch Geborene ist Fleisch, und das aus dem Geist Geborene ist Geist." Im Kontext soll damit die Notwendigkeit der Geburt aus dem Geist herausgestellt werden. In biblischer Tradition bezeichnet „Fleisch" die Wirklichkeit des Menschen unter dem Aspekt der Hinfälligkeit und Vergänglichkeit[57]. In diesem Textzusammenhang dürfte auch der Aspekt der Gebundenheit an eine belastete Lebensgeschichte hinzukommen. Was immer in diesem Bereich erzeugt wird, ist wiederum vergänglich, hinfällig, belastet, hat als Ziel den Tod. Innerhalb des Bereichs des „Fleisches", unter seinen Bedingungen und von seinen Voraussetzungen her, gibt es keinen wirklichen Neuanfang, gibt es keine grundlegende Änderung, gibt es keine Teilhabe am Reich Gottes.

Demgegenüber bezeichnet „Geist" die Wirklichkeit Gottes. Aber beide Wirklichkeitsbereiche stehen sich nicht dualistisch gegenüber. Zwar können Menschen nicht von sich aus ihre Vergänglichkeit, Hinfälligkeit und Belastetheit überwinden. Aber Gott überlässt als Schöpfer seine Welt nicht sich selbst. Er hat sich mit Israel als seinem Volk verbunden. Das thematisiert Johannes hier nicht. Aber das steht als Voraussetzung immer im Hintergrund. Und er ist in der Fleischwerdung des Wortes, in Jesus von Nazaret, irdisch auf den Plan getreten, woraus Gemeinde hervorgegangen ist. So gibt es zwar sozusagen nicht den Weg von unten nach oben, wohl aber das

---

56   TanB Mezora 9 (24b). Vgl. ebd. 18 (27a): „In dieser Weltzeit werdet ihr rein und wieder unrein. Aber in der kommenden Zeit reinige ich euch, dass ihr nie wieder unrein werdet." Diese Fassung findet sich auch Tan Mezora 9 (213a). Die Wendung „von oben her" im zuerst zitierten Text entspricht im übrigen dem *ánothen* in Joh 3,3.7.

57   Vgl. Jes 40,6–8.

ánothen: „von oben her neu"[58]. Daher kann V.7 geradezu als Folgerung gelesen wer- 7
den: „Wundere dich nicht, dass ich dir gesagt habe: Ihr müsst von oben her neu geboren werden." Die These von V.3 wird nun als direkte Anrede aufgenommen, wobei
Nikodemus deutlich als Repräsentant einer Gruppe erscheint. Nachdem V.5 den Bezug auf die Gemeinde hergestellt hatte, wird in dieser Anrede der Wunsch des Evangelisten erkennbar, dass die von Nikodemus repräsentierten heimlichen Sympathisanten doch den kräftigen Anstoß erhielten, sich offen zur Gemeinde zu bekennen.

In V.8 wird ein bildlicher Vergleich durchgeführt, der auf die Wirklichkeit der 8
Geburt aus dem Geist verweist und zugleich andeutet, warum Nikodemus schließlich
doch nicht versteht und so spurlos aus der Szene verschwindet. Dieser Vergleich
spielt mit der Doppelbedeutung des griechischen Wortes *pneúma* als „Wind" und
„Geist", worin es dem hebräischen Wort *rúach* entspricht und was sich in einer deutschen Übersetzung nicht angemessen wiedergeben lässt: „Der Wind weht, wo er will;
und du hörst sein Rauschen, aber du weißt nicht, woher er kommt und wohin er geht.
So verhält es sich mit jedem und jeder aus dem Geist Geborenen." Die Bildseite über
den Wind enthält drei Aussagen: 1. Er weht, wo er will. 2. Man hört seine „Stimme".
3. Man kennt weder seine Herkunft noch sein Ziel. Dass alle drei in den Vergleich
einbezogen werden sollen, ist im Blick auf die erste nicht gerade wahrscheinlich. Es
ist nicht zu erkennen, welchen Sinn es machen soll, von den aus dem Geist Geborenen, den Mitgliedern der Gemeinde, als solchen zu reden, die wirken, wo sie wollen.
Schon hier scheint Johannes mit der Doppelbedeutung von *pneúma* zu spielen: Nicht
nur der Wind weht, wo er will, sondern auch der Geist. Er, Gottes Geist, ist souverän.
Sein Wirken kann von Menschen nicht festgelegt werden – auch nicht durch die
Taufe.

Dagegen lassen sich die beiden übrigen Aussagen im Zusammenhang des Textes
sinnvoll auf die aus dem Geist Geborenen beziehen: Wie man das Rauschen des
Windes hören kann, also seine Existenz und Wirksamkeit wahrnimmt, ohne jedoch
seine Herkunft und sein Ziel zu kennen, so können Außenstehende die wirksame
Existenz der Gemeinde nicht übersehen, müssen sie registrieren. Und sie können sich
dazu in unterschiedlicher Weise verhalten, in der des Bekämpfens, des heimlichen
Unterstützens oder partiellen Zusammengehens. Aber die Einsicht in Ursprung und
Hoffnung dieser Existenz der aus dem Geist Geborenen wird ihnen von ihren Voraussetzungen her verschlossen bleiben. In der vorgestellten Situation des Textes werden Nikodemus und die von ihm Repräsentierten damit in der Rolle von Zuschauern
gezeichnet, die als solche letztlich nicht verstehen können. Die Geburt aus dem Geist
ist also nicht eine leicht begreifliche Sache, die schnell am Wehen des Windes erklärt
werden könnte. Begreiflich wird sie allenfalls für diejenigen, die die Zuschauertri-

---

[58]   Vgl. als sachliche Analogie das großartige Bild und die mit ihm bezeichnete Sache in Ez 37,
wonach Gottes Geist aus toten Knochen lebendige Menschen macht, in neuschöpferischer Tat Israel aus der Lethargie und Ausweglosigkeit des Exils herausholt.

büne verlassen, die sich auf diesen Ursprung einlassen und sich in diese Hoffnung hineinnehmen lassen – die selbst aus dem Geist Geborene werden. Wenn im folgenden Abschnitt, in dem Johannes im Munde Jesu Auskunft über Ursprung und Ziel gibt, der in der Zuschauerposition verharrende Nikodemus sehr schnell aus der Szene verschwindet, wird daran deutlich, dass die eigene Gemeinde des Evangelisten seine primäre Adressatenschaft ist, die er über Ursprung und Ziel vergewissern will.

c) Die Frage nach der Möglichkeit der Geistgeburt und ihre Beantwortung (3,9–21)

Auf die von Nikodemus gestellte Frage, wie denn die Geburt von oben, die Geburt aus dem Geist geschehen könne (V.9), gibt Jesus eine ausführliche Antwort, die sich in drei Abschnitte gliedern lässt. Der erste Teil (V.10–13) stellt die Legitimität Jesu heraus, zu diesem Thema zu reden: Er ist befugter Zeuge, der sagt, was er gesehen hat; er kann über die Geburt „von oben" sprechen, weil er selbst „von oben" kommt. Der zweite Teil (V.14–17) legt den eigentlichen Grund der Geistgeburt dar: Sie beruht auf der Liebe Gottes zur Welt, die er in der Sendung und Hingabe des Sohnes erwiesen hat. Der dritte Teil (V.18–21) beschreibt die Folge der Zuwendung Gottes zur Welt, wie sie sich im Gegenüber von Glaubenden und Nichtglaubenden zeigt.

9   Mit der in V.9 gestellten Frage kommt Nikodemus in diesem Abschnitt zum letzten Mal zu Wort. Sie ist im Grunde – in verkürzter und abgeschwächter Form – eine Wiederholung der Fragen von V.4. Dort hatte er die Konsequenz aus der These Jesu bis ins Absurde gezogen; er hält auch weiter an ihrer Unmöglichkeit fest[59]. Aber die Formulierung der Frage hält doch zumindest die Möglichkeit einer positiven Beantwortung offen, auch wenn Nikodemus sie sich nicht vorstellen kann. Nach dem vorher Ausgeführten kann er als Außenstehender auch gar nicht anders, als in zweifelnder Skepsis zu verharren. Anders könnte es nur dann sein, wenn er sich selbst auf die Geistgeburt als eine Wirklichkeit einließe. Daher ist es von der Sache her nicht befremdlich, dass er im Folgenden spurlos aus der Szene verschwindet und die Rede Jesu in eine Darlegung für die Gemeinde übergeht[60]. Denn wirklichen Aufschluss über die Möglichkeit der Geistgeburt können nur die erhalten, die sie schon als wirklich erfahren haben, die selbst aus dem Geist Geborene, also Glaubende, sind. Denn es geht hier nicht um ein Begreifen, das auch als Zuschauer zu haben wäre, relativ unbeteiligt und aus objektiver Distanz. Es geht um ein Begreifen, das nur im Sicheinlassen auf die Wirklichkeit seines Gegenstandes gewonnen werden kann, das mich zum Beteiligten macht, indem ich von dieser Wirklichkeit bestimmt werde. Das be-

---

[59]   So sehr deutlich CALVIN: „Nikodemus weist mit seinem Einwurf das als Fabel zurück, was er für unmöglich hält" (Komm. 68).
[60]   BLANK nennt sie „eine Art Grundkatechese der johanneischen Gemeinde und ihrer Tradition" (Komm. 1a, 222).

deutet nicht, dass die Entfaltung der Möglichkeit der Geistgeburt für Außenstehende schlechthin Unsinn sein muss oder dass hier das Geheimwissen einer Gruppe vorliege. Es bedeutet nur, dass Außenstehende bei ihrem ablehnend-skeptischen Urteil bleiben, weil und solange sie die entscheidende Voraussetzung aller Entfaltungen und Folgerungen nicht zu teilen vermögen, die in 1,14 mit dem Satz: „Das Wort ward Fleisch" angegeben worden war und die im Folgenden mit der Hingabe des Sohnes beschrieben wird – die Voraussetzung also, dass in Jesus Gott begegnet.

Bevor Jesus im ersten Abschnitt seiner Antwort Auskunft über seine Legitimation 10 gibt, findet sich zunächst ein Angriff auf Nikodemus, indem dieser als Lehrer Israels angesprochen wird, der eigentlich Bescheid wissen müsste.

Im griechischen Text steht vor „Lehrer" der Artikel, so dass wörtlich zu übersetzen wäre: „Du bist **der Lehrer Israels** und weißt das nicht?" Selbstverständlich ist Nikodemus nicht als der Lehrer schlechthin, gar als einziger Lehrer vorgestellt. Der bestimmte Artikel kennzeichnet hier das Prädikatsnomen als etwas Bekanntes (vgl. BDR § 273,1). Die Formulierung hat Entsprechungen in der jüdischen Tradition. jHor 3,2 (16b; Krotoschin 47d) wird von Rabbi Tarfon als „dem Lehrer ganz Israels" gesprochen. In einer mehrfach überlieferten Geschichte (bEr 53b; DER 6; EkhaR 1 [Buber 28a.b]) wird von Rabbi Jehoschua erzählt, dass er an einem Scheideweg einen Knaben nach dem Weg in die Stadt fragt und zur Antwort erhält: „Dieser ist lang und kurz, und jener ist kurz und lang." Er nimmt letzteren und findet sich vor der Stadtmauer ohne Durchgangsmöglichkeit in Gärten und Parkanlagen. Zurückgekehrt stellt er den Knaben zur Rede; der aber entgegnet: „Du bist der Weise Israels? Habe ich nicht so zu dir gesprochen, dass dieser nah und fern und jener fern und nah ist?"[61]

Die Kennzeichnung des Nikodemus als „Lehrer Israels" setzt nicht nur voraus, sondern spricht ausdrücklich aus, dass er über die zur Diskussion stehende Frage über die Geburt aus dem Geist orientiert sein müsste. Das kann in einem sehr allgemeinen Sinn verstanden sein, dass ein theologischer Lehrer sich in theologischen Dingen doch auskennen müsse. Es kann sich auf die Schrift beziehen, die nach 5,39 über Jesus Zeugnis ablegt. Es kann aber auch gemeint sein, dass Nikodemus doch die theologischen Kategorien kenne, in denen hier gesprochen wird, dass das hier Entwickelte im Rahmen seiner Tradition steht. In ihr ist es jedenfalls möglich, von Geistbegabung und neuer Schöpfung im Zusammenhang miteinander zu reden. In einem späten Midrasch heißt es: „Und so wird er (Gott) künftig handeln, dass er einfordert von den Frevlern und sie aus der Welt verloren gehen lässt und dass er die Gerechten erschafft als neue Schöpfung und Geist in sie gibt." Begründet wird das mit Ez 37,14[62]. Gott erschafft Menschen als neue Schöpfung durch die Gabe seines Geistes. Das wird in der Gemeinde unter Bezug auf Jesus schon als gegenwärtig er-

---

61 So die Fassung in EkhaR 1,19 nach Wilna 12c. Nach der Ausgabe BUBER lautet die Anrede: „Rabbi, du bist ein großer Weiser in Israel" (28b). In bEr fehlt sie, während DER formuliert: „Rabbi, siehe, ein großer Weiser bist du. Das ist deine Weisheit?"
62 TanB Noach 12 (19a).

fahren. Da Nikodemus diese Erfahrung nicht teilt, bleibt er trotz Kenntnis der Thematik distanziert.

Die Weise, in der Jesus seine Frage an Nikodemus in V.10 richtet, zeigt, dass Johannes hier innerjüdisch formuliert. Das muss ich beachten, wenn ich als Christ aus den Völkern diesen Vers lese. Er kann deshalb nicht als Muster dafür dienen, wie ich einem Lehrer Israels begegne. Meine Erfahrung mit Lehrern Israels ist eine andere, nämlich die, dass ich von ihnen gelernt habe und ihr Zeugnis Gottes mich reicher gemacht hat. Nicht ich stelle sie in Frage, sondern sie werden mir zur Anfrage, dass mein Lob Gottes nicht in ihren Augen götzendienerisch sei.

11 Nachdem Nikodemus auf sein Lehrertum hin angesprochen worden ist, wird in V.11 mit dem doppelten Amen, das deutlich einen Neueinsatz markiert, ein Legitimationsspruch eingeleitet: „Was wir wissen, reden wir und bezeugen, was wir gesehen haben; und unser Zeugnis nehmt ihr nicht an." Die Auffälligkeit, dass hier sowohl bei der ersten als auch bei der zweiten Person der Plural steht, ist schon oben zu V.1 so gedeutet worden, dass sich an dieser Stelle das Gegenüber der johanneischen Gemeinde und der von Nikodemus repräsentierten heimlichen Sympathisanten widerspiegelt. So zeigt das „Wir" an, dass es um die Begründetheit des Redens und Bezeugens der Gemeinde geht. Im jüdischen Kontext gilt: „Wehe den Menschen, die bezeugen, was sie nicht gesehen haben"[63]. Dementsprechend wird hier beteuert: „Wir bezeugen, was wir gesehen haben." Aber was eigentlich ist hier „gesehen" worden? Die Aussage begegnet im Johannesevangelium in Varianten öfter und hat unterschiedliche Subjekte. Ein Blick auf einige Stellen kann Aufschluss geben. Was Jesus hier in V.11 in der 1. Person Plural spricht, sagt Johannes der Täufer in 3,32 von ihm in der 3. Person Singular aus. Woher weiß er das? Nach der Logik des Evangeliums muss das ein Schluss aus dem 1,32–34 mitgeteilten Zeugnis des Johannes sein, dass er den Geist in Gestalt einer Taube auf Jesus herabsteigen und bleiben „sah". Nach 8,26.38 sagt Jesus selbst, dass er das redet, was er vom und beim Vater gehört und gesehen hat. Da er keine Mitteilungen über die himmlische Welt gibt, kann das nur so verstanden sein, dass in seinem Reden Gott zu Wort kommt. Nach 14,7.9 sollen die Schüler Jesu im Blick auf ihn Gott sehen und erkennen. Das sagt dort gerade der in den Tod gehende Jesus. Dieses „Sehen" und Erkennen Gottes wird ihnen erst Ostern zuteil. Da bezeugt Maria von Magdala den Schülern Jesu: „Ich habe den Herrn gesehen" (20,18). Und die übrigen Schüler bezeugen dem Thomas: „Wir haben den Herrn gesehen" (20,25). Sie haben den gekreuzigten Jesus so „gesehen", dass sie ihn nun als Herrn bekennen. Die Begründetheit des Redens der Gemeinde hängt also am Osterzeugnis, dass Gott – der Gott Israels, der Schöpfer von Himmel und Erde – den gekreuzigten Jesus nicht dem Tode überlassen hat, dass der Weg Jesu, wie er im Evangelium als Weg zum Kreuz erzählt wird, nicht ins Nichts geführt

---

63   ShemR 46,1 (Wilna 75c).

hat, sondern zu Gott, dass Gott seinerseits auf diesem ganzen Weg gegenwärtig war. Dieses Reden hat seinen Grund in seinem Gegenstand: der Gegenwart Gottes auf dem Weg Jesu. Darum kann in der Darstellung des Evangeliums in V.11 das „Wir" der Gemeinde im Munde Jesu erscheinen.

V.12 knüpft an die letzte Aussage von V.11 an, dass die dort Angeredeten „unser 12 Zeugnis" nicht akzeptieren: „Wenn ich zu euch vom Irdischen sprach und ihr nicht vertraut, wie werdet ihr vertrauen, wenn ich zu euch vom Himmlischen spräche?" Der Form nach liegt hier ein Kal-WaChomer-Schluss vor, ein Schluss vom Leichten aufs Schwere.

Im Blick auf die allgemeine Thematik können **sachliche Analogien** angeführt werden. So heißt es SapSal 9,16: „Kaum erahnen wir das Irdische, und das uns Zuhandene finden wir nur mit Mühe. Das Himmlische jedoch: wer hat es aufgespürt?"[64] Nach bSan 39a behauptet ein Gottesleugner gegenüber Rabban Gamliel zu wissen, „was euer Gott tut und wo er sich aufhält." Auf die Bitte Rabban Gamliels hin, ihm seinen Sohn zu zeigen, der weit entfernt wohne und nach dem er Sehnsucht habe, antwortet er: „Weiß ich denn, wo er ist?" Darauf bekommt er zu hören: „Was auf der Erde ist, weißt du nicht. Was im Himmel ist, weißt du!"

So klar die Form von V.12 ist und so sehr es sachlich auf der Hand zu liegen scheint, dass das Himmlische schwieriger ist als das Irdische, hat sich doch dessen inhaltliches Verständnis in der Auslegungsgeschichte als ein Ratespiel erwiesen[65]. Mein Vorschlag einer Annäherung geht von folgenden Beobachtungen am Text aus: 1. Die Form des Verses macht zwar deutlich, dass „das Irdische" gegenüber „dem Himmlischen" in irgendeiner Weise auf einer niedrigeren Stufe steht. Aber da Jesus von ihm spricht und dieses Sprechen Vertrauen finden soll, kann es nicht negativ qualifiziert sein. 2. In V.11 stehen sowohl das Subjekt als auch die angeredete Größe im Plural. Für letztere gilt das auch in V.12, aber das Subjekt steht jetzt im Singular. Muss daraus nicht geschlossen werden, dass das Sprechen vom Himmlischen eine spezifische Möglichkeit Jesu meint, dass es also keine Möglichkeit der Gemeinde ist? 3. Der Nebensatz in V.12b steht im Konjunktiv mit *an*, der Hauptsatz im Futur. Es handelt sich also bei dem Nebensatz um einen Eventualis. Das heißt: Jesus *könnte* vom Himmlischen reden, hat es aber bisher nicht getan und wird es auch weiterhin im Evangelium nicht tun. – „Das Irdische", von dem Jesus spricht, wäre demnach nichts anderes als das, was in V.11 „unser Zeugnis" genannt war. Das bezieht sich darauf,

---

[64] Vgl. 4Esr 4,21 (Übersetzung nach Schreiner): „Denn wie das Land dem Wald gegeben ist und das Meer den Wogen, so können auch die Erdbewohner nur das erkennen, was auf der Erde ist, die Himmelsbewohner aber das, was in Himmelshöhen ist."

[65] Das zeigt ein Blick in die Kommentare zur Stelle. Erwähnenswert finde ich die Auslegung AUGUSTINS, der eine Verbindung zwischen dem Zeugnis von der Auferweckung Jesu und der Wiedergeburt herstellt: „Wenn ihr nicht glaubt, daß ich den von euch niedergerissenen Tempel wiederherstellen kann, wie werdet ihr glauben, daß durch den Heiligen Geist die Menschen wiedergeboren werden können?" (Vorträge 12,7; Übers. SPECHT S.208f.).

dass auf dem Weg Jesu, der sehr irdisch am Kreuz endete, doch Gott begegnet. Ist das nicht wirklich un-glaublich? Wer Jesus in Bezug hierauf die Legitimation abspricht, wird ihm auch nicht Glauben schenken, wenn er über die himmlische Welt reden würde[66].

13   Die Legitimation Jesu soll weiter und vor allem in V.13 herausgestellt werden: „Und niemand ist zum Himmel hinaufgestiegen, außer wer vom Himmel herabgestiegen ist: der Menschensohn." In der vorgestellten Situation des Gesprächs mit Nikodemus erscheint dieser Satz im Munde Jesu in doppelter Hinsicht als seltsam. Einmal spricht er von jetzt an in der 3. Person Singular – und redet doch von sich. Zum anderen steht in beiden Verben das Perfekt. Unter dem Hinaufsteigen in den Himmel kann kaum etwas anderes verstanden werden als das Ostergeschehen[67]. So spricht Jesus, der hier noch am Anfang seiner Wirksamkeit steht, von seinem am Ende des Evangeliums liegenden „Aufstieg" als einem Ereignis der Vergangenheit. Der Evangelist schreibt im Rückblick auf den ganzen Weg Jesu und lässt ihn schon am Anfang sagen, was sich erst vom Ende her ergibt[68].

Als Subjekt dieses Geschehens, betont am Ende des Satzes stehend, wird aber jetzt „der Menschensohn" genannt. Diese Bezeichnung begegnete schon 1,51. Mit ihr ist sehr viel mehr verbunden, als dort ausgeführt wurde. Etwas davon kommt nun in diesem Kontext zum Tragen. Johannes nimmt die Bezeichnung an dieser Stelle auf, weil die mit ihr gemeinte Gestalt von Haus aus der himmlischen Welt zugehört. Der Ursprung der auf sie bezogenen Tradition liegt in Dan 7. Dort heißt es in einer Vision des Endgerichts vor dem Thron Gottes in V.13f.: „Ich schaute in der Schau der Nacht, und siehe: Mit den Wolken des Himmels kam einer wie ein Menschensohn. Zum Hochbetagten gelangte er und ward vor ihn gebracht. Ihm gab er Macht, Ehre und Herrschaft, dass ihm alle Völker, Nationen und Zungen dienen. Seine Macht ist Macht auf immer, die nicht vergeht, und seine Herrschaft wird nicht vernichtet." Dan 7 ist aufgenommen und neu formuliert worden in 1Hen 46. Dort ist „der Menschensohn" vor allem der von Gott beauftragte endzeitliche Richter. Nach 48,6 „ist er erwählt worden und verborgen bei ihm (Gott), ehe die Welt geschaffen wurde, und auf immer (wird er sein)"[69]. Die Kennzeichnung Jesu als des Menschensohnes ist Johannes längst in der eigenen Tradition vorgegeben[70]. Indem er sie an dieser Stelle auf-

---

66   Beim „Himmlischen" könnte in solchem Zusammenhang im jüdischen Bereich an Spekulationen über das Schöpfungswerk (Gen 1) und „den Wagen" (Ez 1) gedacht sein. Vgl. LENHARDT/OSTEN-SACKEN, Akiva 122–153. Einen Versuch in dieser Richtung hat schon BORNHÄUSER, Johannesevangelium 26f., angedeutet. Die dort angeführte Stelle findet sich bHag 14b.

67   20,17; vgl. 6,62.

68   Zugleich wird hier deutlich, was für das ganze Evangelium gilt und schon von HEITMÜLLER klar beschrieben wurde: „Die eigentliche Hörerschaft Jesu sind – *die Leser der Evangelienschrift*" (Komm. 14).

69   Eine weitere Rezeption und Ausgestaltung von Dan 7 im Blick auf den Menschensohn findet sich 4Esr 13.

70   Wahrscheinlich schon in der frühesten Christologie wurde Jesus aufgrund des Glaubens, dass Gott ihn von den Toten auferweckt und zum Messias gemacht hatte, als der Menschensohn ver-

nimmt und dabei die himmlische Herkunft dieser Gestalt betont, lotet er damit wieder sozusagen die Tiefendimension Jesu aus, wie er es im Prolog mit Hilfe „des Wortes" getan hatte. Anders gesagt: Jesus ist nicht deshalb legitimierter Zeuge, weil er ein besonders eindrucksvoller Mensch gewesen wäre, sondern nur deshalb und dann, wenn und weil in ihm Gott selbst zu Wort kommt, sein Zeugnis „vom Himmel" ist.

Die betonte Verneinung am Anfang von V.13, dass niemand in den Himmel hinaufgestiegen sei, könnte darauf hinweisen, dass im Hintergrund **Traditionen** stehen, die **vom Hinaufsteigen des Mose zu Gott** sprechen, zumal es dort sachlich um dasselbe Problem geht, dass nämlich das von Mose vermittelte Wort das Wort Gottes ist. In MekhJ Jitro (BaChodesch) 4 (HOROVITZ/RABIN S.216f.) heißt es: „‚Und Adonaj stieg auf den Berg Sinai herab.' Ich könnte verstehen: auf ihn als ganzen. Die Belehrung (der Schrift) sagt: ‚zum Gipfel des Berges'. Man könnte annehmen, dass die Herrlichkeit tatsächlich herabstieg und er sie auf dem Berg Sinai ausbreitete. Die Belehrung (der Schrift) sagt: ‚Fürwahr, vom Himmel her habe ich mit euch geredet' (Ex 20,22). Sie lehrt, dass der Heilige, gesegnet er, die unteren Himmel und die oberen Himmel der Himmel auf den Gipfel des Berges hinabdrückte; und es stieg die Herrlichkeit herab, und er breitete sie auf dem Rücken des Berges Sinai aus – wie ein Mensch, der das Polster am Kopfende des Lagers ausbreitet, und wie ein Mensch, der vom Polster herab redet ... Rabbi Jose sagt: Siehe, sie (die Schrift) sagt: ‚Die Himmel sind die Himmel Adonajs, und die Erde hat er den Menschen gegeben' (Ps 115,16). Nicht ist Mose nach oben hinaufgestiegen, noch auch Elija, und nicht ist die Herrlichkeit nach unten herabgestiegen. Vielmehr lehrt sie (die Schrift), dass der Ort (= Gott) zu Mose gesprochen hat: Siehe, ich rufe dich vom Gipfel des Berges, und du steigst hinauf. Denn es ist gesagt: ‚Und Adonaj rief Mose' (Ex 19,21)"[71]. Sowohl der zuerst überlieferten Tradition als auch dem Rabbi Jose geht es darum, dass Mose legitimierter Zeuge des Gotteswortes ist. Nach der ersten Tradition steigt Mose, indem er auf den Gipfel des Berges Sinai steigt, zugleich damit in den Himmel, weil Gott ihn bis dorthin herabgedrückt hat, und kann so als legitimer Zeuge vorgestellt werden. Für Rabbi Jose reicht es, dass Gott Mose gerufen hat. Die Formulierung bei Johannes muss nicht als Polemik gegen solche Traditionen gelesen werden. Schon gar nicht kann er Mose die Legitimität des Zeugen des Gotteswortes absprechen wollen. Denn er braucht ihn ja gleich positiv in V.14. Das Verhältnis wäre eher im Sinne der Steigerung zu denken: Wenn schon Mose „von oben" legitimiert ist, dann Jesus erst recht. Das leistet hier die Verbindung Jesu mit der Gestalt des Menschensohnes, die sozusagen bei Gott „zu Hause" ist. Weil also Jesus in dieser Weise „oben" verortet ist, kann er über die Geburt „von oben her neu" sprechen. Das wird im Folgenden in einer christologisch-soteriologischen Darlegung entfaltet.

Der zweite Teil dieses Abschnitts (V.14–17) begründet die Geburt aus dem Geist in 14–17 der im Sohn erwiesenen Zuwendung Gottes zur Welt. Hier zeigt es sich nun, dass das, was Jesus als Zeugen legitimiert, seine Herkunft „von oben" und sein Aufstieg zum Vater, zugleich auch der Gegenstand des Zeugnisses und der Grund der Geburt

---

standen und dabei vor allem dessen endzeitliche Richterfunktion herausgestellt. Dass dieser Zusammenhang auch Johannes noch bewusst ist, wird an 5,27 deutlich werden.

[71] In bSuk 5a wird der Ausspruch des Rabbi Jose wie folgt überliefert: „Niemals ist Gott in seiner Gegenwart (*sch'chináh*) nach unten hinabgestiegen, und nicht sind Mose und Elija zur Höhe hinaufgestiegen." Im folgenden Text werden dann zehn Handbreiten Differenz angenommen.

aus dem Geist ist. Die Legitimation liegt nicht außerhalb des Zeugnisses. Das Zeugnis trägt seine Legitimation in sich; die bezeugte Sache muss sich selbst erweisen.

Dieser grundlegende Mittelteil besteht aus drei der Struktur nach nahezu parallelen Sätzen. Ein Hauptsatz nennt jeweils zuerst eine Tat Gottes als den Ermöglichungsgrund; ein darauf folgender Finalsatz gibt als Ziel das ewige Leben oder die Rettung an.

1. (V.14f.) Aussage: Entsprechend der Erhöhung der Schlange durch Mose in der Wüste muss auch der Menschensohn erhöht werden. Ziel: Jeder Glaubende hat durch ihn ewiges Leben: 2. (V.16) Aussage: Die Liebe Gottes zur Welt hat ihn den einzigen Sohn hingeben lassen. Ziel: Jeder Glaubende geht nicht verloren, sondern hat ewiges Leben. 3. (V.17) Aussage: Gott hat den Sohn in die Welt geschickt. Ziel: Die Welt wird durch ihn nicht gerichtet, sondern gerettet.

Hier liegt ein wohlüberlegter Aufbau vor. In den Aussagen wird das eine zusammengehörige Geschehen vom Ab- und Aufstieg des Menschensohnes, von dem der vorangehende Teil zur Legitimation zuletzt in V.13 sprach, von hinten nach vorn in seine einzelnen Aspekte aufgefächert: Zuerst ist von der *Erhöhung* die Rede, dann von der *Hingabe* und schließlich von der *Sendung*. In den Zielangaben fällt das Fortschreiten von einem Bezug auf den einzelnen Glaubenden[72] in den ersten beiden Finalsätzen zu einem universalen Bezug im dritten auf: Wird zunächst vom ewigen Leben für den Glaubenden gesprochen, so schließlich von der Rettung der Welt. Diese universale Dimension erscheint schon in den Aussagen des zweiten und dritten Satzes. So sind also auch die Aussagen und Zielangaben miteinander verknüpft: Der die Welt liebende Gott will die Rettung der Welt. V.16 ist an V.15 mit „denn" angeschlossen, wie wiederum V.17 an V.16. Die in den Aussagen der Verse 14–17 vorgenommene Auffächerung des einen christologischen Geschehens von Ab- und Aufstieg erfolgt also in einer Begründungskette. Aus ihr wird ersichtlich, warum diese Auffächerung von hinten nach vorn vorgeht. Der Menschensohn wird erhöht, das Kreuz Jesu ist Tat Gottes, weil schon der ganze Weg der Niedrigkeit des Sohnes der Liebe Gottes entsprang; und dieser Weg wiederum war ein Weg der Begegnung Gottes mit der Welt, weil er in der Sendung des Sohnes in die Welt durch Gott gründet. Die Glieder dieser Kette führen also vom Kreuz Jesu zurück auf die ursprüngliche Initiative Gottes, die in dieser Auffächerung als *Heils*wille für die *Welt* beschrieben wird.

In V.14f. stellt Johannes eine Entsprechung her zwischen der Erhöhung der Schlange in der Wüste durch Mose und der Erhöhung des Menschensohnes. Er bezieht sich auf den biblischen Text in Num 21,4–9. Dort wird vom Murren des Volkes

---

berichtet, woraufhin Gott Schlangen unter es schickt, deren Bisse tödlich wirken. Das Volk fleht Mose um Abhilfe an, der dann auf Geheiß Gottes eine kupferne Schlange an einem aufgerichteten Pfahl befestigt; und alle, die darauf blickten, blieben am Leben. Dieser biblische Text ist das Unbestrittene, das die hergestellte Analogie – die Erhöhung des Menschensohnes und die ihr zugeschriebene Wirkung – überzeugend machen soll.

Dieser Text wird in SapSal 16,5–7 so aufgenommen, dass **die kupferne Schlange** als „Zeichen"[73] gilt, das auf Gott selbst als tatsächlichen Retter hinweist: „Zur Warnung wurden sie für kurze Zeit erschreckt und hatten ein Zeichen der Rettung zur Erinnerung an das Gebot Deiner Tora. Denn wer sich da hinkehrte, wurde nicht um des Gesehenen willen gerettet, sondern um Deinetwillen, des Retters aller" (V.6f.). In ganz ähnlicher Weise wird Num 21,8f., verbunden mit Ex 17,11, in rabbinischer Tradition ausgelegt. So heißt es in MekhJ Beschallach (Amalek) 1 (HOROVITZ/RABIN S.179f.): „‚Und es geschah, wenn Mose seine Hand erhob, erstarkte Israel.' Machten denn etwa die Hände des Mose Israel stark, oder zerbrachen seine Hände Amalek? Vielmehr: Solange Mose seine Hände hochhielt nach oben, blickten die Israeliten auf ihn und vertrauten auf den, der Mose angeordnet hatte, so zu handeln. So wirkte der Heilige, gesegnet er, für sie Wunder und Machttaten. Ebenso verhält es sich (mit folgender Stelle): ‚Und Adonaj sprach zu Mose: Mache dir eine Brandnatter!' (Num 21,8) Tötet denn etwa eine Schlange und macht lebendig? Vielmehr: Solange er so handelte, blickten die Israeliten auf ihn und vertrauten dem, der Mose angeordnet hatte, so zu handeln. Und der Heilige, gesegnet er, schickte ihnen Heilungen"[74].

Nicht die kupferne Schlange ist es, die Heilung verschafft – auch nicht Mose; sie ist vielmehr ein Zeichen, das auf Gott als den alleinigen und wirklichen Retter verweist, der denen Rettung gewährt, die auf ihn vertrauen[75]. „Und wie Mose die Schlange in 14 der Wüste erhöht hat, so muss der Menschensohn erhöht werden, damit alle, die vertrauen, durch ihn ewiges Leben haben." Indem Johannes den „erhöhten" Menschensohn in diese biblische Entsprechung stellt, gibt er den gekreuzigten Jesus als Zei-

---

[73] Im griechischen Text steht das Wort *sýmbolon* – „Symbol".

[74] In etwas anderer Form begegnet dieselbe Überlieferung in mRHSh 3,8: „‚Und es geschah, wenn Mose seine Hand erhob, erstarkte Israel' usw. (Ex 17,11). Machen denn etwa die Hände des Mose Israel im Krieg stark oder zerbrechen seine Kraft? Vielmehr soll dir gesagt werden: Solange wie die Israeliten nach oben blickten und ihr Herz ihrem Vater im Himmel unterwarfen, erwiesen sie sich als stark; und wenn nicht, fielen sie. Dieser Sache entsprechend sagst Du: ‚Mache dir eine Brandnatter und befestige sie auf einer Bannerstange! Und jeder, der gebissen worden ist, soll sie ansehen und leben' (Num 21,8). Tötet denn etwa eine Schlange, oder macht eine Schlange lebendig? Vielmehr: Wenn die Israeliten nach oben blickten und ihr Herz ihrem Vater im Himmel unterwarfen, wurden sie geheilt; und wenn nicht, schmolzen sie dahin." Diese Überlieferung wird in der Mischna deshalb zitiert, weil im vorangehenden Kontext in 3,7 ausgeführt wurde, dass zur gültigen Gebotserfüllung die „Absicht", die Ausrichtung des Menschen, notwendig hinzugehört. Es geht darum, das Herz – sich selbst in ganzer Person – Gott zu unterwerfen, ihm als dem himmlischen Vater ganz und gar zu vertrauen. – Zur Rezeption der Erzählung Num 21,4–9 im frühen Judentum vgl. ausführlich J. FREY, „Wie Mose die Schlange in der Wüste erhöht hat …" Zur frühjüdischen Deutung der ‚ehernen Schlange' und ihrer christologischen Rezeption in Johannes 3,14f., in: Schriftauslegung im antiken Judentum und im Urchristentum, hg. v. M. HENGEL u. H. LÖHR, 1994 (153–205), 159–177.

[75] Dass sowohl im biblischen Text als auch in seiner frühjüdischen Rezeption das Vertrauen auf Gott entscheidend ist, hat ZAHN wahrgenommen (Komm. 204 mit Anm. 62).

chen zu verstehen, das auf Gott weist. Sich an dieses Zeichen zu halten und ihm zu folgen, heißt: das Herz dem Vater im Himmel unterwerfen; heißt: Gott vertrauen, der Jesus beauftragt hat[76]. Es geht Johannes also um die Wahrnehmung Gottes im Kreuz Jesu. Deshalb spricht er von „Erhöhen". Dieses Wort bezeichnet einmal schlicht nur eine sichtbare Aufrichtung, wie sie bei der Kreuzigung erfolgt. Aber zum anderen enthält es doch zugleich auch schon die Dimension der Auferweckung[77]. Johannes will mit diesem Begriff nicht die harte Wirklichkeit des Leidens Jesu übertünchen[78], sondern das Kreuz Jesu als Zeichen des sich in die tiefste Niedrigkeit des Todes begebenden und aus ihr rettenden Gottes kenntlich machen und so das Vertrauen auf diesen Gott des Lebens bestärken.

15   Für diejenigen, die sich durch dieses Zeichen zum Vertrauen auf Gott bewegen lassen, nennt V.15 als verheißenes Ziel, dass sie „ewiges Leben haben". Im hebräischen Sprachbereich entspricht dieser Wendung die vom „Teilhaben an der kommenden Welt"[79]. Die griechische Formulierung „ewiges Leben" könnte die Vorstellung wecken, dass etwas überdauert und nicht stirbt, unsterblich ist. Daran denkt Johannes aber nicht. Das ist am deutlichsten, wenn er in 11,25 von solchem Leben schreiben kann, „auch wenn jemand stirbt". Es ist Leben, das sich selbst im Tod getrost der Treue Gottes überlässt. „Ewiges Leben" qualifiziert damit schon das Leben vor dem Tod als unbedingtes Gottvertrauen[80]. Es ist *ewiges* Leben, weil es ganz und gar Gott vertraut, in seiner Hand steht und nicht an unserem Tun und Erleiden hängt. So ist es Bekenntnis und Hoffnung gegen den Augenschein einer Welt des Todes, gegen unser Unvermögen und Versagen, gegen unser Sterbenmüssen.

---

[76]   In diesem Zusammenhang ist darauf hinzuweisen, dass Jesus im Johannesevangelium gerade seinen Weg in den Tod als Gebot Gottes herausstellt: 10,18; 12,49; 14,31.

[77]   Vgl. 8,28; 12,32f.

[78]   SCHULZ meint: „Der vierte Evangelist ‚spielt' hier und auch sonst mit den beiden Ausdrücken ‚Erhöhen' und ‚Kreuzigen'. Zu diesem begrifflichen ‚Spiel' wird er ermächtigt durch seine doketisierende Herrlichkeits-Christologie" (Komm. 59f.). – Diese These könnte man stützen, wenn man die johanneischen Aussagen vom „Erhöhen" und „Verherrlichen" des Menschensohnes gegen die synoptischen Ankündigungen vom Leiden und Sterben des Menschensohnes profilierte, zumal dort wie hier in Joh 3,14 ein „Muss" begegnet. Vgl. z.B. Mk 8,31: „Der Menschensohn muss viel leiden und verworfen werden von den Ältesten, Oberpriestern und Schriftgelehrten und getötet werden und nach drei Tagen auferstehen." Hier folgt Leiden und Tod die Auferstehung. Nach Traditionen, die Lukas in der Apostelgeschichte aufgenommen hat, ist in diesem Zusammenhang ausdrücklich von der Erhöhung Jesu zur Rechten Gottes die Rede (2,32f.; 5,30f.). Hier gibt es zwei unterschiedliche, aufeinander folgende Akte: Die Menschen haben Jesus ans Kreuz gebracht; aber Gott hat ihn auferweckt und zu seiner Rechten erhöht. Demgegenüber „begreift (Johannes) bereits das Kreuz als ‚Erhöhung'" (SCHNACKENBURG, Komm. 1,409). Denn der Bezug des „Erhöhens" auf das Kreuz ist durch die Entsprechung zur kupfernen Schlange evident. Damit ist das Kreuz nicht ein mehr oder minder unwesentliches Stadium eines Durchgangs durch die Niedrigkeit zu Hoheit und Herrlichkeit. Bezieht man das auf die Situation der Bedrängnis, in der Johannes und die Seinen leben, kann man ihm kaum Verdrängung des Leidens vorwerfen, sondern es geht ihm um das Gewinnen einer Perspektive im Leiden und trotz des Leidens.

[79]   Vgl. z. B. mSan 10,1.

[80]   „Ewig" begegnet im Johannesevangelium nur in Verbindung mit „Leben" (17mal). An den noch zahlreicheren Stellen, an denen „Leben" ohne dieses Attribut steht, hat es keine andere Bedeutung. Vgl. z. B. 3,36.

Diese Dimension des „ewigen Lebens" ist innerhalb der in V.14f. vorgenommenen Entsprechung zwischen der Erhöhung des Menschensohnes und der Erhöhung der Schlange durch Mose nicht gegen den biblischen Text auszuspielen: Dort sei es ja lediglich um die Heilung von tödlichen Schlangenbissen gegangen. Wie wir gesehen haben, hat dieser Text in seiner Rezeption einen Zugewinn an Bedeutung erfahren. In den rabbinischen Auslegungen ist das am klarsten, wenn rhetorisch gefragt wird: „Tötet denn etwa eine Schlange und macht lebendig?" Das kann ja nur deshalb eine rhetorische Frage sein, weil hier eine andere Dimension im Blick ist als die biologischen Lebens und Sterbens. In der kann ja eine Giftschlange sehr wohl töten. Die andere Dimension kommt schon in der Formulierung der Frage zum Ausdruck, die auch die implizite Antwort gibt, insofern hier auf 1Sam 2,6 angespielt wird, wo es von Gott heißt: „Adonaj tötet und macht lebendig, führt hinab in die Totenwelt und führt herauf." Dieser Text spielt in Diskussionen um die Auferstehung eine Rolle[81]. Und so geht es ja auch in der ausdrücklichen Beantwortung der Frage um das Vertrauen auf Gott als den wirklichen Herrn über Leben und Tod.

Im Blick auf die Möglichkeit und Wirklichkeit der Geburt aus dem Geist entfalteten also die Verse 14f. den ersten Aspekt des einen zusammengehörigen christologischen Geschehens vom Ab- und Aufstieg des Menschensohnes, wie es V.13 formuliert worden war: die Kreuzigung Jesu als Erhöhung und damit als Zeichen des Leben wirkenden Gottes, das denen zuteil wird, die auf ihn ihr Vertrauen setzen. Das Ende 16 Jesu lässt sich in dieser Weise verstehen, weil – so führt V.16 die Entfaltung weiter fort – schon die Hingabe des Sohnes, womit der ganze Weg Jesu in der Niedrigkeit im Blick ist, als Akt der Liebe Gottes zur Welt beschrieben werden kann: „So nämlich hat Gott die Welt geliebt, dass er den einzigen Sohn gab, damit alle, die auf ihn vertrauen, nicht verloren gehen, sondern ewiges Leben haben." Die gedanklichen Zusammenhänge, die bei der Formulierung, dass Gott seinen Sohn gegeben habe, wachgerufen werden, lassen in erster Linie an seinen Tod denken. Durch den folgenden V.17 aber wird dieses Geben in den weiteren Horizont der Sendung gestellt, so dass bei ihm an den Weg Jesu im Ganzen gedacht sein dürfte, wie er im Evangelium erzählt wird, dessen Zielpunkt das Kreuz ist, worauf er von vornherein ausgerichtet wird. Dieser Weg gilt als Folge der Liebe Gottes zur Welt. Das aber heißt dann, dass er mit seinem Ziel eine Funktion für die Welt hat, nämlich die, ihr Gottes Liebe zu vermitteln[82]. Sie lässt sich diese Liebe gefallen, indem sie glaubt, indem sie im Blick

---

81 Vgl. bSan 92b.
82 Eindrücklich formuliert LUTHER: „... dem, den ich lieb habe, dem gebe ich mich ganz und gar zu eigen; wozu er meiner bedarf, dazu findet er mich bereit. So gibt unser Herr Gott nicht allein aus Geduld, nicht weil das Recht es fordert, sondern aus der höchsten Tugend, die da die Liebe ist. Da muß doch das Herz aufwachen, daß alle Traurigkeit hinweggerissen und die abgrundtiefe Liebe des göttlichen Herzens in die Augen gefaßt wird, daß Gott der größte Geber ist ... Auch die Gabe ist unaussprechlich. Was gibt denn Gott? ‚Seinen eingeborenen Sohn.' Das heißt ja nicht einen Groschen geben, ein Auge, ein Pferd, eine Kuh, ein Königreich, ja auch nicht den Himmel

auf Jesus Gott vertraut. So kann der Weg Jesu verstanden werden als vertrauensbildende Maßnahme Gottes gegenüber der Welt.

Es ist immer wieder versucht worden, die Aussage von V.16, dass Gott in der Gabe des Sohnes die Welt geliebt hat, in ihrer Bedeutung für das Johannesevangelium herunterzuspielen, indem man sie einmal als singulär behauptete und zum anderen als aufgenommene Tradition erklärte[83]. Aber wenn man den Traditionshintergrund genau betrachtet, tritt gerade **die Aussage von der Liebe Gottes zur Welt** als das besondere Profil von V.16 scharf hervor. Dass Johannes an dieser Stelle Tradition verwertet hat, ist so gut wie durchgängig anerkannt. Ihre genaue Gestalt lässt sich jedoch nicht eindeutig bestimmen. Es bestehen zwei Möglichkeiten. Einmal kann in der Formulierung von V.16 die Dahingabeformel aufgenommen sein, die schon in den Paulusbriefen in zwei Typen faßbar ist: 1. „Gott hat seinen Sohn für uns dahingegeben." 2. „Der Sohn Gottes hat (uns geliebt und) sich selbst für uns (bzw. unsere Sünden) dahingegeben"[84]. Der zweite Typ begegnet statt als Aussagesatz auch als Partizipialprädikation[85]. In Joh 3,16 wäre dann terminologisch geblieben: „Gott hat seinen Sohn gegeben". Die Kennzeichnung des Sohnes als „einzig" geht auf Johannes zurück[86]. Damit lässt er in diesem Zusammenhang die Bindung Isaaks anklingen[87]. Statt der Wendung „für uns" bzw. „für unsere Sünden" steht ein Finalsatz, der im Johannesevangelium geläufige Motive enthält[88]. Nach der zweiten Möglichkeit stünde hinter V.16 die Sendungsformel, die die Sendung des Sohnes durch Gott aussagt und in einem Finalsatz deren Ziel angibt[89]. Wie dem auch sei, bei Aufnahme der Dahingabeformel ist durch V.17 der Gedanke der Sendung einbezogen, bei Aufnahme der Sendungsformel durch V.14 der Gedanke des Todes Jesu am Kreuz. Wichtiger aber ist, dass weder die Dahingabeformel noch die Sendungsformel das Motiv von der Liebe Gottes zur *Welt* enthält. Dieses in V.16 begegnende Motiv ist im Zusammenhang dieser Formeln einzigartig. Wohl wird in einer Variante des zweiten Typs der Dahingabeformel von der Liebe des Gottessohnes zu *uns* gesprochen;

---

mit der Sonne und den Sternen, noch die ganze Kreatur … Er gibt sich damit selbst" (Evangelien-Auslegung 4, 169).

[83]   Vgl. z. B. KÄSEMANN, Wille 124; SCHULZ, Komm. 60.

[84]   In der zweiten Fassung kann das Verb auch nur aus dem Simplex bestehen. Gal 1,4 zeigt, dass das Simplex „geben" in diesem Zusammenhang dieselbe Bedeutung hat wie das Kompositum „dahingeben". Für Joh 3,16 kann daher die Bedeutung „Hingabe in den Tod" nicht mit dem Argument ausgeschlossen werden, „daß es eben nicht παρέδωκεν … heißt" (LATTKE, Einheit 75). PANCARO hat herausgestellt, daß Johannes zwischen *édoken* (durch den Vater) und *parédoken* (durch Judas, „die Juden" und Pilatus) unterscheidet. „Der Sohn wird dadurch ‚gegeben', dass der Vater ihn sendet, um für die Welt zu sterben … Hinter dem παρέδωκεν steht das ἔδωκεν des Vaters" (Law 324).

[85]   Zur Dahingabeformel vgl. WENGST, Formeln 55–77.

[86]   Das Wort begegnet viermal im Johannesevangelium (1,14.18; 3,16.18) und einmal im ersten Johannesbrief (4,9), immer nur christologisch verwandt, außerhalb der johanneischen Schriften nur noch viermal im Neuen Testament (Lk 7,12; 8,42; 9,38; Hebr 11,17).

[87]   In Gen 22,2.12 wird jeweils in einer Gottesrede an Abraham von „deinem Sohn, deinem einzigen" gesprochen. Die Septuaginta gibt *jachíd* („einzig") auch mit *monogenés* wieder. Hier aber wie an einer Reihe weiterer Stellen setzt sie dafür *agapetós* („geliebt"). Damit würde sich Johannes auch an dieser Stelle als von der hebräischen Bibel beeinflusst zeigen.

[88]   Aus dieser Ersetzung ist nicht zu schließen, dass Johannes die Vorstellung von der stellvertretenden Sühne für die Sünden vermeiden wollte, da er sie ja an anderer Stelle bietet (vgl. 1,29; 11,50).

[89]   Zur Rekonstruktion der Sendungsformel vgl. W. KRAMER, Christos Kyrios Gottessohn, 1963, 108–112. Bestritten wird deren Existenz von WENGST, Formeln 59, Anm. 22. Von den dort vorgetragenen Argumenten bin ich zwar immer noch überzeugt. Da aber die Sendungsformel in der Literatur nach wie vor ein Weiterleben hat und besonders zu Joh 3,16 bemüht wird, setze ich für den obigen Zusammenhang ihre Existenz hypothetisch voraus.

und in ihrem Kontext schreibt Paulus in Röm 8,35 von der Liebe Christi und im Kontext der der Dahingabeformel ähnlichen Sterbensformel[90] in Röm 5,8 von der Liebe Gottes zu uns, als wir noch Sünder waren. Aber das Motiv von der Liebe Gottes zur *Welt* ist eine Eigentümlichkeit von Joh 3,16 und darum mit aller Wahrscheinlichkeit dem Evangelisten zuzuschreiben, der damit selbst betont herausstellt, dass sich Gottes Heilswille auf die Welt richtet. Die Bedeutung dieser Aussage, dass Gott die *Welt* geliebt hat, lässt sich also nicht durch den Hinweis mindern, dass hier Tradition aufgenommen wurde.

Es trifft auch keineswegs zu, dass diese Stelle vereinzelt im Evangelium dastünde. Es lässt sich vielmehr eine ganze Reihe sachlicher Parallelen anführen. Johannes hat Zeugnis von Jesus abgelegt, „damit *alle* durch ihn glauben" (1,7); und er weist auf Jesus als „das Lamm Gottes, das die Sünde der *Welt* trägt" (1,29). Die Samariter bekennen von ihm, „dass dieser wahrhaftig der Retter der *Welt* ist (4,42). Er ist „das Brot Gottes, das vom Himmel herabsteigt und der *Welt* Leben gibt" (6,33). Er ist nicht gekommen, die Welt zu richten, sondern die *Welt* zu retten (3,17; 12,47). So wird er *alle* zu sich ziehen (12,32). Dementsprechend ist auch schon „*alles* durch ihn geworden" (1,3).

Die in V.16 gegebene Zielbestimmung entspricht sachlich und zum großen Teil auch wörtlich der von V.15: ewiges Leben für die, die vertrauen, die glauben. Gegenüber V.15 finden sich zwei besondere Punkte. Einmal wird der Sohn jetzt nicht als Vermittler des Lebens genannt, sondern als Gegenstand des Glaubens bzw. Vertrauens. Das ist jedoch kein Glauben neben dem Glauben an Gott oder zusätzlich zu ihm, sondern Glauben an den Sohn ist immer zurückverwiesen an den Vater, der den Sohn gesandt bzw. gegeben hat[91]. Zum anderen wird dem Haben des ewigen Lebens die Verneinung des Gegenteils vorangestellt und es damit als „nicht verlorengehen" erläutert. Nach Ps 1,6 „geht der Weg der Frevler verloren". Sie werden daher umherirren und sich im Nichts verlieren[92], während „Gott den Weg der Gerechten kennt", der damit nicht ziellos ist[93]. In Ps 73,27f. wird dem Sichentfernen von Gott und damit dem Verlorengehen als Gutes entgegengestellt, sich ihm zu nahen und bei ihm sich zu bergen. Solche biblischen Zusammenhänge dürften anklingen, wenn Johannes vom Verlorengehen spricht.

Der Weg Jesu mit seinem Ende am Kreuz, wie er in V.16 in den Blick genommen wird, ist äußerst partikular. Doch weil er der Liebe Gottes zur Welt entspringt, zielt er auf größte Weite. Wir können diesen Vers heute so lesen: Durch diesen Weg Jesu findet die – nichtjüdische – Welt zum Gott Israels; und indem sie so von Gott gefunden ist, geht sie nicht verloren.

V.17 führt den letzten Aspekt in der rückschreitenden Entfaltung des christologischen Geschehens aus, indem er den Weg Jesu mit dem Motiv der Sendung in der ursprünglichen Initiative Gottes begründet. Hier begegnet erstmals die dann noch 17

---

90   Zur Sterbensformel vgl. WENGST, Formeln 78–86.
91   Dass der Glaube an Jesus kein anderer ist als Glaube an Gott, wird ausführlich bei 14,1 zu besprechen sein.
92   Vgl. Ps 37,20; 68,3.
93   Im Deuteronomium ist das Verlorengehen Folge des Götzendienstes: 4,25f.; 8,19f.; 11,16f.; 28,20.22; 30,17f.; vgl. Jos 23,12f.16.

häufig gebrauchte Aussage, dass Gott den Sohn sandte. Neben dem Moment des Weges enthält dieses Motiv vor allem das der Beauftragung: Was immer der Ge-sandte – wenn und soweit er sich als solcher betätigt – ausrichtet, weist zurück auf den, der ihn gesandt hat. Das intendierte Ziel dieser Sendung, die mit ihr verfolgte ursprüngliche Absicht, wird in V.17 in aller Deutlichkeit benannt: „Nicht nämlich hat Gott seinen Sohn in die Welt gesandt, dass er die Welt richte, sondern dass die Welt durch ihn gerettet werde." Schon die Form des Satzes – der Einsatz mit der Vernei-nung, die sich nicht auf den Hauptsatz bezieht, sondern auf den ersten Nebensatz – stellt betont das im zweiten Nebensatz angegebene positive Ziel heraus: Gott zielt mit dieser Sendung auf die Rettung der Welt. Was schon V.16 mit der Aussage von Gottes Liebe zur Welt zum Ausdruck brachte, wird hier noch einmal verstärkt. Inten-diert ist nicht das Gericht über die Welt, sondern ihre Rettung[94].

SCHLATTER bringt seine Auslegung von V.17 schließlich auf den Satz: „Jesus sagt, das Ziel Gottes in seiner Sendung sei höher als die Durchführung des Gerichts"[95]. Unmittelbar an-schließend zitiert er aus **SifDev § 311** den Satz: **„Gott hat die Welt gerichtet."** Damit er-weckt er einen harten Gegensatz zwischen Jesus und dem Judentum. Da man annehmen darf, dass Schlatter die jüdischen Texte zu lesen verstand, ist sein Vorgehen an dieser Stelle nur als infam zu bezeichnen. Denn der Anfang von § 311 lautet im Zusammenhang: „Bevor Abraham, unser Vater, kam, richtete der Heilige, gesegnet er, die Welt gleichsam mit dem Maß härtester Strenge[96]. Die Menschen der Flut sündigten. Er schwemmte sie fort wie Fun-ken auf der Wasserfläche. Die Menschen des Turms sündigten. Er zerstreute sie von einem Ende der Welt bis zum anderen. Die Menschen Sodoms sündigten. Er spülte sie hinweg mit Feuer und Schwefel. Aber seitdem Abraham, unser Vater, in die Welt gekommen ist, er-langte (*sacháh*) sie es, Zurechtweisungen zu empfangen; und sie begannen, sich zu nähern gemäß dem, was gesagt ist: ‚Und es gab eine Hungersnot im Land, und Abraham stieg hinab nach Ägypten' (Gen 12,10)" (FINKELSTEIN/HOROVITZ S. 351). Die Anwesenheit des Ge-rechten rechtfertigt es, macht die Welt würdig, berechtigt sie[97], dass Gott mit Zurechtweisungen im Blick auf ihre Verfehlungen verfährt und nicht mehr mit äußerster Härte richtet. Der Text sagt also das genaue Gegenteil dessen, was das aus ihm herausgeris-sene Zitat von Schlatter zu sagen gezwungen wird. Vgl. auch Pseudo-Philo, Deo 7: „Der Herr, dein Gott, ist verzehrendes Feuer (Dtn 4,24) – ein verzehrendes, nicht zur Vernich-

---

[94] Wenn der Text selbst diesen Aspekt so betont als den wesentlichen herausstellt, darf man ihn in der Auslegung nicht zum nebensächlichen machen, wie SCHULZ es tut: „Zwar wird Jesus vom Vater in den Kosmos gesandt, um diesen zu retten, aber nicht nur der nächste Vers, sondern das gesamte Evangelium zeigen, daß solche Sendung des präexistenten ‚Wortes' im Gericht über diese Welt endet" (Komm. 61). CALVIN hat genauer beobachtet und treffender formuliert: „Daß er aber sagt, er sei nicht gekommen, die Welt zu verdammen, damit bezeichnet er den eigentli-chen Zweck seines Kommens. Wozu wäre es nämlich nötig gewesen, daß Christus kam, uns zu verderben, die wir schon drei- und vierfach verloren waren? Nichts anderes also ist in Christi Er-scheinen zu sehen als die Tatsache, daß Gott uns in seiner unermeßlichen Güte Hilfe bringen wollte, um uns Verlorene zu retten" (Komm. 75).

[95] Johannes 99.

[96] Das hier gebrauchte Wort hat die Bedeutungen „Hartherzigkeit", „Unbarmherzigkeit", „Grausam-keit", so dass mir in diesem Kontext die Wiedergabe mit „härteste Strenge" am angemessensten erscheint.

[97] All das steckt in dem hier gebrauchten Verb *sacháh*.

tung, sondern zur Rettung, denn Retten, nicht Zerstören ist Gottes Art" (FOLKER SIEGERT, Drei hellenistische Predigten, 1980, S.90).

Warum wird in V.17 überhaupt das Thema des Gerichts angesprochen? In V.13f. hatte Johannes in Verbindung mit den Motiven Ab- und Aufstieg und Erhöhung den Titel Menschensohn gebraucht. Es war deutlich geworden, dass mit ihm traditionell die Beauftragung Jesu zum endzeitlichen Gericht verbunden ist. Dieser Zusammenhang ist auch für Johannes gegeben und wird von ihm nicht in Frage gestellt, wie 5,27 zeigt. Er will ja hier in V.17 nicht prinzipiell das Gericht verneinen, sondern es geht ihm, wie schon die Form des Finalsatzes deutlich macht, um die Herausstellung der Intention; und die ist nicht Richten, sondern Retten. Mit dem Wort „retten" kennzeichnet er Jesus als Vermittler dessen, was er vorher mit „ewigem Leben" und „Nicht-Verlorengehen" benannt hatte[98].

In den diesen Teil abschließenden Versen (18–21), die die Folge der liebenden **18–21** Zuwendung Gottes zur Welt beschreiben, ist nun doch von Richten und Gericht in der Weise die Rede, dass die Glaubenden nicht gerichtet werden, während die Nicht-Glaubenden schon gerichtet sind. Dem universalen Heilswillen Gottes steht also faktisch nur eine partikulare Rettung gegenüber. Hier besteht offensichtlich eine spannungsvolle Differenz. Wie ist sie zu interpretieren? Man darf m.E. nicht so vorgehen, dass man den dritten Teil, der nur eine Folgerung aus dem grundlegenden zweiten Teil zieht, zum Interpretationsschlüssel dieser Differenz macht. Damit isoliert man den dritten Teil vom zweiten, versteht das Gegenüber von Glaubenden und Nicht-Glaubenden statisch und muss dann die grundlegenden Aussagen des zweiten Teils als uneigentliche, missverständliche, gar nicht so gemeinte hinstellen. Vielmehr ist umgekehrt der zweite Teil, der doch in diesem Abschnitt der Hauptteil ist, zum Ausgangspunkt für die Interpretation der aufgezeigten Differenz zu nehmen. Dann zeigt diese Differenz auf, dass Gottes Wege mit der Welt noch nicht an ihr Ziel gekommen sind; dann ist das Gegenüber von Glaubenden und Nicht-Glaubenden nicht statisch, dann sind die Feststellungen des dritten Teils Ausdruck des notwendigen Kampfgeschehens, in das die gesendete Gemeinde als Zeugin Gottes vor der Welt gestellt ist. Alles Gericht, alle Scheidung, die darin erfolgt, kann dann nur eine vorläufige sein, die in der Klammer steht, dass Gott die Welt in der Sendung und Hingabe des Sohnes geliebt hat, und unter der Verheißung, dass Gott die Welt retten will.

Lässt sich so zunächst das Verhältnis der beiden Teile V.14–17 und V.18–21 zueinander bestimmen, muss doch auch gefragt werden, warum jetzt überhaupt vom Gericht geredet wird. Was nötigt dazu? Das positive Ziel des „ewigen Lebens", das sich schon in der Gegenwart niederschlägt, war vorher an den Glauben, an das rückhaltlose Vertrauen auf Gott gebunden worden. Es ergibt sich sozusagen ganz von selbst mit ihm. Solches Vertrauen aber wird von Gott nicht erzwungen. Er ist kein

---

98   Zu weiteren Dimensionen dieses Begriffs im Johannesevangelium vgl. zu 4,22.42.

Despot; er handelt nicht totalitär. Im Lichte des Weges Jesu hatte Johannes ja sein Handeln gegenüber der Welt als sich nach unten begebende Liebe verstanden. Es widerspricht dem Wesen der Liebe, Vertrauen zu erzwingen. Als die Welt Liebender tritt Gott ihr gegenüber gleichsam wieder einen Schritt zurück. Er drängt sich nicht auf. So gibt es ihm gegenüber die Möglichkeit der Verweigerung und also das faktische Sich-Verschließen vor seiner Wirklichkeit. Es ist der eigentlich unmögliche, aber naheliegende Versuch, sich außerhalb dieser Wirklichkeit zu stellen. Er ist eigentlich unmöglich, weil es doch gegenüber dem die Welt liebenden Gott kein Außerhalb geben kann, sondern nur Flucht in eine Scheinwirklichkeit. Er ist naheliegend, weil wir uns in dieser Scheinwirklichkeit, die nicht auf Gott rechnet, so trefflich eingerichtet haben.

Wenn also das Leben im Schein, weil es kein wirkliches Leben ist, schon als Gericht verstanden wird, ist dieses sozusagen die Schattenseite der göttlichen Liebe, verursacht durch die Verweigerung ihr gegenüber. Aber bezieht sich Richten nicht immer auf Taten, wenn es denn nicht um Gesinnungsprüfung oder Überprüfung einer inneren Einstellung gehen soll – um Inquisition? Nun ist ja auch, nachdem das Thema des Richtens eingeführt wurde, in V.18–21 sofort von Taten die Rede. Dabei geht es hier in keiner Weise um einen Gegensatz zwischen „Glauben und Werken", sondern um den unlösbaren Zusammenhang von Vertrauen auf Gott und davon bestimmtem Tun. Das zeigt schon die Gliederung dieses Abschnitts. V.18 bietet in doppelter Fassung, positiv und negativ, die These, dass die Vertrauenden nicht gerichtet werden, die Nicht-Vertrauenden schon gerichtet sind. Dazu bilden, chiastisch angeordnet, die V.19–21 eine Erläuterung, die den bösen Taten das Tun der Wahrheit und durch Gott gewirkte Taten entgegenstellt. Da V.19 geradezu als Definitionssatz eingeführt wird – „Das aber ist das Gericht" –, sollte man die Aussagen über das Gerichtetwerden in V.18 nicht isoliert für sich interpretieren, sondern nur im Zusammenhang des ganzen Abschnitts.

18   Im negativen Fall gilt: „Wer nicht vertraut, ist schon gerichtet." Als Bezugsperson des Vertrauens ergibt sich aus dem vorangehenden der Sohn, der unmittelbar anschließend auch noch ausdrücklich genannt wird[99]. Aber es ist deutlich geworden, dass der Sohn auf den Vater zurückverweist, dass das auf Jesus gesetzte Vertrauen 19   kein anderes ist als das auf Gott. Das Schon-Gerichtetsein wird in V.19 so aufgenommen, dass es als Liebe zur Finsternis trotz und angesichts des Lichtes erläutert wird. Damit erinnert Johannes an das, was er schon im Prolog in den Versen 5.9–11 hatte anklingen lassen. Die Aussage am Schluss von V.19: „Ihre Werke nämlich waren böse" begründet den Unglauben nicht in einer negativen moralischen Prädisposition[100], sondern benennt die konkrete Äußerung der Liebe zur Finsternis, des

---

[99]   Zu der Wendung vom „Glauben an bzw. Vertrauen auf den Namen" vgl. zu 1,12.
[100]   Gegen SCHNACKENBURG, Komm. 1,429f.; vgl. ZAHN, Komm. 213.

Gott verweigerten Vertrauens[101]. V.20 gibt dazu noch einmal eine Erläuterung aus 20
der allgemeinen Erfahrung, dass die Täter des Bösen das Licht scheuen, damit ihre
Taten nicht aufgedeckt werden, nicht ans Licht kommen[102].

Das Verhältnis von V.18b.c zu V.19f. ist also so zu verstehen, dass sich die
Verweigerung gegenüber der Liebe Gottes, das Nicht-Vertrauen auf ihn, in bösen
Taten äußert. Schlimmes Handeln ist Verleugnung Gottes, ist Götzendienst – und
damit nicht wirkliches Leben, sondern verlorenes[103]. Deshalb kann in ihm selbst
schon ein Aspekt des Gerichtes gesehen werden.

Die positive These von V.18: „Wer auf ihn vertraut, wird nicht gerichtet" wird in 21
V.21 mit der Wendung aufgenommen: „Wer die Wahrheit tut". Mit „Tun der Wahrheit" wird in Ez 18,9 der gesamte vorangehende Zusammenhang von V.5 an zusammengefasst[104], der die Handlungen und Handlungsorientierungen des Gerechten auf-
zählt. Er hält sich an das von Gott Gebotene, so dass das zusammenfassende „Tun
der Wahrheit" auch als „Treue erweisen" verstanden werden kann. Dieser Gerechte
hat die Verheißung des Lebens. Eine solche Gedankenverbindung lässt sich auch für
Joh 3,18.21 herstellen: Die auf Gott vertrauen, auf seine Treue setzen, äußern dieses
Vertrauen, indem sie ihrerseits Gott Treue erweisen im Tun des von ihm Gebotenen[105]. Solches Tun scheut das Licht nicht. Die so handeln, stellen sich damit aber
nicht selbst ins Licht, sondern geben zu erkennen, „dass ihre Werke durch Gott gewirkt sind". Was sie tun, sind *ihre* Werke. *Sie* handeln und tragen dafür Verantwortung. Aber weil und solange sie auf Gott vertrauen, können sie gar nicht anders, als
so zu handeln. Daher erweisen sich ihre Werke doch zugleich als durch Gott gewirkt.
Sie werden nicht gerichtet. Wie sollte Gott auch das von ihm Gewirkte richten?

Ich habe vorher bei der Besprechung der negativen These nicht unbedacht gesagt,
dass das sich in der Liebe zur Finsternis als Tun des Bösen äußernde Nicht-Vertrauen
selbst schon als ein *Aspekt* des Gerichts verstanden ist. Man darf diesen Aspekt aus
drei Gründen nicht verabsolutieren, als wäre damit nun alles über das Gericht gesagt,

---

101 „Bei aller Verschränkung von Tun und Sein wird allerdings zugleich zwischen Person und Werk
differenziert. Ausdrücklich wird gesagt, dass die Werke und nicht die Menschen böse waren. Es
bleibt ein Handlungsspielraum zum Beharren in der Gottesferne als dunkler Folie der durch
Christus eröffneten Glaubensfreiheit" (POPP, Grammatik 170).

102 Vgl. schon Hi 24,13–17.

103 Vgl. den o. Anm. 93 angeführten biblischen Zusammenhang zwischen Götzendienst und Verlorengehen.

104 In deutschen Übersetzungen des Textes ist das in der Regel verwischt.

105 AUGUSTIN versteht die Aussage vom ,Tun der Wahrheit' von der Rechtfertigung her: „Der Anfang der guten Werke ist das Bekenntnis der bösen Werke. Du tust die Wahrheit und kommst zum
Lichte. Was heißt das: Du tust die Wahrheit? Du tust dir nicht schön, du schmeichelst dir nicht,
du sagst dir keine Artigkeiten; du sagst nicht: Ich bin gerecht, während du ungerecht bist, und
fängst so an, die Wahrheit zu tun. Du kommst aber zum Lichte, damit deine Werke offenbar werden, weil sie in Gott getan sind; denn gerade auch dies, daß dir deine Sünde mißfiel, würde dir
nicht mißfallen, wenn Gott dir nicht leuchtete und seine Wahrheit es dir nicht offenbarte"
(Vorträge 12,13; Übers. Specht S.214f.). Dass „mit der Wendung ,die Wahrheit tun' ... unter
anthropologischem Aspekt der Glaubensakt beschrieben" werde (so POPP, Grammatik 173), halte
ich für eine Verengung.

was zu sagen ist. Einmal wird die Aussage vom endzeitlichen Richten Gottes bzw. Jesu als seines Beauftragten noch ausdrücklich im Johannesevangelium begegnen[106]. Zum anderen macht es gewiss Sinn, verfehlendes und verfehltes Leben als verlorenes und damit schon gerichtetes zu charakterisieren. Aber darf das die einzige Aussage sein? Der Mörder ist schon durch die Tatsache seines Mordens gerichtet. Nichts weiter? Das könnte dem Mörder so passen! Und schließlich muss doch auch festgestellt werden, dass die Gegenüberstellung in V.18–21 idealtypisch ist und so für das konkret gelebte Leben gar nicht zutrifft. Wer vertraut denn schon immer und zu jeder Zeit so unbedingt auf Gott, dass sich alle Taten als von Gott gewirkt erweisen, so dass es von Gott her nichts zu richten gäbe? Von daher bekommen die V.18–21 einen mahnenden Charakter[107].

3. Das letzte Zeugnis des Johannes (3,22–36)

> 22 Danach ging Jesus ins Land Judäa – und seine Schüler – und hielt sich dort mit ihnen auf und taufte. 23 Johannes taufte aber auch noch in Änon, nahe Salim, da es dort viel Wasser gab; und man kam herzu und ließ sich taufen. 24 Johannes war nämlich noch nicht ins Gefängnis geworfen. 25 Da entstand vonseiten der Schüler des Johannes ein Streit mit einem Juden über die Reinigung. 26 Und sie gingen zu Johannes und sprachen zu ihm: Rabbi, der mit dir war jenseits des Jordan, für den du Zeugnis abgelegt hast: Siehe, der tauft, und alle gehen zu ihm. 27 Johannes antwortete und sprach: Ein Mensch kann aber auch nichts nehmen, wenn es ihm nicht vom Himmel gegeben wäre. 28 Ihr selbst seid mir Zeugen, dass ich sprach, dass nicht ich der Gesalbte bin, sondern dass ich vor jenem her gesandt bin. 29 Der die Braut hat, ist der Bräutigam; und der Freund des Bräutigams, der dabeisteht und ihn hört, freut sich voll Freude über die Stimme des Bräutigams. Diese meine Freude also ist erfüllt. 30 Jener muß wachsen und ich kleiner werden.
> 31 Der von oben kommt, ist allen über. Der von der Erde ist, ist von der Erde und redet von der Erde. Der vom Himmel kommt, ist allen über. 32 Was er gesehen und gehört hat, das bezeugt er. Doch sein Zeugnis nimmt niemand

---

[106] Die Verabsolutierung der eben genannten Gerichtsvorstellung lässt sich nur behaupten für ein vermeintlich ursprüngliches Evangelium, aus dem man alle widersprechenden Stellen literarkritisch ausscheidet und einer „kirchlichen Redaktion" zuschreibt. Mir scheint freilich insgeheim dabei die Freude leitend zu sein, im Neuen Testament etwas zu entdecken, was „moderne" Theologie verkraften und integrieren kann, und als „sekundär" abzuweisen, womit sie Schwierigkeiten hat, wobei sie mit der Kennzeichnung der Redaktion als „kirchlich" zugleich noch ihr Ressentiment gegen real existierende Kirche befriedigen kann.

[107] Damit ergibt sich eine weitere mögliche Verhältnisbestimmung der Teile V.14–17 und V.18–21 zueinander. Letzterer mahnt dazu, sich vorher zugesagte Liebe Gottes doch im konkreten Lebensvollzug gefallen zu lassen. Ein analoges Verhältnis liegt in mSan 10 vor. Voran steht der Satz: „Ganz Israel hat teil an der kommenden Welt." Es folgt eine lange Aufzählung, welche Leute alle nicht daran teilhaben. Sie stellt den grundlegenden Anfangssatz nicht in Frage, sondern mahnt, die hier zugesagte Teilhabe doch nicht durch die aufgezählten Handlungsweisen zu verspielen.

an. 33 Die sein Zeugnis annehmen, haben damit besiegelt, dass Gott wahrhaftig ist. 34 Denn den Gott gesandt hat, der redet Gottes Worte. Ohne Maß nämlich gibt er den Geist. 35 Der Vater liebt den Sohn und hat ihm alles in die Hand gegeben. 36 Die auf den Sohn vertrauen, haben ewiges Leben. Die aber dem Sohn widerstreben, werden das Leben nicht sehen, sondern Gottes Zorn bleibt auf ihnen.

Noch einmal, zum letzten Mal als selbst Redender und Handelnder, tritt hier Johannes der Täufer auf. Der Abschnitt ist planvoll aufgebaut. Die V.25f. bilden das szenische Mittelstück, das von einem Streit der Johannesschüler mit einem Juden erzählt, den diese für sich so zu klären versuchen, dass sie den Fall ihrem Lehrer vorlegen. Diese Szene wird durch die V.22–24 vorbereitet, die das Wirken Jesu und das des Johannes einander parallelisieren. Daraus ergibt sich die Frage, ob nicht eine Konkurrenz zwischen Jesus und Johannes besteht. Diese Frage wird von Johannes selbst in einer Rede geklärt (V.27–36), die zunächst das Verhältnis zwischen Jesus und ihm als das zwischen dem Gesalbten und seinem ihm vorangehenden Zeugen kennzeichnet (V.27–30) und dann ein den Bezeugten eindrucksvoll herausstellendes Zeugnis bietet (V.31–36)[108].

V.22 bringt zunächst einen Szenenwechsel. Im vorangehenden Text war Jesu 22 Aufenthalt in Jerusalem anlässlich des Pessachfestes vorgestellt. Er verlässt die Stadt mit seinen Schülern, bleibt aber in Judäa. Die Formulierung „das jüdische Land" – so wörtlich – betont den Unterschied zur Stadt Jerusalem[109]. Eine genauere Ortsangabe wird nicht gemacht; die Zeitvorstellung ist unbestimmt: „Er hielt sich dort mit ihnen auf." Die weiterführende Angabe steht am Schluss des Verses: „und taufte"[110]. Daran knüpft V.23 mit der Bemerkung an, dass „Johannes auch noch taufte"[111]. Es folgt die 23 genaue Angabe des Taufortes, dessen Wahl mit Wasserreichtum begründet wird[112], und die Feststellung, dass Johannes Zulauf hatte.

---

[108] Literarkritiker, die klüger sind als der Text, zerschlagen diesen sinnvollen Zusammenhang. Darauf wird zu V.30 noch einzugehen sein.

[109] Vgl. SCHLATTER, Johannes 103.

[110] Diese im Vergleich zu den synoptischen Evangelien überraschende Aussage kann die historische Rückfrage stellen lassen, ob Jesus tatsächlich getauft habe – und wenn ja, in welchem Zeitraum seines Wirkens. Sie kann die Antwort bekommen: „Dies bedeutet, vor Jesu eigentlichem selbständigen Auftreten hat er offenbar in Anlehnung an den Täufer die Taufpraxis vollzogen" (so BECKER, Komm. 1,181 mit Hinweis auf weitere Literatur). Sie kann aber auch anders beantwortet werden. Diese Frage ist müßig, weil sie einmal nicht klar entscheidbar ist und weil zum anderen ihre Beantwortung für das Textverständnis nichts austrägt. Relevant und lösbar ist dagegen die Frage, welche Funktion die Erwähnung des Taufens Jesu im Textzusammenhang hat.

[111] Die Formulierung des griechischen Textes mit Hilfsverb und Partizip ließe sich in einigen deutschen Gegenden mit der Wendung „war am Taufen" wiedergeben. In der Übersetzung habe ich dem durch Einfügen von „noch" Rechnung zu tragen versucht.

[112] Die altkirchliche Tradition identifiziert „Änon bei Salim" etwa 12 km südlich von Bet-Schean: Egeria, Itinerarium 13,2–15,6; Eusebius, Onomastikon (GCS 11,1) S.40 (Euseb).41.153 (Hieronymus). Dagegen spricht nichts. Zudem lässt es sich mit einem „Salim" am Jordan in der rabbinischen Tradition verbinden (tBekh 7,3; jBB 3,3 [9b; Krotoschin 14a]). Vgl. zu dieser Lokalisierung RIESNER, Betanien, 143–147. Gründe für eine Identifizierung mit dem samaritischen Salim,

Mit dem von Jesus und Johannes erzählten Taufen hat der Evangelist also das Wirken beider einander parallelisiert. Diese Parallelisierung unterstreicht er durch die
24   V.24 ausdrücklich angefügte Bemerkung, dass Johannes noch nicht inhaftiert war[113]. Die Parallelität im Wirken beider konnte er nicht anders herstellen, als dass er auch von Jesus den Vollzug des Taufens aussagte. Für die Leser- und Hörerschaft ist sie nun unmittelbar im Text gegeben. Auf der erzählten Ebene sind aber das Wirken Jesu
25   und das des Johannes räumlich weit voneinander getrennt. Auf ihr stellt der in V.25 genannte eine Jude, der zugleich näher als „Judäer" vorgestellt sein dürfte, die Verbindung her. Nach dem Text wirkt Jesus ja in Judäa; und nun kommt ein Judäer nach Änon, trifft dort Johannes bei demselben Wirken an wie Jesus in Judäa[114], interpretiert das als Konkurrenz und streitet darüber mit den Schülern des Johannes[115]. Der Streit „über die Reinigung" kann sich nur darauf beziehen, ob in Hinsicht auf die Sündenvergebung die Taufe des Johannes oder die Jesu wirksam sei[116].

Wenn der Evangelist in dieser Weise darstellt, dürfte ihn dazu ein Problem der eigenen Zeit veranlassen, nämlich die Konkurrenz zwischen seiner Gemeinde und der weiter bestehenden Anhängerschaft Johannes des Täufers[117]. Auf diesem Hintergrund stellt er Jesus und Johannes zunächst nebeneinander dar, um dann für seine Leser- und Hörerschaft das Verhältnis zwischen beiden von Johannes selbst so klären zu lassen, dass sie auf völlig unterschiedlichen Ebenen stehen und folglich eine Konkurrenz überhaupt nicht statthaben kann[118].

26f.   Die Richtung der Antwort, die Johannes seinen Schülern erteilt, ist an einem Punkt schon durch die Formulierung der Frage vorgegeben, wenn der Evangelist dessen Schüler Jesus als den kennzeichnen lässt, für den Johannes Zeugnis abgelegt hat. Damit ist die Kategorie genannt, in der Johannes schon in Kap.1 verstanden worden

---

5km östlich von Sichem, bietet J. ZANGENBERG, Frühes Christentum in Samarien, 1998, 60–67; dagegen RIESNER, a.a.O. 151f.

[113]   Er setzt also eine Leser- und Hörerschaft voraus, die über dessen Schicksal orientiert war. Im Unterschied zu den Synoptikern erzählt er nicht von Verhaftung und Tod des Johannes (vgl. Mk 6,14–29; Mt 14,1–12; Lk 3,19f.; 9,7–9), sondern begnügt sich mit dieser Anspielung.

[114]   Die Erwähnung eines Juden in V.25 ist also keineswegs „funktionslos" (gegen BECKER, Komm. 1,182; SCHNELLE, Komm. 79). Dieselbe Funktion würde im übrigen die u.a. von Papyrus 66 und der ersten Hand des Sinaiticus überlieferte Lesart Ἰουδαίων erfüllen. Danach würden die Verbindung „(einige) Juden bzw. Judäer" herstellen. Demgegenüber leisten das die vorgeschlagenen Konjekturen – man lässt die Johannesschüler mit Jesus oder seinen Schülern streiten – gerade nicht, sondern sind ausgesprochene Verschlimmbesserungen. Konjiziert man nicht, muss man dem Evangelisten auch keine geographische Unkenntnis unterstellen.

[115]   Zur Klarstellung: Es geht mir darum, wie das im Text erzählte Geschehen vorgestellt ist, nicht um die Behauptung eines historischen Ablaufs.

[116]   Zu einem solchen Verständnis von „rein" vgl. Joh 13,10.

[117]   Vgl. o. zu 1,6.

[118]   Da die Erwähnung des Taufens Jesu also nur die Funktion hat, den Eindruck einer Parallelität zu erwecken, die dann doch einer anderen Verhältnisbestimmung weichen muss, kann sie danach auch wieder ohne große Schwierigkeit durch die Aussage zurückgenommen werden, dass nicht Jesus selbst taufte, sondern seine Schüler (4,2), worin sich die tatsächliche Konkurrenz in der Gegenwart des Evangelisten zwischen johanneischer Gemeinde und Täufergemeinde widerspiegelt. Auch hier also ist Literarkritik überflüssig.

ist und die er jetzt noch einmal ausfüllt: Er ist der Zeuge. Doch der Beginn der Rede des Johannes geht in V.27 zunächst auf die zuletzt gemachte Aussage seiner Schüler ein, dass „alle" zu Jesus gingen. Er formuliert einen scheinbar allgemeingültigen Satz: „Ein Mensch kann sich aber auch nichts nehmen, wenn es ihm nicht vom Himmel gegeben wäre"[119]. Damit soll hier herausgestellt werden, dass Jesus kein Usurpator ist, der sich anmaßt und nimmt, was ihm nicht zukommt. Für Wiederholungslesende klingt dabei auch schon die später öfter gebrachte Aussage an, dass diejenigen, die zu Jesus kommen, ihm vom Vater gegeben sind[120].

Mit V.28 nimmt Johannes die Zeugenthematik zunächst so auf, dass seine Schüler 28 selbst ihm dafür Zeugen sind, wie er sich zu Jesus ins Verhältnis gesetzt hatte: Er ist nicht der Gesalbte, sondern der vor ihm her Gesandte[121]. Damit erinnert er an seine in Kap.1 vorgenommene Selbstbestimmung als Zeuge. Diese Zeugenschaft wird nun in V.29 in einem neuen Bild ausgeführt, das das Verhältnis zwischen Jesus und Johan- 29 nes mit dem zwischen dem Bräutigam und seinem Freund vergleicht.

Mit dem **Freund des Bräutigams** ist nicht irgendein Freund gemeint, sondern ein bestimmter, der eine institutionalisierte Funktion wahrnimmt: sein „Hochzeitsbeistand" (*schuschvín*). An einer Stelle der Mischna, die als Richter und Zeugen bei Prozessen in Geldangelegenheiten Personen wegen Befangenheit ausschließt und dazu auch „den Freund und den Feind" zählt, wird „der Freund" bestimmt als „sein Hochzeitsbeistand"[122]. Nach einer auf Rabbi Jehuda zurückgeführten Baraita, die in drei leicht variierenden Fassungen überliefert ist, stellte man früher in Judäa – im Unterschied zu Galiläa – zwei Hochzeitsbeistände auf, einen für den Bräutigam und einen für die Braut, die das Paar beim Eintritt unter den Baldachin überprüften und auch im selben Haus schliefen. Sie nahmen damit die Funktion von Zeugen wahr im Blick auf eine eventuell anstehende Jungfernschaftsklage[123]. An anderer Stelle ist in einem Gleichnis von dem Hochzeitsbeistand einer Königstochter die Rede, „in dessen Hand ihre Zeugnisse waren", nämlich die Beweise ihrer Unschuld[124]. In einem weiteren Gleichnis legt der Hochzeitsbeistand eines Mädchens, an dem der König als Braut Interesse hat, positiv für es Zeugnis ab[125]. Das Moment der Freude, das selbstverständlich zur Hochzeit überhaupt gehört, findet sich auch besonders bezogen auf den Hochzeitsbeistand. So wird als möglicher Ausspruch eines Bräutigams zitiert: „Gebt mir meinen Hochzeitsbeistand, damit ich mich mit ihm freue!"[126]

Der Freund, der hier den Hochzeitsbeistand bezeichnet, ist also ein besonders enger Freund des Bräutigams. Er tritt für ihn als Zeuge ein und teilt seine Freude. Dieser

---

[119] Deshalb „scheinbar", weil es ja doch auch den Dieb gibt, dessen „Nehmen" gewiss nicht durch den „Himmel", d.h. durch Gott, legitimiert werden soll. – Sehr ähnlich heißt es PsSal 5,3b: „Wer kann von allem, was Du gemacht, nehmen, wenn Du es nicht gäbest?" Diese Frage steht dort der Aussage parallel: „Niemand kann Beute nehmen von einem Mächtigen" (V.3a). Seinen spezifischen Sinn erhält der ganze Vers durch seinen Kontext.
[120] Vgl. 6,37.39.65; 10,29.
[121] An dieser Stelle klingt Mal 3,1 an.
[122] mSan 3,5.
[123] tKet 1,4 (ZUCKERMANDEL); jKet 1,1 (2b; Krotoschin 25a); bKet 12a.
[124] BemR 18,12 (Wilna 75a); Tan Korach 8 (275a); TanB Korach 22 (46b).
[125] Tan Vaetchanan 1 (311a); TanB Vaetchanan 2 (5a).
[126] bBB 144b.145a.

Freund steht dem Bräutigam außerordentlich nahe – aber er ist eben nicht der Bräutigam. „Der die Braut hat, ist der Bräutigam." In einem vergleichbaren Verhältnis sieht der Evangelist den Täufer Johannes zu Jesus stehen. Mit dem Bild vom Bräutigam und dessen Freund und damit von der Hochzeit hat er zugleich die messianische Dimension anklingen lassen, zumal mit der Verneinung des Johannes in V.28, selbst der Gesalbte zu sein, indirekt auf den verwiesen war, von dem die Leser- und Hörerschaft schon weiß, dass er bereits aufgetreten ist und wirkt. Im Text weiß das auch Johannes, so dass er – das Gleichnis vom Freund des Bräutigams direkt aufnehmend – von der Erfüllung seiner Freude sprechen kann.

Angesichts dessen, dass hier im Blick auf Jesus in messianischem Kontext von **erfüllter Freude** geredet wird, ist es hilfreich, einen kurzen Blick auf diesen Topos in der jüdischen Tradition zu werfen, um den johanneischen Text nicht zu vollmundig aufzunehmen. Im Psalmenmidrasch werden Ps 98,1 und Jes 42,10 so in Verbindung gebracht, „dass man in der kommenden Zeit ein Lied singen wird wegen der Hilfe an Israel. ‚Ihm half seine Rechte und sein heiliger Arm.' Rabbi Acha sagte: Solange wie Israel im Exil weilt, ist gleichsam die Rechte des Heiligen, gesegnet er, versklavt. Aber wenn die Israeliten befreit werden, siehe, was geschrieben steht: ‚Ihm half seine Rechte und sein heiliger Arm.'" Nach dem Zitat von V.3–7 des Psalms wird fortgefahren: „All das wegen des Exils Israels, um dich zu lehren, dass es keine vollkommene Freude gibt, bis die Israeliten befreit sind" (MTeh 98,1). Ein anderer Midrasch stellt fest: „Obwohl ein Mensch sich in dieser Welt freut, ist seine Freude nicht vollkommen." Das wird begründet und dann die Verheißung von Jes 25,8 zitiert, dass Gott den Tod auf immer verschlingt. „Zu der Stunde ist vollkommene Freude" (PesK Nispachim 2 [MANDELBAUM S.458]).

30   Die Aussage von V.30 – „Jener muß wachsen und ich kleiner werden" – ist sowohl Konsequenz der vorgenommenen Zuordnung von Johannes und Jesus als auch Überleitung zum nächsten und letzten Redeabschnitt des Johannes. Der, dessen Auftritt er vorzubereiten und dem er mit seinem Zeugnis beizustehen hatte, ist auf dem Plan; nun kann er seinerseits abtreten[127]. Zugleich kommt in diesem Satz das sachliche Verhältnis des Zeugen zum Bezeugten zum Ausdruck. Nicht zuletzt als Zeuge ist Johannes ja auch durch V.28f. wieder in den Blick gerückt worden. Der Zeuge, der zunächst die Szene betritt und mit seiner Person für sein Zeugnis einsteht, muss sich dann doch selbst überflüssig machen, um dem von ihm Bezeugten den Platz zu überlassen[128]. Will er wirklich Zeuge sein, darf er dem Bezeugten nicht im Wege stehen; er muss von der Bühne abtreten, um jenem Raum zu geben. Von daher ist es außerordentlich angemessen, dass das nun folgende letzte Redestück des Johannes (V.31–36) nichts enthält, was für seine Person spezifisch wäre, sondern genau so gut Jesusrede sein könnte. Auf diese Weise vermochte der Evangelist, es in aller Klarheit

---

[127]   Dem entspricht ja auch die Terminierung der Geburtstage beider in der kirchlichen Tradition. Nach dem des einen werden die Tage länger, nach dem des anderen kürzer. So schon AUGUSTIN, Vorträge 14,5; SPECHT S.241.

[128]   Auch der Hochzeitsbeistand ist überflüssig geworden, wenn Bräutigam und Braut sich haben und ihr Zusammenleben gut verläuft.

herauszustellen, dass der Zeuge letztlich den Bezeugten selbst zu Wort kommen lassen muss[129].

Anfang und Ende von V.31 heben mit fast denselben Worten die absolute Überlegenheit dessen hervor, der „von oben" bzw. „vom Himmel kommt". Vom Kontext her ist deutlich, dass damit Jesus als „der Sohn" gemeint ist. Dem entspricht es, wie er im Prolog als „das Wort" gekennzeichnet wurde und in 3,13 als „der Menschensohn, der vom Himmel herabgestiegen ist". Mit der Herkunftsangabe „von oben" bzw. „vom Himmel" – dass Jesus „aus Nazaret" kommt, ist für den Evangelisten selbstverständlich[130] – soll das Wirken Jesu, sein Reden, Handeln und Erleiden, in bestimmter Weise gekennzeichnet werden, dass es nämlich sozusagen die Qualität Gottes hat[131]. Das unterstreicht V.32a, der Jesus gleichsam als unmittelbaren Zeugen Gottes herausstellt, der „das bezeugt, was er gesehen und gehört hat". In die wiederholte Aussage von der geradezu himmelhohen Überlegenheit Jesu ist eingeschlossen: „Der von der Erde ist, ist von der Erde und redet von der Erde." Nach der im vorangehenden Kontext vorgenommenen zuordnenden Gegenüberstellung von Jesus und Johannes müsste nun bei diesem Gegenüber zu dem himmelhoch Überlegenen wiederum Johannes als der exemplarische Zeuge im Blick sein. Damit ist aber hier ein grundsätzliches Problem angesprochen: Der Zeuge ist „von der Erde" und kann als solcher gar nicht anders, als „von der Erde", also irdisch, zu reden. Und doch muss er Zeuge sein für einen, der nicht „von der Erde" ist, der als „der von oben Kommende" „das bezeugt, was er gesehen und gehört hat". Wie soll das gehen? Kein Wunder, dass „niemand sein Zeugnis annimmt". Auch das sozusagen unmittelbare Zeugnis Jesu selbst weist ja nicht seine himmlische Herkunft nach. Die Überlegenheit Jesu liegt nicht offen zutage, sondern ist im Gegenteil verborgen im Weg ans Kreuz. Wenn es doch welche gibt, die dieses Zeugnis annehmen, ist das nur als Wunder zu begreifen, als Wirken Gottes selbst: „Die sein Zeugnis annehmen, haben damit be-

31

32

33

---

129 Angesichts dieses klar erkennbaren kompositorischen Sinnes erscheint mir das – häufig zu Umstellungen führende – gängige Urteil, wie es etwa bei BECKER gefällt wird, nur als seltsam: „Unmöglich ist es jedoch schon auf den ersten Blick, sich 3,31–36 im Munde des Täufers vorzustellen" (Komm. 1,153). Manchmal empfiehlt sich eben doch mindestens ein zweiter Blick. Dass die Verse 31–36 an dieser Stelle passend stehen, vertritt auch DSCHULNIGG, Jesus 26f.33. „Der Täufer hat seinen Lauf in den christologischen Bekenntnissätzen 3,31–36 vollendet. Er ist vor dem wahren Licht zurückgetreten, das nun allein den Kosmos erhellt" (27).
130 Joh 1,45f.; vgl. 7,41f.51f.
131 Ähnlich wird in der Fortsetzung der o.S.72 wiedergegebenen Erzählung aus bSan 59b, dass die Dienstengel Adam Fleisch brieten, gesagt, dieses Fleisch sei „vom Himmel" herabgekommen. Auf die Frage, wo es denn solches Fleisch gebe, wird – gewiss nicht ohne Humor – eine kleine Geschichte erzählt: Rabbi Schim'on ben Chalafta begegnete unterwegs Löwen, die ihn anknurrten. Er zitiert Ps 104,21a, woraufhin zwei Oberschenkel vom Himmel herabkommen. Einen fressen die Löwen, einen lassen sie zurück. Den bringt der Rabbi ins Lehrhaus und fragt, ob er rein oder unrein sei. Die Antwort lautet: „Vom Himmel kommt keine unreine Sache herab." – Vor allem aber hat die Tora himmlische Qualität. „Die Worte der Tora sind vom Himmel gegeben" (SifDev § 343 [FINKELSTEIN/HOROVITZ S.399]; vgl. MMish 19,1). In PesR Hosafa 2 (FRIEDMANN 203a) wird Ps 19,2 („Die Himmel verkünden die Herrlichkeit Gottes") so ausgelegt: „Die Tora, die vom Himmel gegeben ist, sie verkündet die Herrlichkeit Gottes."

siegelt, dass Gott wahrhaftig ist" (V.33)[132]. Hinter dem hier mit „wahrhaftig" wiedergegebenen griechischen Wort *alethés* dürfte das hebräische Wort *ne'emán* stehen: Gott ist wahrhaftig, er ist treu und in seiner Treue wirksam. Die das Zeugnis annehmen und damit auf Gott ihr Vertrauen setzen, bestätigen so ihrerseits die Treue

34   und Wahrhaftigkeit Gottes, sind das lebendige Siegel darauf[133]. Gott wirkt durch seine Worte, die der von ihm Gesandte redet (V.34a). Wie noch oft im Evangelium gebraucht Johannes hier im Blick auf Jesus die Begrifflichkeit des Sendens. Der Gesandte ist ganz und gar und nur Beauftragter; er ist Bote. Er hat überhaupt keine eigene Autorität, aber in ihm ist sein Auftraggeber präsent. Wer ihn hört, hört den, der ihn so zu reden beauftragt hat, nimmt dessen Wort an oder verweigert sich ihm. In der Anwendung dieser Begrifflichkeit auf Jesus will Johannes also wiederum deutlich machen, dass im Reden Jesu Gott selbst zu Wort kommt[134]. Da Jesus zur Zeit der Abfassung des Evangeliums nicht mehr als Mensch unter Menschen lebt und also seinerseits auf Zeugen angewiesen ist, geht es genauer um das Reden Jesu, wie es Johannes als sein Zeuge im Evangelium formuliert. Dass Jesus – im Munde seiner Zeugen – Gottes Worte redet, was Annahme des Zeugnisses bewirkte, erläutert V.34b damit, dass Gott den Geist nicht knapp bemessen, sondern reichlich gibt. „Geist" wäre demnach die Wirksamkeit der von den Zeugen aufgenommenen Worte Jesu als Worte Gottes, was Menschen veranlasst, ihr Vertrauen auf Gott zu setzen.

35   V.35 geht von der Begrifflichkeit des Sendens wieder über zu der von Vater und Sohn, die dieselbe Funktion hat: „Der Vater liebt den Sohn und hat ihm alles in die Hand gegeben." Die Intention ist auch hier, die Präsenz Gottes in Jesus herauszustellen: Da der Vater, weil er den Sohn liebt, diesem alles in die Hand gegeben hat, ist auf ihn verwiesen, wer dem Sohn begegnet. Die Aussagen, dass der Vater den Sohn liebt und ihm alles in die Hand gegeben hat, bekommen ihr besonderes Profil, wenn der Blick auf den Sohn dessen ganzen Weg umfasst, wie er im Evangelium als Weg ans Kreuz beschrieben wird. In seiner Liebe ist sich Gott nicht zu schade, diesen niedrigen Weg mitzugehen[135] und damit der Macht der Mächtigen die Macht des Ohnmächtigen entgegenzusetzen. Wer „alles in seiner Hand" hat, hat alle Macht. Das

---

132   Vgl. dazu BARTH: „So einfach stehen eben die Dinge nicht Christus gegenüber, daß da etwa solche wären, die glauben, und Andere, die nicht glauben. Sondern immer wieder glauben Alle *nicht*, und dann ist es wie das Wasser, das aus dem vom Stabe des Mose berührten Felsen fließt: daß solche da sind, die glauben" (Johannes-Evangelium 232).

133   Dass die Erkenntnis des Zeugnisses der Schrift über Jesus den Glauben an ihn voraussetzt, wird von ORIGENES so zum Ausdruck gebracht: „Das ‚Sein Zeugnis nimmt niemand an' wollen wir auch anders auslegen: Wer die Schriften erforscht, findet, dass sie über Christus Zeugnis ablegen. Keiner von denen, die auf die jüdischen Schriften stießen, ohne sie zu prüfen, nahm das Zeugnis über ihn an. Allein wer sagen kann: 'Von dem Mose im Gesetz geschrieben hat und die Propheten, den haben wir gefunden: Jesus', nimmt das Zeugnis über ihn an und besiegelt, dass Gott wahrhaftig ist, weil er das Evangelium durch die Propheten vorausverkündigt hat" (Komm. Bruchstück 48, S.523).

134   Nach HAENCHEN kommt im Johannesevangelium „Jesus alle Bedeutung gerade deshalb zu, weil er nichts anderes sein will und ist als die Stimme und die Hand des Vaters" (Komm. 234).

135   Vgl. 10,17.

wird hier von dem gesagt, der am Ende seines Weges von Pilatus als dem Vertreter des imperialen Rom, der tatsächlich die Macht zu haben scheint, zum Tod am Kreuz verurteilt wird und der diesem – selbst ganz unten – doch in der Souveränität dessen gegenübertritt, der „von oben" kommt.

Zu dem Verhältnis von Gott und Jesus, wie es in V.34f. verstanden wird, gibt es eine strukturelle Analogie in der jüdischen Überlieferung im Blick auf das Verhältnis von Gott und Israel. Im Kontext der Aussage, dass Gott in seiner Gegenwart mit Israel in jedem Exil war und ist[136], dass er trotz der Unreinheit der Israeliten unter ihnen wohnt[137], wird von Rabbi folgendes Gleichnis erzählt: „Ein König sagte zu seinem Sklaven: Wenn du mich suchst, siehe, ich bin bei meinem Sohn. Jederzeit, da du mich suchst, siehe, ich bin bei meinem Sohn"[138]. Gott liebt Israel, seinen erstgeborenen Sohn, sein Volk, das er erwählt hat, und ist in seiner Mitte, auch im Exil. Wer Gott sucht, wende sich also an Israel. Wieder ist im Johannesevangelium auf Jesus konzentriert, was von Israel im ganzen gilt. Wieder sollten wir diese Konzentration nicht gegen Israel wenden. Das ist bei der Lektüre von V.36 zu beachten. Zunächst 36 wird positiv formuliert: „Die auf den Sohn vertrauen, haben ewiges Leben." Der Sohn weist auf den Vater zurück wie der Gesandte auf seinen Auftraggeber. Es gibt kein eigenständiges Vertrauen auf den Sohn; es ist nichts anderes als Vertrauen auf den Vater[139]. Wir müssen wahrnehmen, dass es in Israel Vertrauen auf den Vater gab und gibt, dass es dazu dort des Sohnes, der Jesus ist, nicht bedarf. Für uns Menschen aus den Völkern ist er es aber, durch den wir Vertrauen auf Gott gewinnen, ohne Jüdinnen und Juden werden zu müssen.

Am Schluss steht eine negative Aussage: „Die aber dem Sohn widerstreben, werden das Leben nicht sehen, sondern Gottes Zorn bleibt auf ihnen." Die Wendung vom „Zorn Gottes" begegnet im Johannesevangelium nur hier[140]. Sie bezeichnet das Gericht Gottes über die Verfehlungen der Menschen. Wer auf Jesus vertraut als „das Lamm Gottes, das die Sünde der Welt trägt" (1,29), ist dem Gericht entnommen. Wer Vergebung nicht beansprucht, steht noch unter dem Gericht. Auch hier sollten Christen wahrnehmen, dass es im Judentum bis in die Gegenwart Zuspruch von Gottes Vergebung gibt.

---

136 Vgl. dazu die o. zu 1,14 gebrachten Texte.
137 So wird hier Lev 16,16 verstanden.
138 SifBam § 161 (Horovitz S.223).
139 Vgl. o. zu V.16.
140 Frey, a.aO. (s.o. Anm. 72) 196f., weist darauf hin, dass sich diese Wendung sonst nur noch in SapSal 16,5; 18,20 findet. An der ersten Stelle wird Num 21,4–9 aufgenommen. Ob das den Schluss erlaubt, Johannes habe „die hellenistisch-jüdische Interpretation des Weisheitsbuches ... verarbeitet" (197), sei dahingestellt. Dass diese Beobachtung für die Interpretation von V.36 etwas austrage, zeigt Frey nicht auf.

III. Durchreise durch Samarien und Wirken in Galiläa (4,1–54)

Die Dauer des Wirkens Jesu in Judäa wird nicht festgelegt. Der darauf folgende Teil ist klar abgegrenzt durch die Einleitung in V.1–3, die den Ortswechsel Jesu von Judäa nach Galiläa motiviert, und die Schlussbemerkung in V.54, die auf diesen Ortswechsel zurückblickt. Dazwischen stehen zwei unterschiedlich lange Abschnitte, die wiederum durch Orts- und Zeitangaben voneinander abgehoben werden (V.4f.43). Das Schwergewicht dieses Teils liegt nicht auf dem Ziel der Reise, sondern auf einer Station der Durchreise durch Samarien. So erzählt der erste, längere Abschnitt in mehreren Szenen von einer Begegnung Jesu mit einer samaritischen Frau am Jakobsbrunnen bei Sychar und einem anschließenden zweitägigen Aufenthalt in dieser Stadt (V.4–42). Der zweite berichtet allgemein von der Aufnahme Jesu in Galiläa (V.43–45) und von einer Heilung, die er von Kana aus an einem Kranken in Kafarnaum vollbringt (V.46–54).

1. Einleitung: Aufbruch von Judäa nach Galiläa (4,1–3)

> 1 Als nun Jesus erfuhr, dass die Pharisäer gehört hatten: „Jesus macht mehr als Johannes zu Schülern und tauft sie" – 2 freilich taufte Jesus nicht selbst, sondern seine Schüler –, 3 verließ er Judäa und ging wieder weg nach Galiläa.

1–3 Diese Einleitung begründet, warum sich Jesus wieder von Judäa nach Galiläa begibt. Sie knüpft an die Parallelisierung seines Wirkens mit der des Johannes in 3,22–24 an und stellt – ohne darauf ausdrücklich Bezug zu nehmen – nebenbei im Zitat Dritter fest, dass die Ankündigung des Johannes von 3,30, Jesus müsse wachsen und er kleiner werden, schon Realität wird. Denn als Aussage „der Pharisäer" kommt Jesus zu Ohren[1]: „Jesus macht mehr als Johannes zu Schülern und tauft sie"[2]. Wenn das für

---

[1] Versteht man das *hóti* als rezitativ, ist die ausdrückliche Wiederholung des Subjekts „Jesus" notwendig und stört nicht. Die Ersetzung des ersten „Jesus" durch „der Herr" in zahlreichen Handschriften dürfte durch den Wunsch nach Variation motiviert sein.

[2] Zu der in V.2 in Parenthese gemachten Einschränkung, nicht Jesus selbst habe getauft, sondern seine Schüler, vgl. o. zu 3,22. – Die Wendung „zu Schülern machen" hat eine Analogie in einer auf Rabbi Akiva zurückgeführten Aussage: „Wenn du Schüler in deiner Jugend zustande gebracht hast, bringe (auch) Schüler in deinem Alter zustande (eine Variante bietet die Wendung ‚Schüler machen'), denn du weißt nicht, welchen von ihnen der Heilige, gesegnet er, dir zuschreibt, diesen oder jenen, und ob sie beide gleich gut sind" (BerR 61,3 [Theodor/Albeck S.660]). Nach ShemR 38,3 (Wilna 65d) „wird zum Schüler des Heiligen, gesegnet er, gemacht", wer daran

Jesus als Grund gilt, Judäa zu verlassen, wird hier zum ersten Mal angedeutet, dass dort der Aufenthalt für ihn gefährlich ist und dass die Ursache dafür „die Pharisäer" sind. Zu dieser Art der Darstellung kommt der Evangelist dadurch, dass Jesus schließlich in Jerusalem hingerichtet wurde – letztverantwortlich durch Pilatus, aber wahrscheinlich im Zusammenspiel mit führenden jüdischen Repräsentanten. Die bringt Johannes – historisch gewiss zu Unrecht – mit „den Pharisäern" in Zusammenhang, weil das Judentum, mit dem er in Auseinandersetzung steht, pharisäisch bestimmt ist.

2. Jesus auf der Durchreise in Samarien (4,4–42)

4 Er musste aber durch Samarien hindurchgehen. 5 Da kam er zu einer Stadt Samariens, die Sychar heißt, nahe dem Stück Land, das Jakob seinem Sohn Josef gegeben hatte. 6 Dort war die Jakobsquelle. Da setzte sich Jesus, abgemüht von der Wanderung, wie er war, an die Quelle. Es war um die sechste Stunde. 7 Eine Frau aus Samarien kam, um Wasser zu schöpfen. Jesus sagte ihr: Gib mir zu trinken! 8 Seine Schüler waren nämlich weggegangen in die Stadt, um Proviant einzukaufen. 9 Da sagte ihm die samaritische Frau: Wieso bittest du, obwohl du Jude bist, von mir zu trinken, die ich doch eine samaritische Frau bin? Juden haben nämlich keinen Umgang mit Samaritern. 10 Jesus antwortete und sprach zu ihr: Wenn du die Gabe Gottes känntest und wüsstest, wer es ist, der dir sagt: Gib mir zu trinken!, hättest du ihn gebeten, und er hätte dir lebendiges Wasser gegeben. 11 Die Frau sagte ihm: (Mein) Herr, du hast nicht einmal einen Schöpfeimer, und der Brunnen ist tief. Woher also hast du das lebendige Wasser? 12 Bist du etwa größer als unser Vater Jakob, der uns den Brunnen gegeben hat? Sowohl er selbst hat aus ihm getrunken als auch seine Söhne und seine Herdentiere. 13 Jesus antwortete und sprach zu ihr: Alle, die von diesem Wasser trinken, werden wieder Durst bekommen. 14 Diejenigen aber, die von dem Wasser trinken, das ich ihnen geben werde, werden nie mehr Durst bekommen, sondern das Wasser, das ich ihnen geben werde, wird in ihnen zu einer Quelle von Wasser, das zum ewigen Leben sprudelt. 15 Die Frau sagte zu ihm: Herr, gib mir dieses Wasser, damit ich keinen Durst mehr habe noch zum Schöpfen hierher komme! 16 Er sagte ihr: Geh, ruf deinen Mann, und komm hierher! 17 Die Frau antwortete und sprach zu ihm: Ich habe keinen Mann. Jesus sagte ihr: Recht hast du gesprochen: Ich habe keinen Mann. 18 Fünf Männer nämlich hattest du; und der, den du jetzt hast, ist nicht dein Mann. Das hast du treffend gesagt. 19 Die Frau sagte ihm: Herr, ich sehe, dass du ein Prophet bist. 20 Unsere Väter haben auf diesem Berg angebetet; und ihr behauptet: In Jerusalem ist der Ort, wo man anbeten muss. 21 Jesus sagte ihr: Glaube mir, Frau: Es kommt eine Zeit, da ihr weder auf diesem Berg noch in Jerusalem

arbeitet, dass gemäß Mal 2,7 Weisung (Tora) aus seinem Munde kommt. Vom „Zustandebringen" bzw. „Aufstellen" von Schülern ist die Rede in mAv 1,1 – an vielen Stellen wiederholt –, wo unter den drei Dingen, die die Männer der großen Versammlung sagten, an mittlerer Stelle steht: „Bringt Schüler in Menge zustande!"

den Vater anbeten werdet. 22 Ihr betet an, was ihr nicht kennt. Wir beten an, was wir kennen; denn die Rettung gibt es von den Juden her. 23 Aber eine Zeit kommt und ist jetzt, da die wahrhaftig Anbetenden den Vater in Geist und Wahrheit anbeten werden. Denn auch der Vater will solche, die ihn so anbeten. 24 Gott ist Geist; und die ihn anbeten, müssen in Geist und Wahrheit anbeten. 25 Die Frau sagte ihm: Ich weiß, dass der Messias kommt – d. h. der Gesalbte. Wenn der kommt, wird er uns alles vermelden. 26 Jesus sagte ihr: Ich bin's, der mit dir redet. 27 Und währenddessen kamen seine Schüler und wunderten sich, dass er mit einer Frau redete. Niemand jedoch sprach: Was willst du? Oder: Warum redest du mit ihr? 28 Da ließ die Frau ihren Wasserkrug stehen und ging weg in die Stadt und sagte den Leuten: 29 Geht hin, seht euch den Menschen an, der mir alles gesagt hat, was ich getan habe, ob der wohl der Gesalbte ist?! 30 Sie gingen aus der Stadt und kamen zu ihm. 31 In der Zwischenzeit baten ihn seine Schüler, sagten: Rabbi, iss! 32 Er aber sprach zu ihnen: Ich habe eine Speise zu essen, die ihr nicht kennt. 33 Da sagten die Schüler zueinander: Hat ihm etwa jemand zu essen gebracht? 34 Jesus sagte ihnen: Meine Speise ist, dass ich den Willen dessen tue, der mich geschickt hat, und sein Werk zu Ende führe. 35 Sagt ihr nicht: Noch vier Monate, dann kommt die Ernte? Siehe, ich sage euch: Macht eure Augen auf, und schaut auf die Felder: Sie sind reif für die Ernte. 36 Schon bekommt der Schnitter seinen Lohn und sammelt Frucht ein für das ewige Leben, damit der Sämann sich zugleich freue mit dem Schnitter. 37 Denn hier trifft der Spruch zu: Einer ist der Sämann und ein anderer der Schnitter. 38 Ich habe euch gesandt zu ernten, worum ihr euch nicht abgemüht habt. Andere haben sich abgemüht; und ihr seid in ihre Mühe eingetreten. 39 Aus jener Stadt setzten viele von den Samaritern ihr Vertrauen auf ihn um des Wortes der Frau willen, die bezeugt hatte: Er hat mir alles gesagt, was ich getan habe. 40 Als nun die Samariter zu ihm gekommen waren, baten sie ihn, bei ihnen zu bleiben; und er blieb zwei Tage dort. 41 Und noch viel mehr gewannen sie Vertrauen um seines Wortes willen; 42 und der Frau sagten sie: Nicht mehr um deiner Rede willen vertrauen wir; denn wir haben selbst gehört und wissen: Dieser ist wahrhaftig der Retter der Welt.

Dieses umfangreiche Stück scheint mehrere unterschiedliche Themen zu behandeln und manchmal abrupt von einem zum anderen überzugehen. Einer sorgfältigen Lektüre erschließt es sich jedoch als eine wohlüberlegte Komposition. Sie ist nicht nur durch die Lokalisierung in Samarien formal zusammengehalten; diese Lokalisierung hat auch entscheidende inhaltliche Bedeutung. Bewusste kompositorische Arbeit zeigt sich in der Verschachtelung der Szenen. Die erste und umfangreichste (V.4–30) erzählt von der Begegnung Jesu mit einer samaritischen Frau am Brunnen, während seine Schüler in der Stadt Proviant besorgen. Diese Frau wird genau das, was Jesus nach V.14 denen verheißt, die sich von ihm „lebendiges Wasser" geben lassen: „eine Quelle von Wasser, das zum ewigen Leben sprudelt". Sie gewinnt selbst Leben und wird für andere zur Lebensanstifterin. Bei der Rückkehr der Schüler verlässt sie den Brunnen und geht als Zeugin Jesu in die Stadt und veranlasst andere, zu Jesus hinauszuziehen. Die Zwischenzeit wird für die Leser- und Hörerschaft durch die zweite

Szene (V.31–38) überbrückt, in der Jesus mit seinen Schülern spricht. Deren Thematik bereitet die der dritten vor, die zugleich an den Schluss der ersten anschließt. Im Gespräch mit den Schülern wird eine Missionssituation skizziert, die in der letzten Szene (V.39–42) durch die zu Jesus kommenden Samariter – zunächst am Brunnen, dann in der Stadt – ihre konkrete Ausführung erhält. Deren abschließendes Bekenntnis zu Jesus als „dem Retter der Welt" in V.42 setzt in doppelter Hinsicht einen Schlusspunkt. Denn zum einen kann das ganze Stück auch unter der Frage gelesen werden, wer Jesus ist. Er ist „ein Jude" (V.9), „ein Prophet" (V.19), „der Messias" (V.25f.) und schließlich eben „der Retter der Welt" (V.42). Zum anderen bringt dieses Bekenntnis auf den Punkt, was die Geschichte erzählt. Die zu Jesus kommenden Samariter, die ja außerhalb Israels stehen, geben sich in ihm als Repräsentanten „der Welt" zu verstehen. Und so belegen sie, dass in dem Messias Jesus der Gott Israels rettend nach seiner Welt greift.

a) Begegnung Jesu mit einer samaritischen Frau (4,4–30)

Am Anfang dieses Abschnitts wird die Situation geschildert (V.4–7a), die formal und inhaltlich die Voraussetzung für alle Teile des folgenden Gesprächs bildet. Der Schlussabschnitt erzählt, dass die Frau vom Brunnen in die Stadt zurückkehrt und dort zur selbst noch nicht ganz überzeugten, aber doch erfolgreichen Zeugin Jesu wird (V.27–30). Das lange Gespräch dazwischen lässt sich durch seine thematischen Akzentsetzungen in drei Teile untergliedern: das lebendige Wasser (V.7b-15), das wunderbare Wissen Jesu (V.16–19), die wahre Anbetung (V.20–26).

    V.4 nennt die für den ganzen folgenden Zusammenhang entscheidende Voraussetzung: „Er musste aber durch Samarien hindurchgehen." Prinzipiell „musste" er das keineswegs. Denjenigen, die von Judäa nach Galiläa oder umgekehrt reisen wollten, boten sich drei Routen an: außer der durch Samarien die im Osten durch den Jordangraben oder die im Westen durch die Küstenebene[3]. Wer allerdings den schnellsten Weg nehmen wollte, „musste durch Samarien hindurchgehen"[4].   4

Die besondere Entwicklung Samariens gegenüber Judäa hat einerseits ihre Wurzeln in der imperialen assyrischen Politik, die in den zu Provinzen gemachten eroberten Gebieten durch Deportationen Mischbevölkerungen schuf – so auch in Samarien als dem Kernland des ehemaligen Nordreiches Israel nach dessen Zerstörung im Jahr 722 v.Chr. Zu einer akuten Trennung kam es aber erst in der frühen nachexilischen Zeit, als führende Jerusalemer

---

3   Vgl. dazu S. SAFRAI, Die Wallfahrt im Zeitalter des Zweiten Tempels, 1981, 134–140.
4   Das scheint auch der von galiläischen Festpilgern am meisten genutzte Weg gewesen zu sein. So schreibt Josephus: „Die Galiläer, die sich zu den Festen in der heiligen Stadt einstellten, hatten die Gewohnheit, durch das Gebiet von Samaria zu gehen" (Ant 20,118). In Vita 269 stellt er fest, dass durch Samaria reisen muss, wer von Galiläa aus schnell nach Jerusalem kommen will: „So ist es in drei Tagen möglich, von Galiläa nach Jerusalem einzukehren."

Kreise beim Bau des Tempels und der Mauer Jerusalems die Bewohner Samariens von der Mitarbeit ausschlossen und sich von ihnen abgrenzten. Das führte unter Rückgriff auf Dtn 11 und 27 und Jos 8 mit Erlaubnis eines Satrapen Alexanders des Großen schließlich zum Bau eines eigenen Heiligtums der Samariter auf dem Berg Garisim bei Sichem[5]. Die Samariter haben wie die Juden die Tora, die fünf Bücher Mose, als heilige Schrift; die weitere Entwicklung im Judentum, in der auch „die Propheten" und „die Schriften" kanonische Autorität gewannen, teilten sie nicht. Von der Makkabäerzeit an „tritt an die Stelle eines gemeinsamen Traditionsfundus gegenseitige Polemik"[6]. Die Feindseligkeiten erreichen ihren Höhepunkt, als Johannes Hyrkanos 129/128 v.Chr. den Tempel auf dem Berg Garisim zerstört[7]. Wahrscheinlich 109 v.Chr. fügte er der Stadt Sichem dasselbe Schicksal zu[8]. Auf der anderen Seite erzählt Josephus, dass – wahrscheinlich im Jahre 9 n.Chr. – Samariter im ganzen Tempelbereich in Jerusalem menschliche Knochen verstreuten, nachdem zu Beginn des Pessachfestes gewohnheitsgemäß kurz nach Mitternacht die Tempeltore geöffnet worden waren[9]. Die Voraussetzungen für ein sehr gespanntes Verhältnis zwischen Juden und Samaritern auch im 1. Jh. n.Chr. und danach waren also gegeben. Dennoch darf man nicht von durchgehender Feindschaft ausgehen. SAFRAI schreibt: „Die Halacha der tannaitischen Zeit betrachtet sie in der Regel als Juden; ihre rituelle Schlachtung ist anerkannt, ihr Wein zu trinken erlaubt, ihr ungesäuertes Brot koscher für Pessach, samaritanische Zeugen dürfen einen Scheidebrief unterzeichnen, Samaritaner werden zum Tischgebet zugezogen, und in bezug auf rituelle Reinheit gelten sie als zuverlässig. An vielen Punkten ist die übliche Auffassung, nach der die Samaritaner landläufig als Juden galten, in die gesetzlichen Bestimmungen eingegangen"[10]. Zwar gab es auch andere Einschätzungen. So wird von Rabbi Elieser die Aussage überliefert: „Wer das Brot der Samariter isst, ist wie einer, der Schweinefleisch isst"[11]. Das wird aber hier sofort von Rabbi Akiva relativiert; und an anderer Stelle hält Rabbi Schim'on ben Gamliel fest: „Mit jedem Gebot, das die Samariter als Brauch haben, nehmen sie es genauer als die Israeliten"[12].

Trotz der im ganzen positiven Einschätzung durch die Gelehrten ist es von den genannten Voraussetzungen her nicht verwunderlich, dass es immer wieder zu verbalen und auch handgreiflichen Auseinandersetzungen kam[13]. In dieser Hinsicht bildete ein Ereignis aus dem Jahr 52 n.Chr. einen Höhepunkt, als ein galiläischer Festpilger in Samarien erschlagen wurde, was zu jüdischen Vergeltungsaktionen gegen samaritische Dörfer führte. Der Fall wurde vor den Statthalter Syriens und schließlich sogar bis nach Rom vor Kaiser Claudius getragen[14].

5f. In V.5.6a wird der Ort des folgenden Geschehens beschrieben. Es ist ein geschichtsträchtiger Ort: die Senke zwischen den Bergen Garisim und Eval[15], nahe der alten

---

5   Vgl. dazu H.G. KIPPENBERG, Garizim und Synagoge, 1971, 57–59.
6   KIPPENBERG, a.a.O. 92.
7   Vgl. Josephus, Ant 13, 254–256.
8   Vgl. KIPPENBERG, a.a.O. 87.
9   Vgl. Ant 18,29f.
10 A.a.O. (Anm. 3) 113.
11 mShevi 8,10.
12 jPes 1,1 (2b; Krotoschin 27b).
13 Die Nachrichten darüber fasst SAFRAI in dem Satz zusammen: „Feindseligkeiten und Verbalinjurien waren sicherlich an der Tagesordnung" (a.a.O. 112).
14 Vgl. Josephus, Bell 2,232–246. Nach dem Parallelbericht in Ant 20,118–136, wurden „viele" Pilger umgebracht. – Zu den Samaritern im Ganzen vgl. den Quellenband von JÜRGEN ZANGENBERG: ΣΑΜΑΡΕΙΑ. Antike Quellen zur Geschichte und Kultur der Samaritaner in deutscher Übersetzung, Tübingen 1994.
15 Dtn 11,29f.; 27,11–26; Jos 8,30–35.

Stadt Sichem, wo Jakobs Tochter Dina vergewaltigt worden war und ihre Brüder Simeon und Levi blutige Rache genommen hatten (Gen 34). Das zerstörte Sichem wird im Text aber nicht erwähnt, sondern „eine Stadt Samariens, die Sychar heißt". Sie hatte wahrscheinlich Bedeutung in der Zeit nach der Zerstörung Sichems, bis dieses 72 n.Chr. als römische Kolonie Flavia Neapolis – diese Bezeichnung ist noch im heutigen arabischen Stadtnamen „Nablus" erhalten – wieder neu gegründet wurde[16]. Neben den impliziten biblisch-geschichtlichen Hinweisen auf Sichem und die Berge Garisim und Eval wird eine ausdrückliche Anmerkung dieser Art zu Sychar gegeben: „nahe dem Stück Land, das Jakob seinem Sohn Josef gab". Das bezieht sich auf Gen 33,19; 48,22 und Jos 24,32. Nach der letztgenannten Stelle wurde Josef hier begraben; und ein Josefsgrab wird bis heute dort gezeigt[17]. „Dort war die Jakobsquelle"[18]. Diese Bezeichnung hat keinen biblischen Anhalt, beruht aber auf alter Tradition, wie schon der Text des Johannesevangeliums (V.12) zeigt. Es handelt sich um einen Brunnen, der nicht vom Regen, sondern vom Grundwasser gespeist wird, also „lebendiges Wasser" hat.

Dieser Brunnen ist nun der Ort, an dem sich Jesus, „abgemüht von der Wanderung", niederlässt. „Es war um die sechste Stunde", also die Zeit des hohen Mittags. „Eine Frau aus Samarien kam, um Wasser zu schöpfen." Später wird deutlich, dass 7 die Frau aus Sychar kommt. Doch steht hier zunächst die weitere Ortsangabe „aus Samarien". Es ist der Geschichte also wichtig, die Frau von vornherein als Samariterin zu charakterisieren. So naheliegend es ist, dass ein Wanderer sich in der Mittagszeit an einem Brunnen niederlässt und ausruht, so ungewöhnlich ist das Wasserschöpfen um diese Tageszeit durch eine einzelne Frau.

Wasser zu **schöpfen**, ist schon nach den biblischen Zeugnissen Arbeit der Frauen, vor allem der zu heiratsfähigem Alter heranwachsenden Mädchen. Diese Arbeit wird am Morgen und Abend verrichtet. So wartet Elieser, der Knecht Abrahams, bei der Brautsuche für Isaak „außerhalb der Stadt am Wasserbrunnen in der Abendzeit zur Zeit des Kommens der Schöpferinnen" (Gen 24,11). Er vermutet zu Recht, dass „die Töchter der Leute der Stadt kommen werden, um Wasser zu schöpfen" (V.13). Nach 1Sam 9,11 begegnete Saul, als er zu Samuel in die Stadt ging, „Mädchen, die herauskamen, um Wasser zu schöpfen". Vorgestellt ist hier

---

[16] Vgl. K. ELLIGER, Art. Sychar, BHH 3, 1896. – Möglicherweise ist Sychar mit dem mMen 10,2 genannten עֵין שׁוֹכֵר identisch; parr. jSheq 5,1 (21b; Krotoschin 48d); bMen 64b; bSot 49b. Vgl. SCHLATTER, Johannes 114.

[17] Nach Gen 33,19 und Jos 24,32 hat Jakob das Stück Land gekauft; nach Gen 48,22 sagt er: „Ich habe es genommen aus der Hand des Amoriters mit meinem Schwert und mit meinem Bogen." Ein Teil der rabbinischen Tradition interpretiert die Gewaltaussage um. In MekhJ Beschallach (Wajehi) 2 (HOROVITZ/RABIN S.92) heißt es in einem Kontext, der vom Bittgebet als dem „Handwerk" der Väter Israels spricht im Blick auf Gen 48,22: Hat denn Jakob Sichem „etwa mit seinem Schwert und seinem Bogen genommen? Vielmehr, um dir zu sagen: ‚Mein Schwert', das ist das Gebet, ‚mit meinem Bogen', das ist das Bitten." In der Parallelstelle bBB 123a wird das zusätzlich mit Ps 44,7 begründet. Die Brücke bildet der lautliche Anklang im Hebräischen von „mit meinem Bogen" (*bekaschtí*) und „Bitte" (*bakascháh*).

[18] Auch das ist ein Ort, der bis heute gezeigt wird. Zum lokalen Bereich vgl. die Karte in BHH 3, 1782 und Tafel 55a.

die Zeit am Morgen[19]. Dasselbe Bild bietet die jüdische Tradition. So heißt es in ShemR 1,12 (SHINAN S.54) von den Frauen der Israeliten in Ägypten: „In der Stunde, da sie Wasser zu schöpfen pflegten"[20]. Gedacht ist an dieser Stelle am ehesten an die Abendzeit. „Frauen, die mit ihren Krügen Wasser schöpfen", brauchen am Festtag ihre Arbeit nicht anders zu verrichten als sonst (bShab 148a.b; bBez 30a). Ein Rabbi, der 13 Jahre im Lehrhaus war, findet seine inzwischen heiratsfähig gewordene Tochter an der Stelle, wo die Frauen Wasser schöpfen[21]. Aus bNid 48b ergibt sich, dass das Wasserschöpfen eine Arbeit für „die Töchter der Armen" war, nicht aber für „die Töchter der Reichen".

Als wer ist die samaritische Frau vorgestellt, wenn sie zu ungewöhnlicher Zeit allein zum Wasserschöpfen kommt? Als ein weiterer ungewöhnlicher Zug kommt noch hinzu, dass der Fortgang der Erzählung sie als nicht mehr junge Frau erweisen wird[22]. Wenn eine Frau so handelt, tut sie es nicht aus freien Stücken, sondern weil sie in irgendeiner Weise dazu gezwungen ist. Dass sie als Sklavin vorgestellt sei, wird durch ihr anschließendes freies Handeln nicht gerade wahrscheinlich gemacht. Eher soll bei ihr wohl an eine Lohnarbeiterin gedacht werden. Auf alle Fälle lebt, wer so zu handeln gezwungen ist, in einer bedrückenden sozialen Situation[23]. Die Fortsetzung der Geschichte wird jedoch zeigen, dass die Frau zu ungewöhnlicher Zeit genau richtig kommt. Die Zeitangabe „um die sechste Stunde" bildet so auch ein Gegenstück zu der von 3,2, dass Nikodemus „nachts" zu Jesus kam[24].

Jesus bittet die Frau: „Gib mir zu trinken!" (V.7b) Er spricht eine elementare menschliche Bitte aus, die seinem vorher beschriebenen Zustand der Erschöpfung entspricht. Er sitzt zwar am Brunnen, aber ohne Schöpfgerät kommt er nicht an das Wasser tief unten heran (V.11). Die Frau kann ihm helfen. Bevor der Evangelist die

8 Reaktion der Frau erzählt, fügt er in V.8 eine Bemerkung ein, die das Alleinsein Jesu am Brunnen begründet. Vorher waren in V.2 seine Schüler erwähnt worden, die dann auch wieder für die Szene in V.31–38 gebraucht werden. Von ihnen heißt es nun, dass sie in die Stadt gegangen waren, „um Proviant einzukaufen"[25]. Daher ist nun Jesus allein mit der Frau am Brunnen. Es wird nicht erzählt, dass sie seiner Bitte entspricht. Das Problem der Erschöpfung Jesu gerät aus dem Blick, weil der Evangelist

9 Wichtigeres zu erzählen hat. Die Frau reagiert auf die Bitte Jesu, indem sie ihrer

---

19   Im Blick auf eine Quelle bei Jericho schreibt Josephus: „Man schöpft das Wasser vor Sonnenaufgang" (Bell 4,472).

20   Hier sind es um der Absicht der Erzählung willen die verheirateten Frauen, die Wasser schöpfen. Vgl. die Parallelen in bSot 11b; Tan Pekudej 9,1 (Wilna 176b).

21   WaR 21,8 (MARGULIES S.485); nach der Parallelstelle bKet 62b war er zwölf Jahre fort.

22   Nach V.18 war sie fünfmal verheiratet.

23   Darauf hat nachdrücklich LUISE SCHOTTROFF hingewiesen: Die Samaritanerin am Brunnen (Joh 4), in: RENATE JOST/R. KESSLER/C.M. RAISIG (Hg.), Auf Israel hören. Sozialgeschichtliche Bibelauslegung, 1992 (115–132), 119–122. Wesentliche Thesen dieses wichtigen Beitrags nehme ich in der Kommentierung von Joh 4 auf. – Die Tagelöhner im Gleichnis von Mt 20,1–16 sagen nach V.12: „Wir haben die Last des Tages und *die Hitze* getragen."

24   Auch in sozialer Hinsicht steht der „Ratsherr" der Wasserträgerin antithetisch gegenüber. Zu Nikodemus und der Samariterin als Gegenfiguren vgl. zusammenfassend u. zu V.26.

25   Es ist also Geld in der Gruppe vorausgesetzt, allerdings nicht in großer Menge (6,5). Vgl. zu 12,6.

Verwunderung Ausdruck gibt. Sie geht sofort auf den Punkt ein, den die Geschichte von vornherein im Blick hatte, als sie in V.4 die Notwendigkeit des Durchzugs durch Samarien betonte, in V.5 Sychar als „Stadt Samariens" benannte und in V.7 die Frau „aus Samarien" kommen ließ, nämlich den Gegensatz von Juden und Samaritern: „Wieso bittest du, obwohl du Jude bist, von mir zu trinken, die ich doch eine samaritische Frau bin?" (V.9) Hier ist zunächst festzuhalten, dass Jesus als Jude angesprochen wird. Das nimmt er in eigener Rede in V.22b auf, indem er sich gegenüber den Samaritern mit allen anderen Juden in einem gemeinsamen Wir zusammenfasst. Nach 7,41.52 stammt Jesus aus Galiläa; aber er ist nichtsdestoweniger Jude[26]. Wie die Geschichte die Reaktion der Frau erzählt, setzt sie voraus, dass diese von anderen Erfahrungen mit galiläischen Festpilgern wusste. Solche Leute gab es auch, die stolz oder ängstlich jeden unnötigen Kontakt mieden und sich in dieser Situation gar gesagt hätten: Eher verdurste ich, als dass ich von einer Samariterin etwas annehme! Schließlich weist die ausdrückliche Setzung von *gyné* („Frau") neben *samarítis* sowohl in der Einleitung als auch in der Rede darauf hin, dass auch der Gegensatz von Mann und Frau als ein Nebenaspekt mit im Blick ist[27].

Zum Hauptaspekt, der Gegnerschaft von Juden und Samaritern, gibt der Evangelist am Schluss von V.9 eine erläuternde Anmerkung: „Juden haben nämlich keinen Umgang mit Samaritern." Diese Aussage darf nicht verabsolutiert werden. Sie weist lediglich auf den oben im Exkurs beschriebenen traditionellen Gegensatz und seine akuten Ausprägungen hin, meint aber nicht totale Isolierung voneinander. Schließlich hatte ja gerade auch V.8 gesagt, dass Jesu Schüler zum Einkaufen nach Sychar gegangen waren[28].

Indem die samaritische Frau ihrer Verwunderung Ausdruck gibt, lässt sie sich auf ein Gespräch mit diesem Juden ein – ein Gespräch, in dem sie sich dann noch mehr verwundern wird. Dazu gibt er ihr gleich Anlass. Was Jesus ihr jetzt sagt, wird in V.10 mit doppeltem Prädikat betont eingeführt. Das Gespräch nimmt nun eine eigenartige Wendung. Der eben noch um einen Trank Bittende wird selbst zu einem, der einen Trank anbietet; und die, die gebeten worden war, sollte eigenlich ihrerseits gebeten haben: „Wenn du die Gabe Gottes känntest und wüsstest, wer es ist, der dir sagt: Gib mir zu trinken!, hättest du ihn gebeten, und er hätte dir lebendiges Wasser gegeben." „Die Gabe Gottes" wird ganz eng mit dem hier Sprechenden verbunden. Mit der Wendung „wer es ist, der dir sagt" wird eine Frage formuliert, die den ganzen

10

---

[26] Hier in 4,9 wird Jesus von einer Samariterin als Jude angeredet; nach 8,48 wird er von „den Juden" als „Samariter" beschimpft.

[27] Dieser Aspekt wird zu V.27 weiter zu besprechen sein.

[28] Sie unterscheiden sich darin nicht von anderen Festpilgern. Ohne Kontaktaufnahme im Blick auf Beherbergung und Verpflegung war ein Durchzug durch Samarien gar nicht möglich. Von daher scheint mir die zuletzt von THOMAS vertretene These, der Satz in 4,9 meine, „die johanneischen ‚Juden' gebrauchen keine Schüsseln zusammen mit ihnen (den Samaritern)" (Gospel 165–169 [das Zitat S.169]), nicht wahrscheinlich zu sein.

Abschnitt von V.4 bis V.42 bestimmt und zusammenhält. *Eine* Antwort ist schon gegeben worden: Er ist Jude. Das ist eine zutreffende Antwort, die keinen Augenblick vergessen werden darf. Aber damit ist natürlich auch noch nicht alles über Jesus gesagt. Das zeigt ja schon die Platzierung der Frage an dieser Stelle, nachdem die Frau Jesus bereits als Juden angesprochen hat.

Der Zusammenhang zwischen dem Wissen um die Gabe Gottes und um die Identität Jesu dürfte so gedacht sein, dass die Kenntnis der Identität dieses Juden zugleich die Kenntnis der Gabe Gottes erschließt. Das hieße, dass sich Gott in Jesus präsent macht, sich in ihm schenkt. Das führt der Text in dem durch den Ort der Erzählung und die vorangehende Bitte Jesu vorgegebenen Bildbereich aus. Die von Jesus verheißene Gabe, in der sich Gott selbst schenkt, wird als „lebendiges Wasser" bezeichnet. In Jer 2,13 gilt Gott selbst als „Quelle lebendigen Wassers" im Gegensatz zu „brüchigen Zisternen, die das Wasser nicht halten". Wer sich an Gott hält und nicht an Götzen, hat Leben. Mit der Gabe „lebendigen Wassers" wird die Gabe wirklichen Lebens assoziiert.

11   Die folgende Antwort der Frau in V.11 wie auch ihre Bitte in V.15 sind in der Regel so interpretiert worden, als habe sie Jesus missverstanden. Sie denke nur vordergründig an das Wasser im Brunnen, begreife aber nicht die metaphorische Dimension des Redens Jesu. Die Signale des Textes weisen allerdings in eine ganz andere Richtung und zeigen, dass die Frau sehr wohl versteht[29]. Sie hat durchaus den hohen Anspruch in Jesu Worten vernommen. Den konfrontiert sie mit der Situation, in der sie Jesus vorgefunden hat: ein erschöpfter Wanderer, der nicht in der Lage ist, sich auf der elementarsten Ebene selbst zu helfen: „Mein Herr, du hast nicht einmal einen Schöpfeimer, und der Brunnen ist tief"[30].

Dass die Frau richtig verstanden hat und angemessen weiterzufragen versteht, zeigt sich daran, dass sie anschließend Jesus eben nicht fragt, wie er denn nun das Brunnenwasser schöpfen wolle. Ihre Frage lautet vielmehr: „Woher also hast du das lebendige Wasser" – von dem du gesprochen hast und das mehr und etwas anderes sein will als das Wasser aus diesem Brunnen? Sie stellt damit keine dumme, sondern die richtige Frage. Nach der Verbindung, die Jesus in V.10 zwischen sich, der Gabe Gottes und dem lebendigen Wasser hergestellt hatte, ist das ja zugleich die Frage

---

[29]   Es ist das Verdienst von SCHOTTROFF, aufgezeigt zu haben, dass die samaritische Frau keineswegs als bloße „Stichwortgeberin" für das Reden Jesu funktioniert – so wenig wie sie als „Flittchen" vorgestellt ist. Sie spielt vielmehr eine entscheidende, eine verstehende Rolle; vgl. SCHOTTROFF, a.a.O. (Anm. 23) 115–119. Bei LUTHER findet sich eine positive Sicht der Samariterin: „Obwohl es (,das feine Fräulein') sich zuerst hart stellt, so wird sie doch, da sie so fein predigt, bekehrt ..." (Evangelien-Auslegung 4, 179). „Aber das Weiblein ist nicht halsstarrig, hatte auch nicht einen hartnäckigen Kopf, daß man sie nicht hätte zurechtbringen können" (180).

[30]   Die Konstruktion mit οὔτε ... καί wäre nach BDR § 445,3 so wiederzugeben: „einerseits hast du kein Schöpfgefäß, andererseits ist ...". Dem entspricht die o. vorgenommene Übersetzung sinngemäß.

nach dem Woher Jesu, um die es im Evangelium immer wieder geht[31]. Die weitere
Frage der Frau in V.12 bestätigt, dass sie aus Jesu Rede einen hohen Anspruch her- 12
ausgehört hat. Den konfrontiert sie jetzt mit dem Stammvater, dessen Name mit diesem Ort verbunden ist: „Bist du etwa größer als unser Vater Jakob?" Diese Frage ist
aus ihrer Sicht selbstverständlich zu verneinen; und sie kann das auch begründen.
Immerhin hat Jakob „uns den Brunnen gegeben. Sowohl er selbst hat aus ihm getrunken als auch seine Söhne und seine Herdentiere", während Jesus erschöpft dasitzt
und nichts dergleichen vermag.

Die Antwort Jesu wird wiederum gewichtig eingeleitet. Er formuliert in V.13 zu- 13
nächst eine Selbstverständlichkeit, die das, was Jakob getan hat, relativieren soll.
Was die Frau für unmöglich hielt, dass Jesus größer sei als Jakob, wird aufgenommen. Die Vorbereitung dazu erfolgt hier: „Alle, die von diesem Wasser trinken, werden wieder Durst bekommen." Indem so formuliert wird, kommt ein anderes Wasser
in den Blick, das den „Durst", den Lebensdurst, wirklich löscht. So heißt es am Beginn von V.14: „Diejenigen aber, die von dem Wasser trinken, das ich ihnen geben 14
werde, werden nie mehr Durst bekommen." Hier wird Stillung des Lebensdurstes
verheißen – nicht durch Übersättigung und Saturiertheit, sondern durch wirkliches
Leben. Die unersättliche Gier nach Leben, die nie genug bekommen kann, soll ein
Ende haben. Es soll Schluss sein mit den ständigen Lebensenttäuschungen, die es
nicht zulassen, dass wirkliches Leben sich vollzieht.

Bild und Sache werden in V.14b noch darüber hinaus geführt, indem von den
Empfängern dieses Wassers ausgesagt wird, dass sie selbst zur Quelle werden, die
ihrerseits Wasser hervorsprudeln lässt, das gültiges, bleibendes Leben hervorruft:
„Das Wasser, das ich ihnen geben werde, wird in ihnen zu einer Quelle von Wasser,
das zum ewigen Leben sprudelt." Als Quelle solchen Wassers wird ein Mensch zum
Lebensanstifter für andere[32]. Die weitere Erzählung zeigt, dass die samaritische Frau
genau diese Rolle übernehmen wird. Auch diese Beobachtung spricht entschieden
dagegen, in ihr diejenige zu sehen, die töricht missversteht. Das in V.14b gebrauchte
Bild kann gar nicht isoliert auf den Einzelnen bezogen gedacht werden. Dass eine
Quelle nur für sich selbst da wäre, ist absurd. Es kommen also von diesem Bild her
sofort andere in den Blick, mit denen zusammen Leben gewonnen wird. Es kommt
die Dimension der Gemeinde in den Blick. Das wird noch deutlicher, wenn hier auf
Jes 58,11 angespielt ist. Dort wird dem Volk verheißen, „wie eine Wasserquelle" zu
sein, „deren Wasser nicht trügt". Und diese Verheißung gilt für eine Gemeinschaft
befreiter und einander solidarischer Menschen: „Wenn du aus deiner Mitte Unter-

---

31 Ist er von Gott – oder kommt er einfach nur aus Nazaret? Was ist der Ursprung seines Redens
    und Wirkens? Vgl. 7,27–29; 8,14; 9,29f.; 19,9.
32 Vgl. SCHOTTROFF a.a.O. (Anm.23) 125. Zu dieser Stelle zitiert ORIGENES zustimmend Herakleon:
    „Recht überzeugend hat er das ‚Sprudelnd' erklärt, dass nämlich diejenigen, die reichlich Anteil
    bekommen an dem von oben Gewährten nun auch selbst das ihnen Gewährte herausströmen las-
    sen zum ewigen Leben anderer" (Komm. XIII 10, S.62).

jochung entfernt, Fingerzeigen und üble Nachrede, den Hungrigen den Bedarf deiner Kehle zubilligst, die darbende Kehle sättigst" (V.9f.).

Das Bild vom Trinken von Wasser für den Empfang von Lehre findet sich auch in der rabbinischen Tradition. Nach mAv 1,4 sagt Jose ben Joeser: „Dein Haus sei Versammlungshaus für die Weisen, bestäube dich mit dem Staub ihrer Füße und trinke mit Durst ihre Worte!" Zwei Schüler sagen zu Rabbi Jehoschua: „Deine Schüler sind wir und trinken von deinem Wasser" (bHag 3a). Ganz nah bei dem Bild von Joh 4,14b ist es, wenn Rabban Jochanan ben Sakkaj seinen Schüler Elasar ben Arach als „eine Quelle, die sich verstärkt", charakterisiert (mAv 2,8). Das ist weiter ausgeführt in ARN (A) 14 (SCHECHTER 29b). Danach „nannte er ihn strömenden Bach und Quelle, die sich verstärkt, denn ihre Wasser verstärken sich und treten nach außen heraus, um zu erfüllen, was gesagt ist: ‚Überfließen mögen deine Quellen nach draußen und auf die Gassen die Wassergräben' (Spr 5,16)."

15 Auf die von Jesus gegebene Verheißung des den Durst löschenden Wassers reagiert die Frau in V.15 mit der Bitte um eben dieses Wasser: „Herr, gib mir dieses Wasser, damit ich keinen Durst mehr habe noch zum Schöpfen hierher komme!" Man muss die Frau nicht für dumm erklären, als meine sie, Jesus habe ihr ein Wunderwasser angeboten, das – wenn es einmal im Krug ist – diesen nie mehr leer werden lasse[33]. Sie hat vorher schon zu viel verstanden, um so missverstehen zu können. Man kann den Text auch ganz anders lesen, nämlich so, dass sie versteht und sich sagt: „Ja, das wär's! Den Durst stillen. Den Lebensdurst wirklich stillen. Schluss mit den ständigen Lebensenttäuschungen. Schluss mit dieser harten Arbeitsfron, die nur gerade das Überleben rettet. Wirklich *leben* können. Ein eigener Mensch sein. Selbst Quelle werden, die andere zum Leben anstiftet. Mit ihnen zusammen ein Leben haben, das diesen Namen verdient. Ja, das wär's!" Und so nimmt sie Jesus beim Wort und bittet ihn um dieses Wasser. Sie tut damit genau das, wozu er sie in V.10 indirekt aufgefordert hatte. Sie will Wasser, das den Lebensdurst stillt. Dazu gehört offenbar, dass sie aus ihrem bisherigen, sie isolierenden Lebenszusammenhang herauskommt. Deshalb will sie nicht mehr um die Mittagszeit zur Jakobsquelle gehen müssen. So lässt sie dann ja auch nach V.28 ihren Krug zurück.

16 Setzt man so an, muss man auch die folgende Aufforderung Jesu in V.16 nicht als abrupten Übergang zu einem völlig anderen Thema verstehen, womit nur irgendwie das Stichwort „Prophet" erreicht werden solle. Vielmehr ist diese Aufforderung genau der Beginn dessen, dass Jesus ihrer Bitte entspricht und ihr „das lebendige Wasser" gibt: „Geh, ruf deinen Mann und komm hierher!"[34] Das ist nicht die Einleitung zu einer bloßen Selbstdarstellung Jesu. Im Kontext gelesen, besagt diese Aufforderung, dass der nicht gestillte Lebensdurst der Frau zu tun hat mit den Beziehungen

---

33 So wird durchgängig interpretiert. Mit dieser Tradition hat SCHOTTROFF a.a.O. (Anm. 23) zu Recht gebrochen. Die gängige Auslegung ist nicht in der Lage, einen Zusammenhang zwischen V.7–15 und V.16–19 zu erkennen und sieht nur einen abrupten Themenwechsel, für den dann auch noch literarkritische Hypothesen herhalten müssen.

34 „Diese neue Initiative ist seine Antwort auf ihre Bitte" (SCHOTTROFF a.a.O. [Anm. 23] 124).

oder Nicht-Beziehungen, in denen sie lebt oder zu leben gezwungen ist. Die Aufforderung Jesu beantwortet sie in V.17a mit einer sehr kurzen und sehr schlichten Fest- 17f.
stellung: „Ich habe keinen Mann." Diese Antwort der Frau wird allerdings sehr gewichtig eingeleitet, wie das vorher zweimal (V.10.13) mit der Rede Jesu geschehen
ist. Das kann kaum bedeutungslos sein. Mit ihrer Feststellung erfolgt nämlich ein
erstes Stück Loslösung aus ihrem bisherigen Lebenszusammenhang. Sie distanziert
sich davon, worin sie – wie das Folgende zeigt – faktisch lebt.

Die Antwort Jesu in V.17b.18 bestätigt die Frau, lässt sie aber zugleich erkennen,
dass er weiß, was hinter ihrer Aussage steht: „Recht hast du gesprochen: Ich habe
keinen Mann. Fünf Männer nämlich hattest du; und der, den du jetzt hast, ist nicht
dein Mann. Das hast du treffend gesagt."

Der Beginn der Antwort Jesu mit **kalós eípas** entspricht genau der in rabbinischen Texten
häufigen Wendung *jaféh amárt(a)* („Gut bzw. schön hast du gesagt"). Sie dient als Bestätigung, auch als Lob, kann aber auch ironisch verstanden sein. Die Struktur der Antwort Jesu
– Bestätigung der Aussage der Gesprächspartnerin, deren Wiederholung und enthüllende
Weiterführung – hat eine Entsprechung in EkhaR 1,19 (Wilna 12c): „Eine Geschichte über
Rabbi Jehoschua, der des Weges ging. Er traf einen Menschen, der des Weges ging. Er sagte
zu ihm: Was tust du da? Der sagte zu ihm: Ich gehe des Weges. Er sagte zu ihm: Schön hast
du gesagt, dass du des Weges gehst. Ihn haben Räuber gebahnt, wie du einer bist"[35]. Die
Wiederholung der Bestätigung am Ende von Joh 4,18 mit anderen Worten könnte als Steigerung der Ironie gelesen werden. Aber der Fortgang der Erzählung macht es wahrscheinlicher, dass die Frau darin bestärkt werden soll, ihre eigene Aussage ernst zu nehmen.

Was Jesus über die Frau sagt, wirft weiteres Licht auf ihre schwierige Lebenssitua-
tion. Da der Mann, den sie jetzt hat, ausdrücklich als ihr Nicht-Mann benannt wird,
gelten die fünf vorher als Ehemänner. Die hatte sie natürlich nacheinander. Eine solche Folge ist denkbar durch Tod von Ehemännern[36] oder durch Entlassung der Frau
aus der Ehe[37]. In jedem Fall ist es für eine Frau, die verheiratet war, erstrebenswert,
wieder durch eine Ehe abgesichert zu sein. Dass die Chancen dafür nach mehreren
Ehen – und mit zunehmenden Jahren – sinken, liegt auf der Hand. Die Frau lebt nach
den fünf Ehen in einem nicht legalisierten Verhältnis mit einem Mann, der ihr also

---

[35] Der Text bei BUBER 28a weicht ab; hier lautet das Schlusswort: „Schön hast du (es) gesagt. Denn
andere hatten ihn schon gebahnt, die mehr sind als du." Vgl. auch das Gespräch zwischen Pharao
und Mose in ShemR 18,1 (Wilna 33d).
[36] Biblisch begründet ist das Institut der Leviratsehe, nach dem bei kinderlos gebliebener Ehe der
Bruder des Verstorbenen dessen Frau heiraten muss, wobei der erste Sohn aus dieser Ehe als
Sohn des Verstorbenen gilt. Auf dieses Institut bezogen wird Mk 12,20–22 der Fall einer Frau mit
sieben aufeinander folgenden Ehen konstruiert. Nach Gen 38,11 weigert sich Juda, seinen dritten
Sohn der Tamar als Mann zu geben, nachdem bereits zwei als ihre Ehemänner gestorben sind.
[37] BILLERBECK behauptet als jüdisch-rabbinische Ansicht: „Eine Frau sollte sich nur zweimal, höchstens dreimal verheiraten" (Bill. II 437). Er beruft sich dafür auf bJev 64b. Dieser Text
rechtfertigt aber nicht die zitierte allgemeine Aussage. Dort und im weiteren Kontext bis 65b geht
es um eingegrenzte Fälle.

den Schutz einer Ehe verweigert[38]. Die von ihr schon in V.17a vorgenommene Distanzierung von ihm ist durch die aufdeckende Rede Jesu bestärkt worden. Er rückt danach nicht mehr ins Blickfeld. Die Sache mit ihm ist abgetan. Die Distanzierung, wie immer halbherzig sie zunächst von der Frau ausgesprochen worden sein mag, ist nun vollzogen. Weil damit jetzt gilt, was sie gesagt hat, dass sie nämlich keinen Mann habe, braucht sie auch die Aufforderung Jesu, ihn zu holen, nicht auszuführen. Diese Angelegenheit hat sich für sie erledigt. Darin wirkt sich die Gabe „lebendigen Wassers" schon aus; und sie vollzieht sich noch weiter.

19 Die Reaktion der Frau in V.19 ist zunächst eine Feststellung über Jesus. Sie gibt damit eine Antwort darauf, „wer es ist", der mit ihr redet (V.10): „Herr, ich sehe, dass du ein Prophet bist." Ein Prophet hat Durchblick; er nimmt Wirklichkeit unverstellt und durchdringend wahr und sagt frei heraus, was Sache ist. Das hat die Frau im Blick auf sich selbst an Jesus erfahren, und so benennt sie ihn als Propheten[39]. Mit dieser Erkenntnis weiß sie schon viel mehr über Jesus als am Anfang der Begegnung. Aber sie weiß noch nicht genug.

20 Den als Propheten Erkannten spricht die Frau in V.20 auf das an, was Juden und Samariter trennt. Sie redet dabei betont als Samariterin: „Unsere Väter haben auf diesem Berg angebetet." Das ist eine Feststellung, die für den Garisim die Autorität der israelitischen Erzväter beansprucht, die Autorität von Abraham, Isaak und Jakob[40]. Auch mit Mose stand der Berg in Verbindung. Er hatte ja angeordnet, von dort aus den Segen über die in das Land einziehenden Stämme zu sprechen (Dtn 11,29; 27,12). Zudem gab es die Tradition, auf dem Garisim habe Mose selbst die Kultgeräte der Stiftshütte vergraben; deren Auffindung werde die Zeit des Heils einleiten[41]. In der jüdischen Überlieferung wird erzählt: „Rabbi Jischmael, der Sohn des Rabbi Jose, machte sich auf, um in Jerusalem anzubeten. Er kam an der Platane (am Berg Garisim) vorbei, und es sah ihn ein Samariter. Er sprach zu ihm: Wohin gehst du? Er

---

38 Ältere Kommentatoren sahen dagegen hier die „Aufdeckung ihres schon seit langer Zeit von Leichtsinn und ungebändigter Sinnlichkeit zeugenden, jetzt aber auch nach gesetzlichem Maßstab unsittlichen Lebens" (so ZAHN, Komm. 244). Leider hält auch SCHENKE noch die Frage für „zulässig, ob der enorme ‚Männerverschleiß' nicht ein bestimmtes Licht auf die Frau werfen soll" (Komm. 87). BRODIE spricht von „Kurzzeitehen und Affären mit Männern" (Komm. 214).

39 Eine analoge Erwartung wird in Lk 7,39 hinsichtlich Jesu gehegt. Der dort genannte Pharisäer mokiert sich als Gastgeber Jesu darüber, dass dieser sich von einer stadtbekannten Prostituierten salben lässt, und stellt die Erwägung an: „Der da, wenn er ein Prophet wäre, wüsste er, wer und was für eine die Frau ist, die ihn anrührt, dass sie eine Sünderin ist." Indem Jesus sofort auf seine Gedanken eingeht (V.40), erweist er sich in der Tat als Prophet. Vgl. auch Joh 1,47–49.

40 „V.20 hören wir von einem προσκυνεῖν der Väter auf diesem Berge, d.h. der israelitischen Erzväter (vgl. V.12). Da nur von einem Niederknien die Rede ist, scheint ein Opferkult nicht vorausgesetzt zu sein (vgl. V.22). So darf man vermuten, daß es im 1.Jh.n.Chr. keinen Opferkult auf dem Garizim gab – was auch aus anderen Nachrichten hervorgeht" (KIPPENBERG, a.a.O. [Anm.5] 116).

41 Vgl. Josephus, Ant 18,85–87. Nach diesem Bericht hatte ein Samariter gegen Ende der Präfektur des Pilatus versprochen, die von Mose vergrabenen heiligen Geräte auf dem Berg Garisim vorzuzeigen, und damit viele Menschen in der Nähe des Berges versammelt. Sie werden als Aufrührer von Pilatus mit einer Streitmacht niedergemacht.

sprach zu ihm: Ich mache mich auf, um dort in Jerusalem anzubeten. Er sprach zu
ihm: Und wäre es nicht besser für dich, auf diesem gesegneten Berg anzubeten als
auf jenem Misthaufen?"[42] Dass der Tempel auf dem Garisim schon lange zerstört ist,
ist also relativ unwichtig. Der Ort ist wichtig; er ist und bleibt „gesegnet". Gott ist der
Gott Abrahams, Isaaks und Jakobs. Durch sie und Mose hat er eine Geschichte mit
dem Volk gehabt, in der er als dieser Gott erkennbar wurde. So ist dieser Berg der
Ort seiner Nähe.

„Und ihr behauptet: In Jersualem ist der Ort, wo man anbeten muss" (V.20b). Jesus wird von der Frau als Repräsentant aller Juden angesprochen. Sie hat ihn gerade
als Propheten erkannt. Aber damit ist natürlich nicht aufgehoben, dass er ein Jude ist.
Im Blick auf die eigene Garisim-Tradition traf die Frau eine mit Autorität abgesi-
cherte Feststellung; Jerusalem als Ort der Anbetung führt sie dagegen als Behauptung
der Juden ein[43]. Auch mit Jersualem werden Traditionen der Väter verbunden; hinzu
kommen die davidisch-salomonischen. Zur erzählten Zeit stand der Jerusalemer
Tempel noch. Zur Erzählzeit war aber auch er zerstört wie der auf dem Garisim.
Dennoch blieb die Stätte des zerstörten Tempels, wie die eben zitierte Geschichte
zeigt, ein bevorzugter Ort der Anbetung Gottes. An der Westmauer des Tempels beten heute noch und wieder Jüdinnen und Juden; und auf dem Berg Garisim feiert die
kleine Gemeinde der Samariter ihr Pessachfest. Mit Jerusalem bringt die rabbinische
Tradition „das Tor des Himmels" in Verbindung, von dem Jakob nach seinem Traum
von der Himmelsleiter spricht (Gen 28,17): „Von hier aus hat man gesagt: Fürwahr,
alle, die in Jerusalem beten, sind so, als beteten sie vor dem Thron der Herrlichkeit;
denn das Tor des Himmels ist dort, und die Tür steht offen, um das Gebet zu hören.
Denn es ist gesagt: ‚Und das ist das Tor des Himmels' (Gen 28,17)"[44]. Es geht also
um den Ort der Nähe Gottes, der Gewissheit gibt, mit Gott in Beziehung zu treten,
von ihm gehört zu werden.

Von der Frau vor die Alternative Garisim oder Jerusalem gestellt, spricht Jesus sie 21
zunächst in V.21 als Repräsentantin ihres Volkes an und nimmt sie aus dieser Alternative heraus: „Glaube mir, Frau: Es kommt die Zeit, da ihr weder auf diesem Berg
noch in Jerusalem den Vater anbeten werdet." Es ist zu beachten, dass Jesus hier
nicht sowohl von Juden als auch von Samaritern spricht, die weder auf dem Garisim
noch in Jerusalem anbeten werden, sondern er redet in der Frau nur die Samariter

---

[42] BerR 81,3 (THEODOR/ALBECK S.974). In BerR 32,10 (THEODOR/ALBECK S.296) wird dieselbe
    Geschichte fast wortgleich von Rabbi Jonatan erzählt. Die beiden Geschichten differieren in der
    Fortsetzung, in der die jüdische Seite jeweils unterschiedlich reagiert. Vgl. auch ShirR 4,4 (Wilna
    25a).

[43] mNed 3,10 nennt zwei Gesichtspunkte, die für Israeliten und Samariter in gleicher Weise gelten.
    Der dritte genannte Gesichtspunkt jedoch unterscheidet erstere von letzteren: Sie allein sind
    „nach Jerusalem Hinaufziehende".

[44] MTeh 91,7.

an[45]. Sie werden nicht auf dem Garisim anbeten; aber sie werden auch nicht nach Jerusalem gewiesen. Sie müssen nicht erst Juden werden, um wahre Gottesanbeter zu sein. Weshalb Jesus hier nicht übergreifend und in gleicher Weise von Juden und
22 Samaritern spricht, wird in V.22 deutlich; denn hier ergreift er eindeutig für die jüdische Position Partei. Die Aussage der Frau in V.20 war eine indirekte Aufforderung an den als Propheten Erkannten, Stellung zu beziehen; und die Art ihrer Formulierung suggerierte eine Entscheidung für den Garisim. Jesus aber sagt nach der Ankündigung, dass die Samariter weder auf dem Garisim noch in Jerusalem anbeten werden: „Ihr betet an, was ihr nicht kennt. Wir beten an, was wir kennen." Wieder wird die Frau als Repräsentantin ihres Volkes angeredet, während sich Jesus mit allen Juden in einem gemeinsamen „Wir" zusammenfasst. Als den ihn die Frau zu Beginn des Gesprächs identifiziert hatte, als Juden, als den sie ihn bei ihrer gerade gemachten Aussage mit allen seinen Landsleuten zusammengeschlossen hatte, als der spricht er hier selbst[46]. Und er nimmt dabei eine streng jüdische Position ein: Die samaritische Gottesverehrung erfolgt ahnungslos, während die Juden wissen, was sie anbeten. Auffällig ist die neutrische Formulierung: „*was* ihr nicht kennt", „*was* wir kennen"[47]. Vom Kontext her wäre zu erwarten: „*wen* ihr nicht kennt", „*wen* wir kennen". Die neutrische Formulierung erfolgt wohl deshalb, um den Samaritern nicht direkt jede Gotteserkenntnis abzusprechen, um die Behauptung etwas abzuschwächen. Diese Behauptung von der Ahnungslosigkeit samaritischer Gottesverehrung könnte ihren Anhaltspunkt in einer Tradition haben, die Josephus vermittelt. Er zitiert einen Brief von „Sidoniern aus Sichem" an Antiochus IV., in dem sie sich von den Juden distanzieren. Ihre Vorfahren hätten „sich auf dem Berg, der Garisim heißt, ein namenloses (*anómynon*) Heiligtum errichtet"; und nun bitten sie den König, „dass das namenlose Heiligtum mit dem Namen des Zeus Hellenios belegt werde"[48]. Wie immer es sich mit den historischen Tatsachen zur Zeit des Antiochus verhalten haben mag, ist für das Verständnis der Redeweise in Joh 4,22 nicht so wichtig wie der Umstand, dass Josephus im 1.Jh.n.Chr. so darüber berichten konnte.

Dass Juden wissen, was sie verehren, Samariter aber nicht, wird am Ende von V.22 mit dem Satz begründet: „Denn die Rettung gibt es von den Juden her"[49]. Inwiefern

---

45 Auch dieser Aspekt des Textes ist von SCHOTTROFF herausgestellt worden: a.a.O. (Anm. 23) 127f.
46 Von diesem Zusammenhang her ist es ein völliges Unding, dieses „Wir" als ein „christliches" anzusehen und nicht als ein jüdisches.
47 SÖDING übersetzt seltsamerweise: „Ihr betet an, den ihr nicht kennt; wir beten an, den wir kennen" (Nazareth 27; vgl. S.30f.).
48 Josephus, Ant 12,259.261.
49 Dieser Satz wurde und wird häufig literarkritisch als sekundär ausgeschieden. Vgl. dazu WENGST, Gemeinde 148f., Anm. 53. Auch wer wissenschaftlich von der Sekundarität überzeugt ist, sollte sich heute in Deutschland doch wenigstens dem sachlichen Problem stellen, dass DC-Pfarrer im 3. Reich diese Aussage im Konfirmandenunterricht aus der Bibel ausschwärzen ließen und dass sich 1938 der Badische Landesbischof mit ihrer Tilgung beim Neudruck der „Biblischen Geschichten" für den Religionsunterricht einverstanden erklärte. Zu Letzterem vgl. PETER C. BLOTH:

ist das eine Begründung? Es ergibt sich dann eine nachvollziehbare Logik, wenn hier implizit der Zusammenhang von Erwählung und Bund vorausgesetzt ist. Die Juden kennen deshalb Gott, weil es eben nicht um einen unbekannten, einen „anonymen" Gott geht, sondern um Gott, der Israel erwählt und einen Bund mit ihm geschlossen und sich ihm so in einer gemeinsamen Geschichte bekannt gemacht hat[50]. Gott und sein Volk Israel gehören unlösbar zusammen. Rettung gibt es von Gott her, der sich in Partnerschaft an dieses Volk gebunden hat[51]. In dieser Weise gibt es auch durch Jesu Wirken „Rettung von den Juden her", da der in ihm präsente Gott kein anderer ist als der Gott Israels. Weil die Bindung Gottes an Israel und damit die Partnerschaft zwischen Gott und seinem Volk bleibt, darf hier nicht in einem Ablösungsmodell gedacht werden, als gelte der Bund mit Israel nur bis zu Jesus und die Aussage von Joh 4,22 nur insofern, als der aus dem Judentum kommt[52].

Letzteres ist schon sehr deutlich von **CALVIN** gesehen. Er bringt den Satz: „denn **das Heil kommt von den Juden**", zunächst damit in Verbindung, dass „Gott mit ihnen den Bund des ewigen Heils geschlossen hatte". Er erwähnt dann Ausleger, die diese Aussage eingrenzen: „Einige beschränken das auf Christus, der aus dem jüdischen Volke hervorgegangen ist." Obwohl er anschließend einräumt: „Und gewiß ruht nur in ihm das Heil …, da auf ihm alle Verheißungen Gottes liegen", stellt er schließlich doch fest: „Aber es besteht auch nicht der geringste Zweifel daran, daß Christus deshalb die Juden bevorzugt, weil sie nicht irgendein unbekanntes Wesen verehrten, sondern den einen Gott, der sich ihnen offenbart hat und sie als sein Volk angenommen hat" (Komm. 98). Allerdings führt CALVIN diesen Gesichtspunkt nicht konsequent durch; und so meint er schon auf der nächsten Seite, „daß die Juden des Schatzes verlustig gegangen sind, den sie bis dahin noch besaßen".

Die Formulierung, dass es „Rettung von den Juden her" gibt, enthält noch eine weitere Dimension, nämlich eine politische: Der Begriff „Rettung" (*sotería*, lateinisch: *salus*) war zur Zeit, als Johannes sein Evangelium schrieb, Bestandteil der politischen Ideologie des römischen Imperiums. Die allgemeine Wohlfahrt, die Rettung des

---

„… denn das Heil kommt von den Juden." (Joh 4,22). Zur Bedeutung eines Bibelwortes für den Religionsunterricht vor fünfzig Jahren, BThZ 4, 1987 (228–230), 228.

50 Der Bezug auf Erwählung und Bund wird schon von CALVIN, Komm. 98, herausgestellt. Wenn HAENCHEN betont, „daß für das J(ohannes-)E(vangelium) das Heil einzig von Gott und dessen Gesandten Jesus Christus kommt" und nicht von den Juden (Komm. 243), ist das eine falsche Alternative, weil es Gott gefallen hat, Israel als sein Volk zu erwählen.

51 Im Blick auf die Samariter hängt die Argumentation an der Voraussetzung, dass sie nicht in gleicher Weise wie die Juden an dieser Geschichte teilhaben, wie das in der von Josephus angeführten Überlieferung über „das anonyme Heiligtum" zum Ausdruck kommt. Aber wie es zur Zeit Antiochus IV. hellenisierende Samariter gab, ist ja auch die Existenz von in dieser Weise hellenisierenden führenden jüdischen Kreisen in Jerusalem belegt. Aufs Ganze gesehen entspricht die Aussage von V.22a natürlich nicht samaritischem Selbstverständnis. Und so hat ja auch die samaritische Frau in V.20 in aller Selbstverständlichkeit von „unseren Vätern" gesprochen und damit keine anderen gemeint, als wenn Juden von „unseren Vätern" sprechen. Dementsprechend hat – wie schon vermerkt – das rabbinische Judentum in seiner Mehrheit unter den meisten Gesichtspunkten Juden und Samariter gleichgestellt.

52 MARQUARDT hat gezeigt, wie diese Aussage als Motto für die Christologie fruchtbar gemacht werden kann: Christologie 1, 98–105.

Menschengeschlechts, sein Schutz und seine Sicherheit hängen an der Unversehrtheit und Wohlbehaltenheit des Kaisers, für die deshalb feierliche Rituale vollzogen werden[53]. Das „Heil", die „Rettung", kommt vom Kaiser aus Rom. Gegenüber den Juden hatte Rom seine unwiderstehliche Macht vor nicht langer Zeit demonstriert. Für Johannes kommt das Heil dennoch nicht vom mächtigen Rom, sondern „die Rettung gibt es von den Juden her".

23   Der Anschluss mit „Aber" in V.23 bedeutet keine Einschränkung der zuletzt in V.22c gemachten Aussage. Es wird vielmehr an V.21 angeknüpft. Das zeigt sich an der formalen und sachlichen Entsprechung. Dort war den Samaritern eine Zeit angekündigt worden, da sie weder auf dem Garisim noch in Jerusalem anbeten werden. Nun wird – das jüdisch-samaritische Schisma übergreifend – in allgemeiner Rede festgestellt, wobei aber immer noch die samaritische Frau als Repräsentantin ihres Volkes angeredet ist[54]: „Aber eine Zeit kommt und ist jetzt, da die wahrhaftig Anbetenden den Vater in Geist und Wahrheit anbeten werden." Der Fortgang der Geschichte zeigt, wie dieses „Jetzt" auf der Ebene der Erzählung verstanden werden kann; denn an deren Ende bekennen Samariter aus Sychar Jesus als „den Retter der Welt" (V.42). Aber wieso wäre dieses Bekenntnis Ausdruck dessen, dass sie Gott „in Geist und Wahrheit" huldigen? Die Zusammenstellung von Geist und Wahrheit wird im Johannesevangelium wieder begegnen in den Abschiedsreden, in denen der weggehende Jesus seinen zurückbleibenden Schülern den Geist als Beistand verheißt. Der Geist wird dort als „Geist der Wahrheit" bezeichnet (14,17; 15,26), der „euch in alle(r) Wahrheit führen wird" (16,13). Bei der Besprechung dieser Stellen wird herauszustellen sein, dass der Geist hier verstanden ist als die Kraft der Wiederholung, die im erinnernden Zeugnis wahr sein und wirksam werden lässt, was Gott durch Jesus gewirkt hat. Jesus als den Retter der Welt bekennen, heißt also, dieses Wirken Gottes durch ihn anzuerkennen und sich darauf zu verlassen. Das ist die Möglichkeit, die Jesus der samaritischen Frau in V.23 jenseits von Garisim und Jerusalem in Aussicht stellt und die die zu ihm kommenden Samariter am Ende der Erzählung wahrnehmen[55].

24   „Gott ist Geist; und die ihn anbeten, müssen in Geist und Wahrheit anbeten" (V.24). Die Anbetung Gottes in Geist und Wahrheit ist nicht ortlos. Sie macht sich nach dem Johannesevangelium an Jesus fest. Darum geht es hier immer und immer wieder: den Juden Jesus als Ort der Präsenz Gottes darzustellen, zu bezeugen, dass im Reden, Handeln und Erleiden Jesu Gott selbst, der Gott Israels, auf den Plan getreten ist. Und wie die Tradition von Jerusalem als dem Ort des Gebetes das Hören

---

53   Vgl. K. WENGST, Pax Romana, 1986, 65f.

54   Das aber heißt, dass auch das Folgende nicht in Hinsicht auf Juden gesprochen wird.

55   Der Umstand, dass das Bekenntnis zu Jesus im Blick ist, veranlasst wohl den Evangelisten, dass er in V.21.23 dreimal vom „Vater" spricht; denn damit ist für ihn implizit die Relation zum „Sohn" gegeben. Am Ende von V.23 unterstreicht er, dass „auch der Vater solche verlangt, die ihn so anbeten".

der Gebete durch Gott hervorhebt, weil dort das Tor zum Himmel ist, so betont Johannes mehrfach die Erhörungsgewissheit des Gebetes im Namen Jesu[56]. Der Ort der Anbetung Gottes ist dann also die im Namen Jesu versammelte Gemeinde[57].

Dabei dürfen nun allerdings zwei Punkte nicht übersehen werden: 1. Wenn Jesus so betont als Ort der Präsenz Gottes herausgestellt wird, ist auch zu beachten, dass er selbst seinen konkreten Ort im Land Israel gehabt hat. Das berechtigt allerdings christliche Israelpilger nicht, an Erinnerungsstätten Jesu so zu tun, als gehörten sie ihnen. Jesus war Jude und also Teil seines Volkes. 2. Auch in der Geschichte des Christentums gab es wieder und gibt es „heilige Orte", Stätten besonderer Glaubenserfahrungen und deshalb Stätten erinnernder Zeugenschaft. Wo es gute ökumenische Partnerschaft gibt, haben in dieser Hinsicht evangelische Gemeinden von und mit katholischen Gemeinden Wallfahrten wieder zu schätzen gelernt.

Gott ist Geist und nicht Fleisch; er ist Kraft und Stärke. So hat er den gekreuzigten Jesus nicht dem Tode überlassen, sondern von den Toten auferweckt. So hat er seine Treue, seine Wahrheit erwiesen, ist er wahrer und treuer Gott für die Welt geworden. Der von Jesus seinen Schülern verheißene Geist wird ihnen vom auferweckten Gekreuzigten eingehaucht (20,22). Von ihm hat die Gemeinde, für die Jesu Schüler stehen, ihren Lebensatem, der sie mit dem Gott Israels verbindet. In diesem Geist ist Jesus nach Ostern als der da, der er bis zu seinem Kreuz war: als der, der der Welt die Liebe Gottes nahebringt (3,16). Daher ist das Bekenntnis zu Jesus als dem Retter der Welt Anbetung Gottes in Geist und Wahrheit. Die Präsenz Gottes in Jesus kann als Präsenz des Gottes Israels nur erkannt und festgehalten werden, wenn keinen Augenblick das Judesein Jesu vergessen wird. Sonst wird aus dem Gott Israels, der gewiss der Gott aller Welt ist, ein Allerweltsgott und aus dem jüdischen Menschen Jesus ein Universalmensch, ein konturenloses Schemen, in das eigene Bilder projiziert werden.

Auf die längere Ausführung Jesu in V.21–24 antwortet die Frau in V.25: „Ich 25 weiß, dass der Messias kommt ... Wenn der kommt, wird er uns alles vermelden." Wiederum ist deutlich, dass sie als Verstehende geschildert wird. Was Jesus gerade gesagt hat, ist von ihr zu Recht als Charakteristikum der Endzeit verstanden worden. Sie widerspricht Jesus nicht, will ihm aber auch nicht einfach zustimmen, sondern nennt die endzeitliche Erwartung ihrer eigenen Tradition.

Johannes lässt sie dabei jedoch mit „Messias" einen Begriff gebrauchen, der nicht samaritisch ist, an dem ihm aber selbst im Zusammenhang seines Evangeliums entscheidend liegt. Die **samaritische Endzeiterwartung** kennt den Propheten wie Mose nach Dtn 18,15.18[58], aber auch die Gestalt des Taheb[59]. Dieser „Umkehrende" repräsentiert als solcher die

---

56   14,13f.; 15,16; 16,23f.26.
57   Vgl. BLANK; Komm. 1a,299.
58   Vgl. dazu H.G. KIPPENBERG/G.A. WEWERS, Textbuch zur neutestamentlichen Zeitgeschichte, 1979, 499f. In diesen Zusammenhang gehört auch der o. zu V.20 (mit Anm. 41) erwähnte Bericht des Josephus.
59   Dazu vgl. KIPPENBERG, a.a.O. (Anm. 5) 276–305.

samaritische Gemeinschaft und bewirkt ungeheuchelte Gottesverehrung. Das zeigt der folgende samaritische Text: „Heil der Welt, wenn der Umkehrende und seine Versammlung kommt. Fürwahr, der Friede tritt ein, Barmherzigkeit breitet sich aus, das Unglück wird entfernt, die Schlechtigkeit wird weggenommen …, und der Schöpfer der Welt wird ohne Heuchelei gepriesen"[60].

26 Auf die Feststellung der Frau über das Kommen des Messias und die damit verbundene Erwartung antwortet Jesus in V.26: „Ich bin's, der mit dir redet." Was die Frau von der Zukunft erwartet, ist in Jesus schon da. Damit ist eine weitere Antwort auf die das ganze Stück bestimmende Frage gegeben, wer Jesus sei: Er ist der Messias, der Gesalbte[61]. An dieser Stelle lässt Johannes das Gespräch zwischen Jesus und der samaritischen Frau abgebrochen werden durch die Rückkehr der Schüler. Aber bis hierhin ist schon Entscheidendes gewonnen worden; das Gespräch muss nicht fortgesetzt werden. Mit den Versen 20–26 ist erreicht, dass durch die Anwesenheit des endzeitlich erwarteten Messias die Gemeinde als Ort der Anbetung Gottes in den Blick gerückt worden ist[62]. Dass solche Gemeinde auch auf der Ebene der Erzählung entsteht, dafür wird die samaritische Frau als Zeugin Jesu gleich den Anstoß geben. So zeigt sie in der Tat, dass sie von Jesus „lebendiges Wasser" bekommen hat und selbst „Quelle" geworden ist.

An dieser Stelle sei nun zusammenfassend dargelegt, dass **die samaritische Frau Kontrastfigur zu Nikodemus** in Kap.3 ist: Dem Mann steht die Frau gegenüber, dem geachteten Ratsherrn und großen Gelehrten die einfache Lohnarbeiterin in schwieriger sozialer Situation. Nikodemus kommt nachts zu Jesus; die Samariterin begegnet ihm am hellen Mittag. Auch Nikodemus unterliegt nicht Missverständnissen; er versteht sehr wohl. Aber er will nicht wahrhaben und wahr sein lassen, was Jesus sagt. So verläuft dort das Gespräch im Sande, und Nikodemus gerät unversehens aus dem Blick. Hier aber bleibt die Frau bis zuletzt in der Szene; sie wird zur Quelle für andere, und es entsteht Gemeinde.

27 „Und währenddessen kamen seine Schüler und wunderten sich, dass er mit einer Frau redete" (V.27a). Der Aspekt des Gegensatzes von Mann und Frau, der in der Szene angelegt war, wird nun ausdrücklich gemacht. Dass Jesus hier in aller Selbstverständlichkeit mit einer Frau redet, wird oft auf dem Hintergrund eines angeblich frauenfeindlichen Judentums interpretiert. SCHLATTER stellt in dieser Hinsicht die ganz pauschale Behauptung auf: „Das Rabbinat verdächtigte und verbot jedes Gespräch mit einer Frau"[63]. Das trifft selbstverständlich nicht zu. Was es jedoch gibt, ist der Ausspruch eines einzelnen Lehrers, das Gespräch mit der Frau nicht lang zu machen, der als allgemeine Lehrmeinung der Weisen aufgenommen wurde.

---

60 Zitiert nach KIPPENBERG, a.a.O. 298f.
61 Wie Jesus als Messias zu verstehen ist, darauf wird bei V.42 einzugehen sein.
62 Paulinisch gesprochen bekommt die samaritische Frau den Ort „in Christus" als Ort der Gottesverehrung und als Ort neuen Lebens zugewiesen.
63 Johannes 128.

So heißt es in mAv 1,5: „Jose ben Jochanan, ein Mann aus Jerusalem, sagt: Dein Haus sei weit geöffnet, und die Armen seien deine Hausgenossen. Und **mache das Gespräch mit der Frau nicht lang**. – Mit der eigenen Frau, sagte man, um wieviel mehr nicht mit der Frau des Nächsten. Von daher sagten die Weisen: Wenn ein Mann das Gespräch mit der Frau lang macht, verursacht er Schlimmes für sich selbst, vernachlässigt die Worte der Tora und erbt am Ende den Gehinnom." ARN (A) 2 (SCHECHTER 5a) zeigt, dass dabei der Gesichtspunkt möglichen Geredes eine Rolle spielt: „Nicht sei ein Mann allein mit einer Frau in einer Herberge, selbst mit seiner Schwester nicht noch mit seiner Tochter – wegen der Meinung der Leute. Er soll nicht mit der Frau auf dem Markt (= in der Öffentlichkeit) reden, auch wenn es seine eigene Frau ist – und es ist nicht nötig, zu sagen: mit einer anderen Frau – wegen des Geredes der Leute." Dieser Gesichtspunkt bestimmt auch die Weisung an den Gelehrtenschüler in bBer 43b: „Er soll nicht mit einer Frau auf dem Markt reden." In der Fortsetzung des Textes wird die Ausdehnung dieser Weisung auch auf die eigene Frau, Tochter und Schwester damit begründet: „weil nicht alle sich in seiner Verwandtschaft auskennen".

Wie die Weisung, das Gespräch mit der Frau nicht lang zu machen, ohne sie in Frage zu stellen, von einer Frau unterlaufen wird, zeigt folgende hintergründige Erzählung über Berurja, die Frau Rabbi Meirs: „Rabbi Jose der Galiläer war einst unterwegs. Er traf Berurja und sagte zu ihr: Auf welchem Weg geht man nach Lod? Sie sagte zu ihm: Törichter Galiläer! Haben nicht so die Weisen gesprochen: Du sollst das Gespräch mit der Frau nicht lang machen? Du hättest sagen sollen: Wie nach Lod?"[64] Die Regel der Weisen wird zitiert – aber von einer Frau, um einen Weisen zu belehren; und damit verlängert sie das Gespräch mit ihm. Jesus hat nach dem Text von Joh 4 keine Probleme damit, das Gespräch mit einer Frau lang zu machen. Aber seine Schüler wundern sich darüber.

LUISE SCHOTTROFF hat versucht, den Text ganz anders zu verstehen. Die Verwunderung gelte nicht dem Sprechen mit einer Frau, sondern betreffe die Tatsache, dass der vorher so ermüdete Jesus überhaupt spricht. Für sie ergibt sich das schon von daher, dass die Bezeichnung *mathetaí* nicht nur „Schüler", sondern auch „Schülerinnen" einbegreife[65]. Wie sollten die sich dann wundern, dass Jesus mit einer Frau redet? An dieser Stelle vermag ich Schottroff nicht zu folgen. Einmal gibt es m.E. im Johannesevangelium keinen Hinweis darauf, dass unter *mathetaí* auch Schülerinnen mitgemeint seien. Wo Schüler namentlich genannt werden, handelt es sich ausschließlich um Männer. Wo Frauen in Beziehung zu Jesus auftauchen, werden sie nicht als Schülerinnen bezeichnet. Maria aus Magdala geht nach 20,18 zu „den Schülern" und nicht zu „den *anderen* Schülerinnen und Schülern." Zum anderen müsste bei dem Verständnis, dass das Verwundern der Tatsache des Redens überhaupt gilt, zumindest der bestimmte Artikel stehen: „dass er mit der Frau (die gerade da war) redete". Besser wäre es freilich für dieses Verständnis, die Frau wäre an dieser Stelle überhaupt nicht erwähnt. Es heißt aber: „dass er mit einer Frau redete". Schließlich widerspricht die Form der Fragen in V.27b einem solchen Verständnis. Die erste Frage: „Was willst du?" ist nur als an die Frau, nicht aber an Jesus gerichtete sinnvoll[66]. Und die zweite fragt Jesus: „*Warum* redest du *mit ihr*?" Wunderten sich die Schüler darüber, dass Jesus trotz seiner Er-

---

64   bEr 53b.
65   A.a.O. (Anm. 23) 124; vgl. den ganzen Zusammenhang S.123f.
66   So auch BLANK, Komm. 1a,301. – Vgl. die Frage in 1,38.

schöpfung redete, wäre die erste Frage überflüssig und müsste die zweite lauten: „Wieso kannst du reden?"

Die Beobachtung, dass *die Schüler* Jesu es sind, die sich wundern und die unterschwellig die Frage an die Frau haben, aber nicht aussprechen: „Was willst du?", weist der Interpretation eine andere Richtung. In den Gemeinden gab es in den beiden letzten Jahrzehnten des 1. Jh.s Tendenzen, die aktive Rolle von Frauen zurückzudrängen[67]. Es ist ein Aspekt der Erzählung von der samaritischen Frau, mit der Jesus ein langes Gespräch hat und die anschließend eine wichtige Rolle übernimmt, solchen Tendenzen zu wehren.

28f.   In der Erzählung beendet die Rückkehr der Schüler das Gespräch Jesu mit der Frau. Aber sie kommen gleichsam zur rechten Zeit. Das Wesentliche ist geschehen: Die Frau hat „lebendiges Wasser" bekommen und ist zur „Quelle" geworden, wie ihr in V.28f. beschriebenes Handeln zeigt: „Da ließ die Frau ihren Wasserkrug stehen und ging weg in die Stadt und sagte den Leuten: Geht hin, seht euch den Menschen an, der mir alles gesagt hat, was ich getan habe, ob der wohl der Gesalbte ist?!" Das Zurücklassen des Wasserkruges und das Weggehen in die Stadt stehen im griechischen Text in der gleichen Zeitform nebeneinander. Ersteres ist also nicht ein Nebenaspekt, der etwa die Vergesslichkeit oder den Eifer der Frau und ihren eiligen Aufbruch in die Stadt zum Ausdruck bringen soll. Die Form als selbständiger Hauptsatz weist vielmehr daraufhin, es als einen bewussten Akt zu verstehen. Der steht auf derselben Ebene wie die Distanzierung von dem Mann in V.16–19. Indem die Frau ihr Arbeitsgerät zurücklässt, löst sie sich auch aus diesem Teil ihres bisherigen Lebenszusammenhanges. Damit erfüllt sich ihr am Ende von V.15 ausgesprochener Wunsch, nicht mehr zum Schöpfen an den Brunnen zu kommen. Sie hat jetzt Wichtigeres zu tun. Was sie nun tut, wird im griechischen Text dadurch hervorgehoben, dass jetzt das *praesens historicum* steht: Sie wird – wenn in ihrer Rede auch noch Zweifel mitklingt – in der Stadt zur Zeugin Jesu, die ihre Erfahrung mit ihm an andere weitergibt[68]. Das Erstaunliche geschieht: Auf ihr gar nicht so glaubensstarkes

30   Wort hin gehen welche aus der Stadt zu Jesus (V.30). Bevor Johannes den hier angelegten Erzählfaden mit der Ankunft der Samariter bei Jesus weiterspinnt, reflektiert er die jetzt ins Auge gefasste Missionssituation im Gespräch Jesu mit seinen Schülern. Zu der Geschichte, die er hier erzählt, gehört es, dass Samarien das erste Missionsgebiet war, in das die messianische Verkündigung über den jüdischen Raum hinaus vordrang. Zu dieser Geschichte gehören aber vor allem auch die Erfahrungen der Gemeinden von neuem, gemeinschaftlichem Leben. In der Gemeinde fanden

---

[67]   Bei den Aussagen von 1Tim 2,11–15 handelt es sich wohl sozusagen nur um die Spitze eines Eisbergs.

[68]   Vgl. ORIGENES, Komm. XIII 28, S.169: „Gleichsam als einen Apostel gegenüber den Einwohnern der Stadt gebraucht er diese Frau, indem er sie durch seine Worte so sehr entflammt, dass die Frau schließlich ihren Krug zurücklässt, in die Stadt geht und zu den Leuten spricht …"

Menschen neue Lebensmöglichkeiten, deren bedrücktes Leben perspektivlos erschien, die durch Lebensbrüche hindurchgegangen waren. Sie fanden im geteilten Leben in der Gemeinde erfülltes Leben. Nur deshalb kann von der samaritischen Frau erzählt werden, dass sie sich sowohl von dem Mann, der nicht ihr Mann ist, distanziert als auch aus ihrer bedrückenden Arbeit löst[69].

b) Gespräch Jesu mit seinen Schülern (4,31–38)

Den Ausgangspunkt dieses Abschnitts bildet die Aufforderung der Schüler an Jesus zu essen (V.31). Ihr setzt Jesus den Verweis auf eine Speise entgegen, die sie nicht kennen (V.32). Darauf reagieren sie, indem sie untereinander eine unverständige Frage stellen (V.33). Der Abschnitt wird abgeschlossen mit einer längeren Rede Jesu, die zunächst die durch die unmittelbar vorher geschilderte Situation gestellte Frage nach seiner Speise beantwortet (V.34) und sich dann in einem eigenartigen Ineinander von Bild und Sache auf die Erzählsituation des weiter vorangehenden und des folgenden Kontextes bezieht und durch sie als Transparent auf eine spätere Situation ausblickt (V.35–38).

Nach V.8 waren die Schüler in die Stadt gegangen, um Proviant zu besorgen. Das 31 haben sie getan. Nun kehren sie zurück und fordern den erschöpft am Brunnen zurückgelassenen Jesus auf: „Rabbi, iss!" (V.31) Er aber antwortet: „Ich habe eine 32 Speise zu essen, die ihr nicht kennt" (V.32). Es zeigt sich hier eine gewisse Entsprechung zu V.10. Dort hatte Jesus, nachdem er vorher um einen Trank gebeten und sich die Frau darüber verwundert hatte, seinerseits „lebendiges Wasser" angeboten. Es sind aber auch die Unterschiede zu beachten. Dort kommt es zu einem Gespräch, in dem die Frau weitergeführt wird und wirkliche Teilnehmerin ist. Hier stellt Jesus von vornherein fest, dass die Schüler nicht wissen, wovon er spricht. Sie sprechen dann auch in V.33 nicht Jesus an, sondern reden „zueinander: Hat ihm etwa jemand zu 33 essen gebracht?" Sie verstehen nicht die metaphorische Dimension der Rede Jesu. Es sind im Johannesevangelium gerade die Schüler – das wird sich noch öfter zeigen[70] –, die nicht verstehen. Bleibt Kirche unter sich, wird in ihr nur „zueinander" geredet und lebt sie nicht vom Hören auf ihren Herrn, wird sie unverständig und ihr Reden zu belanglosem Geschwätz.

Die erste, unmittelbar auf diese Situation bezogene Antwort Jesu in V.34 stellt 34 heraus, wovon er wirklich „lebt", was ihn in seiner ganzen Existenz ausmacht: „Meine Speise ist, dass ich den Willen dessen tue, der mich geschickt hat, und sein Werk zu Ende führe." Jesus ist nichts als Beauftragter Gottes, der darin aufgeht, dass

---

69   Vgl. SCHOTTROFF, a.a.O. (Anm. 23) 126
70   Vgl. auch schon o. zu 2,22.

er ausführt, womit er beauftragt ist. Das ist eine im Johannesevangelium geläufige
Weise, zum Ausdruck zu bringen, dass im Reden, Handeln und Erleiden Jesu der
Gott Israels auf den Plan tritt[71]. Dass das gerade auch für das Leiden und den Tod
Jesu gilt, lässt die Formulierung vom „Zu-Ende-Führen", vom „Vollenden" des Werkes Gottes anklingen. Nach 19,28 weiß der am Kreuz hängende Jesus, „dass schon
alles vollendet ist"; und nach 19,30 sagt er vor seinem Tod: „Es ist vollendet"[72]. Mit
dieser Anspielung auf die Passion, die die Schüler in der Erzählsituation nicht verstehen, wohl aber die Leserinnen und Leser des Evangeliums, deutet Johannes wieder
an, dass es kein wirkliches Verstehen Jesu gibt abgesehen von seinem Ende am
Kreuz und vom Auferweckungszeugnis.

35   Die weitere Rede in V.35–38 kommt auf den übergreifenden Zusammenhang zurück. Jesus setzt ein mit dem Bildbereich von Saat und Ernte: „Sagt ihr nicht: Noch
vier Monate, dann kommt die Ernte?" (V.35a) Wie ist diese den Schülern zugeschriebene Aussage zu verstehen? Die Zeit zwischen der Aussaat des Getreides bis
zu seiner Ernte wurde für das Land Israel mit sechs Monaten angegeben[73]. Allerdings
zog sich die Zeit der Aussaat bis zum Monat Kislev hin[74]. Dann käme man vom Ende
der letzten Aussaat bis zum Beginn der ersten Ernte genau auf vier Monate. Der den
Schülern in den Mund gelegte Satz würde also lediglich die allgemeine Erfahrung
wiedergeben, dass es nach Abschluss der Saatarbeiten „noch vier Monate sind und
dann die Ernte kommt", ohne dass die Erzählung nun deswegen auf Mitte Kislev
datiert werden müsste. Dieser allgemeinen Erfahrung setzt Jesus in V.35b seine Aussage entgegen: „Siehe, ich sage euch: Macht eure Augen auf, und seht auf die Felder:
Sie sind reif für die Ernte." Der Satz wird ja nicht der Erfahrung widersprechen wollen – und vermöchte das auch nicht –, dass vor dem Nissan nicht geerntet wird[75]. Er
kann nur Geltung beanspruchen auf einer metaphorischen Ebene. Im Zusammenhang
der Erzählung dürften die Samariter im Blick sein, die nach V.30 aus der Stadt zu
Jesus hinausgegangen sind und nach V.39 ihr Vertrauen auf ihn setzen werden. Die
zur Ernte reifen Felder werden also zum Bild für die Mission.

36   Das Hinüberspielen auf eine andere Ebene tritt in V.36 ausdrücklich hervor. Zunächst bleibt die Aussage ganz im Bereich des Erntebildes, das in V.35b angespro-

---

71 Vgl. o. zu 3,34.
72 Von dort fällt dann ein Licht zurück auch auf die Stellen 5,36 und 17,4.
73 jTaan 1,2 (4a; Krotoschin 64a): „In dieser Welt beträgt die Zeit bis zur Ernte sechs Monate." Vgl.
     PRE 7 (Übersetzung FRIEDLANDER: Kap.8; S.53) in Auslegung von Gen 8,22: „Aussaat – das ist
     die Zeit des Tischri; Ernte – das ist die Zeit des Nissan."
74 tTaan 1,7: „Der halbe Tischri, der Cheschvan und der halbe Kislev (sind Zeit der) Aussaat."
75 In der Fortsetzung des in der vorigen Anmerkung zitierten Toseftatextes heißt es: „Der halbe
     Kislev, der Tevet und der halbe Schevat (sind Zeit des) Winter; der halbe Schevat, der Adar und
     der halbe Nissan (sind Zeit der) Kälte; der halbe Nissan, der Ijar und der halbe Sivan (sind Zeit
     der Getreide-) Ernte."

chen worden war: „Schon bekommt der Schnitter[76] seinen Lohn und sammelt Frucht ein." Die unmittelbare Fortsetzung aber macht den Überschritt in einen anderen Bereich kenntlich: „zum ewigen Leben". In V.14 war deutlich geworden, dass dieser Begriff auch den Aspekt von erfülltem, gültigem, gemeinschaftlichem Leben enthält, das in der Gemeinde Ereignis wird. Darauf weist auch die Zielangabe in V.36: „damit der Sämann sich zugleich freue mit dem Schnitter". Dass man sich bei der Ernte freut, ist sprichwörtlich[77]. Solche Freude ist da, wo Gemeinde entsteht – wie jetzt gleich in der erzählten Situation in Samarien –, in der neues Leben möglich ist.

V.37 bereitet den Blick in einen weiteren Horizont vor: „Denn hier trifft der 37 Spruch zu: Einer ist der Sämann und ein anderer der Schnitter." Normalerweise ist es so – und soll es auch so sein –, dass diejenigen, die säen, auch ernten, was sie gesät haben. Wo das auf dieser elementaren Ebene nicht geschieht, ist es schlimm. So wird in Mi 6,15 Jerusalem wegen seines Unrechts angedroht: „Du wirst säen, aber nicht ernten"[78]. Im Blick auf das Entstehen und Wachsen von Gemeinde ist das allerdings kein Unglück, dass diejenigen, die säen, andere sind als diejenigen, die ernten. In der Ernte, wer immer sie vollzieht, kommt die Arbeit derer zum Ziel, die gesät haben; und die in den Genuss der Ernte kommen, werden selbst wieder solche, die säen – wenn anders Gemeinde als lebendige deshalb zugleich missionarische Gemeinde ist[79].

Mit dem diese Rede Jesu abschließenden V.38 wird die erzählte Situation deutlich 38 transzendiert: „Ich habe euch gesandt zu ernten, worum ihr euch nicht abgemüht habt. Andere haben sich abgemüht; und ihr seid in ihre Mühe eingetreten"[80]. Jesus hat in der bisherigen Erzählung des Evangeliums seine Schüler noch nicht ausgesandt; und sie treten auch jetzt in Samarien nicht in Aktion. Erst in den Abschiedsreden wird er sie beauftragen im Blick auf die Zeit, wenn er selbst nicht mehr da ist. V.38 ist also ein weiter Vorblick. In ihm lässt Johannes über die Schüler Jesus die Leserinnen und Leser seines Evangeliums ansprechen. Sie stehen in einer Traditionskette. Ihnen kommt die Mühe der ihnen Vorangegangenen zugute. Indem sie sich

---

[76] Um im Deutschen dem Gleichklang der Erntebegriffe im griechischen Text zu entsprechen, müsste dieses Wort mit dem – hölzern klingenden – Partizip „der Erntende" wiedergegeben werden.

[77] Vgl. Jes 9,2.

[78] Vgl. Dtn 28,38; Hi 31,8. Nach Tan B'reschit 13 (Wilna 14a) wird einem Schüler Rabbi Akivas im Traum gesagt: „Im Adar stirbst du, und den Nissan siehst du nicht; und was du gesät hast, wirst du nicht ernten" (par. TanB B'reschit 40 [14a]). Einem Mann, „der sät, aber nicht erntet", wird verglichen, „wer Tora lernt, sie aber nicht wiederholt" (bSan 99a), bzw. „wer Mischna lernt, aber nicht (entsprechend) handelt" (tOh 16,8; tPara 4,7 – Paragraphenangaben nach ZUCKERMANDEL).

[79] ORIGENES entdeckt in diesem Vers noch eine weitere Dimension: „Prüfe aber, ob ‚der eine, der andere' so verstanden werden kann, dass die einen aufgrund einer solchen Lebensführung gerechtfertigt werden, die anderen aber aufgrund einer von jener abweichenden, sodass man sagen könnte, das eine sei das gesetzesgemäße Leben, das andere das evangeliumsgemäße. Zudem erfreuen sie sich ja zusammen *eines* Zieles, das ihnen beiden von *einem* Gott durch *einen* Christus in *einem* heiligen Geist aufbewahrt wird" (Komm. XIII 49, S.321).

[80] Zu den vielen Deutungsmöglichkeiten dieses Verses vgl. THERESA OKURE, The Johannine Approach to Mission, 1988, 159f.

ihrerseits um das ihnen Überlieferte redlich abmühen, tragen sie dazu bei, dass die Kette nicht abreißt.

Ist es Zufall, dass Johannes jetzt dasselbe Wort gebraucht, mit dem er vorher in V.6 den am Brunnen zurückbleibenden Jesus charakterisiert hatte: „**abgemüht**"? Gewiss, das gilt dort in einem ganz elementaren Sinn. So heißt es ja ausdrücklich: „abgemüht von der Wanderung". Aber von V.38 her wächst dieser Charakterisierung noch eine Bedeutungsdimension zu; und die „Wanderung" Jesu geht ja auch noch weiter – bis zum Kreuz. So gehört er mit Sicherheit und an herausragender Stelle zu den „anderen", die sich abgemüht haben. Aber es wird hier nicht exklusiv von ihm gesprochen. Johannes formuliert im Plural. Und Jesus selbst und seine Schüler stehen ihrerseits in der Traditionskette Israels, was auch das Johannesevangelium auf Schritt und Tritt belegt. Diese Traditionskette ist nicht abgebrochen, sondern neben der Kirche weitergegangen und sollte von ihr wahrgenommen und nicht ignoriert werden.

c) Glaube und Bekenntnis der Samariter (4,39–42)

Dieser Abschnitt nimmt den nach V.30 unterbrochenen Erzählfaden wieder auf und
39 ist zugleich erzählerische Illustration des in dem Zwischenstück V.31–38 Reflektierten. Das Zeugnis, das die Frau in V.29 gegenüber den Menschen in ihrer Stadt gesprochen hatte, wird in V.39 wörtlich wiederholt und nun festgestellt, dass um dieses Wortes willen „viele von den Samaritern ihr Vertrauen auf ihn setzten". Das Zeugnis der Frau weckt also Glauben, und es entsteht Gemeinde als neue Sozialität. Das der Frau von Jesus in V.14 Verheißene ist nun erfüllt. Was er ihr gesagt hat, hat sich als „Wasser" erwiesen, das in ihr „zu einer Quelle von Wasser" geworden ist, „das zu ewigem Leben sprudelt", so dass nun „Frucht zum ewigen Leben" eingesammelt wird (V.36).

40   V.40 knüpft an die Bemerkung von V.30 an, dass Leute aus der Stadt zu Jesus hinausgingen: „Als nun die Samariter zu ihm gekommen waren, baten sie ihn, bei ihnen zu bleiben; und er blieb zwei Tage dort." Wo Menschen ihr Vertrauen auf Jesus setzen und Gemeinde entsteht, da „bleibt" Jesus unter ihnen – auch länger als zwei Tage[81]. Und wenn Jesus in der Gemeinde „bleibt", wird es zu je eigenem Hören und Vertrauen auf ihn kommen, zum Glauben, der sich seiner selbst gewiss ist: „Und
41f. noch viel mehr gewannen sie Vertrauen um seines Wortes willen; und der Frau sagten sie: Nicht mehr um deiner Rede willen vertrauen wir" (V.41.42a). Die um des Wortes Jesu willen glauben, sind also dieselben, die um der Rede der Frau willen zum Glauben kamen. Das aber heißt, dass der Text die Situation nicht so vorstellt, dass die Anwesenheit Jesu in Sychar eine quantitative Ausweitung der Glaubenden dort bewirkte[82]. Der vom Reden der Zeuginnen und Zeugen initiierte Glaube wächst

---

[81] Vgl. Kap.15,1–17.
[82] Die von fast allen Handschriften gebotene Lesart πλείους in V.41 muss daher als sekundär betrachtet werden. Ursprünglich ist die nur von Papyrus 75 und den altlateinischen Handschriften e und r¹ bezeugte Lesart πλεῖον.

und wird stärker im Hören auf das Wort Jesu selbst – das seinerseits nicht anderswo zu vernehmen ist als im Reden der Zeuginnen und Zeugen. Und so steht am Schluss des gesamten auf Samarien bezogenen Zusammenhangs ein Bekenntnis: „Denn wir haben selbst gehört und wissen: Dieser ist wahrhaftig der Retter der Welt" (V.42b). Hier kommt nun auch die Antwort auf die das ganze Stück mitbestimmende Frage zum Ziel, wer Jesus ist (V.10). Er ist Jude; er ist Prophet; er ist der Messias; er ist der Retter der Welt. Keine Aussage überholt die vorangehende in der Weise, dass diese dann überflüssig würde oder gar nicht mehr zutreffend wäre. Nur zusammen beschreiben sie die Identität Jesu: Er ist der Prophet und Messias aus Israel für die Völker. In dieser Geschichte wird nicht den Juden der Messias präsentiert, sondern den Völkern ihr Retter, der ein Jude ist. Es geht darum, zu dem Gott Israels in Beziehung zu treten. Dazu verhilft der Messias Jesus den Völkern.

Das Bekenntnis zu Jesus als „dem Retter der Welt" schlägt einen Bogen zurück zu der Aussage von V.22, dass „es Rettung von den Juden her gibt"[83]. So ist auch hier auf die politische Dimension hinzuweisen. Denn als „Retter der Welt" galt der Kaiser in Rom[84]. Wenn demgegenüber Jesus als „Retter der Welt" bekannt wird, dann wird hier „Heil" nicht von imperialer Gewalt erwartet, dann ist dieses Bekenntnis zugleich eine Absage an alles triumphalistische Götzentum.

3. Rückkehr nach Galiläa (4,43–54)

> 43 Nach den zwei Tagen ging er von dort weg nach Galiläa. 44 Jesus selbst nämlich hatte bezeugt: Ein Prophet wird in seiner Heimat nicht geachtet. 45 Als er nun nach Galiläa kam, nahmen ihn die Galiläer auf, weil sie alles gesehen hatten, was er in Jerusalem auf dem Fest getan hatte; denn auch sie waren zum Fest gegangen. 46 Da ging er wieder ins galiläische Kana, wo er das Wasser zu Wein gemacht hatte. Und es gab einen Hofmann in Kafarnaum, dessen Sohn krank war. 47 Als der hörte, dass Jesus aus Judäa nach Galiläa gekommen war, ging er zu ihm und bat, dass er hinabsteige und seinen Sohn heile; denn er war dabei zu sterben. 48 Da sprach Jesus zu ihm: Wenn ihr nicht Zeichen und Wunder seht, kommt ihr nie und nimmer zum Vertrauen. 49 Der Hofmann sagte zu ihm: Herr, steige hinab, bevor mein Kind stirbt! 50 Jesus sagte ihm: Geh! Dein Sohn lebt. Der Mensch vertraute dem Wort, das Jesus ihm gesagt hatte, und ging fort. 51 Und bereits während er hinab-

---

[83] Auch die Einführung dieses Bekenntnisses mit *„wir wissen"* stellt eine Beziehung her zu dem in 4,22 vorangehenden Satz: „Wir beten an, was *wir kennen"*. Im griechischen Text steht dasselbe Wort.

[84] Dieser Titel wird „in mannigfacher Variation des griechischen Ausdruckes in Inschriften des hellenistischen Ostens dem Julius Cäsar, Augustus, Claudius, Vespasianus, Titus, Traianus, Hadrianus und anderen Kaisern beigelegt" (A. DEISSMANN, Licht vom Osten, [4]1923, 311 mit Verweisen). Eine Sammlung solcher Inschriften in deutscher Übersetzung findet sich im „Neuen Wettstein" zu Joh 4,42 Nr. 17–48, S.245–256.

stieg, kamen ihm seine Sklaven entgegen und sagten: Dein Kind lebt. 52 Da erfragte er von ihnen die Stunde, in der es besser mit ihm geworden war. Da sagten sie ihm: Gestern die siebte Stunde hat ihn das Fieber verlassen. 53 Da erkannte der Vater, dass es jene Stunde war, zu der ihm Jesus gesagt hatte: Dein Sohn lebt; und er gewann Vertrauen, er selbst und sein ganzes Haus. 54 Dies tat Jesus als zweites Zeichen, nachdem er aus Judäa wieder nach Galiläa gekommen war.

Vordergründig betrachtet, besteht dieses Stück aus zwei Teilen, deren Zusammenhang miteinander nicht sofort ersichtlich zu sein scheint. Der erste Teil berichtet von der positiven Aufnahme, die Jesus bei seiner Rückkehr nach Galiläa vonseiten seiner Landsleute erfährt (V.43–45). Der zweite erzählt, dass er nochmals ein Zeichen wirkt, als er wiederum nach Kana kommt (V.46–54). Es besteht hier jedoch ein analoger Zusammenhang, wie er zwischen 2,23–25 und 3,1ff. vorliegt. Dort war in Hinsicht auf das Pessachfest in Jerusalem von vielen die Rede, die aufgrund der von Jesus gewirkten Zeichen ihr Vertrauen auf ihn setzten. Als deren Repräsentant kam dann Nikodemus zu ihm. Auf diese Situation des Festes in Jerusalem bezieht sich der jetztige Text ausdrücklich zurück. An ihm haben auch die Galiläer teilgenommen; und aufgrund dessen, was sie dort gesehen haben, nehmen sie nun Jesus auf (V.45). Als einer von ihnen tritt dann im zweiten Teil der Hofmann auf. Aber anders als Nikodemus verschwindet auch er nicht spurlos mitten aus der Szene, sondern bleibt bis zum Schluss in ihr. Er kommt zum Vertrauen auf Jesu Wort hin, ohne schon das ihn betreffende Zeichen gesehen zu haben. In dieser Weise sind auch die beiden Geschichten in Kap.4 miteinander verbunden, dass die Jesus gegenüberstehenden Hauptpersonen, die samaritische Frau und der Hofmann, Kontrastfiguren zu Nikodemus bilden.

43   V.43 markiert den Übergang: „Nach den zwei Tagen", die in V.40 als Zeit des
44   Aufenthaltes Jesu in Sychar genannt waren, bricht er nach Galiläa auf. In V.44 bietet Johannes erneut eine Motivation für das Reiseziel Galiläa. In V.1 und 3 hatte er den Aufbruch von Judäa nach Galiläa damit begründet, dass „die Pharisäer" gehört hatten, Jesus mache mehr Schüler als Johannes der Täufer. Sein Wirken war erfolgreich; er hatte Zulauf. Das erregte Aufsehen und ließ „die Pharisäer" als bedrohliche Größe am Horizont erscheinen. Wenn jetzt in V.44 als Begründung für die Weiterreise von Samarien, wo Jesus im Übrigen gerade auch sehr erfolgreich war, nach Galiläa genannt wird, er habe selbst bezeugt, dass ein Prophet in seiner Heimat nicht geachtet werde, heißt das in diesem Zusammenhang: Jesus hat die Erwartung, in Galiläa nicht weiter beachtet zu werden und also hier kein Aufsehen zu erregen und damit auch vor möglichen Nachstellungen sicher zu sein[85]. Als er aber das in V.3 ins Auge ge-

---

[85]   Johannes bezieht sich hier auf eine Aussage Jesu, die er in seiner Erzählung bisher nicht geboten hat und auch später nicht bringt. Dieses Wort gehört zum Traditionsbestand der Gemeinde; er

fasste Ziel der Reise in V.45 erreicht, zeigt es sich, dass er in seiner Erwartung ent- 45
täuscht wird: „Die Galiläer nahmen ihn auf"[86]. Diese Akzeptanz Jesu in Galiläa wird
damit begründet, dass ja auch die Galiläer als Festteilnehmer Zeugen des Wirkens
Jesu in Jerusalem geworden waren[87].

Nachdem V.45 an den Anfang des Kapitels angeknüpft und auf 2,23 angespielt 46
hat, nimmt V.46a einen weiteren Bezug zum vorangehenden Kontext vor: Jesus geht
„wiederum" nach Kana; und es wird ausdrücklich daran erinnert, dass er dort „das
Wasser zu Wein gemacht hatte". Damit ist das Signal für die Erzählung eines weiteren Zeichens gestellt. Sie wird in V.46b eingeleitet: „Und es gab einen Hofmann[88] in
Kafarnaum, dessen Sohn krank war"[89]. Die Kunde davon – fährt V.47 fort –, dass 47
Jesus von Judäa nach Galiläa gekommen war, veranlasst ihn, von Kafarnaum nach
Kana zu gehen und Jesus zu bitten, nach Kafarnaum hinabzusteigen, um seinen Sohn
zu heilen. Die Dringlichkeit dieser Bitte wird durch die jetzt nachgetragene Informa-

---

setzt es bei seiner Leser- und Hörerschaft als bekannt voraus. Es begegnet bei Johannes also in
einem ganz anderen Zusammenhang als in den synoptischen Evangelien. Dort steht es im Kontext
des Auftretens Jesu in Nazaret und begründet die Ablehnung, die er in diesem Ort erfährt (Mk
6,4; Mt 13,57; Lk 4,24). πατρίς meint dort die „Vaterstadt", bei Johannes aber „Heimat",
bezogen auf ganz Galiläa.

86   δέχομαι begegnet nur hier im Johannesevangelium. Es entspricht λαμβάνω in 1,12; 5,43; 13,20.
An allen diesen Stellen klingt bei „aufnehmen" und „annehmen" auch die Bedeutung „akzeptieren" mit.

87   Sie entsprechen damit, wie oben schon angeführt, den in 2,23 Genannten.

88   *basilikós* ist jemand „zum König Gehöriger", sei es durch Verwandtschaft oder durch irgendein
Dienstverhältnis. Da der Mann in Joh 4 selbst Sklaven hat und offenbar über seine Zeit recht frei
verfügen kann, ist er nicht als Sklave, sondern als relativ gut gestellter Freier vorgestellt. Als
„König", dem er zugeordnet ist, muss Herodes Antipas gelten. Der war zwar offiziell lediglich
Tetrarch, aber im Volk wurde er als „König" bezeichnet. Vgl. auch Mk 6,14–29. Der *basilikós* ist
also am ehesten als „Hofmann" gedacht. Im Unterschied zu den synoptischen Fassungen wird
dieser Hofmann bei Johannes nicht als Nichtjude gekennzeichnet. Er gilt ihm also als Jude.
SCHNELLE wendet dagegen ein, „daß Johannes dies an keiner Stelle ausdrücklich sagt" (Komm.
96 Anm. 169). Doch mit diesem „Argument" könnten noch manche Juden im Evangelium in
Nichtjuden verwandelt werden. Die Erzählung spielt in jüdischem Kontext. Daher muss es ausdrücklich gesagt sein, wenn in ihr auftretende Personen als Nichtjuden erkannt werden sollen.
Verfehlt ist die Auslegung von BRODIE an dieser Stelle, der gleich auch noch die Galiläer zu Repräsentanten der Nichtjuden macht.

89   Mit diesem Beginn bietet Johannes eine Geschichte, die in anderen Fassungen in Mt 8,5–13 und
Lk 7,1–10 begegnet. Die Frage nach dem Verhältnis der drei Texte zueinander findet viel Stoff
für traditionsgeschichtliche und literarkritische Überlegungen – so etwa die interessante Beobachtung, dass der Kranke bei Mt ein *pais* ist, womit ein Sohn oder ein Sklave gemeint sein kann.
Dieser Begriff findet sich auch bei Lukas und Johannes. Daneben aber wird der Kranke bei Lukas
als „Sklave" und bei Johannes als „Sohn" bezeichnet. Aber auf die Frage nach der Vorgeschichte
der drei Texte und nach ihren literarischen Beziehungen will ich mich nicht einlassen. Darüber
kann man eine eigene Arbeit schreiben: S. LANDIS, Das Verhältnis des Johannesevangeliums zu
den Synoptikern. Am Beispiel von Mt 8,5–13; Lk 7,1–10; Joh 4,46–54, 1994. Ich will lediglich
versuchen, der johanneischen Erzählung zu folgen und ihr besonderes Profil herauszuarbeiten. Zu
dem gehört es, dass das Gegenüber Jesu kein nichtjüdischer Hauptmann, sondern ein galiläischer
Hofmann ist. Sowohl sein Kommen zu Jesus und seine Bitte in V.47 als auch dessen Wort an ihn
in V.48, das ja im Plural gehalten ist, charakterisieren ihn als Repräsentanten der Galiläer, die
Jesus aufgrund des in Jerusalem Gesehenen akzeptieren. Die positive Zeichnung dieses Repräsentanten erweist es als falsch, den hier genannten Galiläern „Gier nach ‚Spektakeln'" zu unterstellen
(so SCHENKE, Komm. 91).

tion herausgestrichen, dass der Sohn im Sterben liege. Jesus geht auf die Bitte nicht
48 ein, sondern trifft in V.48 eine über den Bittsteller hinausgehende, aber ihn einbeziehende tadelnde Feststellung: „Wenn ihr nicht Zeichen und Wunder seht, kommt ihr nie und nimmer zum Vertrauen." Dieser Tadel entspricht der Aussage von 2,24, dass sich Jesus seinerseits denen nicht anvertraute, die ihr Vertrauen auf seinen Namen setzten, weil sie von ihm gewirkte Zeichen gesehen hatten. Demnach käme es darauf an, dass das Vertrauen von Zeichen unabhängig wird. Solches Vertrauen erwartet Jesus in Galiläa offenbar nicht. Denn er spricht in der Form der stärkstmöglichen Verneinung.

BILLERBECK führt an dieser Stelle ein ihm seltsam und verstiegen erscheinendes Wunder an, um **„die Wundersucht" des Judentums** zu demonstrieren (II 441). SCHLATTER zitiert – leider mit falscher Stellenangabe – den wesentlichen Satz eines für diesen Zusammenhang wichtigen Textes[90]. Dieser Text reflektiert, dass es für das auf Gott bezogene Vertrauen, den Glauben, entscheidend ist, sich nicht auf Zeichen, sondern auf Gottes Zusage zu gründen: ‚„Und er (Mose) tat die Zeichen vor den Augen des Volkes …, und das Volk glaubte' (Ex 4,30f). Sie handelten damit so, wie es der Heilige, gesegnet er, gesagt hatte: ‚Und sie werden auf deine Stimme hören' (Ex 3,18). Man könnte meinen, sie hätten nicht geglaubt, bis sie die Zeichen sahen? Nein! Vielmehr: ‚Und sie hörten, dass Adonaj sich der Kinder Israels angenommen hatte' (Ex 4,31). Auf das Hören hin glaubten sie und nicht auf das Sehen der Zeichen hin"[91].

49 Der Hofmann lässt sich durch den Tadel nicht von seiner Bitte abbringen. War sie in V.47 in indirekter Rede mitgeteilt worden, so wird sie nun in V.49 in direkter Rede wiederholt: „Herr, steige hinab, bevor mein Kind stirbt!" Diese erneute Bitte nun
50 beantwortet Jesus in V.50a mit einer Zusage: „Geh! Dein Sohn lebt." Und obwohl Jesus in V.48 doch mit Bestimmtheit festgestellt hatte, dass die Leute nie und nimmer glauben würden, wenn sie nicht Zeichen und Wunder sehen, heißt es nun in V.50b in aller Schlichtheit: „Der Mensch vertraute dem Wort, das Jesus gesagt hatte." Er glaubt dem ihm sich zusagenden Wort, ohne dass er sähe oder wüsste, wie es seinem Sohn jetzt ergeht[92]. Darin liegt die besondere Ausprägung dieser Geschich-

---

[90]   Johannes 138.
[91]   ShemR 5,13 (SHINAN S.166f). Die Aussage: „Auf das Hören hin glaubten sie" entspricht sachlich genau und auch dem Wortgebrauch nach der paulinischen Feststellung in Röm 10,17, dass „der Glaube aus dem Hören" kommt. Das zeigt dann auch der Fortgang der johanneischen Erzählung, dass das Vertrauen dem sich zusagenden Wort gilt.
[92]   Vgl. LUTHER, Evangelien-Auslegung 4, 188: „Das erst ist ein rechter starker Glaube. Ein solches Herz kann glauben, was es nicht sieht und begreift, wider allen Sinn und Vernunft, es hangt allein an dem Wort. Da ist nichts sichtbar, er hat auch sonst keine Hilfe, als nur die, daß er's glaube. In diesem Glauben muß man alle Dinge aus den Augen tun, nur Gottes Wort nicht" (vgl. weiter S.196.199.202f). – Nebenher sei immerhin doch auch bemerkt, dass sich Jesus in dieser Geschichte zweimal in seiner Erwartung getäuscht sieht – einmal was seine Aufnahme in Galiläa und zum anderen was den Glauben des Hofmanns betrifft. Johannes stellt Jesus also nicht in jeder Hinsicht und in jeder Situation als den alles Wissenden und alles Überschauenden dar. Dieses Motiv ist ihm also kein Selbstzweck, sondern nimmt in bestimmten Zusammenhängen eine bestimmte Funktion wahr.

te im Johannesevangelium, dass der Glaube auf das sich ihm zusagende Wort bezogen wird, der Glaubende sich daran hält: „und er ging fort"[93].

Dieses Wort setzt dann aber auch Zeichen; und so wird die Geschichte selbstver- 51 ständlich weiter und zu Ende erzählt. Während der Hofmann noch von Kana nach Kafarnaum hinabsteigt, kommen ihm schon seine Sklaven mit der Kunde entgegen, dass sein Sohn lebt (V.51). Die Nachfrage ergibt, dass die Besserung genau zu der 52f. Zeit eintrat, als Jesus ihm die Zusage gab (V.52.53a). Wenn es daraufhin in V.53b von dem Hofmann noch einmal heißt, dass „er Vertrauen gewann", kann das im Zusammenhang mit V.50 nur bedeuten, dass dem Zeichen glaubensstärkende Kraft zukommt. Dass nun die Glaubensaussage nicht nur von ihm, sondern auch von „seinem ganzen Haus" gemacht wird, muss ebenfalls im Zusammenhang der ganzen Geschichte gelesen werden. Dreimal wird von dem Sohn gesagt, dass er „lebt". Das meint auf der Ebene dieser Erzählung, dass er nicht stirbt, sondern gesund wird; und das ist wichtig genug, um erzählt zu werden. Diese elementare Dimension ist bei dem nicht ausgespart, der zuvor in V.42 als „der Retter der Welt" bekannt worden war. Aber auf der Ebene des Evangeliums dürfte hier eine weitere Dimension hinzukommen: Dass einer aus Todesgefahr wieder zum Leben kommt, wird zum Zeichen für ein anderes Hinüberschreiten vom Tod zum Leben, von dem Jesus in 5,24 sprechen wird[94]. Nicht nur dort wird dann auch der Zusammenhang von Glauben bzw. Vertrauen und Leben thematisiert.

In dem für diese Erzählung signifikanten Zug der Übereinstimmung der Stunde, in der „ihn das Fieber verließ", mit dem Zeitpunkt, zu dem Jesus das von ferne feststellt, gibt es **eine parallele Geschichte über Rabbi Chanina ben Dosa**. Sie enthält darüber hinaus noch das Moment, dass der Rabbi schon Bescheid weiß und entsprechend handelt, bevor ihn noch die Bittsteller erreichen: „Einmal war der Sohn Rabban Gamliels krank. Er schickte zwei Schüler zu Rabbi Chanina ben Dosa, um für ihn Erbarmen zu erbitten. Als er sie sah, stieg er hinauf ins Obergeschoss und erbat für ihn Erbarmen. Während er hinabstieg, sagte er ihnen: Geht, denn das Fieber hat ihn verlassen! Sie sagten ihm: Bist du etwa ein Prophet? Er sagte ihnen: Weder bin ich ein Prophet, noch bin ich ein Prophetensohn (Amos 7,14), sondern so ist es mir überkommen: Wenn mein Gebet in meinem Mund fließend ist, weiß ich, dass er angenommen ist, und wenn nicht, weiß ich, dass er weggerissen ist[95]. Sie setzten sich und schrieben die Stunde genau auf. Und als sie zu Rabban Gamliel kamen, sagte er ihnen: Beim Gottesdienst! Ihr habt nichts abgezogen und nichts hinzugefügt, sondern genau so geschah es. Zu dieser Stunde verließ ihn das Fieber, und er fragte uns um Wasser zum Trinken"[96].

---

93 Zu dem hier betonten Vertrauen aufs Wort vgl. WELCK, Zeichen 143.
94 BROWN hat den Aspekt der Lebensgabe als einen die Kapitel 3 und 4 übergreifenden Gesichtspunkt herausgestellt: „Im Gespräch mit Nikodemus sagte Jesus, dass Gott seinen einzigen Sohn gab, damit alle, die an ihn glauben, ewiges Leben haben (3,16.36). Im Dialog mit der samaritischen Frau spricht Jesus vom Wasser, das Leben gibt. Schließlich, in dieser Szene, vollbringt Jesus ein Zeichen, das Leben gibt. Der Evangelist betont das durch seinen Nachdruck auf dem Wort ‚leben' in den Versen 50, 51 und 53" (Komm. 197).
95 Vgl. mBer 5,5.
96 bBer 34b. Eine kürzere Fassung bietet jBer 5,5 (41a; Krotoschin 9d).

54   Die Bemerkung in V.54 markiert in mehrfacher Hinsicht einen Abschluss. Zunächst
     bezieht sich „dieses" auf das unmittelbar vorher Erzählte zurück. Sodann nimmt der
     Nebensatz: „nachdem er aus Judäa nach Galiläa gekommen war" den Anfang des
     Kapitels wieder auf, wo Jesus in Judäa das Reiseziel Galiläa ins Auge gefasst hatte.
     Beides ist miteinander verknüpft, indem Johannes dieses Zeichen als zweites in Ga-
     liläa gewirktes zählt[97]. Damit wird schließlich – wie schon in V.46a, unmittelbar vor
     der Erzählung des Zeichens – der gesamte Zusammenhang bis zum Anfang von
     Kap.2 überspannt. Alle diese Bezüge zurück weisen auf einen gewissen Abschluss
     hin, der jetzt erreicht ist. In der Tat liegt nach Kap.4 ein Einschnitt innerhalb des
     ersten Teils des Johannesevangeliums vor. Bisher tauchte Bedrohliches nur am
     Rande auf. Von Kap.5 bis 12 jedoch ist die Darstellung von offener Gegnerschaft
     gegen Jesus geprägt.

Exkurs: Ist die Textfolge in Kap.5–7 zerstört?

An der überlieferten Reihenfolge der Kap.5 und 6 wird oft Anstoß genommen. Die
Angabe in 6,1, dass Jesus „auf die andere Seite des Meers von Galiläa ging", passe
nicht als Anschluss an Kap.5, wonach er sich in Jerusalem aufhält. Dagegen ergebe
sich bei Umstellung der Kapitel eine sinnvolle Abfolge. Damit verbunden wird meist
noch die Umstellung der Verse 1–14 und 15–24 in Kap.7. Der Rückbezug von V.19–
23 auf Kap.5 erweise den Abschnitt 7,15–24 als ursprünglichen Schluss der im
jetzigen Text in 5,47 endenden Rede. „Man darf also als ursprüngliche Reihenfolge
4; 6; 5; 7,15–24; 7,1–14.25ff vermuten"[98]. Es ist häufig versucht worden, die jetzige
Textfolge aus der vermuteten ursprünglichen durch die Annahme von Blattvertau-
schung(en) zu erklären. Das aber setzt eine weitere, nicht gerade wahrscheinliche
Hypothese voraus: Alle vertauschten Seiten müssten an ihrem Ende zufällig mit
einem vollständigen Satz aufgehört haben. Hinzu kommt das Problem der unterschiedlichen Textlänge der angeblich vertauschten Stücke[99]. Lässt sich aber die angenommene Änderung der Reihenfolge nicht als zufällig erfolgt erklären, dann ist sie,
falls sie überhaupt stattgefunden hat, so gewollt. Das aber heißt, dass hinter der jetzigen Abfolge in jedem Fall eine Absicht steht. Es ist zumindest fraglich, ob überhaupt
die nachträgliche Änderung einer ursprünglichen Textfolge angenommen werden
muss. Keine einzige griechische Handschrift oder alte Übersetzung weicht von der

---

[97]   Nur wenn man die Angabe dieser Zahl absolut nimmt und mit ihr das zweite Wunder überhaupt
       gezählt sieht, kann man einen Widerspruch zu der Notiz von 2,23, wo im Plural von Zeichen die
       Rede ist, erblicken und ihn zum Anlass quellenkritischer Erörterungen nehmen. Aber für wie
       dumm hält man dann eigentlich den Evangelisten, der seiner Leser- und Hörerschaft diese Zei-
       chen in 4,45 in Erinnerung ruft, sie selbst aber in V.54 schon wieder vergessen haben soll, indem
       er einen Quellentext unkorrigiert übernommen hätte? Vgl. WELCK, Zeichen 146–148.
[98]   So P. VIELHAUER; Geschichte der urchristlichen Literatur, 1975, 422, der hier für viele zitiert sei.
       Ausführlich begründet findet sich diese Hypothese bei SCHNACKENBURG, Komm. 2,6–11.
[99]   Vgl. H. THYEN, Johannesevangelium 209, mit dem dort gegebenen weiteren Verweis.

überlieferten ab. Es ist zwar einzuräumen, dass sich die Formulierung in 6,1 leichter verstehen ließe, wenn als vorangehender Aufenthaltsort Galiläa vorausgesetzt wäre. Aber man wird nicht sagen können, dass sie aus Jerusalemer Perspektive unmöglich ist. Dass 7,1 gut an Kap.5, aber nicht an Kap.6 anschließe, ist unzutreffend. Das Gegenteil ist richtig. Wäre vor 7,1 die Situation von Kap.5, also der Aufenthalt Jesu in Jersualem, vorausgesetzt, ginge es jetzt um einen Wechsel der Gebiete von Judäa nach Galiläa. Dann aber wäre die Formulierung zu erwarten: „Und danach ging Jesus weg nach Galiläa"[100]. Die tatsächliche Formulierung: „Und danach zog er in Galiläa umher" widerspricht der Annahme eines Wechsels der Gebiete. In der überlieferten Textfolge ist als Jesu Aufenthaltsort vor 7,1 Kafarnaum in Galiläa vorausgesetzt. Daran schließt der zitierte Satz gut an: Er bleibt weiter in Galiläa. Dieses Bleiben in Galiläa wird in V.1b.c begründet: „Denn er wollte nicht in Judäa umherziehen, weil die Juden ihn zu töten trachteten." Diese Begründung ist deshalb nötig, weil Jesus eigentlich in Judäa sein müsste, um an dem Pessachfest teilzunehmen, dessen Nähe in 6,4 erwähnt worden war[101]. Die Abstinenz von Judäa hält Jesus durch bis zum Laubhüttenfest. Davon handelt dann 7,2ff. Es spricht also mehr dafür als dagegen, bei der überlieferten Textfolge zu bleiben.

---

[100] Vgl. 4,3.
[101] Vgl. die entsprechende Formulierung in der Aufforderung der Brüder Jesu in 7,3 im Blick auf das Laubhüttenfest.

IV. Zweites Wirken in Jerusalem: die Heilung eines Kranken am Teich Betesda (5,1–47)

Ort, Zeit und Handlung heben Kap.5 als eigene Einheit heraus. In 5,1 wird ein Ortswechsel von Galiläa nach Jerusalem vermerkt, in 6,1 einer von Jerusalem in das Gebiet östlich des Sees Gennesaret. Ort der Handlung ist jetzt also wieder Jerusalem. Als Zeit wird „ein Fest der Juden" angegeben, das den Hinaufstieg Jesu motiviert. Es ist also eins der drei Wallfahrtsfeste vorgestellt. Der vorangehende Hinaufstieg Jesu nach Jerusalem war nach 2,13 durch Pessach veranlasst. In 6,4 wird wiederum die Nähe von Pessach erwähnt. Von diesem Rahmen her werden die das Evangelium Lesenden und Hörenden auf das Wochenfest (Schavuot) oder das Laubhüttenfest (Sukkot) verwiesen. Da in Kap.7 ein Laubhüttenfest ausdrücklich angeführt wird, dürfte Johannes bei dem nicht gekennzeichneten Fest in Kap.5 am ehesten an Schavuot denken.

Am Anfang des Kapitels steht die Erzählung einer Heilung; darauf ist alles Weitere bezogen. Von daher erschließt sich auch die Gliederung. Den ersten Teil bildet die Wundergeschichte (V.1–9a). Der zweite Teil dient als Überleitung (V.9b–16). Er ist einmal Nachgeschichte zur vorher erzählten Heilung. Indem nun nachgetragen wird, dass die Heilung und das anschließende Handeln des Geheilten am Sabbat erfolgten, wird ein Konflikt konstruiert, in dem sich Jesus und „die Juden" gegenüberstehen und der das Folgende bestimmt. So bereiten die V.9b-16 zum anderen zugleich auch die Ausdeutung der Wundergeschichte durch Jesus vor, die den dritten Teil (V.17–47) bildet und auf dem Hintergrund des angezeigten Konflikts erfolgt. Die Kontrahenten Jesu kommen zwar in der Überleitung gegenüber dem Geheilten selbst zu Wort, nicht aber gegenüber Jesus. Dessen Reden wird sowohl in V.17 als auch in V.19 als ein „Antworten" eingeführt, aber dem geht kein entsprechendes Reden der Konfliktpartner voraus. Ihre Einwände werden in V.16 und V.18 nur in indirekter Rede als Begründung dafür gebracht, dass sie Jesus „verfolgten" bzw. „zu töten trachteten". Als Subjekt dessen erscheinen „die Juden". Das alles weist auf eine Stilisierung, die ihre Ursache in der Zeit und Erfahrung des Evangelisten haben dürfte. Darauf wird bei der Auslegung zu achten sein. Der dritte Teil besteht also – nur gleich zu Anfang durch V.18 unterbrochen – aus einer einzigen langen Rede Jesu. Deren Ziel ist es – und dem dient die nachgetragene Datierung der Heilung auf einen Sabbat –, das Wirken Jesu zu dem Wirken Gottes in Entsprechung zu setzen, herauszustellen, dass sich im Handeln Jesu das Handeln Gottes vollzieht.

1. Die Heilung eines Kranken (5,1–9a)

> 1 Danach war ein jüdisches Fest; und Jesus stieg hinauf nach Jerusalem.
> 2 In Jerusalem gibt es beim Schaftor ein Wasserbassin – auf hebräisch Betes-
> da genannt – mit fünf Säulenhallen. 3 In denen lag eine Menge von Kranken,
> Blinden, Lahmen und Abgezehrten[1]. 5 Dort gab es einen Menschen, der 38
> Jahre krank war. 6 Als Jesus den daliegen sah und erfuhr, dass er schon lan-
> ge Zeit so verbrachte, sagte er ihm: Willst du gesund werden? 7 Der Kranke
> antwortete ihm: (Mein) Herr, ich habe keinen Menschen, dass er mich, wenn
> das Wasser aufgerührt wird, in den Teich brächte. Während ich komme, steigt
> ein anderer vor mir hinab. 8 Jesus sagte ihm: Steh auf, heb deine Matte auf
> und geh! 9a Und sogleich wurde der Mensch gesund, hob seine Matte auf
> und ging.

Nachdem V.1 hinsichtlich Zeit und Ort den allgemeinen Rahmen abgesteckt hat – 1
Jesus steigt zu einem Fest nach Jerusalem hinauf –, wird in V.2 der beim Schaftor[2] 2
gelegene Teich Betesda mit fünf Säulenhallen als der genaue Ort des im Folgenden
erzählten Geschehens angegeben.

Vgl. zu diesem Ort: J. JEREMIAS, Die Wiederentdeckung von **Bethesda**, 1949. Auf S.19
findet sich eine „Karte zu den Bethesda-Ausgrabungen". (1966 erschien eine erweiterte
englische Ausgabe: The Rediscovery of Bethesda.) Eine instruktive Kurzinformation, ebenfalls mit Skizze der Anlage, bieten der Artikel Bethesda von C. COLPE in BHH 1,232f. sowie
RIESNER, Bethanien 156f.
In der Nähe des Tempelplatzes findet man heute in unmittelbarer Nachbarschaft der
Annenkirche unter den Ruinen einer Kreuzfahrerkirche und einer byzantinischen Kirche die
archäologisch aufbereiteten Reste der Anlage, die Johannes in 5,2 nennt. Sie bestand aus
zwei nebeneinander liegenden, unterschiedlich großen Becken, die durch „eine auf Felsen
ruhende, westöstlich laufende Zwischenwand von durchschnittlich 6,50 m Breite" voneinander getrennt waren (Jeremias 21) und gemeinsam „die Form eines unregelmäßigen Trape-
zes" bildeten (ebd. 23). An den Längs- und Querseiten des so gebildeten Doppelteiches und
auf dem Querband in der Mitte standen die von Johannes erwähnten fünf Säulenhallen. Die
gesamte Anlage, die im 1. Jh. v. Chr. errichtet und bis zum 6. Jh. n. Chr. betrieben wurde,
war etwas größer als ein Fußballfeld.
Inzwischen ist auch der Name in einem Dokument aus der Zeit vor der Zerstörung des
Tempels belegt. In der Kupferrolle von Qumran, die die Verwahrorte von Schätzen notiert,
heißt es: „Ganz in der Nähe, in *bejt eschdatájin*, am Wasserbassin beim Eingang zu dem
kleinen Becken" (3Q 15, XI 11–13). Die Kupferrolle bietet die Dualform, was zweifellos
damit zusammenhängt, dass die Anlage zwei Wasserbecken enthielt. Johannes hat in griechischer Umschrift die einfache Form. Hebräisch ergäbe sich dann: *bejt eschdáh*. Die nähere

---

1   Die Verse 3b und 4 werden zwar von der Masse der Handschriften geboten, aber die wichtigsten
      Textzeugen haben sie nicht. Es dürfte sich daher um eine nachträgliche Einfügung handeln, die
      das in V.7 angesprochene Phänomen erklären will: „Sie erwarteten die Aufwallung des Wassers.
      4 Denn ein Engel stieg von Zeit zu Zeit in den Teich herab und rührte das Wasser auf. Wer nun
      als erster nach dem Aufrühren des Wassers hineinstieg, wurde gesund, mit welcher Krankheit
      auch immer er niedergehalten war."
2   Vgl. Neh 3,1.32; 12,39.

Bezeichnung dieses Hauses kommt von einer Wurzel mit der Bedeutung „gießen", „aus-schütten"[3]. Von daher könnte die Bedeutung dieses Namens sein: „Haus des (doppelten Wasser-)Ausgießens". Diese Bezeichnung macht Sinn, wenn hier eine Tradition derart vor-ausgesetzt ist, wie ich sie unten zu V.7 anführen werde, dass nämlich in normalem Gewässer ab und an anderes, heilendes Wasser aufsteigt. Durch die Kupferrolle ist damit auch die Lesart „*Betesda*" in Joh 5,2 als ursprüngliche erwiesen. Dieses literarische und das archäo-logische Zeugnis beweisen, dass sich in Joh 5,2 ausgesprochen gute Lokalkenntnis nieder-geschlagen hat.

3 Nach der genauen Bezeichnung des Ortes wird in V.3 seine dominierende „Bevölke-rung" in die Szene eingeführt: In den Säulenhallen[4] lag eine Menge von dauerhaft Kranken. Bei „Betesda" handelte es sich offenbar um so etwas wie ein antikes Lourdes, wo sich Kranke, denen Ärzte nicht helfen konnten, auf wunderbare Weise
5 Heilung erhofften. Aus der Menge der Kranken wird in V.5 – gleichsam „in Groß-aufnahme"[5] – eine einzige Person herausgenommen und von ihr nur gesagt, dass sie schon „38 Jahre krank war". Man hat immer wieder gemeint, dass diese Zeitangabe keine besondere Bedeutung habe, sondern lediglich im Rahmen einer Wunderge-schichte die Motive „Schwere der Krankheit" und „Vergeblichkeit bisheriger Hei-lungsversuche" vertrete[6]. Doch dann hätte Johannes auch unbestimmt von „vielen Jahren" sprechen können. Wenn er eine bestimmte Zahl nennt, ist zumindest danach zu fragen, ob er damit auch eine bestimmte Aussage intendiert. Biblisch findet sich die Zahl 38 nur einmal. In Dtn 2,14 wird die Zeit der Wüstenwanderung der Kinder Israels von Kadesch Barnea bis zur Überquerung des Baches Sered mit 38 Jahren angegeben, „bis die ganze Generation der waffenfähigen Männer aus der Mitte des Lagers umgekommen war, wie Adonaj es ihnen geschworen hatte". Ein Midrasch sagt über diese 38 Jahre, „in denen die Israeliten wie Ausgestoßene in der Wüste wa-ren", durch eine bestimmte Interpretation von Dtn 2,17, dass in ihnen „die Rede mit Mose nicht redete, bis diese ganze Generation umgekommen war"[7]. Ein anderer Midrasch bringt Dtn 2,13f. mit Num 21,10–13 in Verbindung: „,Und die Kinder Is-raels zogen weiter und lagerten in Ovot' (Num 21,10), weil sie Feinde (Wortspiel mit *ojevím*) des Ortes (= Gottes) geworden waren. ,Und sie lagerten in Ijej Avarim' (V.11), weil sie voll von Übertretung (Wortspiel mit *aviráh*) waren. ,Und sie lagerten am Bach Sered' (V.12), weil der Bach nichts als voll von Spannen (Wortspiel mit

---

[3]   Im heutigen Ivrit begegnet von dieser Wurzel das Nomen *ésched*: „Wasserfall", „Stromschnelle".
[4]   AUGUSTIN deutet das Gewässer auf das Volk Israel und die fünf Säulenhallen auf die fünf Bücher Mose: „Jenes Wasser also, d.h. jenes Volk, wurde von den fünf Büchern des Moses wie von fünf Hallen umschlossen. Allein jene Bücher wiesen zwar auf Kranke hin, heilten sie aber nicht. Denn das Gesetz überführte die Sünder, sprach sie jedoch nicht los" (Vorträge 17,2; Übers. SPECHT S.286).
[5]   HAENCHEN, Komm. 288.
[6]   Vgl. z.B. BULTMANN, Komm. 180 Anm. 7; SCHNACKENBURG, Komm. 2,120f; BLANK, Komm. 1b,14.
[7]   ShirR 2,13 (Wilna 17c). Vgl. o. S.44, wo der Schluss dieser Tradition im Zusammenhang der Hypostasierung des „Wortes" zitiert wurde.

séret) war, so daß sie ihn 38 Jahre lang nicht überqueren konnten." An dieser Stelle wird Dtn 2,13f. zitiert. Darauf fährt der Midrasch fort: „Von da zogen sie weiter und lagerten jenseits des Arnon (Num 21,13), weil der Heilige, gesegnet er, sich mit ihnen versöhnt hatte"[8]. Die 38 Jahre sind also eine negativ qualifizierte Zeit, die durch Israels Übertretung und das Schweigen Gottes gekennzeichnet ist. An ihrem Ende aber stehen die Versöhnung und das Reden Gottes. Einige Psalmen zeigen, dass Krankheit auch als Gottesferne erfahren werden kann. In der Szenerie von Joh 5,2–5 kommt das indirekt darin zum Ausdruck, dass der Kranke an seine Matte gefesselt ist und nicht einmal in den so nahe gelegenen Tempel gehen kann, um an dem dortigen Geschehen teilzunehmen. Bezeichnenderweise dort wird ihn Jesus später wieder treffen (V.14). Wenn es heißt, dass er 38 Jahre krank war, ist damit ja zugleich auch gesagt, dass diese 38 Jahre nun um sind. Damit wird der Leser- und Hörerschaft vor allem signalisiert, dass jetzt ein das Unheil wendendes Handeln Gottes zu erwarten ist. Jetzt tritt Jesus auf und redet tatkräftig; sein Wort bewirkt das bisher am Teich vergeblich erhoffte Wunder. Die Intention der Erwähnung der 38 Jahre besteht also in erster Linie darin, das anschließend erzählte Reden und Handeln Jesu von vornherein als Wirken Gottes zu qualifizieren[9].

Dem in Großaufnahme herausgehobenen Kranken wird in V.6 Jesus gegenüberge- 6 stellt. Er erblickt ihn und erfährt[10] von der Länge seiner Krankheit. Mit der Frage: „Willst du gesund werden?" „appelliert (Jesus) an den Heilungs- und Lebenswillen des Menschen, dessen Mitwirken bei der Heilung von ihm herausgefordert wird"[11].

Die Antwort des Kranken in V.7 zeigt: Er hat die Frage Jesu nicht so verstanden, 7 dass der ihn nun heilen wolle. Vielmehr hat er sie in dem Sinn gehört, dass jemand

---

8 BemR 19,24 (Wilna 81d). In BerR 45,5 (THEODOR/ALBECK S.453) heißt es: „Sara war wert, die Jahre Abrahams zu erreichen. Weil sie aber gesagt hatte: ‚Adonaj richte zwischen mir und dir' (Gen 16,5), wurden 48 Jahre von ihrem Leben einbehalten." So viel beträgt der Unterschied im je erreichten Alter nach den Angaben in Gen 23,1 und 25,7. Dennoch geben ihn die Mehrzahl der Handschriften mit 38 Jahren an. Das zeigt an, wie fest die Tradition von den „38 Jahren" war.

9 In jeder Beziehung verfehlt – und auch vom Text her nicht durchführbar – erscheint mir die Deutung des 38 Jahre lang Kranken als Symbol des Judentums. Sie findet sich schon bei Kirchenvätern. In besonders schlimmer Weise ist sie durchgeführt bei HIRSCH: „Es ist kaum zu kühn, wenn man annimmt: der Kranke, den Jesus aus achtunddreißigjähriger Gebundenheit zu Gesundheit und freier Bewegung zurückholt und der dafür nicht dankt, sondern mit den Mosesschülern gegen Jesus gemeinsame Sache macht, ist ... Verkörperung des gesetzesgebundenen Judentums ... D.h., er ist zugleich dichterisch angeschaute individuelle Einzelperson (und als solche mit einem unverkennbaren Zug von Niederträchtigkeit ausgestattet) wie Sinnbild. Dadurch gewinnt auch die Warnung Jesu vor der Verschuldung, die ihm Ärgeres widerfahren lassen wird, ihren Sinn: durch die Scheidung von Jesus, der es aus der Gesetzesknechtschaft befreien will, überliefert sich das Judentum dem Gerichte" (Evangelium 156f.; erschienen 1936). Auch bei DIETZFELBINGER heißt es im Blick auf den möglichen Bezug zu Dtn 2,24 noch: „Dann wäre der Kranke Symbol für das in seiner Sünde hoffnungslos kranke Israel" (Komm. 1,192).

10 Vgl. 4,1. Wenn Johannes das Wissen Jesu gemeint hätte, würde hier wohl – wie z.B. in 13,1.3 – *eidós* stehen.

11 BLANK, Komm. 1b,15. Dass diese Frage auch in anderer Hinsicht nicht deplaziert ist, zeigt die Parodie von Wunderheilungen Jesu in einem Theaterstück von DARIO FO, wonach Geheilte, die vorher als Bettler ihren Lebensunterhalt hatten, sich über ihre Heilung beschweren, weil sie nicht wissen, wovon sie nun leben sollen.

an seinem Schicksal Anteil nimmt, dem er nun die Schwierigkeit seiner Lage erklärt, die eine Heilung bisher verhindert hat. Er hat niemanden, der ihn zum Becken brächte, wenn das Wasser aufwallt; jedesmal kommt ihm ein anderer zuvor. Indirekt erhält die Leser- und Hörerschaft hier weitere Informationen. Über den Kranken wusste sie bisher über die Dauer seiner Krankheit hinaus nur, daß er „liegt". Jetzt erfährt sie, dass er sich nur sehr langsam fortbewegen kann. Unter den vorher Aufgezählten ist er also unter den „Lahmen" oder „Abgezehrten" einzuordnen. Außerdem wird nun deutlich, warum die Kranken in diesen Säulenhallen liegen und wodurch sie sich Heilung erhoffen: Man muss das gelegentlich im Becken aufwallende Wasser erreichen.

Zumindest eine Analogie hierzu bietet die in späteren Midraschim begegnende Tradition vom **Mirjamsbrunnen**. Der mit den Israeliten bei der Wüstenwanderung mitziehende Brunnen, der mit dem Tod Mirjams verschwand (bTaan 9a) und deshalb „Mirjamsbrunnen" genannt wird, gelangt in andere Gewässer; wenn er darin sein Wasser aufsteigen lässt und damit einen dort badenden Menschen bespült, wird der geheilt. So heißt es in TanB Chukat 1 (50a): „Eine Geschichte: In Schichin stieg ein Blinder hinab, um im Wasser in einer Höhle ein (rituelles) Bad zu nehmen. Da traf auf ihn der Mirjamsbrunnen; und er tauchte ein und wurde geheilt." In WaR 22,4 (MARGULIES S.510) wird erzählt: „Eine Geschichte: Ein mit Aussatz Geschlagener stieg hinab, um im Meer in Tiberias ein (rituelles) Bad zu nehmen. Da geschah es, dass der Mirjamsbrunnen aufstieg und strömte; und er wurde geheilt." Die mögliche Bedeutung von „Betesda" (s. o. zu V.2) lässt es mir nicht als ausgeschlossen erscheinen, dass diese Tradition vom Mirjamsbrunnen viel älter ist als ihre jetzigen Überlieferungszusammenhänge und schon den Hintergrund dafür bildet, dass dieser Ort als ein Wunder wirkender geglaubt wurde.

8   Die Reaktion Jesu auf die Schilderung der schier ausweglosen Lage des Kranken besteht in V.8 in einem knappen Befehlswort: „Steh auf, heb deine Matte auf und geh!"[12] Er soll nicht mehr „darniederliegen", sondern „aufstehen", sich auf die eigenen Füße stellen und „gehen". Mit „gehen" ist sicherlich mehr gemeint als „umhergehen". Das altmodische Wort „wandeln" dürfte das hier Intendierte treffen: das Leben führen – gemäß den Weisungen Gottes natürlich. Das Aufheben der Matte[13] demonstriert – nebenbei – auch das eingetretene Wunder. Aber das tun Aufstehen und Gehen ebenfalls schon hinreichend. Wenn also der Kranke ausdrücklich aufgefordert wird, seine Matte zu tragen und er dann sie, an die er bisher gefesselt war, in seiner Hand trägt, kann das als weitere Dimension enthalten, dass er nicht rück-fällig werde.

9   V.9 konstatiert den sofortigen Eintritt der Heilung: Der Mensch wurde gesund und führte aus, was Jesus ihm geboten hatte. Damit ist die Erzählung des Wunders zu

---

12   Hier besteht eine nahezu wörtliche Parallele zu dem Befehl Mk 2,9 innerhalb der Erzählung von der Heilung des Gelähmten, während in Mk 2,11 der Schlussteil abweicht. Zu den Übereinstimmungen und Abweichungen zwischen beiden Erzählungen und zu möglichen Erklärungen hinsichtlich der Frage der literarischen Beziehung vgl. SCHNACKENBURG, Komm. 2,121f.

13   Wie in Mk 2,9.12 gebraucht Johannes hier das Wort *krábattos*, das das armselige Bett des „kleinen Mannes" bezeichnet.

nächst abgeschlossen. Der Evangelist Johannes bietet sie durchaus auch *als* Wundergeschichte. Wie bei den beiden vorangehenden hat er auch hier andere Dimensionen anklingen lassen; und diesmal wird er gleich noch sehr viel mehr hinzufügen. Aber er erzählt zunächst in aller Schlichtheit das Wunder. Er „legitimiert" Jesus damit nicht für etwas, das außerhalb des Erzählten läge. Diesem „Heiland" (4,42) geht es auch um den Leib und seine Heilung. Das erzählte Wunder wird so zum Aufschein der Hoffnung auf erfülltes Leben in seiner Ganzheit.

2. Überleitung (5,9b–16)

> 9b Es war aber Sabbat an jenem Tag. 10 Da sagten die (führenden) Juden dem Geheilten: Es ist Sabbat; und es ist nicht erlaubt, dass du deine Matte trägst. 11 Der aber antwortete ihnen: Der mich gesund gemacht hat, der hat mir gesagt: Heb deine Matte auf und geh! 12 Sie fragten: Wer ist der Mensch, der dir gesagt hat: Heb auf und geh!? 13 Der Geheilte wusste aber nicht, wer es ist. Denn Jesus war entwichen, da an dem Ort Gedränge war. 14 Danach fand ihn Jesus im Heiligtum und sprach zu ihm: Siehe, du bist gesund geworden. Sündige nicht mehr, damit dir nichts Schlimmeres widerfahre! 15 Der Mensch ging weg und meldete den (führenden) Juden, dass es Jesus ist, der ihn gesund gemacht hatte. 16 Und deswegen verfolgten die(se) Juden Jesus, weil er das am Sabbat gemacht hatte.

Diese Fortsetzung zeigt, dass für Johannes mit dem Erzählen der Wundergeschichte nicht alles gesagt ist, was er hier zu sagen hat. Was er mehr sagen will, führt er in der großen Rede Jesu im dritten Teil dieses Kapitels aus. Dazu leitet dieser zweite Abschnitt über. Die hier erzählte Nachgeschichte zum Heilungswunder wird zugleich zur Vorgeschichte von dessen weit ausgreifender Deutung in der Rede Jesu. Durch die jetzt erfolgende Datierung der Heilung auf einen Sabbat führt das von Jesus gebotene Tun des Geheilten zum Konflikt mit „den Juden". Der ist aber nur Zwischenspiel, das dazu führt, dass am Ende des Abschnitts Jesus und „die Juden" als die eigentlichen Konfliktparteien gegenüberstehen. Deren Konflikt wird dann gleich zu Beginn des dritten Teils in äußerster Schärfe herausgestellt.

Am Ende von V.9 gibt Johannes der vorher erzählten Wundergeschichte eine neue 9 Wendung, indem er anmerkt: „Es war aber Sabbat an jenem Tag." Dass er diese Datierung erst jetzt bietet, ist ihm nicht als literarisches Ungeschick anzukreiden[14]. Es wäre ihm, der sich beim Abfassen des Evangeliums alles andere denn als ein Sklave seiner Traditionen zeigt, doch ein Leichtes gewesen, schon in V.6 die Situation des

---

14   Vgl. BECKER, Komm. 1,279: „Zunächst wird nachgetragen, was eigentlich hätte längst angegeben werden müssen, daß es Sabbat war."

Sabbats einzubringen. Wenn er das nicht getan hat, dann wollte er die Erzählung auch nicht von vornherein als Sabbatkonflikt stilisieren. Indem er sie zunächst von der Sabbatproblematik freihält, ermöglicht er es, dass sie erst einmal für sich als Heilungsgeschichte gelesen und gehört werden kann. Zum anderen macht die erst jetzt erfolgende Nennung des Sabbats auch von daher Sinn, dass es Johannes hier gar nicht um das Problem geht, was am Sabbat zu tun oder zu lassen ist[15]. Der kurze Konflikt zwischen dem Geheilten und „den Juden" führt sofort weiter zum Handeln Jesu, das dann in V.18 in Entsprechung zum Handeln Gottes gesetzt wird. Um diese Entsprechung herstellen zu können, die den zentralen Streitpunkt der Zeit des Evangelisten enthält, ob im Wirken Jesu Gott selbst zum Zuge komme, datiert er die Heilungsgeschichte nachträglich auf einen Sabbat[16].

10   Den Geheilten, der seine Matte trägt, sprechen in V.10 „die Juden" an – als wäre er selbst keiner. In V.15 meldet er „den Juden" die Identität dessen, der ihn geheilt hat. Daraufhin „verfolgen" nach V.16 „die Juden" Jesus. Es ist deutlich, dass in dieser Erzählung „die Juden" nicht „alle Juden" sind; schließlich sind der Geheilte und Jesus ja auch Juden. Diese Juden erscheinen als Behörde. Deshalb habe ich sie in der Übersetzung als „die (führenden) Juden" wiedergegeben. Dennoch aber spricht Johannes ganz pauschal von „den Juden". Darin spiegelt sich die Erfahrung seiner eigenen Zeit, in der seine Gruppe „den Juden" als bedrängend erfahrener Mehrheit gegenübersteht.

Der Geheilte wird auf das Verbotene seines Tuns hingewiesen: „Es ist Sabbat; und es ist nicht erlaubt, dass du deine Matte trägst." Die Auslegung sollte den Text nicht dramatisieren. Es liegt nicht mehr als ein schlichter Hinweis vor, der nicht mit einer Androhung von Sanktionen verbunden ist, aber sicherlich erwartet, dass aus ihm die richtige Konsequenz gezogen wird.

SCHLATTER (Johannes 144) erwähnt in diesem Zusammenhang jShab 15,3 (78b; Krotoschin 15b). Dort wird von Rabbi Schim'on ben Jochaj gesagt: „Wenn seine Mutter (am Sabbat) viel erzählte, sagte er zu ihr: Mutter, **es ist Sabbat.**" Die Parallelstellen in WaR 34,16 (MARGULIES S.816) und Tan B'reschit 2 (Wilna 7b) stellen ausdrücklich fest, dass sie daraufhin schwieg. In MTeh 73,4 wird folgende Tradition angeführt: „Rabbi Schim'on im Namen Rabbi Simons des Frommen: In dieser Weltzeit geht ein Mensch (am Sabbat) Feigen pflücken, und die Feige sagt nichts. Aber wenn er in der kommenden Zeit am Sabbat Feigen pflücken geht, schreit die Feige und sagt: Es ist Sabbat."

---

[15] So wie der Geheilte dargestellt wird, taugt er nicht gerade gut dazu, eine vermeintlich freiere „christliche" Sabbatpraxis gegenüber „jüdischer Kasuistik" zu demonstrieren. – Nach HIRSCH befiehlt Jesus „eine Handlung, die ihren Sinn allein in der demonstrativen Verletzung der jüdischen Sabbathsitte hat. Das Sabbathgesetz wird öffentlich mit Füßen getreten als eine Nichtigkeit" (Evangelium 157; wieder ist auf das Erscheinungsjahr dieses Buches hinzuweisen: 1936). Dass im übrigen auch der johanneische Jesus die prinzipielle Geltung der Sabbatgebote selbstverständlich voraussetzt, wird sich in 7,23 zeigen.

[16] Diese Datierung hat also eine analoge Funktion wie die Erwähnung der 38 Jahre in V.5.

Konkret wird der Geheilte auf das Tragen seiner Matte als am Sabbat verbotenes Tun hingewiesen. mShab 7,2 führt als letzte der am Sabbat verbotenen 39 Hauptarbeiten an: „das Heraustragen aus einem Bereich in einen anderen Bereich". Biblisch findet sich dieses Verbot besonders deutlich in Jer 17,21f.: „So hat Adonaj gesprochen: Nehmt euch in Acht! Tragt keine Last am Sabbattag, dass ihr sie in die Tore Jerusalems bringt! Und tragt keine Last aus euren Häusern heraus am Sabbattag und verrichtet keinerlei Arbeit, dass ihr den Sabbattag heiligt, wie ich es euren Väter geboten habe!"

Mit der Auflistung von 39 verbotenen Hauptarbeiten haben die rabbinischen Weisen versucht, das biblische **Arbeitsverbot am Sabbat** zu konkretisieren, indem sie von den Arbeiten ausgingen, die zur Errichtung des Zeltes der Begegnung (bei Luther: „Stiftshütte"), des Vorläufers des Tempels, nötig waren. Bei dieser Systematisierung und ihrer weiteren Ausdifferenzierung geht es nicht um „gesetzliche" Gängelung. Die Verbote sollen ja zugleich auch praktikabel sein. So wurde beim Verbot des Heraustragens von einem Bereich in den anderen die Möglichkeit geschaffen, am Sabbat einen „Eruv" zu bilden, der sonst unterschiedliche Bereiche zu einem dann einheitlichen zusammenschließt, innerhalb dessen Lasten getragen werden dürfen. Der Praktikabilität dient auch die Ermöglichung, dass eine Last, die von einer Person getragen werden kann, aber am Sabbat eben nicht getragen werden darf, von zwei Personen getragen wird. Das ist kein „Trick" zur Umgehung eines Verbotes, sondern dient der konkreten Unterscheidung des Sabbats von den anderen Tagen. Die Heiligkeit des Sabbats, die heilvolle Unterbrechung der Arbeitstage, soll sehr konkret Ausdruck finden in einem sich von den anderen Tagen unterscheidenden Vollzug des Sabbats. Die z.B. bei BILLERBECK deutlich spürbare doppelte Entrüstung – über, wie er es sieht, die peinlich genauen Bestimmungen und ihr legales Umgehen[17] – kommt dann heraus, wenn man die jüdischen Texte liest, ohne dabei auf jüdisches Selbstverständnis zu hören – und auch gar nicht darauf hören will, weil man sich ja vom selbst fabrizierten Gegenbild umso positiver abheben möchte.

Den Hinweis auf das Verbotene seines Tuns beantwortet der Geheilte in V.11 damit, 11 dass ihm das von demjenigen geboten worden sei, der ihn gesund gemacht habe. Was nun der Geheilte mit seiner Matte getan hat, wird nicht erzählt. Das interessiert hier nicht mehr. Was vielmehr interessiert, zeigt V.12 mit der Frage nach dem Menschen, 12 der den Befehl zum Tragen der Matte gegeben hat. Ihn, also Jesus, ins Gegenüber zu „den Juden" zu bringen – darauf läuft diese Überleitung zu[18].

Nach V.13 kennt der Geheilte die Identität dessen nicht, der ihm den Befehl gege- 13 ben hat. Jesus war im Gedränge verschwunden. So hätte sich die Sache verlaufen. Es ist nun bezeichnend für die Darstellungsweise des Johannes, dass er, um die Sache wieder voranzubringen, in V.14 Jesus die Initiative ergreifen läßt: „Danach fand ihn 14 Jesus im Heiligtum." Nicht der Geheilte findet Jesus, sondern Jesus findet den Ge-

---

[17]   „Bei aller Peinlichkeit, das Hinaustragen eines Gegenstandes aus einem Bereich in einen andren am Sabbat zu verhüten, fand man doch auch wieder Mittel u. Wege, die festgelegten Bestimmungen in legaler Weise zu umgehen" (II 457; vgl. den ganzen Zusammenhang 454–461).

[18]   Auch hieran zeigt sich, dass es nicht um die Sabbatproblematik geht, sondern um die Christologie.

heilten. Nicht der Gesuchte wird gefunden, sondern der Gesuchte findet. Er hat die Fäden in der Hand – und liefert sich damit faktisch selbst aus. Wenn Johannes hier, wo kurz danach in V.18 der Tod Jesu in aller Deutlichkeit ins Blickfeld tritt, so darstellt, lässt er damit Jesus nicht als Objekt und Opfer erscheinen, sondern als Souverän seines eigenen Geschicks. So bringt er zum Ausdruck, dass in dem von außen gesehen sehr zufällig erscheinenden Schicksal Jesu doch Gott zum Zuge kommt.

Jesus findet den Geheilten im Tempel. Das ist offenbar für beide ein ganz selbstverständlicher Aufenthaltsort, zumal ja in V.1 als Rahmen ein Wallfahrtsfest angegeben worden war. Als weniger selbstverständlich erscheint, was Jesus dem Geheilten sagt: „Siehe, du bist gesund geworden. Sündige nicht mehr, damit dir nichts Schlimmeres widerfahre!" Hier ist einmal ausdrücklich gesagt, dass verfehltes Handeln schlimmes Widerfahren zur Folge haben wird. Da aber vorher die Gesundung erwähnt worden ist und dann der Geheilte aufgefordert wird, *„nicht mehr"* zu sündigen, ist zum anderen implizit auch seine Krankheit von 38 Jahren mit verfehltem Handeln in Zusammenhang gebracht worden. Und diesen Zusammenhang stellen nicht „die Juden" her, auch nicht die Schüler Jesu, sondern er findet sich in einem Wort des johanneischen Jesus. Es erklärt nicht eben viel, diese Stelle einer Tradition zuzuschreiben und zu behaupten, die in ihr enthaltene Vorstellung werde vom Evangelisten in 9,3f. „ausdrücklich korrigiert"[19]. Was er in 9,3f. genau tut, wird zur Stelle zu erörtern sein. Auch wenn er V.14b nicht selbst formuliert, sondern übernommen haben sollte, so steht diese Aussage nun doch in dem von ihm gestalteten und verantworteten Evangelium – und so sollte sie einer Auslegung wert sein, wie sie ihrer ja auf alle Fälle auch bedürftig ist.

Nach BULTMANN bewegt sich dieses Wort Jesu über **Krankheit und Sünde** „in der Sphäre des jüdischen Vergeltungsglaubens, der Krankheit auf Sünde zurückführt" (Komm. 182). Er verweist dafür auf Literatur, darunter auch auf BILLERBECK (ebd. Anm. 2). Aus BILLERBECK führt SCHNACKENBURG den Satz des „R. Ammi": „Es gibt keinen Tod ohne Sünde und keine Züchtigungen (Leiden) ohne Schuld" als Beleg dafür an: „Die Rabbinen lehrten im allgemeinen, daß es keinen Tod ohne Sünde gebe" (Komm. 2,123 Anm. 1). Die auf den Satz des Rav Ami folgende Erörterung in bShab 55a.b, die ebenfalls von BILLERBECK zitiert wird, stellt ihn jedoch in Frage und bringt gegen Ende die genau gegenteilige Feststellung: „Es gibt Tod ohne Sünde; und es gibt Leiden ohne Schuld." Der darauf folgende Schlusssatz des Abschnitts ist bei BILLERBECK falsch übersetzt: „Aber der Einwand des R. Ammi bleibt (unwiderlegt) bestehen." Die hier gebrauchte Wendung, die – mit unterschiedlichen Namen verbunden – im babylonischen Talmud mehrfach begegnet, meint genau das Gegenteil: „Ist das eine Widerlegung des Rav Ami? Eine Widerlegung!" Freier wäre sie etwa so zu übersetzen: „Und damit ist Rav Ami widerlegt." Das heißt nun aber nicht, dass der Satz des Rav Ami erledigt wäre. An anderer Stelle der rabbinischen Traditionsliteratur kann er ohne seine Infragestellung positiv aufgenommen werden: WaR 37,1 (MARGULIES S.855; Textvariante); QohR 5,4 (Wilna 14c).

---

19 So BECKER, Komm. 1,279; ähnlich HAENCHEN, Komm. 272.

Es gibt unverschuldetes Leiden. Aber es gibt auch verschuldetes Leiden. Die Frage ist nur, wer verschuldetes Leiden feststellt. Gegenüber der von außen aufgrund seines Leidens diagnostizierten Schuld durch seine Freunde besteht Hiob hartnäckig darauf, dass er unschuldig leidet. Wenn Jesus in V.14 implizit Schuld feststellt, tut er das in seiner Funktion als Beauftragter Gottes, als den ihn die Fortsetzung des Textes noch deutlich herausstellen wird – als Beauftragter Gottes, der zuvor den Kranken gesund gemacht hat. Jesus spricht hier gleichsam wie ein Arzt nach der Genesung. Der Akzent liegt auf der Mahnung für die Zukunft. Verfehltes Handeln wird schlimme Folgen haben – auch für den Handelnden selbst: „… damit dir nichts Schlimmeres widerfahre." Es gibt offenbar Schlimmeres als die Krankheit, nämlich das Leben so zu führen, dass es den Namen „Leben" nicht verdient und dem Gericht Gottes anheimfällt. Auf ein Verstehen von V.14b in dieser Richtung weist jedenfalls die folgende Rede Jesu.

Zunächst jedoch bleibt das Wort Jesu an den Geheilten so stehen. Nicht auf es reagiert dieser in V.15. Das erneute Zusammentreffen mit Jesus hatte – so ergibt es sich aus der Fortsetzung der Erzählung – nur die Funktion, dass der Geheilte nun über die Identität dessen, der ihn geheilt hat, informiert ist; und nun meldet er sofort „den Juden, dass es Jesus ist, der ihn gesund gemacht hatte" – wie die Anzeige bei einer Behörde[20]. Das ist das Letzte, was über ihn erzählt wird. Wie Nikodemus – und anders als der Geheilte in Kap.9 – verschwindet er nun spurlos aus der Szene. Seine Meldung wird nach V.16 für „die Juden" zum Anlass, Jesus zu „verfolgen", „weil er das am Sabbat gemacht hatte"[21]. Damit hat diese Überleitung nun das den dritten Teil bestimmende Aufeinandertreffen „der Juden" mit Jesus erreicht – ein Aufeinandertreffen allerdings, in dem die Kontrahenten Jesu nur kurz reagieren, während Jesus der eigentlich Agierende in Form einer großen Rede ist, in der der Evangelist die Wundergeschichte weit ausdeutet.

3. Christologische Weiterführung der Wundergeschichte (5,17–47)

> 17 Der aber antwortete ihnen: Mein Vater wirkt bis jetzt, und ich wirke auch.
> 18 Deshalb trachteten die (führenden) Juden nun umso mehr danach, ihn zu töten, weil er nicht nur den Sabbat aufgehoben, sondern auch Gott zu seinem

---

[20] Vgl. R. METZNER, Der Geheilte von Johannes 5 – Repräsentant des Unglaubens, ZNW 90, 1999 (177–193), 186f.: „Joh 5,15 ist daher kein Glaubensbekenntnis eines von Jesus erwählten Menschen, sondern eine Mitteilung der Identität Jesu, die vor den ‚Juden' zur Anzeige wird. In einer Lage, in der der Geheilte um seine eigene Sicherheit bangen muß, gibt er Jesus preis." Dass der Gebrauch des Verbs *anangéllein* an dieser Stelle nicht „positiv als Verkündigungs- und Bekenntnisakt des Geheilten" verstanden werden kann, wird S.185f. dargelegt.

[21] Dass eine Heilung am Sabbat in jüdischem Kontext tatsächlich Anlass für „Verfolgen" wäre, ist schwer vorstellbar. Sie wäre Anlass für Diskussion. Zur Diskussion um den Sabbat vgl. u. zu 7,23. Wenn Johannes dennoch so formuliert, wie er es hier tut, setzt das schon die Erfahrung harter Auseinandersetzungen seiner Gruppe mit der sie umgebenden jüdischen Mehrheit voraus.

besonderen Vater erklärt hätte, womit er sich Gott gleich machte. 19 Da antwortete Jesus und sagte ihnen: Amen, amen, ich sage euch: Der Sohn kann nichts von sich aus machen, sondern nur das, was er den Vater machen sieht. Was immer nämlich jener macht, das macht gleicherweise auch der Sohn. 20 Denn der Vater liebt den Sohn und zeigt ihm alles, was er macht; und größere Werke als diese wird er ihm zeigen, damit ihr euch verwundert.
21 Denn wie der Vater die Toten aufrichtet und lebendig macht, so macht auch der Sohn lebendig, wen er will. 22 Denn auch der Vater richtet niemanden, sondern hat das Richteramt ganz dem Sohn übergeben, 23 damit alle den Sohn ehren, wie sie den Vater ehren. Wer den Sohn nicht ehrt, ehrt nicht den Vater, der ihn geschickt hat. 24 Amen, amen, ich sage euch: Wer mein Wort hört und dem vertraut, der mich geschickt hat, hat ewiges Leben und kommt nicht ins Gericht, sondern ist vom Tod zum Leben hinübergeschritten.
25 Amen, amen, ich sage euch: Die Zeit kommt und ist jetzt, da die Toten die Stimme des Sohnes Gottes hören werden; und die sie gehört haben, werden leben. 26 Denn wie der Vater Leben in sich hat, so hat er auch dem Sohn gegeben, Leben in sich zu haben. 27 Und er hat ihm Macht gegeben, Gericht zu halten, da er der Menschensohn ist. 28 Verwundert euch nicht darüber, dass die Zeit kommt, in der alle, die in den Gräbern sind, seine Stimme hören werden; 29 und die das Gute gemacht haben, werden herauskommen zur Auferstehung des Lebens, und die das Schlechte getan haben, zur Auferstehung des Gerichts. 30 Von mir aus kann ich überhaupt nichts tun. Gemäß dem, wie ich höre, richte ich; und mein Gericht ist gerecht. Denn ich trachte nicht nach meinem Willen, sondern nach dem Willen dessen, der mich geschickt hat.
31 Wenn ich für mich selbst Zeugnis ablege, ist mein Zeugnis nicht wahr. 32 Ein anderer ist es, der für mich Zeugnis ablegt; und ich weiß, dass das Zeugnis wahr ist, das er für mich ablegt. 33 Ihr habt zu Johannes gesandt; und er hat für die Wahrheit Zeugnis abgelegt. 34 Ich nehme aber nicht das Zeugnis von einem Menschen an; vielmehr sage ich das, damit ihr gerettet werdet. 35 Jener war die Lampe, die brannte und leuchtete; und ihr wolltet euch kurze Zeit über ihr Licht freuen. 36 Ich habe das Zeugnis, das größer ist als das des Johannes. Die Werke nämlich, die der Vater mir gegeben hat, dass ich sie zu Ende führe – eben die Werke, die ich tue, legen Zeugnis für mich ab, dass der Vater mich gesandt hat. 37 Ja, der Vater, der mich geschickt hat, der hat Zeugnis für mich abgelegt. Weder habt ihr jemals seine Stimme gehört noch seine Gestalt gesehen; 38 doch auch sein Wort habt ihr nicht bleibend unter euch, weil ihr dem, den jener geschickt hat, nicht glaubt. 39 Ihr erforscht die Schriften, weil ihr meint, durch sie ewiges Leben zu haben; und sie sind es, die für mich Zeugnis ablegen. 40 Aber ihr wollt nicht zu mir kommen, damit ihr Leben habt. 41 Ehre von Menschen nehme ich nicht an. 42 Ich habe vielmehr erkannt, dass ihr die Liebe Gottes nicht in euch habt. 43 Ich bin im Namen meines Vaters gekommen, und ihr nehmt mich nicht an. Wenn ein anderer in seinem eigenen Namen kommt, den werdet ihr annehmen. 44 Wie könnt ihr Vertrauen gewinnen, wenn ihr Ehre voneinander nehmt? Aber nach der Ehre, die von dem einzigen Gott kommt, trachtet ihr nicht. 45 Meint nicht, dass ich euch beim Vater anklagen werde. Euer Ankläger ist Mose, auf den ihr Hoffnung gesetzt habt. 46 Wenn ihr nämlich Mose glaubtet, würdet ihr mir glauben. Denn der hat über mich geschrieben. 47 Wenn ihr jedoch dessen Schriften nicht glaubt, wie solltet ihr meinen Worten glauben?

Nachdem die Überleitung in V.16 zur unmittelbaren Konfrontation „der Juden" mit Jesus hingeführt hat, tritt in V.17 sofort Jesus als Antwortender auf, obwohl „die Juden" vorher gar nicht in direkter Rede gesprochen haben. Noch einmal wird in V.18 – wiederum nicht in direkter Rede – von einer Reaktion „der Juden" berichtet. Danach spricht in einer einzigen langen Rede nur noch Jesus. Diese extrem ungleiche Verteilung der Anteile, die die Gegenseite nicht wirklich zu Wort kommen lässt und ihre mögliche Argumentation völlig verdeckt, wirft ein Schlaglicht auf Situation und Intention des Johannes. Er muss sich verteidigen und will die eigene Position bei der Leser- und Hörerschaft des Evangeliums stabilisieren. Sie ist der eigentliche Adressat der Rede Jesu, der gegenüber dem vorgestellten Adressaten immunisiert werden soll. Zwischenzeitlich – bei den großen Worten in V.24f. – könnte es scheinen, als wäre die Leser- und Hörerschaft auch schon unmittelbar angesprochen und geriete die vorgestellte Situation dem Evangelisten aus dem Blick. Aber ab V.33 ist es bis zum Ende völlig klar, dass er nach wie vor „die Juden" als von Jesus angesprochenes Gegenüber vor Augen hat.

Sachlich lässt sich diese Rede Jesu in drei Abschnitte untergliedern. Der erste (V.17–20) beschreibt das Handeln Jesu als in Entsprechung zum Handeln Gottes erfolgend; ja mehr noch: Gott vollzieht sein Handeln im Handeln Jesu. Damit wird einmal nach rückwärts das inkriminierte Handeln Jesu am Sabbat gerechtfertigt; und zum anderen und vor allem werden die zentralen Aussagen dieses Kapitels vorbereitet, die im zweiten Abschnitt (V.21–30) stehen. Wenn wirklich Gott sein Handeln im Handeln Jesu vollzieht, dann geschieht hier auch das ihm eigentümliche Wirken: Vermittlung des Lebens und Halten des Gerichts; und so beschreibt dieser Abschnitt das endzeitliche Geschehen von Lebensgabe und Gericht als gegenwärtiges Ereignis im Handeln Jesu. Um die Legitimität des so für Jesus erhobenen Anspruchs geht es dann im dritten Abschnitt (V.31–47): Wer steht für die Richtigkeit dieses Anspruchs ein? Worin ist er begründet?

a) Gottes Handeln vollzieht sich im Handeln Jesu (5,17–20)

Der Anfang von V.17 zeigt dieselbe Eigenart wie V.14a. Dort wurde Jesus gesucht; 17 aber er „fand". Nach V.16 „verfolgten" ihn „die Juden"; aber jetzt tritt der Verfolgte unvermittelt selbst auf und antwortet ungefragt. Implizit war ihm vorgeworfen worden, den Kranken am Sabbat geheilt und damit das Sabbatgebot übertreten zu haben. Darauf antwortet er nun: „Mein Vater wirkt bis jetzt, und ich wirke auch."

Zum Verständnis dieser Antwort ist es wichtig, nicht nur pauschal auf jüdische Anschauungen zu verweisen, nach denen **Gott** trotz der Aussage von Gen 2,2, dass er am siebten Tag ruhte, doch **nicht aufhört, auch am Sabbat zu wirken**, oder sie zu zitieren, sondern auch auf die unterschiedlichen Begründungszusammenhänge zu achten. Philon von Alexandrien denkt griechisch-philosophisch vom Wesen und Begriff Gottes her. Damit ist es unvereinbar, sich Gott als ruhend und einmal nicht wirkend vorzustellen. Philon kommt es entgegen, dass die Septuaginta das Ruhen Gottes in Gen 2,2 mit der aktiven Form *katépausen* wiedergibt, die er dann auch aktivisch versteht. So stellt er in dem kurzen Abschnitt All I 5f. zweimal apodiktisch fest, dass Gott nie aufhört zu schaffen. Er schreibt dort: „Nachdem (Gott) also zuerst am siebenten Tage die Erschaffung der sterblichen Wesen abgeschlossen hatte (*katapaúsas*), beginnt er mit der Bildung anderer, göttlicherer Wesen; denn Gott hört niemals auf zu schaffen; wie vielmehr das Brennen zum Wesen des Feuers und das Abkühlen zu dem des Schnees gehört, so das Schaffen zum Wesen der Gottheit, umso gewisser, da sie ja für alle anderen Wesen den Quell (*arché*) der Tätigkeit bildet. Vortrefflich ist daher auch der Ausdruck ,er brachte zur Ruhe' (*katépausen*), nicht ,er ruhte' (*epaúsato*); denn er bringt zur Ruhe das scheinbar Schaffende, tatsächlich nicht Wirkende, hört aber selbst niemals auf zu schaffen"[22].

Ganz anders redet hierüber die rabbinische Tradition. In ShemR 30,9 (Wilna 53c.d) wird erzählt: „Rabban Gamliel, Rabbi Jehoschua, Rabbi Elieser ben Asarja und Rabbi Akiva gingen einmal nach Rom und trugen dort vor: Die Wege des Heiligen, gesegnet er, sind nicht so wie die von Fleisch und Blut. Denn ein Mensch erlässt ein Edikt und befiehlt anderen, es zu tun, aber er selbst tut es überhaupt nicht. Beim Heiligen, gesegnet er, jedoch verhält es sich nicht so. Dort gab es einen Ketzer. Als sie hinausgingen, sagte er ihnen: Eure Worte sind nichts als Lüge: Habt ihr nicht gesagt, Gott befehle (etwas) und tue (es auch)? Warum hält er nicht den Sabbat?" Inwiefern Gott den Sabbat nicht hält, wird an dieser Stelle nicht ausgeführt, sondern vorausgesetzt. In einer ähnlichen Tradition hält der Tyrann Rufus dem Rabbi Akiva vor: „Wenn es sich gemäß deinen Worten verhielte, dass der Heilige, gesegnet er, den Sabbat ehrte, dürfte an ihm kein Wind wehen, dürfte an ihm kein Regen fallen"[23]. Bezeichnend ist nun, wie die Rabbinen diesem Einwand begegnen. In der Fortsetzung der vorher zitierten Erzählung heißt es: „Sie sagten ihm: Du (größter) Frevler in der Welt! Ist es einem Menschen nicht erlaubt, in seinem Hof am Sabbat hin- und herzutragen? Er sagte ihnen: Ja. Sie sagten ihm: Der obere und der untere Bereich sind der Hof des Heiligen, gesegnet er. Denn es ist gesagt: ,Voll ist die ganze Erde seiner Herrlichkeit' (Jes 6,3). Und selbst wenn ein Mensch eine Übertretung begeht – darf er nicht hin- und hertragen, soweit seine Körpergröße reicht (wörtlich: die Fülle seiner Körpergröße)? Er sagte ihnen: Ja. Sie sagten ihm: Es steht geschrieben: ,Erfülle ich nicht den Himmel und die Erde?' (Jer 23,24)" An den anderen Stellen wird zudem auf das Anlegen eines „Eruv" Bezug genommen[24], was Gott nicht nötig hat, da er einzig ist und die ganze Welt als seinen Bereich hat. Das aber heißt: Hier wird halachisch argumentiert, mit den Regelungen über das Verhalten am Sabbat und nicht gegen sie. Gott steht nicht über dem Sabbatgebot, das er doch selbst gegeben hat. Es wird nicht nach einem Wesen Gottes hinter den Worten gesucht, sondern Gott, der im Wort ist, wird beim Wort genommen[25].

22   Übersetzung von I. HEINEMANN.
23   BerR 11,5 (THEODOR/ALBECK S.94). An den Parallelstellen PesR 23 (FRIEDMANN 120a) und Tan KiTisa 33 (Wilna 163b-164a) wird noch weiteres Wirken Gottes dieser Art angeführt und dann zusammenfassend festgestellt: „Alles, was er in der Woche tut, tut er am Sabbat" (so in PesR; in Tan sachlich entsprechend).
24   Siehe o. S.188.
25   Vgl. auch MekhJ Jitro (BaChodesch) 7 (HOROVITZ/RABIN S.230), wo der Aussage von Ex 20,11, dass Gott am siebten Tag ruhte, andere Schriftaussagen konfrontiert werden, die zeigen, dass es doch bei Gott keine Ermüdung gibt. Was aber besagt dann: „Er ruhte"? Die Antwort lautet: „Er hat gleichsam über sich selbst schreiben lassen, dass er seine Welt in sechs Tagen schuf und am siebten ruhte. Und siehe, die Worte (ergeben) einen Kal-VaChomer-Schluss: Wenn der, vor dem es keine Ermüdung gibt, über sich selbst hat schreiben lassen, dass er seine Welt in sechs Tagen

Dass Gott als Schöpfer und Erhalter auch am Sabbat wirkt, was sich für diejenigen, die ihn als Schöpfer bekennen, nicht übersehen lässt, ist eine Voraussetzung, die Jesus in V.17 zunächst ausspricht. Dass er dabei Gott seinen Vater nennt, wäre in jüdischem Kontext nicht weiter auffällig. Aber im Folgenden wird deutlich werden, dass hier eine besondere Vater-Sohn-Beziehung gemeint ist. Das zeigt sich auch schon am Schluss von V.17, wenn Jesus fortfährt: „Und ich wirke auch." Da im Folgenden deutlich werden wird, dass Jesus nicht als so etwas wie ein zweiter Gott verstanden ist, besteht die Argumentation also nicht darin, dass er auch Gott und also sein Wirken am Sabbat ebenfalls erlaubt sei. Vielmehr ist mit dieser Aussage beansprucht, dass der ständig wirkende Gott im Wirken Jesu präsent ist, dass Gott sein Handeln im Handeln Jesu vollzieht. So wenig wie Gottes Handeln willkürlich ist, so wenig ist es das Handeln Jesu. Das wird sich beim Rückbezug auf diese Heilung am Sabbat in der Diskussion in Kap.7 zeigen[26].

V.18 vermerkt als Reaktion „der Juden" auf die Aussage Jesu, dass sie „umso 18 mehr danach trachteten, ihn zu töten". Diese Formulierung macht deutlich, dass schon das „Verfolgen" von V.16 den Willen zur Tötung einschloss, der jetzt verstärkt wurde. Die Schärfe dieser Aussage lässt sich nur aus der Zeit des Evangelisten heraus verstehen, in der es theologisch bedingte Feindschaft zwischen seiner Gruppe und der umgebenden jüdischen Mehrheit gab. Fragt man unter dem Gesichtspunkt historischer Wahrscheinlichkeit, was führende jüdische Kreise veranlasst haben könnte, Jesus den Römern zur Hinrichtung in die Hände zu spielen, so ist das nur mit dem Hinweis auf politisches Kalkül zu beantworten: Das Wirken Jesu könnte messianische Unruhen verursachen, die die labile politische Situation gefährden würden. Ein solches Kalkül lässt gerade das Johannesevangelium mit besonderer Deutlichkeit erkennen (11,47–50).

In V.18 werden zwei theologische Gründe für die Tötungsabsicht genannt, die offenbar in den Auseinandersetzungen zur Zeit der Abfassung des Evangeliums eine Rolle spielten. Der erste Grund nimmt die vorangehende Erzählung mit der nachgetragenen Datierung am Sabbat auf, wobei aber der Vorwurf jetzt ganz grundsätzlich formuliert wird: „Er hat den Sabbat aufgehoben"[27]. Das jedoch hat Jesus weder nach der Erzählung getan noch nach seiner gerade gemachten Aussage; und er tut es auch nicht in späteren Aussagen des Evangeliums. Danach hat er sich – dem eigenen Ver-

---

schuf und am siebten ruhte, um wieviel mehr (muss) ein Mensch, von dem gesagt ist: ‚Der Mensch ist zur Mühsal geboren' (Hiob 5,7), (am Sabbat ruhen)."

26   SCHLATTER meint: „Da Jesus ... sein Heilen durch dieses Wirken des Vaters empfängt, steht er über dem Gesetz ... Wenn Jesus an dieser Stelle (beim Sabbatgebot) das Gesetz überschritt, war es ganz überschritten" (Johannes 146). Genau darum geht es nicht. Die rabbinische Argumentation zum Wirken Gottes am Sabbat zeigt, dass nicht einmal Gott „über dem Gesetz" steht. Gott ist kein Despot; er handelt nicht nach Willkür, sondern hält sich an das, was er gesagt hat.

27   In EstR 7,11 (Wilna 12a) erscheint als unmögliche Aufforderung an Gott: „Reiße den Sabbat auf und hebe ihn auf!" Für „aufheben" steht ein Wort, das auch mit „ungültig" oder „zunichte machen" wiedergegeben werden kann und dem *lýo* von Joh 5,18 entspricht.

ständnis nach – nicht einmal einer Sabbatverletzung schuldig gemacht. Von Aufhebung des Sabbat kann keine Rede sein[28]. Wenn das aber dennoch als Vorwurf von außen erscheint, kann das darin begründet sein, dass sich die Sabbatpraxis der johanneischen Gruppe von der ihrer Umgebung unterschied, was diese konsequenzmacherisch zum Vorwurf der Aufhebung des Sabbat pauschalisierte[29].

Gewichtiger ist der zweite für die Tötungsabsicht genannte Grund, dass nämlich Jesus „Gott zu seinem besonderen Vater erklärt habe, womit er sich Gott gleich machte". Die Formulierung dieses Vorwurfs ist noch wesentlich deutlicher, als es die Redeweise Jesu in V.17 war. Die Differenz wird hier sozusagen auf den Punkt gebracht, die in der Tat in dem für Jesus erhobenen Anspruch besteht. Hier spiegelt sich schon früh die jüdische Sorge gegenüber dem bekennenden Reden von Jesus, dass es die Einheit und Einzigkeit Gottes beeinträchtige und aus Jesus einen zweiten Gott mache.

BILLERBECK entnimmt von ihm zitierten Stellen, „daß die Bezeichnung eines Menschen als ‚Gott' für das jüdische Empfinden gerade nichts Unerhörtes war …, nur durfte sich der Betreffende nicht selbst die Bezeichnung beilegen"[30]. An erster Stelle führt er TanB Waera 7f. (11b–12a) an. Dort wird eingangs daran erinnert, wie lebensgefährlich es ist, wenn jemand sich selbst oder seinen Nächsten „Kaiser", „Augustus" oder „Basileus" nennt. Der Text fährt fort: „Aber der Heilige, gesegnet er, sagte zu Mose: Siehe, ich habe dich mir gleich gemacht für Pharao. Ich werde ‚Gott' genannt; und mit diesem Namen habe ich die Welt geschaffen; denn es ist gesagt: ‚Am Anfang schuf Gott den Himmel und die Erde' (Gen 1,1), und siehe, ich habe dich mir gleich gemacht für Pharao zum Gott. Denn es ist gesagt: ‚Siehe, ich habe dich zum Gott gesetzt für Pharao' (Ex 7,1). Siehe: ‚Wer ist der König der Ehre?' (Ps 24,8) Der zuteilt von seiner Ehre denen, die ihn fürchten. Eine andere Auslegung: ‚Siehe, ich habe dich zum Gott gesetzt für Pharao.' Der Heilige, gesegnet er, sagte: Weil er sich selbst zur Gottheit machte, gib ihm bekannt, dass er überhaupt nichts ist in der Welt"[31]. Wenn Gott den Mose sich gleich macht, damit dieser für Pharao Gott sei, ist

---

[28] Wenn BECKER behauptet, dass „für die joh(anneische) Gemeinde der Sabbat gar kein gesetzliches Problem mehr" sei (Komm. 1,280), ist unklar, was das heißen soll. Wenn gar und wo irgend der Sabbat geachtet wird, geschieht das, weil es in der Tora geboten ist, und sind die konkreten Regelungen ein „gesetzliches Problem". Selbst wo die Qualität des Sabbat in irgendeiner Weise auf den Sonntag übergegangen ist – im Johannesevangelium ist das noch nicht der Fall; vgl. zu 20,26 –, bleibt dessen geregelte Gestaltung ein „gesetzliches Problem".

[29] Dieser Unterschied könnte auf einem Erbe Jesu gründen. Es ist nämlich auffällig, dass in den Evangelien von Jesus öfter Sabbatkonflikte erzählt werden. Das ist bei dem Personenkreis, zu dem sich sonst die größte Nähe aufweisen lässt, den frühen Chassidim, an keiner einzigen Stelle der Fall. Von ihnen wird im Gegenteil besondere Strenge hinsichtlich des Sabbat berichtet. Vgl. K. WENGST, Jesus zwischen Juden und Christen, 1999, 55f.

[30] Bill. II 465.

[31] In der Fortsetzung gilt Pharao als „einer von den vier Menschen, die sich selbst zur Gottheit machten". Die Parallelstelle ShemR 8,1f. (SHINAN S.200f.) hängt daran an: „und sich (damit) Böses antaten." Außer dem Pharao werden genannt: Hiram, Nebukadnezar und Joasch. Die Schriftbegründungen sind Ez 29,3; 28,2; Jes 14,14 und 2Chr 24,17.

völlig klar, dass es hier nicht um die Vergottung eines Menschen geht, sondern um Stellvertretung und Beauftragung: In und durch Mose tritt Gott selbst dem Pharao gegenüber. Genau in dieser Weise lässt sich die Relation von Gott und Jesus im Johannesevangelium verstehen. Der Vorwurf in V.18 formuliert die Außenwahrnehmung, für die diese Stellvertretung und Beauftragung nicht ausgewiesen, sondern Anmaßung ist: Er macht sich selbst Gott gleich. Er macht ihn – so könnte man die Wendung im ersten Teil des Vorwurfs auch übersetzen – zu seinem „Privatvater".

Diesem Vorwurf der selbstmächtigen Anmaßung tritt Jesus in V.19f. entgegen. 19 Wieder „antwortet" er, obwohl der Vorwurf nicht in direkter Rede formuliert worden war. Diese Antwort versucht eine grundsätzliche Verneinung des Vorwurfs; Jesus stellt sich nicht anmaßend in eigener Souveränität neben Gott oder gar gegen ihn, sondern repräsentiert ihn als sein Beauftragter. Dafür wird die Vater-Sohn-Relation beibehalten[32]. *Als Sohn* kann dieser „nichts von sich aus machen". Jesus ist eben nicht wie Pharao, der nach dem eben zitierten Midrasch „sich selbst zu Gott machte", indem er sagte: „Mir gehört der Nil, und ich habe ihn gemacht" (Ez 29,3). Er ist vielmehr wie Mose, der nach Num 16,28 nicht aus seinem Herzen, nicht von sich aus[33] handelt, sondern weil Gott ihn „gesandt hat, alle diese Werke zu machen". Der Sohn macht nur, „was er den Vater machen sieht". Daher kommt dessen Tun in seinem Tun zum Zuge. Der Sohn macht nichts anderes, nichts Eigenes, sondern eben das, „was jener macht".

V.20 führt zunächst der Sache nach nicht weiter. Er nimmt einmal die Aussage von 20 3,35 auf, dass „der Vater den Sohn liebt"[34]. Während dort fortgefahren wurde, „dass er ihm alles in die Hände gegeben hat", heißt es hier nun – entsprechend der Aussage von V.19, dass der Sohn das Wirken des Vaters sieht –, dass „er ihm alles zeigt, was er macht". Das ist sozusagen ein himmlisches Modell, an dem sich das Wirken Jesu ausrichtet – so wie Gott dem Mose ein Modell des Heiligtums mit allen Geräten zeigte, demgemäß er es machen sollte[35]; und dabei handelt es sich ja nicht um etwas Beiläufiges, sondern um den Ort der besonderen Gegenwart Gottes inmitten seines Volkes.

So wie Johannes diese Rede Jesu in diesem Zusammenhang formuliert, lässt er eine klare Intention erkennen: Er sucht nach Vorstellungsmöglichkeiten, die den Eindruck abwehren sollen, als stünde Jesus neben Gott und beeinträchtige seine Einheit und Einzigkeit, die aber zugleich die Präsenz des einen Gottes im Wirken dieses Menschen Jesus zum Ausdruck zu bringen vermögen.

---

32 WILCKENS macht aus dieser Funktionsaussage eine Seinsaussage: „Er *ist* der Sohn Gottes ... Was Jesus über sich selbst als ‚den Sohn' sagt, ist innergöttliche Wirklichkeit" (Komm. 116).
33 Die Septuaginta übersetzt die hebräische Wendung „nicht aus meinem Herzen" mit „nicht von mir aus".
34 Vgl. dort. Im Wechsel von *agapán* und *philein* im Johannesevangelium vermag ich keinen sachlichen Unterschied zu erkennen.
35 Vgl. Ex 25,9; 27,8; Num 8,4.

Der Schluss von V.20 bereitet die Weiterführung vor: „Und größere Werke als diese wird er ihm zeigen, damit ihr euch verwundert." Der vergleichende Blick auf „diese" Werke schaut – wie der Plural zeigt – nicht allein auf die Heilungsgeschichte vom Anfang des Kapitels zurück, sondern auf alles bisher von Jesus Erzählte. Die „größeren Werke" werden daher nicht das im weiteren Verlauf des Evangeliums berichtete Wirken meinen, wie es besonders in den noch folgenden Wundergeschichten zum Ausdruck kommt. Das liegt ja auf derselben Ebene. Die „größeren Werke" dürften sich auf das unmittelbar anschließend Ausgeführte beziehen, wo vom endzeitlichen Handeln Gottes geredet wird, der die Toten lebendig macht und richtet, was in Jesus zum Vollzug komme.

b) In Jesus vollzieht sich das endzeitliche Geschehen von Lebensgabe und Gericht (5,21–30)

21 Der Anfang dieses Abschnitts stellt sofort heraus, worin die gerade genannten „größeren Werke" bestehen, dass nämlich Gott sein endzeitliches Handeln, Tote lebendig zu machen und zu richten, in und durch Jesus vollzieht[36]. Von Gott gilt in der jüdischen Tradition, dass er „die Toten aufrichtet und lebendig macht", wie V.21a formuliert.

In der zweiten Benediktion des Achtzehngebetes wird von **Gott** viermal als dem gesprochen, **der die Toten belebt**. Die Prädikation „Beleber der Toten" begegnet häufig in der jüdischen Traditionsliteratur. Nach tBer 6,6 (LIEBERMANN; ZUCKERMANDEL 7,6) sagt, wer zwischen Gräbern geht, folgenden Segensspruch: „Gesegnet, der die Zahl von euch allen kennt. Er wird richten, und er wird euch aufrichten im Gericht. Gesegnet, der treu ist in seinem Wort, der Beleber der Toten." In jBer 9,2 (65a; Krotoschin 13d, hier: Halacha 3) heißt es für dieselbe Situation ganz kurz: „Gesegnet Du, Adonaj, der Beleber der Toten." Eine Ergänzung dieses Segensspruches in bBer 58b stellt das Aufrichten und das Lebendigmachen unmittelbar nebeneinander: „… und er wird euch lebendig machen und aufrichten. Gesegnet der Beleber der Toten." Diese Nebeneinanderstellung findet sich übrigens schon in Hos 6,2, einer Stelle, an der die spätere Auslegung die Auferweckung der Toten in der Schrift bezeugt fand: „Er wird uns lebendig machen nach zwei Tagen, am dritten Tag uns aufrichten, dass wir vor ihm leben"[37].

Wenn V.21 in einem Entsprechungsverhältnis formuliert: „Wie der Vater die Toten aufrichtet und lebendig macht, so macht auch der Sohn lebendig", ist damit kein Nebeneinander intendiert. Wie gleich aus dem folgenden Vers hervorgeht und wie es

---

36   Dabei sind diese und die folgenden Aussagen, wie BLANK treffend herausstellt, von „dem einen
      Grundgedanken" geleitet: „Jesus, der Sohn, ist der von Gott selbst eingesetzte und beglaubigte
      ‚Repräsentant' und ‚Hoheitsträger Gottes' in der Welt" (Komm. 1b,26).
37   Zur Entstehung und Bedeutung der Vorstellung von der Auferstehung der Toten im Judentum vgl.
      K. WENGST, Ostern. Ein wirkliches Gleichnis, eine wahre Geschichte, 1991, 20–34.

auch die Rahmenaussage in V.29 und V.30 verlangt, geht es vielmehr um ein Ineinander: Der Vater macht darin lebendig, dass der Sohn lebendig macht.

Der macht lebendig, **„wen er will"**. Das ist in diesem Zusammenhang ein Nebengedanke. Er meint nicht „die Freiheit des Sohns, die ihn über das Gesetz erhebt"[38]. Er setzt vielmehr das in V.24 entwickelte Verständnis des Lebendigmachens als des neuen Lebens in der Gemeinde voraus – und die Erfahrung, dass sich eben nicht alle in der Gemeinde wiederfinden. Die sich in ihr wiederfinden, führen das nicht auf ihren eigenen Entschluss und Willen zurück, sondern auf das in Jesu Wort erfolgende berufende und hineinziehende Handeln Gottes. Dieser Nebensatz gehört also sachlich zusammen mit den prädestinatianisch klingenden Aussagen in Kap.6, besonders V.44. Vgl. dort.

Das Ineinander des Handelns von Vater und Sohn kommt in V.22 zu direktem Aus- 22
druck: „Denn der Vater richtet auch niemanden, sondern hat das Richteramt ganz dem Sohn übergeben." Dieser Satz verneint ja keineswegs die in der jüdischen Tradition selbstverständliche Aussage, dass Gott der letzte Richter ist, die mit der von der Belebung der Toten eng zusammengehört[39]. Gemeinsam halten beide fest, dass nicht Menschen, die Macht haben, mit ihren Entscheidungen und Taten endgültige Fakten setzen, sondern dass Gott das letzte Wort hat. Im Zusammenhang gelesen ist V.22 vielmehr so zu verstehen: „Eben *durch* den Sohn vollzieht Gott sein Richteramt"[40].

Die **Durchführung des endzeitlichen Gerichts durch einen Beauftragten Gottes** begegnet im jüdischen Kontext sonst nur noch in den Bilderreden des äthiopischen Henochbuches. Nachdem von diesem Beauftragten Gottes in 48,10 als seinem „Gesalbten" die Rede war, wird er in 49,2 „der Erwählte" genannt, der nach V.4 die Funktion des endzeitlichen Richters übernimmt: „Und er wird die verborgenen Dinge richten, und eine leere Rede wird niemand vor ihm führen können." Unter dieser Bezeichnung wird er als Richter auch in 61,8f. und 62,1–3 beschrieben, in 62,7 mit dem zuvor verborgenen „Menschensohn" identifiziert. Dieser Titel begegnet dann in den weiteren Gerichtsaussagen: 62,9.14; 63,11. Innerhalb der Gerichtsschilderung 69,26–29 heißt es in großer sachlicher Nähe zu Joh 5,22b: „Und die Summe des Gerichts wurde ihm, dem Menschensohn, übergeben" (V.27)[41].

Bevor Johannes die dem Sohn übertragenen endzeitlichen Funktionen, die Belebung 23
der Toten und das Richten, näher erläutert, gibt er in V.23a das Ziel dieser Übertragung an: „damit alle den Sohn ehren, wie sie den Vater ehren". Die hier vorgenommene Entsprechung zwischen Vater und Sohn ist nicht anders zu verstehen als in V.21f.: Es gilt, im Sohn den Vater zu ehren. In Analogie zu 12,44 könnte man auch formulieren: Wer den Sohn ehrt, ehrt nicht den Sohn, sondern eben darin den, der ihn

---

38 So SCHLATTER, Johannes 149.
39 Das zeigt sich z.B. in dem oben zitierten Segensspruch aus tBer 6,6.
40 BULTMANN, Komm. 192 (Hervorhebung von mir).
41 Übersetzung nach UHLIG. Nach MICHAEL A. KNIBB ist „die Summe des Gerichts" wörtliche Übersetzung. Er selbst gibt die Wendung mit „the whole judgement" wieder: The Ethiopic Book of Enoch 2. Introduction, Translation and Commentary, 1978, z.St.

gesandt hat. Es gibt keine isoliert für sich stehende Verehrung des Sohnes. Das wäre offenbar Götzendienst.

Ganz analog wird im Kontext der Rede von der Verehrung Gottes das Verhältnis zwischen Gott und seinen Geboten in einem Midrasch beschrieben, die hier geradezu personifiziert auftreten: „Rabbi Schim'on ben Jochaj sagte: Der Heilige, gesegnet er, sagte zu Israel: Ehrt die Gebote; denn sie sind meine Gesandten – und der Gesandte eines Menschen gilt wie dieser selbst. Wenn du sie ehrst, ehrst du gleichsam mich. Und wenn du sie verachtest, verachtest du gleichsam meine Ehre" (Tan Wajigasch 6 [Wilna 70b]).

Die Zielbestimmung von V.23a, dass alle den Sohn ehren – und darin den Vater – entspricht der Zielbestimmung des ganzen Evangeliums, wie sie in 20,31 formuliert wird. Dort ist jedoch die Leser- und Hörerschaft des Evangeliums angeredet; hier sind „alle" Subjekt, wobei als Gegenüber Jesu „die Juden" vorgestellt sind. In dem Bestreben, Jesus nicht neben Gott zu stellen und damit dessen Einheit und Einzigkeit anzutasten, sondern sie zu bewahren, indem das Wirken Jesu ganz und gar als Wirken Gottes beschrieben wird, steckt auch die Möglichkeit einer Tendenz auf Exklusivität, dass nämlich dieses Bestreben umschlägt in die Behauptung, dass *nur* im Wirken Jesu das Wirken Gottes wahrnehmbar sei und es also auch Verehrung des Vaters *nur* in der Verehrung des Sohnes gebe. Diese Tendenz klingt in dem Subjekt „alle" an; und sie wird durch die negative Formulierung in V.23b verstärkt: „Wer den Sohn nicht ehrt, ehrt nicht den Vater, der ihn geschickt hat." Man muss diesen Satz nicht im exklusiven Sinn verstehen; man kann ihn auch so lesen: Wer den Sohn nicht ehrt, ehrt den Vater nicht *als Vater dieses Sohnes*, nimmt ihn nicht wahr als den, der diesen Sohn geschickt hat. Damit wäre nicht behauptet, dass er den Vater überhaupt nicht ehrt – ist doch auch im Johannesevangelium „der Vater" von vornherein als Gott Israels, als der in Israel bekannte Gott vorausgesetzt[42]. Man kann den Satz aber auch im Sinne einer exklusiven Aussage lesen; und so ist er in der Auslegung in der Regel auch verstanden worden. BULTMANN etwa schreibt: „Man kann nicht am Sohn vorbei den Vater ehren, die Ehre des Vaters und des Sohnes ist *identisch*; im Sohne begegnet der Vater, und der Vater ist *nur* im Sohne zugänglich"[43]. Auch wenn man so verstehen kann[44] – und selbst wenn Johannes es so gemeint hätte[45] –, dürfen wir den Text so lesen? Diese Lektüre hätte zur Konsequenz, dass von diesem „Nur" alles aufgesogen und in ihm aufgehoben wäre, was die Schrift über das Wirken Gottes bezeugt, und nur das Geltung beanspruchen könnte, was in der Perspektive dieses Sohnes wahrgenommen wird, und dass also auch alles das, was das Judentum weiterhin von Gott bezeugt, das Gegenteil von Gottesverehrung wäre. Dem Judentum

---

[42]   Diese Problematik wird vor allem zu 8,18f. wieder aufzunehmen sein.
[43]   Komm. 192; die zweite Hervorhebung von mir; vgl. SCHENKE, Komm. 106.
[44]   Das „Nur" ist eine Möglichkeit des Textes, wird aber nicht von ihm erzwungen.
[45]   Es läge dann eine konsequenzmacherische Argumentation vor, die in seiner Situation verständlich gewesen sein mag.

Verehrung Gottes abzusprechen, weil es Gott nicht in Jesus ehrt, wäre eine Ignoranz der jüdischen Auslegung der Bibel und des jüdischen Zeugnisses in Wort und Tat, die sich das Christentum viel zu lange geleistet hat.

Mit V.24 beginnt Johannes zu erläutern, wie Jesus als Sohn des Vaters lebendig 24 macht und richtet: „Amen, amen, ich sage euch: Wer mein Wort hört und dem vertraut, der mich geschickt hat, hat ewiges Leben und kommt nicht ins Gericht, sondern ist vom Tod zum Leben hinübergeschritten." Die Aussagen vom Hören des Wortes Jesu und Vertrauen auf den, der ihn geschickt hat, stehen nicht als zwei Dinge unabhängig nebeneinander, sondern sind aufeinander bezogen[46]. Damit wird zum Ausdruck gebracht, wohin die Verkündigung Jesu führen soll: zum Vertrauen auf Gott. Wer in diesem Vertrauen lebt, wer „glaubt", wer sich sozusagen ganz und gar in die Hand Gottes begibt und sich von ihr den Weg weisen lässt, kann nicht verloren gehen, verfällt als solcher nicht dem richtenden Urteil Gottes und hat also schon „ewiges Leben"[47]. Der Überschritt vom Tod zum Leben wird hier nicht erst am Ende der Zeit erwartet, sondern vollzieht sich schon jetzt. Damit erhalten die Begriffe „Tod" und „Leben" in ihrer Bedeutung andere Dimensionen. Es gibt einen Tod vor dem Tod, eine Lebensführung, die den Namen „Leben" nicht verdient[48]. Wirkliches Leben ist im Vertrauen auf Gott geführtes, von ihm geleitetes und deshalb auch verheißungsvolles Leben[49].

Dieses Verständnis von Leben und Tod wird in V.25 verstärkt, wenn es heißt, dass 25 „die Toten die Stimme des Sohnes Gottes hören werden; und die sie gehört haben, werden leben". Die hier genannten Toten sind ja keine Gestorbenen, sondern durchaus physisch lebendige Menschen, die aber in der Haltung und Führung ihres Lebens kein Vertrauen auf Gott erkennen lassen. Dazu aber möchte „die Stimme des Sohnes Gottes" ermutigen, damit sie „leben". Solches Leben wird in der Gemeinschaft der Gemeinde erfahren.

BLANK stellt zu Recht heraus, dass hinter solchen Formulierungen auch eine **konkrete Erfahrung der frühen Kirche** steht: „Man wird in diesem Zusammenhang vor allem auch an den Anschluß an die christliche Gemeinde zu denken haben." Er erinnert, dass in der vor-

---

46   Das zeigt sich am griechischen Text daran, dass die beiden Partizipien, in die die Aussagen hier gefasst sind, nur einen gemeinsamen Artikel haben.

47   Vgl. 3,18 und die Auslegung zur Stelle.

48   Vgl. oben zu V.14b. In jBer 2,3 (15b; Krotoschin 4d) werden „die Toten, die nichts wissen" (Pred 9,5), so gedeutet: „Das sind die Frevler, die selbst bei ihren Lebzeiten ‚Tote' genannt werden." Demgegenüber gelten „die Gerechten" als „die Lebenden". Parallelen in bBer 18a.b; QohR 9,5 (Wilna 23b).

49   Nach AUGUSTIN ist „der Übergang vom Tode zum Leben nichts anderes ... als hinübergehen vom Unglauben zum Glauben, von der Ungerechtigkeit zur Gerechtigkeit, vom Stolze zur Demut, vom Hasse zur Liebe" (Vorträge 22,7; Übers. SPECHT S.379). Etwas weiter nimmt er eine Verknüpfung mit 14,6 vor: „Willst du gehen? ‚Ich bin der Weg.' Willst du nicht getäuscht werden? ‚Ich bin die Wahrheit.' Willst du nicht sterben? ‚Ich bin das Leben.' Dies sagt dir dein Heiland: Du hast nirgends hinzugehen als zu mir; du hast auf keinem anderen Wege zu gehen als dem, der ich bin" (22,8; Übers. SPECHT S.381).

konstantinischen Zeit das Christwerden „wirklich als radikaler Neubeginn, als Einschnitt in die eigene Lebensgeschichte, als Entscheidung, als Überschritt aus der alten Welt des Todes in den neuen Heilsbereich des Lebens erfahren" wurde (Komm. 1b,34). Hier deutet sich allerdings ein Problem an, das klar hervortritt, wenn BLANK eine Seite weiter zum Verständnis der „Toten" in V.25 schreibt: „Gemeint sind damit alle Menschen, sofern sie sich in der Unheils-Situation, die als ‚Tot-Sein' verstanden wird, befinden. Tot-Sein heißt, nicht in der Gottesgemeinschaft, die allein das Leben gewährt, existieren; leben in der Entfremdung von Gott, ‚ohne Gott und ohne Hoffnung in der Welt' (Eph 2,12)." Der Verfasser des Epheserbriefes spricht an der hier herangezogenen Stelle von Menschen aus den Völkern. Auf sie trifft die von BLANK beschriebene Neuheitserfahrung zu. Der johanneische Jesus aber spricht in der vorgestellten Situation zu „den Juden". Kann man aber mit Ernst behaupten, dass Juden – wenn sie im Wirken Jesu nicht das Wirken Gottes zu erkennen vermögen – „ohne Gott und ohne Hoffnung in der Welt" sind?

Wie schon in V.24 stand auch in V.25 die feierliche Einleitung mit dem doppelten Amen und dem „Ich sage euch". Diese Einleitung wird in V.25 noch verstärkt mit der Wendung: „Die Zeit kommt und ist jetzt"[50]. Hier zeigt sich die dem Johannesevangelium eigentümliche Zusammenschau der Zeiten, nach der Jesus schon als der redet, als den ihn die Gemeinde verkündigt, der er am Schluss des Evangeliums ist: der Auferstandene, den Maria aus Magdala und seine Schüler als „den Herrn" sehen. Hier deutet sich der Grund an, weshalb Johannes von Jesus als dem reden kann, in dem und durch den Gott jetzt schon endzeitlich lebendig macht und richtet. Er liegt in dem neutestamentlichen Grund-Satz, „dass Gott Jesus von den Toten auferweckt hat" als jetzt schon erfolgenden Anbruch neuen Lebens, als Hereinbrechen der Endzeit in die Zeit[51]. Von daher, von dem Zeugnis der als Neuschöpfung verstandenen

26   Auferweckung Jesu her ist auch V.26 zu verstehen: „Denn wie der Vater Leben in sich hat, so hat er auch dem Sohn gegeben, Leben in sich zu haben." In dieser österlichen Perspektive, als neue Schöpfung, hat der Sohn „Leben in sich" und bringt so in der Verkündigung durch die Verwandlung „Toter" in „Lebende" Gemeinde als neue Schöpfung hervor[52].

27   V.27 nimmt innerhalb dieses Abschnitts eine wichtige Schaltstelle ein: „Und er hat ihm Macht gegeben, Gericht zu halten, da er der Menschensohn ist." Er bildet einmal den Abschluss der gerade gemachten Ausführungen, die jetzt schon sich vollziehen sehen, was für die Endzeit erhofft wird, nun zugespitzt auf das Gericht. Dabei dürfte auch hier daran gedacht sein, was in 3,18 prägnant so zusammengefasst wurde: Wer

---

50   Vgl. 4,23 und dazu FREY, Eschatologie II 181–183.
51   Zum Verständnis dieses neutestamentlichen Grundbekenntnisses und zu seiner Entfaltung vgl. WENGST, Ostern (s.o. Anm. 37) 35–66. – Mit dem eben Ausgeführten stimme ich BLANK zu, wenn er schreibt: „Es ist also der lebendige Osterglaube an die Gegenwart des Erhöhten, der den tragenden Grund der johanneischen Aussagen bildet" (Komm. 1b,41). „Die Gegenwart des Endgeschehens ist bei Johannes theologisch begründet durch den Glauben an die Gegenwart des Auferstandenen im Gottesdienst" (ebd. 42).
52   AUGUSTIN weist daraufhin, dass Vater und Sohn das Leben „in sich" haben – wobei zu betonen wäre, dass es dem Sohn vom Vater „gegeben" ist –, die Glaubenden aber „in Christus" (Vorträge 22,9; bei SPECHT S.382).

vertraut, wird nicht gerichtet; wer nicht vertraut, ist schon gerichtet[53]. Wie schon in
V.26 hinsichtlich des Lebens wird nun in V.27 hinsichtlich des Gerichts noch einmal
betont, dass der Vater dem Sohn „gegeben" hat. Der Sohn handelt nicht selbstmächtig. Fragt man, wo dieses Geben seinen Ort hat, woher Johannes denn weiß, dass der
Vater dem Sohn solche Macht gegeben hat, wird man gewiss wieder auf das genannte Grundzeugnis verwiesen sein, „dass Gott Jesus von den Toten auferweckt
hat". In V.27b wird die Gabe an den Sohn, Gericht zu halten, damit begründet, dass
er „der Menschensohn" sei. Johannes nimmt hier eine Tradition auf, die aufgrund des
Auferweckungszeugnisses Jesus als den zum Gericht kommenden Menschensohn
erwartete[54]. Diese Erwartung hat er im Vorangehenden neu gedeutet und das Gericht
als Scheidung ausgelegt zwischen denen, die in einem qualifizierten Sinn „leben",
und denen, die es nicht tun, die – obwohl sie am Leben sind – doch „im Tod bleiben"[55] und als längst schon Tote sterben werden. Aber indem Johannes diese Tradition von Jesus als dem zum Gericht kommenden Menschensohn in V.27 ausdrücklich
anführt, lässt er ja auch ihren ursprünglichen Inhalt anklingen. Der wird von seiner
Interpretation nicht aufgesogen. Wie sollte sie das auch vermögen? Denn einmal
bleibt das Leben im Glauben angefochtenes und immer auch wieder verfehlendes und
dann also auch nicht „ewiges" Leben; und zum anderen würde eine solche Sicht,
wird sie absolut, sich die Ohren zustopfen vor den Schreien der Opfer[56].

V.27 ist nicht nur Abschluss zu V.24–26, sondern zugleich auch Hinführung zu
V.28f. Was er schon anklingen lässt, wird dort ausdrücklich gebracht: „Verwundert
euch nicht darüber, dass die Zeit kommt, in der alle, die in den Gräbern sind, seine
Stimme hören werden; und die das Gute gemacht haben, werden herauskommen zur
Auferstehung des Lebens, und die das Schlechte getan haben, zur Auferstehung des
Gerichts"[57]. In Aufnahme und Umakzentuierung der Formulierung von V.25 wird

---

[53] Die positive Seite war ja auch in V.24 ausdrücklich formuliert worden.
[54] Vgl. oben zu 3,13; weiter WENGST, TRE 13, 392f.
[55] Vgl. 1Joh 3,14.
[56] Vgl. oben zu 3,18–21.
[57] BULTMANN sieht zwischen beiden Aspekten – dem sich in der Verkündigung vollziehenden
Gericht und dem Endgericht – eine radikale Alternative und weist daher den einen dem Evangelisten, den anderen der kirchlichen Redaktion zu: „Die Quelle (gemeint ist das Phantom der „Of-
fenbarungsreden") wie der Evangelist sehen ja das eschatologische Geschehen im gegenwärtigen
Erklingen des Wortes Jesu. Die damit (!) radikal beseitigte (!) populäre Eschatologie aber wird
gerade in V.28f. wieder aufgerichtet" (Komm. 196). Prinzipiell auf derselben Linie liegt noch und
wieder DIETZFELBINGER, Komm. 1,198–205. Diese Sicht findet sich besonders prägnant bei
BECKER wieder. Nach ihm ist es Ziel der kirchlichen Redaktion, zwischen der Sicht des
Evangelisten und der eigenen, die zugleich die traditionelle ist, harmonisierend zu vermitteln.
„Diesen Weg gehen auch alle diejenigen, die 5,28f. (dem) E(vangelisten) zutrauen … Sie müssen
dann durchweg Brücken zwischen 5,19–27 und 5,28f. konstruieren, von denen der Text nichts
weiß" (Komm. 1,291f.). Woher kann ich wissen, was „der Text weiß"? Doch nur vom Text
selbst. Und wenn der Text die Gedanken von V.24–26 und V.28f., vermittelt durch V.27, unmittelbar nebeneinander hat, sollte er nichts von „Brücken" zwischen ihnen wissen? Mein Problem ist nicht, wem ich V.28f. zutraue; mein Problem, dem ich mich als Ausleger stellen will,
besteht darin, dass ich dieses Textstück als Teil des kanonisch überlieferten Evangeliums vor-
finde. Dieses Problem wird von literarkritischen Operationen allenfalls scheinbar gelöst. –

hier sehr schlicht vom Aufwecken der in den Gräbern liegenden Gestorbenen geredet[58] und der Auferstehung der Guttäter zum Leben und der Übeltäter zum Gericht[59].
Das geschieht völlig idealtypisch. Aber wer ist in der Wirklichkeit schon *nur* Guttäter
und *nur* Übeltäter? Die allermeisten, wenn nicht alle, liegen dazwischen, sind Mi-
schungen mit unterschiedlichen Anteilen beider Typen. So konnte es nicht ausbleiben, dass sowohl in der jüdischen als auch in der christlichen Tradition die Vorstellung von der Hölle bzw. dem Fegefeuer und unterschiedlich lange Aufenthalte darin
ausgedacht wurden[60]. Aber wird hier nicht spekuliert und etwas ausgedacht, was
unausdenkbar ist? Nimmt man hinzu, wie mit diesen Vorstellungen Angst und Ge-
schäfte gemacht und dass sie zur Herrschaftsausübung instrumentalisiert worden
sind, kann man schon verstehen, dass Ausleger die Interpretation verabsolutieren, die
Johannes in V.24f. vornimmt. Aber die Vorstellung eines Endgerichts eröffnet einen
Raum, der es nicht zulässt, die erfahrbare Wirklichkeit mit all ihren Schrecken und
Grausamkeiten, dem Unrecht und der Gewalt, der lauten oder auch stillen Freude
derer, die über Leichen gegangen sind, als letzt- und endgültig zu denken. *Das* soll
hier als undenkbar gelten. Stattdessen wird gehofft und gewiss darauf vertraut, dass
Gott in allem das letzte Wort zukommt. Das verhindert es auch, dass die Maßstäbe
für das Leben, von dem in V.24f. die Rede war, vergleichgültigt werden[61].

30 V.30 schlägt den Bogen zurück zu V.19 und stellt – jetzt bezogen auf die „größeren Werke" und da besonders auf das Gerichtshandeln – noch einmal heraus, was
dort schon gesagt war, dass Jesus nicht selbstmächtig handelt: „Von mir aus kann ich
überhaupt nichts tun." Das wird entfaltet. „Gemäß dem, wie ich höre, richte ich." An
dieser Stelle nimmt der johanneische Jesus die Tradition vom rechten Propheten auf.
In mSan 11,5 wird „der Lügenprophet" so beschrieben: „der prophetisch redet, was
er nicht gehört hat und was ihm nicht gesagt ist"[62]. Das so als auftragsgemäß
durchgeführt charakterisierte Gericht wird als „gerecht" bezeichnet. Hier klingt Dtn
16,18 an. Der Midrasch fragt, warum vom „gerechten Gericht" gesprochen werde,
wo es doch im nächsten Vers ohnehin heiße: „Du sollst das Recht nicht beugen"; und
er bezieht die ausdrückliche Nennung des „gerechten Gerichts" auf „die Ernennung

---

BARRETT meint: „Wir haben kein Recht, V.28f auszulassen, um Joh(annes) zu einem Häretiker zu
machen" (Komm. 276). Statt „Härektiker" würde ich formulieren: „Zyniker". – Vgl. zum Problem
FREY, Eschatologie I 418–422, und das Urteil von HENGEL, Frage 268: „Eine *rein* ‚präsentische
Eschatologie' ist ein zu modernes theologisches Wunschprodukt, als daß man sie ins frühe
Christentum projizieren dürfte" (s. auch 212 Anm. 22). Eine ausführliche Auslegung von 5,24–30
im Zusammenhang, die allerdings das Tun des Guten und Bösen nur auf Glaube und Unglaube
bezieht, bietet FREY, Eschatologie III 369–391.

58 Vgl. 1Thess 4,16.
59 Vgl. Dan 12,2.
60 Als bemerkenswert sei festgehalten, dass es nach Ansicht der Schule Hillels, die sich im Judentum durchgesetzt hat, keinen ewigen Aufenthalt in der Hölle gibt.
61 Vgl. J. EBACH, Vergangene Zeit und Jetztzeit, EvTh 52, 1992 (288–309), 306.
62 Parallelen in tSan 14,14 (ZUCKERMANDEL); jSan 11,5 (56b; Krotoschin 30b, hier: Halacha 7);
bSan 89a; SifDev § 177 (FINKELSTEIN/HOROVITZ S.222).

der Richter"[63]. Es geht darum, eine unabhängige und unparteiische Gerichtsinstanz zu haben, die nicht eigene Interessen verfolgt. Genau das betont Jesus am Schluss von V.30: „Denn ich trachte nicht nach meinem Willen, sondern nach dem Willen dessen, der mich geschickt hat." Das ist das Ziel, dass der Wille Gottes zum Zuge komme – schon jetzt bei denen, die auf die Stimme Jesu hören (V.24f.), und endgültig im Endgericht[64].

c) Der Anspruch Jesu trägt seine Legitimation in sich selbst (5,31–47)

In den beiden vorangehenden Abschnitten ist also herausgestellt worden, dass im Wirken Jesu Gott wirkt, ja sogar sein endzeitliches Handeln, mit dem er Tote lebendig macht und Gericht hält, hier jetzt schon zum Zuge kommen lässt. Das ist ein kaum noch zu überbietender Anspruch, der hier für Jesus erhoben wird. Wie weist er sich aus? Wer oder was steht für ihn ein? Welche Zeugen können dafür aufgeboten werden? Darum geht es nun in diesem dritten Abschnitt. Die Begriffe „Zeugnis" und „bezeugen" im Sinne der Legitimation dominieren ihn; sie begegnen bis V.39 elfmal. Inhaltlich werden sie am Schluss von V.46 wiederum aufgenommen. Zu Beginn stellt Jesus heraus, dass ihn nicht sein eigenes Zeugnis ausweise, sondern dass „ein anderer" gültig für ihn Zeugnis ablege (V.31f.). Dieser „andere" ist nicht Johannes der Täufer, dessen Zeugnis für Jesus zwar ein wahres Zeugnis ist, das ihn aber nicht zu legitimieren vermag (V.33–35). Als „der andere" wird „der Vater" genannt, der sein Zeugnis im Wirken des Sohnes ablegt (V.36–38). Das führt schließlich zu der Frage, wie sich dazu das Zeugnis der Schriften und des Mose verhält (V.39–47).

Im Blick auf die Frage, was ihn legitimieren könne, räumt Jesus in V.31 zunächst 31 ein, dass ein von ihm selbst gegebenes Zeugnis nicht „beglaubigt" wäre[65]. Das entspricht genau dem jüdischen Rechtssatz: „Kein Mensch gilt als beglaubigt durch sich selbst"[66]. Daneben steht der ähnliche Satz: „Kein Mensch legt (gültig) Zeugnis ab für

---

[63] SifDev § 144 (FINKELSTEIN/HOROVITZ S.198). In Tan Schoftim 6 (Wilna 325a) wird zur selben Stelle dazu angehalten, auch dann Richter einzusetzen, wenn die ganze Stadt nur aus einer Familie besteht.

[64] Weil es auch bei dem Richter Jesus um nichts sonst als den Willen Gottes geht, können im Neuen Testament die Vorstellungen von Jesus und von Gott als dem letzten Richter unausgeglichen nebeneinander stehen.

[65] Diesen präzisen Sinn hat *alethés* an dieser Stelle. Es ist ja nicht so, dass Jesu Zeugnis im Sinne des Evangelisten nicht „wahr" wäre, aber als Zeugnis über sich selbst hätte es keinen juristischen Wert. Das *alethés* gilt also „nicht in einem theoretischen Sinn ..., sondern in formaljuristischen Sinn: es (ein solches Zeugnis) hätte vor Gericht keine Gültigkeit" (BLANK, Komm. 1b,48). Zum Problem, dass Jesus in 8,14 – vordergründig betrachtet – genau das Gegenteil sagt, vgl. dort.

[66] mKet 2,9; vgl. mRHSh 3,1: „Der Einzelne gilt nicht als beglaubigt durch sich selbst." Für „beglaubigt" steht im hebräischen Text ein Wort, das dem *alethés* in Joh 5,31 genau entspricht.

sich selbst"[67]. Wer für sich selbst Zeugnis ablegt, steht im Verdacht, eigene Interessen zu verfolgen und also befangen zu sein. Es bedarf unabhängiger Zeugen. So führt

32 Jesus in V.32 auch einen „anderen" an, der für ihn Zeugnis ablegt. Aber indem er sogleich hinzufügt, er wisse, dass dessen Zeugnis über ihn „beglaubigt", „wahr" sei, deutet sich schon hier ein enger Zusammenhang zwischen ihm und diesem anderen an.

33 Dieser Zusammenhang wird noch nicht im unmittelbar Folgenden ausgeführt. Zunächst kommt noch einmal Johannes der Täufer in den Blick, der schon zuvor im Evangelium als Zeuge schlechthin beschrieben wurde – und der doch nicht dieser „andere" ist. Von ihm gilt zwar, wie jetzt auch V.33 im Rückgriff auf 1,19–28 betont, dass er „für die Wahrheit Zeugnis abgelegt hat". So ist dieses Zeugnis auch ein wahres gewesen und hat als solches – wie das griechische Perfekt zeigt – weiterhin Be-

34 deutung. Weil und insofern es jedoch um die Legitimation dessen geht, dass im Wirken Jesu Gott wirkt, muss Jesus in V.34a feststellen: „Ich nehme aber nicht das Zeugnis von einem Menschen an." So wichtig menschliches Zeugnis ist – indem es zum Vertrauen auf Gott führt (vgl. 1,7), dient es sogar der „Rettung" (V.34b) –, so kann doch der menschliche Zeuge das von ihm bezeugte Handeln Gottes nicht legitimieren. Er *kann* es nicht, weil es dem Menschen unmöglich ist, Gott und sein Handeln zu begründen. Er *darf* es nicht, weil er sonst sich selbst und sein Vermögen an die Stelle Gottes und dessen Handeln setzen würde. Er *muss* es aber auch gar nicht, weil Gott schon für sich selbst gesprochen und gehandelt hat und der menschliche Zeuge hier nur noch *nach*sprechen kann, darf und soll.

35 Bevor aber dieser Punkt, dass Gott selbst schon gehandelt hat, dass er selbst für das Zeugnis und den in ihm Bezeugten einsteht, in V.36–38 zur Sprache kommt, wird in V.35 Johannes noch einmal charakterisiert und mit den Angeredeten konfrontiert. Wurde in 1,8 verneint, dass „jener das Licht war", so wird er jetzt positiv als „Lampe" gekennzeichnet, „die brannte und leuchtete". Er war „eine (kleine) Leuchte (V.35) – im Unterschied zum eigentlichen Licht"[68].

Von der „Lampe", der **„Leuchte" im Unterschied zu größerem Licht** ist metaphorisch auch in MekhJ Jitro (Amalek) 2 (HOROVITZ/RABIN S.200) die Rede. Dort sagt Jitro, als Mose ihn zurückhalten will: „Die Lampe nützt doch nur etwas an einem dunklen Ort. Was nützt denn die Lampe zwischen Sonne und Mond? Du bist Sonne, und Aaron, dein Bruder, ist Mond. Was soll die Lampe zwischen euch tun? Siehe, ich will vielmehr zu meinem Land gehen, alle Kinder meines Bezirks zu Proselyten machen, sie zur Lehre der Tora hinführen und sie unter die Fittiche der *sch'chináh* bringen." Nach ARN (A) 25 (SCHECHTER 40a) wird Rabban Jochanan ben Sakkaj von seinen Schülern „Leuchte der Welt" genannt, nach der Parallelstelle bBer 28b „Leuchte Israels". Dieses Prädikat wird nach bMen 88b und bAr

---

67 mKet 2,9; tKet 3,2 (ZUCKERMANDEL); bKet 27b; MTeh 6,8. Dieser Grundsatz gilt natürlich auch außerhalb des Judentums. Vgl. dazu das Demosthenes-Zitat zu Joh 5,31 Nr. 3 im „Neuen Wettstein" S.312.
68 BECKER, Komm. 1,304.

9b–10a auch Rabbi Schim'on ben Rabbi zuteil, und nach bKet 17a und bSan 14a wird von Rabbi Abbahu als „strahlender Leuchte" gesprochen. In jShab 2,6 (20a; Krotoschin 5b) gilt „der erste Mensch" als „Leuchte der Welt".

Über das Licht dieser Lampe, die Johannes war – lautet nun der Vorwurf in V.35b –, „wolltet ihr euch kurze Zeit freuen". Damit soll wohl gesagt werden, dass die Adressaten im Blick auf Johannes eine gewisse Akzeptanz zeigten, aber ihm dann doch nicht folgten. Das könnte für den Evangelisten auch nur in der Akzeptanz Jesu bestehen, da er Johannes ja zum Zeugen schlechthin für Jesus gemacht hatte.

Dieses Interesse des Evangelisten verleitet wieder zur **Pauschalisierung**. „Jesus macht den Juden den Vorwurf, daß die Tätigkeit des Täufers für sie eine interessante religiöse Angelegenheit war, an der sie sich ergötzten, die sie aber nicht wirklich ernst nahmen" (SCHNEIDER, Komm. 133). Demgegenüber ist daran zu erinnern, dass der Evangelist zwar pauschal von „den Juden" redet, dass diese aber doch nach V.10–16 näherhin als die führenden Juden vorgestellt sind. Das entspricht der Darstellung der synoptischen Evangelien. Dort wird die Frage nach der Vollmacht Jesu von der Führungsgruppe gestellt, und Jesus antwortet mit der Gegenfrage nach der Legitimität der Johannestaufe und setzt so den Druck der Öffentlichkeit für sich ein, weil das Volk Johannes für einen Propheten hält (Mk 11,27–33 parr.)[69]. So richtet sich auch das bei Matthäus anschließende Gleichnis von den zwei Söhnen mit seiner Deutung auf Johannes gegen dieselbe Adressatengruppe und bringt positiv andere ins Spiel (Mt 21,28–32). Die an die Volksmengen gerichteten Aussagen in Mt 11,7–9/Lk 7,24–26 enthalten keinen Vorwurf an diese, sondern lassen ebenfalls erkennen, dass Johannes hier als Prophet galt. Schließlich sei auch auf Josephus hingewiesen, der als die Meinung von „Juden" anführt, dass die dem Tetrarchen Herodes Antipas von König Aretas zugefügte militärische Niederlage die Strafe Gottes für die Hinrichtung Johannes des Täufers gewesen sei (Ant 18,116).

Von Johannes, dessen Zeugnis zwar wahr ist, aber dennoch den Anspruch Jesu nicht 36.37a legitimieren kann, geht in V.36 der Blick hinüber zu einem Zeugnis, das größer ist. Jetzt also soll endlich das genannt werden, was wirklich zu legitimieren vermag, soll der in V.32 angekündigte „andere" sozusagen in den Zeugenstand treten. Was dann aber in V.36b.37a ausgeführt wird, ist ein höchst merkwürdiges Zeugnis: „Die Werke nämlich, die der Vater mir gegeben hat, dass ich sie zu Ende führe – eben die Werke, die ich tue, legen Zeugnis für mich ab, dass der Vater mich gesandt hat. Ja[70], der Vater, der mich geschickt hat, der hat Zeugnis für mich abgelegt." Die Merkwürdigkeit besteht darin, dass „der andere" sein Zeugnis gar nicht anders als im Handeln Jesu ablegt, dass also Jesus für sein Handeln beansprucht, es sei Vollzug des Willens Gottes. Bei „den Werken" ist nicht in besonderer Weise an das vorher erzählte Wunder und an weitere Wunder zu denken, so gewiss sie einbeschlossen sind. Die Formulierung „dass ich sie zu Ende führe" verweist auf das Ende des Evangeliums, auf

---

[69] Vgl. dazu K. WENGST, Handeln aus Ohnmacht, Einwürfe 5, hg. v. F.-W. MARQUARDT u.a., 1988 (40–69), 61f.

[70] Das an dieser Stelle im griechischen Text stehende *kai* ist am besten als ein epexegetisches zu verstehen.

den Tod Jesu am Kreuz und auf das Zeugnis von seiner Auferweckung[71]. Im Blick ist also das gesamte Wirken Jesu[72]. Das – mit seinem Ende am Kreuz – kann nur so Zeugnis sein, dass es als Zeugnis beansprucht wird. Das kommt hier darin zum Ausdruck, dass diese Werke als vom Vater „gegeben" bezeichnet werden mit dem Ziel, sie zu Ende zu führen[73]. Der „andere" ist also keine neutrale Instanz, auf die man sich objektiv beziehen könnte, um dann das Handeln Jesu abwägend beurteilen zu können. Dementsprechend wird er hier von Jesus gewiss nicht zufällig als sein Vater benannt[74]. Dass Jesus in seinem Wirken als von Gott Beauftragter und Gesandter handelt, tritt als unableitbarer Anspruch entgegen. Das, was legitimiert, ist identisch mit dem, was legitimiert werden soll. Es liegt hier ein geschlossener Kreis vor. Er könnte nur um den Preis aufgebrochen werden, dass an die Stelle des Zeugnisses Gottes ein menschliches Zeugnis träte. Ob Gott präsent ist, kann nicht objektiv demonstriert werden; das muss sich schon in der Verkündigung dieses Zeugnisses selbst erweisen. Und es erweist sich, indem durch sie Gemeinde entsteht und lebt. Die Legitimation Jesu liegt in der Selbstevidenz der Verkündigung.

37b.38   Nach der Herausstellung dieses Ineinanders vom Geben des Vaters und Tun des Sohnes als gültigem Zeugnis erfolgt gegenüber denen, die es nicht annehmen, nach der Logik, die schon in V.23 begegnete, wiederum ein Umkehrschluss. Worin diese harte Folgerung ihren Grund und Anlass hat, wird am Schluss von V.38 ausdrücklich gesagt: „weil ihr dem, den jener geschickt hat, nicht glaubt". Denen also, die im Wirken Jesu nicht das Wirken Gottes wahrzunehmen vermögen, im für ihn erhobenen Anspruch nicht das Zeugnis Gottes wahrnehmen, wird gesagt: „Weder habt ihr jemals seine Stimme gehört noch seine Gestalt gesehen; doch auch sein Wort habt ihr nicht bleibend unter euch" (V.37b.38a). Hatte also Johannes zunächst betont, dass im Wirken Jesu ganz und gar Gott wirkt, so kehrt er nun die Argumentation um, dass Gottes Wirken überhaupt nicht wahrnimmt, wer es hier nicht wahrnimmt[75].

---

[71]   Vgl. o. zu 4,34. Johannes gebraucht den Singular „Werk" und den Plural „Werke" nebeneinander. Er akzentuiert so einmal die Einheit des Wirkens Jesu und zum anderen dessen Entfaltung in einzelnen Taten.

[72]   Vgl. BLANK, Komm. 1b, 49: „So sind die ‚Werke' letztlich nichts anderes als das gesamte Heilswerk selbst, das seine Vollendung in Kreuz und Auferstehung Jesu findet und dessen ‚Zeichen' die einzelnen Wunder sind."

[73]   Vgl. BARRETT, Komm. 281: „Gott gibt die Werke, und Jesus tut sie."

[74]   Dass Gott als Vater über Israel als seinen Sohn Zeugnis ablegt und dieses Zeugnis dem Verdacht der Befangenheit unterliegt, zeigt sehr schön eine Tradition in bAS 3a. Nach ihr sagen die Götzendiener vor Gott: „Herr der Welt, haben denn die Israeliten, die die Tora empfangen haben, sie auch erfüllt? Der Heilige, gesegnet er, sagte ihnen: Ich bezeuge ihnen, dass sie die ganze Tora erfüllt haben. Sie sagen vor ihm: Herr der Welt, darf denn ein Vater über seinen Sohn Zeugnis ablegen? Denn es steht geschrieben: ‚Mein erstgeborener Sohn ist Israel' (Ex 4,22)."

[75]   BULTMANN – wie viele andere – spricht das in seiner Auslegung nach: „In Jesu Wirken begegnet Gottes Offenbarung; wer hier nicht glaubt, zeigt, daß er Gott nicht kennt" (Komm. 201). Und vorher: „Den Juden ist Gott gänzlich verborgen; sie haben keinen Zugang zu ihm" (200).

Dass Gott nicht gesehen werden kann, ist biblisch und in biblischer Tradition ein feststehender Satz[76]. Das schließt aber nicht aus, dass unter Bezug auf biblische Stellen hinsichtlich der Generation, die am Sinai stand, doch von einem **Hören und Sehen Gottes** geredet werden kann. So heißt es schon in Dtn 4,12: „Und Adonaj redete zu euch mitten aus dem Feuer: Die Stimme der Worte hört ihr, doch eine Gestalt seht ihr nicht, nur Stimme." Aufgrund von Dtn 5,24 kann der Midrasch noch mehr sagen: „Zwei Dinge erbaten die Israeliten vom Heiligen, gesegnet er, dass sie seine Herrlichkeit sähen und seine Stimme hörten. Und sie sahen seine Herrlichkeit und hörten seine Stimme" (ShemR 29,4 [Wilna 51b]). In der Parallelversion in 41,3 (Wilna 69a) – dort bildet Hhld 1,2 die Bezugsstelle – ist statt vom Sehen „seiner Herrlichkeit" vom Sehen „seines Bildes" die Rede. An beiden Stellen zeigt die Fortsetzung, dass dieses direkte Sehen und Hören eigentlich nicht sein sollte. So wird in 41,3 gefragt: „Hört man denn bei einem Toren auf das, was er verlangt?" Es erscheint als pädagogische Maßnahme Gottes, damit Israel für seine Verfehlung mit dem goldenen Kalb keine Ausrede habe.

Bei der Auslegung von V.37f. ist zu beachten, dass diese Aussagen die Form der Anrede haben, also auf ein bestimmtes Gegenüber in einer vorgestellten Situation bezogen sind, die ja zugleich transparent für die Situation des Evangelisten ist. Somit ergibt es sich keineswegs, dass er mit diesen Sätzen alles bestreiten will, was die Bibel und die jüdische Tradition über ein Sehen und Hören Gottes erzählen. Nimmt man sie jedoch aus der Anrede heraus und verallgemeinert sie, werden sie noch einmal verschärft. Das geschieht etwa bei Becker, der V.37b so deutet, „daß vor und abgesehen von Jesus Gott sich überhaupt nicht offenbart hat"[77]. Diese auch nach rückwärts gehende Verabsolutierung wird von V.38 ausgeschlossen. Dort behauptet Jesus gegenüber den von ihm Angeredeten, dass sie das Wort Gottes „nicht bleibend" unter sich hätten. Das setzt ja voraus, dass es unter ihnen war und auch noch ist. Und dieses Wort Gottes wird nicht einfach mit Jesus identifiziert, wohl aber zu ihm in Beziehung gesetzt. Denn wie gleich der folgende Abschnitt zeigt, denkt Johannes bei dem Wort Gottes an „die Schriften"; und auf deren Beziehung zu Jesus geht er dort ein.

Doch zuvor ist noch die Logik seines Umkehrschlusses zu hinterfragen. Ist der in Jesus wirkende Gott der in „den Schriften" bezeugte und also schon in Israel bekannte Gott, dann ist es im Blick auf Juden nicht evident, dass Gott überhaupt nicht kenne, wer nicht seine Präsenz in Jesus wahrnehme[78]. Diesen Umkehrschluss des Johannes können und dürfen wir nicht nachsprechen. Wie Juden Jesus wahrnehmen, hängt nicht zuletzt auch davon ab, wie sie Kirche erfahren – wenn anders Kirche „Leib Christi" ist: messianische Verkörperung.

---

76 Vgl. o. zu 1,18.
77 Komm. 1,305. Die Überspitzung kommt hier auch sprachlich zum Ausdruck, wenn Becker weiter formuliert, „daß *nur exklusiv* der Sohn den unbekannten Vater offenbart", dass „der Sohn ... *allein exklusiv* Gottesoffenbarung bringen (könne), weil vor ihm kein Mensch Kenntnis von Gott hatte, neben ihm keiner sie bekommen kann und weitere Gottesoffenbarung nach Christus nicht stattfinden wird" (306). Hervorhebungen von mir.
78 Wie schon zu V.23 ist hier auf die Besprechung von 8,18f. voraus zu verweisen.

39   Wenn Gott als Zeuge angeführt wird, muss nach der Schrift gefragt werden, die sein Reden und Handeln bezeugt[79]. Auf sie geht Jesus in V.39 ein, indem er zunächst eine Feststellung über die von ihm Angeredeten trifft: „Ihr erforscht die Schriften." Damit ist einmal vorausgesetzt, dass „die Schriften"[80] eine vorgegebene und anerkannte Autorität bilden. Wären sie also eine Instanz, die nach der Legitimation Jesu befragt werden kann? Die Fortführung wird zeigen, dass auch mit „den Schriften" nicht aus dem vorher genannten Zirkel herauszukommen ist. Zum anderen zeigt die Feststellung am Beginn von V.39, dass von „den Schriften" etwas erwartet wird. Denn die Angeredeten „erforschen"[81] sie in der Erwartung, „durch sie ewiges Leben zu haben".

In jBer 7,1 (52b; Krotoschin 11a) wird „der Speise, die nur das zeitliche Leben" gewährt, **die Tora** gegenübergestellt, **„die das ewige Leben" gewährt**; ähnlich jMeg 4,1 (29a; Krotoschin 75a). Statt „ewiges Leben" heißt es im selben Zusammenhang in bBer 48b „das Leben der kommenden Welt"; so auch MekhJ Bo 16 (HOROVITZ/RABIN S.61). Nach PesK 12,5 (MANDELBAUM S.207) gibt die Tora „Leben in dieser Welt und für die kommende Welt"; vgl. MShem 13,9 (BUBER 44a).

Dass die Meinung der von Jesus Angeredeten, in den Schriften und durch sie Leben zu haben, falsch sei, wird nicht gesagt. Wohl aber wird sofort im nächsten Satz beansprucht, dass sie für Jesus Zeugnis ablegen. Bisher sind im Evangelium einzelne Aspekte des Wirkens Jesu durch bestimmte Schriftstellen begründet worden[82]; das wird noch mehrmals geschehen. Hier steht die allgemeine Behauptung, dass „die Schriften" Jesus bezeugen. Ist das im Sinne der konkret angeführten Einzelstellen zu verstehen, oder soll damit gesagt sein, dass die Schriften überhaupt nicht anders zu lesen sind denn als Zeugnis für Jesus? Auf diese Frage wird bei der Besprechung von V.45–47 einzugehen sein.

---

[79] Die spätere jüdische Tradition interpretiert einzelne Bibelstellen als ausdrückliches Zeugnis Gottes über bestimmte Menschen. Im Blick auf Num 14,24 heißt es in TanB Schelach 19 (34b): „Und der Heilige, gesegnet er, legt Zeugnis ab über ihn", nämlich Kaleb. Und über „Mose, den Gerechten", wird aufgrund von Dtn 34,10 in TanB B'racha 5 (28b) gesagt: „Niemanden gab es wie ihn, weder unter den Propheten noch unter den Weisen; denn siehe, der Heilige, gesegnet er, legte Zeugnis über ihn ab nach seinem Tod." „Dennoch" – so wird weiter festgestellt – „hatte er es nicht in seiner Hand, sich selbst vom Tode zu erretten."

[80] Johannes gebraucht sonst den Singular „die Schrift" und nur an dieser Stelle den Plural „die Schriften". In diesem Wechsel kommt zum Ausdruck, dass es sich bei der vorgegebenen Autorität um eine Sammlung unterschiedlicher Teile handelt, die aber doch als Einheit zu verstehen sind. Diese Einheit bekommen sie von dem her, der hier als redend und handelnd bezeugt wird. Wenn es auch noch keinen definitiv abgeschlossenen Kanon gab, so setzt Johannes doch mit dem Judentum seiner Zeit eine weithin übereinstimmende kanonische Sammlung voraus.

[81] Hinter dem hier gebrauchten griechischen Wort dürfte das hebräische Verb *lidrosch* stehen, von dem auch das Nomen „Midrasch" gebildet ist. Das Verb hat neben „untersuchen", „fragen" vor allem auch die Bedeutung von „fordern". So wäre ein Midrasch eine dem Bibeltext abgeforderte Auslegung. Der Text hat Potenz; er will gefordert werden, damit es zur Auslegung kommt – mindestens zu zweien.

[82] Vgl. 2,17.22; 3,14.

Nach der Feststellung, dass die angeredeten Juden in Erwartung wirklichen Lebens 40 die Schriften durchforschen, und nach dem Anspruch, dass die Schriften für Jesus Zeugnis ablegen, folgt in V.40 zunächst wieder eine Feststellung: „Aber ihr wollt nicht zu mir kommen." Die Lektüre der Schrift führt die Angeredeten – und die jüdische Mehrheit außerhalb der Gruppe des Johannes – nicht zu Jesus. Sie lesen in ihr kein Zeugnis über ihn. Zu erkennen, dass sie Jesus bezeugt, setzt offenbar schon die Anerkenntnis voraus, dass in seinem Wirken Gott wirkt. Das aber heißt, dass die Schrift keine Instanz ist, die objektiv und neutral über die Legitimation Jesu befragt werden könnte.

Die Feststellung von V.40 ist mit einer Unterstellung verbunden: „Aber ihr wollt nicht zu mir kommen, damit ihr Leben habt." Den Angeredeten wird hier unterstellt, sie schlügen Leben aus. Es ist gewiss Erfahrung von Gemeinden – nicht nur in neutestamentlicher Zeit –, durch Jesus wirkliches Leben zu haben. Aber es ist doch auch Erfahrung des Judentums, in der Tora Leben zu haben. Die oben im Exkurs angeführten Texte sind dafür nur ein kleiner Ausschnitt möglicher Zeugnisse.

Mit V.41 schlägt Jesus scheinbar ein neues Thema an: „Ehre von Menschen nehme 41 ich nicht an." Aber die Formulierung dieses Satzes ruft sofort V.34a in Erinnerung: „Ich nehme aber nicht das Zeugnis von einem Menschen an." Die sprachlich-formale Parallele weist auch auf inhaltliche Nähe hin: Zeugnis geben und Ehre erweisen gehören zusammen. Das eine erfolgt jeweils auch im anderen. Wenn jetzt der Aspekt der Ehre akzentuiert und weiter ausgeführt wird, so geschieht das deshalb, weil damit deutlicher gemacht werden kann, was Leben, Liebe zu Gott, glauben und vertrauen heißt.

Zunächst wird in V.42 in einem scharfen Angriff den Angeredeten die Liebe zu 42 Gott radikal abgesprochen: „Ich habe vielmehr erkannt, dass ihr die Liebe Gottes nicht in euch habt." Dieser Satz lässt sich nur aus der hier konstruierten Situation verstehen, nach der die in ihr angeredeten Juden die Absicht haben, Jesus zu töten (V.18). Er entspräche damit der Logik, wie sie prägnant in 1Joh 4,20 formuliert wird: „Wenn jemand sagt: Ich liebe Gott, und hasst seinen Bruder, ist er ein Lügner." Dass Johannes aber allgemein von „den Juden" redet, könnte Reflex der Situation der eigenen Gruppe sein, die sich als bedrängte Minderheit gegenüber der jüdischen Mehrheit erfährt. Wird V.42 in der Auslegung aus der Anredeform und damit aus dieser Situation gelöst und als allgemein gültiger Satz nachgesprochen, gerät er zu einer grundsätzlichen Negativaussage über die Juden.

Das ist z. B. bei BULTMANN der Fall, wenn er schreibt: „Der Vorwurf (von V.42) läuft dem von V.38 par(allel): wie die Juden Gottes Wort nicht als bleibendes in sich haben, so haben sie die Liebe zu Gott (deren Möglichkeit durch das Schriftwort erschlossen würde) nicht in sich. Wie sie wähnen, der Schrift treu zu sein, so bilden sie sich natürlich auch ein, Gott zu lieben. Aber dies ist Lüge wie jenes" (Komm. 202). Natürlich versteht BULTMANN die Juden als Repräsentanten der ungläubigen Welt, wie aus dieser Stelle seines Kommentars implizit daraus hervorgeht, dass er vorher und nachher von „den Menschen" spricht. Aber die Festlegung der Juden auf einen Negativ-Typ macht die Sache nicht besser. „Die Stilisierung der Juden zu Typen ist zu allen Zeiten Kennzeichen von Antijudaismus gewesen. Gerade die Typisierung trifft die empirisch Existierenden am härtesten: Notfalls, in actu, wird eine Ausnahme konzidiert, aber grundsätzlich ist der Typus festgelegt" (P. VON DER OSTEN-SACKEN, Leistung und Grenze der johanneischen Kreuzestheologie, EvTh 36, 1976, [154–176], 168; vgl. S.165–172 im Ganzen).

Die **Liebe zu Gott**, von der Schrift erschlossen und geboten, wird sehr eindrücklich dargestellt in der Erzählung von Rabbi Akivas Ende. Während der brutalen Hinrichtungsprozedur beginnt er – weil es die Zeit der Rezitation des „Sch'ma Jisrael" ist – dieses zu rezitieren, dessen erster Textteil Dtn 6,4ff. ist, das Bekenntnis zum einen Gott und das Gebot, ihn zu lieben „mit deinem ganzen Herzen, mit deinem ganzen Leben und mit deinem ganzen Vermögen". Seine Schüler fragen ihn: „Unser Lehrer, so weit?" Er antwortet: „Alle meine Tage habe ich mich über diesen Schriftvers abgequält: ‚mit deinem ganzen Leben' – selbst wenn man dir den Lebensodem nimmt. Ich sprach: Wann werde ich dazu gelangen, ihn zu erfüllen? Und jetzt, da ich dazu gelange, sollte ich ihn nicht erfüllen? Er dehnte (das Wort) ‚einzig', bis ihm der Lebensodem bei ‚einzig' ausging" (bBer 61b). Vgl. zu diesem Text LENHARDT/OSTEN-SACKEN, Akiva 40–65.

43   V.43 ist als Erläuterung der gerade aufgestellten Behauptung zu verstehen. Diese wird daran festgemacht, dass die Angeredeten Jesus nicht als Beauftragten Gottes akzeptieren, der doch von sich sagt: „Ich bin im Namen meines Vaters gekommen." Die Logik funktioniert hier wieder in der Verabsolutierung: Wer den nicht akzeptiert, der im Namen des Vaters kommt, kann den Vater nicht lieben[83]. Bei dem „anderen, der im eigenen Namen kommt" und akzeptiert wird, muss nicht an eine bestimmte Person gedacht sein. Es liegt eine Gegensatzbildung vor, die die fehlende Beauftragung durch Gott zum Ausdruck bringt[84].

44   In V.44 wird das Stichwort „Ehre" aus V.41 wieder aufgenommen und die Vorwürfe an die Angeredeten, nicht das Leben zu wollen und Gott nicht zu lieben, durch einen weiteren Vorwurf zu konkretisieren versucht: „Wie könnt ihr Vertrauen gewinnen, wenn ihr Ehre voneinander nehmt? Aber nach der Ehre, die von dem einzigen Gott kommt, trachtet ihr nicht." Auf der einen Seite stehen hier „Vertrauen gewinnen" bzw. „zum Glauben kommen"[85] und das Trachten nach der von Gott kommenden Ehre. Vom vorangehenden Kontext her darf man die Liebe zu Gott (V.42) und wirkliches Leben (V.40) dazunehmen. Auf der anderen Seite steht, Ehre voneinander zu nehmen. Letzteres verhindert ersteres, ja macht es unmöglich. Wieso ist das so? Gilt nicht unter Menschen zu Recht: „Ehre, wem Ehre gebührt"? Brauchen das nicht Menschen auch, Ehre voneinander zu nehmen – als Bestätigung in dem, was sie sind

---

83   BARRETT merkt an, dass V.43a zugleich „den ganzen Abschnitt von V.19 an auf(nimmt)" (Komm. 283).
84   Die Formulierung könnte durch Jer 29,24–32 veranlaßt sein. Nach BLANK denkt Johannes „hier möglicherweise an die Pseudopropheten und Pseudomessiasse, wie sie in der Zeit vor dem Jüdischen Krieg und auch noch danach aufgetreten sind" (Komm. 1b,53).
85   Mit diesen Formulierungen ist dem griechischen Aorist besser Rechnung getragen als mit „vertrauen" bzw. „glauben".

und haben, können und leisten? Man muss nicht gleich an große Ehrungen denken, an Preisverleihungen oder die Vergabe von Doktorhüten ehrenhalber. Schon die kleinen Ehrbezeugungen im Alltag tun gut und richten auf. Was muss das auch für ein Mensch sein, dem überhaupt keine Ehre erwiesen wird? Es ist jedoch wiederum zu beachten, dass der johanneische Jesus hier keinen Satz allgemeiner Anthropologie formuliert, sondern in konkreter Anrede spricht. Für das hier Gemeinte könnte ein Blick auf 12,42f. hilfreich sein. Dort sind hochgestellte Sympathisanten im Blick, die aber kein offenes Bekenntnis wagen, weil sie Nachteile für sich selbst befürchten. Das wird von Johannes so kommentiert: „Denn sie liebten die Ehre der Menschen mehr als die Ehre Gottes." Was er also an beiden Stellen angreift, wäre die Kumpanei der Starken, die sich eingerichtet haben und sich durch Ehrbezeugungen im weitesten Sinn gegenseitig bestärken und bestätigen – und im schlimmsten Fall, der doch der Normalfall sein könnte, am Struktur gewordenen Unrecht profitieren[86].

In diesem Zusammenhang gelesen, bekommt die Aussage Jesu, dass er Ehre von Menschen nicht annimmt (V.41), noch einen anderen Klang. Als am Kreuz Hingerichteter war er ein Mensch ohne Ehre, ohne „Herrlichkeit"[87]. Da war nichts mehr, was imponierte. Zur Kehrseite dessen, dass er Ehre von Menschen nicht annimmt, wird dann die Aussage, dass er im Namen seines Vaters gekommen ist (V.43): Er wirft sich und sein Schicksal ganz allein auf Gott, erwartet alles von ihm; von ihm erhofft er „Ehre". Und das ist das im Johannesevangelium immer wieder gegebene Zeugnis, dass Gott seine Ehre im gekreuzigten Jesus gesucht hat[88]. Auf Gott, der im gekreuzigten Jesus seine Ehre gesucht hat, sein Vertrauen zu setzen, ihm zu glauben, hieße dann, diesem Zug Gottes nach unten zu folgen. Glauben gewönne konkrete Gestalt in der Solidarität der Bedrängten und mit den Bedrängten.

Dieser **Zug Gottes nach unten** ist keine Besonderheit des Johannesevangeliums oder des Neuen Testaments. Er ist der Bibel im Ganzen eigentümlich. Dafür sei jetzt nur Jes 57,15 zitiert: „Fürwahr, so hat er gesprochen, der Hohe und Erhabene, ewig wohnend und heilig sein Name: Hoch und heilig wohne ich – und bei dem Geschlagenen und Erniedrigten, um zu beleben den Geist der Erniedrigten und zu beleben das Herz der Zerschlagenen." Die jüdisch-rabbinische Tradition nimmt das auf, wenn gesagt wird: „An jeder Stelle (der Schrift), an der du die Macht des Heiligen, gesegnet er, findest, findest du auch seine Demut (im Sinne der Selbsterniedrigung)." Dafür wird dann aus jedem der drei Teile der jüdischen Bibel ein Beleg gebracht, darunter auch die zitierte Jesajastelle[89]. In einer anderen Tradition wird nach dem Blick auf die in Num 12,3 erwähnte Demut[90] des Mose festgestellt: „Die

---

86 Wieder ist zu betonen, dass Johannes aus der Erfahrung eigener Bedrängnis heraus formuliert und dabei der angegriffenen Gegenseite, die ja selbst nach dem jüdisch-römischen Krieg als Minderheit im Imperium Romanum um ihr Überleben kämpfte, sicherlich nicht gerecht wird.

87 Es ist daran zu erinnern, dass das griechische Wort *dóxa* – wie auch das hebräische *kavód* – beide Bedeutungen umfasst.

88 Das zeigt sich am deutlichsten in der ab 7,39 oft begegnenden, auf die Kreuzigung bezogenen Redeweise vom „Verherrlichen" (*doxázein*) Jesu.

89 bMeg 31a. Vgl. weiter KUHN, Selbsterniedrigung.

90 Zum besonderen Profil des biblisch-jüdischen und biblisch-neutestamentlichen Demutsbegriffes vgl. K. WENGST, Demut – Solidarität der Gedemütigten, 1987.

Schrift legt dar, dass jeder, der demütig ist, schließlich die *sch'chináh* beim Menschen auf der Erde wohnen lässt." Dafür werden außer Jes 57,15 weitere Schriftstellen angeführt, die die Selbsterniedrigung Gottes bezeugen[91]. Unter Hinweis auf Gottes den Menschen dienendes Verhalten sagt Rabbi Zadok in einer bestimmten Situation zu zwei Kollegen: „Wie lange stellt ihr die Ehre des Ortes (= Gottes) hintan und beschäftigt euch mit der Ehre von Menschen?"[92] So wird es an einer Stelle geradezu mit Götzendienst in Verbindung gebracht, Ehre voneinander zu nehmen[93]. Wie dagegen „die Ehre, die von dem einzigen Gott kommt", in Liebe und Vertrauen zu ihm gesucht wird, zeigt wiederum die Erzählung vom Ende Rabbi Akivas. Sollte also Johannes meinen, dass es solchen Glauben, solches Vertrauen auf Gott nur durch Jesus gibt, so wird das durch das jüdische Selbstzeugnis in Wort und Tat relativiert[94].

45   Mit V.45–47 kehrt die Rede Jesu so zum Thema „der Schriften" zurück, dass Mose als vorgestellter Verfasser der Tora als des wesentlichen Teils der Schrift ausdrücklich angeführt und als Zeuge für Jesus beansprucht wird. In V.45 wird er als Ankläger der Angeredeten benannt: „Meint nicht, dass ich euch beim Vater anklagen werde. Euer Ankläger ist Mose, auf den ihr Hoffnung gesetzt habt."

An der herausragenden **Stellung des Mose** schon in der Tora selbst und dann im Judentum gibt es keinen Zweifel. Im Johannesevangelium spiegelt sich das am stärksten in 9,28f. wider, wenn die dort auftretenden Juden sagen: „Wir sind Schüler des Mose. Wir wissen, dass mit Mose Gott geredet hat." Und diese Aussage entspricht ja auch dem klaren Zeugnis der Schrift. Über Mose als Ankläger und Fürsprecher Israels – letzteres vor allem – wird in ShemR 47,9 (Wilna 77d) eindrücklich erzählt: „Mose klagt Israel an. Denn es ist gesagt: ‚Ach, die Verfehlung dieses Volkes ist eine große Verfehlung' (Ex 32,31). Als die Engel des Verderbens sahen, dass er sie anklagt, sagten sie: Wir brauchen uns nicht mehr ums Anklagen zu bemühen. Solange dieser anklagt, werden sie in seine Hand fallen, so dass ihre Väter nicht gegen uns aufstehen: Warum habt ihr unsere Kinder angeklagt? Die Engel des Verder-

---

[91]   MekhJ Jitro (BaChodesch) 9 (HOROVITZ/RABIN S.238). Hinsichtlich des Begriffes „Ehre" zeigt sie sich an der Interpretation von Ps 24,9: „Warum nennt man den Heiligen, gesegnet er, ‚den König der Ehre'? Weil er Ehre denen zuteilt, die ihn fürchten." Das wird daran entfaltet, dass Gott von den Attributen seines Königtums großzügig mitteilt – im Gegensatz zu einem „König von Fleisch und Blut", der eifersüchtig darauf bedacht ist, diese gerade für sich zu reservieren (ShemR 8,1 [SHINAN S.200f.] und weitere Parallelstellen).

[92]   bQid 32b.

[93]   TanB Schoftim 8 (16a); Tan Schoftim 9 (Wilna 326a). In diesem Zusammenhang lässt sich wohl auch die Auslegung von Ex 19,8 in MekhJ Jitro (BaChodesch) 2 (HOROVITZ/RABIN S.209) verstehen: „Nicht antworteten sie in Heuchelei und nicht nahmen sie (Ehre?) voneinander, sondern machten sich alle gleich mit einmütigem Herzen und sprachen: ‚Alles, was Adonai geredet hat, wollen wir tun'." Wie es positiv verstanden werden kann, einander Ehre zu erweisen, zeigt sehr schön eine auf Rabbi Schim'on ben Jochaj zurückgeführte Tradition: „Mose erwies Aaron Ehre und sagte: Lehre mich! Und Aaron erwies Mose Ehre und sagte: Lehre mich! Und die Rede geht zwischen ihnen aus, als würden sie beide reden" (MekhJ Bo 3 [HOROVITZ/RABIN S.9]). Der Erweis der Ehre besteht hier also in der Bereitschaft, voneinander zu lernen; und das gegenseitige Lehren und Lernen führt zur Einheit der Lehre. Von dieser Tradition her ist die Notiz in bJev 62b zu verstehen, dass Rabbi Akivas Schüler starben, „weil sie nicht einander Ehre erwiesen".

[94]   HIRSCHS Auslegung dieser Stelle ist wiederum nur als infam zu bezeichnen. „Letzte menschliche Aufrichtigkeit zu Gott", „sich selber ehrlich vor Gott zu sehen", spricht er dem Judentum schlicht ab. „Was die Juden von Jesus scheidet, ist dies, daß die Ehre untereinander das ihr Wollen Bestimmende ist, und nicht die Ehre bei Gott ... Wer die jüdische Religion kennt, weiß, daß sie damit in ihrem Herzpunkte getroffen wird: Ehre in der Gemeinde war für sie praktisch eins mit der Ehre vor Gott" (Evangelium 164f.).

bens entfernten sich. Als Mose sah, dass sie sich entfernten, sagte er zum Heiligen, gesegnet er: ‚Jetzt aber: Trage doch ihre Verfehlung!' (Ex 32,32)"

Inwiefern Mose als Ankläger gedacht wird, erläutert V.46: „Wenn ihr nämlich Mose   46 glaubtet, würdet ihr mir glauben. Denn der hat über mich geschrieben." Unter der Voraussetzung, dass von Mose Geschriebenes Jesus bezeugt[95], wird gefolgert, dass die dem Zeugen entgegengebrachte Zustimmung zugleich dem von ihm Bezeugten gelten müsste. Da letzteres aber offenkundig nicht der Fall ist, ergibt sich einmal, dass der Zeuge zum Ankläger wird (V.45), und zum anderen führt die Konsequenz, dass sie dann also auch nicht den Buchstaben des Mose glauben, zu der rhetorischen Frage: „Wie solltet ihr meinen Worten glauben?" (V.47)[96] Die zu V.39 gestellte   47 Frage, ob die Schrift *nur* als Zeugnis Jesu zu lesen ist, lässt sich auch von V.45–47 her nicht eindeutig beantworten. Immerhin kann gesagt werden, dass der Text eine solche Engführung nicht erzwingt, wenn auch eine Tendenz auf sie hin angelegt scheint – eine Engführung, die jedenfalls alsbald in der Völkerkirche vorgenommen wird[97] und die dem Judentum schon im Barnabasbrief jedwedes angemessene Verstehen der Schrift abspricht, dort sogar auch für die Vergangenheit.

Wird bei der Frage nach der Legitimation Jesu auf die Schrift verwiesen, führt das, wie das Johannesevangelium zeigt, in den Streit um ihre Auslegung. In seinem Spiegel zeigt sich für die Situation, in der es geschrieben wurde, eine Alternative, die jeden Dialog von vornherein unmöglich macht. Auf der einen Seite, auf der der jüdischen Mehrheit, wird – wie besonders aus 9,28f., innerhalb der „Zwillingsgeschichte" zu der von Kap.5, hervorgeht – jeder positive Bezug der Schrift bzw. des Mose auf Jesus ausgeschlossen. Auf der anderen Seite, auf der der Jesus für den Messias haltenden Minderheitsgruppe, werden „die Schriften" bzw. Mose in solcher Weise für Jesus vereinnahmt, dass denjenigen, die Jesus nicht glauben, auch ein positiver Bezug auf sie abgesprochen wird. Gibt es ein Entkommen aus dieser Alternative[98]? Der johanneische Text redet vom Glauben gegenüber Jesus und gegenüber Mose. Auch das rabbinische Judentum spricht vom Glauben gegenüber Mose[99], ja schon die hebräische Bibel. In Ex 14,31 heißt es von den Israeliten: „Und sie glaubten Adonaj und Mose, seinem Knecht." Ganz analog spricht der johanneische Jesus in 14,1: „Glaubt an Gott und glaubt an mich!" Beide Male geht es nicht erstens um

---

95   Vgl. 1,45.
96   Wenn bei Mose von „Buchstaben", bei Jesus aber von „Worten" die Rede ist, so bedeutet das keine Abwertung der Buchstaben als „toter" gegenüber „lebendiger Rede". Die so formulierte Gegenüberstellung ist vielmehr Ausdruck dessen, dass das von Mose Überlieferte schriftlich als kanonische Sammlung vorliegt, was bei dem von Jesus Überlieferten zur Zeit der Abfassung des Johannesevangeliums eben noch nicht der Fall ist. Das Verhältnis zwischen „Buchstaben" und „Worten" ist eher als das von schriftlicher und mündlicher Tora vorzustellen.
97   Ich gebe zu erwägen, ob nicht schon das Stellen der genannten Frage überhaupt erst in einem solchen Kontext möglich ist.
98   Die Erwägungen von WILCKENS, Komm. 125f., bleiben in ihr gefangen.
99   Texte werden zu Joh 14,1 angeführt werden.

den Glauben an Gott und zweitens um den an Mose oder Jesus, sondern durch Mose und durch Jesus um den Glauben an den einen Gott. Der erschöpft sich nicht in einem abstrakten Lehrsatz, sondern gewinnt – wie die Besprechung von V.44 gezeigt hat – Gestalt in einem in bestimmter Weise ausgerichteten Lebensvollzug. Auch dabei gibt es, wie die angeführten Texte gezeigt haben, mehr Gemeinsames zu entdecken, als die vordergründige Polemik zunächst vermuten lässt.

V. Letztes Wirken am galiläischen Meer.
Rückzug und Bekenntnis angesichts Jesu als des Lebensbrotes (6,1–71)

Durch Zeit- und Ortsangaben ist Kap.6 als besondere Einheit hervorgehoben[1]. Sowohl in 6,1 als auch in 7,1 steht jeweils ein unbestimmtes „Danach", womit das dazwischen erzählte Geschehen, das sich über zwei aufeinander folgende Tage erstreckt, eingefasst wird. In örtlicher Hinsicht nimmt Jesus in 6,1 einen Wechsel vor; er geht „weg auf die andere Seite des Meers von Galiläa". Nach 7,1 zieht er in Galiläa umher. Diese Bemerkung bildet dort aber nur die Einleitung zu dem dann wieder erzählten Wechsel nach Jerusalem. Innerhalb des fortlaufend erzählten Geschehens der beiden Tage von Kap.6 erfolgt eine Überfahrt bzw. ein Übergang vom Ostufer nach Kafarnaum. Auf einen dem Evangelisten in gewisser Weise schon vorgegebenen Zusammenhang der einzelnen Teile von Kap.6 weist ein vergleichender Blick auf die Synoptiker.

Große Teile von Joh 6 entsprechen – in unterschiedlicher Intensität – Teilen von Mk 8,1–33 parr. bzw. Mk 6,32–52 parr. Das zeigt folgende vergleichende Übersicht zwischen Joh 6 und den entsprechenden Stellen des Markusevangeliums:

Joh		Mk
6,1–15	Speisung	6,32–44 (8,1–9)
6,16–25	Seewandel/Überfahrt	6,45–52 (8,10)
6,30f.	Zeichenforderung	(8,11–13)
6,27–58	Brotrede/Gespräch über den Sauerteig	(8,14–21)
6,66–69	Petrusbekenntnis	(8,27–30)
6,70f.	Teufelswort	(8,32f.)

Wie immer man die zu beobachtenden Textphänomene erklärt – entweder unter der Voraussetzung, Johannes habe die synoptischen Evangelien gekannt, oder mit der Annahme, es habe hier eine gemeinsame vorjohanneische und vorsynoptische Tradition gegeben[2] –, deutlich ist in jedem Fall einerseits, dass hier ein überlieferungsgeschichtlicher Zusammenhang besteht, und andererseits, dass ihn Johannes sehr eigenständig zu einer Gesamtkomposition ausgestaltet hat. Im ersten Teil erzählt er – unter Setzen besonderer Akzente – die Geschichten von der wunderbaren Speisung der Menge und der nächtlichen Überfahrt der Schüler, denen Jesus auf dem Wasser gehend begegnet, sowie dem Nachkommen der Menge am folgenden Tag (V.1–25). Obwohl diese Jesus fragt, wie er nach Kafarnaum gekommen sei, geht er in seiner

---

[1] Wie zu 2,23–36 ist auch zu Kap.6 auf die Arbeit von Popp hinzuweisen: Grammatik 256–456.
[2] M. E. stützen in der weiteren Auslegung noch anzuführende Einzelbeobachtungen die zweite These.

Antwort, die den zweiten Teil bildet, auf die Geschichte vom Seewandel überhaupt nicht ein, sondern bezieht sich ausschließlich auf die von der Speisung. Sie erfährt in einer langen Rede – lediglich durch kurze Bemerkungen der Menge oder Anmerkungen über ihre Reaktion unterbrochen – eine ausführliche Ausdeutung (V.26–58). Angesprochen wird hier die Menge, in V.41 und V.52 wieder als „die Juden" bezeichnet. Der dritte Teil beschreibt die Folgen der Rede Jesu, und zwar hinsichtlich seiner Schüler (V.59–71), die schon in V.3 ausdrücklich genannt worden waren. Von ihnen ziehen sich viele zurück; und nur „die Zwölf" bleiben, für die Simon Petrus stellvertretend ein Bekenntnis abgibt. Der abschließende Hinweis jedoch geht auf Judas und lässt die Passion in den Blick kommen.

1. Speisung und Überfahrt (6,1–25)

1 Danach ging Jesus weg auf die andere Seite des Meers von Galiläa, des Meers von Tiberias. 2 Und es folgte ihm eine große Menge, weil sie die Zeichen gesehen hatte, die er an den Kranken tat. 3 Und Jesus ging den Berg hinauf und setzte sich dort mit seinen Schülern. 4 Und Pessach war nahe, das jüdische Fest. 5 Als nun Jesus seine Augen erhob und sah, dass eine große Menge zu ihm kam, sagte er zu Philippus: Wovon sollen wir Brot kaufen, damit die essen? 6 Das aber sagte er, um ihn zu erproben. Er selbst nämlich wusste schon, was er tun würde. 7 Philippus antwortete ihm: Brot für 200 Denare reicht nicht für sie, dass jeder auch nur ein wenig bekäme. 8 Einer von seinen Schülern, Andreas, der Bruder des Simon Petrus, sagte ihm: 9 Ein Bursche ist hier, der hat fünf Gerstenbrote und zwei Fische. Aber was ist das schon im Blick auf so viele? 10 Jesus sprach: Macht, dass die Leute sich niederlassen! Es gab nun viel Gras an dem Ort. Da ließen sie sich nieder, etwa 5000 Männer an Zahl. 11 Da nahm Jesus die Brote, sprach den Segensspruch und verteilte sie an die Lagernden, ebenso auch von den Fischen, so viel sie wollten. 12 Als sie nun gesättigt waren, sagte er seinen Schülern: Sammelt die übrigen Brocken, damit nichts verloren gehe! 13 Da sammelten sie und füllten von den fünf Gerstenbroten zwölf Körbe mit Brocken, die denen übrig geblieben waren, die gegessen hatten. 14 Da die Leute sahen, was für ein Zeichen er getan hatte, sagten sie: Das ist wahrhaftig der Prophet, der in die Welt kommen soll. 15 Da Jesus erkannte, dass sie kommen und ihn ergreifen würden, um ihn zum König zu machen, zog er sich wiederum auf den Berg zurück, er allein.
16 Als es nun Abend geworden war, stiegen seine Schüler hinab zum Meer, 17 stiegen in ein Boot und fuhren auf die andere Seite des Meeres nach Kafarnaum. Und Finsternis war schon eingetreten und Jesus noch nicht zu ihnen gekommen; 18 und das Meer wurde von einem stark wehenden Wind aufgewühlt. 19 Nachdem sie nun etwa 25 oder 30 Stadien gefahren waren, sahen sie Jesus auf dem Meer gehen und nahe ans Boot gelangen, und sie gerieten in Furcht. 20 Jesus aber sagte ihnen: Ich bin's. Fürchtet euch nicht! 21 Da wollten sie ihn ins Boot nehmen; und sogleich gelangte das Boot ans Land, worauf sie zuhielten.

22 Am nächsten Tag, als die Menge auf der anderen Seite des Meeres stand, sahen sie, dass kein anderer Kahn dort gewesen war außer dem einen und dass Jesus nicht mit seinen Schülern in das Boot gegangen war, sondern seine Schüler allein weggefahren waren. 23 Andere Boote kamen aus Tiberias nahe zu dem Ort, wo sie das Brot gegessen, nachdem der Herr den Segensspruch gesprochen hatte. 24 Da nun die Menge sah, dass Jesus nicht dort war – auch nicht seine Schüler –, stiegen sie in die Kähne, kamen nach Kafarnaum und suchten Jesus. 25 Und nachdem sie ihn auf der anderen Seite des Meeres gefunden hatten, sprachen sie zu ihm: Rabbi, wann bist du hierher gelangt?

a) Die wunderbare Speisung (6,1–15)

Zu Beginn dieses Abschnitts werden Ort, Zeit und Umstände des im Folgenden geschilderten Geschehens angegeben (V.1–4). Sodann wird die Schwierigkeit der Situation hervorgehoben, aber auch versichert, dass Jesus schon weiß, was er tun wird (V.5–9). Indem er als Hausvater fungiert und das wenige Vorhandene verteilt, vollzieht sich das Wunder (V.10f.). Es erfährt darin eine Bestätigung, dass von dem Brot mehr übrig gebliebene Brocken eingesammelt werden, als vorher vorhanden war (V.12f.). Den Abschluß bilden die Reaktion der Menge und das darauf antwortende Verhalten Jesu (V.14f.).

Wie schon in 5,1 wird auch in 6,1 der Übergang mit der unbestimmt langen Zeitangabe „danach" gewonnen. In V.4 nimmt Johannes eine genauere Bestimmung vor, indem er die Nähe von Pessach angibt. Das stimmt mit der Bemerkung in V.10 überein, dass es „viel Gras" gab[3]. Johannes setzt also wieder einen inzwischen verstrichenen größeren Zeitraum voraus, über den er nichts berichtet, nämlich etwa zehn Monate, wenn er bei dem Wallfahrtsfest in Kap.5 an Schavuot gedacht hat. Mit der Erwähnung von Pessach lässt er zugleich wieder die Passion Jesu anklingen[4]. In örtlicher Hinsicht nimmt er einen Aufenthalt Jesu westlich vom See Gennesaret an. Von dort geht er „weg auf die andere Seite". Umgekehrt wird in V.17 aus der östlichen Perspektive formuliert, wenn dort die Schüler Jesu „auf die andere Seite des Meeres nach Kafarnaum" fahren.

In mehrfacher Hinsicht auffällig ist die doppelte Bezeichnung des Sees als **„das Meer von Galiläa, (das) von Tiberias"**[5]. Die hebräische Bibel spricht vom „Meer von Kinneret" (Num 34,11; Jos 13,27) bzw. „Meer von Kinrot" (Jos 12,3). „Kinneret" ist im Übrigen die heute in Israel übliche Benennung. Während im Hebräischen in der Bezeichnung für Meer

---

3 In der Parallele in Mk 6,39 ist ausdrücklich von „grünem Gras" die Rede. Bei der später erfolgenden Speisung der Viertausend lassen sich die Leute „auf der Erde" nieder (Mk 8,6/Mt 15,35).

4 Vgl. zu 2,13. Diese Thematik ist dann auch in 7,1 im Blick; s. dort.

5 In 21,1 heißt es nur „das Meer von Tiberias".

und See nicht unterschieden wird – für beide steht der Begriff *jam* –, kennt das Griechische sehr wohl eine Differenzierung zwischen *límne* („See") und *thálassa* („Meer"). Es ist bezeichnend, dass es unter den Evangelisten Lukas ist, der den Kinneret immer nur als „See" bezeichnet und ihn an keiner Stelle ein „Meer" nennt. In 5,1 gibt er als Namen an: „See Gennesaret". Das entspricht dem Sprachgebrauch des Josephus, der dieses Gewässer ebenfalls als „See" bezeichnet und vom „See Gennesar" (Bell 2,573; 3,463.506; Ant 18,28.36; Vita 349) oder „See von Tiberias" (Bell 3,57; 4,456) spricht. Beide sind „erfahrene" Leute, die das Mittelmeer kennen und befahren haben und deshalb nicht vom Kinneret als Meer sprechen. Das aber tun die drei anderen Evangelisten. Ihre Perspektive der Wahrnehmung ist offenbar eine binnenländische[6]. Die Bezeichnung „das Meer von Galiläa" (außer Joh 6,1 noch Mk 1,16; 7,31; Mt 4,18; 15,29) ist, soweit ich sehe, außerhalb des Neuen Testaments nicht belegt. In der rabbinischen Tradition begegnet häufig die Bezeichnung „das Meer von Tiberias". Sie kann nicht ganz alt sein, da die Stadt erst 26 n.Chr. von Herodes Antipas als seine Hauptstadt neu gegründet und ausgebaut und zu Ehren des Kaisers Tiberius nach diesem benannt wurde. Da sie zum Teil auf Grabanlagen errichtet war, galt sie frommen Juden als unrein. Auch die Evangelien erzählen nicht, dass Jesus sie betreten hätte. Nach der rabbinischen Tradition ist sie um 150 von Rabbi Schim'on ben Jochaj für rein erklärt worden. Die Bezeichnung des Sees nach Tiberias findet sich aber, wie gesagt, schon bei Josephus. Warum Johannes in 6,1 eine doppelte Bezeichnung gegeben hat, lässt sich nicht sagen[7].

2   Nach der Angabe des Ortes beschreibt Johannes in V.2 die weitere Szenerie: „Und es folgte ihm eine große Menge, weil sie die Zeichen gesehen hatten, die er an den Kranken tat." Damit sind einmal diejenigen genannt, an denen Jesus handeln, und damit ist zugleich das Publikum eingeführt, das er in der großen Rede ansprechen wird. Zum anderen wird mit der Erwähnung der Zeichen ein dort wichtiges Thema angeschlagen. Dass die Menschen Jesus aufgrund der von ihm gewirkten Zeichen folgten, muss nicht als negative Aussage über sie gelesen werden[8]. Aber die Formulierung erinnert an 2,23 und das dort Folgende und erzeugt so bei der Leser- und Hörerschaft keine positive Erwartung im Blick auf dieses Publikum. Wenn als Zeichen ausdrücklich die „an den Kranken" genannt werden, ist das gewiss als eine summarische Angabe zu verstehen, die aber wohl nicht unabhängig davon erfolgt, dass es sich bei den beiden vorher erzählten Zeichen (4,46–54; 5,1–9a) um Krankenheilungen handelt.

3   Nach der großen Menge kommen in V.3 die Schüler Jesu in den Blick. Sie werden beim Handeln Jesu – im bescheidenen Rahmen – mitwirken und mittelbare Adressaten seiner Rede sein, vor allem aber im letzten Teil des Kapitels das entscheidende Gegenüber bilden. „Und Jesus ging den Berg[9] hinauf und setzte sich dort mit seinen Schülern." Auch wenn hier nicht ausdrücklich vom Lehren Jesu gesprochen wird,

---

6   Vgl. G. THEISSEN, Lokalkolorit und Zeitgeschichte in den Evangelien, 1989, 248f.
7   SCHLATTERS Hinweis: „Ein Zusatz zu θάλασσα τῆς Γαλιλαίας war erwünscht, weil auch der See in der Hule θάλασσα hieß" (Johannes 164), überzeugt angesichts der bloßen Erwähnungen des „Meers von Galiläa" im Matthäus- und Markusevangelium nicht.
8   Vgl. 2,11.
9   „Der Berg" begegnet im Johannesevangelium nur hier und in V.15, spielt also wohl keine besondere Rolle.

stellt das Geschilderte, dass ein Lehrer sich mit seinen Schülern setzt, doch eine Lehrszene dar; und die Schüler Jesu werden ja auch im Folgenden – wenn auch nicht an diesem Ort und selbst nicht direkt angesprochen – Entscheidendes zu hören bekommen, zu dem sie sich am Schluss, in Ablehnung oder Zustimmung, zu verhalten haben.

Die danach erzählte Speisungsgeschichte hat eine enge **Parallele in den synoptischen Evangelien** (Mk 6,32–44; parr. Mt 14,13–21; Lk 9,10b-17). Der Gesamtaufbau stimmt völlig überein: Eine Menge umgibt Jesus und seine Schüler auf freiem Feld; Jesus wird der Menge gewahr; es stellt sich das Problem, diese zu verpflegen; fünf Brote und zwei Fische sind vorhanden; die Schüler Jesu sollen die Menge veranlassen, sich niederzulassen; das geschieht; Jesus nimmt die Brote, spricht den Segensspruch und gibt sie; alle werden satt; zwölf Körbe voll übriger Brocken werden aufgesammelt; es waren 5000 Männer. Diese Übereinstimmung im Gesamtaufbau – und in vielen nicht weiter anzuführenden Einzelheiten – macht es evident, dass eine literarische Beziehung zwischen der johanneischen und der synoptischen Darstellung bestehen muss. Im einzelnen fällt auf, dass die johanneische Darstellung die stärksten Übereinstimmungen mit der markinischen hat. Das zeigt sich vor allem an zwei wichtigen Zügen: a) die Nennung der 200 Denare (Joh V.7 = Mk V.37); b) die ausdrückliche Erwähnung, dass auch die Fische verteilt wurden (Joh V.11 = Mk V.41)[10]. Auf der anderen Seite gibt es zwei kleine Übereinstimmungen mit Mt und Lk gegen Mk: a) eine Form von ἀκολουθέω (Joh V.2 = Mt V.13/Lk V.11); b) eine partizipiale Form von περισσεύω (Joh V.12 = Mt V.20/Lk V.17). Daraus ist zu schließen, dass Johannes entweder alle drei Synoptiker gekannt hat oder keinen und seine Fassung auf einer vorsynoptischen Tradition beruht. Für letzteres spricht m.E. die Beobachtung der Unterschiede, die sich kaum alle als Redaktion des Johannes erklären lassen: a) Sehen es die Schüler nach Mk V.37 als eine Möglichkeit an, für 200 Denare genug Brot für die Menge zu bekommen, reicht diese Summe nach Joh V.7 nicht aus. Damit wird das dann erzählte Wunder der Speisung gesteigert. b) Auf derselben Linie liegt die hinsichtlich der vorhandenen Speise am Schluss von V.9 gestellte Frage: „Aber was ist das schon im Blick auf so viele?" c) Eine Präzisierung liegt vor, wenn in V.9 als Inhaber der Speise „ein Bursche" genannt wird. d) Dasselbe gilt für die Kennzeichnung der Brote als „Gerstenbrote" (V.9). e) Am Beginn der Erzählung treten zwei namentlich genannte Schüler auf (V.5–8). Da Andreas und Philippus auch in Kap.1 und 12 begegnen, könnte hier auch Redaktion des Evangelisten vorliegen. Das ist zwar auch für die anderen genannten Punkte nicht schlechterdings auszuschließen, lässt sich aber auch nicht wahrscheinlich machen. So spricht m.E. mehr dafür, dass Johannes eine gemeinsame Tradition benutzt, die sich unabhängig von den synoptischen Versionen weiter entwickelt hat.

Nach der Darstellung der allgemeinen Szenerie in V.1–4 wird in V.5 die Situation, 5 die zum Speisungswunder führt, aus der Perspektive Jesu erzählt. Er wird der auf ihn zukommenden Menge gewahr und ergreift sofort die Initiative. Die Frage an Philippus, wovon Brot für so viele gekauft werden soll, dient – wie die kommentierende Bemerkung des Evangelisten sogleich in V.6 feststellt – nur der Erprobung des 6

---

10 Zwei weitere kleine Übereinstimmungen sind: a) die Form φάγωσιν (Joh V.5b = Mk V.36); b) eine Form von ἀναπίπτω (Joh V.10 = Mk V.40). Hinzu kommen drei kleine Übereinstimmungen dieser Art mit Mk und Mt.

Schülers. „Er selbst wusste nämlich schon, was er tun würde"[11]. Der Schüler besteht
7 die Probe nicht. Er stellt in V.7 fest, selbst „Brot für 200 Denare" reiche nicht, „dass
jeder auch nur ein wenig bekäme". Wie in der markinischen Version gelten 200 Denare als eine hohe und nicht erreichbare Summe – nur dass sie dort, im Unterschied
8f. zu hier, als ausreichend angesehen wird[12]. Wie schon in 1,40 wird in V.8 Andreas als
„Bruder des Simon Petrus" eingeführt. Er weist auf einen Burschen hin, der fünf
Gerstenbrote und zwei Fische hat.

Die beiden sich hier findenden johanneischen Besonderheiten – dass die wenige Speise
nicht, wie in den synoptischen Versionen, bei den Schülern Jesu vorhanden ist, sondern bei
einem „Burschen" und dass es sich um Gerstenbrote handelt – könnte durch **die biblische
Speisungsgeschichte in 2Kön 4,42–44** veranlasst sein. Dort wird während einer Hungersnot
dem Propheten Elischa Erstlingsbrot gebracht: zwanzig Gerstenbrote. Er fordert seinen
Diener auf, sie dem Volk zu geben. Der aber fragt: „Wie soll ich das an hundert Mann aus-
geben?" Elischa antwortet: „Gib's dem Volk, dass sie essen! Fürwahr, so hat Adonaj gesprochen: Man isst und hat übrig." Und so wird abschließend festgestellt: „Da gab er an sie
aus; und sie aßen und ließen übrig – gemäß dem Wort Adonajs." In der unmittelbar vorangehenden Erzählung wird der Diener Elischas als *ná'ar* bezeichnet (V.38), in der Septuaginta mit *paidárion* übersetzt. Damit ist nicht ein „Knabe" gemeint, sondern ein jugendlicher
Sklave[13]. So ist bei dem *paidárion* in V.9 wohl am ehesten an einen Bauchladenverkäufer zu
denken. Der Anklang an 2Kön 4 lässt Jesus in biblischer, prophetischer Tradition stehen.
 Gerste ist das Nahrungsmittel der armen Leute. „Man sagt zu einem Menschen: Warum
isst du Gerstenbrot? Er sagte ihm: Weil ich kein Weizenbrot habe" (SifBam § 89 [Ho-
ROVITZ S.90]). Nach mPea 8,5 ist Gerste nur halb so viel wert wie Weizen (par. SifDev §
110 [FINKELSTEIN/HOROVITZ S.171]), nach Apk 6,6 nur ein Drittel. Aus der Perspektive
von Bessergestellten gilt Gerste als „Viehfutter", so z.B. bei Rabban Gamliel nach mSot 2,1
(par. SifBam § 8 [HOROVITZ S.14] und weitere Parallelstellen). Auch Philon von Alexandrien schreibt: „Nahrung aus Gerste ist eine zweifelhafte Sache und passt zu unvernünftigen
Tieren und zu unglücklichen Menschen" (SpecLeg III § 57). Vgl. auch die Aussage des
Athenaios, der in seinem Gelehrtengastmahl Gerste als „Hühnerfutter und nicht Menschen-
nahrung" bezeichnet (V.214e-f).

10 Zu der resignierten Frage des Andreas am Schluss von V.9 steht das in V.10 einset-
zende souveräne Handeln Jesu in einem starken Kontrast. Er fordert seine Schüler

---

11 Vgl. BECKER, Komm. 1,230: „Es fehlt jeder Grund zum Wunder auf seiten des Volkes. Der
Grund ist Jesus allein."
12 200 Denare entsprechen dem Jahreslohn, den ein Tagelöhner im besten Fall verdienen kann,
wenn man von einem Denar Tageslohn und etwa 200 möglichen Arbeitstagen in der Landwirt-
schaft im Land Israel ausgeht. 200 Denare im Jahr sichern das Existenzminimum einer Tagelöh-
nerfamilie. Um diese Summe zu erreichen, darf ein Tagelöhner also nicht krank werden und muss
er jeden möglichen Arbeitstag auch Arbeit finden. Nach ARYE BEN-DAVID entspricht einem
Denar ein Sachwert von 6 kg (Weizen-)Brot (Talmudische Ökonomie I, 1974, 303). Bei
Gerstenbrot ergäbe sich die doppelte Menge. Fasst man die in V.10 angegebene Zahl exklusiv,
käme auf jeden doch eine gute Portion, nämlich 240 g Weizenbrot. Ist die Angabe aber so zu
verstehen, wie es in Mt 14,21 ausdrücklich gemacht wird („ohne Frauen und Kinder"), verringert
sich die Portion entsprechend der über die Männer hinausgehenden Anzahl.
13 Diese Bedeutung von *paidárion* ist auch im Martyrium Polykarps 6,1; 7,1 belegt; vgl. BARRETT,
Komm. 288.

dazu auf, es zu veranlassen, dass die Menge sich zum Mahl niederlässt[14] – angesichts der in kärglichem Maß vorhandenen Speise ein seltsames Unterfangen –, und handelt dann nach V.11, wie es ein Hausvater beim Mahl tut. Er nimmt das Brot und spricht 11 über ihm den Segensspruch: „Gesegnet Du, Adonaj, unser Gott, König der Welt, der Brot aus der Erde hervorgehen lässt"[15]. Danach verteilt er es an die am Mahl Teilnehmenden, „ebenso auch von den Fischen". Dass bei Johannes Jesus allein als Verteilender erscheint, während in allen synoptischen Versionen seine Schüler als Helfer fungieren, „hat offensichtlich die christologische Tendenz, Jesus als den Spender der Gaben hervorzuheben"[16]. Das Wunder wird hier ganz unspektakulär erzählt. Es vollzieht sich im Verteilen der Nahrungsmittel. Seine Fülle zeigt sich schon am Ende von V.11, wenn es heißt, dass Jesus den Menschen gab, „so viel sie wollten".

Es trifft gewiss zu, wenn BECKER feststellt: „Jesus tut nur das, was jeder Hausvater tun würde"[17]. Aber bei einer Leser- und Hörerschaft, die das Abendmahl feiert und der die Abendmahlsüberlieferung vertraut ist, kann es beim Lesen und Hören dieses Textes nicht ausbleiben, dass sie an das Abendmahl erinnert wird, dass also für sie das hier erzählte Handeln Jesu auch eine eucharistische Dimension gewinnt.

Was in V.12 erzählt wird, bestätigt das erfolgte Wunder und hebt zugleich 12 ausdrücklich seine Fülle hervor. Die gegessen haben, „so viel sie wollten", sind „satt geworden". Daraufhin fordert Jesus seine Schüler auf, die übrig gebliebenen Brocken einzusammeln. Auch das entspricht jüdischer Tischsitte. Aus mBer 8,4 geht in Verbindung mit bBer 52b hervor, dass Brotkrümel, die mindestens olivengroß waren, aufzusammeln sind. Die Schüler Jesu befolgen seine Anordnung – mit dem Ergebnis, 13 dass sie zwölf Körbe voll Brocken von den fünf Gerstenbroten einsammeln. So bleibt mehr übrig, als vorher vorhanden war. Damit das erzählte Geschehen als Wunder zu bestätigen und dessen außerordentliche Fülle zu betonen, ist eine Dimension des Textes. Die andere klingt schon in der Aufforderung Jesu an, wenn dort als Ziel erscheint, „damit nichts verloren gehe". Dieses Motiv wird er in der folgenden Rede (V.39) und noch öfter im Evangelium (10,28f.; 17,12; 18,9) aufnehmen. Es ist ein ekklesiologisches Motiv: Diejenigen, die ihm der Vater gegeben hat, wird er nicht verloren gehen lassen. Die ekklesiologische Dimension kommt auch mit den „zwölf Körben" ins Spiel. Denn die Zahl Zwölf kann nicht gut ohne Beziehung auf das Zwölfstämmevolk Israel gedacht werden, so dass Johannes die Gemeinde Jesu als

---

[14]   Sowohl hier in V.10 als auch an den synoptischen Parallelstellen ist bei Angabe der Zahl immer von „Männern" die Rede. (Nur Mk 8,9 spricht unbestimmt von „etwa 4000".) Matthäus betont in 14,21 und 15,38 ausdrücklich „ohne Frauen und Kinder". BULTMANN schließt aus den Bezeichnungen *óchlos* in V.2.5.22.24 und *ánthropoi* in V.10.14, dass auch bei Johannes an die Anwesenheit von Frauen und Kindern gedacht ist (Komm. 157, Anm. 4).

[15]   Vgl. nur mBer 6,1.

[16]   SCHNACKENBURG, Komm. 2,23.

[17]   Komm. 1,230f.

Repräsentanz des restituierten und endzeitlichen Israel verstünde[18]. Das Einsammeln der Brocken wird zum Symbol der Einheit der Kirche, „damit nichts verloren gehe".

So setzt Johannes schon beim Erzählen der Wundergeschichte eigene Akzente – und wird es gleich zum Schluss in V.14f. noch einmal tun – und erschließt weitere Dimensionen. Aber er erzählt doch auch diese Geschichte, die damit nicht überflüssig wird und ihre eigene Bedeutung nicht verliert[19]. Über diese Geschichte, die von einer erstaunlichen Vermehrung bis zum Überfluss von wenig Brot und noch weniger Fisch zu erzählen weiß, mag man in einer technisierten Wohlstandsgesellschaft überlegen lächeln. Aber sie hat einen anderen Klang in den Ohren von Menschen, für die das tägliche Brot keine Selbstverständlichkeit ist, die sich ständig darum abmühen müssen und doch immer wieder Hunger leiden. In ihr artikuliert sich deren Sehnen nach genug Brot für alle, ja mehr als genug. Dieses Sehnen macht sich hier an Jesus fest, von dem man – als Beauftragtem des biblischen Gottes – Erfüllung erhofft. Das mit ihm verbundene Heil Gottes übersieht nicht den Leib und seine Bedürfnisse. Das stellt gerade die Massivität der johanneischen Wundergeschichten heraus. Im Erzählen der Geschichte von der wunderbaren Speisung innerhalb der weitergehenden Schülerschaft Jesu, in seiner Gemeinde, wird sie auch in der elementaren Hinsicht, dass genug Brot für alle da sei, zu einer Verheißung und zugleich zu einer Verpflichtung[20].

Innerhalb der rabbinischen Tradition wird im Kontext von Armut von einem **Brotwunder** erzählt. Es widerfährt dort der Frau des Rabbi Chanina ben Dosa, mit dem eine ganze Reihe weiterer Wundergeschichten verbunden sind. In bTaan 24b-25a heißt es: „Seine Frau pflegte an jedem Rüsttag des Sabbat den Ofen anzuheizen und etwas hineinzuwerfen, das Rauch verursachte, weil sie sich schämte. Sie hatte eine böse Nachbarin. Da sagte sie: Ich weiß, dass sie nichts hat. Was soll das alles? Sie ging und klopfte an die Tür. Jene schämte sich und stieg ins Zimmer hinauf. Da geschah ihr ein Wunder, dass sie den Ofen voll von Brot und die Mulde voll von Teig sah. Sie sagte ihr: Du da, du da! Hole eine Schaufel! Dein Brot brennt an. Sie sagte ihr: Gerade dazu stieg ich hinauf" (vgl. K. WENGST, Jesus zwischen Juden und Christen, 1999, 49f.).

---

[18] Vgl. BLANK, Komm. 1a,342: „Die ‚zwölf Körbe' … haben ohne Zweifel einen symbolischen Sinn; es geht um die Darstellung des endzeitlichen Israel." Dabei muss man sich aber bewusst machen, dass Johannes in jüdischem Kontext schreibt. Wird dieses Modell in nichtjüdischen Kontext übernommen, kann es nur die Vorstellung von der Ersetzung Israels durch die Kirche aus den Völkern zur Folge haben. Für uns käme es statt dessen darauf an, Israel als Gottesvolk außerhalb der Kirche wahrzunehmen.

[19] Mir erscheint es als unzutreffend, wenn BLANK feststellt: „Die johanneische ‚Nacherzählung' der Brotwunder-Überlieferung ist … auch eine Kritik an dieser Überlieferung" (Komm. 1a,343f.). Müsste Kritik nicht ganz anders aussehen?

[20] Vgl. auch die Ausführungen von G. THEISSEN, Urchristliche Wundergeschichten, 1974,111–114, zu den „Geschenkwundern". THEISSEN verweist auf die Apologie des Aristides, der in 15,9 über die Christen schreibt: „Und wenn bei ihnen jemand Mangel leidet oder arm ist und sie nicht hinreichend Vorrat an Nahrungsmitteln haben, so fasten sie zwei oder drei Tage, damit sie denen, die Mangel leiden, die nötigen Lebensmittel verschaffen", und fragt angesichts dieses Textes: „Ist solch ein Fasten nicht ein Wunder?" (249)

V.14 beschreibt die Reaktion der an dem erzählten Geschehen beteiligten Menschen. 14
Sie begreifen das, was Jesus getan hat, als ein Zeichen und schließen von daher auf
dessen Täter zurück. Das ist im Sinne des Evangelisten ein durchaus angemessenes
Verhalten. Auch das, was sie sagen, trifft in seinen Augen zu: „Das ist wahrhaftig der
Prophet, der in die Welt kommen soll." Der Titel „der Prophet", der sich auf die Erwartung eines Propheten wie Mose nach Dtn 18,15.18 beziehen dürfte, ist schon in
1,21 begegnet. Dort hatte ihn Johannes der Täufer für sich abgewiesen. Er bleibt dem
Größeren nach ihm vorbehalten. Die Redeweise vom „Kommen in die Welt", die die
andere Dimension der Herkunft Jesu von Gott deutlich macht, wie sie schon der
Prolog anzeigt, findet sich im Evangelium noch öfter auf Jesus bezogen[21]. Trotz dieser formalen Richtigkeiten zeigt Jesus in V.15 eine abwehrende Reaktion. Weil er 15
„erkannte, dass sie kommen und ihn ergreifen würden, um ihn zum König zu machen, zog er sich wiederum auf den Berg zurück, er allein"[22]. Schon in 1,49 war
Jesus von Natanael als „König Israels" bekannt worden; als „König" wird er in der
Passionsgeschichte auftreten, die Inschrift am Kreuz ihn als „König der Juden"
bezeichnen. Von daher ergibt sich als Aussageabsicht des Evangelisten, dass erst der
Gekreuzigte „der König" ist. Man sollte sich hüten, diese Einsicht in Polemik gegen
„die" jüdische Messiasvorstellung umzumünzen[23] – die es nicht gibt. Es besteht vielmehr eine Vielfalt messianischer Vorstellungen. Liest man die in V.15 beschriebene
Reaktion Jesu im Zusammenhang mit der Speisung im zeitgeschichtlichen Kontext,
wird eine ganz andere Polemik erkennbar, nämlich gegen die Praxis von Kaiser, Kö-
nigen und anderen Potentaten, ihre Herrschaft durch Spenden von Nahrungsmitteln
zu legitimieren. Die Bereitstellung dessen, was zum Leben und Überleben nötig ist,
darf nicht zur Legitimation von Herrschaft missbraucht werden.

b) Begegnung auf dem See (6,16–21)

Zusammen mit dem Abschnitt V.22–25 bildet die Erzählung von der Begegnung des
auf dem See gehenden Jesus mit seinen im Boot fahrenden Schülern im Gesamtauf-

---

[21] 9,39; 11,27; 12,46; 16,28; 18,37.
[22] Vgl. POPP, Grammatik 290: „In diese Rolle schlüpft er nicht, wie Johannes mit Ironie kommentiert. ... Wie Jesus weiß, was er tun will (6,6), so erkennt er, was die Menschen tun wollen (6,15).
Er hat sein Königtum von Gott. Daher kommt eine Inthronisation durch Menschen für ihn nicht in
Frage."
[23] Das geschieht wieder besonders krass bei HIRSCH: „Das insbesondere, wovor Jesus flieht, muß
von Grauen erregender Gottwidrigkeit sein. Für den Verfasser hat das jüdische Verständnis des
Messianischen etwas Satanisches" (Evangelium 172). Was er damit meint, sagt er auf derselben
Seite so: „Hätte er nur ein Messias im Sinne ihrer Ansprüche als weltbeherrschendes Gottesvolk
sein wollen, die Juden hätten ihn angenommen ... Das Judentum kennt als die echte Gabe Gottes
irdisches Gut und Glück und Macht der jüdischen Gemeinde und ihrer Glieder." Auf der folgenden Seite bezeichnet er das zwar auch als Versuchung der Kirche, aber damit hat er das Judentum
zum typisch Negativen gemacht und darauf festgelegt.

bau des sechsten Kapitels eine Überleitung – eine Überleitung im wahrsten Sinne des Wortes, indem die am Speisungswunder am Ostufer Beteiligten nach Kafarnaum am Westufer verschafft werden, wo die Brotrede Jesu erfolgt. Aber die Bedeutung der Erzählung erschöpft sich nicht in dieser Funktion. Für die Überleitung bedurfte es nicht des Wunders des Seewandels Jesu. Wenn Johannes es dennoch erzählt, dann tut er das nicht nur deshalb, weil es schon in seiner Tradition mit dem Speisungswunder verbunden war[24], sondern dann will er es auch um seines Inhaltes willen bringen. Und so muss danach gefragt werden, was sich für ihn und seine Leser- und Hörerschaft mit dem konkret Erzählten verbindet.

Die synoptischen Parallelen in Mk 6,45–52 und Mt 14,22–33 lassen einen Vergleich mit der johanneischen Version zu. Auch hier kann nach den literarischen Beziehungen zueinander gefragt werden. M.E. lassen sich aber aus den Beobachtungen, die gemacht werden können, keine zwingenden Folgerungen ziehen. Wie bei der Erzählung von der wunderbaren Speisung kann man auch hier annehmen, dass die Vorlage des Johannes auf eine vorsynoptische Tradition zurückgeht, die sich weiter entwickelt hat. Die Weiterentwicklung würde sich hier in zwei Punkten zeigen: a) in der zahlenmäßigen Angabe der von den Schülern zurückgelegten Wegstrecke in V.19[25], b) in dem zusätzlichen Motiv von der wunderbaren Landung in V.21. – Daneben fällt nun aber bei einem Blick auf die Synopse auf, dass die johanneische Version deutlich kürzer ist als die synoptische. SCHNACKENBURG erkennt in ihr „eine frühere Überlieferungsgestalt" (Komm. 2,38). Dagegen spricht, dass sich doch auch die beiden genannten Weiterentwicklungen zeigen, so dass die Kürze auch auf der Redaktion des Johannes beruhen könnte. Wie dem auch sei – in jedem Fall wird die Auslegung das besondere Profil der jetzt im Johannesevangelium vorliegenden Gestalt dieser Erzählung zu beachten haben.

16   In V.15 war erzählt worden, dass Jesus sich vor dem Zugriff der Menge auf den Berg zurückgezogen hatte. Dabei stand ganz betont am Schluss: „er allein". In V.16.17a kommen nach einer Zeitbestimmung – der Abend ist eingetreten – die Schüler Jesu
17   wieder in den Blick. Sie gehen zum See hinunter und steigen ins Boot, um auf die andere Seite nach Kafarnaum zu fahren. In Mk 6,47–50 und Mt 14,24–27 wird dann von der Mühe der Schüler im sturmbewegten See erzählt und ihre Furcht bei der Begegnung mit Jesus darin begründet, dass sie ihn für ein Gespenst halten. Danach gibt Jesus sich zu erkennen, steigt ins Boot, und der Sturm hört auf. Demgegenüber setzt

---

24   Die Freiheit, die Lukas sich an dieser Stelle nimmt, indem er die Erzählung vom Seewandel nicht bietet, hat Johannes allemal, wie er an vielen Stellen zeigt. Das ist gegen BECKER einzuwenden, wenn er schreibt: „(Der) E(vangelist) hat 6,16ff. aus Treue zur S(emeia-)Q(uelle) berichtet. Auf sie geht wohl der ganze Text zurück. (Der) E(vangelist) hingegen beeilt sich, die Brotrede zu komponieren. Am Seewandel hat er kein besonderes theologisches Interesse" (Komm. 1,234). Ähnlich BARRETT, Komm. 294, für den die Johannes vorliegende Tradition „aller Wahrscheinlichkeit nach" das Markusevangelium ist.
25   Matthäus spricht unbestimmt von „vielen Stadien" (14,24); nach Markus sind sie „mitten auf dem Meer" (6,47). Wo sich Johannes das Boot nach „etwa 25 oder 30 Stadien" vorstellt, lässt sich nicht sagen, da er weder die Abfahrtsstelle am Ostufer angibt, noch wissen wir, wie breit er sich den See denkt. Das Beispiel des Josephus zeigt, dass Einschätzung und tatsächliche Entfernung deutlich auseinander gehen können (Bell 3,506).

Johannes die Akzente deutlich anders. Bevor er in V.18 den von einem starken Wind 18
aufgewühlten See erwähnt, macht er in V.17b noch eine doppelte Zwischenbemer- 17
kung. Indem er einmal ausdrücklich feststellt, dass „Finsternis schon eingetreten"
war[26], und das zum anderen mit dem – auf der Erzählebene eigentlich überraschenden – Hinweis verbindet, dass „Jesus noch nicht zu ihnen gekommen" war, gibt er
ein deutliches Signal für ein weitergehendes Verständnis: „Die Jünger, sich selbst
überlassen, sind in der ‚Finsternis' …, fern von Jesus, dem Ansturm widriger Ge-
walten ausgesetzt"[27]. Aber das ist erst ein Aspekt der Geschichte, wie Johannes sie
erzählt. Nach V.19 sehen die Schüler – nachdem sie schon fast fünf bis sechs Kilo- 19
meter gefahren sind – „Jesus auf dem Meer gehen und nah ans Boot gelangen". Daraufhin geraten sie in Furcht. Anders als die Synoptiker begründet Johannes die Furcht
der Schüler nicht damit, dass sie den ihnen Erscheinenden für ein Gespenst halten.
Da er Jesus ausdrücklich „nah ans Boot gelangen" lässt, setzt er voraus, dass sie ihn
erkennen[28]. Dennoch ist von ihrer Furcht die Rede. In 12,26 fordert Jesus, der seine
Passion im Blick hat, zu Nachfolge und Dienst auf und verheißt: „Wo ich bin, dort
wird auch mein Diener sein." Das ist ja die Erfahrung der Gemeinde: Gerade die
Nachfolge – und also die Gegenwart Jesu – setzt Stürmen und Bedrängnissen aus und
gibt so selbstverständlich auch Anlass zur Furcht. Dem entspricht es, dass Johannes
hier auch nichts davon sagt, dass Sturm und Wellen aufhören; sie bleiben[29].

Dennoch wird die Sturm und Wellen ausgesetzte Gemeinde mit den Schülern Jesu 20
in V.20 aufgefordert: „Fürchtet euch nicht!" Worin ist diese Aufforderung begründet? Vor ihr sagt Jesus: „Ich bin's." Man kann diesen Text so lesen, dass man darin
nicht mehr als eine „einfache Selbstidentifizierung" sieht[30]. Vordergründig gelesen,
liegt auch in 18,5 eine solche Selbstidentifizierung vor, wenn Jesus das auf ihn zu-
kommende Verhaftungskommando fragt, wen sie suchen, und auf deren Antwort:
„Jesus von Nazaret" sagt: „Ich bin's". Dass Johannes darin jedoch sehr viel mehr
anklingen lässt, wird gleich anschließend in V.6 deutlich, wenn die bewaffneten Häscher auf dieses „Ich bin's" des wehrlosen Jesus zurückweichen und zur Erde fallen.
Und hier in 6,20 sagt es Jesus als der, der auf dem Wasser geht. Damit stellt ihn Jo-

---

26 Vgl. BLANK, Komm. 1a,345: „Der Begriff ‚Finsternis' (Joh 1,5; 6,17; 8,12; 12,35.46; 20,1) hat
    bei Johannes stets einen symbolhaften Hintergrund."
27 SCHNACKENBURG, Komm. 2,35; vgl. BLANK, Komm. 1a,345f.
28 Bei Mirjam von Magdala, die nach 20,14 „Jesus dastehen sieht" und ihn nicht erkennt, sagt er das
    ausdrücklich: „und wusste nicht, dass es Jesus ist".
29 Es trifft daher weder für die Erzählung noch für die Erfahrung der Gemeinde zu, was BLANK zu
    dieser Stelle schreibt: „Die Nähe Jesu, seine geheimnisvolle Gegenwart, bedeutet das Ende der
    Angst und zugleich auch das Ende aller Not" (Komm. 1a,347). – Um Gegenwart Gottes *in* der
    Not geht es in der von BLANK (348) angeführten Stelle ShemR 3,6 (SHINAN S.128): „Der Heilige,
    gesegnet er, sprach zu Mose: Sage ihnen: In dieser Sklaverei werde ich mit euch sein; und in der
    Sklaverei, in die sie später gehen, werde ich auch mit euch sein."
30 So BARRETT, Komm. 293f. Er verweist für ein solches Verständnis bei Johannes auf 9,9, wo der
    Geheilte mit einem „Ich bin's" seine Identität mit dem erklärt, der vorher blind war.

hannes in der Dimension Gottes dar, der seinen Weg auch auf dem Meer nimmt, und denen, die er retten will, einen Weg durchs Wasser gibt.

In ShemR 25,6 (Wilna 46b) wird die Aussage von Ps 86,8 begründet, dass unter den Göttern niemand Adonaj gleicht und nichts seinen Taten: „Warum ist niemand wie Du unter den Göttern, Adonaj? Weil es niemanden gibt, der Deinen Taten gleich handelt. Wieso?" In einer längeren Aufzählung wird an erster Stelle geantwortet: „Nach der Ordnung der Welt macht sich Fleisch und Blut (= der Mensch) einen Pfad auf dem Weg. Kann er sich vielleicht **einen Pfad auf dem Meer** machen? Aber bei dem Heiligen, gesegnet er, verhält es sich nicht so, sondern er macht sich einen Pfad durchs Meer. Denn es ist gesagt: ‚Auf dem Meer ist Dein Weg und Dein Pfad auf großem Gewässer, und Deine Spuren werden nicht erkannt' (Ps 77,20)." In Jes 43,16 wird Gott in Anspielung auf das Schilfmeerwunder – einer Situation größter Bedrohung und doch erfolgender Rettung – als der bezeichnet, „der im Meer einen Weg gibt und in starkem Gewässer einen Pfad".

Diese Dimension Gottes klingt für diejenigen, die in biblischer Tradition stehen, auch in dem schlichten „Ich bin's" selbst an. Nicht weit von der eben zitierten Jesajastelle heißt es in 43,10f. in einer Gottesrede: „Ihr seid meine Zeugen, Spruch Adonajs, und mein Knecht, den ich erwählt habe, damit ihr erkennt und mir glaubt und einseht, dass ich's bin (*ki aní hu*[31]); vor mir wurde kein Gott gebildet, und nach mir wird keiner sein. Ich, ich, Adonaj, und außer mir gibt es keinen Retter." In Jes 48,12 steht als Gotteswort: „Höre auf mich, Jakob, und Israel, mein Berufener: Ich bin's (*aní hu*), ich der Erste, ich auch der Letzte"[32]. An diesen Stellen ist das von Gott gesprochene „Ich bin's" Ausdruck seiner Einzigkeit; und dafür ist Israel als Gottes Knecht Zeuge vor den Völkern der Welt. Diese Stellen klingen an, wenn der über das Wasser gehende Jesus gegenüber seinen Schülern sagt: „Ich bin's". Dabei liegt keine Übertragung des göttlichen „Ich bin's" auf Jesus vor, so dass dieser damit als vergöttlicht erschiene. Im Kontext von 8,24.28, wo dieses absolute „Ich bin's" im Munde Jesu wieder erscheint, ist wiederholt die Kategorie der Sendung gebraucht. Jesus erscheint damit als Gottes Beauftragter, der in seinem Handeln den Auftraggeber repräsentiert. Indem Johannes in dem „Ich bin's" Jesu das göttliche „Ich bin's" der biblischen Tradition anklingen lässt, macht er damit also deutlich, dass sich Gott mit Jesus und seinem Geschick identifiziert, sich so damit verbindet, dass er in ihm präsent ist.

Eine strukturelle Analogie dazu bildet **in der rabbinischen Tradition** die als Gottesbezeichnung verstandene Wendung *aní ve-hú* („ich und er"). Nach mSuk 4,5 umkreiste man an jedem Tag des Laubhüttenfestes den Altar und rief: „Ach, Adonaj, rette doch! Ach, Adonaj, lass doch gelingen!" (Ps 118,25) Nach Rabbi Jehuda sagte man statt „Ach, Adonaj" *aní ve-hú*[33]. Entsprechend wird der Ruf in jSuk 4,3 (19a; Krotoschin 54c) so wiedergegeben: „Ani

---

[31] Die Septuaginta übersetzt: ὅτι ἐγώ εἰμι.
[32] Vgl. weiter Jes 41,4; 46,4; 52,6; Dtn 32,39.
[33] ALBECK vokalisiert in seiner Mischna-Ausgabe *aní va-hó* und merkt an: „So sprach man die Worte 'ה אנא aus. Aber ihre Bedeutung ist nicht klar; und manche meinen: אני והוא (*aní ve-hú*

ve-hu, rette doch! Ani ve-hu, rette doch!" und mit Ps 80,3 verbunden: „Dir[34] zur Hilfe (und) uns". In EkhaR Eröffnung § 34 (BUBER 19b) werden im Zusammenhang der Aussage, dass Gott mit Israel ins Exil geht, Jer 40,1 („Und er [*ve-hú*] war gebunden in Ketten") und Ez 1,1 („Und ich [*va-aní*] inmitten der Gefangenen") miteinander verbunden. Sachlich sind hier auch die Texte zu nennen, die von der *sch'chináh* in jedem Exil sprechen und zu 1,14 angeführt wurden. Diese Texte zeigen, dass sich Gott bis in schlimmste Erfahrungen hinein mit Israel identifiziert. So schließt G. KLEIN: „Der Gottesname ‚Ani we-hu' ‚Ich und Er' bedeutet demnach: Gott identifiziert sich mit Israel" (Der älteste christliche Katechismus und die jüdische Propaganda-Literatur, 1909, 45). Etwas weiter schreibt er, „daß man in dem Gottesnamen Ani we-hu dem Gedanken Ausdruck geben wollte, daß Gott den innigsten Anteil an dem Geschicke Israels nimmt" (48). Was hier von Israel im Ganzen gilt, wird im Johannesevangelium von Jesus ausgesagt.

Die in dem „Ich bin's" anklingende Präsenz Gottes begründet die Aufforderung an 21 die Schüler – und über sie an die Gemeinde –, sich trotz allem nicht zu fürchten. Darin werden sie bestärkt, wie die Geschichte zu Ende erzählt wird. „Da wollten sie ihn ins Boot nehmen", heißt es in V.21a. Aber dass er dann ins Boot ginge, wird nicht erzählt. Jesus lässt sich nicht „ins Boot nehmen". Es muss seiner Schülerschaft genügen, dass er in der Nähe ist und sie der Gegenwart Gottes vergewissert. Dass Sturm und Wellen aufhören, wird – wie schon festgestellt – ebenfalls nicht erzählt. Wohl aber heißt es dann am Schluss: „Und sogleich gelangte das Boot an Land, worauf sie zuhielten" (V.21b). Dass die in der Nachfolge lebende Schülerschaft Jesu in Sturm und Wellen und trotz ihrer sicher ans Ziel gelangt, ist die Verheißung, die diese Geschichte an ihrem Schluss vermittelt. Sie ist in der Tat nur als Wunder zu glauben und als Dennoch! zu erhoffen.

c) Die Überfahrt der Menge (6,22–25)

„Die Funktion dieser Verse ist klar: die Volksmenge, die immer noch am Ostufer des Sees gedacht ist, soll an die Landestelle des Bootes (V21) in Kapharnaum (V17) gebracht werden, um Jesus zu treffen, mit ihm zu sprechen und seine Rede vom Lebensbrot anzuhören"[35]. Für die Ausdeutung des Speisungswunders in der Rede Jesu braucht der Evangelist als Publikum dieselben Leute, die dort beteiligt waren. Da inzwischen Jesus und seine Schüler zum Westufer des Sees nach Kafarnaum gelangt sind, muss nun auch die Volksmenge dorthin gebracht werden[36].

    – „ich und er"), um zu sagen, dass selbst Adonaj gleichsam teil hat an den Bedrängnissen und Rettungen Israels" (271f.).

34 לכה wird nicht als Imperativ („Komm!"), sondern parallel zu לנו („uns") als „Dir" verstanden.

35 SCHNACKENBURG, Komm. 2,44.

36 Wie wenig es sich hier um Wiedergabe tatsächlichen historischen Geschehens handelt, sondern dass eine literarische Konstruktion vorliegt, erhellt auch daraus, dass der Evangelist das Volk ungerührt die Nacht am Ostufer im Freien verbringen lässt und sich über die vorher genannte Zahl der Menge und die dafür notwendige Masse der „anderen Boote" keine Gedanken macht. Für die *Erzählung* ist das auch völlig unerheblich.

22 Nach der nächtlichen Überfahrt setzt die Erzählung in V.22 mit dem „nächsten Tag" neu ein. Hatte das Boot mit den Schülern Jesu in V.21 Kafarnaum am Westufer des Sees erreicht, so wird nun aus dieser Perspektive die noch „auf der anderen Seite des Meeres" stehende Menge in den Blick genommen. Diese Leute hatten nach V.22 gesehen, dass nur ein Boot am Ostufer zur Verfügung stand und die Schüler ohne

24 Jesus abgefahren waren, und sie stellen nach V.24 nun fest, dass weder Jesus noch seine Schüler dort sind. So nehmen sie „andere Boote" – wie und warum auch immer aus Tiberias gekommen – und setzen ebenfalls auf die andere Seite nach Kafarnaum

23 über. Für seine Leser- und Hörerschaft gibt Johannes in V.23 ein dieses Zwischenstück übergreifendes Signal, wenn er die Anlegestelle der aus Tiberias gekommenen Boote charakterisiert als „nahe an dem Ort, wo sie das Brot gegessen, nachdem der Herr den Segensspruch gesprochen hatte". Die singularische Formulierung vom „Brot essen", die Bezeichnung Jesu als „des Herrn" und die Erinnerung an sein Sprechen des Segensspruches (*eucharistein*) rufen bewusst die eucharistische Dimension des erzählten Speisungswunders hervor und bereiten seine ausdrückliche Ausdeutung in dieser Hinsicht vor.

25 Die ans andere Ufer Gekommenen suchen Jesus (V.24) und fragen, nachdem sie ihn gefunden haben: „Rabbi, wann bist du hierher gelangt?" (V.25) Diese Frage bezieht sich vordergründig auf „die beobachtete Abfahrt allein der Jünger und die überraschende Anwesenheit Jesu in Kafarnaum … In Wahrheit verbirgt sich hinter der Frage das Nichtwissen um den wunderbaren Seewandel und das sich dabei enthüllende Geheimnis Jesu"[37]. Darauf aber wird die Leser- und Hörerschaft des Evangeliums, die es ja besser weiß, damit nachdrücklich hingewiesen.

2. Die Deutung des Speisungswunders (6,26–58)

26 Jesus antwortete ihnen und sprach: Amen, amen, ich sage euch: Ihr sucht mich nicht, weil ihr Zeichen gesehen, sondern weil ihr von den Broten gegessen habt und satt geworden seid. 27 Erwirkt nicht die Speise, die vergeht, sondern die Speise, die zum ewigen Leben bleibt, die euch der Menschensohn geben wird. Den nämlich hat Gott, der Vater, versiegelt. 28 Da sprachen sie zu ihm: Was sollen wir tun, damit wir die Werke Gottes wirken? 29 Jesus antwortete und sprach zu ihnen: Das ist das Werk Gottes, dass ihr auf den vertraut, den jener gesandt hat.
30 Da sprachen sie zu ihm: Was für ein Zeichen tust du denn, damit wir sehen und dir vertrauen? Was wirkst du? 31 Unsere Väter haben in der Wüste das Manna gegessen, wie geschrieben steht: Brot vom Himmel gab er ihnen zu essen. 32 Da sprach Jesus zu ihnen: Amen, amen, ich sage euch: Nicht Mose gab euch das Brot vom Himmel, sondern mein Vater gibt euch das wahre Brot

---

[37] BLANK, Komm. 1a,350.

vom Himmel. 33 Denn das ist das Brot Gottes, das vom Himmel herabsteigt und der Welt Leben gibt. 34 Da sprachen sie zu ihm: Herr, gib uns immer dieses Brot! 35 Jesus sprach zu ihnen: Ich bin das Brot des Lebens. Wer zu mir kommt, wird nicht hungern, und wer auf mich vertraut, nie mehr dürsten.

36 Aber ich habe euch gesagt: Ihr habt mich gesehen und vertraut doch nicht. 37 Alles, was mir der Vater gibt, wird zu mir kommen; und die zu mir kommen, werde ich nicht hinauswerfen. 38 Denn nicht dazu bin ich vom Himmel herabgestiegen, um meinen Willen zu tun, sondern den Willen dessen, der mich geschickt hat. 39 Das nun ist der Wille dessen, der mich geschickt hat, dass ich nichts von allem, was er mir gab, verloren gebe, sondern es aufstehen lasse am letzten Tag. 40 Denn das ist der Wille meines Vaters, dass alle, die den Sohn sehen und auf ihn vertrauen, ewiges Leben haben; und ich werde sie aufstehen lassen am letzten Tag. 41 Da murrten die (anwesenden) Juden über ihn, weil er gesagt hatte: Ich bin das Brot, das vom Himmel herabgestiegen ist. 42 Und sie sagten: Ist das nicht Jesus, der Sohn Josefs, dessen Vater und Mutter wir kennen? Wieso sagt er jetzt: Vom Himmel bin ich herabgestiegen? 43 Jesus antwortete und sprach zu ihnen: Murrt nicht untereinander! 44 Zu mir können nur kommen, welche der Vater, der mich geschickt hat, zieht; und ich werde sie aufstehen lassen am letzten Tag. 45 In den Propheten steht geschrieben: Und sie werden allesamt von Gott belehrt sein. Alle, die vom Vater hören und lernen, kommen zu mir. 46 Nicht, dass jemand den Vater gesehen hätte – außer dem, der von Gott ist; der hat den Vater gesehen.
47 Amen, amen, ich sage euch: Wer vertraut, hat ewiges Leben. 48 Ich bin das Brot des Lebens. 49 Eure Väter haben in der Wüste das Manna gegessen und sind gestorben. 50 Das ist das Brot, das vom Himmel herabsteigt, dass jemand von ihm isst und nicht stirbt.
51 Ich bin das lebendige Brot, das vom Himmel herabgestiegen ist. Wer von diesem Brot isst, wird leben für immer; und das Brot nun, das ich geben werde, ist mein Fleisch für das Leben der Welt. 52 Da stritten die (anwesenden) Juden miteinander und sagten: Wie kann uns dieser sein Fleisch zu essen geben? 53 Da sprach Jesus zu ihnen: Amen, amen, ich sage euch: Wenn ihr nicht das Fleisch des Menschensohnes esst und sein Blut nicht trinkt, habt ihr kein Leben in euch. 54 Welche mein Fleisch essen und mein Blut trinken, haben ewiges Leben; und ich werde sie aufstehen lassen am letzten Tag. 55 Denn mein Fleisch ist wahre Speise, und mein Blut ist wahrer Trank. 56 Welche mein Fleisch essen und mein Blut trinken, bleiben in mir und ich in ihnen. 57 Wie mich der lebendige Vater gesandt hat und ich durch den Vater lebe, so werden auch die, welche mich essen, durch mich leben. 58 Das ist das Brot, das vom Himmel herabgestiegen ist – nicht wie die Väter gegessen haben und gestorben sind. Wer dieses Brot isst, wird leben für immer.

Formale und inhaltliche Gliederungsmerkmale liegen in diesem großen Mittelteil des sechsten Kapitels nicht so evident zu Tage, dass es über seine **Untergliederung** einen breiten Konsens gäbe. Am extremsten ist das Urteil von BULTMANN. Er scheidet „von vornherein" 6,51b-58 als der „kirchlichen Redaktion" zugehörig aus, weil „hier vom sakramentalen Mahle der Eucharistie die Rede" ist, was „in Widerspruch zu den vorausgehenden Worten" stehe, die in dem Sohn das Lebensbrot sahen, „ohne daß es noch eines sakramentalen Aktes bedürfte, durch den sich der Glaubende das Leben aneignet" (Komm. 161f.). Am Schluss

der Verse 39, 40 und 44 habe die „kirchliche Redaktion" auch „den refrainartigen Satz ange-
flickt" vom Aufstehen-Lassen am letzten Tag (162). Aber auch nach diesen Ausscheidungen
sei „noch kein klarer Gedankengang gewonnen". BULTMANN sieht den vorliegenden Text in
„Unordnung" bzw. in „mangelhafter Ordnung", die er sich „nur daher erklären kann, daß ein
Redaktor einen durch äußere Zerstörung gänzlich aus der Ordnung gebrachten Text eini-
germaßen in eine Ordnung zu bringen suchte" (162). Seine Kritik am Text formuliert
BULTMANN auf S.162f. und nimmt auf S.163 den Versuch einer Wiederherstellung der „ursprünglichen Ordnung" vor. Der von ihm dann ausgelegte Text ist also – wie auch an vielen
anderen Stellen – ein zuvor von ihm selbst erst hergestellter Text. Bis heute ist ein wesentlicher Streitpunkt die Frage der – ursprünglichen – Zugehörigkeit des eucharistischen Abschnitts (V.51–58) und der Sätze zur futurischen Eschatologie. Darauf ist jeweils zur Stelle
einzugehen. Auf alle Fälle stehen diese Ausführungen nun im uns überlieferten Evangelium
– und wer immer dessen Gestalt verantwortet, er hat diese Ausführungen nicht im Widerspruch zu den übrigen Aussagen verstanden; und so muss der Versuch gemacht werden, den
überlieferten Zusammenhang als einen so gewollten zu verstehen.

Die Abgrenzungen und Einschnitte im Text sind nicht so scharf markiert; er kann daher in
unterschiedlicher Weise gegliedert werden. Mir legt sich folgender Versuch einer Einteilung
in Abschnitte nahe:

a) Exposition: Das als Zeichen zu verstehende Speisungswunder soll zum Glauben an Jesus
   führen (V.26–29)
b) Erste Gegenüberstellung mit dem Mannawunder: Jesus ist das Brot des Lebens (V.30–
   35)
c) Exkurs: Reflexion über den Glauben als Wirken Gottes und Entscheidung des Menschen
   (V.36–46)
d) Zweite Gegenüberstellung mit dem Mannawunder: Variierung und Bekräftigung der
   These, dass Jesus selbst das Brot des Lebens ist (V.47–50)
e) Konkretion: Die Gabe Jesu als des Lebensbrotes ereignet sich in der Eucharistie (V.51–58)

Der erste Abschnitt lenkt sofort auf den Sinn des Speisungswunders hin. Es soll als
Zeichen verstanden werden, das von sich weg auf Jesus hinweist. Das Wunder als
Zeichen hat demnach dieselbe Funktion wie der menschliche Zeuge. Das Zeichen wie
der Zeuge gelangen zum Ziel, wenn es zum Glauben an den Bezeichneten und
Bezeugten kommt.

Im zweiten Abschnitt wird der Gegenstand des Glaubens näher gekennzeichnet.
Das geschieht in Auslegung von Ps 78,24 und in Gegenüberstellung zum biblischen
Mannawunder: Jesus, der Spender des Brotes im Speisungswunder, ist selbst die
Gabe, das Brot des Lebens.

Hierauf folgt im dritten Abschnitt ein Exkurs. Johannes reflektiert darüber, was
angesichts solchen Gegenstandes der Glaube ist. Er kann ihn nur als Gabe Gottes
verstehen – und doch zugleich und ineins damit als Entscheidung des Menschen.
Dabei ist die sachliche Vorordnung des Handelns Gottes eindeutig.

Nach dem Exkurs wiederholt und bekräftigt Johannes im vierten Abschnitt die
Hauptthese dieses Teils, wiederum in Gegenüberstellung zum Mannawunder: Jesus
ist das Brot des Lebens schlechthin.

Diese These wird abschließend im fünften Abschnitt so konkretisiert, dass sich die
Gabe Jesu als des Lebensbrotes in der Eucharistie vermittelt.

a) Exposition: Das als Zeichen zu verstehende Speisungswunder soll zum Glauben an Jesus führen (6,26–29)

Die Zielbestimmung, auf die dieser Abschnitt am Ende von V.29 hinausläuft, „dass ihr auf den vertraut, den jener gesandt hat", ist zugleich das Thema, um das die Brotrede immer wieder kreist. Dabei zeigt schon die Formulierung dieser Zielbestimmung, die Jesus als von Gott Gesandten und damit von ihm Beauftragten umschreibt, dass es nicht um einen isolierten Glauben an Jesus geht, sondern dass das auf ihn gesetzte Vertrauen zugleich und ineins damit sich auf Gott bezieht. Das sollte bei der Lektüre dieses Kapitels keinen Augenblick vergessen werden.

Auf die Frage der Menge, die Jesus nach V.25 in Kafarnaum gefunden hatte: 26 „Rabbi, wann bist du hierher gelangt?", geht dieser in seiner Antwort in V.26 nicht ein. Diese Frage hat ihre Funktion im Blick auf die Leser- und Hörerschaft des Evangeliums gehabt, die ja imstande ist, sie zu beantworten. Mit dem doppelten Amen eingeleitet, wirft Jesus – auf die Speisungsgeschichte zurückgreifend – dem Suchen der Menge eine falsche Motivierung vor: „Ihr sucht mich nicht, weil ihr Zeichen gesehen, sondern weil ihr von den Broten gegessen habt und satt geworden seid." Man sollte sich hüten, hieraus – und aus der Gegenüberstellung von vergehender und zu ewigem Leben bleibender Speise in V.27 – zu folgern, also werde der Aspekt der Sättigung in dem vorher erzählten Speisungswunder durch den Evangelisten gering geschätzt. Eine solche Geringschätzung könnte auch nur von denen erkannt werden, die sich um ihre materielle Versorgung keine Sorgen machen müssen[38]. Indem Jesus der Menge vorwirft, dass sie den Zeichencharakter seines Handelns nicht erkannt habe, kritisiert er, dass sie dessen Sättigungscharakter schon für alles halte und ihn so gleichsam als einen Geber von „Brot und Spielen" ansehe[39]. Gewiss trifft es zu: „Jesu Wundertaten sind Gleichnistaten"[40]. Das wird bei Johannes schon daran deutlich, dass er sie als „Zeichen" benennt; und diesen Begriff stellt er ja in V.26 betont heraus. Als Zeichen sind Jesu Wunder immer zugleich auch Gleichnisse. Aber das Verständnis des Wunders als Zeichen entleert es nicht seiner konkret erzählten Materialität. Es ist nicht gleichgültig, *was* erzählt wird. Aber indem es als Zeichen gilt, ist das Erzählte auch nicht schon alles; es hat Verweischarakter. Im Johannesevangelium verweist das Zeichen immer auf Jesus als seinen Täter. Dabei tritt hier nun klar hervor, dass nicht nur auf Jesus als den verwiesen wird, der in der Vergangenheit gehandelt hat. Schon der nächste Vers und die weiteren Ausführungen im Kapitel machen

---

[38] Nach HIRSCH war „Jesus an dem Sattmachen ihres Leibes an sich gar nichts gelegen". Dieses Sattwerden „für die Sache selber" zu halten, ist „das Mißverständnis der niederen Religion", nämlich der jüdischen. „Es kommt heraus, daß das Volk irdische, vergängliche Speise begehrt und Jesus himmlische, unvergängliche Speise geben will, und damit ist der Gegensatz offenbar zwischen jüdischer Hoffnung und christlicher Erfüllung" (Evangelium 174).
[39] Vgl. zu V.15.
[40] HIRSCH, Evangelium 175.

deutlich, dass dieses Zeichen auf Jesus als den verweist, durch den und in dem Gott in der Gegenwart „das Brot des Lebens" gibt. Damit bewahrt Johannes die Erzählung der Wundergeschichte davor, nur noch Anekdote zu sein[41].

27   Auf die negative Feststellung in V.26 folgt in V.27 eine negativ und positiv formulierte Aufforderung: „Erwirkt nicht die Speise, die vergeht, sondern die Speise, die zum ewigen Leben bleibt!" Der Akzent liegt hier nicht darauf, dass verderbliche und gleichsam unverderbliche Nahrung gegenübergestellt werden. Die positive Formulierung von der „Speise, die zum ewigen Leben bleibt", ist ja wohl so zu verstehen, dass damit solche „Speise" bezeichnet wird, die „ewiges Leben" vermittelt. Von daher ist „die Speise, die vergeht", als die übliche Nahrung zu verstehen, die das vergängliche irdische Leben fristen lässt. In dieser Gegenüberstellung wird das für die Lebensfristung nötige „tägliche Brot" nicht verächtlich gemacht. Aber sie weist auf eine andere Dimension hin. Ginge es ausschließlich um das Erreichen „der Speise, die vergeht", bedeutete das die egoistische Selbstbegrenzung des Horizonts durch den eigenen Bauch – im weitesten Sinne verstanden. Das in der Erzählung am Anfang des Kapitels wunderbar geschenkte Brot, das der Nahrung des Leibes diente, soll den Blick weiten auf das, was über die bloße Lebensfristung hinaus wirklich „Leben" zu geben vermag.

Eine sachliche Analogie hierzu bietet die auf den Satz: „... dass er mir Brot zu essen gibt und Kleidung anzuziehen" aus Gen 28,20 bezogene **Geschichte in BerR 70,5** (THEODOR/ALBECK S.802f.): „Aquila, der Proselyt, trat bei Rabbi Elieser ein. Er sagte ihm: Ist das denn die ganze Auszeichnung des Proselyten? Denn es ist gesagt: ‚Und er liebt den Proselyten, ihm Brot und Gewand zu geben' (Dtn 10,18). Er sagte ihm: Ist das etwa gering in deinen Augen – eine Sache, deretwegen jener Alte (Jakob) sich (betend) niederwarf? Denn es ist gesagt: ‚Dass er mir Brot zu essen gibt und Kleidung anzuziehen.' Und dieser da kommt, und man reicht es ihm mit einem Rohr (d.h. mit geringem Aufwand)! Er trat bei Rabbi Jehoschua ein. ... Er begann, ihm freundlich zuzureden: Brot – das ist die Tora. Denn es steht geschrieben: ‚Kommt, esst Brot von meinem Brot!' (Spr 9,5) Gewand – das ist der Tallit (Gebetsmantel). Hat ein Mensch die Tora erlangt, hat er den Tallit erlangt. Und nicht nur das; man verheiratet vielmehr auch ihre Töchter mit der Priesterschaft, so dass deren Söhne Hohepriester werden und Brandopfer auf dem Altar darbringen." Brot und Kleidung sind nichts Geringes. Aber den Willen Gottes zu tun, wie er sich in der Tora ausspricht, ist „Brot", das wirklich Leben gibt. In Joh 4,32.34 hatte es Jesus als seine „Speise" bezeichnet, den Willen dessen zu tun, der ihn geschickt hat.

In Luthers Auslegung geraten „die Juden" immer wieder in Parallele zu „den Papisten". Im Blick auf Joh 6,17 sagt er: „Dieses Wort treibt alles aus, worauf sich die Juden verließen" (Evangelien-Auslegung 4, 237). Er führt dann weiter aus: „Hier geht's den Juden so, wie uns Narren, die meinen, man müsse dem Herrn Christus glauben, so wie man Mose geglaubt hat, wie wenn es damit getan wäre, daß er gesandt ist. ... Höre ich, daß er ein Richter ist, so halte ich ihn auch dafür und versuche mit allen Mitteln, ihn mir gnädig zu stimmen und baue mir eine Brücke durch meine Verdienste; das ist ein wahrhaftiger Götzendienst,

---

41   In ihrem Verweischarakter auf den gegenwärtig wirkenden Gott sind auch die in der rabbinischen Tradition erzählten Wundergeschichten – wie etwa die auf Chanina ben Dosa bezogenen – alles andere als Anekdoten.

wie die Juden taten ... So tun auch heute die Bischöfe und der Papst, sie führen uns und sich selber in die Irre" (238). Zu Joh 10,1–11 führt Luther aus: „Die Juden taten die Werke des Gesetzes (in der Meinung): Tust du sie, so wirst du fromm sein, und umgekehrt. So dachten auch wir unter dem Papsttum" (306). Vgl. weiter 150f.; 266; 284f.; um nur einige Stellen zu nennen. Das aber heißt: Die negativ wahrgenommene katholische Kirche bildet das Raster für die Wahrnehmung „der Juden" und „der Pharisäer" im Johannesevangelium und auch für die Wertung von Mose und der Tora sowie der Juden in der eigenen Gegenwart. Dieses Wahrnehmungsmuster ist in der protestantischen Tradition bestimmend geworden, sodass ihr sich herausbildendes antikatholisches Profil implizit zugleich ein antijüdisches wurde: Man wusste über „die Juden" Bescheid, ohne auf ihre eigenen Aussagen in Vergangenheit und Gegenwart zu hören. Zum entsprechenden Vorgang in der Paulusrezeption vgl. den Hinweis bei K. WENGST, Jesus zwischen Juden und Christen, 1999, 126–128.

Diese „Speise", die wirklich Leben zu geben vermag, soll „erwirkt", erarbeitet werden. Doch unmittelbar anschließend heißt es von ihr im Nebensatz: „die euch der Menschensohn geben wird". Wenn zugleich vom „Erwirken" dieser Speise gesprochen wird als auch von ihrer Gabe, dann ist hier schon das Problem angeschlagen, auf das der Evangelist in der Reflexion von V.36–46 eingehen wird: das Ineinander vom Tun Gottes und Tun der Menschen[42]. Es ist schon so, dass es sich um wirkliches Leben im Tun des Willens Gottes zu bemühen gilt; aber als Leben, das trägt und durchträgt, kann es nur als Geschenk erfahren werden.

Als Spender der „Speise, die zum ewigen Leben bleibt", erscheint „der Menschensohn", als der Jesus hier bezeichnet wird; und dass er diese Speise gibt, findet darin seine Begründung, dass ihn „Gott, der Vater, versiegelt hat". Wie in 3,33 hat das Versiegeln die Bedeutung der Bestätigung: Gott hat Jesus als Lebensspender bestätigt. Fragt man, wann und wodurch er das getan habe, kann die hier gebrauchte Bezeichnung „Menschensohn" auf die Antwort hinweisen. Denn sie ist im Johannesevangelium vor allem mit den auf das Kreuz bezogenen Begriffen „erhöhen" und „verherrlichen" verbunden: Die „Bestätigung" des Menschensohnes Jesus als Lebensspender durch Gott ist seine als Erhöhung und Verherrlichung verstandene Kreuzigung. Das ist allerdings eine recht eigenartige „Bestätigung", ein höchst seltsames „Siegel", das als Siegel Gottes nur der Glaube identifizieren kann, der sich darauf einlässt, dass in diesem Kreuz tatsächlich Gott präsent war und gerade in der Ohnmacht seine neuschöpferische Macht erweist.

Wenn Jesus in der erzählten Situation des Evangeliums von der „Speise, die zum ewigen Leben bleibt", sagt, dass der Menschensohn sie „geben wird", kann es in einer Gemeinde, die das Abendmahl feiert, nicht ausbleiben, dass sie hier auch einen eucharistischen Klang mitschwingen hört[43].

---

[42] Es liegt hier dasselbe Zugleich von Aktivität und Passivität, von Tun und Empfangen vor, wie es in 3,21 in Bezug auf die Werke derer zu beobachten war, die die Wahrheit tun und deren Werke gerade dadurch als von Gott gewirkte offenbar werden.

[43] LUTHER polemisiert gegen die Auslegung der Kirchenväter auf das „Sakrament des Altars" und will stattdessen „dieses Wort vom Glauben verstehen. Es ist ein lebendiges Brot, das durchs Wort

28   Mit der Aufforderung, „die Speise" zu erwirken, „die zum ewigen Leben bleibt",
hat Jesus gleichnishaft gesprochen. So ist es nicht verwunderlich, dass die Menge in
V.28 diese Aufforderung mit einer weiteren Frage beantwortet: „Was sollen wir tun,
damit wir die Werke Gottes wirken?" Diese Frage ist keineswegs unverständig[44]. Sie
ist als Bitte um Präzisierung zu verstehen. Denn die Fragenden haben verstanden,
dass sie selbst zu einem bestimmten Handeln herausgefordert sind und dass es dabei
um den Anspruch Gottes geht. Die Wendung „die Werke Gottes" bezeichnet hier
nicht das, was Gott tut, sondern meint die Taten, von denen Gott will, dass sie getan
werden[45].

29   In V.29 beantwortet Jesus die Bitte um Präzisierung: „Das ist das Werk Gottes,
dass ihr auf den vertraut, den jener gesandt hat." Aufgrund dessen, dass in der Frage
der Menge in V.28 von „den Werken" im Plural die Rede war sowie vom „Tun" und
„Wirken" und Jesus jetzt in der Antwort im Singular von „dem Werk" spricht, das er
mit dem Glauben identifiziert, formuliert BLANK knapp und bündig: „Den vielen
Werken im Sinn des jüdischen Gesetzes wird das eine Werk des Glaubens gegenübergestellt"[46]. So könnte man hier den – vermeintlichen – jüdisch-christlichen
Gegensatz markant ausgedrückt finden. Doch ist vor solcher Schlussfolgerung Vor-
sicht geboten. Denn einmal ist zwar mit der Angabe des Glaubens als des einen von
Gott geforderten Werkes gewiss eine Konzentration beabsichtigt. Aber dieses eine
Werk steht nicht in einem ausschließenden Gegensatz zu „den Werken", sondern
entfaltet sich in ihnen. Deshalb gebraucht Johannes Singular und Plural nebeneinander[47]. Zum anderen ist das jüdische Selbstzeugnis zu beachten, das die Hingabe an
Gott vor und neben das Tun des in der Tora Gebotenen stellt und das alle Gebote der

---

        als Speise ausgeteilt wird, und das geschieht durch die Zunge des Predigers. Die hungernde Seele
        öffnet den Mund und wartet auf den Trost, und das ist der Hunger, davon der Herr spricht. Diese
        Seele kann nicht durch das Brot des Sakraments gesättigt werden; sondern das Wort tut's" (Evan-
        gelien-Auslegung 4, 231; vgl. 236.243f.). Über den differenzierten Zusammenhang von Sakra-
        ment und Wort und die Vorordnung des Wortes im Blick auf das gesamte Kapitel vgl. ebd. S.242.

44   Es führt m.E. von vornherein in ein falsches Fahrwasser, wenn z.B. SCHNACKENBURG hier „das
        jüdische Mißverständnis" findet (Komm. 2,48 und 51): „Sie mißverstehen das ‚Erarbeiten'
        (ἐργάζεσθαι) und denken nach ihrer jüdischen Mentalität sogleich an ‚Werke' (ἔργα)" (51);
        ähnlich HAENCHEN; Komm. 320, der dann durch V.29 „diese Werkreligion ... abgeschafft" sieht.

45   In diesem Sinn begegnet die Wendung „die Werke Gottes" einige Male in den Qumrantexten.
        Vgl. vor allem CD 2,14–16: „Und jetzt, meine Kinder, hört auf mich, und ich will eure Augen
        aufdecken, zu sehen und zu verstehen die Werke Gottes, zu erwählen, was ihm gefällt, zu verab-
        scheuen, was er hasst, redlich zu wandeln auf allen seinen Wegen und nicht zu schweifen in den
        Gedanken schuldhaften Triebes und unzüchtiger Augen." Vgl. weiter CD I 1f.; 1 QH V 36 sowie
        4Esr 7,24.

46   Komm. 1a,354. Vgl. auch BULTMANN, Komm. 164: „Jesu Antwort korrigiert die Frage in doppel-
        ter Hinsicht: einmal tritt an Stelle der ἔργα, in die das besorgende Tun des Menschen zerfällt, das
        eine und einheitliche ἔργον, und sodann wird paradox der Glaube an den Gottgesandten als
        ‚Werk' bezeichnet und damit der Begriff des ἐργάζεσθαι aufgehoben: nicht durch das, was der
        Mensch wirkt, erfüllt er Gottes Forderung, sondern in dem Gehorsam unter das, was Gott wirkt."

47   Dasselbe Nebeneinander zeigt sich, wenn Jesus vom Vollenden des Werkes (4,34) bzw. der
        Werke Gottes (5,36) spricht. Analog ist das Nebeneinander von „Gebot" und „Geboten", das in
        den Abschiedsreden begegnen wird. Vgl. in diesem Zusammenhang auch die zu 3,18–21 gege-
        bene Auslegung.

Tora im Vertrauen auf Gott konzentrieren kann. Nimmt man es wahr, verbietet sich in der Auslegung von V.28f. eine Entgegensetzung nach dem skizzierten Schema.

Ich führe nur zwei Beispiele für die **Hingabe an Gott als Grundlage des Tuns** an. In TanB Lech lecha 6 (32a) findet sich folgende auf Resch Lakisch zurückgeführte Tradition: „Ein Proselyt, der Proselyt geworden ist, ist (Gott) lieber als die Israeliten, die am Berg Sinai standen. Warum? Wenn sie nämlich nicht die Donner und Blitze gesehen hätten und die erbebenden Berge und den Schall der Schofare, hätten sie die Tora nicht angenommen. Dieser aber, der nichts davon gesehen hat, kommt, gibt sich ganz dem Heiligen, gesegnet er, hin und nimmt das Himmelreich auf sich. Hast du jemanden, der (Gott) lieber ist?" In der Parallelstelle Tan Lech lecha 6 (Wilna 26b) ist am Schluss vom „Joch des Himmelreiches" die Rede. Was der Proselyt auf sich nimmt, ist sachlich die Tora, das in ihr von Gott gebotene Tun. Doch vorher heißt es, dass er sich Gott ganz hingibt. Als Verb steht im hebräischen Text eine Aktionsart (Hifil) des Verbs, aus dem auch das Nomen *schalóm* gebildet ist, so dass wörtlich zu übersetzen wäre: „sich für Gott ganz sein lassen". Diese Hingabe an Gott, dieses völlige Vertrauen auf ihn entfaltet sich in dem von ihm gebotenen Tun.

In bMak 23b–24a werden die – nach rabbinischer Zählung – 613 Gebote und Verbote der Tora von der Schrift her auf immer weniger konzentriert. Diese Konzentration beginnt: „Es kam David und stellte sie auf elf." Dafür wird Ps 15,1–5 zitiert. Der Abschnitt endet: „Es kam Habakuk und stellte sie auf eins. Denn es ist gesagt: ‚Und der Gerechte wird durch sein Vertrauen leben' (2,4)." Dieses eine, das Vertrauen auf Gott, der Glaube an ihn, hebt die 613 Gebote nicht auf, aber sie werden hier sozusagen gesammelt, erhalten eine sie tragende Basis. Diese letztere Vorstellung ruft jedenfalls die Formulierung vom „Stellen auf" geradezu hervor.

In Hinsicht auf das Verhältnis zwischen dem Vertrauen auf Gott und dem von Gott gebotenen Tun gibt es keinen Gegensatz zwischen dem rabbinischen Judentum und Johannes – nur dass sich für ihn das Vertrauen auf Gott in und durch Jesus erschließt. Auf ihn verweist das als Zeichen verstandene Speisungswunder. Wie der so als Spender von Brot zum Leben Bezeichnete gegenwärtig wirksam ist, das zu zeigen, unternimmt der folgende Abschnitt.

b) Erste Gegenüberstellung mit dem Mannawunder: Jesus ist das Brot des Lebens (6,30–35)

Der Beginn des Abschnitts setzt das Gespräch zwischen Jesus und der Menge fort. 30 Nachdem er ihrem Wunsch auf Präzisierung entsprochen und zuletzt in V.29 die Forderung gestellt hat, an den von Gott Gesandten zu glauben, folgt nun in V.30 keineswegs die Zustimmung, also der Glaube – was dann ja auch dieses Kapitel abrupt beenden würde –, sondern das Verlangen nach Legitimation: „Was für ein Zeichen tust du denn, damit wir sehen und dir vertrauen? Was wirkst du?" Damit ist jedoch auch noch keine Ablehnung formuliert; aber dahin geht nun die Tendenz. Dass hier ein Umschlagpunkt vorliegt, zeigt der Vergleich mit der letzten Wortmeldung der Gesprächspartner Jesu in V.28. Hatten sie dort gefragt: „Was sollen wir tun, damit wir die Werke Gottes wirken?", so fragen sie nun: „Was wirkst du?"[48] Diese Darstellung zeigt sie keineswegs als solche, die nichts verstehen würden. Obwohl das Jesus in V.29 gar nicht direkt angesprochen hatte, haben sie durchaus verstanden, dass der Gesandte Gottes, für den er Glauben fordert, er selbst ist. Aber genau an diesem Punkt, an dem es um Jesus als den Beauftragten geht, in dem Gott präsent ist, markiert Johannes in der Darstellung der Menge die Wende auf Ablehnung hin, die dann in V.41 hervortritt. Das ist offenbar der neuralgische Punkt, um den der Streit in seiner eigenen Zeit geht.

Wenn er, wie V.31 deutlich wird, geradezu ironisch die seltsame Situation herstellt, dass die Gesprächspartner Jesu zu dessen Legitimation genau ein solches Wunder verlangen, wie sie es gerade am Tag vorher erlebt hatten, dann kann darin eine Aussageabsicht im Blick auf seine Leser- und Hörerschaft gesehen werden: Die Wunder sind Zeichen, aber sie können den Anspruch Jesu letztlich nicht legitimieren – und wenn er noch so viele vollbrächte. Für den Glauben sind die Wunder hilfreiche Zeichen; deshalb erzählt sie Johannes. Aber seine Begründung geht „tiefer". Es ist nicht zufällig, dass die Erzählung der Wunder bei Johannes immer wieder Passionssignale enthält. Ein solches Signal leuchtet auch in der Forderung der Gesprächspartner Jesu nach einem Wunder in V.30 auf, „damit wir sehen und dir glauben". Das weist voraus auf den Schluß des Evangeliums, wo in 20,29 als letztes Wort Jesu mitgeteilt wird: „Glücklich, die nicht gesehen haben und doch zum Glauben kommen!" Die weder Wunder des Irdischen noch Erscheinungen des Auferstandenen gesehen haben, sondern nur Erzählungen darüber kennen; die gerade im Blick auf den, den Pilatus gefoltert und gedemütigt vorführen und schließlich kreuzigen ließ, ihr Vertrauen auf Gott setzen, der als hier Gegenwärtiger Leiden, Tod und Sünde überwindet und so neuschöpferisch Zukunft eröffnet. Die Zuspitzung der Glaubensfrage im Blick auf den Gekreuzigten wird sich in diesem Kapitel ausdrücklich in V.61f. zeigen.

SCHLATTER behauptet, dass es für Zelotismus und Pharisäismus „nur einen Glaubensgrund" gegeben habe: „einzig das Wunder" (Johannes 171). Dagegen erinnere ich an die kleine Tradition aus ShemR 5,13 (SHINAN S.166f.) über **„Sehen und Glauben"**, aus der SCHLATTER zu 4,48 selbst zitiert hatte. Ich habe sie oben im Exkurs zu 4,48 ganz gebracht. In ihr wird ausdrücklich festgehalten, dass die Israeliten in Ägypten „aufgrund des Hörens" und „nicht aufgrund des Sehens der Zeichen" geglaubt haben. Das Hören auf die Zusage Gottes, sich seines im Elend lebenden Volkes anzunehmen, ist der Grund des Glaubens.

31 In V.31 weisen die Gesprächspartner Jesu auf eine Erfahrung Israels hin nach dessen Auszug aus Ägypten hin: „Unsere Väter haben in der Wüste das Manna gegessen." Sie erinnern damit an die von Gott gewirkte wunderbare Speisung (Ex 16; Num 11,6–9). Wie schon erwähnt, fordern sie damit ein Zeichen, das Jesus gerade schon

---

48   Vgl. BLANK, Komm. 1a,355.

getan hat. Als Schriftbeleg für die Speisung mit Manna wird angegeben: „Brot vom Himmel gab er ihnen zu essen."

Dies **Zitat** ist nicht wörtlich. Es spielt auf eine Reihe von Stellen an. Ex 16,4: „Siehe, ich lasse für euch Brot vom Himmel regnen." Die Septuaginta hat hier für „Brot" den Plural *ártus*. Ps 78,24: „Und er ließ über sie Manna regnen zu essen, und Korn des Himmels (Septuaginta: ‚Himmelsbrot') gab er ihnen." Ps 105,40: „Und mit Himmelsbrot machte er sie satt." Neh 9,15: „Und Brot vom Himmel hast Du ihnen gegeben für ihren Hunger und Wasser aus Felsen für sie hervorgehen lassen für ihren Durst." Die hier – und in Ps 105,40f. – vorliegende Verbindung der Speisung mit Manna mit der Gabe des Wassers aus dem Felsen begegnet in der weiteren Tradition oft.

Die Antwort Jesu in V.32 wird wieder mit dem doppelten Amen gewichtig eingelei- 32 tet und nimmt die Struktur des Zitates in einer Gegenüberstellung auf: „Nicht Mose gab euch das Brot vom Himmel, sondern mein Vater gibt euch das wahre Brot vom Himmel." Schon in V.31 war das biblische Mannawunder von Johannes eingebracht worden, weil es Entsprechungen zum vorher von Jesus erzählten Brotwunder hat. Aber er nimmt nun keine typologische Gegenüberstellung zwischen beiden vor. Mannawunder und Brotwunder liegen für ihn auf derselben Ebene, nämlich der des Zeichens. So stellt er dem Manna – und implizit auch dem von Jesus in der Erzählung gegebenen Brot – das wirkliche Himmelsbrot gegenüber. Die ausdrückliche Identifizierung dieses Brotes mit Jesus selbst wird erst am Schluss dieses Abschnittes in V.35 vollzogen; aber darauf drängt die Gedankenführung jetzt hin.

Die Gegenüberstellung setzt auffällig mit einer Verneinung ein: „nicht Mose". Obwohl die Gesprächspartner Jesu Mose gar nicht erwähnt hatten und obwohl an allen möglichen Bezugsstellen des Zitates von V.31 Gott der Geber des Brotes vom Himmel ist, wird hier nun doch Mose ins Spiel gebracht, der ja in der Tat schon im biblischen Bericht und dann auch in der weiteren Tradition als Beauftragter und Vermittler Gottes die dominierende Rolle spielt. Johannes führt Mose ein, weil er Gott nicht Gott gegenüberstellen will. So stellt er in der Rede Jesu dem Mose „meinen Vater" gegenüber, der Vergangenheitsaussage „er gab" die Gegenwartsaussage „er gibt" und dem Manna, das in V.32a implizit im Blick ist, „das wahre Brot vom Himmel". Der entscheidende Gesichtspunkt ist der der Gegenwärtigkeit. Johannes legt hier das Manna – wie das Brot der Speisungsgeschichte in der Sicht der Menge (V.26) – darauf fest, „Speise, die vergeht" (V.27), zu sein, Nahrung, die nur der Fristung des vergänglichen Lebens diente. Aber diejenigen, die damit ihr Leben fristeten, sind längst gestorben (V.49). Insofern ist diese Geschichte unwiederbringlich Vergangenheit. „Das wahre Brot vom Himmel", das „der Vater gibt", würde dann also Leben vermitteln, das nicht wieder vom Tode zunichte gemacht wird[49].

---

[49] Zu den Verstehensmöglichkeiten von V.32 vgl. BARRETT, Komm. 301. Er stellt m.E. zu Recht heraus, dass es Johannes hier auf zwei positive Aussagen ankommt: „Es gibt ein wahres Brot vom Himmel, und es ist Gottes Gabe durch Christus." – Dass die Verneinung im Blick auf Mose und

Die an dieser Stelle erfolgende Festlegung des **Manna** auf „Speise, die vergeht", ist eine künstliche Verengung, wie Johannes sie bei der Erzählung der Speisungsgeschichte nicht vornimmt. Diese Verengung schaltet die Dimension der Erinnerung aus, die die Gegenwart in der Vergangenheit entdeckt. Sie ist im Blick, wenn es in mBer 9,1 heißt: „Wer einen Ort sieht, an dem für Israel Zeichen getan worden sind, spricht: Gesegnet, der für unsere Väter Zeichen an diesem Ort getan hat!"

Zu V.26 hatte ich einen Text angeführt, der die Tora als Brot Gottes deutete. Dieses Verständnis kann auch mit dem Mannawunder verbunden werden: „‚Siehe, ich lasse für euch Brot vom Himmel regnen' (Ex 16,4). Das ist, was geschrieben steht: ‚Kommt, esst Brot von meinem Brot, und trinkt vom Wein, den ich gemischt habe!' (Spr 9,5) Der Heilige, gesegnet er, sagte: Wer veranlasste es euch, vom Manna zu essen und vom Brunnen zu trinken? Weil ihr die Satzungen angenommen habt und die Rechtsvorschriften, wie denn gesagt ist: ‚Dort gab er ihnen Satzung und Recht usw.' (Ex 15,25). Siehe, durch mein Brot habt ihr das Brot des Manna genommen, und durch den Wein, den ich gemischt habe, habt ihr das Wasser des Brunnens getrunken" (ShemR 25,7 [Wilna 46b]).

In TanB Jitro 17 (40a.b) wird dem Manna „die Rede" bzw. „das Wort" in überbietender Entsprechung gegenübergestellt: „Es sprach Rabbi Jose bar Chanina: Gemäß der Kraft jedes Einzelnen redete die Rede (*ha-dibbûr* – das Reden Gottes erscheint hier wieder geradezu hypostasiert) mit ihm. Und wundere dich nicht über diese Sache! Denn wenn wir schon über das Manna gefunden haben, dass jeder Einzelne es, als es zu Israel herabstieg, gemäß seiner Kraft schmeckte[50], um wieviel mehr gilt das für die Rede." „Das wahre Brot vom Himmel" wäre hiernach weniger das Manna als vielmehr „die Rede" bzw. „das Wort", womit Gott sich vernehmbar macht[51]. Das Johannesevangelium will Jesus als den verstehen und zu verstehen geben, in dem Gott sich vernehmbar macht[52].

33 V.33 erläutert die Gabe des „wahren Brotes vom Himmel" durch Gott: „Denn das ist das Brot Gottes, das vom Himmel herabsteigt und der Welt Leben gibt"[53]. Dass es „vom Himmel herabsteigt", ist gegenüber dem Manna keine besondere Aussage[54]. Es bezeichnet hier die Herkunft von Gott als seinem Geber. Das ist ebenfalls in der Formulierung „Brot Gottes" enthalten, die die Bezeichnungen „Speise, die zum ewigen Leben bleibt" (V.27), und „Brot vom Himmel" (V.31f.) aufnimmt und zudem auch wieder einen eucharistischen Klang haben könnte. So gibt dieses Brot Gottes „Leben". Nach der Gegenüberstellung von V.32 ist klar, dass es dabei nicht um die bloße physische Lebenserhaltung geht, sondern um die Gabe wirklichen Lebens, das auch vom Tod nicht mehr zerstört werden kann. Diese Gabe ist „Brot für die Welt",

---

das Mannawunder bestreiten soll, „daß Gott mit im Spiele war" (BECKER, Komm.1,246), erscheint mir angesichts der Autorität, die die Schrift für Johannes fraglos hat, als völlig unwahrscheinlich.

50 Vgl. dazu schon SapSal 16,20f. Dieses Motiv ist in der Tradition breit ausgestaltet worden.
51 Vgl. schon Dtn 8,3.
52 „Es ist ... von höchster Bedeutung, daß das Manna in der Weisheitstradition Israels als Wort und Lehre interpretiert wurde, daß die Tora Brot ist und daß (für Philo) der Logos Speise ist ... Gott speist die Menschen durch sein Wort; Jesus ist sein Wort" (BARRETT, Komm. 304).
53 Da im Griechischen ἄρτος („Brot") maskulines Geschlecht hat, ist die Formulierung hier noch offener auf die dann in V.35 erfolgende Deutung auf Jesus.
54 Das gilt von ihm schon biblisch in Num 11,9 und findet sich verbreitet in der rabbinischen Tradition (vgl. nur tSot 11,2; MekhJ Beschallach [Wajassa] 2 [HOROVITZ/RABIN S.161] und die letzte im vorigen Exkurs zitierte Stelle).

das „der Welt Leben gibt". Hier öffnet Johannes wieder eine Dimension, auf die er schon mehrfach hingewiesen hat[55]. Man kann sie auch in der Erzählung der Wundergeschichte in dem Zug entdecken, dass genug Brot für alle da war – und mehr als genug.

Die hier auf die Metapher „Brot" bezogene Verheißung wirklichen Lebens entspricht der von 4,14, wo sie auf die Metapher „Wasser" bezogen war. Und wie dort in V.15 die Samariterin reagiert hatte, so tun es nun auch die jetzigen Gesprächspartner Jesu in V.34. Sie bitten um die Gabe des Verheißenen: „Herr, gib uns immer die- 34 ses Brot!" Die jetzt bitten, hatten in V.30 mit dem Verlangen nach Legitimation reagiert, als sie sich der Glaubensforderung im Blick auf die Person Jesu konfrontiert sahen. Die Antwort Jesu in V.32f. ging nicht ausdrücklich auf seine Person ein, sondern sprach in dieser Hinsicht verhüllt. Sie verhieß von Gott her wirkliches Leben. Wer sollte das nicht haben wollen? Und wenn Jesus es vermitteln kann, so soll er es tun. So ist die Bitte verständlich: „Herr, gib uns immer dieses Brot!"[56]

Den Bittenden stellt sich Jesus in V.35 selbst als dieses Brot vor und konfrontiert 35 sie damit wieder mit der Glaubensforderung im Blick auf seine Person. So wird es von ihrer Seite auch wieder zur Distanzierung kommen, sobald der Evangelist sie wieder in der Szene auftreten lässt, was allerdings erst in V.41 geschieht. Worauf die bisherige Entwicklung in diesem Abschnitt hindrängte, das spricht Jesus nun klar aus: „Ich bin das Brot des Lebens."

Ein absolutes „Ich bin's" im Munde Jesu war schon in V.20 begegnet. Ich hatte es im Kontext der biblischen Tradition des „Ich bin's" Gottes verstanden. Auch die **Ich-bin-Worte** mit Prädikat, von denen hier das erste vorliegt, verweisen letztlich auf Gott selbst. – Eine umfassende Präsentation des antiken Materials von Ich-bin-Worten und eine Interpretation der johanneischen samt einer Aufarbeitung der Forschungsgeschichte bietet H. THYEN, Art. Ich-bin-Worte, RAC 17, 1996, 147–213. Vgl. ders., Ich bin das Licht der Welt. Das Ich- und Ich-Bin-Sagen Jesu im Johannesevangelium, JAC 35, 1992, 19–46. Thyen stellt als für die Interpretation der johanneischen Ich-bin-Worte wichtig heraus, dass sie nicht aus ihrem Kontext im Evangelium gelöst werden dürfen. Für die Richtigkeit dieser Option spricht auch die folgende Beobachtung: Was Jesus hier in Kap.6 im Blick auf „Brot" sagt, unterscheidet sich sachlich nicht von dem, was er in Kap.4 im Blick auf „Wasser" – und zwar ohne ein Ich-bin-Wort – ausgeführt hat, obwohl ein solches – etwa: „Ich bin das Wasser des Lebens" – leicht denkbar wäre.

Jesus in Person ist „Brot", das Leben gibt, wirkliches Leben. Inwiefern er das tut, erläutert die angefügte Verheißung: „Wer zu mir kommt, wird nicht hungern, und wer auf mich vertraut, nie mehr dürsten." Durch das Entfalten der Verheißung in das Aufhören von Hunger und von Durst werden in den Vordersätzen das Kommen zu

---

[55] Vgl. 1,9f.29; 3,16f.; 4,42.
[56] So wenig, wie man die Samariterin im Kontext von Kap.4 zum „Dummchen" machen musste, ist hier die Annahme geboten, Jesu Gesprächspartner verstünden ihn überhaupt nicht und erbäten von ihm ein Zauberbrot, das nie aufgezehrt wird.

Jesus und das Glauben an ihn einander zugeordnet. Das Kommen zu Jesus ist in der Zeit des Evangelisten das Kommen in die Gemeinde. Das wird nur tun, wer an Jesus glaubt; und dieser Glaube ist nichts anderes als das Vertrauen auf den in ihm präsenten Gott. Wer so „kommt" und vertraut, wird Leben erfahren in der Gemeinschaft der ebenso Glaubenden, muss nicht mehr nach Leben gieren und ständig „Erfüllungen" nachjagen, die sich dann doch als Scheinerfüllungen herausstellen; der Hunger und Durst nach Leben wird gestillt. Aber diese Erfahrung von Leben bleibt eine angefochtene, weil sie von Leiden und auch von Versagen nicht verschont bleibt und den Tod noch vor sich hat. So macht es Sinn, dass an anderen Stellen – wie Apk 7,15–18 – unter Aufnahme biblischer Traditionen das Aufhören von Hunger und Durst und das Abwischen aller Tränen als endzeitliche Verheißung steht. Auch Johannes wird in diesem Kapitel nicht darauf verzichten, diese endzeitliche Verheißung aufzunehmen.

c) Exkurs: Reflexion über den Glauben als Wirken Gottes und Entscheidung des Menschen (6,36–46)

Mit der Selbstvorstellung Jesu als Brot des Lebens in V.35 hat Johannes einen Punkt erreicht, auf den er von V.26 an hingezielt hatte und der die zentrale Aussage dieses zweiten Teils von Kap.6 (V.26–58) enthält. Sie wird in diesem Abschnitt nicht weitergeführt. Er bildet einen Exkurs, veranlasst von der Erfahrung, dass viele dem gerade erhobenen hohen Anspruch nicht zuzustimmen vermögen. So fragen sich diejenigen, die zustimmen, was eigentlich ihren Glauben ermöglicht. Darüber reflektiert hier Johannes, indem er Jesus das Wort zunächst weiter belässt und erst innerhalb dieser Reflexion einen Einwand von dessen Gesprächspartnern bringt, der sich auf den vorigen Abschnitt bezieht.

36   Bevor diese überhaupt reagieren, stellt Jesus in V.36 apodiktisch fest: „Aber ich habe euch gesagt: Ihr habt mich gesehen und vertraut doch nicht." Das hat er – so formuliert – vorher nicht gesagt. Aber der Sache nach ist es in dem Vorwurf von V.26 enthalten, dass sie den Zeichencharakter des Wunders nicht verstanden haben; und die Formulierung nimmt ihre Forderung aus V.30 nach einem Zeichen auf, „damit wir sehen und dir vertrauen". Wenn Johannes demgegenüber Jesus hier feststellen lässt, dass sie schon gesehen haben, dann macht er deutlich: Es gibt nicht mehr zu sehen, als was schon gesehen worden ist: Jesus selbst. Was es – wie sich in V.61f. zeigen wird – tatsächlich mehr zu sehen gibt: seinen Gang ans Kreuz, kann das Ärgernis nur noch vergrößern. Wenn Jesus noch so viele Wunder vollbrächte, sie würden als Zeichen letztlich doch immer nur wieder auf ihn hinweisen[57]. Wieso es im

---

[57] Ob das με in V.36 ursprünglich ist oder nicht, kann textkritisch hin und her diskutiert werden, ohne dass ein zwingendes Ergebnis erreicht wird. M.E. spricht mehr für die Ursprünglichkeit des

Blick auf diese menschliche Person und ihr elendes Geschick Vertrauen auf Gott gibt, wie es überhaupt zu solchem Glauben kommen kann, das ist die Frage, der Johannes hier nachgeht.

In Ex 14,31 wird die auf die Rettung am Schilfmeer bezogene Aussage vom Anfang des Verses: „Und Israel sah die große Hand" am Ende des Verses weitergeführt zu der Aussage: „Und sie glaubten Adonaj und Mose, seinem Knecht". Dieser Zusammenhang von **Sehen und Glauben**, in der rabbinischen Tradition mehrfach aufgenommen, wird an einer – relativ späten – Stelle gelöst und statt dessen – wohl im Blick auf nicht vertrauendes Verhalten des Volkes während der Zeit in der Wüste – das Gegenteil festgestellt: „Rabbi Chelbo sagte im Namen Rabbi Jochanans: Es steht geschrieben: ‚Und Israel sah die große Hand'. Obwohl er sie noch immer führte, glaubten sie doch nicht. Gibt es denn einen Menschen, der sieht und nicht glaubt?" (ShirR 4,8 [Wilna 27a]). Sie hatten ja nicht in einem wörtlichen Sinn „die große Hand" gesehen, sondern ein bestimmtes Ereignis wahrgenommen, in dem sie aus großer Not entronnen waren. Darin „die große Hand" Gottes zu sehen, führt dazu, im Blick auf dieses Ereignis auch den weiteren Weg im Vertrauen auf Gott zu gehen. Geschieht das nicht, verändert sich auch das „Sehen" dieses Ereignisses[58].

Dass das Sehen Jesu – noch einmal: dieser menschlichen Person und ihres elenden Geschicks – nicht zum Vertrauen auf Gott, zum Glauben führt, ist das eigentlich zu Erwartende, völlig „Normale". Das ist der Hintergrund, auf dem Jesus nach V.37a sagt: „Alles, was mir der Vater gibt, wird zu mir kommen." Hier findet sich dasselbe Ineinander von göttlicher und menschlicher Aktivität wie in V.27. Dabei besteht eine klare sachliche Vorordnung des Handelns Gottes. Dass es überhaupt welche gibt, die zu Jesus und also – wie zu V.35 schon angemerkt – in der Zeit des Evangelisten zur Gemeinde kommen, die auf den in ihm präsenten Gott ihr Vertrauen setzen, das ist nur als „Gegebenheit" von Gott selbst her zu verstehen: „alles, was mir der Vater gibt". Die er *„gibt"*, die *„kommen"* dann aber auch, müssen den eigenen Weg selbst gehen, den Weg der Nachfolge in der Gemeinschaft der Gemeinde. Und dieser Weg hat Verheißung: „Und die zu mir kommen, werde ich nicht hinauswerfen". Der Weg der Nachfolge Jesu hat die Verheißung, dass er nicht „hinaus", ins Abseits, führt, dass er nicht ins Leere geht, sondern ein Weg in der vollen Wirklichkeit ist. Er ist darum bei aller Weltfremdheit doch nie ein wirklichkeitsfremder Weg, weil er sich auf den wirklichen Gott einlässt.

In V.38–40 wird die gegebene Verheißung darin begründet, dass sich der Wille Gottes im Handeln Jesu vollzieht bzw. Jesus in seinem Handeln nichts sonst als den Willen Gottes tut. Dem dienen die Motive des Hinabsteigens vom Himmel und der Sendung und des Verhältnisses zwischen Vater und Sohn. War in

---

με; vgl. WENGST, Gemeinde 216 Anm. 96. Aber auch wenn es nicht im Text steht, kann vom Kontext her nicht gut anders verstanden werden, als dass Jesus Objekt des Gesehenhabens ist.

58 Was BULTMANN zu Joh 6,36 schreibt, lässt sich *mutatis mutandis* auch auf den zitierten rabbinischen Text beziehen: „Zwar haben sie nicht ‚gesehen' im Sinne des echten Sehens, das ein Hören und Lernen vom Vater ist. Aber sie haben ‚gesehen', sofern in dem Wahrnehmen des geschichtlichen Ereignisses die Möglichkeit echten Sehens gegeben ist" (Komm. 173).

V.33 vom „Brot Gottes" die Rede gewesen, das vom Himmel herabsteigt, und hatte sich Jesus in V.35 als „Brot des Lebens" zu verstehen gegeben, so sagt er nun in V.38: „Denn nicht dazu bin ich vom Himmel herabgestiegen, um meinen Willen zu tun, sondern den Willen dessen, der mich geschickt hat." Vom Abstieg Jesu vom Himmel wird deshalb gesprochen, um ihn ganz und gar als Gesandten Gottes kennzeichnen zu können, der nichts sonst tut, als den Willen dessen zum Zuge zu bringen, der ihn geschickt hat. Weil er ausschließlich das tut, kann er niemanden von denen, die zu ihm kommen, ins Leere laufen lassen. Denn es kommen ja die zu ihm, die ihm „der Vater gibt". So kann er nur in Entsprechung zu dieser „Gegeben-
39 heit" handeln und wird sie „drin" sein lassen und bewahren. Das sagt V.39 aus-drücklich: „Das nun ist der Wille dessen, der mich geschickt hat, dass ich nichts von allem, was er mir gab, verloren gebe, sondern es aufstehen lasse am letzten Tag." Was Gott gegeben hat und was deshalb und daraufhin zu Jesus und in die Gemeinde kommt, von dem will er auch, dass es „bleibt", dass es nicht verloren geht. Die Zu-sage, dass es nicht verloren geht, gilt auch dann, wenn es nach menschlichen Maß-stäben verloren scheint, wenn es unterliegt, niedergemacht wird. Deshalb liegt die letzte Aussage von V.39 völlig in der Konsequenz des Gedankens von der Be-wahrung gemäß dem Willen Gottes. Ist der Weg der Nachfolge ein Weg in der Wirklichkeit Gottes und führt er in Leiden und Tod, dann muss auch eine solche Aussage gewagt werden, wenn anders Gott nicht ein Gott der Toten, sondern der Le-
40 benden ist[59]. Die Aussage von V.39 wird in V.40 variierend wiederholt: „Denn das ist der Wille meines Vaters, dass alle, die den Sohn sehen und auf ihn vertrauen, ewi-ges Leben haben; und ich werde sie aufstehen lassen am letzten Tag." Nach V.30 wollte die Menge ein Zeichen sehen und dann glauben. Hier wird ihr jetzt nochmals *das* Zeichen genannt: der Sohn, Jesus – dessen Vater und Mutter, wie gleich V.42 sagt, die Leute kennen. Die im Blick auf ihn das Wagnis des Glaubens eingehen, sich darauf einlassen, dass in ihm, „dem Sohn", sich Gott, „der Vater", in seiner Wirklich-keit erschließt, haben schon Leben, „ewiges Leben". Sie werden auch im Tode nicht endgültig „fallen" und „liegen"; ihnen gilt die Zusage: „Und ich werde sie aufstehen lassen am letzten Tag."
41 In V.41f. gibt Johannes den Gesprächspartnern Jesu Raum für eine Reaktion. Ihre Einführung ist an dieser Stelle doppelt aufschlussreich: „Da murrten die Juden über ihn." Wo die Gesprächspartner Jesu bisher im Kapitel nicht mit einem Pronomen, sondern begrifflich bezeichnet wurden, war von ihnen als der „Menge" die Rede. Jetzt, da die Konfrontation mit dem Anspruch Jesu unmittelbar und direkt hergestellt ist, erscheinen sie wieder als „die Juden"[60]. Einmal mehr reflektiert sich damit die

---

[59]   Vgl. Mk 12,26f. parr.
[60]   Dazu, dass hier keine neue Gruppe ins Spiel kommt und dass diese Stelle entschieden dagegen spricht, οἱ Ἰουδαῖοι im Johannesevangelium als „die Judäer" zu verstehen, vgl. WENGST, Ge-

Auseinandersetzung um die Person Jesu zur Zeit des Evangelisten zwischen jüdischer Mehrheit und der sich zu Jesus bekennenden Minderheit. Zum anderen ist die Kennzeichnung der Reaktion als „Murren" absichtsvoll gewählt. In diesem Kontext, in dem in V.31f. das biblische Mannawunder eingebracht wurde und in V.49 noch einmal ausdrücklich erwähnt werden wird, muss diese Kennzeichnung das Murren des Volkes vor diesem Wunder und an anderen Stellen der Wüstenwanderung in Erinnerung rufen[61]. Dieses Murren ist Ausdruck der Ungehaltenheit über den dornigen Weg aus der Knechtschaft und des fehlenden Vertrauens in Gottes Führung; es ist akute Glaubensverweigerung[62]. Indem Johannes die Reaktion der Gesprächspartner Jesu als „Murren" bezeichnet, setzt er ihr Verhalten in Entsprechung zu dem des murrenden Volkes in der Wüste[63].

Das Murren ist nach V.41 darin begründet, „weil er gesagt hatte: Ich bin das Brot, das vom Himmel herabgestiegen ist." Das Zitat fasst Aussagen Jesu aus V.35 und 38 zusammen. Es zeigt, dass die Gesprächspartner Jesu dessen Anspruch verstanden haben, dass in ihm Gott begegnet und dass deshalb Leben hat, wer im Blick auf ihn glaubt. Aber sie vermögen diesem Anspruch nicht zuzustimmen; und dafür führen sie in V.42 – mit erneuter Einleitung hervorgehoben – auch einen handfesten Grund an: 42 „Ist das nicht Jesus, der Sohn Josefs, dessen Vater und Mutter wir kennen? Wieso sagt er jetzt: Vom Himmel bin ich herabgestiegen?" Im Hintergrund steht hier das Motiv, dass die messianische Gestalt bis zur Endzeit verborgen ist und dann hervortritt[64]. Es begegnet in apokalyptischen Schriften, die dem Johannesevangelium zeitlich nahestehen[65], aber auch an einer späten Stelle der rabbinischen Literatur[66]. An letzterer wird Jes 11,10 zitiert und dann gedeutet: „Das ist der Gesalbte, der Sohn Davids, der verborgen ist bis zur Zeit des Endes." Auf Jesus trifft das nicht zu; man kennt ihn als Sohn Josefs, und man kennt seine Eltern[67] – ganz davon abgesehen, dass vom Eintreten der Endzeit in der allgemeinen Wahrnehmung nichts zu spüren ist. So kann der für ihn erhobene Anspruch nur zurückgewiesen werden.

Die Antwort Jesu in V.43–46 lenkt im Grunde auf das zurück, was er schon in 43 V.36–40 gesagt hat. Auf andere Weise wird inhaltlich dasselbe ausgeführt wie dort.

---

meinde 59. Zum Verhältnis der Bezeichnungen „die Menge", „die Juden" und „die Pharisäer" vgl. den ganzen Abschnitt S.60–74.

61 In der Erzählung des Mannawunders in Ex 16 wird das „Murren" mehrfach erwähnt: V.2.7–9.12. Vgl. weiter Ex 15,24; 17,3; Num 11,1; 14,2.27.29; 17,20.25.

62 So werden in Ps 106,24f. das Nicht-Glauben und das Murren im Rückblick auf die Wüstengeneration nebeneinander gestellt: „Und sie verachteten das köstliche Land, glaubten nicht seinem Wort; und sie murrten in ihren Zelten, hörten nicht auf die Stimme Adonajs."

63 „‚Die Juden' ... übernehmen damit in der Sicht des Johannesevangeliums die Haltung des gegen JHWH aufsässigen Volkes Israel auf der Wüstenwanderung" (BLANK, Komm. 1a,366).

64 Vgl. WENGST, Gemeinde 113–115 mit weiteren Verweisen.

65 Vgl. die Bilderreden des 1Hen und 4Esr.

66 MTeh 21,1.

67 In dieser Weise verarbeitet Johannes die Tradition, die sich synoptisch Mk 6,3parr. niedergeschlagen hat.

An dem Einwand, dass Jesus doch der Sohn Josefs sei und man seine Eltern kenne, gibt es nichts zu rütteln und richtig zu stellen. Jedenfalls tut Johannes das nicht; er lässt ihn als Tatsachenfeststellung stehen. Aber andererseits sieht er darin auch keinen wirklichen Einwand. Denn gerade für den als Sohn Josefs zutreffend Gekennzeichneten und seinen am Kreuz endenden Weg wird beansprucht, dass sich hier Gott erschließt[68]. Soll die Anerkenntnis dieses Anspruchs nicht Selbsttäuschung sein, muss sie ihrerseits zugleich als Tat Gottes gedacht werden. Das kommt anschaulich zum Ausdruck, wenn Jesus nach der Aufforderung von V.43, nicht untereinander zu

44   murren, in V.44 sagt: „Zu mir können nur kommen, welche der Vater, der mich geschickt hat, zieht." Derjenige, von dem beansprucht wird, dass er in Jesus zum Zuge komme, Gott, muss das offenbar so tun, dass er damit zugleich auch die Anerkenntnis dieses Anspruchs bewirkt. Anders kommt es nicht zum Glauben. Die Bilder vom „Kommen" und „Ziehen" zeigen wieder sehr anschaulich das Ineinander von göttlicher und menschlicher Aktivität im Akt des Glaubens, wobei dem Handeln Gottes wiederum deutlich die Priorität zukommt. Es kann nur kommen, wer gezogen wird. Aber wer gezogen wird, kommt dann auch selbst und ist nicht Marionette[69].

Wie aber „zieht" Gott? V.45 wird deutlich machen: nicht anders als durch sein Wort; und V.46 wird zuspitzen, dass Jesus dieses Wort vermittelt. Das in V.44 gemeinte Ziehen Gottes vollzieht sich dann also in dem, was Jesus sagt und was über ihn erzählt wird.

Nach zwei Stellen in halachischen Midraschim leistet **das „Ziehen"** gerade die Haggada, die erzählende Auslegung. In MekhJ Beschallach (Wajassa) 5 (HOROVITZ/RABIN S.171) werden die Worte über das Manna in Ex 16,31: „wie Same von Koriander (*gad*) weiß" so verstanden: „Rabbi Elasar von Modaim sagt: Es gleicht dem Wort der Haggada, das das Herz des Menschen (an)zieht." In SifDev § 317 (FINKELSTEIN/HOROVITZ S.359) wird der Satz: „Und Traubenblut trinkst du, gärenden Most" aus Dtn 32,14 so gedeutet: „Das sind die Haggadot, die das Herz des Menschen (an)ziehen wie Wein." Im Deutschen verleitet die Erwähnung des Herzens dazu, einseitig „Gefühl" zu assoziieren. In der hebräischen Bibel und in der jüdischen Tradition bezeichnet „Herz" das Personzentrum des Menschen. Wird das Herz „gezogen", so der Mensch in ganzer Person – und zwar zum Vertrauen auf den, den die Erzählungen bezeugen.

So könnte man die Erzählung über Jesus, das Evangelium, als Haggada verstehen, die im wahrsten Sinn des Wortes „attraktiv" ist, anziehend und ins Vertrauen zu dem ziehend, der als in Jesus präsenter Gott in ihr bezeugt wird. Sie ist – so wird man heute sagen müssen – „attraktiv" für Menschen aus den Völkern, dagegen nicht für Juden. Letzteres gilt besonders für die Lektüre des Johannesevangeliums. Christen aus den Völkern sollten es akzeptieren, dass Gott hier offenbar nicht „zieht" – weil er schon „gezogen" hat.

---

[68]   Daran zeigt sich, dass Johannes das „Herabsteigen vom Himmel" nicht mythologisch versteht, sondern dass es Jesus – wie es ja in V.38 im Zusammenhang mit dem Motiv der Sendung begegnete – als den Beauftragten Gottes schlechthin qualifizieren soll.

[69]   Von hier aus beschreibt METZNER Sünde als „das Sich-Entziehen aus dem liebenden Ziehen des durch den Sohn wirkenden Vaters" (Sünde 230; im Original hervorgehoben). Vgl. den ganzen Zusammenhang S.229f. u. S.246).

Im Blick auf diejenigen, die Gott „zieht" und die deshalb zu Jesus kommen, wird am Schluss von V.44 noch einmal die Aussage wiederholt, die jeweils schon am Ende von V.39 und 40 stand: „Und ich werde sie aufstehen lassen am letzten Tag." Dieser Satz ist kein „abseitiger Schnörkel"[70]. Das Kommen zu Jesus ist ja zugleich damit und konkret das Kommen in die Gemeinde; und das Leben in der Gemeinde ist in der Zeit des Johannes Leben an exponiertem und gefährdetem Ort. So hält er es für angebracht, dass Jesus gegen alles Fallen und Unterliegen die Zusage endgültigen Aufstehens wiederholt.

Auf V.45f. war schon pauschal vorgegriffen worden, um das „Ziehen" des Vaters 45 zu verstehen. Denn das wird hier erläutert. Johannes tut es in Aufnahme und Auslegung eines Schriftzitates: „In den Propheten steht geschrieben: Und sie werden allesamt von Gott belehrt sein."

Johannes nimmt hier **Jes 54,13** auf. Dort wird in einer Gottesrede Zion angesprochen und ihm unter anderem verheißen, Gott mache „alle deine Kinder zu Schülern Adonajs" (LXX: *pántas tús hyús su didaktús theú*[71]). In der rabbinischen Auslegung ist das einmal als Verheißung für die kommende Weltzeit gelesen worden, in der Gott selbst in seiner Herrlichkeit Israel die Tora lehren wird (BerR 95,3 [THEODOR/ALBECK S.1190]) und weitere Stellen). In der Fortsetzung der oben zitierten Tradition aus MTeh 21,1 von der Verborgenheit des Messias bis zur Endzeit gibt der Messias „den Völkern der Welt sechs Gebote", während „alle Israeliten Schüler der Tora vonseiten des Heiligen, gesegnet er", sind, begründet mit Jes 54,13. Vgl. auch DevR 6,14 (Wilna 113b), wo im Blick auf die kommende Weltzeit Ez 36,26; Joel 3,1 und Jes 54,13 unter dem Gesichtspunkt der Gegenwärtigkeit Gottes miteinander verbunden werden. – Zum anderen kann die Schülerschaft Gottes nach Jes 54,13 aber auch auf das Bemühen um die Tora in der Gegenwart bezogen werden: ShemR 38,3 (Wilna 65d). In ShemR 21,3 (Wilna 40b) ist Gott unter Berufung auf Mal 3,16; Jes 30,20; 54,13 geradezu als Mitschüler vorgestellt: „Wenn jeder Einzelne steht und sein Gelerntes hören lässt, sitzt gleichsam Er da und lässt mit ihnen hören."

Im Zitat, wie Johannes es bietet, ist die Anrede an Zion weggefallen; es ist daraus eine auf alle bezogene Verheißung geworden. Der Grund dafür dürfte im Verständnis von Tod und Auferweckung Jesu als endzeitlicher Neuschöpfung liegen. Johannes führt das Zitat fort: „Alle, die vom Vater hören und lernen, kommen zu mir." Nach V.44 kommen zu Jesus, „welche der Vater zieht". Demnach ist das „Ziehen" nun aufgenommen im „Hören und Lernen", das seinerseits das Belehrtwerden durch Gott konkretisiert. Wie aber kann man von Gott hören und lernen?

In MekhJ Beschallach (Wajassa) 1 (HOROVITZ/RABIN S.157f.) wird die Wendung „**auf die Stimme Adonajs, deines Gottes**" (Ex 15,26) so ausgelegt: „Das lehrt, dass man es jedem, der vom Munde der Stärke (= Gottes) hört, anrechnet, als ob er vor dem stünde und diente, der lebt und besteht auf Weltzeit und Weltzeiten." Aber kann man denn unmittelbar „vom Munde der Stärke" hören? Und wieso müsste es dann „als ob" heißen? Wie die Sache vor-

---

70 Das ist der Kommentar von BECKER zu ihm (Komm. 1,257).
71 Hier zeigt Johannes größere Nähe zum griechischen als zum hebräischen Text.

gestellt ist, zeigt eine Textvariante, in der es statt „der vom Munde der Stärke hört" heißt: „der auf das Wort der Tora aus dem Munde seines Lehrers hört".

46   Das Hören von Gott bedarf des Vermittlers. Als der wird in den Umschreibungen von V.46 Jesus herausgestellt: „Nicht dass jemand den Vater gesehen hätte – außer dem, der von Gott ist; der hat den Vater gesehen." Daher gilt: Wer den „Sohn" hört, lernt vom „Vater". Von Gott belehrt ist, wer Jesu Rede als Rede Gottes akzeptiert. Ein direktes Sehen und Hören Gottes – und damit ein direktes Lernen von ihm – gibt es nicht. „Nicht dass jemand den Vater gesehen hätte" – V.46 wiederholt die Aussage von 1,18. Wie bei der Frage nach der Legitimation des Anspruchs Jesu am Ende von Kap.5, so liegt auch hier bei der Frage, wie es zur Anerkenntnis dieses Anspruchs, wie es zum Glauben kommt, ein in sich geschlossener Kreis vor[72]. Damit beschließt Johannes diesen Exkurs, in dem er über den Glauben als Wirken Gottes und Entscheidung des Menschen reflektierte. Der Glaube ist beides zugleich. Er ist ganz und gar anerkennende Entscheidung des Menschen; er „kommt" zu Jesus, er kommt in die Gemeinde und muss dort seinem Leben als Glaubender Gestalt geben. Aber da es den Glauben nur im Hören auf das Wort gibt, können die Glaubenden ihren Glauben zuerst und vor allem nur als Wirken dessen selbst verstehen, der in diesem Wort zur Sprache und zur Wirksamkeit kommt.

d) Zweite Gegenüberstellung mit dem Mannawunder: Variierung und Bekräftigung der These, dass Jesus selbst das Brot des Lebens ist (6,47–50)

Nach dem Exkurs von V.36–46 nimmt Johannes jetzt vorher Gesagtes in knapper Form auf und wiederholt es in leichter Variation[73]. An einer Stelle findet sich jedoch eine Fortführung, die zugleich zum nächsten Abschnitt überleitet, indem Johannes nun das Stichwort „essen" aus dem in V.31 zitierten Schriftzitat ins Spiel bringt, das er bei der ersten Gegenüberstellung mit dem Mannawunder nicht aufgenommen hatte – „ein äußeres Anzeichen dafür, daß sich jetzt das Augenmerk auf das φαγεῖν des Schriftzitats richtet. Es steht an der Stelle, wo vorher vom Kommen zu Jesus bzw. vom Glauben an ihn die Rede war, bedeutet also in bildhaftem Sinn die Kommunikation mit Jesus durch den Glauben"[74].

47   Zu Beginn des Abschnitts fasst V.47 in größter Prägnanz zusammen, was sich nicht nur aus dem unmittelbar Vorangehenden und dem ganzen bisherigen Kapitel, sondern auch aus zahlreichen anderen Teilen des Evangeliums ergibt, wiederum mit

---

[72]   Vgl. BULTMANN, Komm.172: „Es gilt: es glaubt nur, wer glaubt; d.h. aber: der Glaube hat keine Stütze außerhalb seiner selbst."
[73]   „V.47–50 fassen noch einmal die tragenden Motive der Brotrede, so wie sie bisher aufgeklungen waren, zusammen" (BLANK, Komm. 1a,371).
[74]   SCHNACKENBURG, Komm. 2,81f.

dem doppelten Amen betont eingeleitet: „Wer vertraut, hat ewiges Leben." „Wer vertraut", „wer glaubt" – natürlich ist damit kein Allerweltsvertrauen gemeint, sondern das Vertrauen auf den biblisch bezeugten Gott, den Jesus repräsentiert, für den er einsteht[75]. Die so vertrauen, haben „ewiges Leben", leben wirklich und unverlierbar, weil sie sich auf den wirklichen Gott einlassen und von ihm gehalten und bewahrt werden – auch wenn noch so viele Phänomene dem augenscheinlich widersprechen. Dieses Vertrauen erfolgt hier im Blick auf Jesus, der in V.48 die zentrale 48 Aussage aus V.35 wiederholt: „Ich bin das Brot des Lebens." Er steht dafür ein, dass das Vertrauen auf Gott Lebensgewinn ist und nicht Enttäuschung und Verlust, verlorenes Leben. Inwiefern er das vermag, versucht Johannes in V.49f. in einer erneuten 49 Gegenüberstellung mit dem biblischen Mannawunder zu zeigen. Er stellt zunächst fest: „Eure Väter haben in der Wüste das Manna gegessen und sind gestorben." Er formuliert hier prägnanter als bei der ersten Gegenüberstellung. Der Genuss des Manna hatte nicht wirkliches „Leben" zur Folge; die es gegessen haben, sind gestorben. Es diente lediglich der vorübergehenden Lebenserhaltung. Mitschwingen kann dabei auch, dass diejenigen, die durch das Manna wunderbar ernährt wurden, doch nicht in das verheißene Land gekommen, sondern vorher in der Wüste gestorben sind. Wieder ist anzumerken, dass das Mannawunder damit auf derselben Ebene zu stehen kommt wie die vorher erzählte wunderbare Speisung. Es so zu relativieren, heißt nicht, dass abschätzig von ihm geredet wird[76]. Was die Relativierung zum Ausdruck bringt, ist vielmehr dies, dass das Manna keine letztgültige Bedeutung hat, dass es sich bei ihm nicht um ein endzeitliches Ereignis handelt – so wenig wie bei dem isoliert für sich gesehenen Speisungswunder. Das hat vielmehr seine wesentliche Bedeutung als Zeichen, als das es auf *das* endzeitliche Ereignis hinweist: Jesus selbst. So formuliert Johannes in V.50: „Das ist das Brot, das vom Himmel herab- 50 steigt, dass jemand von ihm isst und nicht stirbt." Wiederum wird hier schon vorher Gesagtes aufgenommen; aber es finden sich auch neue Akzente. Vom „Brot, das vom Himmel herabsteigt", war mehrfach die Rede; es ist mit Jesus identifiziert worden. Im Gegenüber zu V.49 stellt diese Metapher hier die sozusagen himmlische Qualität

---

[75] *pisteúon* steht in V.47 in den ältesten und besten Handschriften ohne Objekt. Die meisten Handschriften haben zusätzlich „an mich", zwei alte syrische Übersetzungen „an Gott". Dieser Befund macht es wahrscheinlich, dass die objektlose Fassung die ursprüngliche ist, die dann unterschiedlich ergänzt wurde. Diese Ergänzungen als „richtige" oder „falsche Konjektur" zu kennzeichnen (so BULTMANN, Komm.170 Anm.1), macht keinen Sinn, da es in jedem Fall um den durch Jesus vermittelten Glauben an Gott geht.

[76] Dass Johannes hier verengt, ist oben zu V.32 ausgeführt worden. Die Dimension, die er hier allein anspricht, wird sehr nüchtern dargestellt: Sie haben gegessen und sind gestorben. Es ist die Dimension schlichter Notwendigkeit, die Dimension des täglichen Brotes zur Lebenserhaltung. Was hier zu tun ist, geschieht gewiss nicht abgesehen vom Glauben, sondern in seiner Konsequenz. Aber es ist nicht der Bereich, wo Glaube und Unglaube sich trennen müssen. – Völlig unangemessen ist es, wenn SCHNELLE zu V.58 im Interesse einer scharfen Gegenüberstellung zur „lebenspendenden Speise der Eucharstie" vom „todbringenden Manna der Mosegeneration" spricht (Komm. 134).

dieser „Nahrung" im Unterschied zum Manna als letztlich doch – trotz des Wunders – „gewöhnlicher" Nahrung heraus. In dieser „himmlischen Qualität" ist die Verheißung begründet. Bestand sie nach V.35 im Aufhören von Hunger und Durst, so nun im Nicht-Sterben. Diese Verheißung gilt angesichts und trotz des Todes, wie sie dann am prägnantesten in 11,25 formuliert werden wird: „Die an mich glauben, werden leben, auch wenn sie sterben." Die Verheißung ist ein Dennoch!; sie übersieht und überspringt nicht schwärmerisch den Tod, sondern wird gegen ihn ausgesprochen im Vertrauen auf Gott, der sich gerade in Jesu Kreuzestod als lebendig machender Gott erwiesen hat.

In V.35 galt die Verheißung denen, die zu Jesus kommen und an ihn glauben. An dieser Stelle ist nun hier in V.50 vom „Essen" des „Brotes, das vom Himmel herabsteigt", die Rede. Wie schon am Beginn dieses Abschnitts zitiert, hat SCHNACKENBURG darin „in bildhaftem Sinn die Kommunikation mit Jesus durch den Glauben" gesehen[77]. Das ist sicherlich zutreffend. Aber wenn hier vom „Essen" und vom „Brot" gesprochen wird, dann klingt unüberhörbar auch wieder die eucharistische Dimension an. So geht es auch um Kommunikation durch Kommunion; und damit liegt hier zugleich eine deutliche Überleitung zum nächsten Abschnitt vor.

e) Konkretion: Die Gabe Jesu als des Lebensbrotes ereignet sich in der Eucharistie (6,51–58)

Die **Einschätzung dieses Abschnitts in literarischer Hinsicht** ist seit Beginn des 20. Jahrhunderts heftig umstritten. Handelt es sich hier um einen integralen Bestandteil des Evangeliums, oder liegt die sekundäre Hinzufügung einer „kirchlichen Redaktion" vor, die der Brotrede gleichsam von hinten her eine eucharistische Deutung überstülpt? Mein eigenes Urteil in dieser Frage hat sich im Lauf der Zeit verändert. Mir hat einmal BULTMANNS Argumentation[78] eingeleuchtet; und ich vermag ihr jetzt nicht mehr zu folgen. Das mag als Indiz dafür stehen, dass hier keine wirklich gesicherte Entscheidung möglich ist. Die Vorgeschichte des uns überlieferten Evangeliums gehört zu den Dingen, über die wir nichts Sicheres wissen können[79]. Von daher verbieten sich apodiktische Behauptungen in dieser Sache von selbst. Wenn es sich nun so verhält, hat für mich der kanonisch überlieferte und in vielen Generationen in der Kirche gebrauchte Text einen „Vorsprung"[80]. Ihm muss daher alle Aufmerksamkeit gelten, um ihn als eine mögliche Einheit zu lesen. Für den Abschnitt 6,51–58 heißt das, dass er nicht vorschnell im Kontrast zu seinem Kontext erklärt werden darf[81],

---

[77] S.o. Anm. 70.
[78] Vgl. Komm. 161f.
[79] Selbst im Blick auf die Synoptiker, wo die Situation aufgrund des möglichen Vergleichs so viel günstiger ist, bleibt die Zwei-Quellen-Hypothese – wenn es auch oft vergessen wird – eine *Hypothese.*
[80] Warum ich bei Kap.21 anders urteile, habe ich in der Einleitung angegeben (vgl. o.S.30f.). Aber dem mit ihm aufgegebenen Problem – was denn „kanonische Auslegung" heißen könnte und welches Recht „historische Kritik" hat – gilt es sich bei seiner Besprechung ausführlich zu stellen.
[81] Was als „sekundär" beurteilt wird, findet in der Regel dann auch nur sekundäre Beachtung. Bei BECKER ist dieser Abschnitt von vornherein darauf festgelegt, „Nachtrag eines Sakramentalisten" zu sein (Komm. 1,265). Zwar auch literarkritisch, aber viel differenzierter, behutsamer und ein-

sondern dass Möglichkeiten abzutasten sind, die ihn in seinem Kontext verstehen lassen[82]. Denn selbst wenn er hinzugefügt wäre, müsste man ja – zumindest zunächst – voraussetzen, dass der Redaktor das Hinzugefügte im Zusammenhang mit dem bereits vorhandenen Text verstanden hat[83]. Auf alle Fälle ist dieser Schlussteil der Rede Jesu ganz eng mit ihren vorangehenden Ausführungen verzahnt[84].

Die bisher in Kap.6 schon mehrfach angeklungene eucharistische Dimension wird nun dominant. Dabei werden weder die „Eucharistie" noch „Brot" und „Wein" als ihre „Elemente" ausdrücklich genannt. Von der Eucharistie wird so gehandelt, dass immer nur von Jesus selbst die Rede ist, von dem – von seinem „Fleisch" und „Blut" – „gezehrt" wird. Dabei bedeutet die Rede von „Fleisch" und „Blut" eine Zuspitzung auf die Passion. Jesus ist das Brot des Lebens gerade als der, der in den Tod gegeben wird[85]. Dass er diesen Weg gegangen ist und dass dies zugleich der Weg Gottes war – davon wird im Abendmahl „gezehrt". Darum geht es in diesen Versen, und nicht reden sie einem „massiven Sakramentalismus" das Wort[86]. So verstanden, stehen sie nicht im Kontrast zur vorangehenden Brotrede, sondern ziehen von dort die Linie passionstheologisch aus und geben dem Glauben an Jesus als Brot des Lebens im Abendmahl einen Ort, an dem er sich „nähren" kann.

V.51a.b lässt sich als Zusammenfassung der ganzen bisherigen Brotrede lesen: 51 „Ich bin das lebendige Brot, das vom Himmel herabgestiegen ist. Wer von diesem Brot isst, wird leben für immer." Im Ich-bin-Wort wird jetzt statt „Brot des Lebens" (V.35.48) sprachlich variierend formuliert: „lebendiges Brot", wie in 4,10 von „lebendigem Wasser" die Rede war. Verbunden ist damit – wie im Zitat der Gesprächspartner Jesu in V.41 – das Motiv des Herabsteigens vom Himmel, das häufig begegnete. Die auf das Ich-bin-Wort folgende Verheißung nimmt im Vordersatz das im

---

gehender geht DIETZFELBINGER mit 6,51–58 um (Komm. 1,166–179). Zur Erklärung braucht er weitere – durchaus diskutable – historische Hypothesen. Er behauptet als „Tatbestand", dass der Evangelist von Taufe und Herrenmahl schweige - und schweigen wollte. Wenn er schließlich vermutet, dass der Evangelist – hätte er auf die angenommene andere Situation reagieren müssen – das „nicht sehr viel anders als sein Schüler, der Redaktor", getan hätte (179), fordert das m.E. umso mehr den Versuch heraus, den überlieferten Text im Zusammenhang zu verstehen.

[82] Einen solchen Versuch unternimmt z.B. SCHNACKENBURG, Komm. 2,85–89.

[83] Im Übrigen bin ich davon überzeugt, dass einem kanonischen Text mit Literarkritik nicht „beizukommen" ist. Ich stehe zu oft auf der Kanzel, um mir davon wirklich Hilfreiches zu erwarten.

[84] Vgl. BLANK, Komm. 1a,373, nach dem „der Anschluß an die Brotrede ein kompositorisches Meisterstück ist". – Für diese enge Verzahnung ist auch der Umstand ein deutliches Signal, dass für den Beginn des „Nachtrags" recht unterschiedliche Angebote von V.48 bis V.51c gemacht werden.

[85] BARTH lässt Jesus nach V.52ff. sagen: „Alles, was vom Brot des Lebens gesagt ist, das gilt, das ist gemeint von meinem Fleisch und Blut. So und nicht anders bin ich das Brot des Lebens" (Johannes-Evangelium 325). Vgl. HIRSCH, Evangelium 182: „Jesus ist dadurch das uns Leben spendende Gottesbrot, daß er für uns stirbt."

[86] Vgl. BARRETT, Komm. 308: „Tatsächlich ist es ein grundsätzlicher Fehler anzunehmen, daß er (Johannes) (oder der Autor von V.51c-58) das Brot und den Wein als eine Art von Medizin verstand, die Unsterblichkeit durch quasimagische Mittel verleiht." – Es wird bei der Besprechung des Textes auf den von der biblischen Tradition vorgegebenen metaphorischen Charakter der Rede von Fleisch-Essen und Blut-Trinken zu achten sein.

vorangehenden Abschnitt neu eingebrachte Motiv vom Essen des Brotes auf und behält damit den dort angeschlagenen eucharistischen Klang bei. Was in V.50 negativ formuliert war („nicht sterben"), bietet der Nachsatz in positiver Fassung („leben für immer"), womit wiederum ein Motiv vorliegt, das schon mehrfach vorher im Kapitel genannt war (V.27.40.47).

Ist so in diesen beiden Sätzen der Ertrag der bisherigen Brotrede knapp versammelt, bietet V.51c in einem Definitionssatz die Weiterführung: „Und das Brot nun, das ich geben werde, ist mein Fleisch für das Leben der Welt." Der bisher mitschwingende eucharistische Ton beginnt nun, dominant zu werden. Damit zugleich aber tritt die mit der Eucharistie verbundene Passionsthematik in den Vordergrund. Jesus erscheint hier als Geber[87] und Gabe in einem. Das ist möglich, weil seine „Hingabe für" im Blick ist. Indem er sich für andere hingibt, ist er Geber und Gabe. Das „Geben" ist zwar in V.51c nicht unmittelbar mit „für" verbunden; aber an diesen Zusammenhang muss im Text gedacht sein[88]. Mit der Identifizierung des Brotes, das Jesus geben wird, als seines „Fleisches" kann die Gabe des Brotes als seine Hingabe kenntlich gemacht werden. Indem auf Jesus bezogen vom „Fleisch" gesprochen wird, klingt damit auch die Aussage des Prologs in 1,14 an: „Das Wort ward Fleisch" – und dieses „Fleisch" geht den Weg in den Tod[89]. Das „Brot Gottes", das „der Welt Leben gibt" (V.33), wird nun kenntlich als Hingabe Jesu „für das Leben der Welt". Wieder scheint hier die die Völker einbeziehende Dimension auf, die schon mehrfach im Johannesevangelium begegnet ist[90].

52 Die mit einer Verheißung verbundene thetische Zusammenfassung und zugleich Weiterführung in V.51 wird in V.52 von außen in Frage gestellt: „Da stritten die (anwesenden) Juden miteinander und sagten." Diese Einführung entspricht der von V.41. SCHNACKENBURG hat darauf hingewiesen, dass im biblischen Bericht über die Wüstenwanderung „außer vom ‚Murren' … auch von einem ‚Streiten' des Volkes … die Rede" ist, und gemeint: „Wenn sich in der hebräischen Bibel an das ‚Murren' des

---

87 Entsprechend hieß es in V.27 vom Menschensohn, dass er die Speise geben wird, „die zum ewigen Leben bleibt".

88 Die Einfügung des Relativsatzes „das ich geben werde" zwischen „mein Fleisch" und „für das Leben der Welt" in vielen Handschriften ist textkritisch sicherlich als erleichternde Lesart und damit als sekundär zu beurteilen. Aber der Textzusammenhang, der vom Geben des Brotes durch Jesus spricht, dieses Brot mit seinem Fleisch identifiziert und das dem Leben der Welt zugute gekommen sein lässt, ist kaum anders zu verstehen, als dass hier die Tradition stellvertretender Sühne im Hintergrund steht, die ja auch ganz unmittelbar mit der Eucharistie verbunden ist. BARRETT verweist auf die entsprechenden Stellen mit *hypér* im Johannesevangelium und folgert für V.51c: „Diese Stellen zeigen überzeugend, daß hier ein Verweis auf den Tod Jesu beabsichtigt ist" (Komm. 308f.).

89 Vgl. SCHNACKENBURG, Komm. 2,83: „Der Logos ist σάρξ geworden, um diese σάρξ in den Tod zu geben." Da vorher vom Essen des Brotes die Rede war, das nun mit Jesu „Fleisch" identifiziert wurde, ist mit diesem Begriff auch die eucharistische Dimension verbunden. Das wird im Folgenden durch die Zusammenstellungen von „Fleisch" und „Blut" und von „essen" und „trinken" noch deutlicher hervortreten.

90 Vgl. vor allem zu 1,29 und 3,16.

Volkes in Ex 16 (Manna- und Wachtelspeisung) das ‚Streiten' anschließt (Ex 17,2 – Wasser aus dem Felsen) und die gleichen Ausdrücke in Joh 6,41 und 52 aufeinanderfolgen, ist das sicher kein Zufall"[91]. Die Einrede erfolgt auch hier vonseiten „der Juden". Deshalb ist es unwahrscheinlich, dass sich die folgenden Ausführungen gegen eine völlig andere Front, nämlich eine gnostisch-doketische[92], wenden. Wie das Zeugnis des Paulus in 1Kor 11,23 zeigt, ist schon ihm die Abendmahlsüberlieferung als Tradition überkommen. Diese Tradition und die ihr entsprechende Praxis müssen daher ganz früh in der Gemeinde vorausgesetzt werden. Es ist gut denkbar, dass sie bei Außenstehenden von vornherein Fehldeutungen ausgesetzt waren[93].

Was „die Juden" einwenden, entspricht in der Form dem Schluss von V.41: „Wie kann uns dieser sein Fleisch zu essen geben?" So wenig wie dort liegt eine echte Frage vor; vielmehr wird in der Form der Frage ein „Unmöglich!" konstatiert. Und wie in V.42 sprechen sie Jesus auch hier nicht an, sondern reden über ihn. Was die Frage formuliert, hat Jesus in dieser Weise vorher nicht gesagt, ist aber der Sache nach ein zutreffender Schluss aus V.48.50f. – ein Schluss, der bei Außenstehenden, die im Tod Jesu nicht eine Quelle zum Leben zu sehen vermögen, Befremden hervorrufen muß[94].

Die folgenden Ausführungen Jesu sollen das Befremden überwinden. So enden sie 53 in V.58 mit der variierenden Wiederholung von V.51. Allerdings werden diejenigen, die in V.52 das Befremden äußerten, nur zu Beginn in V.53 angeredet. Das weist darauf hin, dass nicht sie die eigentlichen Adressaten sind, sondern diejenigen, die das Evangelium lesen und hören. Sie sollen gegenüber der von außen kommenden Infragestellung vergewissert werden. So liegt der Ton nicht auf dem Ausschluss ohnehin Außenstehender, sondern auf der Bestärkung derer, die „drin" sind und „bleiben" sollen.

Zum letzten Mal in dieser Rede wird die Antwort Jesu in V.53 mit dem doppelten Amen gewichtig eingeleitet. Aus einer nicht erfüllten Voraussetzung formuliert er

---

[91] Komm. 2,89. – Für das ‚Streiten' verweist er weiter auf Num 20,3.13. An den genannten Stellen wird das hebräische Wort für „streiten", was SCHNACKENBURG ebenfalls vermerkt, in der Septuaginta zwar mit *loidoreísthai* wiedergegeben, an anderen Stellen aber auch mit *máchesthai*, das in Joh 6,52 gebraucht ist.

[92] So SCHNACKENBURG, Komm. 2,91.

[93] Vgl. BLANK, Komm. 1a,376: „Man kann vermuten, daß die eucharistischen Deuteworte ‚Das ist mein Leib – Das ist mein Blut', schon relativ früh zu manchen Mißverständnissen und entsprechenden Auseinandersetzungen um ein richtiges ‚Abendmahlsverständnis' geführt haben. Vor allem Außenstehende konnten, wenn sie schlecht informiert waren, damit wenig anfangen, wie wir aus späteren Diffamierungen wissen. Hier mag es auch durchaus zutreffen, dass die Polemik jüdischen oder judenchristlichen Ursprungs ist."

[94] Nach BULTMANN verstehen sie „ganz richtig, daß es sich um wirkliches Verzehren seines Fleisches handelt, aber sie halten das für absurd" (Komm. 175). Diese Meinung – „daß es sich um wirkliches (!) Verzehren seines Fleisches handelt" – wie dann entsprechend dann auch das Verständnis des Herrenmahls als einer „Unsterblichkeitsmedizin" (ebd. 162.175) kann einer „kirchlichen Redaktion" offenbar sehr leicht zugeschrieben werden, so dass der auch in diesem Abschnitt vorliegende metaphorische Charakter der Sprache gar nicht mehr wahrgenommen wird.

eine negative These: „Wenn ihr nicht das Fleisch des Menschensohnes esst und sein Blut nicht trinkt, habt ihr kein Leben in euch." Diese Aussage ist wesentlich vielschichtiger, als in der Auslegung meist wahrgenommen wird. Der Bezug auf die Eucharistie in einer Weise, wie sie dann in bestimmten Zügen vergleichbar bei Ignatius von Antiochien begegnet, ist nur eine Dimension.

Im Blick auf doketisch denkende Christen, nach denen Jesus nur einen Scheinleib gehabt und also auch nur scheinbar gelitten hat, schreibt **Ignatius** in Sm 7,1: „Von der **Eucharistie** und dem Gebet(sort) halten sie sich fern, weil sie nicht bekennen, dass die Eucharistie das Fleisch unseres Retters Jesus Christus ist, das für unsere Sünden gelitten, das der Vater in seiner Güte auferweckt hat." Der Kontext der Eucharistie ist hier ausdrücklich genannt. Wie in Joh 6,51 wird das „Fleisch" Jesu Christi allein angeführt. Wie dort ist dabei die passionstheologische Zuspitzung deutlich. War dort vom Fleisch Jesu „für das Leben der Welt" gesprochen worden, so wird es hier als das gekennzeichnet, „das für unsere Sünden gelitten hat". In Anspielung an die Eucharistie ist von „Fleisch" und „Blut" in IgnRöm 7,3 die Rede, wobei wie in Joh 6,27 eine Gegenüberstellung zu vergänglicher Speise erfolgt: „Ich freue mich nicht an verderblicher Nahrung noch an den Freuden dieses Lebens. Brot Gottes will ich, das ist das Fleisch Jesu Christi, der aus dem Samen Davids kommt, und als Trank will ich sein Blut, das ist die unvergängliche Liebe." Dass Ignatius das Blut Jesu Christi ausdrücklich als „die unvergängliche Liebe" deutet, zeigt, dass er nicht an eine platte Identifizierung des Kelchinhalts mit dem Blut Jesu Christi denkt. Das ist auch in Phld 4,1 nicht der Fall, wenn er dazu auffordert: „Seid nun bestrebt, *eine* Eucharistie zu gebrauchen. Denn *eins* ist das Fleisch unseres Herrn Jesus Christus und *einer* der Kelch zur Vereinigung mit seinem Blut." Die Verbindung von Blut Christi und Liebe begegnet noch in Trall 8,1 und Sm 1,1. Das alles warnt davor, Ignatius „Sakramentalismus" zu unterstellen.

Anders als in der bei Paulus und den Synoptikern überlieferten Abendmahlstradition, die vom „Leib" als einem Äquivalent für die Person und vom „vergossenen Blut" als einem Ausdruck für gewaltsamen Tod spricht, stehen in Joh 6,51–58 – wie bei Ignatius von Antiochien – entweder nur der Begriff „Fleisch" oder die Korrelatbegriffe „Fleisch" und „Blut". Das geschieht einmal – wie schon mehrfach herausgestellt – in passionstheologischer Zuspitzung, wobei dann auch noch die Inkarnationsaussage von 1,14 mitschwingt. Weiter kann hier die in der jüdischen Tradition außerordentlich häufige Wendung „Fleisch und Blut" eingewirkt haben, die den Menschen – vor allem in seinem Unterschied zu Gott – umschreibt[95]. Schließlich können die Prädikate „essen" und „trinken", die sich in der Abendmahlstradition auf das Brot und den Kelch beziehen, „Fleisch" und „Blut" als das damit Bezeichnete zum direkten Objekt haben. Indem nun aber vom Essen des Fleisches und Trinken des Blutes die Rede ist, wird auf dem Hintergrund biblischer Tradition eine weitere Bedeutungsdimension eingebracht.

In Ez 39,17–20 ist im eigentlichen Sinn vom **Essen von Fleisch und Trinken von Blut** die Rede. Dazu werden dort die Vögel und wilden Tiere aufgefordert[96]; die vorgestellte Szene-

---

[95] Im Neuen Testament vgl. Mt 16,17.

[96] So wäre mit „fressen" und „saufen" zu übersetzen. Aber die gebrauchten Worte sind keine anderen als die, die sonst mit „essen" und „trinken" wiedergegeben werden.

rie ist die eines Schlachtfeldes. Deutlich auf dem Hintergrund der eigentlichen Bedeutung wird davon aber metaphorisch gesprochen im Bileamspruch in Num 23,24. Dort vergleicht Bileam Israel mit einem Löwen und führt dann aus: „Es wird sich nicht legen, bis es Beute verzehrt[97] und Blut Erschlagener trinkt." Gemeint ist damit, dass Israel von dem profitiert, was ihm von besiegten Völkern zukommt. Nach 1Chr 11,18f. trinkt David das Wasser nicht, das ihm drei seiner Leute aus dem von den Philistern gehaltenen Betlehem gebracht haben, sondern bringt es Gott als Trankopfer dar. Weil sie bei dieser Aktion ihr Leben riskiert haben, will er nicht „das Blut dieser Männer trinken". SCHLATTER weist auf einen aufschlussreichen Text bei Josephus in Bell 5,344 hin (Johannes 178), wo es von den Verteidigern Jerusalems im Jahre 70 beim Kampf um die zweite Mauer heißt: „Noch war es möglich, vom allgemeinen Unglück zu zehren[98] und das Blut der Stadt zu trinken." Der Kontext zeigt, dass diese Wendungen metaphorisch verstanden sein wollen, dass nämlich die Kämpfenden von Not und Tod der übrigen Bevölkerung profitieren.

Wessen Fleisch gegessen und wessen Blut getrunken wird, dessen Tod ist vorausgesetzt. Und vom Tod Jesu profitieren, die „sein Fleisch essen" und „sein Blut trinken". Das ist es, was mit dieser so befremdlich erscheinenden Redeweise zum Ausdruck gebracht werden soll – und nicht geht es um magischen Sakramentalismus –, dass die an der Eucharistie Teilnehmenden vom Tode Jesu „zehren", von ihm her „Leben in sich haben". Von den vom Tode Jesu Zehrenden gilt damit, was nach 5,26 vom Vater und vom Sohn galt, nämlich lebensmächtig zu sein. Es gilt deshalb, weil hier nicht von einem beliebigen Tod geredet wird, sondern von dem, mit dem Gott sich identifiziert und in dem er neuschöpferisch gehandelt hat. Das zeigt sich an dieser Stelle dadurch an, dass von Fleisch und Blut „des Menschensohnes" gesprochen und damit auf die Erhöhung und Verherrlichung Jesu am Kreuz angespielt wird.

V.53 formuliert also in Anrede an die, die es für unmöglich halten, aus dem Tod Jesu Leben zu gewinnen, negativ, dass sie nicht Leben haben, wenn sie nicht von diesem Tod zehren. V.54 nimmt das in positiver Formulierung auf, wobei Jesus jetzt 54 wieder – wie in V.51c – in 1. Person von „meinem Fleisch" und dann auch von „meinem Blut" spricht. Seine Identifizierung mit dem Menschensohn in V.53 war also selbstverständlich vorausgesetzt. „Welche mein Fleisch verzehren und mein Blut trinken, haben ewiges Leben." Das Verb für „essen" wechselt jetzt. Es kann auch die Bedeutung „beißen", „kauen" haben. Aber im Johannesevangelium wie überhaupt im neutestamentlichen und frühchristlichen Gebrauch weist nichts darauf hin, dass es anders verstanden ist als im schlichten Sinn von „essen".

Das ist u.a. gegen SCHLATTER anzuführen, der meint, **das Wort *trógein*** verschärfe „absichtlich den aufregenden, das Gefühl verletzenden Stachel des Worts" (Johannes 179). Joh 13,18 wird Ps 41,10 zitiert: „Wer mein Brot isst"; die Septuaginta hat hier *esthíon*. Mt 24,38 stehen ohne besondere Betonung „essen und trinken" nebeneinander. Auch in Barn 10,2 und Herm sim 5,3,7 hat *trógo* den einfachen Sinn von „essen". Der Wechsel von *phágomai* zu *trógo* in Joh 6,49–57 ist also als stilistische Variierung zu verstehen. Will man ihn in der

---

[97]   Wörtlich: „Gerissenes isst". Im Blick ist das Raubtier, das Beute reißt und deren Fleisch frisst.
[98]   Im griechischen Text steht *esthíein* – wörtlich „essen".

deutschen Übersetzung nachahmen, empfiehlt sich der Übergang zu „verzehren". Das hat zugleich den Vorteil, dass im Simplex „zehren" die metaphorische Dimension mitschwingt, die in den Joh 6,51–58 gebrauchten Wendungen vom „Fleisch essen" und „Blut trinken" da ist.

Denen, die an der Eucharistie teilnehmen und damit vom Tode Jesu zehren, wird wirkliches Leben zugesagt. Und in der Tat: Die Feier des Abendmahls ist eine spezifische Form von „Lebenserfahrung". Nicht verloren zu gehen, sondern wirklich zu leben, war vorher in V.39f. denen verheißen worden, die Jesus von Gott gegeben sind, die vertrauen. Das sind ja keine anderen als diejenigen, die die Eucharistie feiern. Sie sind damit nicht der Vorläufigkeit dieser Welt mit der Erfahrung des Todes enthoben. Sie feiern auch nicht ununterbrochen, so dass sich das Abendmahl auch als Wegzehrung und Unterpfand erweist. So folgt wie dort nun auch hier am Schluss von V.54 die Verheißung endgültigen „Stehens" und „Bestehens": „Und ich werde sie aufstehen lassen am letzten Tag."

Nichts zwingt dazu, V.54 im Sinne eines magisch wirkenden Sakramentalismus zu interpretieren. BULTMANN meint: „Der Teilnehmer am sakramentalen Mahl trägt in sich die Potenz, die ihm die Auferweckung garantiert" (Komm. 175). Ähnlich versteht BECKER den Schluss von V.53 als „Lebenssubstanz in sich haben" und fährt dann fort: „Darum kann solcher Mahlgenosse mit der Auferweckung am letzten Tag rechnen. Der Tod ist nur ‚Schlaf‘, die Auferweckung Aktualisierung sakramental einverleibter Lebenssubstanz" (Komm. 1,268). So wird verzeichnet, was dasteht – der ungeliebten „kirchlichen Redaktion" kann man offenbar großzügig alles Schlimme unterstellen –, um es umso leichter als „sekundär" ausscheiden zu können. Wenn es denn auf die „einverleibte Lebenssubstanz" oder „Potenz" ankäme, sollte man zumindest erwarten, dass es am Schluss von V.54 hieße: „Und sie werden aufstehen am letzten Tag."

55 Nachdem so die These einmal negativ und einmal positiv durchgeführt worden ist, wird sie in V.55 erläutert: „Denn mein Fleisch ist wahre Speise, und mein Blut ist wahrer Trank." Speise und Trank – „beides vereint ergibt das, was den Menschen am Leben erhält"[99]. Indem Speise und Trank hier als „wahr" charakterisiert werden, kommt eine Lebenserhaltung in den Blick, die über die Fristung des natürlichen Lebens hinausgeht. Wovon wirklich gezehrt werden kann, ist Jesu Tod, wovon ein Mensch, der nicht vom Brot allein lebt, wirklich leben kann, ist das Wort Gottes, das er hier neuschöpferisch gesprochen hat[100].

56 V.56 nimmt den Vordersatz der positiven These von V.54 wörtlich auf, führt ihn aber anders weiter: „Welche mein Fleisch verzehren und mein Blut trinken, bleiben in mir und ich in ihnen." Dass es hier nicht um „Einverleibung" von „Unsterblich

---

[99] SCHLATTER, Johannes 179. – Die Zusammenstellung von „Speise und Trank", durchaus auch mit metaphorischen Deutungen verbunden, findet sich in der jüdischen Traditionsliteratur sehr oft.

[100] Nach BULTMANN ist das nächstliegende Verständnis von V.55: „Jesu Fleisch ist wirkliche, d.h. reale Speise, und sein Blut ist realer Trank!" (Komm. 176). Selbst einer „kirchlichen Redaktion" sollte man nicht ohne Not magischen Kannibalismus unterschieben. Vgl. dagegen SCHNACKENBURG, Komm. 2,93: „V55 will nicht den realistischen Akt des Essens und Trinkens, sondern die daran geknüpfte Zusicherung begründen: den Erwerb ewigen Lebens."

keitsmedizin" geht, zeigt jetzt die reziproke Redeweise: „sie in mir und ich in ihnen"[101]. Jesus, der in den Tod geht, ist damit nicht „weg", sondern „bleibt". Er bleibt
bei denen, die ihrerseits dabei bleiben, dass aus seinem Tod Leben erwächst und das
in der Feier des Abendmahls erfahren.

Die auf Jesus bezogene Verheißung in V.56 wird in V.57 an Gott zurückgebunden: 57
„Wie mich der lebendige Vater gesandt hat und ich durch den Vater lebe, so werden
auch die, welche mich verzehren, durch mich leben." Die beiden Wendungen „mein
Fleisch verzehren" und „mein Blut trinken" werden jetzt in der einen Formulierung
aufgenommen: „mich verzehren". „Dies stützt die These, daß ‚Fleisch und Blut' die
ganze Person Jesu bezeichnen"[102]. Von ihr und ihrem Schicksal wird „gezehrt"[103].
Davon kann gezehrt werden, weil der Weg Jesu in den Tod nicht willkürlich erfolgte
und auch nicht einem blinden Schicksal unterworfen, sondern „Sendung" von Gott
war. Der wird hier betont als „der lebendige Vater" bezeichnet, von dem allein her
Jesus, dessen Tod in diesem Abschnitt ständig im Blick ist, Leben hat[104]. Und er vermittelt denen Leben, die sich auf den in ihm präsenten Gott einlassen[105] – die ihm im
Leben und Sterben vertrauen, die also glauben und deshalb nicht zuletzt auch das
Abendmahl feiern.

V.58 formuliert zum Schluss eine zusammenfassende These. Sie wiederholt in 58
Variation die Aussage von V.51, womit sich eine deutliche Rahmung für den Ab-
schnitt 6,51–58 ergibt. Zugleich aber greift V.58 über diesen Abschnitt hinaus auf
V.49 zurück, so dass er einen betonten Schlusspunkt der gesamten Brotrede bildet[106]:
„Das ist das Brot, das vom Himmel herabgestiegen ist – nicht wie die Väter gegessen
haben und gestorben sind: Wer dieses Brot verzehrt, wird leben für immer."

3. Die Folge: Trennung in der Schülerschaft (6,59–71)

59 Das sprach er in der Synagoge, als er in Kafarnaum lehrte. 60 Viele von
seinen Schülern, da sie das hörten, sprachen: Hart ist dieses Wort. Wer kann
es hören? 61 Weil nun Jesus bei sich selbst wusste, dass darüber seine
Schüler murrten, sprach er zu ihnen: Das lässt euch straucheln? 62 Wie erst,
wenn ihr den Menschensohn hinaufsteigen seht, wo er vorher war? 63 Der
Geist ist's, der lebendig macht; das Fleisch nützt nichts. Die Worte, die ich zu

---

[101] Sie wird, weiter ausgeführt, in den Abschiedsreden öfter begegnen: 14,20; 15,4–7; 17,23.
[102] BARRETT, Komm. 310.
[103] SCHNACKENBURG merkt mit Recht an, dass „die verkürzte Redeweise insofern bedeutsam (ist),
       als sie von einer äußerlich-sakramentalen Auffassung wegführt" (Komm. 2,95 Anm. 2).
[104] „Diese Benennung Gottes enthüllt, warum hier Sterben zum Grund des Lebens ... wird"
       (SCHLATTER, Johannes 179).
[105] Vgl. BARRETT, Komm. 310: „Christliches Leben ist vermitteltes Leben."
[106] Zur engen Zusammengehörigkeit des eucharistischen Abschnitts mit der Lebensbrotrede vgl.
       POPP, Grammatik 375f.379–386.

euch geredet habe, sind Geist und sind Leben. 64 Aber es gibt von euch welche, die nicht vertrauen. Jesus wusste nämlich von Anfang an, welche es waren, die nicht vertrauen, und wer es war, der ihn verraten würde, 65 und sagte: Deswegen habe ich euch gesagt, dass nur zu mir kommen kann, welchen es vom Vater gegeben ist. 66 Darauf gingen viele von seinen Schülern weg, zurück, und zogen nicht mehr mit ihm.
67 Da sprach Jesus zu den Zwölfen: Wollt ihr denn auch gehen? 68 Simon Petrus antwortete ihm: Herr, zu wem sollen wir weggehen? Worte ewigen Lebens hast du; 69 und wir haben geglaubt und erkannt: Du bist der Heilige Gottes. 70 Jesus antwortete ihm: Habe ich nicht euch Zwölf erwählt? Und einer von euch ist ein Teufel. 71 Er meinte aber den Judas, den Sohn des Simon Iskariot. Denn der würde ihn verraten, einer von den Zwölfen.

Im Anschluss an die Brotrede wird in diesem letzten Teil des Kapitels von einer doppelten Folge, von Rückzug und Bekenntnis, erzählt. Die bisherigen Gesprächspartner Jesu – zunächst als „die Menge" vorgestellt und bei der Verschärfung der Auseinandersetzung in V.41 und 52 als „die Juden" bezeichnet – kommen nicht mehr in den Blick. Jetzt tritt – wie schon am Beginn des Kapitels in der Speisungsgeschichte und der Erzählung von der Begegnung mit Jesus auf dem See – wieder die Gruppe der Schüler in den Vordergrund. In ihr kommt es zur Scheidung.

a) Rückzug vieler Schüler (6,59–66)

59 Die szenische Bemerkung in V.59, dass Jesus „das in der Synagoge sprach, als er in Kafarnaum lehrte", kann als Abschluss der Brotrede gelesen werden. Auf sie wird hier ja ausdrücklich zurückgeblickt. Sie war am Ende von V.24 und in V.25 szenisch so vorbereitet worden, dass als Ort der Handlung Kafarnaum angegeben wurde, ohne eine nähere Eingrenzung vorzunehmen. Wenn Johannes im Nachhinein jetzt die Ortsangabe präzisiert und die Synagoge nennt[107], lässt sich das auch als Vorbereitung der neuen Szene verstehen. Die hier erzählte Scheidung unter der Schülerschaft Jesu ist transparent für Erfahrungen zur Zeit des Evangelisten[108], dessen Gruppe von der Synagogengemeinde mehr und mehr isoliert wird, wobei „viele" aus dieser Gruppe sich wieder von ihr abwenden und den Weg „zurück" finden[109].

---

[107] Daraus zu schließen, dass als Zeit der Sabbat anzunehmen sei – so schon der Cantabrigiensis, einige Altlateiner und Vulgatahandschriften sowie Augustin –, was den weiteren Schluss zuließe, Johannes kümmere der dann vorausgesetzte Sabbatbruch – der von Jesus, seinen Schülern und der Menge unternommene weite Weg – nicht, geht nicht an. Im Text findet sich kein Hinweis auf den Sabbat. Auf ihn aus der Erwähnung der Synagoge zu folgern, ist ein Analogieschluss christlicher Autoren, nach deren Erfahrung Kirchen in der Regel nur sonntags eine Funktion haben.

[108] Vgl. WENGST, Gemeinde 124.

[109] Wenn fernab dieser historischen Auseinandersetzungen heute in der Ruine der Synagoge von Kafarnaum christlichen Reisegruppen unkommentiert Joh 6,22–71 vorgelesen wird, besteht dabei die Gefahr, dass ein Gespenst beschworen wird – nämlich das Gespenst des Antijudaismus.

In V.60 reagieren „viele von seinen Schülern" negativ auf das vorangehende Reden 60
Jesu, das in V.59 zusammenfassend als ein „Lehren" bezeichnet worden war. Dieses
„Lehren" betraf die Person Jesu selbst. Der entscheidende Kontroverspunkt – auch
der innergemeindlichen Diskussion – ist also die Christologie. Die negative Reaktion
der Schüler erfolgt in V.60 zunächst verbal; in V.66 werden sie daraus die
existentielle Konsequenz ziehen. Sie kennzeichnen die Rede Jesu als „hart"[110].

Die griechische **Wendung vom „harten Wort"** entspricht genau der hebräischen: *kaschéh
ha-davár*. Nach mNid 8,3 fällt Rabbi Akiva eine erleichternde halachische Entscheidung.
Als er sieht, wie sich daraufhin seine Schüler – offenbar befremdet – einander anblicken,
sagt er: „Wieso ist dieses Wort (diese Sache) hart in euren Augen?" Dieselbe Frage stellt er
in einem ähnlichen Zusammenhang nach bNid 45a. Nach bShab 130b und bJev 16a ist im
Blick auf bestimmte Entscheidungen „das Wort (die Sache) hart für die Weisen".

Mit „hart" wird das, was Jesus sagt, als befremdlich und anstößig gekennzeichnet, ja 61
geradezu als unerträglich, wie der Schluss von V.60 zeigt: „Wer kann es hören?" Die
Antwort Jesu darauf führt Johannes in V.61 so ein, dass Jesus von der Reaktion seiner Schüler nicht überrascht wird. Was sie tun würden, „wusste er bei sich selbst"[111].
Dieses Motiv, dass Jesus schon im vorhinein Bescheid weiß, ist bereits in V.6 im
Blick auf sein eigenes Tun begegnet und wird hinsichtlich dessen, was ihm widerfährt, noch öfter begegnen. Es drückt aus, dass er nicht einem zufälligen Geschick
unterliegt, sondern selbst der Souverän eines notwendigen Geschehens ist[112]. Sein
Wissen bezieht sich hier darauf, „dass darüber seine Schüler murrten". Sie tun damit
dasselbe wie die Gesprächspartner Jesu im vorigen Teil, die in dem Augenblick, da
sie „murrten" (V.41) und „stritten" (V.52), als „die Juden" bezeichnet wurden. Damit
gelangen sie in der Frontstellung, die zur Zeit des Evangelisten zwischen seiner
Gruppe und der jüdischen Mehrheit besteht, schon hier auf die andere Seite, bevor sie
diesen Schritt in V.66 auch äußerlich vollziehen.

Die murrenden Schüler fragt Jesus am Ende von V.61: „Das lässt euch straucheln?" Dieses „Das" fasst das vorangehende Reden Jesu zusammen: das Herabsteigen des Lebensbrotes vom Himmel, das er selbst ist, bis hin zur Konkretion in der

---

[110] „Dieses Wort" hat das ganze vorangehende Reden Jesu im Blick, wäre also am besten mit „diese
     Rede" wiederzugeben oder mit „diese Sache", da sich ja die Charakterisierung „hart" auf das im
     Reden Verhandelte bezieht. Ich habe dennoch mit „Wort" übersetzt, um den Gleichklang mit den
     anderen Stellen zu wahren, an denen *hó lógos* gebraucht ist. Es muss nur deutlich sein, dass es
     nicht um ein einzelnes Wort, einen einzelnen Satz geht. Das Reden Jesu bezieht sich auf ihn
     selbst, der schon im Prolog als „das Wort" schlechthin zu verstehen gegeben worden war.
[111] Diese – griechisch nicht geläufige – Wendung vom „Wissen bei sich selbst" begegnet in jüdisch-
     rabbinischen Texten in zwei Fassungen. In jDem 1,3 (4a; Krotoschin 22a) heißt es: „Wer in sei-
     ner Seele weiß …"; und in bTaan 20b wird von einem Rabbi gesagt: „Als er bei sich selbst er-
     kannte …". Auf diese beiden Stellen weist SCHLATTER hin (Johannes 180). Vgl. weiter bKer 24a,
     wo zweimal die Wendung „er weiß bei sich selbst" verwendet wird.
[112] Vgl. WENGST, Gemeinde 195f.

Eucharistie. Das lässt „straucheln", ist so „anstößig", dass es „zu Fall" bringt[113]. Die Frage in V.61 hat den besonderen Akzent: „*Schon* das lässt euch straucheln?" Das
62 zeigt sich, wenn Jesus in V.62 fortfährt: „Wie erst, wenn ihr den Menschensohn hinaufsteigen seht, wo er vorher war?" Dem „Hinaufsteigen" hier entspricht das vorher erwähnte „Herabsteigen". Schon daran wird Anstoß genommen, weil Jesus doch niemand anders ist als „der Sohn Josefs, dessen Vater und Mutter wir kennen" (V.42). Von dieser Entsprechung her ist deutlich, dass das „Hinaufsteigen" den Anstoß auf die Spitze treiben wird[114]. Wenn dieses Hinaufsteigen als *der* Punkt gilt, der Anstoß provoziert, dann ist klar, dass es hier nicht um einen offenbaren Aufstieg in Herrlichkeit gehen kann[115]. Was die Schüler Jesu vielmehr *sehen* werden, ist die Kreuzigung Jesu. Dass aber gerade hier Gott auf den Plan tritt, bringt die Redeweise vom Aufstieg des Menschensohnes dahin, wo er vorher war, zum Ausdruck. Sie signalisiert zugleich die Überwindung des Anstoßes.

63   V.63 setzt die Antwort Jesu an die murrenden Schüler fort: „Der Geist ist's, der lebendig macht; das Fleisch nützt nichts. Die Worte, die ich zu euch geredet habe, sind Geist und sind Leben." Diese Aussagen werden in ihrem Kontext verständlich, wenn man sie als Gegenbildung zur Charakterisierung des Redens Jesu als „hartes Wort" durch die Anstoß nehmenden Schüler in V.60 versteht. Dann liegt der Ton auf dem zweiten Teil des Verses: Jesu Worte sind keine „harte Rede", sondern im Gegenteil „Geist und Leben": Sie erschließen die Wirklichkeit Gottes und eröffnen und geben damit Leben.

Die **Worte Jesu** werden hier **analog den Worten Gottes**, den Worten der Tora in der jüdischen Tradition verstanden. In SifDev § 45 (FINKELSTEIN/HOROVITZ S.103) wird die Aufforderung aus Dtn 11,18: „Und legt diese meine Worte auf euer Herz!" mit einem nur im Hebräischen möglichen Wortspiel so verstanden: „Und macht diese meine Worte zu einer Medizin für euer Herz! Sie (die Schrift) zeigt damit an, dass die Worte der Tora mit Le-

---

[113] Das griechische Wort *skandalízein* entspricht der hebräischen Wurzel *k, sch, l*. In mRHSh 1,6 wird erzählt, dass Rabbi Akiva am Sabbat mehr als 40 Zeugenpaare für den Neumond in Lod am Weiterziehen hinderte, damit sie den Sabbat nicht entweihten. „Rabban Gamliel sandte zu ihm: Wenn du die Allgemeinheit (wörtlich: die Vielen) hinderst, wirst du als jemand gefunden, der sie für die kommende Zeit straucheln lässt." Die Geschichte begegnet noch an mehreren Stellen im Jerusalemer, die Wendung öfter im babylonischen Talmud.

[114] Nach BAUER will V.62 „das σκάνδαλον keineswegs noch weiter steigern, sondern vielmehr das Rätsel seiner (Jesu) paradoxen Rede lösen" (Komm. 101; aufgenommen von SCHNEIDER, Komm. 156). Vgl. dagegen BECKER, Komm. 1,258f.: „Wenn die irdische Geburt Kontrast zum Anspruch Jesu ist, vom Himmel gekommen zu sein, ist die Kreuzigung Kontrast zum Aufstieg in den Himmel. Beide Male spricht das irdisch Sichtbare und Erkennbare gegen die behauptete himmlische Dimension des Ereignisses … Bei der Kreuzigung ist dieser Gegensatz nur noch stärker, da nicht eine irdische Normalität (Geburt), sondern sogar eine irdische Anomalie, also der Kreuzestod, als Triumph interpretiert wird."

[115] Hier ist BULTMANN zuzustimmen: „Wollte man einwenden, daß Jesu ἀναβαίνειν doch kein σκάνδαλον sein könne, sondern vielmehr das Ärgernis des σκληρὸς λόγος aufheben würde, so würde man verkennen, daß sich dieses ἀναβαίνειν gar nicht als glorreiche Demonstration der δόξα Jesu vor der Welt vollzieht; es ist ja nichts anderes als das am Kreuz geschehende ὑψωθῆναι und δοξασθῆναι" (Komm. 341).

bensmedizin verglichen werden." In MekhJ Beschallach (Wajassa) 1 (HOROVITZ/RABIN S.158) heißt es: „Der Heilige, gesegnet er, sagte zu Mose: Sage zu Israel: Alle Worte der Tora, die ich euch gegeben habe: Heilung sind sie für euch, Leben sind sie für euch." Nichts zwingt dazu, Joh 6,63 in Antithese zu der sich hier zeigenden jüdischen Tradition zu lesen, wie BARRETT es tut: „Jesus löst die Tora als Quelle des Lebens ab" (Komm. 315).

Aber die Worte Jesu als „Geist und Leben" kann „das Fleisch", der Mensch mit den ihm eigenen Möglichkeiten, nicht hören; er vermag sie immer nur als „harte Rede" aufzufassen, die unerträglich ist. Die Worte Jesu als „Geist und Leben" kann nur der Geist selbst erschließen, der Geist, der lebendig macht – der Tote lebendig macht.

Nach der jüdischen Tradition macht Gottes Geist in der kommenden Weltzeit lebendig. So heißt es ShemR 48,4 (Wilna 78d): „Der Heilige, gesegnet er, sagte zu Israel: In dieser Weltzeit war mein Geist euch als Weisheit gegeben, aber in der kommenden Zeit macht mein Geist euch lebendig. Denn es ist gesagt: ‚Und ich werde euch meinen Geist geben, und ihr werdet leben' (Ez 37,14)." Der in der Endzeit gegebene Geist Gottes macht Tote lebendig.

Hier zeigt sich wieder, dass Johannes – wie BARRETT formuliert – „mit dem vollendeten Werk Christi im Sinn"[116] schreibt, aus dem die Gabe endzeitlichen Geistes resultiert, der jetzt schon „Tote" in der 5,24 beschriebenen Weise lebendig macht. Jesu Worte können beim „Fleisch" nicht auf Hörwilligkeit und Verständnisbereitschaft rechnen; dort werden sie als „harte Rede" beurteilt. Jesu Worte müssen sich als Gottes Wort ihre Hörerschaft erst selbst schaffen – und sie schaffen sie. Das besagt die Rede vom Geist, der lebendig macht.

Dass sich darauf nicht alle einlassen, spricht Jesus in V.64 aus: „Aber es gibt von euch welche, die nicht vertrauen." An dieser Stelle fügt Johannes eine Zwischenbemerkung ein, die wiederum das Motiv des Wissens Jesu aufnimmt: „Jesus wusste nämlich von Anfang an, welche es waren, die nicht vertrauen, und wer es war, der ihn verraten würde." Mit den nicht vertrauenden Schülern ist nun als ihr Extremfall der Jesus verratende Schüler verbunden. Dieses Thema taucht hier erstmals auf und wird gleich in V.70f. ausführlicher gebracht. Dort wird näher darauf einzugehen sein. Mit ihm nimmt Johannes eine Verknüpfung mit der Passion vor. Indem er hier Jesu Wissen „von Anfang an" betont, lässt er ihn nicht einem blinden Schicksal unterworfen sein, sondern bewusst den Weg in die Passion gehen.

Mit den in V.63f. gemachten Ausführungen ist auch das Thema des Exkurses von V.36–46 wieder angeschlagen. V.65 stellt den Bezug darauf ausdrücklich her, indem Jesus im Blick auf diejenigen, die nicht vertrauen, sagt: „Deswegen habe ich euch gesagt, dass nur zu mir kommen kann, welchen es vom Vater gegeben ist." Hier werden Sätze aus der Brotrede in Erinnerung gerufen: „Alles, was mir der Vater gibt, wird zu mir kommen" (V.37). „Zu mir können nur kommen, welche der Vater, der mich geschickt hat, zieht" (V.44). Damit ist dieser Abschnitt noch einmal mit der

---

116 Komm. 314.

Brotrede verklammert, und zwar besonders mit der Reflexion von V.36–46 über den Glauben als Tat Gottes und Entscheidung des Menschen. Von hier aus wird nun deutlich, dass diese Reflexion auf dem konkreten Hintergrund der Situation der Gemeinde erfolgte und dem Umgang mit der Erfahrung diente, dass viele sie verließen. Mit dieser Erfahrung wird nicht so umgegangen, dass das Verlassen als Manifestation einer Verwerfung durch Gott interpretiert würde. Im positiven Fall, dem Glauben, wird von Gott her argumentiert: Er „gibt", er „zieht" sogar – anders kann es Glauben gar nicht geben. Im Fall des Unglaubens wird vom Menschen her formuliert: Er vertraut nicht. Beide Blickrichtungen gehören zusammen: Der Glaube ist nicht Werk des Menschen, sondern Gottes Tat und Gabe – und doch ist der Mensch verantwortlich; er kann sein mangelndes oder fehlendes Vertrauen nicht auf ein verweigerndes Handeln Gottes abschieben. Er, der Mensch ist es, der Vertrauen verweigert.

66   V.66 schließt diese Szene ab mit dem Bericht über die praktische Konsequenz, die nun diejenigen ziehen, die Jesu Rede als „hartes Wort" empfanden: „Darauf[117] gingen viele von seinen Schülern weg, zurück, und zogen nicht mehr mit ihm." Indem hier nicht nur vom „Weggehen" die Rede ist, sondern ausdrücklich ein „Zurück" hinzugefügt wird, erhält die Aussage einen besonderen Akzent. Die Schüler Jesu geben die Gemeinschaft mit ihm, die Nachfolge, auf und kehren zurück[118]. Auf der Zeitebene des Evangelisten erhält das seinen präzisen Sinn, wenn man es als Verlassen seiner Gruppe und Rückwendung zur jüdischen Mehrheit versteht.

b) Das Bekenntnis der treu Gebliebenen (6,67–71)

Dieser Abschnitt hat eine Entsprechung in dem synoptischen **Bericht vom Petrusbekenntnis** (Mk 8,27–30 parr.). Die Übereinstimmung besteht allerdings lediglich darin, dass Simon Petrus als Sprecher der Schüler Jesu ein Bekenntnis zu Jesus ausspricht. Das ist jedoch ein so markanter Punkt, dass ein traditionsgeschichtlicher Zusammenhang angenommen werden muss. An dieser Stelle lässt es sich m.E. wahrscheinlich machen, dass Johannes die Synoptiker nicht gekannt und benutzt hat. Das geht aus dem im Bekenntnis gebrauchten Titel hervor. In Mk 8,29 steht „der Gesalbte" (*ho christós*). Lk 9,20 ist dieser Titel um einen Genitiv ergänzt: „der Gesalbte Gottes". Nach Mt 16,16 sagt Simon Petrus: „Du bist der Gesalbte, der Sohn des lebendigen Gottes." Bei allen drei Synoptikern findet sich also der Titel „der Gesalbte". Das ist ein Titel, an dem Johannes großes Interesse hat. So ist es ja nach 20,31 Ziel seines ganzen Evangeliums, „damit ihr glaubt, dass Jesus der Gesalbte ist, der Sohn Gottes". Um die Frage, ob Jesus der Gesalbte, der Messias ist, wird im Evangelium, besonders in Kap.7, eine intensive Diskussion geführt[119]. An dieser markanten Stelle seines

---

117   *ek tútu* kann einmal den Grund angeben („deshalb"), zum anderen den Zeitpunkt („von da an"). Hier dürfte beides zusammenklingen. Im Deutschen kann das vielleicht am besten mit „darauf" eingefangen werden.

118   Sie tun damit das, was nach Jes 50,5 der Knecht Gottes gerade nicht tut: „Adonaj, Gott, hat mir das Ohr geöffnet. Und ich habe nicht widerstrebt, bin nicht zurückgewichen."

119   Vgl. dazu WENGST, Gemeinde 106–116.

Evangeliums aber bietet Johannes den Titel „der Gesalbte" nicht. Hier wird Jesus als „der Heilige Gottes" bekannt – ein Titel, der nur an dieser Stelle im Evangelium vorkommt. Johannes zeigt an ihm also zumindest kein ausgeprägtes Interesse. Sicherlich wird er mit ihm etwas verbinden; sonst hätte er ihn nicht gebracht. Aber es ist deutlich, dass er ein ungleich größeres Interesse am Titel „der Gesalbte" hat. Hätte er die Synoptiker gekannt, dann hätte er diesen Titel an einer so hervorgehobenen Stelle stehen gelassen. Er wird die Bezeichnung „der Heilige Gottes" schon in seiner Vorlage vorgefunden haben, die in die vorsynoptische Tradition zurückreicht. Diese Bezeichnung repräsentiert hier die ursprüngliche Tradition. Denn es ist leichter vorstellbar, dass sie in der Überlieferung durch den Titel „der Gesalbte" ersetzt wurde, der in den Gemeinden wesentlich größere Bedeutung gewann, als umgekehrt.

Nach dem Rückzug vieler Schüler eröffnet V.67 eine neue Szene: „Da sprach Jesus 67 zu den Zwölfen." Die Situation ist so vorgestellt, dass nach dem Rückzug als bei Jesus ausharrende Schüler nur „die Zwölf" übrigbleiben[120]. „Die Zwölf" – noch einmal 20,24 erwähnt – werden hier unvermittelt eingeführt. Johannes spielt also auf Tradition an, die er bei seiner Leser- und Hörerschaft als bekannt voraussetzt, ohne weiter auf sie einzugehen[121]. Bei ihm sind hier „die Zwölf" diejenigen Schüler, die in kritischer Situation nicht weggehen; auf seiner Zeitebene repräsentieren sie damit die in der Gemeinde Bleibenden. Ihnen stellt Jesus die Frage: „Wollt ihr denn auch gehen?"[122] Würde diese Frage mit „Ja" beantwortet, bedeutete das das Ende der Schülerschaft Jesu. Hier dürfte wieder die Situation der Gemeinde transparent werden: Für sie war diese Frage offenbar keine bloß rhetorische, die nur flugs ein Bekenntnis auslösen soll. Es scheint vielmehr, dass ihre Existenz auf dem Spiel stand, dass die Fragen, was man denn an Jesus hätte und ob man nicht besser aufgeben solle, ernsthafte waren. In diese Situation hinein spricht Simon Petrus stellvertretend für die Zwölf.

Dass **Simon Petrus** das Bekenntnis **als Repräsentant der Zwölf** spricht, ist bei Johannes wesentlich stärker herausgearbeitet als bei den Synoptikern. Auch dort fragt Jesus in der 2. Person Plural: „Was aber sagt ihr, wer ich sei?" (Mk 8,29a parr.) Auch die Schlussbemerkung der Szene hat die Schüler insgesamt im Blick: „Da wies er sie streng an, zu niemandem über ihn zu sprechen" (Mk 8,30 parr.). Bei Mt wird Simon Petrus dazwischen jedoch in 2.

---

120 Vgl. BORNHÄUSER, Johannesevangelium 46: „Ein gewaltiger Unterschied zwischen Anfang und Ende des Kapitels! Dort umgeben ihn erwartungsvoll Tausende, hier noch Zwölf, und darunter einer ein Verräter."

121 In jüdischem Kontext steht die Zahl 12 natürlich in einem unlösbaren Zusammenhang mit dem Zwölfstämmevolk Israel. Wird sie ekklesiologisch fruchtbar gemacht – was im Neuen Testament immer wieder geschieht, besonders eindrücklich in Apk 7 und 21 –, verweist das auf die Israelbezogenheit der Kirche. AUGUSTIN versteht die Zahl 12 so, dass die Schüler „über die ganze Welt hin, d.h. nach den vier Weltgegenden, die Trinität verkünden sollten. Darum dreimal vier" (Vorträge 27,10; Übers. SPECHT S.462).

122 Im griechischen Text ist die Frage mit μή formuliert. Darauf wird üblicherweise als Antwort „nein" erwartet, so daß μή mit „etwa" zu übersetzen wäre. Aber so selbstverständlich ist in der vorgestellten Situation die Antwort nicht. BARRETT zitiert die Grammatik von MOULTON, wonach μή in Fragesätzen noch eine andere Funktion haben kann, nämlich „eine Annahme in einer höchst vorsichtigen und zögernden Weise" auszudrücken, wofür auf Joh 4,29 verwiesen wird (Komm. 316; vgl. auch BDR § 427, 2 Anm.2).

Person Singular direkt angesprochen (16,17f.). Johannes lässt nicht nur Jesus in der Frage und in der Reaktion auf das Bekenntnis in der 2. Person Plural sprechen; bei ihm spricht auch Simon Petrus in der 1. Person Plural. Damit wird er deutlich als einer gekennzeichnet, der lediglich ausspricht, was von allen Zwölfen gilt. Diese „Einebnung" des Simon Petrus entspricht dem, was zu 1,42 zu beobachten war und was sich an weiteren Stellen zeigen wird, an denen dieser Schüler begegnet.

68   Simon Petrus fragt in V.68 zunächst: „Herr, zu wem sollen wir weggehen?" Aus der Sicht derer, die bei Jesus bleiben, gibt es keine wirkliche Alternative, keine echte Wahl zwischen gleichwertigen Möglichkeiten, sondern nur die Wahl, die in Wahrheit keine wäre, zwischen einer Wirklichkeit und einer unmöglichen Möglichkeit[123]. Die Wirklichkeit, auf die sich die Schüler Jesu eingelassen haben, benennt Simon Petrus am Schluss von V.68, wobei er die Aussage Jesu aus V.63b aufnimmt: „Worte ewigen Lebens hast du" – Worte, die Leben erschließen, das die Verheißung hat, auch angesichts und trotz des Todes zu „bleiben"; Worte, die Leben eröffnen, das jetzt als Leben vor dem Tod ein Leben gegen den Tod ist, ein Leben im Miteinander und in der Hingabe, das darauf vertrauen darf, nicht *verlorenes* Leben zu sein, sondern Leben in der Wirklichkeit Gottes und darum *ewiges* Leben.

69   So vorbereitet, wird in V.69 das ausdrückliche Bekenntnis betont eingeführt: „Und wir haben geglaubt und erkannt." Glauben und erkennen gehören zusammen. Der Glaube ist nicht blind; er weiß, worauf er sich einlässt, gerade auch wenn er gegen den Augenschein handelt. Und die Erkenntnis ist nicht „neutral", nicht „objektiv"; sie ergibt sich nicht aus der Betrachtung des Zuschauers, sondern ist zugleich mit dem intellektuellen Akt Anerkenntis und praktischer Vollzug. Wer sagen kann, Jesus habe Worte ewigen Lebens, hat schon sein Wirken und Geschick als Manifestation der Wirklichkeit Gottes erkannt und sich vertrauend darauf eingelassen. Dementsprechend wird hier im Perfekt formuliert, das im Griechischen die Nachwirkung eines vergangenen Vollzugs zum Ausdruck bringt. Die in der Vergangenheit für Jesus gefällte Entscheidung wirkt bis in die Gegenwart fort. Sie gilt es in kritischer Situation im erneuten Bekenntnis zu bewähren. Das tut hier Simon Petrus als Sprecher der Zwölf, indem er angesichts der Abkehr vieler Schüler bei Jesus bleibt und bekennt: „Du bist der Heilige Gottes."

Im Neuen Testament wird Jesus nur noch in Mk 1,24 und der dazu parallelen Stelle Lk 4,34 als **„der Heilige Gottes"** bezeichnet. Dort ist von einem „Menschen mit unreinem Geist" die Rede, der – mit Jesus konfrontiert – schreit: „Was haben wir mit dir zu schaffen, Jesus, Nazarener? Du bist gekommen, uns zu vernichten. Ich weiß, wer du bist: der Heilige Got-

---

[123] Vgl. BLANK, Komm. 1a,384: „Es gibt für den Glaubenden, wenn er einmal begriffen hat, wer Jesus von Nazaret ist und was er an ihm hat, eigentlich keine andere vergleichbare Möglichkeit mehr." Wohlgemerkt: „für den Glaubenden", der im Blick auf Jesus und durch ihn vermittelt Erfahrungen vom „Leben" mit dem Gott Israels gemacht hat. Aber es muss wahrgenommen werden, dass das aus jüdischer Perspektive anders aussieht, weil es hier „Lebenserfahrung" mit Gott ohne Jesus gibt.

tes." Tatsächlich redendes Subjekt ist hier nicht der Mensch, sondern der ihn besetzt haltende Dämon. Die von ihm vorgenommene Kennzeichnung Jesu als des „Heiligen Gottes" stellt heraus, dass Jesus auf die Seite Gottes gehört und als derjenige, der Gott und seine Welt repräsentiert, allem Widergöttlichen und Dämonischen radikal entgegensteht. In der hebräischen Bibel ist vor allem Gott selbst „heilig", besonders eindrücklich dargestellt in der Berufungsvision Jesajas (Jes 6,3; vgl. Ps 99,9). Er ist „der Heilige Israels" (Jes 10,20; 30,15; 45,11; vgl. Ez 39,7). Aber auch was aus der Welt ausgesondert wird und ihm besonders zugehört, ist heilig. Das gilt für Israel als ganzes: „Heilig sollt ihr sein; denn heilig bin ich, Adonaj, euer Gott" (Lev 19,2). Auch einzelne können als „heilig" bezeichnet werden. In Ps 106,16 wird Aaron „der Heilige Adonajs" genannt (vgl. Sir 45,6). In 2Kön 4,9 heißt es von Elischa: „Mann Gottes, heilig ist er." In der Fassung des Kodex Vaticanus spricht die Septuaginta zweimal von Simson als dem „Heiligen Gottes" (Ri 13,7; 16,17). Hier wird das hebräische *nasír* („Geweihter") mit *hágios* wiedergegeben. Unterschiedliche Aspekte werden sehr schön in der folgenden Tradition miteinander verbunden: „Rabbi Chanina sagte: Es komme der Heilige und trete ein ins Heilige und bringe dar vor dem Heiligen und vollziehe Versöhnung für die Heiligen. Es komme der Heilige: Das ist Aaron; denn es ist gesagt: ‚gegen Aaron, den Heiligen Adonajs' (Ps 106,16). Und er trete ein ins Heilige: Das ist das Heiligtum; denn es ist gesagt: ‚das Heiligtum Adonajs, das Deine Hände gründeten' (Ex 15,17). Und er bringe dar vor dem Heiligen: Das ist der Heilige, gesegnet er; denn es ist gesagt: ‚Denn heilig bin ich, Adonaj' (Lev 19,2). Und er vollziehe Versöhnung für die Heiligen: Das sind die Israeliten; denn es ist gesagt: ‚Heilig sollt ihr sein' (Lev 19,2)" (ShemR 38,7 [Wilna 66 c.d]).

In 10,36 wird Jesus als der charakterisiert, „den der Vater geheiligt und in die Welt gesandt hat". Gott als „der Heilige" schlechthin hat Jesus ganz und gar mit Beschlag belegt und beauftragt, der nun seinerseits den heiligen Gott repräsentiert. Wenn Simon Petrus Jesus als den „Heiligen Gottes" bekennt, werden damit diese beiden Aspekte betont, dass Jesus völlig in den Bereich Gottes gehört und dass er ihn in der Welt repräsentiert[124]. Wer ihn bekennt, bekennt sich daher zu Gott.

Die Antwort Jesu in V.70 geht nicht auf das Bekenntnis ein. Sie schlägt einen Ton 70 an, der an den vorhergehenden Abschnitt über den Rückzug vieler Schüler erinnert und deutlich macht, dass das Bleiben der bei ihm Gebliebenen keineswegs ein für allemal gesichert ist. Das einmal gesprochene Bekenntnis garantiert nicht, für alle Zukunft standzuhalten[125]: „Habe ich nicht euch Zwölf erwählt? Und einer von euch ist ein Teufel." Johannes stellt deutlich heraus, dass Schülerschaft auf dem erwählenden Handeln Jesu beruht: „Nicht ihr habt mich erwählt, sondern ich habe euch er-

---

124   Vgl. BLANK, Komm. 1a,384f.: „Der Ausdruck ‚der Heilige Gottes' bezeichnet Jesus als ganz und gar zu Gott und zum Heiligkeitsbereich Gottes gehörig … Er repräsentiert die Wirklichkeit Gottes in der Welt."

125   BECKER meint zwar: „Der petrinische Glaube ist endgültiger, wahrer Glaube. Dies gilt auch für die Jünger mit einer Ausnahme, aber dieser eine ist gar kein echter Jünger. Die Ausnahme des Judas dient also nicht dazu, für jeden Glaubenden die Möglichkeit des Abfalls immer noch offen zu halten, sondern gerade umgekehrt für den wie Petrus Glaubenden die Endgültigkeit des Heilsstandes zu betonen" (Komm. 1,263). Aber Simon Petrus gilt als Sprecher der Zwölf, und als „einer von den Zwölfen" wird Judas am Ende von V.71 noch einmal betont herausgestellt. Zum anderen widerspricht der Deutung Beckers die weitere Darstellung des Simon Petrus im Johannesevangelium, der sich gleich an der nächsten Stelle, an der er begegnet, in 13,6–9, nicht gerade als im Besitz „endgültigen, wahren Glaubens" erweist.

wählt", lässt er Jesus in 15,16 sagen[126]. Dass diese Erwählung nicht im Sinne der synoptischen Berufungen von Schülern gedacht sein muss, zeigte sich in 1,35–51, wo Schüler durch den Hinweis des Täufers oder veranlasst durch andere Schüler zu Jesus kamen. Aber auf welche konkrete Weise sie auch immer gekommen sind – *dass* sie gekommen sind, gilt als Wirken Jesu. Das enthebt sie nicht der eigenen Entscheidung, wie sie ja gerade gefragt worden waren, ob sie weggehen wollen – und sie haben sich entschieden zu bleiben. „Indem sich der Glaubende für Jesus entscheidet, weiß er, daß er nicht von sich aus, sondern von ihm aus existiert"[127]. „Habe ich nicht euch Zwölf erwählt?" Die Frage ist so formuliert, dass als Antwort selbstverständlich ein „Ja" erwartet wird. Simon Petrus hat ja auch für alle Zwölf gesprochen; und alle sind geblieben – auch der eine, von dem gleich die Rede sein wird. Aber dass die Aussage von der Erwählung der Zwölf als Frage erscheint, geschieht deshalb, weil ein anderes Faktum ihr widerstreitet: „Und einer von euch ist ein Teufel." Das Erwähltsein schließt nicht aus, dass ein Erwählter teuflisch handelt und damit seine Erwählung unkenntlich macht. Aber kann er sie zunichte machen? Das bleibt eine offene Frage[128]. Die Benennung des Judas als „Teufel", weil er mit dem Verrat Jesu dessen Tod bewirkt, hat eine Entsprechung im Septuagintatext von Est 8,1. Dort wird Haman, der die Vernichtung des jüdischen Volkes geplant hatte, als „der Teufel" bezeichnet[129].

71   Mit einer kommentierenden Bemerkung zu dem Wort Jesu schließt Johannes in V.71 das Kapitel ab: „Er meinte aber den Judas, den Sohn des Simon Iskariot. Denn der würde ihn verraten, einer von den Zwölfen." Hier – wie vorher schon in V.64 – dürfte auch ein apologetisches Interesse mitschwingen: Dass Jesus in der Person des Schülers Judas[130] aus dem engsten Kreis heraus verraten wurde, spricht nicht gegen ihn; er wusste, was er tat[131].

Zum anderen aber verknüpft Johannes mit dem Einbringen des Verratsmotivs an dieser Stelle das Bekenntnis des Simon Petrus mit der Passionsgeschichte[132]. Damit macht er deutlich, dass das Bekenntnis von neuem und dann erst eigentlich auf dem Spiel steht angesichts des Gekreuzigten – und das ist die Situation seiner Gemeinde.

---

[126] Vgl. 13,18; 15,19.
[127] BULTMANN, Komm. 345.
[128] Vgl. SCHLATTER, Johannes 184: „Kann die Wahl Jesu vereitelt werden? Hat sie nicht die Festigkeit des göttlichen Willens, den der sündliche Wille des Menschen nicht vernichten kann? Begründet Jesu Wahl nicht ein Glauben, das Gewißheit ist und die Furcht vor der Zukunft und ihren Möglichkeiten vertreibt? Aber das Unglaubliche geschieht."
[129] Nach dem hebräischen Text dieser Stelle ist er „der Bedränger der Juden".
[130] Nur bei Johannes wird dessen Vatername angegeben, außer hier noch 13,2.26. Der Beiname „Iskariot" wird einmal auf Judas selbst (12,4), sonst auf seinen Vater Simon bezogen. Das ist dann verständlich, wenn er als „Mann aus Kerijot" *(isch kerijót)* zu verstehen ist. Der Ort Kerijot wird Jer 48,24.41 und Am 2,2 erwähnt.
[131] Vgl. WENGST, Gemeinde 110.
[132] Das entspricht sachlich der Darstellung der Synoptiker, die auf das Petrusbekenntnis die erste Leidensankündigung folgen lassen.

VI. Drittes Wirken in Jerusalem.
Von Sukkot bis Chanukka (7,1–10,42)

Dieser umfangreiche Teil wird durch die Bemerkungen in 7,1 und 10,40 gerahmt. Nach 7,1 meidet Jesus Judäa und zieht in Galiläa umher. Zu Sukkot geht er aber doch nach Jerusalem hinauf und verlässt es erst nach Chanukka (10,22.40), um an den Ort zurückzukehren, „wo Johannes zuerst taufte". Damit hält er sich wieder an der Stelle „jenseits des Jordan" im Norden auf, die Ausgangspunkt der Erzählung des Evangeliums in Kap.1 war. Innerhalb dieses Rahmens bezieht sich Kap.7 ausdrücklich auf Sukkot. Es wird kein neues Handeln Jesu berichtet, sondern innerhalb umfangreicher Diskussionen – verbunden mit Verhaftungsversuchen – erfolgt ein Rückbezug auf früheres Handeln. Die Diskussionen setzen sich in Kap.8 fort, jetzt allerdings ohne Bezug auf Sukkot. Am Ende des Kapitels steht ein Versuch, Jesus zu steinigen. Zwischen den Diskussionen von Kap.7 und 8 findet sich in einem Großteil der Überlieferung die textkritisch sekundäre Erzählung von der Frau, die wegen Ehebruchs gesteinigt werden soll (7,53–8,11). Nach 8,59 verlässt Jesus den Tempel. Als dort geschehen wurden also die Diskussionen von Kap.8 vorausgesetzt. Dort hält er sich auch nach 7,28 auf. Der Einschub schaltet zwischen Kap.7 und 8 eine Nacht ein. Nach 8,1 geht Jesus zum Ölberg, ist aber am frühen Morgen des folgenden Tages wieder im Tempel (V.2). Nachdem er den verlassen hat (8,59), spielt die Heilung des Blindgeborenen mit den anschließenden Diskussionen in Kap.9 außerhalb des Tempelbereiches in Jerusalem. Ohne eine neue Situationsangabe schließt sich in Kap.10 die Gleichnisrede Jesu über den Hirten und die Schafe unmittelbar an. Eine zeitliche und örtliche Näherbestimmung begegnet aber V.22f: Inzwischen ist Chanukka, und Jesus hält sich wieder im Tempelbereich auf. Am Schluss entzieht er sich einem erneuten Verhaftungsversuch durch den schon genannten Rückzug in das nördliche Ostjordanland[1].

1. Jesu Teilnahme an Sukkot (7,1–52)

> 1 Und danach zog Jesus in Galiläa umher. Denn er wollte nicht in Judäa umherziehen, weil die (dort führenden) Juden danach trachteten, ihn zu töten. 2 Und Sukkot war nahe, das jüdische Fest. 3 Da sprachen seine Brüder zu ihm: Mache dich doch auf von hier und begib dich nach Judäa, damit auch deine Schüler deine Taten sehen, die du vollbringst! 4 Niemand tut ja etwas heimlich und strebt doch zugleich nach öffentlicher Geltung. Wenn du sie vollbringst, zeige dich der Welt! 5 Auch seine Brüder glaubten nämlich nicht an

---

1   Zur Zusammengehörigkeit der Kapitel 7 bis 10 vgl. auch SCHENKE, Komm. 144–146.

ihn. 6 Da sagte ihnen Jesus: Meine Zeit ist noch nicht da; eure Zeit aber ist ständig da. 7 Euch kann die Welt nicht hassen; mich aber hasst sie, weil ich ihr bezeuge, dass ihre Taten böse sind. 8 Geht ihr hinauf zum Fest! Zu diesem Fest gehe ich nicht hinauf, weil meine Zeit noch nicht erfüllt ist. 9 Das sagte er und blieb in Galiläa. 10 Als aber seine Brüder zum Fest hinaufgegangen waren, da ging auch er hinauf – nicht öffentlich, sondern gleichsam heimlich. 11 Die (führenden) Juden suchten ihn nun auf dem Fest und sagten: Wo ist denn der? 12 Und in der Menge gab es viel Getuschel über ihn. Die einen sagten: Es verhält sich recht mit ihm. Andere aber sagten: Nein, er führt die Menge irre. 13 Niemand jedoch redete offen über ihn aus Furcht vor den (führenden) Juden.

14 Als das Fest schon halb vorüber war, ging Jesus zum Heiligtum hinauf und lehrte. 15 Da wunderten sich die (dort versammelten) Juden und sagten: Wieso hat der Schriftkenntnisse, da er doch nicht studiert hat?! 16 Jesus antwortete ihnen und sprach: Meine Lehre ist nicht meine, sondern dessen, der mich geschickt hat. 17 Wer seinen Willen tun will, wird hinsichtlich der Lehre erkennen, ob sie von Gott ist oder ob ich von mir selbst aus rede. 18 Wer von sich selbst aus redet, sucht die eigene Ehre. Wer aber die Ehre dessen sucht, der ihn geschickt hat, der ist wahrhaftig, und an ihm ist kein Unrecht. 19 Hat euch nicht Mose die Tora gegeben? Und niemand von euch tut die Tora. Was trachtet ihr danach, mich zu töten? 20 Die Menge antwortete: Du bist besessen. Wer trachtet danach, dich zu töten? 21 Jesus antwortete und sprach zu ihnen: *Eine* Tat habe ich vollbracht, und alle wundert ihr euch 22 darüber. Mose hat euch die Beschneidung gegeben – nicht, dass sie von Mose wäre, vielmehr von den Vätern –, und ihr beschneidet einen Menschen am Sabbat. 23 Wenn ein Mensch am Sabbat die Beschneidung erhält, damit die Tora des Mose nicht außer Geltung gesetzt werde, dann zürnt ihr mir, weil ich einen ganzen Menschen am Sabbat gesund gemacht habe? 24 Urteilt nicht nach dem Augenschein, sondern fällt ein gerechtes Urteil!

25 Da sagten einige von den Jerusalemern: Ist das nicht der, dem sie nach dem Leben trachten? 26 Und siehe da, er redet öffentlich, und man sagt ihm nichts. Sollten die Ratsherren etwa wirklich erkannt haben, dass dieser der Gesalbte ist? 27 Aber von diesem wissen wir, woher er ist; der Gesalbte aber, wenn er kommt – von ihm weiß niemand, woher er ist. 28 Während er nun im Heiligtum lehrte, rief Jesus aus und sprach: Ja, mich kennt ihr und wisst, woher ich bin. Aber ich bin nicht von mir aus gekommen, sondern wahrhaftig ist, wer mich geschickt hat, den ihr nicht kennt. 29 Ich aber kenne ihn, denn von ihm her bin ich, und er hat mich gesandt.

30 Da wollten sie ihn festnehmen. Aber niemand legte Hand an ihn, weil seine Stunde noch nicht gekommen war. 31 Von der Menge jedoch glaubten viele an ihn und sagten: Der Gesalbte, wenn er kommt – wird er etwa mehr Zeichen tun, als dieser getan hat? 32 Die Pharisäer hörten die Menge das über ihn tuscheln; und die Oberpriester und die Pharisäer sandten Diener aus, dass sie ihn festnähmen. 33 Da sprach Jesus: Noch kurze Zeit bin ich bei euch, dann gehe ich weg zu dem, der mich geschickt hat. 34 Ihr werdet mich suchen und nicht finden, und wo ich bin, könnt ihr nicht hinkommen. 35 Da sprachen die (anwesenden) Juden zueinander: Wo will der hingehen, dass wir ihn nicht finden? Will er etwa in die griechische Diaspora weggehen und die Griechen lehren? 36 Was soll dieses Wort, das er gesprochen hat: Ihr werdet mich suchen und nicht finden, und wo ich bin, könnt ihr nicht hinkommen?

37 Am letzten Tag des Festes, dem großen, stand Jesus da, rief aus und sagte: Wen dürstet, soll zu mir kommen, und es soll trinken, 38 wer an mich glaubt. Wie die Schrift sprach: Ströme lebendigen Wassers werden aus seinem Innern fließen. 39 Das sagte er vom Geist, den die bekommen würden, die auf ihn ihr Vertrauen setzen. Denn noch gab es keinen Geist, weil Jesus noch nicht verherrlicht worden war.
40 Als sie nun diese Worte gehört hatten, sagten welche aus der Menge: Das ist wahrhaftig der Prophet. 41 Andere sagten: Das ist der Gesalbte. Wieder andere aber sagten: Kommt denn etwa aus Galiläa der Gesalbte? 42 Hat nicht die Schrift gesprochen: Vom Samen Davids und aus Betlehem, dem Ort, wo David war, kommt der Gesalbte? 43 Da gab es seinetwegen eine Spaltung in der Menge. 44 Einige von ihnen wollten ihn festnehmen. Aber niemand legte Hand an ihn.
45 Da kamen die Diener zu den Oberpriestern und Pharisäern; und jene sagten ihnen: Weshalb habt ihr ihn nicht abgeführt? 46 Die Diener antworteten: Noch nie hat ein Mensch so geredet. 47 Da antworteten ihnen die Pharisäer: Seid etwa auch ihr irregeführt? 48 Hat denn einer von den Ratsherren an ihn geglaubt oder von den Pharisäern? 49 Aber diese Menge, die die Tora nicht kennt – verflucht sind sie. 50 Zu ihnen sagte Nikodemus, der zuvor zu ihm gekommen war, einer von ihnen: 51 Richtet denn etwa unsere Tora den Menschen, ohne dass man ihn zuerst anhört und erkennt, was er tut? 52 Sie antworteten und sagten ihm: Bist etwa auch du aus Galiläa? Forsche und sieh, dass aus Galiläa der Prophet nicht aufsteht!

Das Kapitel wird einmal durch den Bezug auf Sukkot zusammengehalten, sodann durch die Gefährdung Jesu, der er in Jerusalem ausgesetzt ist, und schließlich durch unterschiedliche Meinungen über ihn und Einwände gegen ihn, wobei letztere das stärkere Gewicht haben. Alle drei Elemente stehen in engem Zusammenhang miteinander. In 6,4 war die Nähe von Pessach erwähnt worden. Weil sein Leben in Jerusalem bedroht ist – aufgrund der beim letzten Aufenthalt dort erfolgten Sabbatheilung mit den nachfolgenden Auseinandersetzungen (Kap.5) –, zieht Jesus nicht hinauf. Als aber Sukkot vor der Tür steht, bedrängen ihn seine Brüder, zum Fest zu gehen. Er wehrt ab, geht aber später heimlich doch hin (V.1–13). Erst als das Fest schon halb vorbei ist, tritt er öffentlich im Tempelbereich auf. Hatte es vorher schon Meinungsverschiedenheiten über ihn gegeben (V.11–13), so wird nun ein weiterer Einwand erhoben (V.15), dem Jesus entgegentritt. Dabei geht er auch auf den Tatbestand ein, der die Gefährdung hervorgerufen hat, die beim vorigen Aufenthalt vollbrachte Heilung[2] (V.14–24). Im nächsten Abschnitt wird wieder ein Einwand vorgebracht, dem Jesus begegnet (V.25–29). Anschließend erzählt Johannes von vergeblichen Versuchen, Jesus zu verhaften (V.30–36). Die letzten drei Szenen platziert er auf den letz-

---

2   Da ja kein neuer Tatbestand vorliegt, ist dieser Rückgriff naheliegend. Der häufig vorgenommene literarkritische Eingriff, V.15–24 herauszunehmen und an Kap.5 anzuschließen, ist überflüssig.

ten Tag des Festes. Zunächst gibt Jesus mit der Ankündigung des Geistes eine Verheißung, die die vorgestellte Situation transzendiert (V.37–39). Der folgende Abschnitt bietet noch einmal Meinungsstreit über Jesus mit einem weiteren Einwand (V.40–44). Abschließend wird die Reaktion der Behörde darauf erzählt, dass ihr Auftrag, Jesus zu verhaften, nicht ausgeführt werden konnte (V.45–52). So gelingt es Johannes, in der Zuordnung auf Sukkot ein spannungsreiches Kapitel zu gestalten, das Meinungsverschiedenheiten über Jesus widerspiegelt und in dem dieser trotz und in der Gefährdung souverän handelt und den gegen ihn erhobenen Einwänden begegnet.

a) Jesus geht heimlich zu Sukkot (7,1–13)

Dieser Abschnitt bringt zunächst eine Diskussion Jesu mit seinen Brüdern, die ihn veranlassen wollen, zu Sukkot nach Jerusalem zu gehen. Ihnen gegenüber lehnt er das ausdrücklich ab, geht aber dann doch heimlich hin, nachdem sie gegangen sind. Bevor er dort – erst als das Fest schon halb vorüber ist – öffentlich auftritt, gibt es unterschiedliche Meinungen über ihn, hinter vorgehaltener Hand getuschelt; ein offenes Wort wird nicht gewagt. Als wesentliches Thema des Abschnitts wird damit das Problem erkennbar, wie mit Öffentlichkeit und Verborgenheit umzugehen ist in einer Situation der Gefährdung. Indem Johannes beim Erzählen hier den Akzent setzt, macht er die Szene transparent für die Situation seiner Gemeinde.

1   Dreimal wird im Johannesevangelium die Nähe von Pessach konstatiert. Beim ersten Mal, in 2,13, erhielt diese Bemerkung unmittelbar anschließend die Fortsetzung: „Und Jesus stieg hinauf nach Jerusalem." Vor der dritten Stelle, 11,55, wird in V.54 erzählt, dass Jesus sich aus der Nähe Jerusalems zurückzog und sich im Ort Efraim nahe der Wüste verbarg. Nachdem in V.55 die Nähe von Pessach festgestellt ist, folgt: „Und viele aus der Gegend stiegen nach Jerusalem zu Pessach hinauf." Nach 12,1 kommt auch Jesus sechs Tage vor dem Fest nach Betanien, um am nächsten Tag nach Jerusalem zu gehen (V.12ff.). Die Erwähnung von Pessach zieht also die des Hinaufsteigens – vor allem auch Jesu als der Hauptperson des Evangeliums – nach Jerusalem nach sich. Das gilt auch für das in 5,1 nicht näher bezeichnete Fest und für das gleich in 7,2 erwähnte Fest, das als Sukkot gekennzeichnet wird. Die bloße Erwähnung der Nähe von Pessach innerhalb der Erzählung in 6,4 hatte dort gewiss ihren Sinn. Aber die angeführten Stellen zeigen, dass für die Leser- und Hörererwartung noch eine Reaktion Jesu auf die festgestellte Nähe von Pessach aussteht. Sie erfolgt, nachdem der Zusammenhang, in dem 6,4 steht, zu Ende erzählt ist, jetzt in 7,1, indem begründet wird, warum Jesus nicht zu Pessach nach Jerusalem hinaufsteigt. Er bleibt in Galiläa, weil der Aufenthalt in Judäa gefährlich für ihn wäre, ja lebensgefährlich. So wird ausdrücklich an die in 5,18 erwähnte Absicht der

führenden Leute in Judäa erinnert, Jesus zu töten[3]. Das Problem, nach Jerusalem hi-   2
naufzusteigen, stellt sich aber für Jesus von neuem – spätestens[4] als Sukkot vor der
Tür steht. Das ist die Situation, die V.2 aufnimmt.

Chag HaSukkot („**das Laubhüttenfest**") ist das jahreszeitlich letzte der drei biblischen
Wallfahrtsfeste. Nach Ex 23,16; 34,22 ist es schlicht „das Fest des Einsammelns", das letzte
Erntefest im Jahr nach der Obst- und Weinlese. Nach Dtn 16,13–15 soll es sieben Tage lang
als „Fest der Laubhütten" in Jerusalem gefeiert werden. Das Wohnen in Laubhütten dient
dazu, die Nachfahren daran zu erinnern, dass Gott das Volk Israel in Hütten wohnen ließ, als
er es aus Ägypten herausführte (Lev 23,42f.). Der erste Tag wird auf den „15. Tag des siebten Monats" (Tischri) festgesetzt (Lev 23,34.39; Num 29,12). Er ist ein Tag der Arbeitsruhe
und „heiliger Einberufung" (Lev 23,35.39; Num 29,12). Ein achter Tag wird hinzugefügt, an
dem ebenfalls das Gebot der Arbeitsruhe gilt (Lev 23,36.39; Num 29,35) und „heilige Einberufung" (Lev 23,36) bzw. „Festversammlung" (Num 29,35) zu halten ist. Dieser Tag fällt
heute in Israel mit dem Fest der Torafreude zusammen. Neben dem Wohnen in Laubhütten
ist für dieses Fest bis heute der Feststrauß konstitutiv, der aus „vier Arten" besteht, für die
Lev 23,40 als Grundlage gilt: Zitrusfrucht, Palmwedel, Zweige der Myrte und der Bachweide[5]. Schon biblisch wurde dieses Fest als „das Fest Adonajs" (Lev 23,39) oder als „das
Fest" (1Kön 8,65; 2Chr 7,8) bezeichnet. Josephus nennt es „das bei den Hebräern heiligste
und höchste Fest" (Ant 8,100). Nach mSuk 3,12 wurde der Feststrauß im Tempel an allen
sieben Tagen genommen, in den Gebieten außerhalb Jerusalems aber nur an einem Tag.
„Nachdem der Tempel zerstört war, ordnete Rabban Jochanan ben Sakkaj an, dass der Feststrauß in der Provinz sieben Tage genommen werde – zur Erinnerung an den Tempel." Das
ist Sitte bis heute[6].

Es sind nach V.3 die Brüder Jesu, die ihn angesichts der Nähe von Sukkot auffor-   3
dern, nach Judäa zu gehen. Vorher waren sie lediglich beiläufig in 2,12 erwähnt worden mit der Mutter Jesu und seinen Schülern, die alle zusammen nach der Hochzeitsfeier in Kana nach Kafarnaum hinabstiegen. Darüber hinaus begegnen sie außer in
diesem ersten Abschnitt von Kap.7 sonst im Evangelium nicht mehr. Hier allerdings
stellt Jesus sich ihnen betont entgegen.

Nach Mk 3,21.31–35 parr. war das **Verhältnis Jesu zu seiner Familie** – vorsichtig gesagt –
nicht spannungsfrei. Vgl. auch die wenig „familienfreundlichen" Sprüche Mt 8,21f./Lk
9,59f.; Mt 10,34f. Nachösterlich gehörten Mitglieder der Familie Jesu zur Gemeinde (vgl.
Apg 1,14; 1Kor 9,5), von denen Jesu Bruder Jakobus eine hervorragende Rolle gespielt hat
(vgl. 1Kor 15,7; Gal 1,19; 2,9.12; Apg 15,13; 21,18; Josephus, Ant 20,197–203).

Die Brüder fordern Jesus auf, nach Judäa zu gehen, „damit auch deine Schüler deine
Taten sehen, die du vollbringst". Die Zielangabe erscheint seltsam – als hätten die

---

3   Diese Beobachtungen sind ein zusätzliches Argument dafür, den überlieferten Text nicht
     umzustellen.
4   Schavuot wird von Johannes nicht erwähnt.
5   Zu den während der einzelnen Festtage am Tempel darzubringenden Opfern vgl. Num 29,12–38.
6   Zur weiteren Information über die Feier des Laubhüttenfestes bis zur Gegenwart vgl. TRE 11,
     1983, 110f.; EJ 15, 1972, 495–502. Auf die zur Zeit des zweiten Tempels üblichen Wasserriten
     wird beim Abschnitt V.37–39 hingewiesen werden.

Schüler Jesu dessen bisher erzählte Wundertaten nicht miterlebt. Bisher war von den beiden Wundern in Kana (Kap.2 und 4) erzählt worden, vom Brotwunder in Galiläa und dem anschließenden Gehen Jesu auf dem See (Kap.6), aber auch schon von einer unbestimmt bleibenden Anzahl von Wundern (2,23) und dem Wunder der Lahmenheilung (Kap.5) in Jerusalem. Wenn Johannes angesichts dessen die Brüder Jesu so seltsam formulieren lässt, gibt er seiner Leser- und Hörerschaft zu denken. Dabei sind zumindest zwei Dimensionen möglich. Einmal erinnert dieser Zusammenhang an 6,30, wo Jesu Gesprächspartner als Ausweis für dessen Legitimation genau ein solches Wunder verlangten, wie sie es erst einen Tag zuvor erlebt hatten. Die Fixierung auf die Wunder als beglaubigende Mirakel nimmt ihren Zeichencharakter nicht wahr und verlangt so ständig mehr. Jesus wird zu Sukkot nach Jerusalem gehen, aber dort an diesem Fest kein Wunder vollbringen[7]. Zum anderen sagen die Brüder Jesu hintergründig – ohne es selbst zu verstehen – das Richtige. Jesus „*wird* Galiläa verlassen. Er *wird* seinen Jüngern seine Werke zu sehen geben"[8]. *Das* Werk ist sein Gang ans Kreuz als Rückkehr zum Vater. Das wird noch nicht an diesem Fest geschehen, aber darauf wird Jesus in seinem Reden dort anspielen (V.33f.)[9].

4   Die Fortführung der Rede der Brüder in V.4 begründet, warum Jesus sich von Galiläa nach Judäa begeben soll: „Niemand tut ja etwas heimlich und strebt doch zugleich nach öffentlicher Geltung. Wenn du sie vollbringst, zeige dich der Welt!" Gemäß der in V.2 vorgegebenen Erwähnung von Sukkot ist bei der Aufforderung der Brüder an Jesus, nach Judäa zu gehen, näherhin an Jerusalem gedacht. Das gilt also gegenüber Galiläa als Ort größerer Öffentlichkeit, ja als Öffentlichkeit schlechthin, wenn man sich dort „der Welt" zeigen kann. Innerhalb des Johannesevangeliums gibt es einen ausdrücklichen Rückbezug auf diese Stelle in 18,20, wenn Jesus zu dem ihn über seine Schüler und seine Lehre vernehmenden Hohenpriester sagt: „Ich habe öffentlich zur Welt geredet; ich habe stest in Synagoge und im Tempel gelehrt, wo alle Juden zusammenkommen, und heimlich habe ich nichts geredet." Jesus sagt hier also, genau das getan zu haben, wozu ihn seine Brüder in 7,3f. auffordern. Dennoch folgt er ihnen an dieser Stelle nicht, jedenfalls nicht sofort. Er fordert seinerseits seine Brüder auf, zum Fest nach Jerusalem zu gehen, und sagt, selbst nicht zu diesem Fest hinaufzusteigen (V.8). Nachdem sie aber gegangen sind, geht auch er, „nicht

---

[7]   Die Auffälligkeit, dass die Brüder Jesu hier dessen Schüler erwähnen, lässt sich mit der Beobachtung von BARRETT verbinden, dass „der Abfall vieler Jünger … eben erwähnt worden (ist) (6,66), und der Vorschlag der Brüder (die auch nicht glauben) beinhaltet, daß Jesus durch eine öffentliche Machtdemonstration in der Hauptstadt seine Position wiedererringen könnte" (Komm. 320). Vor allem aber ist die Erwähnung der Schüler durch die gleich zu nennende weitere Bedeutungsdimension motiviert.

[8]   BARTH, Johannes-Evangelium 337. Er bezeichnet diese Bedeutung „als Stimme der Weisheit in ihrem Munde", nämlich „*des* θεωρεῖν, zu dem dann die Abschiedsreden anleiten sollen".

[9]   Vgl. dagegen BULTMANN, Komm. 218f. (Anm. 9). Nach ihm sind in V.3b „die Schüler" als Subjekt vom Evangelisten eingesetzt worden, „durch das mit dem früher Erzählten ein notdürftiger Ausgleich hergestellt wird; in Wahrheit ist dadurch aber ‚heller Unsinn geworden' (Wellhausen)".

öffentlich, sondern heimlich" (V.10). Dieser Aspekt des Textes ist sicher in Verbindung zu bringen mit der einleitenden Bemerkung in V.1, dass „Jesus in Galiläa umherzog" und „nicht in Judäa umherziehen wollte, weil die (dort führenden) Juden danach trachteten, ihn zu töten". Der Text reflektiert also das Problem der Herstellung oder Vermeidung von Öffentlichkeit in gefahrvoller Situation – und ist darin gewiss transparent für die Situation der Gemeinde. Der Abschnitt wird gewöhnlich so ausgelegt, dass sich Jesus sein Handeln und vor allem auch den Zeitpunkt seines Handelns nicht von außen vorgeben, nicht diktieren lasse, sondern souverän selbst entscheide. Das trifft sicher zu. Aber noch nicht in Anschlag gebracht ist dabei das hier doch betonte Moment der Gefahr. Wie steht es mit Verborgenheit und Öffentlichkeit in einer Zeit der Gefährdung? Darf man sich verstecken und verborgen halten? Ist Zurückhaltung geboten, oder muss um jeden Preis Öffentlichkeit gesucht werden? Mit letzterem ist eine Position genannt, die im Text von Außenstehenden, von Unbeteiligten und Nichtbetroffenen (V.5), empfohlen wird. Und da ist sie wohlfeil. Indem Johannes so darstellt, wie er es tut, macht er deutlich, dass Öffentlichkeit nicht um jeden Preis zu suchen ist; er redet keiner Martyriumssehnsucht das Wort.

Nach jüdischem Verständnis wird **Öffentlichkeit** durch mindestens zehn israelitische Männer hergestellt. „Es gibt keine Öffentlichkeit mit weniger als zehn Menschen, einfach Israeliten" (bSan 74b; vgl. bMeg 23b). Das ist zugleich die Mindestzahl für die synagogale Versammlung. Von daher erklärt es sich, dass in Joh 18,20 im Zusammenhang des Hinweises auf Öffentlichkeit an erster Stelle Synagogen genannt werden. Wesentlich bedeutsamer ist in dieser Hinsicht natürlich der dort an zweiter Stelle erwähnte Tempel – und das umso mehr an den Wallfahrtsfesten. In SifDev § 127 heißt es: „An drei Stellen erwähnt sie (die Schrift) den Abschnitt über die Festtermine, in der Priestertora (Lev 23) wegen ihrer Ordnung, im Pentateuchabschnitt ‚Musterung' (Num 28f.) wegen des Opfers, in der Wiederholung der Tora (Dtn 16,1–7) wegen der Öffentlichkeit" (FINKELSTEIN/HOROVITZ S.185)[10]. Der zuletzt genannte Aspekt bezieht sich darauf, dass in Dtn 16 im Blick auf Pessach, Schavuot und Sukkot jeweils geboten wird, an dem Ort zu feiern, „den Adonaj, dein Gott erwählen wird, dass sein Name dort wohne" (V.6.11; verkürzt V.15). V.16 fasst das noch einmal zusammen: „Dreimal im Jahr soll alles, was männlich bei dir ist, vor dem Angesicht Adonajs, deines Gottes, an dem Ort erscheinen, den er erwählen wird: am Mazzenfest, am Wochenfest und am Laubhüttenfest." So entsteht an diesen Festen in Jerusalem größte Öffentlichkeit.

An den Wallfahrtsfesten ist also in Jerusalem die denkbar größte Öffentlichkeit gegeben. „Synagoge" und „der Tempel" in Joh 18,20 weisen auf die kleinst- und größtmögliche Öffentlichkeit hin. Da außerdem diese Thematik dort ausdrücklich angegeben wird und der Bezug auf den ersten Abschnitt von Kap.7 klar hervortritt,

---

10   Die Stelle wird nicht von allen Textzeugen geboten; nach FINKELSTEIN „scheint sie aus der Mekhilta zum Deuteronomium" übernommen zu sein (185). Er bietet in seinem Text nicht die Lesart *ha-zibúr* („die Öffentlichkeit"), sondern die Lesart *ha-ibúr* („die Interkalation", nämlich die Hinzufügung des Schaltmonats), die nur von einer Handschrift geboten wird. Diese Lesart macht zwar Sinn im Kontext von § 127 und hat dann wahrscheinlich die Verortung der Tradition an dieser Stelle verursacht, hat aber keinen Anhalt am Deuteronomiumstext, der hier im Blick ist.

ist sie auch hier vorausgesetzt. Zudem wird deutlich, wie sehr Johannes in jüdischem Horizont denkt, wenn er sowohl in 7,4 als auch in 18,20 als „die Welt" die jüdisch definierte größtmögliche Öffentlichkeit versteht. Dem Gebot nach ist die Größe der Öffentlichkeit an allen drei Wallfahrtsfesten gleich, da ja jedesmal „alles, was männlich bei dir ist", kommen soll. Faktisch aber war die Teilnahme am Laubhüttenfest am größten. Deshalb erscheint das Thema „Öffentlichkeit" im Johannesevangelium auch bei Jesu Wallfahrt zu diesem Fest in Kap.7.

5   V.5 bietet eine begründende Zwischenbemerkung des Evangelisten: „Auch seine Brüder glaubten nämlich nicht an ihn." Damit wird ausdrücklich gemacht, dass die Aufforderung der Brüder eine von Außenstehenden war, von Nichtbetroffenen, ein Rat aus der Distanz, der die Konsequenzen nicht zu tragen hat. Leute von außerhalb wissen ja immer wieder sehr genau, was Betroffene tun sollten; aber die werden es schon selbst wissen. Für die Ebene der Gemeinde heißt das: Der Glaube wird wissen, wann er öffentlich Zeugnis zu geben hat und wann er sich besser zurückhält.

6   V.6 erfolgt eine Begründung im Munde Jesu: „Meine Zeit ist noch nicht da." Das hier gebrauchte griechische Wort für „Zeit" (*kairós*) meint genauer den rechten Zeitpunkt. Für Betroffene, vor allem für gefahrvoll in das Geschehen Einbezogene, sind nicht alle Zeiten gleich. Es gibt Zeiten, wo es besser ist, sich zurückzuziehen und zu schweigen. Man muss nicht zu allem und jedem Stellung beziehen; man muss nicht unbedingt akute Verfolgung heraufbeschwören. Es kommt für das öffentliche Zeugnis auf die Erkenntnis des rechten Augenblicks an.

Die Entgegensetzung in V.6b unterstreicht das: „Eure Zeit aber ist ständig da." Das ist eine höchst ironische Paradoxie. Wird vom rechten Augenblick als einer andauernden Gegebenheit gesprochen, heißt das, dass er „in Wahrheit nie da" ist[11], dass er nie wahrgenommen und ergriffen wird. Als Dauererscheinung kann es den rechten Augenblick nur für die Nichtbetroffenen, die Unbeteiligten geben – und so ist er immer schon verfehlt. Über ihn kann deshalb auch nicht nach Belieben verfügt werden. Er lässt sich nicht erzwingen; er will erkannt werden. Das zeigt eine jüdische Formulierung, die sprichwörtlichen Charakter hat: „Jeden, der die Stunde erzwingen will, bezwingt die Stunde; und jedem, der der Stunde nachgibt, gibt die Stunde nach"[12].

7   Die Forderung Nichtbetroffener hilft nicht; sie kostet nichts und ist deshalb auch belanglos. Das unterstreicht V.7, wenn Jesus zu seinen Brüdern sagt: „Euch kann die Welt nicht hassen." „Die Welt" ist hier nicht in einem unspezifischen Sinn die Welt

---

[11]   BULTMANN, Komm. 220. WILCKENS formuliert diese Konsequenz sehr schön so: „Ein Augenblick ist wie der andere ‚gleich-gültig'" (Komm. 129).

[12]   bBer 64a. In bEr 13b ist dieser Spruch in etwas anderer Formulierung mit weiteren Aussagen verbunden: „Jeden, der sich selbst erniedrigt, erhöht der Heilige, gesegnet er, und jeden, der sich selbst erhöht, erniedrigt der Heilige, gesegnet er; vor jedem, der um die Größe wirbt, flieht die Größe, und um jeden, der vor der Größe flieht, wirbt die Größe; und jeden, der die Stunde erzwingen will, bezwingt die Stunde, und jedem, der der Stunde nachgibt, steht die Stunde bei." In dieser Sentenz entspricht das hebräische Wort für „Stunde" genau dem griechischen Wort *kairós*.

an und für sich und überhaupt. Als eine Größe, die zu fürchten ist, muss sie genauer bestimmt werden als die in der Welt Mächtigen und Einflussreichen. Wer ihnen nach dem Mund redet, wer sich in seinen Äußerungen daran hält, was gesellschaftlich dominant ist, braucht keinen Hass zu fürchten, hat die Konzession zu ebenso gefahr- wie belanglosem Geschwätz. Jesus fährt fort: „Mich aber hasst sie, weil ich ihr bezeuge, dass ihre Taten böse sind." Jesu Rede als Zeugnis des in ihm auf den Plan tretenden Gottes, des in seiner „Erhöhung" ans Kreuz und also in der Erniedrigung den Erniedrigten solidarisch werdenden Gottes, ist eine Herausforderung an die Welt der Starken und Mächtigen, die ihre Macht zu gebrauchen wissen. Da will der Zeitpunkt wohl erwogen sein, wann die Herausforderung gewagt wird[13].

Auf **Lob**, das in der Gefahr steht, nach dem Mund zu reden, **und** auf **Zurechtweisung** als Phänomene des Alltags, besonders für den Lehrer, gehen rabbinische Aussprüche in überspitzender Formulierung ein. So sagt Rabbi Elasar HaKappar: „Liebe den, der dich zurechtweist (, damit Weisheit zu deiner Weisheit hinzugefügt werde)! Und hasse den, der dich ehrt, damit deine Weisheit sich nicht verringere!" (DES 9[14]). Auf Rabbi Schim'on ben Elasar wird zurückgeführt: „Du hast Freunde; einige von ihnen weisen dich zurecht, und einige von ihnen loben dich. Liebe den, der dich zurechtweist, und hasse den, der dich lobt! Denn der dich zurechtweist, bringt dich zum Leben der kommenden Welt, und der dich lobt, führt dich aus der Welt heraus" (ARN [A] 29 [Schechter 44a]). Vgl. weiter mAv 6,5f., wo unter den 48 Dingen, durch die Tora erworben wird, sich auch finden: „wer Zurechtweisung liebt, … sich von Ehrung fernhält".

In V.8 fordert Jesus seine Brüder auf, dass sie zum Fest gehen sollen. „Zu diesem   8 Fest gehe ich nicht hinauf, weil meine Zeit noch nicht erfüllt ist." Der Begründungssatz spielt auf die Passion an, wie es in diesem Kapitel immer wieder geschieht. Der rechte Zeitpunkt schlechthin – an anderen Stellen wird im selben Sinn von „der Stunde" gesprochen – ist Jesu Tod am Kreuz. Sein entscheidendes Zeugnis, seine „Offenbarung vor der Welt" (V.4), führt ihn in den Tod, ja ist dieser Tod.

Gemäß der Aussage Jesu in V.8, dass er zu diesem Fest nicht hinaufsteige, stellt   9f. V.9 fest, dass er „in Galiläa blieb". Aber unmittelbar anschließend wird in V.10 erzählt: „Als aber seine Brüder zum Fest hinaufgegangen waren, da ging auch er hinauf – nicht öffentlich, sondern gleichsam heimlich." Diese Darstellung lässt keinen

---

13   HIRSCH nutzt die Stelle für eine prinzipielle antisemitische Äußerung, wenn er sagt, „daß Jesu Tun zum Zeugnis über die (!) Bosheit des (!) Judentums wird" (Evangelium 192). Im Fortgang seiner Ausführungen geraten ihm die Brüder Jesu zu Repräsentanten des Judenchristentums und Jesus offenbar zum Repräsentant des Heidenchristentums: „Judenchristentum erfährt nicht Haß und Verfolgung durch das Judentum, wie das rechte in Gott frei gewordene Christentum es tut, denn allein dies letzte ist echtes Zeugnis wider die Unwahrheit des jüdischen Dienstes und der jüdischen Hoffnung" (ebd.). Das Vorwort zu diesem Buch wurde im September 1935 geschrieben. Das Zitat zeigt Blindheit gegenüber dem, was in aller Öffentlichkeit tatsächlich an „Haß und Verfolgung" geschah.

14   Vgl. die englische Übersetzung und die Erläuterungen mit Hinweis auf weitere Stellen bei VAN LOOPIK S.301.

Zweifel daran, dass Jesus gegenüber seinen Brüdern gelogen hat[15]. Diese Lüge Jesu ist aus der in V.1 genannten Gefährdung heraus zu verstehen, die für die bedrängte Situation der Gemeinde transparent ist. Es gibt lebensrettende „Lügen" und tödliche „Wahrheiten". Wenn Wahrheit um jeden Preis gefordert wird, kann es sich nur um eine abstrakte Wahrheit handeln – und die war oft genug todbringend. „Sind hier Juden versteckt?" „Wurde im Haus ein Feindsender gehört?"

In rabbinischen Texten begegnet im Zusammenhang des Gegensatzes von öffentlich und verborgen häufig auch die **Frage der Heiligung oder Entweihung des Gottesnamens**. Dabei wird auch diskutiert, unter welchen Bedingungen sonst Verbotenes getan werden darf. Selbst Götzendienst, wenn er unter Todesdrohung befohlen wird, ist zu vollziehen, um das Leben zu retten. Das aber gilt nicht für den Fall öffentlicher Entweihung des Namens Gottes. So lautet eine auf Rabbi Jischmael zurückgeführte Baraita: „Woher ist es zu begründen, dass ein Mensch, zu dem man sagt: ‚Begehe die Sternenverehrung, und du wirst nicht getötet!', sie begehen und sich nicht töten lassen soll? Die Belehrung (der Schrift) lautet: ‚Und er wird durch sie (Gottes Satzungen und Rechte) leben' (Lev 18,5); und es ist nicht so, dass er durch sie sterben soll. Kann er's denn sogar öffentlich? Die Belehrung (der Schrift) lautet: ‚Und nicht sollt ihr meinen heiligen Namen entweihen!' (Lev 22,32)" (bAS 27b). Ganz ähnlich wird an späterer Stelle dieses Traktates mit den beiden Schriftzitaten argumentiert. Die Erlaubnis, unter Nötigung Götzendienst zu begehen, und das strikte Verbot der Entweihung des göttlichen Namens, selbst im Falle der Nötigung, gelten nicht als Widerspruch, sondern die erste wird auf die Situation der Verborgenheit und das zweite auf die der Öffentlichkeit bezogen (bAS 54a).

In diesem Kontext gelesen, muss die „Lüge" Jesu als Tarnung verstanden werden. Es geht nicht darum, um jeden Preis Öffentlichkeit zu suchen; es gibt legitime Tarnung. Der Evangelist unterstreicht die Legitimität der Tarnung für seine Gemeinde, indem er hier Jesus als einen darstellt, der sich unter bewusster Irreführung der Öffentlichkeit entzieht – zumindest eine Zeit lang.

11–13   Dass die Tarnung angebracht ist, unterstreichen die Verse 11 bis 13. Jesus wird auf dem Fest erwartet und gesucht – gewiss nicht in freundlicher Absicht. Der Text stellt „die Juden" (V.11.13) und „die Menge" (V.12) gegenüber. Diese Gegenüberstellung und die Formulierung in V.13, „aus Furcht vor den Juden" habe niemand offen über Jesus geredet, machen deutlich, dass unter „den Juden" die führenden vorgestellt

---

[15]   Das darf er natürlich nicht; und so bieten zahlreiche, auch wichtige Handschriften die Aussage Jesu in V.8 in dieser Form: „Ich gehe *noch* nicht zu diesem Fest hinauf." Dieser Text dürfte aber kurzbeiniger Apologetik entsprungen sein. Es ist undenkbar, dass ein ursprüngliches „noch nicht" durch ein „nicht" ersetzt worden ist. Der Apologetik sind auch viele Kommentierungen zuzurechnen, für die beispielhaft BLANK zitiert sei: „Was Jesus also ablehnt, ist der öffentliche, feierliche Zug zum Fest" (Komm. 1b,84). Zu klar ist die Aussage von V.8: „Zu diesem Fest gehe ich nicht hinauf." In der dargestellten Situation kann das nicht anders als bewusste Irreführung der Brüder verstanden werden. Das schließt nicht aus, dass auch eine metaphorische Dimension anklingt, auf die der Begründungssatz in V.8 verweist. Sie wird von BROWN hervorgehoben: „Zu diesem Fest wird er nicht hinaufgehen (V.8), d.h. hinaufgehen zum Vater. Johannes spielt mit dem Wort *anabainein*, das die Bedeutung haben kann ‚bei einer Wallfahrt hinaufgehen nach Jerusalem und zum Berg Zion', aber auch ‚hinaufsteigen'" (Komm. 1,308).

sind[16]. Es ist eine Situation vorausgesetzt, in der es nicht opportun erscheint, durch irgendeine Äußerung mit dem Namen Jesus in Zusammenhang gebracht zu werden. Das war nicht die Situation des irdischen Jesus, sondern offenbar die des Evangelisten und seiner Gemeinde.

V.12 führt unterschiedliche Meinungen an, die über Jesus getuschelt werden. Das geschieht noch zweimal in ausführlicherer Form in diesem Kapitel. Die knappe Gegenüberstellung in V.12 erweist sich damit als ein Präludium. Die einen meinen, dass es sich recht mit Jesus verhalte[17]; andere verneinen das und sehen in ihm jemanden, der die Menge irreführt. Über einen solchen heißt es mehrfach in der rabbinischen Literatur: „Keinem, der die Menge verführt, lässt man es gelingen, Umkehr zu tun"[18]. In der größtmöglichen Öffentlichkeit von Sukkot – eine Öffentlichkeit „angesichts Adonajs, deines Gottes", an dem Ort, den er erwählt hat – steht in Kap.7 zur Debatte, ob Jesus diesen Gott repräsentiert oder ob er von ihm abwendet, ob er den Namen Gottes heiligt oder entweiht.

b) Jesus lehrt in der Mitte des Festes im Tempel (7,14–24)

Dass Jesus zur Mitte des Festes im Tempel als Lehrender auftritt (V.14), ruft erneut die Frage nach seiner Legitimation hervor, indem als Einwand vorgebracht wird, dass ihm die Ausbildung zum Lehrer fehle (V.15). Jesus verteidigt sich und geht zum Gegenangriff über, wobei er an Motive aus Kap.5 anknüpft (V.16–19). Der Vorwurf, ihn töten zu wollen, veranlasst die Menge zu einem Zwischenruf, der Jesus für besessen erklärt (V.20). Dessen weitere Rede ignoriert den Einwurf und argumentiert offensiv für die nach Kap.5 von ihm am Sabbat vollbrachte Heilung (V.21–24). Diese Anknüpfung an ein Geschehen, das nach dem jetzigen Erzählzusammenhang lange zurückliegt, wie überhaupt die Aufnahme von Motiven aus dem Schluss von Kap.5 haben vielfach dazu geführt, die V.15–24 für die ursprüngliche Fortsetzung von 5,47 zu halten[19]. Doch schließt der Vorwurf von V.15 wesentlich besser an V.14 an als an 5,47[20]; und was die zeitliche Distanz der in Kap.5 und 7 erzählten Ereignisse betrifft, so hat schon BAUER treffend bemerkt: „Jo(hannes) denkt eben mehr an seine Leser,

---

[16] So sieht BROWN hier „einen deutlichen Hinweis darauf, dass ‚die Juden' die Jerusalemer Autoritäten sind, denn die Menge war ja gewiss auch jüdisch, und dennoch fürchtet sie die Juden" (Komm. 1,307).

[17] Wörtlich: „Er ist gut."

[18] mAv 5,18; ARN (A) 40 (SCHECHTER 60b); Sem 8,2; tJom 5,11 (ZUCKERMANDEL 191); bJom 87a; bSot 47a; bSan 107b. Auf den angegebenen Seiten des babylonischen Talmud steht die Aussage jeweils zweimal.

[19] Vgl. z. B. SCHNACKENBURG, Komm. 2,183 f.

[20] Vgl. dazu BARRETT, Komm. 325; zum Problem im ganzen 325f. Sein abschließendes Urteil lautet: „Die zeitlichen Verknüpfungen des Joh(annes) sind zumindest annehmbar, seine theologischen Verknüpfungen sind völlig in Ordnung; letztere können kaum verbessert werden, erstere nur leicht und dann auf Kosten jener" (326).

die kurz zuvor von diesen Dingen Kenntnis genommen haben, als an die Hörer der Rede"[21].

14   Zur Festmitte tritt Jesus nach V.14 aus der Verborgenheit heraus. Er bestimmt selbst den Augenblick seines öffentlichen Auftretens. Die Verborgenheit ist kein Selbstzweck, kein Wert an sich und deshalb auch keine Dauererscheinung. Es muss zu öffentlichem Zeugnis kommen. Aber wann das zu geschehen hat, lässt sich nicht außerhalb der Situation bestimmen. Der Ort der Öffentlichkeit ist der Tempel, zu dem Jesus von Jerusalem hinaufsteigt[22].

Am Ende von V.14 wird er als lehrend dargestellt. Dem entspricht im Evangelium die häufige Anrede als „Lehrer" und die Bezeichnung der zu ihm Gehörigen als
15   „Schüler". An die Feststellung, dass Jesus lehrte, knüpft der in V.15 folgende Einwand an. Die in V.15 als Subjekt eingeführten „Juden" sind mit der in V.20 genannten „Menge" identisch[23]; es ist also jetzt an die am Fest im Bereich des Tempels versammelten Juden gedacht. Sie „wunderten sich". Der Zusammenhang zeigt, dass damit kein positives Staunen gemeint ist, sondern ein unwilliges Sich-Verwundern und ärgerliches Erstaunen. Sie wenden gegen Jesus ein: „Wieso hat der Schriftkenntnisse, da er doch nicht studiert hat?!" Lernen, um selbst einmal Lehrer der Schrift zu werden, heißt im Judentum nicht, sich autodidaktisch etwas beizubringen, sondern es heißt, bei einem Lehrer zu lernen, was Dienst ihm gegenüber im gemeinsamen Leben mit ihm einschließt[24].

In bKet 111a wollen die Brüder Raba bar Nachmanis diesen veranlassen, von Pumbadita in Babylonien zu ihnen nach Israel zu kommen, und lassen ihn wissen: „Obwohl du ein großer Weiser bist, (gilt ja doch der Grundsatz, dass) derjenige, der von sich selbst lernt, nicht dem gleicht, der von seinem Lehrer lernt." Und sie versichern ihm, dass er auch in Israel **einen Lehrer haben** wird, nämlich Rabbi Jochanan. Hinter diesem Grundsatz steht die Sorge, dass ein Autodidakt in ungleich größerem Maß in Gefahr steht, Irrtümer einzuführen. Gilt doch ohnehin schon die Mahnung: „Sei vorsichtig in der Lehre; denn ein Irrtum der Lehre führt zu absichtlichem Frevel" (mAv 4,13). Und bereits als Wort Avtalions wird in mAv 1,11 überliefert: „Ihr Weisen, seid vorsichtig mit euren Worten! Es könnte sein, dass ihr euch schuldig macht der Schuld der Verbannung und verbannt werdet an einen Ort böser Wasser; und es werden davon die Schüler, die nach euch kommen, trinken und sterben – und der Name des Himmels wird entweiht gefunden."

In bSot 21b.22a wird die Frage, wer ein „listiger Frevler" sei, schließlich auch so beantwortet: „Das ist der, der (die Schrift) gelesen und (die Mischna) studiert, aber nicht den Schriftgelehrten[25] gedient hat." Dieser wiederum – also der Autodidakt –

---

[21]   Komm. 111.
[22]   Zur Wendung „von Jerusalem zum Tempelberg hinaufsteigen" vgl. mHag 1,1; SifDev § 143 (FINKELSTEIN/HOROVITZ S.196).
[23]   Vgl. WENGST, Gemeinde 62.
[24]   Vgl. dazu LENHARDT-OSTEN-SACKEN, Akiva 88–95.
[25]   Wörtlich übersetzt sind die Schriftgelehrten „die Schüler der Weisen". Nach mAv 4,1 gilt als weise, „wer von jedem Menschen lernt".

wird dann nacheinander als Ungebildeter, Ignorant, Samariter und Magier bezeichnet. Er steht außerhalb der Kontinuität der Tradition und gefährdet diese. Zu diesem späten Text zeigt das Johannesevangelium überraschende Entsprechungen, wenn Jesus nach dem Vorwurf von 7,15, er habe nicht studiert, im weiteren als ein vom Dämon Besessener und ein Samariter bezeichnet wird (7,20; 8,48f.52; 10,20).

Für die **Gefahr**, die **im Selbststudium** gesehen wurde, sei noch eine Baraita aus bBer 28b zitiert: „Als Rabbi Elieser krank war, traten seine Schüler ein, um ihn zu besuchen. Sie sagten zu ihm: Unser Lehrer, lehre uns die Wege des Lebens, damit wir auf ihnen das Leben der kommenden Welt erlangen! Er sagte zu ihnen: Geht vorsichtig um mit der Ehre eurer Nächsten, haltet eure Söhne vom Sinnieren[26] ab und setzt sie zwischen die Knie der Schriftgelehrten, und wenn ihr betet, wisst, vor wem ihr steht! Auf diese Weise werdet ihr das Leben der kommenden Welt erlangen."

Die rabbinische Tradition kennt allerdings ganz wenige Ausnahmen, die „von selbst" Gott erkannt haben. In BemR 14,2 (Wilna 57d.e) heißt es im Anschluss an ein Zitat aus Spr 14,14 über den dort erwähnten „guten Mann": „Das war Abraham, der von selbst den Heiligen, gesegnet er, erkannte, und es gab keinen Menschen, der ihn belehrte, wie der Ort (= Gott) zu erkennen sei, sondern er (erkannte) von selbst. So ist er einer von den vier Menschen, die von selbst den Heiligen, gesegnet er, erkannten"[27]. Als die übrigen drei werden aufgezählt: Hiob[28], König Hiskia[29], „und der König, der Messias, erkannte von selbst den Heiligen, gesegnet er".

Diese Unmittelbarkeit der Beziehung zu Gott wird im Johannesevangelium für 16 Jesus beansprucht und in V.16 mit der Botenvorstellung zum Ausdruck gebracht: „Meine Lehre ist nicht meine, sondern dessen, der mich geschickt hat." Im Hintergrund steht hier das Botenrecht[30]: Der Bote redet nicht in eigener Machtvollkommenheit, sondern überbringt die Botschaft dessen, der ihn gesandt hat. Wird seine Legitimität bestritten, wird die von ihm überbrachte Botschaft angezweifelt, gerät er unweigerlich in Beweisnot. Er kann nur beteuern, nichts als die Botschaft des ihn Sendenden zu übermitteln. Genau das tut hier der johanneische Jesus. Durch die aufgenommene Botenvorstellung sagt der Evangelist: Im Wort Jesu spricht Gott selbst. Das ist ein unausweisbarer Anspruch. Für dessen Richtigkeit gibt es keine objektiven Kriterien, die von außen angelegt werden könnten und dann eine Entscheidung erlaubten. Es gibt hier vielmehr nur sozusagen das subjektive Experiment: sich im Le-

---

[26] Das im hebräischen Text stehende Wort dürfte Privatlektüre, Privatphilosophie meinen.
[27] Vgl. BerR 95,3 (THEODOR/ALBECK S.1189), wo es ebenfalls in Verbindung mit Spr 14,14 von Abraham heißt: „Von selbst lernte er Tora."
[28] Aufgrund von Hi 23,12.
[29] Aufgrund von Jes 7,15.
[30] Vgl. J.-A. BÜHNER, Der Gesandte und sein Weg im 4. Evangelium. Die kultur- und religionsgeschichtlichen Grundlagen der johanneischen Sendungschristologie sowie ihre traditionsgeschichtliche Entwicklung, 1977.

bensvollzug auf die Sache einzulassen und dann schon zu merken, ob etwas daran ist
oder nicht.

17   Die Aufforderung, die Probe aufs Exempel zu machen, erfolgt hier aber nicht in
der Form der Einladung zum Glauben an Jesus, wie es an anderen Stellen der Fall ist,
sondern in einer eigenartigen Formulierung: „Wer seinen Willen tun will, wird hinsichtlich der Lehre erkennen, ob sie von Gott ist oder ob ich von mir selbst aus rede"
(V.17). Wenn in einer neutestamentlichen Schrift, die in jüdischem Horizont steht,
vom Willen Gottes gesprochen wird, dann kann nicht irgendein Allgemeines gemeint
sein, sondern konkret der in der Tora kodifizierte Wille Gottes. Hier wird also die
sachliche Übereinstimmung dieses Gotteswillens der Tora mit dem vorausgesetzt,
was Jesus lehrt. Wer „von selbst" Gott erkannt hat, redet nicht „von selbst", nicht aus
eigener Machtvollkommenheit. Entsprechend sagt Mose zu Israel: „Nicht von selbst
rede ich zu euch, sondern vom Munde des Heiligen rede ich zu euch"[31].

18   An das Reden „von selbst" knüpft V.18 an: „Wer von sich selbst aus redet, sucht
die eigene Ehre. Wer aber die Ehre dessen sucht, der ihn geschickt hat, der ist wahrhaftig, und an ihm ist kein Unrecht." Wer aus eigener Machtvollkommenheit redet,
stellt seine eigene Person heraus, handelt eigenmächtig. Würde sich ein Bote so verhalten, hätte er seinen Auftrag verfehlt und den verraten, der ihn beauftragt hat. Der
wirkliche Bote will dagegen gerade die Person seines Auftraggebers herausstellen
und dessen Willen zum Zuge kommen lassen. Tut er das, ist er „wahrhaftig". Hier ist
hinter dem griechischen Wort deutlich das entsprechende hebräische zu erkennen:
treu, zuverlässig, wahrhaftig. Wie nach der Midraschstelle im Sprechen des Mose, so
kommt hier im Sprechen Jesu Gott selbst zu Wort.

Da als Sendender Gott vorgestellt ist, greift der Zusammenhang über das Botenrecht weit hinaus. Allein um dessen „Ehre" geht es; Jesus sucht daneben nicht die
eigene. Dass es allein um Gottes Ehre bzw. Herrlichkeit geht, ist dem Johannesevangelium und seiner jüdischen Umwelt gemeinsam, umstritten ist allerdings, wo sie
ihren Ort hat: ob sie in Jesus aufscheint. Wahrscheinlich ist es nicht von ungefähr,
dass dieser Streit auf der erzählten Ebene im Tempel ausgetragen wird, dem vorzüg-
lichsten Ort des *k'vod adonáj*, der Herrlichkeit bzw. Ehre Gottes, im jüdischen Ge-
meindeleben.

Grundsätzlich gilt der absolute **Vorrang der Ehre Gottes**: „Und jeder, der nicht auf die
Ehre seines Schöpfers Rücksicht nimmt, für den wäre es gut, dass er nicht auf die Welt gekommen wäre" (mHag 2,1). Die eigene Ehre und die Ehre Gottes sind in bJom 38a gegenübergestellt. Dort wird von Rabbi Jischmael erzählt, dass er einen der Nachkommen des
Hauses Eutinos traf, das für das Räucherwerk zuständig war und darüber nicht mehr lehren
wollte, und zu ihm sagte: „Deine Väter verlangten danach, ihre Ehre zu vermehren, und
wollten die Ehre des Ortes (= Gottes) vermindern. Jetzt ist die Ehre des Ortes an ihrem Ort
(= hat Bestand) und ihre Ehre vermindert." Der Versuch, Gottes Ehre zu vermindern, wird

---

[31] SifDev § 5 (FINKELSTEIN/HOROVITZ S.13); wiederholt in §§ 9.19.25 (S.16.31.35).

darin gesehen, dass sie nicht mehr für die Überlieferung des Wissens über das im Tempel als dem Ort der Ehre Gottes darzubringende Räucherwerk sorgen wollten. Obwohl es diesen Ort nicht mehr gibt, hat die Ehre Gottes dennoch Bestand; sie hat ihren Ort in der Tora. Deshalb gilt es, sich auch weiterhin mit ihren den Tempel betreffenden Vorschriften zu befassen[32].

In einem Kontext, der die Tora herausstellt, heißt es in mAv 6,4: „Verlange nicht nach Größe für dich selbst und begehre nicht nach Ehre! Tue mehr als dein Studium (d. h. das Tun soll die Lehre übertreffen)! Auch gelüste nicht nach den Tischen der Könige! Denn dein Tisch ist größer als ihre Tische und deine Krone größer als ihre Kronen. Und treu ist dein Arbeitgeber, der dir den Lohn deiner Arbeit vergelten wird." Tisch und Krone des hier Angesprochenen sind die Tora und ihr Lohn[33], in der Gott seine Ehre gesucht hat. Und so fällt ein Abglanz davon auch auf den Menschen, der sich mit ihr beschäftigt: „Wer von seinem Mitmenschen *ein* Kapitel, *eine* Halacha, *einen* Vers oder *einen* Ausspruch, selbst nur *einen* Buchstaben lernt, muss ihm Ehre erweisen" (mAv 6,3). Etwas weiter heißt es: „Und es gibt keine Ehre außer der Tora; denn es ist gesagt: ‚Ehre werden die Weisen erben' (Spr 3,35), ‚und die Redlichen werden Gutes erben' (Spr 28,10). Und es gibt nichts Gutes außer der Tora; denn es ist gesagt: ‚Denn als gute Lehre habe ich euch meine Tora gegeben; verlasst sie nicht!' (Spr 4,2)" Nicht dem Menschen kommt die Ehre zu – allenfalls vermittelt –, sondern der Tora, die er gelehrt und von der er gelernt hat[34].

Für den möglichen Gesprächshintergrund beim Reden über Ehre im Johannesevangelium ergibt sich, dass auch für die andere Seite der Vorrang der Ehre Gottes selbstverständlich war. Die im Evangelium vorliegende Polemik darf nicht dazu verleiten, ihr das abzusprechen[35]. Nach ihr ist der Ort von Gottes Ehre bzw. Herrlichkeit in erster Linie die Tora, während nach Johannes Gott seine Ehre vor allem auch im Kreuz Jesu gesucht hat. Dabei setzt er dieses nicht jener alternativ entgegen. Dass er in V.19 auf die Tora zu sprechen kommt, ist von dem aufgezeigten Zusammenhang 19 her nicht überraschend. Dabei ist die Geltung der Tora als selbstverständlich vorausgesetzt.

---

32 Dahinter steht die Frage, welche Wirklichkeit letzte Geltung beanspruchen kann: das von den Römern gesetzte Faktum der Tempelzerstörung oder die Tora.

33 Die Tora und ihr Lohn – wie wenig sichtbar dieser Lohn sein kann, zeigt eindrücklich der zweite Teil der Erzählung von Mose und Rabbi Akiva in bMen 29b, wo Mose dessen schreckliches Martyrium sieht. Vgl. dazu LENHARDT/OSTEN-SACKEN, Akiva 326.

34 Natürlich hat der Mensch dem Menschen Ehre zu erweisen. Indem er ihn ehrt, ehrt er Gott; und die Ehrung Gottes manifestiert sich in der Achtung gegenüber denen, die als Bild Gottes geschaffen sind. „Wer ist geehrt? Wer die Geschöpfe (= die Menschen) ehrt" (mAv 4,1; begründet mit 1Sam 2,30). Der Vorrang der Ehre Gottes steht außer Zweifel. In einem Kontext, der ausführlich behandelt, wer vor wem in welcher Situation aufstehen muss, heißt es in bQid 33b: „Es ist einem Gelehrtenschüler nur morgens und abends erlaubt, vor seinem Lehrer aufzustehen, damit nicht dessen Ehre mehr sei als die des Himmels." So gilt auch der Grundsatz: „Wann immer es eine Entweihung des Namens gibt, darf man dem Lehrer keine Ehre erweisen" (bSan 82a; bBer 19b; ein Fallbeispiel findet sich bEr 63a).

35 HEITMÜLLER galt hier die „Selbstlosigkeit Jesu und der christlichen Prediger (!) gegenüber der offensichtlichen Ehrsucht der jüdischen Lehrer" „als beachtenswerter Fingerzeig" für „die göttliche Herkunft der Lehre (Jesu und) der Christen" (Komm. 109). BULTMANN zitiert diese Aussage und bemerkt, dass „die ‚Ehrsucht' der jüdischen Lehrer nicht offensichtlich" sei; „sie ist vielmehr jenes dem Menschen eigene Geltungsbedürfnis, das ihm selbst verdeckt sein kann, und das erst im Lichte der Offenbarung deutlich wird" (Komm. 207). Damit werden aber die jüdischen Lehrer einmal mehr auf das menschlich Negative festgelegt.

Mit V.19 geht Jesus zum Gegenangriff über. Die hier geführte harte Sprache ist nur verständlich aus den harten Auseinandersetzungen zwischen der jüdischen Minderheit, die an Jesus als Messias glaubte, und der jüdischen Mehrheit zur Zeit des Evangelisten. „Hat euch nicht Mose die Tora gegeben? Und niemand von euch tut die Tora." Dass die Tora zu tun ist, ist im Judentum natürlich keine Frage. Worin hat dann die hier aufgestellte Behauptung, dass „niemand von euch die Tora tut", ihre Logik? In V.17 hatte Jesus beansprucht, dass der in der Tora niedergelegte Wille Gottes mit dem übereinkommt, was er lehrt. Das führt jetzt offenbar zu einem Umkehrschluss: Wer Jesus ablehnt, hält daher auch nicht die Tora; die Tora kann nur halten, wer Jesus anerkennt. Zu solchem Umkehrschluss kommt es bei Johannes in einer Situation, da er die sich um die Tora scharende jüdische Mehrheit Maßnahmen ergreifen sieht, die auch seine Gemeinschaft betreffen, wo er und die Seinen von dort Feindschaft zu spüren bekommen. So lässt er Jesus am Schluss von V. 19 sagen: „Was trachtet ihr danach, mich zu töten?" Das ist wohl im Sinne einer Begründung verstanden: Wer auf Tötung aus ist[36], kann nicht als Täter der Tora angesehen werden. In solcher Situation, in schlimmer Erfahrung, die zum Pauschalisieren verleitet, mag der Umkehrschluss des Evangelisten verständlich sein[37]. Doch das ist schon lange nicht mehr unsere Situation. Tatsächlich ist das Töten jahrhundertelang massenhaft in anderer Richtung erfolgt. Was ließe das für Rückschlüsse auf die Lehre Jesu zu?

20   Auf die Beschuldigung Jesu hin, ihn töten zu wollen, antwortet die Menge in V.20 mit dem Vorwurf der Besessenheit; keiner sei darauf aus, ihn zu töten. Auf dem Hintergrund von 5,18, wo die Tötungsabsicht schon vermerkt worden war – die Leser- und Hörerschaft wird sich daran erinnern –, stellt Johannes damit die Menge in ahnungsloser Selbsttäuschung vor.

21   Darauf antwortet Jesus in V.21: „*Eine* Tat habe ich vollbracht, und alle wundert ihr euch darüber." Diese Tat muss, wie V.23 völlig deutlich machen wird, die in Kap.5 erzählte Sabbatheilung meinen. Wie schon in V.15 ist das Sich-Wundern nicht als anerkennendes Staunen verstanden, sondern als Anstoß nehmendes Sich-Verwun-
22   dern. Die Betonung der *einen* Tat steht im Kontrast zu den vielen Beschneidungen, die am Sabbat vollzogen werden. Das geht aus V.22 hervor: „Mose hat euch die Beschneidung gegeben – nicht, dass sie von Mose wäre, vielmehr von den Vätern[38] –, und ihr beschneidet einen Menschen am Sabbat." Die Aussage dieses Verses hebt

---

36   Vgl. 16,2.
37   SCHLATTER macht aus V.19 eine prinzipielle Aussage über das Judentum: „Es gab nicht nur einzelne ‚Sünder' in Jerusalem, sondern Gottes Gesetz und jüdisches Leben blieben ein unversöhnbarer Gegensatz" (Johannes 193f.).
38   Die Parenthese bringt einen Nebengedanken zum Ausdruck. Insofern Mose als Autor der Tora vorgestellt ist, geht natürlich alles in ihr Gebotene auf ihn zurück. Die Parenthese betont, dass die von Abraham herkommende Beschneidung noch älter als Mose ist. Dass diese Anmerkung nur stört (BULTMANN, Komm. 209 Anm. 4), kann der Evangelist kaum empfunden haben. Sie zeigt einmal mehr, wie selbstverständlich er im jüdischen Kontext steht.

also darauf ab, dass auch am Sabbat beschnitten wird, wenn der achte Tag nach der Geburt eines Knaben auf den Sabbat fällt, die Geburt demnach ebenfalls am Sabbat erfolgte.

Die **Beschneidung am achten Tag** ist biblisch grundgelegt in Gen 17,12: „Jeder Sohn von acht Tagen soll bei euch beschnitten werden, alles, was männlich ist, in euren Generationen" und Lev 12,3: „Und am achten Tag soll das Fleisch seiner Vorhaut beschnitten werden". In bShab 132a wird auf Lev 12,3 angespielt und hinzugefügt: „selbst am Sabbat"; und nach mShab 18,3 „tut man alles für die Beschneidung Erforderliche am Sabbat". Die Kollision von Beschneidung und Sabbat wäre grundsätzlich natürlich auch so lösbar gewesen, dass die Beschneidung in solchem Falle um einen Tag verschoben werden müsste. Aber man hat anders entschieden. In jNed 3,9 (12b; Krotoschin 38b) wird das Sabbatgebot für gleichgewichtig mit allen anderen Geboten der Tora gehalten; „und doch verdrängt die Beschneidung dieses".

Nach statistischem Durchschnitt werden also ca. 14 % aller Knaben am Sabbat beschnitten, so dass Beschneidung am Sabbat in Jerusalem nichts Seltenes war – und ist. Diese Häufigkeit wird der *einen* Tat von V.21 gegenübergestellt. Jesus argumentiert demnach so: Ich habe nur einen einzigen Sabbatbruch begangen, und das befremdet euch; von euch wird der Sabbat dauernd gebrochen, und keiner nimmt daran Anstoß. Diese Argumentation verkennt allerdings, dass es sich in letzterem Fall um eine einvernehmliche Übereinkunft handelt, im ersten aber um die Tat eines einzelnen aus seinem freien Entschluss.

Dieses Manko versucht V.23 auszugleichen, indem er beides durch einen Schluss vom Leichten auf das Schwere zueinander in Beziehung setzt: „Wenn ein Mensch am Sabbat die Beschneidung erhält, damit die Tora des Mose nicht außer Geltung gesetzt werde, dann zürnt ihr mir, weil ich einen ganzen Menschen am Sabbat gesund gemacht habe?" Im Vordersatz erscheint als Ziel, dass die Tora des Mose in Geltung bleibt. Die am Sabbat vollzogene Beschneidung ist also nicht als Annullierung der Mosetora zu werten, sondern bringt sie im Gegenteil zur Geltung, weil das Gebot der Beschneidung im Konfliktfall für höherrangig angesehen wird als das Arbeitsverbot am Sabbat. Gemäß der Logik des Schlusses vom Leichten auf das Schwere beansprucht dann auch Jesus für seine Tat, mit der er „einen ganzen Menschen am Sabbat gesund gemacht" hat, dass sie die Mosetora nicht verletzt, sondern ihr entspricht[39].

---

[39] An dieser Stelle erscheint mir die Auslegung von BLANK verfehlt. Er versteht die Sabbatheilung „als ‚Zeichen' der durch Jesus eröffneten neuen, eschatologischen Lebensordnung, in der es um das Heil des ‚ganzen Menschen' geht. Demgegenüber gehört die Beschneidung der alten, vorläufigen Ordnung an, deren Ende ja mit Jesus gekommen ist" (Komm. 1b,69). Dieses Ablösungsschema ist vom Text durch nichts abgedeckt, ja widerspricht völlig seiner Logik. BLANK verbindet das auch noch gleich mit einem historischen Fehlurteil: „Es spiegelt sich darin auch die urchristliche Praxis, die die Beschneidung nicht mehr übt." Nicht verlangt wurde die Beschneidung von hinzukommenden Menschen aus den Völkern. Für jüdische Mitglieder der Gemeinden verstand es sich von selbst, ihre Söhne beschneiden zu lassen. Das änderte sich erst im 2. Jh., als sie von der dominant nichtjüdisch werdenden Kirche gezwungen wurden, ihre jüdische Identität aufzugeben.

Der „ganze Mensch" steht hier dem einen Glied gegenüber, das bei der Beschneidung betroffen ist. Die hier vorgenommene Argumentation lässt sich mit einer Aussage vergleichen, die auf Rabbi Elieser zurückgeführt wird: „Die Beschneidung verdrängt den Sabbat. Weshalb? Weil man ihretwegen, wenn die Zeit versäumt wird, der Ausrottung verfällt. Und ist das nicht eine Sache des Schlusses vom Leichten auf das Schwere? Wenn ein einzelnes Glied von ihm den Sabbat verdrängt, wird dann nicht er als ganzer den Sabbat verdrängen?"[40]

In bJom 85b wird diese Aussage Rabbi Elasar zugeschrieben: „Wenn die Beschneidung, die eins von 248 Gliedern am Menschen betrifft, den Sabbat verdrängt, um wieviel mehr **verdrängt sein ganzer Leib den Sabbat**" (ähnlich in bShab 132a). Dahinter steht der Grundsatz: „Jede Situation möglicher Lebensgefahr verdrängt den Sabbat"[41]. So heißt es in tShab 15,16 vor der Aussage Rabbi Eliesers von Rabbi Jose: „Woraus (ist es zu entnehmen, dass) Lebensrettung den Sabbat verdrängt? Es ist ja gesagt: ‚Meine Sabbate sollt ihr halten!' (Ex 31,13) Es ist sogar möglich (den Sabbat zu verdrängen) bei Beschneidung, (Tempel-)Dienst und Lebensrettung. Die Belehrung (der Schrift) lautet: ‚Jedoch' (Ex 31,13)[42]: Es gibt Gelegenheiten, dass du den Sabbat feierst, und es gibt Gelegenheiten, dass du den Sabbat nicht feierst." Der Grundsatz, dass jede Situation möglicher Lebensgefahr den Sabbat verdrängt, wird sehr weit gefasst. In mJom 8,6 werden vor seiner Zitierung Halsschmerzen als eine solche Situation genannt, die heilendes Handeln nötig macht.

Jesu Argumentation in V.22f. erfolgt also ganz und gar in jüdischem Kontext. Sie setzt voraus, dass die Tora und also auch der Sabbat grundsätzlich anerkannt sind.

24   V.24 schließt den Abschnitt ab: „Urteilt nicht nach dem Augenschein, sondern fällt ein gerechtes Urteil!" Das spielt auf Jes 11,3f. an, wo es vom erwarteten Messias heißt, dass er nicht nach dem Augenschein urteilen, sondern Verelendeten „mit Gerechtigkeit" (= in Solidarität) zum Recht verhelfen wird. Das gerechte Urteil, zu dem V.24 auffordert, wäre dann also eins, das wahrnimmt, dass hier mit der Heilung einem Menschen zu seinem Recht, zum Recht auf volle Lebensteilhabe, verholfen worden ist.

c) Ein Einwand gegen Jesus und Jesu Antwort (7,25–29)

Im vorigen Abschnitt war im Rückgriff auf 5,18 das Motiv, dass man Jesus töten will, von ihm selbst eingebracht (V.19) und von der Menge als absurd hingestellt worden (V.20). Es wird nun am Beginn des neuen Abschnitts von einigen Jerusalemern aufgenommen und bildet die Voraussetzung ihrer Verwunderung, dass Jesus frei und öffentlich redet und man das offenbar zulässt (V.25.26a). Die nicht im Ernst

---

40   tShab 15,16 (ZUCKERMANDEL).

41   mJom 8,6. Mit der Einleitung: „So haben unsere Lehrer gelehrt" wird er in dieser Weise in Tan Lech lecha 16 (Wilna 29b) zitiert; vgl. TanB Lech lecha 20 (38b).

42   Dieses Wort „Jedoch" steht am Beginn des gerade zitierten Satzes aus Ex 31,13.

gestellte Frage, ob die Ratsherren ihn als Messias anerkannt hätten (V.26b), wird sofort mit einem Einwand versehen, der eine positive Beantwortung ausschließt (V.27). Den Einwand nimmt Jesus in seiner Antwort auf und stellt erneut seine Legitimation als des von Gott Gesandten heraus (V.28f.).

Die neue Szene wird durch das Auftreten einer neuen Gruppe kenntlich gemacht: 25 „einige von den Jerusalemern". Nach der unbestimmten Festmenge kommen nun also Bewohner der Hauptstadt in den Blick. Sie werden nicht als solche vorgestellt, die den vorangehenden Disput gehört haben und nun ihrerseits eingreifen. Vorausgesetzt ist lediglich, dass sie Jesus öffentlich lehrend antreffen; und doch bezieht sich gleich ihre erste Aussage in V.25 auf im vorangehenden Abschnitt Gesagtes: „Ist das nicht der, dem sie nach dem Leben trachten?" „Als Bewohner Jerusalems" werden sie als „mit der Einstellung und den Absichten der maßgeblichen Leute in der Hauptstadt vertraut" gedacht[43]. Sie sprechen damit klar aus, was die Menge in V.20 als absurd hingestellt hatte und was die Leser- und Hörerschaft schon seit 5,18 als Absicht der führenden Kreise kennt[44].

Demgegenüber stellen die Jerusalemer im Fortgang ihrer Rede in V.26 verwundert 26 fest: „Und siehe da, er redet öffentlich." Das steht im Kontrast zu V.13, dass aus Furcht niemand offen über ihn redete. Jesus seinerseits tut das, „und man sagt ihm nichts". Niemand stopft ihm das Maul, unternimmt etwas gegen ihn. Hier wird eine weitere Aussageabsicht des Kapitels vorbereitet, die später deutlicher hervortritt: Die Gegner Jesu sind nicht souverän; er dagegen ist es. Er ist Souverän seines eigenen Geschicks[45]. Er bestimmt nicht nur selbst, wann er auftritt, wann er aus der Verborgenheit auftaucht und ohne Scheu öffentlich redet, sondern er bestimmt auch – so muss man paradox formulieren –, wann er zum Abtreten gezwungen wird. Damit wird zum Ausdruck gebracht: Was ihm widerfährt, ist kein willkürliches, blindwütiges Schicksal, sondern Ereignis des Willens Gottes.

Am Ende von V.26 äußern die vom Evangelisten in die Szene gebrachten Jerusalemer „eine unsichere Vermutung"[46], die es erklären könnte, dass niemand gegen Jesus eingreift: „Sollten die Ratsherren etwa wirklich erkannt haben, dass dieser der Gesalbte ist?" Dass die hier aufscheinende Möglichkeit, Jesus könnte der Gesalbte sein, 27 für sie eine Unmöglichkeit ist, macht sofort die Weiterführung ihrer Rede in V.27 deutlich, wo sie ein Kriterium für Messianität anführen und deutlich machen, dass es Jesus nicht erfüllt: „Aber von diesem wissen wir, woher er ist; der Gesalbte aber, wenn er kommt – von ihm weiß niemand, woher er ist."

---

43 SCHNACKENBURG, Komm. 2,202.
44 Dieser Bezug von V.25 auf V.20 geht verloren, wenn man den Abschnitt V.15–24 aus seinem jetzigen Zusammenhang herausnimmt und umstellt.
45 Vgl. WENGST, Gemeinde 195–197.
46 BARRETT, Komm. 329; er umschreibt das μήποτε mit: „Kann es möglich sein, daß ...?"

Hier begegnet das Motiv von der **Verborgenheit der endzeitlichen Rettergestalt**[47]. Der Art und Weise, wie in Joh 7,27 argumentiert wird, dürfte am ehesten die Sicht in den Bilderreden des 1Hen und im 4Esr entsprechen. In den Bilderreden sind „der Gerechte", „der Auserwählte", „der Menschensohn" und „der Gesalbte" Funktionsbezeichnungen des einen endzeitlichen Beauftragten Gottes, der schließlich mit Henoch identifiziert wird. In 48,6 heißt es vom Menschensohn: „Und darum ist er erwählt worden und verborgen vor ihm (= in seiner Gegenwart), ehe der Äon geschaffen wurde, und bis in Ewigkeit (wird er sein)"[48]. Entsprechend kann es in 4Esr zu einer Verbindung der Vorstellung vom Menschensohn mit dem Gesalbten aus dem Stamm Davids kommen. So heißt es in 12,32 von dem Löwen, der mit Gebrüll aus dem Wald hervorbricht und den das römische Reich symbolisierenden Adler stellt: „Das ist der Gesalbte, den der Höchste bis zum Ende der Tage aufbewahrt, der aus dem Samen Davids hervorgehen und kommen wird." In 13,52 wird der Aspekt, dass der Menschensohn „aus dem Herzen des Meeres" aufsteigt, so gedeutet: „Wie niemand das erforschen oder wissen kann, was in der Tiefe des Meeres ist, so kann auch niemand auf Erden meinen Sohn sehen oder jene, die mit ihm zusammen sind, es sei denn zur Zeit seines Tages"[49]. In der Gottesrede wird der Menschensohn hier mit „mein Sohn" identifiziert, also einer messianischen Bezeichnung (vgl. Ps 2,7).

28   Feierlich eingeführt – das gebrauchte Verb für das Reden Jesu kennzeichnet inspiriertes Ausrufen[50]; und noch einmal wird der Tempel als Ort genannt und das Handeln Jesu als Lehren bezeichnet –, ergreift Jesus in V.28 selbst das Wort, obwohl die in V.25 erwähnten Jerusalemer ihn gar nicht angesprochen, sondern über ihn geredet hatten, und spricht zu ihnen[51]: „Ja, mich kennt ihr und wisst, woher ich bin." Jesus gesteht damit den Einwendenden zu, dass ihre Tatsachenfeststellung zutrifft. Er ist „Josefs Sohn aus Nazaret"[52]. Aber damit ist nicht alles und vor allem nicht das Entscheidende über ihn gesagt. Das macht die Fortsetzung seines Redens in V.28 zunächst mit einer Verneinung deutlich: „Aber ich bin nicht von mir aus gekommen." Was in V.17f. im Blick auf sein Reden gesagt worden war – nicht von ihm selbst aus –, gilt nun von seinem Auftreten überhaupt[53]. Bestritten wird damit, dass das, was er sagt und tut, willkürlicher Anspruch eines Menschen sei, „sondern wahrhaftig ist, wer mich geschickt hat". Wieder wird mit Hilfe der Botenvorstellung zum Ausdruck gebracht, dass Jesus nicht aus eigenem Antrieb handelt, sondern dass in ihm der

---

47   Vgl. E. SJÖBERG, Der verborgene Menschensohn in den Evangelien, 1955, 41–98; zu Joh 7,27 – mit Verweis auf weitere Literatur – WENGST, Gemeinde 113–115.
48   Übersetzung UHLIG. Vgl. 62,7.
49   Übersetzung der Texte aus 4Esr nach SCHREINER.
50   Vgl. zu 1,15.
51   „Man beachte, daß auch hier wie v 16 Jesus antwortet auf etwas, was nicht zu ihm, sondern *über* ihn gesagt wurde" (BARTH, Johannes-Evangelium 343).
52   Im Munde des Philippus war das in 1,45 eine schlichte Feststellung, die überhaupt nicht dem entgegenstand, den gefunden zu haben, „von dem Mose in der Tora geschrieben hat und die Propheten". Dagegen bildete es in 6,42 im Munde „der Juden" einen Einwand gegen den dort erhobenen Anspruch Jesu, das vom Himmel kommende Lebensbrot zu sein.
53   In ShemR 5,21 (SHINAN S.178) werden – von Datan und Abiram gegenüber Mose und Aaron gesagt – alternativ gegenübergestellt: „wenn ihr in Wahrheit im Namen des Heiligen, gesegnet er, kommt" – „wenn ihr von euch selbst aus kommt". SCHLATTER, Johannes 197, zitiert diese Stelle – mit falscher Angabe.

wahrhaftige Gott begegnet und wirkt. Dieser Anspruch kann sich nach außen hin nicht ausweisen. Es wird der Treue und Zuverlässigkeit Gottes überlassen[54], dass er für diesen Anspruch einsteht und ihn als zutreffend erweisen wird[55].

Wenn sich aber auf die Treue und Zuverlässigkeit Gottes verlassen wird, der doch kein anderer ist als der Gott Israels, der gegenüber seinem Volk „der treue Gott ist, der denen, die ihn lieben und seine Gebote halten, den Bund und die Freundlichkeit hält" (Dtn 7,9) – kann und darf denen, die Liebe zu Gott im Halten seiner Gebote zeigen, aber sein Wirken in Jesus nicht wahrzunehmen vermögen, Kenntnis Gottes abgesprochen werden? Derselben Logik wie schon in 5,37f. gehorchend, lässt der Evangelist Johannes Jesus am Ende von V.28 in aller Härte sagen: „Den kennt ihr nicht." Wer Gott nicht in Jesus Christus erkennt, kennt ihn überhaupt nicht? Wieder scheint mir, dass diese Konsequenz aus einer bestimmten Situation heraus gezogen wird, nämlich selbst in der eigenen Gotteserkenntnis in Jesus Christus von der anderen Seite radikal in Frage gestellt und verneint zu sein und in Folge davon Erfahrungen sozialer Isolierung und wirtschaftlicher Diskriminierung machen zu müssen. Dürfen wir in völlig anderer Situation diese Konsequenz des johanneischen Jesus einfach nachsprechen?

Das **Nachsprechen des johanneischen Umkehrschlusses** geschieht in der Auslegung leider so gut wie durchgängig. Dass HIRSCH hier besonders scharf und pointiert formuliert, verwundert natürlich nicht. Durch Sperrdruck zeigt er an, was er bei V.28f. für die entscheidende Aussage hält: „Der Vater ist den Juden unbekannt." Der letzte Satz von V.28 „hebt die Stellung der Juden als Gottesvolk völlig auf, auch im geschichtlichen Sinne. Wenn das Alte Testament vom Vater Jesu Christi zeugt, so doch nur in einem geistlichen Sinn, der den Juden verschlossen geblieben ist und mit ihrem Gottesdienst und mit ihrem Glauben nichts zu tun hat" (Evangelium 199). Aber selbst Ausleger, die man sonst nie in einem Atemzug mit Hirsch nennen würde, unterscheiden sich an diesem Punkt nur graduell von ihm. Als Beispiel sei BLANK zitiert, der doch an vielen Stellen seines Kommentars außerordentlich sensibel in Hinsicht auf das Judentum auslegt: „Diesen Gott ‚kennen' die Juden nicht. Diese Aussage ist insofern grundsätzlicher Art, als nach Johannes erst Jesus der Welt die wahre Gottes-Erkenntnis bringt" (Komm. 1b,88). Solange an dieser Stelle keine Revision erfolgt, solange also von der Christologie her Juden von Christen Gotteserkenntnis abgesprochen wird, wird die Auslegung des Johannesevangeliums notwendig ein Gefälle auf die Position von Hirsch hin haben, wird sie dafür anfällig sein.

V.29 bietet keine Weiterführung in der Sache, sondern fasst noch einmal in positiver 29 Form den Anspruch Jesu zusammen und schließt so den Abschnitt ab: „Ich aber kenne ihn, denn von ihm her bin ich, und er hat mich gesandt."

---

[54] Auch diese Dimension schwingt in *alethinós* mit.

[55] Im Fortgang des Evangeliums zeigt sich das daran, dass das Ende Jesu am Kreuz nicht als sein Scheitern dargestellt wird, sondern vom Zeugnis seiner Auferweckung her als „Verherrlichung" und Rückkehr zum Vater. „Die Stelle (gemeint: V.28f.) ist ein kleiner *locus probans* bzw. *reprobans* gegen die Lehre vom historischen Menschen Jesus, der als solcher, wie er jedermann ohne Weiteres anschaulich ist, die Offenbarung Gottes sein soll. Nein: Mich so kennen und mich wirklich kennen, d.h. den kennen, der mich gesandt hat, das ist zweierlei" (BARTH, Johannes-Evangelium 344).

d) Vergebliche Versuche, Jesus festzunehmen (7,30–36)

Die Aussage Jesu von V.28f. führt in diesem Abschnitt zu zwei unterschiedlichen Reaktionen. Einerseits gibt es welche, die ihn festnehmen wollen, was aber nicht gelingt (V.30). Andererseits ist von vielen die Rede, die an ihn glauben (V.31). Das wiederum führt zu einer gleichsam offiziellen Aktion, insofern jetzt Diener behördlich ausgeschickt werden mit dem Ziel, Jesus festzunehmen (V.32). Deren Agieren bleibt freilich völlig unanschaulich. Sie kommen erst wieder in V.45 in den Blick, wenn sie erfolglos zu ihren Auftraggebern zurückkehren. Der Evangelist lässt Jesus unbeeindruckt wieder das Wort ergreifen (V.33f.) und „die Juden" unter sich darüber rätseln (V.35f.). Ging es im vorigen Abschnitt um das Woher Jesu, so ist hier nun sein Wohin ins Auge gefaßt.

30   V.30 vermerkt einen ersten Versuch, Jesus festzunehmen. Als Subjekt sind wohl die in V.25 angeführten Jerusalemer vorgestellt, die sich an die Absicht der führenden Leute, Jesus zu töten, erinnert, die Bekanntheit seiner Herkunft als Argument gegen seine Messianität angeführt hatten (V.27) und denen von Jesus Kenntnis Gottes abgesprochen worden war (V.28). Die Erfolglosigkeit des Versuches, Jesus festzunehmen, wird aber sofort konstatiert und gewichtig begründet: „weil seine Stunde noch nicht gekommen war". Dass seine Stunde noch nicht gekommen sei, hatte Jesus in anderem Zusammenhang in 2,4 gesagt. Für Wiederholungslesende war schon dort auch ein Passionsklang zu hören gewesen[56]. In 12,23 und 13,1 wird das Gekommensein der Stunde ausdrücklich festgestellt werden und die Stunde als die Stunde seiner Passion und seines Todes deutlich sein. Und doch wird gerade diese Stunde *seine* Stunde genannt. Jesu Gegner können ihn nicht festnehmen, wann *sie* wollen; sie müssen es vielmehr tun, wann *er* will, wenn *seine* Stunde gekommen ist. Mit solcher Art der Darstellung macht Johannes klar: Das zufällige historische Geschehen um Jesus, als das es einem Betrachter von außen erscheinen muss und das für Jesus so schlimm endet, ist doch ein solches, in dem Gott selbst handelt, und nicht willkürliches Schicksal. Gerade im Leiden und Sterben Jesu führt niemand anders als Gott *sein* Werk mit Jesus zu Ende.

31   Gegenüber der negativen Reaktion auf Jesus in V.30 schildert V.31 eine kurzfristige Gegenbewegung, insofern positive Stimmen aus dem Volk für Jesus vermeldet werden, die „an ihn glaubten und sagten: Der Gesalbte, wenn er kommt – wird er etwa mehr Zeichen tun, als dieser getan hat?" Dieser Glaube sollte nicht, weil „durch die Wunder begründet", als „wenig zuverlässig" heruntergespielt werden[57]. Denn in 20,30f. wird genau das programmatisch angegeben: Die von Jesus erzählten Zeichen sollen zum Glauben führen[58].

---

[56]   Vgl. z.St.
[57]   So tut es BULTMANN, Komm. 231.
[58]   Vgl. zu 2,11.

Dass **Wunder in der jüdischen Messiaserwartung** keine große Rolle spielen, besagt in diesem Zusammenhang nicht viel. BARRETT stellt zu Recht fest, dass im Falle der Konfrontation mit Wundern die Frage möglich wurde, „ob der Wundertäter nicht der Messias sein könnte"[59]. SCHNACKENBURG weist in diesem Zusammenhang auf von Josephus erwähnte prophetisch-messianische Gestalten hin, die allein durch die Ankündigung von Wundern Anhängerscharen um sich sammelten[60]. Von der Struktur her ist der Aussage von V.31 eine rabbinische Aussage vergleichbar, auf die SCHLATTER aufmerksam macht[61]. In MekhJ Beschallach (Schira) 8 (HOROVITZ/RABIN 144) wird die Wendung „tuend Wunder" aus dem Schluss von Ex 15,11 mehrfach ausgelegt, am Ende mit Hilfe von Mi 7,15, wo von Gott Wunder wie beim Auszug aus Ägypten in der Zukunft erwartet werden. Das wird in Gottesrede so aufgenommen: „Ich werde es (das Volk) sehen lassen, was ich die Väter nicht sehen ließ. Denn siehe, die Zeichen und Machttaten, die ich künftig an den Kindern tue, sind mehr als die, die ich den Vätern getan habe." Was hier von Gott erwartet wird, findet sich in Joh 7,31 auf seinen Beauftragten übertragen – wie ja Gott auch die Wunder an den Vätern durch Mose als seinen Beauftragten durchgeführt hat.

Die positive Stellungnahme von V.31 bildet im Zusammenhang nur ein kurzes Zwischenspiel. In der Fortsetzung kommt sie nicht zum Zuge. Sie verstärkt im Gegenteil die negative Reaktion, indem sie nach dem eher spontanen Festnahmeversuch von V.30 nun eine offizielle Aktion auslöst: „Die Pharisäer hörten die Menge das über ihn tuscheln; und die Oberpriester und die Pharisäer sandten Diener aus, dass sie ihn festnähmen" (V.32). Die Pharisäer erscheinen hier als solche, die alles mitbekommen; mit den Oberpriestern zusammen werden sie in der zweiten Vershälfte als eine Behörde dargestellt, die „Diener" mit der Befugnis zur Festnahme ausschicken kann[62]. — 32

Die eigentümliche Verbindung „**die Oberpriester und die Pharisäer**", die im Johannesevangelium fünfmal begegnet, ist aus der Perspektive seiner Abfassungszeit verstehbar. Sie kommt sonst im Neuen Testament nur noch zweimal im Matthäusevangelium vor (21,45; 27,62), das in einer ähnlichen Situation geschrieben wurde. „Die Oberpriester" erscheinen im Johannesevangelium zehnmal, aber nur innerhalb der Leidensgeschichte und an Stellen, die die Leidensgeschichte vorbereiten. Hier ist die erste davon. Daraus lässt sich schließen, dass dem Evangelisten „die Oberpriester" in seiner Passionstradition vorgegeben waren. Er verbindet sie mit „den Pharisäern", mit denen er selbst die aktuelle Auseinandersetzung führt[63].

In V.33 ergreift Jesus wieder das Wort, als stünde er nicht unter unmittelbarer Bedrohung. „Das heranrückende Polizeikommando ist für Jesus kein Grund zur Angst oder zum Schweigen. Im Gegenteil, Jesus redet erst recht und macht auf diese Weise — 33

---

[59] Komm. 331.
[60] Komm. 2,206 Anm. 2. Texte dazu sind zusammengestellt im „Neuen Wettstein" zu Joh 7,31 Nr. 1–3 auf S.399–401.
[61] Johannes 197.
[62] Für einen analogen Vorgang weist SCHLATTER auf jHor 3,2 (11b; Krotoschin 47a) hin, wonach Rabbi Jehuda der Fürst im Zorn „Leibwächter ausschickte, um Rabbi Schim'on ben Lakisch festzunehmen" (Johannes 198).
[63] Vgl. ausführlicher zu dieser Zusammenstellung WENGST, Gemeinde 65–68.

… klar, wer in diesem Fall der Herr der Lage ist"[64]. Diesen Eindruck jedenfalls will Johannes mit seiner Darstellung vermitteln. Auch in dem, was Jesus sagt, tritt er als Souverän seines Geschicks auf, nicht als Opfer einer drohenden Festnahme. Und doch ist das, was er sagt, auf die dann viel später erfolgende Festnahme und ihre Folge bezogen: „Noch kurze Zeit bin ich bei euch, dann gehe ich weg zu dem, der mich geschickt hat" (V.33). Er bleibt noch, wenn auch nicht lange. Er geht, aber nicht gezwungen. Und sein Weggang ist kein Fall ins Nichts und ins Bodenlose, sondern hat sein Ziel bei dem, der ihn gesandt hat. Es ist dies „die erste programmatische und in aller Öffentlichkeit abgegebene Äußerung Jesu über seinen Tod als Fortgang zum Vater"[65]. Gegenüber denen, die ihm ein schmachvolles Schicksal bereiten wollen – das ihm schließlich auch widerfahren wird –, erscheint Jesus in geradezu ma-

34 jestätischer Souveränität. Das unterstreicht die Fortsetzung seines Redens in V.34: „Ihr werdet mich suchen und nicht finden, und wo ich bin, könnt ihr nicht hinkommen." Der erste Aspekt, der mit diesen Formulierungen zum Ausdruck gebracht wird, besteht darin, dass Jesus „unfassbar" bleibt – auch wenn er schließlich festgenommen werden wird. Weil bei Gott aufgehoben, ist er für jene doch ungreifbar, die ihn ergreifen wollen und schließlich auch ergreifen werden[66].

Diese **Dimension der Ungreifbarkeit eines bei Gott Aufgehobenen** wird in einer rabbinischen Erzählung über das Ende des Mose in SifDev § 305 (FINKELSTEIN/HOROVITZ 326f.) zum Ausdruck gebracht. In ihr begegnet auch das Wortpaar „suchen und nicht finden". Diese Entsprechung führt SCHLATTER zu Joh 7,34 an[67]. Doch ist die Erzählung als ganze aufschlussreich. Nach ihr gebot Gott dem Todesengel, den „Lebenshauch" des Mose, seine „Seele", zu bringen. Als der zu Mose kam, wurde er von diesem zurückgewiesen. Gott schickte ihn ein zweites Mal. „Er ging zu dessen (des Mose) Ort, suchte ihn und fand ihn nicht." Darauf ging er nacheinander zum Meer, zu den Bergen und Hügeln, zum Gehinnom, zu den Dienstengeln. Von ihnen an die Menschen verwiesen, ging er zu Israel. Von den Israeliten erhielt er zur Antwort: „Gott kannte seinen Weg; Gott hat ihn aufbewahrt für das Leben der kommenden Welt, und kein Geschöpf weiß von ihm." Das wird mit Dtn 34,6 begründet. Obwohl gestorben, ist Mose selbst dem Todesengel nicht verfügbar. Er kann ihn nicht finden, weil er sozusagen bei Gott aufgehoben ist.

Zum anderen enthalten die Formulierungen von V.34 den Aspekt des „Zu spät!"[68] Johannes lässt hier Jesus wie die Weisheit sprechen. Diese sagt in Spr 1,28: „Dann werden sie nach mir rufen, ich aber werde sie nicht erhören; sie werden mich suchen und nicht finden." Der in V.29–31 folgende Text deckt die negativen Konsequenzen des die Weisheit verfehlenden Handelns auf.

---

64   BLANK, Komm. 1b,93.
65   BECKER, Komm. 1,321. Vgl. SCHNACKENBURG, Komm. 2,207: „Damit ist das Thema vom Ziel des Weges Jesu angeschnitten, das von nun an immer wieder zur Sprache kommt."
66   BARTH weist auf die präsentische Formulierung „wo ich *bin*" hin, die deutlich macht, dass die Aussage nicht nur futurischen Sinn hat (Johannes-Evangelium 346).
67   Johannes 198.
68   Er wird sehr stark – und einseitig – von BULTMANN betont (Komm. 232f.).

Für wen aber gilt das „**Zu spät!**" in Bezug auf das Suchen und Finden Jesu? Was verfehlen Juden, wenn sie Jesus nicht als Beauftragten Gottes wahrnehmen? Im Fortgang des Textes kommen andere in den Blick – „Griechen" als Repräsentanten der Völker. Sie verfehlen, wenn sie Jesus nicht als Beauftragten Gottes wahrnehmen, die Möglichkeit des Zugangs zum Gott Israels. Sie dennoch zu ergreifen – kann es dafür „zu spät" sein? „Zu spät!" sollte nicht als eine Feststellung begriffen werden, sondern vielmehr als Mahnung, diese Möglichkeit, so früh es nur geht, also *jetzt*, zu ergreifen.

In V.35 lässt Johannes wieder „die Juden" auftreten. Die positiven Stimmen von 35f. V.31 sind verklungen. Was davor und danach an negativen Reaktionen angeführt war, wird nun wieder in dieser Bezeichnung gebündelt. Auch jetzt kommt es nicht zum Gespräch: „Da sprachen die Juden zueinander." Sie haben Jesu Wort als Rätselwort empfunden und rätseln nun darüber. Indem Johannes sie abschließend in V.36 nach seiner Bedeutung fragen[69] und es wiederholen lässt, hebt er es für die Leser- und Hörerschaft des Evangeliums noch einmal gewichtig hervor. Zuvor stellen sie aber in V.35 eine eigene Vermutung an. Sie sehen in Jesus einen Menschen mit menschlichen Möglichkeiten vor sich. Eine solche Möglichkeit erwägen sie: „Wo will der hingehen, dass wir ihn nicht finden? Will er etwa in die griechische Diaspora[70] weggehen und die Griechen lehren?" Johannes hat dieses Missverständnis höchst hintergründig formuliert, indem er die hier Vermutenden mehr sagen lässt, als sie verstehen können. „Ein *törichtes* und in seiner Torheit *weises* Wort ... Das wird ja Jesu Hingang zum Vater in der Tat *auch* bedeuten, daß das Evangelium ... auf dem Weg über die Diasporajudenschaft zu den Heiden kommen wird"[71].

e) Jesu Verheißung am letzten Tag des Festes (7,37–39)

Hatte sich Jesus, wie Johannes ihn darstellt, im vorigen Abschnitt souverän im Blick auf die ihm drohende Verhaftung geäußert, so zeigt er nun seine Souveränität, indem er diese Situation völlig ignoriert und in größter Öffentlichkeit ein Verheißungswort spricht. Johannes gestaltet dafür hinsichtlich der Zeit die Szene neu: „Am letzten Tag 37 des Festes, dem großen". Als Ort dürfte weiterhin der Tempel vorgestellt sein; auch die Akteure bleiben im Wesentlichen dieselben. Als Gegenüber Jesu nennt der nächste Abschnitt „die Menge", in der es unterschiedliche Reaktionen auf das Wort

---

69 In ARN (B) 31 (SCHECHTER 34a) fragen die Schüler Rabban Jochanan ben Sakkajs nach einem Rätselwort ihres Lehrers: „Was bedeutet dieses Wort?" und bekommen es erklärt. Auf diese Stelle verweist SCHLATTER, Johannes 199.

70 Die Wendung „die Diaspora der Griechen" hat eine Ensprechung in jSan 1,2 (5a; Krotoschin 18d). Dort wird ein Brief Rabban Gamliels zitiert, den er so beginnt: „Unseren Brüdern im Exil in Babel, im Exil in Medien, im Exil in Griechenland und in allen übrigen Exilen Israels". Der Text wird von SCHLATTER, Johannes 198, angeführt.

71 BARTH, Johannes-Evangelium 346. Die Auseinandersetzung mit der These, dass sich in den „Griechen" die textexterne Leser- und Hörerschaft wiederfinde (z.B. SCHNELLE, Komm. 147), wird zu 12,20–22 geführt.

Jesu gibt. Wenn Johannes den Rahmen für das Wort Jesu zeitlich neu bestimmt, kann das ein bedeutsames Signal für seine Leser- und Hörerschaft sein. In der Tat bildet Sukkot für das Wort Jesu und für die ihm anschließend vom Evangelisten gegebene Kommentierung einen sprechenden Hintergrund.

Da die von Johannes gebrauchte Wendung „**der letzte Tag des Festes, der große**", in der erhaltenen jüdischen Überlieferung nicht begegnet, ist es für uns nicht von vornherein ersichtlich, welcher Tag gemeint ist, der siebte oder der achte[72]. Hier dürfte die Argumentation von BILLERBECK überzeugend sein: Das eigentliche Fest umfasst nur sieben Tage, wie u.a. das am siebten Tag zu Ende gehende Wohnen in der Laubhütte zeigt. Dieser Tag war „vor allen anderen dadurch ausgezeichnet, daß an ihm ein siebenmaliger Umzug der Priester um den Altar und das Abschlagen der Prozessionsweiden stattfand". Von daher erhielt er „zwei ihn auszeichnende Beinamen", nämlich einmal „Tag des (rituellen) Schlagens der Palmzweige"[73] und zum anderen „Tag des Hosch'ana"[74]. Die Bezeichnung „Tag des *großen* Hosch'ana" findet sich allerdings nicht nur in dem von BILLERBECK angeführten seltsamen Midrasch[75], sondern auch in MTeh 17,5 (BUBER 64b). Diese Bezeichnung ergibt sich aus dem beim Umkreisen des Altars auszubringenden Ruf. In mSuk 4,5 heißt es: „An jedem Tag umkreist man den Altar einmal und sagt: ‚Ach Adonaj, rette doch (*hosch'aná*[76])! Ach Adonaj, lass doch gelingen!‘ … Und an diesem Tag (dem siebten) umkreist man den Altar siebenmal." Wie dieser Teil des Ritus nach der Tempelzerstörung aufgenommen wurde, zeigt MTeh 17,5: „Und wenn der Tag des großen Hosch'ana kommt, nimmt man Bachweiden und macht sieben Umkreisungen. Und der Synagogendiener steht da wie ein Engel Gottes mit dem Buch der Tora in seinem Arm; und das Volk umkreist ihn wie den Altar. Denn so haben unsere Lehrer gelehrt: An jedem Tag umkreise man den Altar und sagte: ‚Ach Adonaj, rette doch! Ach, Adonaj, laß doch gelingen!‘ Und am siebten Tag umkreise man siebenmal" (BUBER 64b–65a).

Wie die Laubhütte ist auch die Wasserspende auf sieben Tage begrenzt (vgl. mSuk 4,1). Da die Wassermetaphorik für das Wort Jesu konstitutiv ist, liegt hier ein weiterer Grund vor, im „letzten Tag des Festes, dem großen", den siebten und nicht den achten zu erblicken. In mSuk 4,9 wird beschrieben, wie die Wasserspende erfolgte. Das benötigte Wasser, gut anderthalb Liter, wurde aus der Schiloachquelle geholt und in feierlicher Prozession zum Tempel gebracht. In 5,1 wird festgestellt: „Jeder, der nicht die Freude des Hauses des Wasserschöpfens gesehen hat, hat in seinem Leben keine Freude gesehen." Die Wendung „Haus des Wasserschöpfens" scheint den ganzen Vorgang zu bezeichnen[77]. In jSuk 5,1 (22b; Krotoschin 55a) heißt es: „Rabbi Jehoschua ben Levi hat gesagt: Warum wurde das Haus des Wasserschöpfens so genannt? Weil man von dort den heiligen Geist schöpft. Aufgrund von: ‚Und ihr werdet mit Freude Wasser schöpfen aus den Quellen des Heils‘ (Jes 12,3)"[78]. Hier ist eine Verbindung hergestellt, die auch für Joh 7,37–39 wesentlich ist. Sie erfolgt

---

72 Vgl. o. den Exkurs zu V.2.
73 So in mSuk 4,6. In tSuk 3,1 ist vom „Schlagen der Bachweide" die Rede.
74 So mehrfach in einer Erzählung in WaR 37,2 (MARGULIES S.856–861). – Die Argumentation im ganzen bei Bill. II 490f.
75 A. JELLINEK, Bet ha-Midrasch VI (Nachdruck Jerusalem 1967), 9–11 (vgl. die Wendung auf S.9; dass sie abgekürzt geboten wird, weist auf größere Geläufigkeit). Deutsche Übersetzung des ganzen Midrasch bei Bill. I 532–534.
76 Durch die Transkription ins Griechische ist daraus „unser" „Hosianna" geworden.
77 GOLDSCHMIDT übersetzt im babylonischen Talmud mit „Wasserprozession".
78 Diese Aussage hat Parallelen in BerR 70,8 (THEODOR/ALBECK S. 806) – dort ist Rabbi Hoschaja ihr Autor –, in RutR 4,12 (Wilna 8d) – anonym –, und in PesR 1 (FRIEDMANN 1b), wo Rabbi Jehoschua ben Levi wieder als Autor vermerkt ist.

unter Bezug auf ein Bibelwort. Damit sind Zusammenhänge angedeutet, auf die bei der Besprechung des Zitates in V.38 näher einzugehen ist.

Durch die Einleitung in V.37 wird das folgende Wort Jesu betont herausgestellt: „Er stand da, rief aus und sagte"[79]. Wie der Weisheitslehrer die Ungebildeten auffordert, zu ihm zu kommen, und sie fragt, wie lange sie noch Mangel leiden und so durstig bleiben wollen (Sir 51,23f.), ja, wie Gott selbst sein Volk auffordert: „Wohlan, alle, die durstig sind: auf zum Wasser!" (Jes 55,1) und damit mehr verheißt als bloßes Wasser, so ruft Jesus hier: „Wen dürstet, soll zu mir kommen, und es soll trinken, wer an mich glaubt"[80]. Damit ist eine Thematik aufgenommen, die schon in Kap.4 im ersten Teil des Gesprächs Jesu mit der samaritischen Frau begegnete. Den an Jesus Glaubenden wird verheißen, dass sie in diesem Glauben ihren Lebensdurst stillen. Das wird in den folgenden beiden Versen näher erläutert.

Anstatt – wie oben geschehen – den Anfang von V.38 noch zu dem auffordernden Verheißungswort Jesu zu ziehen, ist es auch möglich, der **Verseinteilung** entsprechend am Ende von V.37 einen Punkt zu setzen: „Wen dürstet, soll zu mir kommen und trinken!" Für diese Form, dass also auf einen konditionalen Vordersatz ein Aufforderungssatz mit zwei Prädikaten folgt, führt SCHLATTER Beispiele aus der jüdischen Tradition an[81]. V.38 würde dann neu einsetzen und eine Aussage über die Glaubenden machen. Aber auch in diesem Fall wäre der in den „Strömen lebendigen Wassers" ins Bild gesetzte Geist, der von ihnen ausgeht, nicht ihr eigener Geist. Nach 20,22f. gibt ihn Jesus als Auferweckter seinen Schülern, die in diesem Geist wirken und ihn damit auch vermitteln sollen. „Der Sinn des Satzes wäre dann der", wie BARTH formuliert, „daß, wer bei Jesus trinkt, nicht nur für sich selbst Vorteil hat, sondern auch ein Quell des Segens für Andere wird"[82]. Er findet das aber „dem Zusammenhang zu fremd". Wie 4,14 zeigt, ist es jedoch kein dem Johannesevangelium unmöglicher Gedanke. Da nach V.39 die Glaubenden den Geist *empfangen* sollen, liegt es allerdings näher, dass in V.38 als Ausgangspunkt der „Ströme lebendigen Wassers" Jesus gedacht ist. Das wiederum spricht dafür, den Anfang von V.38 zu V.37 zu ziehen[83].

Die Einführung mit „wie die Schrift sprach" zeigt, dass V.38 ein Schriftzitat bieten 38 will: „Ströme lebendigen Wassers werden aus seinem Bauch fließen." Doch ist diese Aussage weder in der hebräischen noch in der griechischen Bibel belegt noch in einer sonstigen uns bekannten Schrift des antiken Judentums zu finden. Es kann einer verlorenen Schrift entstammen. Man kann aber auch sehr gut „mit einer freien, sachbezogenen Wiedergabe mehrerer atl. Stellen in kontaminierter Form … rechnen"[84].

---

[79] Zum „Ausrufen" vgl. o. zu 1,15.
[80] Auf eine andere Möglichkeit der Textabgrenzung wird im folgenden Exkurs eingegangen werden.
[81] Johannes 200.
[82] Johannes-Evangelium 348.
[83] Zur Problematik der Abgrenzung in V.37f. und den unterschiedlichen Lösungsmöglichkeiten vgl. ausführlich SCHNACKENBURG, Komm. 2,211–214; weiter REIM, Jochanan 56–88, der der überlieferten Verseinteilung folgt, als Zitat in V.38 dessen Beginn ansieht („wer an mich glaubt") und das auf Jes 28,16 zurückführt.
[84] BECKER, Komm. 1,324.

Für das **Vorliegen eines kontaminierten Zitates** lassen sich mehrere Zusammenhänge anführen, die zu guten Teilen mit Sukkot verbunden sind. Jes 12,3 ist schon im Rahmen der Deutung der Bezeichnung „Haus des Wasserschöpfens" angeführt worden. Die Bibelstelle diente als Beleg dafür, dass „man von dort den heiligen Geist schöpfte". Diese Interpretation dürfte veranlasst sein durch die außerordentliche Freude bei der „Wasserprozession" – als Ausdruck der heilvollen Nähe und Gegenwart Gottes. In der Fortsetzung des zitierten Textes aus jSuk 5,1 heißt es vom Propheten Jona, dass er zu den Wallfahrtsfesten nach Jerusalem hinaufstieg. Als er an der „Freude des Hauses des Wasserschöpfens" teilnahm, „ruhte der heilige Geist auf ihm. Das lehrt dich, dass der heilige Geist nur auf einem frohen Herzen ruht." Und umgekehrt: Wo der heilige Geist ist, kann es gar nicht anders sein, als dass Freude herrscht. Das metaphorische Verständnis von Wasser als Geist findet sich ausdrücklich in Jes 44,3, wo Gott zu seinem Volk sagt: „Ja, ich will Wasser auf Durstiges gießen und Ströme auf Trockenes. Ich will meinen Geist auf deine Nachkommenschaft gießen und meinen Segen auf deine Nachfahren." Ein weiterer Hintergrund für das Bildwort in V.38 kann in der Vorstellung von der in der Zukunft im Tempel sprudelnden Quelle bestehen, die sich am ausführlichsten in Ez 47,1–12 beschrieben findet. Sie führt als Strom zum Toten Meer und macht es gesund und fischreich. An beiden Ufern des Stromes stehen Bäume, deren Blätter nicht verwelken und die jeden Monat Früchte bringen. Die Früchte dienen als Speise und die Blätter als Arznei: Der Wasserstrom vom Zion her gibt also Heil und Leben[85]. In tSuk 3,3–10 wird die Wasserspende an Sukkot ausdrücklich mit Ez 47,1–12 in Verbindung gebracht. Hinzuweisen ist schließlich auch auf die Tradition vom Felsen, aus dem die Wüstengeneration Wasser bezog. Das wird Ex 17,6 als einmaliges Wunder erzählt, in der weiteren Überlieferung aber als ständige Einrichtung dargestellt. Der Fels wanderte mit. Als Beleg sei nur auf tSuk 3,11–13 hingewiesen[86], unmittelbar angeschlossen an und im selben Zusammenhang gesehen („ebenso") wie die mit der Wasserspende in Verbindung gebrachte Anführung von Ez 47,1–12. Das hohe Alter dieser Tradition vom in der Wüste mitwandernden Felsen wird durch Paulus bewiesen (1Kor 10,4). Er identifiziert diesen Felsen mit „dem Gesalbten". – BLANK bemerkt zu den Riten von Sukkot und den mit ihnen verbundenen Bildern in den angeführten Texten mit Recht: „In diesen Riten und Bildern verbinden sich die Assoziationen der ‚Fülle des Wassers', der ‚Fülle des Lebens' und der ‚Fülle des Heils' zu einem eindrucksvollen Ganzen"[87].

Das Zitat in V.38 bereitet vor, was dann die kommentierende Bemerkung des Evangelisten in V.39 ausdrücklich machen wird. In V.37 war den Dürstenden, die zu Jesus kommen und an ihn glauben, verheißen worden, dass sie genug zu trinken bekommen, ihren Lebensdurst stillen können. Nun aber bietet das Zitat ein Futur: „Ströme lebendigen Wassers werden aus seinem Bauch fließen." Damit wird auf etwas jenseits der erzählten Zeit verwiesen. In dem, was bisher erzählt wurde, ist Entscheidendes offenbar noch nicht geschehen, sondern steht aus: der Tod Jesu nämlich, auf den in diesem Kapitel immer wieder angespielt wird. Das heißt aber auf der anderen Seite für die Erzählzeit des Evangeliums, dass für seine Leser- und Hörerschaft in V.37 der spricht, der seinen Tod schon hinter sich hat. Von diesem impliziten Blick auf den Tod Jesu her könnte sich auch die eigentümliche Wortwahl erklären, dass in V.38

---

[85]   Vgl. weiter Joel 4,18 und Sach 14,8. Nach bMeg 31a ist Sach 14 Text der Prophetenlesung (Haftara) am ersten Tag von Sukkot. Das ist bis heute der Fall.

[86]   Bei Bill. III 406f. übersetzt.

[87]   Komm. 1b,96.

vom „Bauch" die Rede ist[88]. Soll mit ihm – als dem Vergänglichen besonders eng verbunden – der Tod Jesu angedeutet werden? Soll eine Beziehung zu dem hergestellt werden, was dann in 19,34 erzählt werden wird[89]?

Wie dem auch sei, die kommentierende Bemerkung in V.39 macht jedenfalls klar,   39 dass die Verheißung von der Stillung des Durstes eine Zukunft im Blick hat, die über die erzählte Zeit hinausgeht und jenseits des Todes Jesu liegt: „Das sagte er vom Geist, den die bekommen würden, die auf ihn ihr Vertrauen setzen. Denn noch gab es keinen Geist, weil Jesus noch nicht verherrlicht worden war." Der begründende Schlusssatz unterscheidet die Zeit vor und nach Jesu Tod und bindet die Gabe des Geistes – und damit die Fülle des Lebens – an Jesu Tod, der so als ein heilvoller gekennzeichnet wird. Zum ersten Mal wird hier von Jesu Weggang, von seinem Tod, als „Verherrlichtwerden" gesprochen. Aus dem Zusammenhang des Kapitels lässt sich diese Redeweise daher verstehen, dass Jesus mit seinem Tod zu dem geht, der ihn geschickt hat: zu Gott. Gott selbst lässt sich sozusagen von diesem niedrigen Tod in seinem Innersten betreffen, ja, identifiziert sich mit ihm. Deshalb ist der Tod Jesu nicht das Letzte, was über Jesus zu sagen ist, und deshalb spricht Johannes gerade hier von Verherrlichung. Es geht ihm nicht darum, die harte Realität der Niedrigkeit des Todes Jesu zu glorifizieren, wohl aber will er bezeugen, dass in diesem Tod Gott begegnet und ihn deshalb zu einer Quelle des Lebens macht.

Mit der Interpretation der „Ströme lebendigen Wassers" auf den Geist, die im Kontext von Sukkot vorgegeben war, weist Johannes voraus auf die neue Gegenwart Jesu nach seinem Weggang, seine Gegenwart im Geist. Sie wird er in den Abschiedsreden ausführlich zum Thema machen. Danach wird Lebensfülle haben die in Jesu Geist versammelte Gemeinde, der Verfehlungen vergeben werden (20,23) und die so ‚rein' ist (13,10), die Jesu Gebote hält (14,15.21) und so die Liebe untereinander als ihr Wesensmerkmal hat (13,34f.) und deren Freude vollkommen gemacht wird (15,11; 16,20–24; 17,13)[90].

---

88 Dass *koilía* die Bedeutung „Inneres", „Innerstes" haben und damit *kardía* („Herz" als Person selbst) entsprechen soll, wie oft angenommen wird, ist durch nichts angedeutet. Man fragt sich, warum der Evangelist, wenn er das gemeint haben sollte, es nicht auch deutlich gesagt hat. – Die rabbinische Überlieferung bietet die Vorstellung, dass von einem im „Bauch" angesiedelten Organ etwas wie Wasser sprudelt. Zu einer auf Schim'on ben Jochaj zurückgeführten Tradition, die erklären will, wieso Abraham die Tora kannte, obwohl sie noch nicht gegeben war, heißt es: „Seine Nieren waren als zwei Wasserkrüge gemacht, und sie sprudelten Tora". Das wird begründet mit Ps 16,7 (BerR 95,3 [THEODOR/ALBECK S.1189]; Parallelen in BerR 61,1 [THEODOR/ALBECK S.657f.]; Tan Wajigasch 11 [Wilna 121c]; TanB Wajigasch 12 [106a]).

89 Darauf ist bei Besprechung dieser Stelle zurückzukommen.

90 Vgl. LUTHER, Evangelien-Auslegung 4, 256: „Ströme sollen fließen, Wasser, das lebendig macht. Wer zu mir kommt, den will ich zubereiten, daß er nicht allein für seine Person gelabt und erquickt werden soll …, sondern ich will ihn zu einem starken, feinen Faß machen, will ihm den Heiligen Geist und Gaben geben, daß er zu andern Leuten fließe, die tränke, tröste, stärke, auch vielen anderen Leuten diene, sie tränke, wie wir getränkt sind, sie tröste, wie wir getrost sind …"

In dem vorher zitierten Text aus **MTeh 17,5**, der vom siebenmaligen Umzug in der Synagoge am „Tag des großen Hosch'ana" spricht, wird vor dieser Aussage ein Zusammenhang mit Rosch HaSchana (Neujahr) und Jom HaKippurim (Versöhnungstag) hergestellt und der Beginn von Sukkot, an dem die Israeliten den Feststrauß in der Rechten und die Zitrusfrucht in der Linken halten, als Vergewisserung verstanden, dass sie „Sieger im Gericht", ihnen also die Verfehlungen vergeben sind. Das wird im Anschluss an den zitierten Text noch einmal aufgenommen mit Hilfe von Ps 26,6 als Deutung des siebenmaligen Umzugs am letzten Tag: „Ich wasche mit Unschuld meine Hände und gehe um Deinen Altar, Adonaj." Etwas weiter im Text wird Ps 16,11 eingespielt: „‚Du lässt mich erkennen den Pfad des Lebens': an Rosch HaSchana und an Jom HaKippurim, ‚in der Freude Fülle': an Sukkot."

Was mit Sukkot verbunden ist – heilvolle Fülle des Lebens –, sieht Johannes in Jesus gegeben und vergewissert seine Gemeinde und spricht ihr zu, im Glauben an Jesus solche Fülle des Lebens zu haben[91]. Aber muss das, wie es in der Auslegung immer wieder geschieht, zu einer ausschließenden Entgegensetzung gemacht werden? So meint BULTMANN, das am Laubhüttenfest situierte Jesuswort sage, „daß dem jüdischen Kult in dem in Jesus sich vollziehenden eschatologischen Geschehen das Ende gesetzt ist. An die Stelle der für das Laubhüttenfest charakteristischen Wasserspende, die als eine symbolische Darstellung des endzeitlichen Wassersegens und als eine Vorwegnahme des endzeitlichen Geistesempfanges gedeutet wurde, tritt Jesus als der Spender des Lebenswassers, des Geistes"[92]. Eine solche exklusive Antithese nimmt der Evangelist an dieser Stelle nicht ausdrücklich vor. Man kann natürlich von anderen Stellen her, an denen sich ausschließende Aussagen finden, vermuten, er verstehe es so auch hier. Aber gibt uns seine in dramatischer Situation vollzogene Polemik das Recht, ihm in dieser Hinsicht nachzusprechen – und damit implizit dem Judentum nach Jesus die Legitimation abzusprechen?

f) Noch einmal: Meinungen und Streit über Jesus (7,40–44)

Das Verheißungswort Jesu löst unterschiedliche Reaktionen in der Menge aus. Auf zwei knapp mitgeteilte positive Meinungen, die aber den Fortgang des erzählten Geschehens einmal mehr nicht entscheidend bestimmen, folgt eine negative Meinung, die aus der Schrift begründet wird. So muss eine Spaltung um Jesu willen festgestellt werden. Der Abschnitt schließt mit dem wiederholten Versuch, Jesus festzunehmen, was abermals vergeblich bleibt.

40   Die Einleitung in V.40 bezieht die folgenden Aussagen aus der Menge ausdrücklich auf „diese Worte" und macht sie so als Reaktionen auf das gerade von Jesus Ge-

---

[91]   Vgl. BECKER, Komm. 1,328: „Christentum ist konstituiert durch den im Geist präsenten Christus als Quelle des Lebens."

[92]   Komm. 230. Ähnlich u. a. auch BLANK, Komm. 1b,99; BECKER, Komm. 1,327. Vgl. auch die Zusammenstellung bei DIETZFELBINGER, Komm. 1,230f. Die hier für das Johannesevangelium behaupteten Entgegensetzungen sind m.E. Anachronismen.

sagte kenntlich. Die erste Reaktion stellt fest: „Das ist wahrhaftig der Prophet." So hatten es schon die beim Brotwunder beteiligten Menschen in 6,14 bekannt; und in 1,21 hatte es Johannes der Täufer von sich abgewiesen, „der Prophet" zu sein[93]. Im Blick ist jeweils der Prophet wie Mose nach Dtn 18,15.18, eine prophetisch-messianische Gestalt, die in der Endzeit die Wunder des Auszugs und der Wüstenzeit wiederholen soll[94].

Als Überzeugung anderer gibt der Evangelist in V.41 an: „Das ist der Gesalbte." 41 Auch diese Bezeichnung hatte Johannes von sich abgewiesen (1,20; 3,28); und sie wurde schon in 1,41 und dann weiter in 4,25f.29 auf Jesus bezogen. In 7,26 erschien diese Aussage in Form einer ironischen Frage. Daran wird der Sache nach jetzt angeknüpft, wenn im Fortgang von V.41 andere fragen: „Kommt denn etwa aus Galiläa der Gesalbte?" Dass diese Frage natürlich zu verneinen sei, dafür führen sie in V.42 42 die Schrift an. Das geschieht nicht in Form eines Zitates, sondern unter Nennung von zwei Aspekten wird mit allgemeinem Bezug gefragt: „Hat nicht die Schrift gesprochen: Von der Nachkommenschaft Davids und aus Betlehem, dem Ort, wo David war, kommt der Gesalbte?" Für den ersten Aspekt, dass der Gesalbte, der königliche Messias, aus der Nachkommenschaft Davids hervorgeht, könnte in der Bibel vor allem auf die Natanweissagung in 2Sam 7,12f. hingewiesen werden. In einem Text aus Qumran wird diese Stelle über das bleibende Königtum des davidischen Hauses, bezogen auf die Endzeit, unmittelbar verbunden mit der Verheißung des Aufrichtens der zerfallenen Hütte Davids in Am 9,11[95]. Bei der Nennung Betlehems als Ort, aus dem der Messias kommt, muss an Mi 5,1 gedacht sein: „Und du, Betlehem Efrata, … aus dir wird mir hervorgehen, wer in Israel herrschen wird." Die Bezeichnung „Gesalbter" findet sich hier zwar nicht; sie wird aber im Targum, der aramäischen Übertragung, ausdrücklich hinzugefügt.

Nach Meinung derjenigen, die in V.42 reden, erfüllt also Jesus dieses schriftgemäße Kriterium nicht. Er stammt aus Galiläa und ist kein Davidide. Folglich kann die

---

93 Vgl. die Ausführungen zu den genannten Stellen.
94 Vgl. SCHNACKENBURG, Komm. 2,218 Anm. 2: „Es ist beachtlich, daß die Bezeichung ‚der Prophet' Jesus nur nach der Speisung (6,14) und hier nach dem Wort von den ‚Strömen lebendigen Wassers' beigelegt wird. Das kann mit der Erinnerung an Moses und das Wüstengeschehen zusammenhängen."
95 Vgl. 4QFlor I 10–13. Für die Hoffnung auf den König aus Davids Haus wäre aus der Bibel weiter zu nennen: Jer 23,5f.; Ps 89,4f. Breit ausgeführt ist sie in PsSal 17,21ff. Vgl. weiter die bei Bill. I 11f. zitierten Texte. Dass also der Messias aus dem Geschlecht Davids kommt, entspricht jüdischer Erwartung, wenn man auch nicht sagen kann, „daß für das jüdische Empfinden zu allen Zeiten u. unter allen Umständen die *davidische* Herkunft eines Mannes die unerläßliche Voraussetzung seiner Anerkennung als Messias gebildet habe" (Bill. I 12). Dass die in Joh 7,42 gebrauchte Formulierung „aus dem Samen Davids" auf die „urchristliche Tradition" weise (so SCHNACKENBURG, Komm. 2,219 unter Anführung von Röm 1,3; 2Tim 2,8), ist nicht zwingend, da sich dieselbe Formulierung auch in 4Esr 12,32 findet. Dort geht der Gesalbte *ex semine David* hervor (vgl. U. B. MÜLLER, Messias und Menschensohn in jüdischen Apokalypsen und in der Offenbarung des Johannes, 1972, 152).

nach V.41 gerade von anderen gemachte Aussage, er sei der Gesalbte, nicht zutreffen[96].

Was aber denken hinsichtlich der **Herkunft Jesu** der Evangelist und seine Leser- und Hörerschaft? Wer das Johannesevangelium als Teil des neutestamentlichen Kanons liest, wird
natürlich sofort an Mt 1f. und Lk 1f. denken, wonach Jesus in Betlehem geborener Davidide
ist. Unter dieser Voraussetzung kann man die Anführung des Einwands in V.41b.42 als eine
ironische Darstellung verstehen. Ohne es selbst zu merken, führen die Gegner Jesu Kriterien
an, die voll und ganz auf ihn zutreffen. Ihr Einwand fällt in sich zusammen und wird im
Gegenteil für die das Evangelium Lesenden und Hörenden zur Bestätigung der Messianität
Jesu. Aber gilt diese Voraussetzung, die Kenntnis der anderen Evangelien, auch für den
Evangelisten und seine erste Leser- und Hörerschaft? BARRETT versichert: „Wir können mit
Gewißheit annehmen, daß Joh die Tradition einer Geburt Jesu in Bethlehem kannte ...; er
schreibt hier in seinem üblichen ironischen Stil"[97]. Woraus auch immer sich diese Gewissheit Barretts speist, der hier beispielhaft für viele andere steht, aus den Texten des Johannesevangeliums, die die Herkunft Jesu betreffen, kann er sie nicht haben. Der Einwand in
7,41f. liegt auf derselben Ebene wie die Einwände in 6,42 und 7,27, die nicht in Frage gestellt werden. Entsprechend heißt es schon in 1,45 im Munde des Philippus, eines gerade
von Jesus berufenen Schülers, der gegenüber Natanael ein Zeugnis für Jesus ablegt: „Von
dem Mose in der Tora geschrieben hat und die Propheten, den haben wir gefunden: Jesus,
den Sohn Josefs, aus Nazaret." Diese Stelle wiegt schwer, da es sich um ein Bekenntnis
handelt[98]. Es ist also m. E. wahrscheinlicher, dass Johannes die Tradition von der davidischen Herkunft Jesu und seiner Geburt in Betlehem nicht kannte[99]. Fragt man hinstorisch,
dürfte seine Angabe zutreffen, dass Jesus aus Galiläa stammt[100]. Die Vorstellung der
Davidssohnschaft Jesu und die Erzählungen von der Geburt in Betlehem sind aber kaum als
kurzbeinige apologetische Erfindungen gegen jüdische Einwände entstanden. Vielmehr wird
es so gewesen sein, dass von dem Glauben her, Jesus sei der in der Schrift verheißene
Messias, gefolgert wurde, dass er dann auch selbstverständlich die „Bedingungen" dieser
Messianität erfülle, also etwa Davidssohnschaft und Geburt in Betlehem. Diese
Vorstellungen sind daher als Ausdrucksmittel des Glaubens an Jesus zu verstehen. Als
Tatsachenberichte gelesen, stünden die matthäische und lukanische Fassung nicht nur im
Gegensatz zu den Angaben bei Johannes, sondern wären auch untereinander nicht
ausgleichbar.

Ob Jesus aus Galiläa stammt oder ob er als Davidide in Betlehem geboren worden ist, hat
allerdings für Johannes keine entscheidende Bedeutung. „Der Geburtsort Jesu ist nur eine

---

[96] Man sollte in diesem Zusammenhang nicht von „jüdischer Messiasdogmatik" reden (so z.B.
      SCHNACKENBURG, Komm. 2,219). Die jüdischen Messiaserwartungen sind vielfältig; sie lassen
      sich nicht „dogmatisch" zusammenstellen. Es ist in mehrfacher Hinsicht seltsam, wenn
      BULTMANN den sich in V.41b.42 zeigenden Versuch, aus der Schrift Kriterien für die Urteilsbil-
      dung zu gewinnen, als „Dogmatik" abtut, die „den Weg zu Jesus verbaut" (Komm. 230f.).
[97] Komm. 337.
[98] Vgl. o. zu 1,45, weiter WENGST, Gemeinde 111f. Anm. 28.
[99] BULTMANN folgert: „Von der Bethlehemgeburt Jesu weiß also der Evangelist nichts, oder will er
      nichts wissen" (Komm. 231 Anm. 2). Die zuletzt genannte Möglichkeit wurde vorher von HIRSCH
      antijüdisch ausgebeutet: „... der Verfasser hält nichts von den christlichen Geburtslegenden,
      welche Jesus zum Davididen machen und ihn in Bethlehem geboren werden lassen. Jesus ist ihm
      Galiläer. Aber man muß nach dem Verfasser schon Jude sein, um daran Anstoß zu nehmen"
      (Evangelium 201). Etwas weiter spricht er in diesem Zusammenhang von der „Fremdartigkeit, die
      Jesus für jüdisches Empfinden hat".
[100] Das mindert aber in seinen Augen – im Unterschied zu der Sicht Hirschs – nicht die Jüdischkeit
      Jesu, wie besonders in Kap.4 deutlich geworden ist.

unbedeutende Angelegenheit im Vergleich zu der Frage, ... ob er von Gott kommt oder nicht"[101].

Als Folge der unterschiedlichen Reaktionen stellt V.43 fest: „Da gab es seinetwegen 43 eine Spaltung in der Menge." In dieser Aussage wird wieder die Situation zur Abfassungszeit des Evangeliums transparent. Dass es „keine Spaltungen in Israel" gäbe, sondern einen weitgehenden Konsens darüber, wie das gemeinsame Leben zu gestalten sei, darauf waren die pharisäisch-rabbinischen Lehrer nach dem Krieg bedacht, weil es für die Möglichkeit des Überlebens der jüdischen Gemeinschaft von entscheidender Bedeutung war. In dieser Situation musste die Verkündigung Jesu als Messias, die an die Anerkenntnis dessen die rechte Gotteserkenntnis band und die sich wahrscheinlich auch in einigen halachischen Fragen anders orientierte, Spaltung hervorrufen – und damit auch entsprechende Abwehrreaktionen auf seiten der Mehrheit.

Das **Thema der Spaltungen** spielt in der rabbinischen Überlieferung eine nicht unbedeutende Rolle. In SifBam § 42 (HOROVITZ S.46) wird aus der Erörterung zweier Bibelstellen die allgemeine Aussage gefolgert: „Groß ist der Friede und verhasst die Spaltung." Weil Rabbi Elieser, obwohl er der Mehrheit ständig unterlegen war, hartnäckig auf seinen halachischen Entscheidungen beharrte, wurde er in den Bann getan. Als Rabban Gamliel daraufhin während einer Schiffsreise von einer Woge bedroht wurde, rief er zu Gott: „Herr der Welt, offenbar und bekannt ist es vor dir, dass ich es nicht für meine Ehre getan habe und nicht für die Ehre meines Vaterhauses getan habe, sondern für Deine Ehre, damit sich keine Spaltungen in Israel mehren" (bBM 59b)[102]. Dem entspricht die Tradition über den „eigensinnigen Ältesten", einen Richter, der gegen die verbindliche Rechtsmeinung an seinen eigenen abweichenden Rechtsentscheiden festhält. Nach Rabbi Jehuda ben Batyra verzeiht man einem „gegenüber dem Gerichtshof eigensinnigen Ältesten" nicht, auch wenn seine Kollegen ihm verzeihen wollen, „weil er eine Spaltung in Israel hat entstehen lassen" (SifDev § 218 [FINKELSTEIN/HOROVITZ S.251])[103]. Im Zusammenhang des Themas Spaltung werden auch die unterschiedlichen Traditionen der Schulen Schammajs und Hillels angesprochen. „Seitdem sich mehrten, die hochfahrenden Herzens sind, mehrten sich die Spaltungen in Israel, und es wurden zwei Torot (Plural von „Tora") gemacht. Seitdem die Schüler Schammajs und Hillels sich mehrten, die ihnen (ihren Lehrern) nicht wie nötig dienten, mehrten sich die Spaltungen in Israel, und es wurden zwei Torot gemacht" (tSot 14,9 [LIEBERMAN])[104]. Die unterschiedlichen Lehrmeinungen führten dazu, dass es nicht mehr nur eine Tora gab, sondern zwei Torot. Daraufhin heißt es an der in der vorigen Anmerkung genannten Stelle des Jerusalemer Talmud: „Und das wird nicht zum früheren Zustand zurückkehren, bis der Sohn Davids kommt." Für die Zwischenzeit hat man aber einen praktikablen Weg gefunden, indem man die Entscheidungen der Schule Hillels für verbindlich erklärte – und dennoch auch die der Schule Schammajs tradierte; „denn diese und jene

---

101 So BARRETT, Komm. 337; ähnlich andere.
102 Derselbe Ausspruch findet sich bMeg 3a im Munde des Jonatan ben Usiel, als es nach seiner Übersetzung der Tora ins Aramäische zu Erdbeben kommt.
103 Vgl. die Parallelen in jSan 8,6 (43a; Krotoschin 26b); bSot 25a; bSan 88b.
104 Vgl. die Parallelen in jHag 2,2 (10b; Krotoschin 77d); bSot 47b. Vgl. weiter tSan 7,1; jSan 1,4 (8b; 1,7: Krotoschin 19c).

sind Worte des lebendigen Gottes"[105]. So kann es mAv 5,17 heißen: „Jede Spaltung, die um
des Himmels willen (erfolgt), führt dazu, dass man bestehen bleibt, und die nicht um des
Himmels willen (erfolgt), dass man nicht bestehen bleibt." Als Beispiel für den ersten Fall
wird die Spaltung zwischen Hillel und Schammaj genannt. Sie konnte in die jüdische Gemeinschaft integriert werden, und die Gemeinschaft blieb bestehen. Als Beispiel für den
zweiten Fall wird „Korach und seine Gemeinde" genannt. Die Spaltung „um Jesu willen"
konnte nicht in die jüdische Gemeinschaft integriert werden.

44 V.44 spricht ganz ähnlich wie V.30 von einem erneuten Versuch, Jesus festzunehmen. Ihm ist ebensowenig Erfolg beschieden wie den vorigen, weil die in V.30 angegebene Voraussetzung auch jetzt noch nicht erfüllt ist: das Gekommensein seiner
Stunde. Die Wiederholung dient hier vor allem dazu, die letzte Szene des Kapitels
vorzubereiten.

g) Die Reaktion der Behörde auf misslungene Festnahmeversuche (7,45–52)

45f. Die neue Szene bringt die nach V.32 von „den Oberpriestern und den Pharisäern"
ausgeschickten Diener wieder ins Spiel und lässt sie zu ihren Auftraggebern, die als
Behörde fungieren, zurückkehren – wie nicht nur von V.44 her klar ist: ohne Erfolg.
Inzwischen sind drei Tage vergangen. Über Versuche, wie sie den Auftrag, Jesus
festzunehmen, in die Tat umsetzten, berichtet Johannes nichts. In der Antwort, die er
sie auf die Frage ihrer Auftraggeber: „Weshalb habt ihr ihn nicht abgeführt?" (V.45)
geben lässt, setzt er lediglich voraus, dass sie in Jesu Nähe waren, und gibt zu erkennen, dass sie sich von ihm beeindrucken ließen: „Noch nie hat ein Mensch so geredet" (V.46). Diese „Antwort der Diener ist ein ungewolltes Zeugnis für die Macht
des Wortes Jesu" und zeigt, „daß nach Johannes Jesus nur durch das Wort wirkt. Er
verfügt über keine andere ‚Macht'"[106]. Spiegelt sich hier auch Erfahrung des
Evangelisten wider, der sein Evangelium eben im Vertrauen auf die Kraft des Wortes
Jesu schreibt und sich und seine Gruppe im Gegenüber zu einer Mehrheit erfährt, die
auch noch über andere Möglichkeiten als die des bloßen Wortes verfügt? Es wäre
dann aber gleich dazu zu sagen, dass es in der weiteren Geschichte der Kirche keineswegs beim alleinigen Vertrauen auf „die Macht des Wortes Jesu" geblieben ist.

Obwohl in V.45 – wie in V.32 – „die Oberpriester und Pharisäer" als beauftra-
47 gende Behörde zusammenstanden, werden in V.47 „die Pharisäer" als nun allein
weiter handelndes Subjekt genannt. Sie erscheinen im Johannesevangelium als die
entscheidende Gruppe auf der Gegenseite. Mit ihrer Frage an die Diener: „Seid etwa
auch ihr irregeführt?" lassen sie als ihre eigene Einschätzung erkennen, dass sie Jesus

---

[105] So u.a. in bEr 13b.
[106] BLANK, Komm. 1b,104.

für einen Verführer halten. Damit ist eine Meinung aufgenommen, die schon in V.12 geäußert worden war[107].

In der Fortführung ihrer Rede in V.48f. bringen „die Pharisäer" ein Argument aus 48 der Erfahrung, indem sie gegenüberstellen, wer sich nicht von Jesus imponieren lässt und wer offenbar auf ihn hereinfällt. Zunächst stellen sie in V.48 eine weitere rhetorische Frage: „Hat denn einer von den Ratsherren an ihn geglaubt oder von den Pharisäern?"[108] Die führenden Leute, die es wissen müssen und an denen man sich orientieren sollte, halten nichts von dem für Jesus erhobenen Anspruch. Ihnen wird in V.49 die unkundige Menge, zu deren Repräsentanten die Diener werden, entgegen- 49 gestellt: „Aber diese Menge, die die Tora nicht kennt – verflucht sind sie." Hier wird ein Gegensatz zwischen der Orientierung an der Tora und dem Glauben an Jesus – sofern er sich auch nur ansatzweise zeigt – aufgebaut. Derselbe Gegensatz wird in 9,28 begegnen, wenn „die Juden" gegenüber dem sich an Jesus haltenden Geheilten sagen: „Du bist Schüler von dem da, wir aber sind Schüler des Mose." Johannes will sich in diese Alternative nicht hineinziehen lassen. Er baut seinerseits eine andere auf, indem er die Schrift als Zeugen für Jesus beansprucht und denen Schrift- und Gotteskenntnis abspricht, die dieses Zeugnis nicht annehmen[109]. Beides sind Positionen jenseits des Dialogs, Positionen nach einem festgefahrenen Dialog. Die Gegenüberstellung von V.48f. könnte auch einen Hinweis auf die soziale Zusammensetzung der johanneischen Gemeinde enthalten, dass es nämlich in ihr kaum Bessergestellte und gesellschaftlich Einflussreiche gab.

Der Ausspruch in V.49 lässt auch erkennen, wie die pharisäisch-rabbinischen Lehrer diejenigen einschätzten, die die Tora und ihre Auslegung ignorierten und sich dann auch nicht an das Gebotene hielten. Der Wendung **„diese Menge, die die Tora nicht kennt,"** entspricht in der rabbinischen Literatur der Begriff *am ha-árez* (vielleicht am ehesten verdeutscht mit „Landmensch", „Provinzler") bzw. im Plural *ammej ha-árez*. Schon von Hillel wird der Ausspruch zitiert: „Ein Ignorant ist nicht sündenscheu und ein *am ha-árez* nicht fromm" (mAv 2,5). Weil er in der Tora und ihrer Auslegung nicht bewandert ist, kann er sich auch nicht angemessen verhalten. Wie umgekehrt ein *am ha-árez* sich zu den Weisen stellen konnte, ist anschaulich durch Rabbi Akiva überliefert: „Als ich ein *am ha-árez* war, sagte ich: Wer gibt mir einen Gelehrtenschüler, damit ich ihn beiße wie ein Esel?! Seine Schüler sagten ihm: Rabbi, sage: wie ein Hund! Er sagte ihnen: Der eine beißt und bricht den Knochen, der andere beißt und bricht den Knochen nicht" (bPes 49b). Der Begriff *am ha-árez* wird hier also „als Bezeichnung für die Angehörigen des jüdischen Volkes gebraucht, die – aus welchen Gründen auch immer – dem Gebot des Studiums von Bibel und mündlicher Lehre nicht nachkommen und sich deshalb auch religionsgesetzlich nicht so zu verhalten wissen und verhalten, wie es sich der von den Gelehrten vergegenwärtigten Tradition gemäß geziemt. Wenn deshalb der Begriff auch prinzipiell nicht soziologisch geprägt ist und Arme

---

107 Vgl. o. z.St.
108 Zum Verhältnis von „Ratsherren" und „Pharisäern" im Johannesevangelium vgl. WENGST, Gemeinde 67f.: Die Pharisäer erscheinen faktisch als *árchontes* („Ratsherren", „Obere"), aber nicht alle Ratsherren sind auch Pharisäer (vgl. 12,42f.).
109 Vgl. o. zu 5,37–40.

wie Reiche zum Am Haarez gehören können, so hat er doch aufgrund der schlechteren Ausgangsposition der Armen de facto eine besondere Nähe zu den sozial Schwachen"[110].

50f.   Gegenüber dem schon feststehenden Urteil der Behörde, wie das in der Aussage von V.48f. zum Ausdruck kam, interveniert in V.50f. Nikodemus. An sein Kommen zu Jesus in Kap.3 wird ausdrücklich erinnert; dort war er als ein „Ratsherr" vorgestellt worden[111]. Er wendet V.51 ein: „Richtet denn etwa unsere Tora den Menschen, ohne dass man ihn zuerst anhört und erkennt, was er tut?" Er mahnt also ein korrektes Verfahren an. Dabei kann an Dtn 1,16f. gedacht sein, wonach Mose den Richtern geboten hat: „Hört an, was zwischen euren Brüdern ist, und richtet gerecht … Den Kleinen wie den Großen sollt ihr anhören"[112].

52   Die Intervention des Nikodemus bleibt Episode. Er ergreift nicht wieder das Wort, nachdem er in V.52 zurückgewiesen worden ist. Dort wird er zunächst hypothetisch mit Jesus in Verbindung gebracht und damit selbst verdächtigt: „Bist etwa auch du aus Galiläa?" Auch das spiegelt die Situation zur Zeit des Evangelisten wider, in der es offenbar nicht opportun erscheint, mit Jesus in Zusammenhang gebracht zu werden[113]. Auf die Verdächtigung und damit Einschüchterung folgt das Argument: „Forsche und sieh, dass aus Galiläa der[114] Prophet nicht aufsteht!" Nachdem in V.41b.42 die in V.41a geäußerte Meinung, Jesus sei der Gesalbte, zurückgewiesen worden war, geschieht das nun – auf der Ebene des Evangeliums gelesen – mit der in V.40 geäußerten Meinung, er sei „der Prophet". Über dessen Herkunft scheint es keine Festlegung zu geben. Doch ist sein Auftreten offensichtlich mit der Wüste verbunden, wie ja auch Mose selbst in der Wüste gewirkt hat[115]. Jesus erfüllt dieses Krite-

---

110   Lenhardt/Osten-Sacken, Akiva 85f. Osten-Sacken stellt im weiteren heraus, dass Rabbi Akiva „seine Vergangenheit als Am Haarez mit seiner Zugehörigkeit zu den Gelehrten nicht einfach abgestreift bzw. das bei diesen verbreitete Bild vom Am Haarez übernommen (hat). Vielmehr läßt die Überlieferung erkennen, daß er in seiner Zeit als Weiser Israels sich in besonderem Maße der Sache der Armen angenommen hat und in diesem Sinne seiner Vergangenheit treu geblieben ist" (86).

111   Vgl. die zusammenfassende Charakterisierung dieser Gestalt o. zu 3,1f.

112   Nach mSan 5,4 hört man nicht nur andere, sondern auch den Angeklagten an, wenn er etwas zu seiner Rechtfertigung vorzubringen hat; „allerdings müssen seine Worte Hand und Fuß haben".

113   Das wird an den Eltern des Blindgeborenen in 9,20–23 noch deutlicher zu sehen sein.

114   Der Artikel wird nur von einem verschwindend geringen Teil der handschriftlichen Überlieferung geboten. Dennoch ist er wahrscheinlich ursprünglich. Lautete die Aussage, „dass aus Galiläa kein Prophet aufsteht", müsste man entweder annehmen, dass Johannes sich irrt oder die in V.52 Redenden sich irren lassen will. Denn in 2Kön 14,25 wird als Herkunft des Propheten Jona ben Amittai ausdrücklich ein galiläischer Ort genannt. Beides ist nicht wahrscheinlich. Vgl. zur Textkritik Schnackenburg, Komm. 2,223.

115   „Der mosaische Prophet hat natürlich nicht von Galiläa zu kommen, sondern aus der Wüste" (Martyn, History 115 Anm. 175). Vgl. ShemR 2,4 (Shinan S.108): „,Und er (Mose) führte das Kleinvieh in die Wüste' (Ex 3,1). Rabbi Jehoschua sagte: Warum strebte er nach der Wüste? Weil er sah, dass die Israeliten sich aus der Wüste erheben würden. Denn es ist gesagt: ,Wer ist das, der aus der Wüste aufsteigt?' (Hhld 3,6) Denn aus der Wüste bekamen sie das Manna, die Wachteln, den Brunnen, die Wohnung, die Gottesgegenwart, das Priestertum, das Königtum und die Wolken der Herrlichkeit." Gilt die Entsprechung von Wüstenzeit und Endzeit, ergibt es sich ganz von selbst, dass der Prophet wie Mose „aus der Wüste" kommen und analoge Gaben vermitteln muss. Dem entsprechen die im folgenden Exkurs angeführten Gestalten.

rium nicht. Er stammt nicht nur aus Galiläa, sondern ist auch von dorther aufgetreten.

Andere Gestalten haben offenbar diesem **Kriterium des Auftretens in der Wüste** zu entsprechen gesucht. Josephus erwähnt Bell II 261f. „den ägyptischen Pseudopropheten", der sich selbst als Prophet ausgab, eine große Menge um sich sammelte und sie „aus der Wüste" auf den Ölberg führte. Bell VII 437f. erzählt er von einem Weber Jonatan, der nach dem jüdisch-römischen Krieg nach Kyrene kam, Anhang unter den Armen gewann „und sie in die Wüste führte mit dem Versprechen, Zeichen und Wundererscheinungen zu zeigen". Hierhin gehört auch die Ant XX 97 genannte Gestalt des Propheten Theudas, der mit einer Menschenmenge an den Jordan zog und die Wunder der Wüstenzeit zu vollbringen versprach. Vgl. P. W. Barnett, The Jewish Sign Prophets – A.D. 40–70. Their Intentions and Origin, NTS 27, 1981, 679–697.

[Nicht den Stab brechen über die, die sich verfehlen (7,53–8,11)

> 53 Und sie gingen, ein jeder in sein Haus. 1 Jesus aber ging zum Ölberg. 2 Am frühen Morgen begab er sich wieder zum Heiligtum, und das ganze Volk kam zu ihm. Er setzte sich und lehrte sie. 3 Da führten die Schriftgelehrten und die Pharisäer eine Frau heran, die beim Ehebruch ertappt worden war. Sie stellten sie in die Mitte 4 und sagten ihm: Lehrer, diese Frau ist auf frischer Tat beim Ehebruch ertappt worden. 5 In der Tora hat Mose uns geboten, solche zu steinigen. Was sagst du dazu? 6 Das aber sagten sie, um ihn auf die Probe zu stellen, damit sie etwas hätten, ihn anzuklagen. Jesus aber beugte sich hinab und schrieb mit dem Finger auf die Erde. 7 Als sie aber dabeiblieben, ihn zu befragen, richtete er sich auf und sprach zu ihnen: Wer von euch sündlos ist, werfe als erster einen Stein auf sie. 8 Und er beugte sich wieder hinab und schrieb auf die Erde. 9 Als sie das gehört hatten, gingen sie weg, einer nach dem anderen, angefangen bei den Älteren; und er wurde allein zurückgelassen – und die Frau war da. 10 Jesus richtete sich auf und sprach zu ihr: Frau, wo sind sie? Hat niemand dich verurteilt? 11 Sie sprach: Niemand, (mein) Herr. Jesus sprach: Auch ich verurteile dich nicht. Geh, und sündige von jetzt an nicht mehr!

a) Ein sekundärer Einschub

Der Abschnitt 7,53–8,11 ist kein ursprünglicher Bestandteil des Johannesevangeliums. Die ältesten und bedeutendsten Zeugen des griechischen Textes kennen ihn nicht. So fehlt er im Papyrus 66 (um 200 geschrieben) und im Papyrus 75 (3. Jh.), ebenso in den großen Bibelhandschriften des vierten Jahrhunderts, dem Vaticanus und Sinaiticus[116]. Die syrische und der Großteil der koptischen Überlieferung hat ihn nicht. Origenes (gestorben 254) zeigt bei seiner Kommentierung des Johannesevan-

---

116 Auch im Codex Ephraemi und im Codex Alexandrinus scheint das der Fall zu sein.

geliums keine Kenntnis von ihm. Das gilt auch für den größten Teil der weiteren altkirchlichen Exegese. Sein erster Zeuge ist die Didaskalia, eine wohl im dritten Jahrhundert in Syrien entstandene „Kirchenordnung"[117]. Der Codex Bezae Cantabrigiensis (5. Jh.) und die Masse der griechischen Handschriften sowie ein Teil der altlateinischen Überlieferung und die Vulgata bezeugen ihn, ebenso Hieronymus in einem Teil der handschriftlichen Überlieferung, wo allerdings ein *obeliscus* andeutet, dass hier ein Problem vorliegt.

Die meisten Zeugen des Abschnitts bieten ihn an dieser Stelle zwischen 7,52 und 8,12. Er findet sich aber vereinzelt auch nach 7,36 und 21,25 sowie nach Lk 21,38 und 24,53. Die Stellung nach Lk 24,53 und Joh 21,25 kennzeichnet ihn deutlich als Anhang. Bei den übrigen Verortungen handelt es sich um Versuche, ihn in einen sinnvollen Kontext einzustellen. Lk 21,37f. gibt an, dass Jesus in der letzten Woche in Jerusalem tagsüber im Tempel lehrte und nachts zum Ölberg ging. Das ist auch die Szenerie dieses Abschnitts. Joh 7,36 bildet den Schluß der szenischen Einheit, in der Jesus sagte: „Urteilt nicht nach dem Augenschein, sondern fällt ein gerechtes Urteil!" (V.24) Die weitaus am häufigsten vorgenommene Stellung zwischen 7,52 und 8,11 dürfte einmal vorausblicken auf die Aussage Jesu in 8,15: „Ihr urteilt nach dem Fleisch, ich verurteile niemanden" und sie im Zusammenhang sehen mit dem Vor-Urteil „der Pharisäer" in 7,45–52. Die unterschiedlichen Verortungen des Abschnitts unterstreichen noch einmal, dass es sich bei ihm um einen sekundären Einschub handelt. Er wurde vorgenommen, als das Johannesevangelium schon längst im Umfang von 1,1–21,25 umlief.

b) Zur Notwendigkeit der Beschäftigung mit dem Abschnitt in einem Kommentar zum Johannesevangelium

Kann dieser Abschnitt, wenn es sich so verhält, dass er sekundär eingeschoben wurde, überhaupt Gegenstand der Auslegung in einem Kommentar zum Johannesevangelium sein? Diese Frage wird z.B. von BULTMANN klar verneint. Er verliert über diesen Abschnitt nur einen einzigen Satz in einer Anmerkung: „7,53–8,11 hat, wie die Textüberlieferung zeigt, zum Joh-Evg weder in seiner ursprünglichen Form, noch in seiner kirchlich redigierten Gestalt gehört und scheidet deshalb aus"[118]. Die-

---

[117] Dass schon Bischof Papias von Hierapolis am Anfang des zweiten Jahrhunderts den Abschnitt gekannt habe, ist eine völlig willkürliche Behauptung, die sich auf den dafür nicht tragfähigen Satz bei Euseb, Kirchengeschichte III 39,17, gründet: „Er erzählt auch eine andere Geschichte, die das Hebräerevangelium enthält, über eine Frau, die vor dem Herrn vieler Sünden bezichtigt wurde." Dabei enthält das mit „bezichtigen" übersetzte griechische Wort die Möglichkeit, dass die Bezichtigung fälschlich erfolgte.

[118] Komm. 236 Anm. 2. „Für das Einzelne" folgt noch ein Verweis auf den Kommentar von W. BAUER. Im Kommentar von SCHENKE wird der Abschnitt überhaupt nicht erwähnt.

ser an sich logische Schluss scheint mir aber doch zu kurz zu schließen und wesentliche Fakten nicht zu beachten. So richtig es ist, dass der Abschnitt erst sekundär und relativ spät dem Johannesevangelium eingefügt worden ist – als Bibeltext ab dem vierten Jahrhundert bezeugt –, so darf doch nicht übersehen werden, dass er inzwischen viele Jahrhunderte lang als biblischer Text im kirchlichen Gebrauch ist. So bildet er z.B. nach der gültigen Perikopenordnung der lutherischen und unierten deutschen Kirchen den Predigttext am 4. Sonntag nach Trinitatis in der fünften Reihe. Von Haus aus kein Bestandteil des Johannesevangeliums, hat er doch als Teil dieses Evangeliums bis heute eine enorme Wirkungsgeschichte. Deshalb muss sich eine Auslegung des Johannesevangeliums auch diesem Abschnitt stellen.

SCHNACKENBURG begründet sein ausführliches Eingehen auf ihn nach dem Hinweis auf den von der Vulgata vorgegebenen katholischen Kanon mit einer Formulierung HEITMÜLLERS von seinem Inhalt und Alter her: „In der Tat verdient es diese ‚verlorene Perle alter Überlieferung‘ (W. Heitmüller), daß man sich liebevoll mit ihr beschäftigt"[119]. Wie alt diese Überlieferung tatsächlich ist, sei zunächst dahingestellt. Dass es sich um eine „Perle" handelt, soll nicht bestritten werden. Aber Perlen können auch einen verführerischen Glanz haben; und diese „Perle" hat viele Ausleger zu judenfeindlichen Äußerungen verführt. Dass es dazu fast zwangsläufig kommt, ist in der Erzählung selbst angelegt. Deshalb verdient sie nicht nur eine liebevolle, sondern zugleich auch eine kritische Betrachtung.

c) Zur Herkunft des Abschnitts

Obwohl es darüber, dass dieser Abschnitt erst relativ spät dem Johannesevangelium sekundär hinzugefügt worden ist, angesichts der vorliegenden Fakten in der wissenschaftlichen Debatte eigentlich keinen Streit geben kann[120], besteht doch bis in die Gegenwart eine verbreitete Neigung, in ihm alte Tradition, ja „authentische Jesusüberlieferung" zu sehen. Nach SCHNACKENBURG unterliegt eine solche Rückführung auf Jesus „keinen ernstlichen Einwänden"[121]. Nach WILCKENS ist sie „in judenchristlichen oder judennahen Kreisen" entstanden[122]. Demgegenüber formuliere ich als

---

[119] Komm. 2,224.

[120] Dass es ihn gelegentlich doch gegeben hat, gehört zu den nie ausbleibenden Seltsamkeiten und braucht hier nicht dargelegt zu werden.

[121] Komm. 2,235. Er fährt dann aber völlig zu Recht fort: „Wenn man eine authentische Jesus-Überlieferung voraussetzt, erhebt sich nur die Frage, warum diese kostbare Erzählung keine Aufnahme in die kanonischen Evangelien gefunden hat." Die darauf folgenden Erörterungen sind alles andere als eine befriedigende Antwort auf diese Frage. Auf sie geht SCHNELLE, der eine Verankerung der „Erzählung im Leben des historischen Jesus" für „nicht ausgeschlossen" hält (Komm. 153), erst gar nicht ein.

[122] Komm. 138. Vgl. auch BROWN, Komm. 1,335: „Die Erzählung selbst oder ihre Sprache enthält nichts, das uns die Annahme verböte, sie für eine frühe Jesuserzählung zu halten."

meine negative These, die ich im Folgenden begründe: So wie die Geschichte erzählt ist, passt sie in keinen jüdischen Kontext, weder in den der Zeit Jesu noch in einen späteren. Sie geht nicht auf Jesus zurück und stammt auch nicht aus jüdisch geprägter Gemeindetradition.

4f.   Nach V.4f. wird eine auf frischer Tat ertappte Ehebrecherin vor Jesus geführt und dieser mit der Frage konfrontiert: „In der Tora hat Mose uns geboten, solche zu steinigen. Was sagst du dazu?" Der Bezug auf die Schrift kann auf Lev 20,10 gehen: „Und ein Mann, der Ehebruch treibt mit der Frau eines Mannes, der Ehebruch treibt mit der Frau seines Nächsten, sterben, sterben soll der Ehebrecher und die Ehebrecherin." Die Hinrichtungsart ist hier unbestimmt. Der an erster Stelle genannte Ehebrecher mag in Joh 8 – wie in der falschen Anklage in AddDan Susanna-Erzählung 39 – entkommen sein. Der Schriftbezug kann auch auf Dtn 22,22 gehen, wo die Hinrichtungsart ebenfalls unbestimmt bleibt: „Wenn ein Mann gefunden wird, der bei einer Frau liegt, die als Gattin einem Gatten gehört, so sollen alle beide sterben, der Mann, der bei der Frau liegt, und die Frau, so dass du das Böse aus Israel fortschaffst." Der folgende Text in V.23–27 setzt den Fall, dass eine Verlobte von einem anderen Mann beschlafen wird, und verfügt die Steinigung für beide, wenn es in der Stadt geschah – das Mädchen hätte um Hilfe schreien können –, nur für den Mann, wenn es auf freiem Feld geschah – die Hilfeschreie des Mädchens wurden nicht gehört. Bei solchen Schriftaussagen scheint der Sachverhalt klar zu sein, und man mag sich allenfalls darüber streiten, ob es sich bei der Frau in Joh 8,3–11 um eine Verlobte handelt[123] oder um eine schon Verheiratete, für die dann auch die Todesstrafe durch Steinigung gegolten hätte[124]. Aber so klar ist der Sachverhalt gerade nicht. Ich gehe zunächst auf die pharisäisch-rabbinische Überlieferung ein. In ihr ist nicht ein aus der schriftlichen Tora zu rekonstruierender Ursprungssinn entscheidend, sondern das lebendige Wort Gottes in der ausgelegten Tora, also die mündliche Tora. Wenn in der Tora die Hinrichtungsart nicht genannt ist, haben die Rabbinen für Erdrosseln als die leichteste plädiert. „Jede Tötung(sart), die in der Tora unbestimmt ist, darfst du nicht dehnen, um sie zu erschweren, sondern musst sie erleichtern"[125]. So wird in der Mischna unter den zu Erdrosselnden der Ehebrecher aufgezählt[126]. Da in Dtn 22,24 die Steinigung ausdrücklich genannt ist, führt selbstverständlich auch die Mischna unter den zu Steinigenden den an, der die Verlobte eines anderen Mannes beschläft[127]. Dass aber das eine oder das andere, also die Hinrichtung eines Ehebre-

---

[123] So J. JEREMIAS, Zur Geschichtlichkeit des Verhörs Jesu vor dem Hohen Rat, ZNW 43, 1950/51 (145–150), 148f.

[124] So J. BLINZLER, Die Strafe für Ehebruch in Bibel und Halacha. Zur Auslegung von Joh 8,5, NTS 4, 1957/58, 32–47.

[125] Sifra Qedoschin 10, 9 zu Lev 20,10 (WEISS S.194); vgl. SifDev § 241 (FINKELSTEIN/HOROVITZ S.271).

[126] mSan 11,1.6.

[127] mSan 7,4.9.

chers oder einer Ehebrecherin durch Steinigung oder Erdrosseln jemals tatsächlich erfolgt wäre, dafür gibt es keinen einzigen Beleg. Das ist kein Zufall. Es entspricht dem Verfahren der Rabbinen, bei Delikten, die nach der Tora mit der Todesstrafe zu ahnden sind, so viel Barrieren in den Prozess einzubauen, dass Todesurteile unmöglich werden. So heißt es zu der in Dtn 22,24 vorgeschriebenen Steinigung in SifDev § 242 (FINKELSTEIN/HOROVITZ S.272): „‚Das Mädchen aufgrund dessen, dass sie nicht geschrieen hat.‘ Wenn sie (die Schrift) sagt: ‚aufgrund dessen‘ (wörtlich: aufgrund eines Wortes) – aufgrund von Verwarnung, um die einzuschließen, die (trotz) Verwarnung durch Zeugen (dennoch) mutwillig ist. ‚Und der Mann aufgrund dessen, dass er die Frau seines Nächsten vergewaltigt hat.‘ Wenn sie sagt: ‚aufgrund dessen‘ – aufgrund von Verwarnung.“ Zeugen müssen also vorher den Mann und die Frau vor den Folgen ihrer Tat gewarnt haben; und sie sind dann natürlich auch nötig als Zeugen der Tat selbst[128]. BLINZLER stellt völlig zutreffend fest: „Ein Ehebruchsfall, der allen diesen Bedingungen entspricht, dürfte im realen Leben kaum vorkommen“[129] – und merkt nicht, dass genau das die Absicht ist. Die in der Tora mit Hinrichtung sanktionierten Delikte werden so konstruiert, dass sie mit den im tatsächlichen Leben vorkommenden nicht übereinstimmen, damit keine Todesurteile gefällt und ausgeführt werden müssen. Das aber heißt: Obwohl die Wendung „die Schriftgelehrten und die Pharisäer“ (V.3), die am häufigsten im Matthäusevangelium begegnet und dort die rabbinischen Weisen zur Zeit des Evangelisten in erster Linie im Blick hat (vgl. vor allem 23,2), auf die spätere Zeit weist, ist eine Entstehung der Geschichte Joh 7,53–8,11 in einem jüdisch bestimmten Kontext der Zeit nach 70 ausgeschlossen.

Aber auch eine Entstehung im jüdischen Kontext im ersten Jahrhundert vor 70 ist alles andere als wahrscheinlich. Auch hier gibt es keinen einzigen Beleg für Hinrichtung von Ehebrechern. Schon in der zu Beginn des zweiten vorchristlichen Jahrhunderts entstandenen Weisheitsschrift des Jesus Sirach ist bei Ehebrecherinnen wohl öffentliche Schmähung im Blick, aber nicht von ferne die Hinrichtung (23,22–26).

Völlig unanschaulich ist auch die Aussage von Joh 8,6a, die als Absicht der Frage an Jesus angibt, „um ihn auf die Probe zu stellen, damit sie etwas hätten, ihn anzuklagen“. Was soll die für Jesus „heikle Situation“ sein? SCHNACKENBURG meint: „Soll er die sonst gepredigte Barmherzigkeit aufgeben oder dem klaren Wortlaut der Tora widersprechen?“[130] Wieso wäre das eine oder andere ein Grund zur Anklage – und vor wem? „Dem klaren Wortlaut der Tora“ hat implizit schon Jesus Sirach widersprochen, und auf ihre Weise tun es die Rabbinen. In einem zweiten Anlauf nimmt SCHNACKENBURG eine These von JEREMIAS auf, dass das Urteil über die Ehe-

---

[128] Vgl. SifDev § 241 (FINKELSTEIN/HOROVITZ S.271).
[129] A.a.O. (Anm. 123) 41.
[130] Komm. 2,227; ähnlich SCHNELLE, Komm. 152.

brecherin schon gesprochen sei und man sich auf dem Weg zur Steinigung befinde[131]: „Entweder müßte er sich gegen das jüdische Gericht stellen oder aber – vorausgesetzt, daß die Juden damals keine Todesurteile vollstrecken durften (vgl. Joh 18,31) – als Revolutionär gegen die Römer erscheinen"[132]. Was soll es die Römer interessieren, wenn ein Einzelner meint, eigentlich müsste Ehebruch mit Steinigung bestraft werden, aber die Sache doch nicht durchführen kann? Und welche Gefahr geht denn ein jüdischer Lehrer ein, wenn er nicht mit der Mehrheit übereinstimmt?

Wie man die Sache auch dreht und wendet, es will keine Geschichte daraus werden, die man sich als tatsächlich geschehene vorstellen kann. Man wird deshalb mit H. VON CAMPENHAUSEN urteilen müssen: „Die nächstliegende Erklärung ist vielmehr, daß der Erzähler seine Geschichte … frei entworfen und ausgestaltet hat, ohne das geringste von den Schwierigkeiten zu ahnen, die die kundigen Ausleger später darin entdecken sollten"[133]. Er erklärt ihre Entstehung aus den Bedingungen der vorkonstantinischen Kirche des zweiten Jahrhunderts. Ihre „einzige Aussage: Jesus, der Milde und Verzeihende, ist bereit, auch den Ehebruch, zum mindesten den einmaligen Ehebruch, barmherzig zu vergeben", war im zweiten Jahrhundert „von höchster Aktualität"[134]. Die Kirche versteht sich in Distanz zur sündhaften Welt. In ihr wird anders gelebt als „draußen". Und nun kommt es doch vor, dass auch in ihr schlimme Verfehlungen begangen werden, wie man sie nicht erwarten sollte und dürfte. Wie ist damit umzugehen? Die Geschichte von der Ehebrecherin wendet sich gegen rigoristische Bestrebungen, die „Sünder" aus der Kirche auszuschließen. „Sie will den Ernst des todeswürdigen Verbrechens Ehebruch gewiß nicht vertuschen; aber sie will im Gegensatz zur Sicherheit und Unbarmherzigkeit der Rigoristen vor allem das evangelische Recht und die Pflicht hervorheben, auch der Ehebrecherin zu vergeben"[135]. Sich dafür auf Jesus zu berufen, wie er in den Evangelien geschildert wird, ist gewiss begründet. Aber diese Rückprojektion eines innerkirchlichen Problems des zweiten Jahrhunderts auf Jesus und seine Zeit enthält ein schwerwiegendes und folgenreiches Problem.

d) Die Problematik der Erzählung und ihrer Auslegung

Indem die nichtjüdischen Erzähler dieser Geschichte in der Kirche des zweiten Jahrhunderts ihre Kritik an den unbarmherzigen Rigoristen in den eigenen Reihen mit der barmherzigen Souveränität und überlegenen Schlagfertigkeit Jesu begründen und mit

---

[131] Im Blick auf V.10 verwirft er diese These dann aber wieder.
[132] Ebd.
[133] Zur Perikope von der Ehebrecherin (Joh 7,53–8,11), ZNW 68, 1977 (164–175), 167. Vgl. auch BECKER, Komm. 1,334, der „das ganze eine ideale und konstruierte Szene" nennt.
[134] A.a.O. 172.
[135] A.a.O. 173.

dem Erzählen dieser Geschichte für einen barmherzigen Umgang mit denen plädieren, die sich verfehlt haben – über ihnen darf der Stab nicht gebrochen werden –, entsteht eine fatale Automatik. Mit der Rückprojektion des Problems der eigenen Zeit in die Zeit Jesu wird die kritisierte Position der unbarmherzigen Rigoristen – eine Position innerhalb der Kirche! – auf das jüdische Gegenüber Jesu projiziert. Aus den Evangelien bekannte Gegenspieler Jesu, „die Schriftgelehrten und die Pharisäer", müssen diese Rolle übernehmen und werden so zum Typ eines rigiden Legalismus – ganz im Gegensatz zu den tatsächlichen pharisäisch-rabbinischen Lehrern. So enthält schon die Erzählung selbst ein judenfeindliches Potential, das sich dann in der Auslegung immer wieder ausgewirkt hat – bis in die Gegenwart hinein[136]. Demgegenüber muss deutlich gemacht werden, dass das Reden und Handeln der jüdischen Vertreter in dieser Geschichte mit der Wirklichkeit des Judentums nichts zu tun hat. Deshalb ist oben so ausführlich dargestellt worden, dass sie nicht in jüdischem Kontext entstanden sein kann.

Ohne Zweifel handelt es sich um eine meisterhafte Erzählung. Es käme nur darauf an, sie so auszulegen, dass es nicht auf Kosten des Judentums geschieht. Jesus wird in ihr mit einem Sachverhalt konfrontiert, der völlig eindeutig zu sein scheint: Eine Frau ist auf frischer Tat beim Ehebruch ertappt worden. Die Tat ist unbestreitbar; der 3 Buchstabe des Gesetzes verlangt für diesen Fall die Todesstrafe. Wohlgemerkt: Es geht nicht um Ehebruch im Jerusalem der Zeit Jesu. Es geht um Ehebruch und andere schwere Vergehen in der Kirche des zweiten Jahrhunderts, die in Distanz zur Welt steht, sich durch ihre „Reinheit" von der Welt abgrenzen will. Was soll mit denen geschehen, die diese „Reinheit" so schwerwiegend beflecken? Sollen sie aus der Kirche hinausgewiesen werden, so dass sie für die Mitglieder der Gemeinde gleichsam tot sind? Jesus entzieht sich zunächst der Frage. Er verzögert die Antwort, indem er 6 auf die Erde schreibt[137]. Erst als er weiter befragt wird, richtet er sich auf und spricht: 7 „Wer von euch sündlos ist, werfe als erster einen Stein auf sie." Das ist ein Wort von großer suggestiver Kraft. Zu versagen und sich zu verfehlen, sind Möglichkeiten, die niemandem fremd sind. Waren es manchmal nicht nur glückliche Umstände, die davor bewahrten, nicht schon Schlimmeres getan zu haben? Das fordert zur Nachsicht

---

136 Eine solche Auswirkung zeigt sich z.B. in der Auslegung von WILCKENS, wenn er schreibt: „Jesus urteilt in der Tat anders als die Tora; wo diese der Frau das Todesurteil spricht, verurteilt er sie nicht, sondern schickt sie auf den Weg des Lebens" (Komm. 139). Jesus und das Judentum stehen sich hier gegenüber wie Leben und Tod.

137 Mit BARRETT halte ich es für „sinnlos zu fragen, was Jesus auf die Erde schrieb. Sein Verhalten war einfach eine überlegte Weigerung, das Urteil zu sprechen" (Komm. 565). Vgl. auch BECKER, Komm. 1,337: „Jesus wartet ab, an den Fragenden desinteressiert, indem er sie sich selbst überläßt." Bei dem häufig vorgenommenen Hinweis auf Jer 17,13 sehe ich nicht, wie sich ein sinnvoller Bezug zwischen dieser Textstelle und der vorgestellten Situation ergeben soll. Auf bildlichen Darstellungen des Mittelalters schreibt Jesus: *terra terram accusat* – „Irdisches klagt Irdisches an". Das ist immerhin eine schöne Erfindung.

8 heraus[138]. Und wieder bückt sich Jesus und schreibt auf die Erde (V.8). Das erneute Schreiben rahmt nicht nur zusammen mit dem ersten das Wort Jesu ein und hebt es damit hervor, sondern gibt auch den Angeredeten Gelegenheit wegzugehen, einer

9 nach dem anderen (V.9). Die Erzählung lässt also die Gegenspieler Jesu immerhin von dem ihnen zunächst unterstellten gesetzlichen Rigorismus Abschied nehmen, was die Kirche in ihrer Geschichte keineswegs immer getan hat. Jesus und die Frau

10 bleiben allein auf der Szene. Er fragt sie, ob niemand sie verurteilt habe (V.10). Die

11 knappe Antwort ist das einzige eigene Agieren der Frau in dieser Geschichte: „Niemand, (mein) Herr." Das Wort Jesu an sie schließt die Erzählung ab: „Auch ich verurteile dich nicht. Geh, und sündige von jetzt an nicht mehr!" Auf der Ebene der Erzählung bliebe damit manches offen: Was wird nun aus der Frau? Wie stellt sich ihr Mann zu ihr? Auf der Ebene der Kirche, für die erzählt wird, ist die Sache klar: Sünde soll vergeben werden, damit neues, von Sünde befreites und freies Leben möglich wird[139]. Der Sache nach entspricht dem ein auf Pinchas ben Jair zurückgeführter Spruch über Umkehr und Sündenvergebung: „Der Heilige, gesegnet er, sagte: Ich habe den bösen Trieb gemacht. Nimm dich in Acht, dass er dich nicht zum Verfehlen verleite! Wenn er dich zum Verfehlen verleitet hat, sei achtsam, Umkehr zu tun. Und dann werde ich deine Schuld tragen. Denn es ist gesagt: ‚Ich habe es getan, ich werde tragen, ich werde mir aufladen und entrinnen lassen' (Jes 46,4) – vom Gericht des Gehinnom. Dementsprechend ist gesagt: ‚Glücklich, wem Vergehen getragen, Verfehlung bedeckt ist!' (Ps 32,1)"[140].]

2. Diskussionen im Tempel (8,12–59)

12 Da redete Jesus wiederum zu ihnen und sagte: Ich bin das Licht der Welt. Wer mir folgt, geht nicht in der Finsternis umher, sondern wird das Licht des Lebens haben. 13 Da sprachen die Pharisäer zu ihm: Du legst über dich selbst Zeugnis ab. Dein Zeugnis ist nicht wahr. 14 Jesus antwortete und sprach zu ihnen: Auch wenn ich über mich selbst Zeugnis ablege, ist mein Zeugnis wahr; denn ich weiß, woher ich gekommen bin und wohin ich gehe. Ihr aber wisst nicht, woher ich komme oder wohin ich gehe. 15 Ihr urteilt nach dem Fleisch, ich verurteile niemanden. 16 Und wenn ich doch urteile, ist mein

---

138 VON CAMPENHAUSEN schreibt: „Kein Mensch ist ohne Sünde, und so macht das Wort Jesu streng genommen überhaupt alle Justiz, zumindest jede Blutjustiz unmöglich. Ist diese Konsequenz wirklich gewollt?" (A.a.O. [Anm. 132] 168). Aber was spricht dagegen, das Wort Jesu auch so zu lesen, dass es ein Argument gegen die Todesstrafe ist?

139 WILCKENS lädt die letzte Aufforderung Jesu außerordentlich auf. Er erkennt in ihr einen Anklang an die urchristliche Tauflehre: „So bildet die Taufe die Grenze, die das ‚Jetzt' des Christseins vom ‚Damals' des Elends unter der Macht der Sünde von Grund auf und ein für allemal trennt" (Komm. 139). Damit entstehen angesichts der Realität der Sünden von Christen die Verlegenheit und der Rigorismus, gegen die die Erzählung von Joh 7,53–8,11 geschrieben wurde.

140 MTeh 32,4 (BUBER 122b).

Urteil wahrhaftig. Denn ich bin nicht allein, sondern ich und der mich geschickt hat, der Vater. 17 Auch in eurer Tora steht doch geschrieben, dass das Zeugnis zweier Personen wahr ist. 18 Ich bin's, der Zeugnis ablegt über mich selbst, und es legt Zeugnis über mich ab, der mich geschickt hat, der Vater. 19 Da sagten sie ihm: Wo ist dein Vater? Jesus antwortete: Weder mich kennt ihr noch meinen Vater. Wenn ihr mich kenntet, kenntet ihr auch meinen Vater.

20 Diese Worte redete er an der Schatzkammer, als er im Heiligtum lehrte. Und niemand nahm ihn fest, weil seine Stunde noch nicht gekommen war.

21 Da sprach er wiederum zu ihnen: Ich gehe weg, und ihr werdet mich suchen und durch eure Sünden sterben. Wo ich hingehe, dahin könnt ihr nicht kommen. 22 Da sagten die (führenden) Juden: Er wird sich doch nicht selbst töten, dass er sagt: Wo ich hingehe, dahin könnt ihr nicht kommen? 23 Und er sagte ihnen: Ihr seid von unten, ich bin von oben. Ihr seid von dieser Welt, ich bin nicht von dieser Welt. 24 Ich habe euch also gesagt, dass ihr durch eure Sünden sterben werdet. Wenn ihr nämlich nicht glaubt, dass ich's bin, werdet ihr durch eure Sünden sterben. 25 Da sagten sie ihm: Wer bist du denn? Jesus sprach zu ihnen: Was rede ich überhaupt noch zu euch? 26 Vieles habe ich über euch zu reden und zu urteilen. Aber der mich geschickt hat, ist wahrhaftig; und was ich von ihm gehört habe, das rede ich zur Welt. 27 Sie erkannten nicht, dass er vom Vater zu ihnen sprach. 28 Da sprach Jesus zu ihnen: Wenn ihr den Menschensohn erhöht, dann werdet ihr erkennen, dass ich's bin und nichts von mir aus tue, sondern wie mich der Vater gelehrt hat, das rede ich. 29 Und der mich geschickt hat, ist mit mir. Nicht hat er mich allein gelassen, denn ich tue jederzeit das ihm Wohlgefällige. 30 Als er das redete, glaubten viele an ihn.

31 Da sagte Jesus zu den Juden, die ihm geglaubt hatten: Wenn ihr bei meinem Wort bleibt, seid ihr in Wahrheit meine Schüler 32 und werdet die Wahrheit erkennen; und die Wahrheit wird euch frei machen. 33 Sie antworteten ihm: Nachkommenschaft Abrahams sind wir und waren niemandem jemals versklavt. Wieso sagst du: Ihr werdet frei werden? 34 Jesus antwortete ihnen: Amen, amen, ich sage euch: Alle, die die Sünde tun, sind Sklaven der Sünde. 35 Der Sklave aber bleibt nicht auf immer im Haus; der Sohn bleibt auf immer. 36 Wenn also der Sohn euch frei macht, werdet ihr wirklich frei sein. 37 Ich weiß, dass ihr Nachkommenschaft Abrahams seid. Aber ihr sucht mich zu töten, weil mein Wort bei euch nicht durchdringt. 38 Was ich beim Vater gesehen habe, rede ich; und ihr nun – was ihr vom Vater gehört habt, tut ihr. 39 Sie antworteten und sprachen zu ihm: Unser Vater ist Abraham. Jesus sagte ihnen: Wenn ihr Kinder Abrahams seid, dann tut die Werke Abrahams![141] 40 Jetzt aber sucht ihr mich zu töten – einen Menschen, der ich zu euch die Wahrheit geredet, die ich von Gott gehört habe. Das hat Abraham nicht getan. 41 Ihr tut die Werke eures Vaters. Da sprachen sie zu ihm: Wir sind nicht aus Unzucht gezeugt. *Einen* haben wir zum Vater: Gott. 42 Jesus sprach zu ihnen. Wenn Gott euer Vater wäre, liebtet ihr mich. Denn ich bin von Gott ausgegangen und komme (von ihm). Nicht von mir selbst nämlich bin ich gekommen, sondern jener hat mich gesandt. 43 Warum erkennt ihr meine Rede nicht? Weil ihr mein Wort nicht hören könnt. 44 Ihr seid vom

---

141 Der handschriftliche Befund erlaubt an dieser Stelle keine eindeutige Entscheidung. Ebenso gut möglich wäre die – der Sache nach nicht wesentlich unterschiedene – Lesart: „Wenn ihr Kinder Abrahams wärt, würdet ihr die Werke Abrahams tun."

Vater, dem Teufel; und die Begierden eures Vaters wollt ihr tun. Der war ein Mörder von Anfang an, und in der Wahrheit steht er nicht, weil keine Wahrheit in ihm ist. Wenn er die Lüge redet, redet er aus dem Eigenen, denn ein Lügner ist er und der Vater der Lüge. 45 Ich aber – weil ich die Wahrheit sage, glaubt ihr mir nicht. 46 Wer von euch überführt mich einer Sünde? Wenn ich die Wahrheit sage, warum glaubt ihr mir nicht? 47 Wer von Gott ist, hört die Worte Gottes. Deswegen hört ihr nicht, weil ihr nicht von Gott seid. 48 Die (anwesenden) Juden antworteten und sprachen zu ihm: Sagen wir nicht zu Recht, dass du ein Samariter und besessen bist? 49 Jesus antwortete: Ich bin nicht besessen, sondern ich ehre meinen Vater, und ihr entehrt mich. 50 Ich aber suche nicht meine Herrlichkeit. Er ist da, der (sie) sucht und (der) urteilt. 51 Amen, amen, ich sage euch, wer mein Wort hält, sieht keinen Tod auf immer. 52 Die (anwesenden) Juden sprachen zu ihm: Jetzt haben wir erkannt, dass du besessen bist. Abraham ist gestorben, auch die Propheten – und du sagst: Wer mein Wort hält, schmeckt keinen Tod auf immer. 53 Bist du etwa größer als unser Vater Abraham, der gestorben ist? Auch die Propheten sind gestorben. Wozu machst du dich selbst? 54 Jesus antwortete: Wenn ich mich selbst verherrliche, ist meine Herrlichkeit nichts. Es ist mein Vater, der mich verherrlicht, von dem ihr sagt: Unser Gott ist er – 55 und ihr habt ihn nicht erkannt; ich aber kenne ihn. Und wenn ich sage: Ich kenne ihn nicht, werde ich gleich euch zum Lügner. Aber ich kenne ihn und halte sein Wort. 56 Abraham, euer Vater, hat darüber gejubelt, dass er meinen Tag sehen sollte. Und er hat (ihn) gesehen und sich gefreut. 57 Da sprachen die (anwesenden) Juden zu ihm: Du bist noch keine fünfzig Jahre und hast Abraham gesehen? 58 Jesus sprach zu ihnen: Amen, amen, ich sage euch, eher als Abraham da war, bin ich.
59 Da hoben sie Steine auf, um auf ihn zu werfen. Jesus aber verbarg sich und ging aus dem Heiligtum.

In dem ganzen umfangreichen Stück ist Jesus im Bereich des Tempels vorgestellt. Dort lehrt er (V.20). Erst in V.59 verlässt er den Tempel. Die Situation des Lehrens im Tempel verbindet Kap.8 mit Kap.7, wo Jesus nach V.14 in der Mitte von Sukkot zum Tempel hinaufsteigt und lehrt und nach V.37 an dessen letztem Tag dort redet. Auch einzelne Motive aus Kap.7 werden in Kap.8 wieder aufgenommen. Der Anfang in 8,12 bietet keine neue szenische Einleitung, knüpft also unmittelbar an das Vorangehende an. Durch die Einschaltung von 7,53–8,11 folgt Kap.8 im Abstand eines Tages. Ohne diese Einschaltung bleibt der Anschluss unbestimmt. Die Eingangswendung in 8,12: „Da redete Jesus wiederum zu ihnen und sagte" könnte also auch unmittelbar an den letzten geschilderten Auftritt Jesu in 7,37–39 anschließen. Während aber alle Szenen mit Jesus als Akteur in Kap.7 ausdrücklich auf Sukkot bezogen waren, ist das in Kap.8 nicht der Fall. Auch jetzt wird von keinem neuen Handeln Jesu erzählt. Was dargestellt wird, sind – das wieder im Unterschied zu Kap.7 – durchgehend direkte Auseinandersetzungen zwischen ihm und „den Pharisäern" (V.13), die ab V.22 zu „den Juden" werden. Dabei geht es immer wieder um die Legimität des Anspruchs Jesu, der zu Beginn in Form einer Selbstprädikation erhoben wird: „Ich bin das Licht der Welt".

Johannes gliedert das Kapitel durch szenische Angaben in V.20, V.30 und V.59, die jeweils auf das Vorangehende zurückblicken und also Abschlussbildungen sind. Dadurch entstehen drei Einheiten. Sie lassen sich inhaltlich nicht präzis fassen. Mit unterschiedlichen Motiven kreisen sie immer wieder um das eine – schon genannte – Thema. In der ersten Einheit wird herausgestellt, dass im Selbstzeugnis Jesu das Zeugnis Gottes selbst erklingt (V.12–20). Die zweite hat Herkunft und Ziel Jesu bei Gott im Blick, wovon seine Gegenspieler nichts wissen, weil sie ganz anderer Herkunft seien (V.21–30). In der langen dritten Einheit dominieren die Stichworte „Wahrheit" und auch – zumindest zunächst – „befreien" und „frei" und spielt immer wieder die Gestalt Abrahams eine Rolle (V.31–59). Hier verschärft sich die Auseinandersetzung zwischen Jesus und „den Juden" zu außerordentlich harten Entgegensetzungen.

Das Kapitel demonstriert eindrücklich die Unmöglichkeit eines Dialogs, wenn ein exklusiver Anspruch erhoben wird und die Diskussion allein darum geführt werden soll. Dass hier kein wirklicher Dialog geführt wird, obwohl bis auf die erwähnten szenischen Angaben und eine knappe kommentierende Anmerkung in V.27 ausschließlich Redebeiträge geboten werden, zeigt schon deren höchst ungleiche Verteilung. Daran wird deutlich, dass es Johannes allein um die Festigung der eigenen angefochtenen Position geht. Die ist dann im letzten Teil so verfestigt, dass nur noch eine zutiefst feindliche Gegenüberstellung bleibt, in der diejenigen, die den erhobenen Anspruch nicht zu teilen vermögen, geradezu verteufelt werden.

a) Das Zeugnis Gottes im Selbstzeugnis Jesu (8,12–20)

Der Abschnitt ist klar aufgebaut. Am Anfang steht eine Selbstprädikation Jesu, die mit einer Verheißung verbunden ist (V.12). Dagegen erheben „die Pharisäer" einen Einwand: Sie stellen fest, dass Jesus hier ein Selbstzeugnis gibt, und schließen daraus, dass deshalb dieses Zeugnis nicht gültig sein kann (V.13). Demgegenüber führt Jesus in V.14–18 aus, dass sein Zeugnis dennoch wahr sei und inwiefern es auch das Kriterium der zwei Zeugen erfülle: In seinem Selbstzeugnis erklingt das Zeugnis Gottes. Da Jesus als zweiten Zeugen „den Vater" anführt, wird er in V.19a gefragt, wo sein Vater sei. Die darauf gegebene Antwort Jesu in V.19b bestreitet denen Kenntnis des Vaters, die ihn nicht in ihm erkennen. V.20 schließt den Abschnitt mit einer szenischen Bemerkung ab.

Die vorangehende Szene (7,45–52) spielte unter denen, die Bedienstete ausgeschickt hatten, um Jesus festzunehmen, wobei Johannes wohl an eine Sitzung des Synhedriums dachte. Die neue Szene beginnt in V.12 ohne eine genaue Situationsangabe mit der Bemerkung, dass „Jesus wiederum zu ihnen redete". Zuletzt war Jesus   12 in 7,37–39 als redend dargestellt worden, worauf es in 7,40–44 Auseinandersetzungen über ihn gab. Wie immer der zeitliche Abstand von 8,12 auf 7,37 vorgestellt ist, für das Bewusstsein der Lesenden und Hörenden wird mit der einführenden Bemerkung von 8,12 über die Synhedriumsszene hinweg an diese früheren Szenen angeknüpft. Die Synhedriumsszene wirkt insofern auf die neue Szene ein, als in V.13 als Gesprächspartner Jesu „die Pharisäer" genannt werden, die dort die Wortführer waren (V.47). Auf die 7,40–44 über ihn geäußerten Vermutungen, auf den dort um ihn geführten Streit reagiert Jesus in V.12 mit einem Selbstzeugnis. Wieder erweist er sich als Souverän; er entscheidet und sagt, was gilt: „Ich bin das Licht der Welt." Die in 7,40–42 über ihn wiedergegebenen Äußerungen nannten ihn „den Propheten" und „den Gesalbten". Wenn Johannes hier die Lichtmetaphorik wieder aufnimmt und Jesus von sich als dem „Licht der Welt" sprechen lässt, setzt er demgegenüber einen besonderen Akzent[142]. Nach Jes 42,6f. und 49,6 wird der Gottesknecht nicht nur „zum Bund des Volkes" (Israel) bestimmt, der die Stämme Jakobs und die Aufbewahrten Israels wieder aufrichtet, sondern auch „zum Licht der Völker, zu öffnen die Augen von Blinden", „um meine Hilfe zu sein bis ans Ende der Erde". In 1Hen 48,4 wird der Menschensohn „das Licht der Völker" genannt. Diese biblisch-jüdische Tradition nimmt Johannes mit der Selbstprädikation Jesu als „Licht der Welt" auf. Die Frage ist, ob das im Gegensatz zu Israel und der Tora interpretiert werden muss.

In Bezug auf „das Wort" fand sich diese Aussage schon im Prolog (1,5–9). Dort war deutlich geworden, dass im Licht des Auftretens Jesu die Welt, so wie sie ist, in keinem guten Licht erscheint, dass es also um den überführenden Charakter des Lichtes geht. Mit „Licht" ist daher „Wahrheit" assoziiert – ein Begriff, der im Verlauf des Kapitels noch eine Rolle spielen wird[143]. Bei „Licht" geht es im Johannesevangelium immer auch um Wahrheit und bei Wahrheit – das zeigte die weitere zwischen dem Prolog und 8,12 stehende Stelle mit Lichtterminologie in 3,19–21 – nicht um eine Theorie, sondern um das Tun der Wahrheit, um rechtes Handeln. Wahrheit erweist sich im Gehen auf dem rechten Weg. Dementsprechend wird auch in 8,12 die Selbstaussage Jesu, das Licht der Welt zu sein, sofort mit der Nachfolge verbunden: „Wer mir folgt, geht nicht in der Finsternis umher, sondern

---

[142] Nach BARTH handelt es sich um „die bisher stärkste, konzentrierteste und zugleich universalste Aussage Jesu über sich selbst" (Johannes-Evangelium 358). – Zu den Ich-bin-Worten vgl. zu 6,35.

[143] BECKER hat zwar prinzipiell Recht: „8,12 ist in der Komposition ersetzbar durch jedes andere Offenbarungswort" (Komm. 1,339). Dennoch scheint es mir von diesem Zusammenhang mit „Wahrheit" her nicht zufällig zu sein, dass gerade dieses gewählt wurde. Ein weiterer Gesichtspunkt, warum der Terminus „Licht" an dieser Stelle sinnvoll steht, wird sich von V.13 her ergeben. – Ob die Selbstbezeichnung Jesu als „Licht der Welt" hier auch veranlasst ist durch die besondere Festbeleuchtung an Sukkot (so SCHNACKENBURG, Komm. 2,239f.), sei dahingestellt. Sehr wahrscheinlich scheint mir diese Möglichkeit nicht zu sein. Nach mSuk 5,2 fand diese Aktion im Frauenvorhof, die nach 5,3 keinen Hof in Jerusalem unbeleuchtet ließ, bereits „am Ausgang des ersten Feiertages des Festes" statt. Außerdem wird – wie schon gesagt – in Kap.8 kein ausdrücklicher Bezug mehr auf Sukkot vorgenommen.

wird das Licht des Lebens haben." Wer Jesus folgt, von dem gilt: „Er *liebt* nun das Licht (3,19), er kommt zum Licht auf die Gefahr hin, als das, was er ist, beleuchtet zu werden (3,20–21 ...)"[144]. Nachfolge heißt hiernach, sich im Licht des die Welt – und auch die zu ihm Kommenden – überführenden Auftretens Jesu orientieren, sich an Jesus selbst orientieren, der insofern „Weg" ist (14,6), als er selbst einen bestimmten Weg genommen hat, den Weg „nach unten", ans Kreuz – das Johannes von Ostern her paradox zugleich als „Erhöhung" beschreiben kann. Was Nachfolge des ans Kreuz gehenden Jesus heißt, wird er in der Erzählung von der Fußwaschung (13,1–20) deutlich machen.

Der Nachfolge Jesu wird eine negativ und positiv formulierte Verheißung gegeben. Wer sich in sie begibt, „geht nicht in der Finsternis umher", tappt nicht im Dunkeln, bleibt nicht orientierungslos in einer diffusen Welt. Dieselbe Verheißung ist in der biblisch-jüdischen Tradition an die Tora gebunden. So heißt es in Ps 119,105: „Leuchte meiner Füße ist Dein Wort und ein Licht für meinen Weg." Diese Aussage wird in einem rabbinischen Text zitiert, der ausführlich den Satz erläutert: „Siehe, wie die Worte der Tora dem Menschen leuchten, wenn er sich mit ihnen beschäftigt!" und dabei anschaulich den die Tora Ignorierenden mit einem vergleicht, der im Dunkeln geht und notwendig strauchelt[145].

Was zwingt eigentlich dazu, beide Aussagen – dass Jesus die ihm Folgenden nicht im Dunkeln gehen lässt und dass auch die Worte der Tora das die nicht tun lassen, die sich mit ihnen beschäftigen – in striktem Gegensatz zueinander zu verstehen? Nach BLANK „wird man hier doch stärker als üblich den Gegensatz zur jüdischen Auffassung sehen müssen"[146]. Etwas später fährt er fort: „Nicht die Tora ist der letzte Maßstab der ‚Halacha' für die Jesus-Nachfolger, sondern *Jesus ist selbst die Halacha (‚der Weg' [14,6]) seiner Jünger.*" Es handle „sich hier nicht um Einzelvorschriften oder Gebote ..., sondern um eine totale und fundamentale Grundausrichtung der gesamten Lebenseinstellung. Man muß hören, nicht mehr die Tora ist das wahre Licht des wahren Lebensweges, sondern Jesus selbst"[147]. Doch auch im Johannesevangelium ist Jesus nicht von „der Schrift" ablösbar. Wenn er als „Licht der Welt" den Völkern zur Orientierung verhilft und ihnen eine „Grundausrichtung" vorgibt und vermittelt, ist damit die Frage nach den „Einzelvorschriften oder Geboten" nicht aufgehoben, sondern allererst gestellt.

Die positiv formulierte Aussage verheißt, „Licht des Lebens" zu haben, das Leben so führen zu können, dass wirklich von „Leben" geredet werden kann, Leben, das diesen Namen verdient. Nach Ps 56,14 ist es das nicht unmittelbar vom Tod bedrohte

---

[144] BARTH, Johannes-Evangelium 359.
[145] ShemR 36,3 (Wilna 64b-c); zitiert bei Bill. II 521f. Aufschlußreich ist auch der vorangehende Kontext in 1f., der in Auslegung von Jes 60,3 („... und Völker gehen zu Deinem Licht") den Tempel und Israel allen leuchten lässt.
[146] Komm. 1b,131.
[147] Ebd. 132.

und vorm Straucheln der Füße bewahrte Leben, „damit ich einhergehe vor Gott im Licht des Lebens"[148]. Die zum rechten Leben nötige Klarheit haben, Orientierung und Richtung gewinnen – darum geht es.

13   Auf die Selbstprädikation Jesu als „Licht der Welt" hin treten in V.13 „die Phari-säer" auf. Sie stellen zunächst fest, was Jesus gerade getan hat: „Du legst über dich selbst Zeugnis ab." Daraus schließen sie: „Dein Zeugnis ist nicht wahr." Wie in 5,31 hat „wahr" hier den Sinn von „beglaubigt"[149]. Das Selbstzeugnis ist nicht rechtsrele-vant, kann keine Geltung beanspruchen. Der Einwand erfolgt also formal völlig kor-rekt; er entspricht dem ordentlichen Rechtsverfahren.

Warum nimmt Johannes diese Rechtsregel an dieser Stelle noch einmal auf, zumal es ihn dazu zwingt, Jesus im folgenden V.14 im formalen Widerspruch zu 5,31 reden zu lassen? Er kann damit deutlich machen, dass es bei dem Gegenstand des Zeugnis-ses, um den es hier geht, gar kein anderes als ein Selbstzeugnis geben kann. Der Ge-genstand ist ja kein allgemein zugänglicher objektiver Tatbestand, sondern Jesus als der Gesandte Gottes – anders formuliert: Gottes Selbstzeugnis in Jesus. Dieses Zeug-nis ist auf seine Selbstevidenz angewiesen. Von daher erschließt sich auch noch ein-mal die Wahl der Lichtmetaphorik in V.12. Denn auch Licht ist selbstevident[150].

14   In seiner Antwort in V.14 setzt Jesus den Fall, der ja auch zutrifft, dass er für sich selbst Zeugnis ablegt, und beansprucht dafür dennoch Wahrheit und also Geltung. Er setzt damit der Folgerung seiner Gesprächspartner eine gegenteilige Behauptung ent-gegen, die in direktem Gegensatz zu seiner Aussage in 5,31 steht. Doch zeigt die jeweilige Fortsetzung, dass der Gegensatz nur ein formaler, aber kein sachlicher ist. Nach 5,32–40 ist es „der Vater", der über Jesus Zeugnis ablegt. Aber er tut es ja nicht anders als im Selbstzeugnis Jesu. Hier in 8,14 gilt das Zeugnis Jesu dadurch als be-glaubigt und also wahr, dass er weiß, „woher ich gekommen bin und wohin ich gehe". Über seinen Ursprung und sein Ziel bei Gott hatte Jesus vorher in 7,28f. und 7,33–36 gesprochen. Diejenigen, die Jesus sozusagen von außen wahrnehmen, mei-nen ja auch sehr genau zu wissen, woher er gekommen und wohin er gegangen ist, nämlich als Josefs Sohn (6,42) von Nazaret (1,46) in Galiläa (7,41) bis ans Kreuz (12,34); und dieses Wissen enthält keine falschen Tatbestände. Aber indem sie nicht erkennen, dass Jesus genau darin den Weg von Gott zu Gott gegangen ist, wird ihnen

---

148   Der Midrasch legt die Wendung „im Licht des Lebens" doppelt aus: „im Lande Israel" und „in dem großen Licht im Garten Eden" (MTeh 56,4 [BUBER 148b]). Nach einer Stelle der Gemein-deordnung von Qumran kann „das Licht des Lebens erblicken", dessen Sünden vergeben sind (1QS III 6f.).
149   Vgl. z.St.
150   Nach BARRETT passt die Selbstaussage Jesu von V.12 „ausgezeichnet zu ihrem Kontext, da das Licht gar nichts anderes tun kann, als Zeugnis für sich selbst abzulegen, weil es durch seine Quelle beglaubigt wird" (Komm. 343). Vgl. schon AUGUSTIN, Vorträge 35,4: „Also das Licht gibt sich selbst Zeugnis; es öffnet die gesunden Augen und ist sich selbst Zeuge, damit das Licht wahr-genommen werde" (Übers. SPECHT S.538).

doch Nichtwissen über Ursprung und Ziel seines Weges bescheinigt: „Ihr aber wisst nicht, woher ich komme und wohin ich gehe"[151].

Weil die Gesprächspartner Jesu dessen Ursprung und Ziel bei Gott nicht wahrneh- 15 men, wird in V.15 festgestellt: „Ihr urteilt nach dem Fleisch." In 7,24 hatte Jesus dazu aufgefordert, nicht nach dem Augenschein zu urteilen. Das Urteil „nach dem Fleisch" richtet sich nach dem, was vor Augen liegt, nach den allen zugänglichen und nachvollziehbaren Fakten, in diesem Fall nach denen, die über die Herkunft und das Ende Jesu vorliegen. Johannes bestreitet, auf diese Weise eine zutreffende Erkenntnis Jesu gewinnen zu können. Jesus ist vielmehr erst wirklich erkannt in der Wahrneh-mung des in ihm präsenten Gottes. Das wird er in V.16b damit deutlich machen, dass Jesus nicht für sich allein betrachtet werden kann, weil er „nicht allein" ist.

Zuvor setzt Jesus in V.15b dem Urteil nach dem Fleisch sein eigenes Handeln entgegen: „Ich verurteile niemanden." Es folgt aber sofort in V.16a eine gegenteilige 16 Feststellung: „Und wenn ich doch urteile, ist mein Urteil wahrhaftig"[152], wobei „wahrhaftig" hier den Sinn von „wirklich" gewinnt. Wenn Johannes beides so hart nebeneinander stellt, will er auch beides sagen. Der Zusammenhang zwischen beiden Aussagen dürfte dann so zu denken sein: Von Gott her, wie er auch und gerade in Jesus als vergebender Gott begegnet, soll es keine Verurteilung geben. Es kommt aber gleichsam zur Selbstverurteilung der Menschen, wenn und insofern sie sich die-sem Gott verweigern und deshalb im Dunkeln tappen und ins Leere laufen[153].

Die Wirklichkeit der Nicht-Verurteilung, wenn Vergebung angenommen wird, und die Wirklichkeit der Verurteilung im Falle der Verweigerung wird in V.16b damit begründet, dass Jesus „nicht allein" ist, „sondern ich und der mich geschickt hat, der Vater". Gott ist nicht nur Ursprung und Ziel des Weges Jesu, sondern auch seine Mitte. Betrachtet man Jesus allein für sich, wird man nur ein Urteil „nach dem Fleisch" über ihn fällen können (V.15)[154]. Johannes aber kann Jesus von Ostern her nur in der Dimension Gottes wahrnehmen und stellt ihn so dar, dass er immer nur mit Gott zusammen gesehen werden kann.

Die Argumentation, dass Jesus nicht allein ist, sondern dass er und der Vater nebeneinander stehen, verfolgt noch einen weiteren Zweck. Es soll damit dem bib-lisch-jüdischen Prozessrecht Genüge getan werden, das zwei Zeugen zur Bedingung

---

[151] Vgl. BARTH, Johannes-Evangelium 361: „In der Mitte zwischen Gesendetsein und Erhöhtwerden ist er ihnen sichtbar und hörbar. Aus der durch dieses Woher? und Wohin? bezeichneten dritten Dimension redet er. Sie aber beurteilen ihn nach den zwei Dimensionen der Fläche, auf der sie zu denken und reden gewohnt sind und auf der in der Tat auch er nun mit ihnen redet, nach oben weisend; aber um dieses ,nach oben' zu verstehen, müßte die Wirklichkeit der dritten Dimension eingesehen sein."

[152] „Es gehört zur joh(anneischen) Dialektik, auf eine kategorische Verneinung dann doch eine positive Aussage folgen zu lassen" (SCHNACKENBURG, Komm. 2,245). Außer den von ihm ge-nannten Stellen 1,10–12 und 3,32f. wäre noch 12,37–42 zu nennen.

[153] Vgl. o. zu 3,18–21.

[154] Das gilt im Übrigen auch für die Suche nach dem sogenannten „historischen" Jesus. Sie fördert ausschließlich Urteile „nach dem Fleisch" zutage.

17 macht. So sagt Jesus in V.17: „Auch in eurer Tora steht doch geschrieben, dass das Zeugnis zweier Personen wahr ist."

Die Redeweise **„eure Tora"** signalisiert keineswegs Distanz zur Tora. SCHLATTER schreibt, dass sich die Wendung „in eurer Tora steht geschrieben" in der rabbinischen Literatur „immer dann" finde, „wenn ein Fremder das Gesetz zitiert". Er meint, in diesem Zusammenhang feststellen zu können, dass Jesus nach Johannes „sich selbst nicht unter das Gesetz stellt"[155]. Der Textbefund erlaubt eine solche Folgerung allerdings nicht. Die Wendung begegnet öfter, als Schlatter angibt. Wenn ein Fremder sie gebraucht, weist er einen Juden auf ein Verhalten hin, das seiner Meinung nach im Widerspruch zur zitierten Torastelle steht, oder verlangt eine Erklärung einer ihm unverständlichen Aussage (vgl. mAS 3,4; bBer 32b; bAS 54b; WaR 4,6 [MARGULIES S.92]). In Joh 8,17 aber sucht Jesus seinerseits die Übereinstimmung mit der Tora. Aufschlussreich ist ein an zwei Stellen wiedergegebenes Erlebnis Rabbi Eliesers, der zur ersten Generation der Lehrer von Javne gehört. Er erzählt, einmal einem Ketzer begegnet zu sein, dessen Argumentation mit einem Tora- und Prophetenwort ihm gefallen hatte (bAS 17a; QohR 1,8 [Wilna 4a]). Obwohl der sich gar nicht von Tora und Propheten distanziert, wird seine Argumentation mit der Wendung eingeführt: „In eurer Tora steht geschrieben." JÖRG AUGENSTEIN macht deutlich, dass in Joh 8,17 und 10,34 „weder aus der Reaktion der Gegner noch aus dem gesamten Kontext entnommen werden (kann), daß Jesus sich durch die Berufung auf die Schrift von der Schrift distanzieren will und daß er diese Basis mit seinen Gegnern nicht teilt" („Euer Gesetz" – Ein Pronomen und die johanneische Haltung zum Gesetz, ZNW 88, 1997 [311–313], 312). Er weist auf ein analoges Phänomen im Deuteronomium und im Buch Josua hin, wenn „Mose und Josua in Reden zum Volk Wendungen wie ,*euer* Gott', ,*eure* Väter', ,das Land, das *euch* gegeben wird/wurde' oder ,der Bund, der *euch* gegeben wurde' (benutzen)" (312). Diese „Redeweise dient dazu, der Rede Nachdruck zu verleihen" (313). Vgl. schon AUGUSTIN, Vorträge 36,13: „Ebenso möge es keinen beunruhigen, wenn er sagt: ,In eurem Gesetze steht geschrieben …', und keiner meine deshalb, es sei dies nicht das Gesetz Gottes gewesen, da es nicht heißt: Im Gesetze Gottes; er wisse, so heiße es: ,In eurem Gesetze', als würde er sagen: In dem Gesetze, das euch gegeben ist; von wem sonst als von Gott?" (Übers. SPECHT S.558)

Die Aussage von den zwei Zeugen bezieht sich auf Dtn 17,6, wonach die Todesstrafe nur „aufgrund der Aussage von zwei Zeugen oder drei Zeugen" vollzogen werden darf, nicht aber „aufgrund eines einzigen Zeugen"[156], und auf Dtn 19,15, wo diese Regel auf alle Delikte ausgedehnt wird.

18 In V.18 wendet Johannes das Zeugnisrecht auf die vorliegende Situation an, indem er Jesus sagen lässt: „Ich bin's, der Zeugnis ablegt über mich selbst, und es legt Zeugnis über mich ab, der mich gesandt hat, der Vater." Gewiss wirkt diese Argumentation sehr gesucht. Aber immerhin sucht Johannes die Entsprechung zur Tora[157].

---

[155] Johannes 207.

[156] Entsprechend heißt es Num 35,30: „… und ein einzelner Zeuge soll nicht aussagen gegen eine Person, dass sie sterbe." Dazu wird SifBam § 161 (HOROVITZ S.221) angemerkt: „Davon leitet sich die Regel ab: An jeder Stelle, an der ,Zeuge' gesagt ist, siehe, da meint sie (die Schrift) im allgemeinen zwei – außer dass dir die Schrift besonders hervorhebt: einer." In mMak 1,7 wird die Alternative von zwei oder drei Zeugen in Dtn 17,6 grundsätzlich auf zwei Zeugen festgelegt.

[157] Dass der Satz „ein Wort des Hohnes" und dass „die Persiflage der Gesetzlichkeit" hier „zum Äußersten getrieben" sei (BULTMANN, Komm. 212), ist angesichts der Bindung des Evangelisten an die Schrift völlig abwegig.

„Beachtet man die Gesandten-Funktion Jesu, so versteht man die Dialektik und Paradoxie der ganzen Darlegung: Als der Gesandte *Gottes* gibt er selbst ein vollgenügendes Zeugnis, weil in ihm der Vater spricht (V.14); als *Gesandter* Gottes aber läßt er sich vom Sendenden unterscheiden, und so treten zwei Zeugen in den Blick"[158]. Sicher wird auch Johannes gewusst haben, dass er – streng genommen – dem Zeugenrecht nicht genügt. Denn einmal ist einer der Zeugen Jesus selbst, der aber gerade in Frage steht. Er kann als Zeuge schon von dem Grundsatz her nicht in Anschlag gebracht werden, dass niemand für sich selbst Zeugnis ablegen darf. Und zum anderen erfolgt das Zeugnis des sendenden Vaters ja nicht unabhängig von Jesus, sondern vollzieht sich ausschließlich in dessen Wort. Wenn Johannes dennoch das Zeugenrecht hier aufnimmt, ist das außer im Bestreben, auf bestimmte Weise die Übereinstimmung mit ihm herzustellen, darin begründet, dass er zugleich damit die Besonderheit dieses Zeugnisses deutlich machen kann. Der in Jesus präsente Gott ist nicht objektiv von außen konstatierbar. „Der Glaube, der Jesus anerkennt, findet auch in Jesus und durch ihn den anwesenden Gott; und wer diesen nicht in Jesus findet, der hat zu Jesus allenfalls ein historisches Verhältnis, aber kein Glaubensverhältnis"[159].

Auf die Aufbietung der beiden Zeugen hin wird Jesus in V.19 die Frage entgegengehalten: „Wo ist dein Vater?" Vordergründig lässt Johannes hier die Gesprächspartner Jesu auf dessen Argumentation eingehen. Den einen genannten Zeugen, Jesus selbst, sehen sie ja; dazu haben sie in V.13 das Nötige gesagt, dass nämlich ein Selbstzeugnis nicht gültig ist. Aber wo ist der zweite Zeuge? Hintergründig lässt Johannes mit der Frage nach dem Wo die Frage nach dem Ort der Präsenz Gottes gestellt sein[160]. Für ihn ist sie durch Jesus beantwortet. Das Zeugnis des Vaters erklingt in Jesu Selbstzeugnis. BARTH weist bei der Besprechung dieses Textes darauf hin, dass es „merkwürdigerweise im ganzen Johannesevangelium keine Stelle" gibt, an der Jesus ein Zeugnis über den Vater ablegt, sondern immer nur umgekehrt der Vater über Jesus und Jesus über sich selbst. „Jesus, der unbekannte Sohn Gottes, wird bekannt durch den bekannten Vater"[161]. Etwas weiter schreibt er: „Alles hängt daran, daß man mit seinem Zeugnis von sich selbst zusammenklingen hört das Zeugnis … des Vaters. Der Vater aber ist bekannt. Jesus appelliert an diese Größe als an eine bekannte Größe"[162]. Im jüdischen Kontext, in dem das Evangelium geschrieben ist, wird also „der Vater" als bekannt vorausgesetzt. Dementsprechend lautet die an Jesus gerichtete Frage auch nicht: „*Wer* ist dein Vater?[163]" Es geht nicht um einen bisher

19

---

[158] SCHNACKENBURG, Komm. 2, 247.

[159] BLANK, Komm. 1b,137.

[160] BLANK dürfte Recht damit haben, „daß die Frage nach der Gegenwart Gottes nach dem Ende des zweiten Tempels Juden und Christen gleichermaßen bewegte … Dies ist vermutlich der eigentliche Diskussionshintergrund für die Aussagen von Kapitel 8" (Komm. 1b,128f.).

[161] Johannes-Evangelium 365f.; bei BARTH hervorgehoben.

[162] Ebd. 366. Das wird von BRODIE nicht wahrgenommen, wenn er zu diesem Zusammenhang meint, Jesus spreche „vom unbekannten Vater" (Komm. 325).

[163] So übersetzt seltsamerweise SÖDING, Nazareth 35.

unbekannten Gott, sondern um den in Israel bekannten Gott[164]. Das ist erst einmal festzuhalten.

Umstritten ist in der Situation des Johannesevangeliums der Ort der Präsenz dieses bekannten Gottes. Gegenüber der Bestreitung der Präsenz Gottes in Jesus formuliert Johannes als Wort Jesu in V.19b: „Weder mich kennt ihr noch meinen Vater; wenn ihr mich kenntet, kenntet ihr auch meinen Vater"[165]. Aufgrund der Voraussetzung, dass der Vater sich im Sohn zeigt, dass der Gott Israels in Jesus präsent ist, wird geschlossen, dass den Vater überhaupt nicht kennt, wer ihn nicht im Sohn erkennt. Die gerade noch vorausgesetzte Bekanntheit Gottes als des für Jesus Zeugnis Ablegenden schlägt also angesichts der Ablehnung dieses Zeugnisses um in die Behauptung völliger Unkenntnis Gottes. Die Logik dieses Umkehrschlusses schließt zuvor vorausgesetzte Gemeinsamkeit aus und beansprucht Exklusivität.

Während die von BARTH gemachte Textbeobachtung mit der Konsequenz der vorausgesetzten Bekanntheit Gottes in der Auslegung in aller Regel keine Aufnahme gefunden hat, wird **der negative Umkehrschluss** betont nachgesprochen. So heißt es etwa bei SCHNACKENBURG: „Alles vermeintliche ‚Wissen‘ um Gott und das Heil wird zu einem erschütternden Nichtwissen, wenn man dem nicht glaubt, der das wahre Wissen von Gott besitzt und den Weg zum Heil offenbart"[166]. Nach BECKER kann Jesus „nur Selbstzeugnis ablegen, weil er allein in der Welt der Finsternis Gott und Leben offenbart"[167]. Im Wort Jesu sei „der außerhalb dieser Offenbarung unbekannte Vater als alleiniger Lebensspender anwesend"[168]. „Gottes Erkenntnis erschließt sich nur durch Jesus, der ihn offenbart"[169]. Es ist auffällig, dass hier immer wieder das Wort „offenbaren" gebraucht wird, das im Text nicht begegnet[170]. Das aber legt sich nahe, wenn der johanneische Umkehrschluss zu einem geschlossenen Zirkel verabsolutiert wird. Dann drängt sich allerdings die Konsequenz auf, dass Jesus einen bis dahin unbekannten Gott „offenbart", und es führt auf der anderen Seite zu negativen Aussagen über das Judentum. Dass sie sich bei HIRSCH finden, verwundert nicht. Nach ihm bestätigt Jesus den Pharisäern „und damit der ganzen Judenschaft, daß sie ohne Offenbarung sind". Was Jesus hier sagt, bedeute einen Gerichtsspruch „über die jüdische Religion als solche"[171]. Doch auch BULTMANN spricht vom „Gericht des Offenbarers

---

[164] Diese Konsequenz der Beobachtung BARTHS, dass im Johannesevangelium hinsichtlich der Zeugnisterminologie nicht wechselweise von einem Bezeugen Jesu durch Gott und einem Bezeugen Gottes durch Jesus geredet wird, verdeckt sich BARTH selbst, wenn er den jüdischen Kontext nicht beachtet und im Fortgang allgemein von „den Menschen" und „jedermann" redet.

[165] Dieselbe Argumentationsstruktur begegnete schon 5,37f. und 7,28f. – und sie wird noch öfter begegnen.

[166] Komm. 2,248.

[167] Komm. 1,341.

[168] Ebd. 290.

[169] WILCKENS, Komm. 142.

[170] BULTMANN gebraucht in seinem ganzen Kommentar die Offenbarungsterminologie geradezu inflationär, was in einem krassen Missverhältnis zu ihrem geringen Vorkommen im Johannesevangelium steht. Hier wirkt sich das angenommene gnostische Modell nachhaltig aus.

[171] Evangelium 205. Geradezu bösartig äußert sich SCHLATTER zu V.19: „So, wie Jesus sie (die Sohnschaft Gottes) hat, hält der Jude sie für unmöglich, und so, wie der Jude sie für sich in Anspruch nimmt, ist sie eine Lüge. Darum kann der Jude nur dann an Jesus glauben, wenn seine unechte, scheinbare Gottessohnschaft widerlegt ist" (Johannes 207).

über das Judentum"; er habe mit V.19b „das Urteil über die jüdische Religion gesprochen"[172].

Johannes verfolgt die positive Intention, die Präsenz Gottes in Jesus herauszustellen. Aber darf daraus der negative Umkehrschluss gefolgert werden, dass Gott überhaupt nicht kennt, wer ihn nicht in Jesus erkennt? Im Exkurs wurde deutlich, dass dieser Umkehrschluss in der Auslegung eine Sogwirkung ausübt zu negativen Aussagen über das Judentum. In Kap.8 selbst wird dieser Sog in V.44 dazu führen, dass „die Juden" geradezu verteufelt werden. Deshalb gilt es, sich vor dem Nachsprechen des Umkehrschlusses zu hüten. Es geht nicht an, dem Judentum seine Gottesbeziehung abzusprechen. Dass Johannes den negativen Umkehrschluss formuliert hat, mag verständlich sein aufgrund der bedrängenden Erfahrungen, die er und die Seinen vonseiten der jüdischen Mehrheit machen mussten. Dass wir diesen Umkehrschluss nicht mehr machen, ist dringend geboten aufgrund der viel schlimmeren Erfahrungen, die Juden seinetwegen erleiden mussten und in denen es ihnen unkenntlich wurde, dass der Vater Jesu Christi mit dem Gott Israels identisch sei.

V.20 schließt den Abschnitt mit einer szenischen Bemerkung ab. Zunächst macht 20 Johannes eine Ortsangabe: „Diese Worte redete er an der Schatzkammer, als er im Heiligtum lehrte." Mit der „Schatzkammer" ist wahrscheinlich eine Halle im Frauenvorhof gemeint, die dreizehn Kassen für Abgaben, Opferverrichtungen und Spenden enthielt[173]. Schließlich wiederholt Johannes noch einmal die Aussage von 7,30: „Und niemand nahm ihn fest, weil seine Stunde noch nicht gekommen war." Damit erinnert er daran, dass das hier Erzählte im größeren Zusammenhang der Passion steht, dass aber Jesus Souverän auch dieses Geschehens ist.

b) Jesu Herkunft und Ziel (8,21–30)

Auch dieser Abschnitt demonstriert eindrücklich, dass kein wirkliches Gespräch stattfindet. Es wird übereinander geredet (V.22 und V.25b.26a; vgl. V.27); und wo zueinander gesprochen wird, werden verhärtete Positionen ausgetauscht (V.21.24.25b und V.25a). Inhaltlich geht es einmal mehr um den Anspruch Jesu, dass in ihm der Vater präsent sei, was damit ausgedrückt wird, dass er seine Herkunft und sein Ziel bei ihm habe. Damit verbunden ist die Ankündigung des Gerichts gegen diejenigen, die diesen Anspruch nicht akzeptieren.

---

172 Komm. 213. Diese Aussage wird nicht dadurch besser, dass sie anschließend auf „die Religion als eine dem Menschen seine Sicherheit und sein Selbstbewußtsein gebende Sphäre überhaupt" verallgemeinert wird, „da die ‚Juden' die Welt überhaupt repräsentieren". Damit werden sie ja auf einen negativen Typos festgelegt.

173 Das Wort für „Schatzkammer" begegnet gewöhnlich im Plural. Josephus spricht jedoch in Ant 19,294 von „der Schatzkammer". BILLERBECK kommt aufgrund einer einleuchtenden Kombination dieser Stelle mit den Angaben in mSheq 6,5f. und tSheq 3,1ff. zu der genannten Verortung (Bill. II 38–42).

21   Die neue Szene schließt sich in V.21 unmittelbar an die vorangehende an. Nach der zurückblickenden Ortsangabe von V.20 wird sie nun damit eingeleitet, dass Jesus „wiederum zu ihnen sprach". Was er sagt, ist Aufnahme eines Motivs aus 7,34, das in verschärfter Form wiederholt wird: „Ich gehe weg, und ihr werdet mich suchen und durch eure Sünde sterben. Wo ich hingehe, dahin könnt ihr nicht kommen." Im Unterschied zu 7,34 kündigt Jesus seinen Gesprächspartnern nicht mehr nur an, dass sie ihn nicht finden, sondern – darin besteht die Verschärfung – durch ihre Sünde sterben werden.

Das Motiv vom **„Sterben durch Sünde(n)"** kommt aus der biblisch-jüdischen Tradition. In Dtn 24,16 wird gesagt, dass Väter nicht wegen der Söhne und Söhne nicht wegen der Väter sterben sollen, sondern: „Ein Mann durch seine Sünde – (so) sollen sie sterben." Ez 3,19 heißt es vom Frevler, der trotz Warnung sündigt: Er „wird durch sein Vergehen sterben". Nach der griechischen Übersetzung von Spr 24,9 gilt: „Es stirbt der Tor durch seine Sünde." Die Weisheit spricht: „Wer an mir sündigt, frevelt an seinem Leben; alle, die mich hassen, lieben den Tod" (Spr 8,36). Bei der Diskussion des Grundsatzes: „Es gibt keinen Tod ohne Sünde" in bShab 55b[174] wird Rabbi Schim'on ben Elasar zitiert: „Auch Mose und Aaron starben durch ihre Sünde. Denn es ist gesagt: ‚Weil ihr nicht an mich geglaubt habt' (Num 20,12). Wenn ihr aber an mich geglaubt hättet, wäre eure Zeit noch nicht genaht, aus der Welt zu scheiden." Der Tod von Mose und Aaron, bevor das Volk ins Land kam, gilt als vorzeitiger Tod aufgrund ihrer Sünde, die darin bestand, dass sie in der Num 20 geschilderten Situation nicht rückhaltlos ihr Vertrauen auf Gott setzten.

Leben wird gewonnen im Vertrauen auf Gott[175]. Dementsprechend kann negativ als „die eigentliche Sünde" mit SCHNACKENBURG „der Unglaube" bezeichnet werden[176]. Wenn aber die Präsenz Gottes exklusiv an Jesus gebunden wird, wie es – bedingt durch die Erzählsituation – in der Erzählung des Johannesevangeliums Juden gegenüber geschieht, werden diese zu den Ungläubigen schlechthin, weil es ihnen nicht möglich ist, die Präsenz Gottes in Jesus zu erkennen. Und so werden sie in einer das Johannesevangelium nur nachsprechenden Auslegung notwendig zu Typen des Unglaubens und bleiben auf ihn festgelegt. Das aber ist angesichts der jüdischen Tradition mit ihren vielfältigen Glaubenszeugnissen eine Unmöglichkeit.

Das „Suchen", von dem am Beginn des Verses gesprochen wird, kann kaum in einem positiven Sinn gemeint sein. Im Vorangehenden war das Suchen der Gegenspieler Jesu öfter mit „töten" (5,18; 7,1.19f.25) und einmal mit „festnehmen" (7,30) verbunden. Dazu passt, dass von Letzterem auch in der unmittelbar vorangehenden Schlussbemerkung des vorigen Abschnitts die Rede war und dass Jesus ankündigt, dahin zu gehen, wo sie nicht hinkommen können. Die Festnahme wird gelingen, wenn *seine* Stunde gekommen ist, „aber eben dann wird er ihnen erst recht entge-

---

[174]   Auf diese Stelle weist SCHLATTER hin (Johannes 208).
[175]   Vgl. 5,24f. und die dazu gegebene Kommentierung.
[176]   Komm. 2,250.

hen"[177]. Glaubendem Suchen dagegen ist er gerade nach seinem Weggang zugänglich. Die Ankündigung eines feindlichen Suchens auch noch nach Jesu Weggang dürfte sich dann darauf beziehen, was die Gemeinde an Einschränkung und Behinderung ihrer Lebens- und Entfaltungsmöglichkeiten erfährt, womit Werk und Wirkung Jesu in Frage gestellt werden. Demgegenüber wird sie hier dessen vergewissert, dass Jesus mit dem, was er gewirkt und bewirkt hat, sozusagen nicht totzukriegen ist, weil er bei Gott in einer Weise lebt, dass er den Tod nicht mehr fürchten muss. Es geht also in V.21 nicht um ein „Zu spät!" für ein schließlich doch noch positives Suchen nach Jesus, sondern um ein „Unmöglich!" für den Versuch, dem Werk und der Wirkung Jesu ein Ende zu setzen.

Die Gesprächspartner Jesu, die zuletzt in V.13 als „die Pharisäer" bezeichnet wurden und jetzt wieder „die Juden" genannt werden, reagieren in V.22 wie in 7,35 mit einem Missverständnis. Wie dort „reden sie ihn nicht an, sondern sprechen über ihn"[178]: „Er wird sich doch nicht selbst töten, dass er sagt: Wo ich hingehe, dahin könnt ihr nicht kommen?" Es wird also vermutet, dass sich Jesus der Festnahme durch Selbstmord entziehen wolle[179]. Im Erfahrungshorizont der Zeit nach 70 im Lande Israel bildet hierfür die Tat der Verteidiger von Masada ein eindrückliches Beispiel, die sich der Gefangennahme bei der drohenden Eroberung der Festung vonseiten der Römer durch kollektiven Selbstmord entzogen[180]. 22

Auf die vermutete Selbstmordabsicht antwortet Jesus in V.23 mit einer doppelten Herkunftsbestimmung, nämlich seiner selbst und seiner Gesprächspartner: „Ihr seid von unten, ich bin von oben. Ihr seid von dieser Welt, ich bin nicht von dieser Welt." Die erste Gegenüberstellung nennt einen positiven und einen negativen Aspekt, die zweite nur einen negativen, der dann für Jesus verneint wird. Die Kategorie „unten" aus der ersten Gegenüberstellung wird durch „diese Welt" in der zweiten aufgenommen. Gemeint ist also das, was vor Augen liegt (7,24), der Bereich des „Fleisches" (8,15) – die Welt der bloßen Fakten, aber auch des Unrechts und der Gewalt, des Scheins und der Täuschungen. Mit „dieser Welt" hat Jesus nichts zu tun; von ihr ist 23

---

[177] BARTH, Johannes-Evangelium 370.
[178] SCHNACKENBURG, Komm. 2,251.
[179] Auch von hier aus ergibt sich, dass das vorher erwähnte „Suchen" als in feindlicher Absicht erfolgend verstanden ist.
[180] Vgl. Josephus, Bell 7,320–401. Analoges geschah in kleinerem Umfang nach der Einnahme von Jotapata: Vgl. Bell 3,387–390; vgl. 359. Ein einzelnes Beispiel aus makkabäischer Zeit erwähnt 2Makk 14,37–46. – In der Tora ist der Selbstmord nicht ausdrücklich verboten. In BerR 34,13 (THEODOR/ALBECK S.324) wird das „Nur" am Beginn von Gen 9,4 so ausgelegt: „Um den einzuschließen, der sich selbst erwürgt." Im folgenden Satz wird aber sofort gesagt, dass z.B. Saul darin nicht eingeschlossen ist. Wenn BILLERBECK die Ausführungen des Josephus in Bell 3, 361–382 als „die Durchschnittsmeinung über die Verwerflichkeit des Selbstmordes" bezeichnet (Bill. I 1027), trifft das kaum zu, da Josephus in der von ihm geschilderten Situation ein elementares Interesse daran hat, den Selbstmord so negativ wie möglich erscheinen zu lassen. Auf alle Fälle ist es abwegig, auf dieser Basis in V.22 „eine bewußte Mißdeutung und eine sarkastische Beschimpfung" zu sehen: „Er will zur Hölle abfahren – dorthin können und wollen wir ihm nicht folgen" (SCHNACKENBURG, Komm. 2,251).

er nicht bestimmt. Als Sohn des Vaters, von ihm geschickt, und also als Beauftragter
Gottes hat er seine Herkunft „oben", kommt mit ihm in „dieser Welt", sie überführend und verändernd (7,7), Gottes Wirklichkeit zum Zuge.

Wenn die Gesprächspartner Jesu im Gegenüber und Gegensatz zu ihm auf „unten" und
„diese Welt" festgelegt werden, entspricht das natürlich nicht ihrem eigenen Selbstverständnis. Sie wissen, dass der Mensch in der Spannung zwischen „oben" und „unten" steht. Er ist
„von oben" und „von unten" erschaffen; „und wenn er sündigt, wird er sterben, und wenn
er stirbt, wird er leben" (BerR 14,3 [Theodor/Albeck S.128][181]; vgl. ebd. 12,8 [Theodor/Albeck S.106]; WaR 9,9 [Margulies S.193f.]). Nach einer Tradition am Ende von
WaR 4,5 (Margulies S. 89–91) lässt Gott im Gericht den Leib beiseite und wendet sich nur
an die „Seele". Als die sich darüber beschwert, da sie doch mit dem Leib zusammen
gesündigt habe, erhält sie zur Antwort: „Der Leib ist von unten. Er ist von dem Ort, wo man
sündigt. Aber du bist von oben, von dem Ort, wo man nicht sündigt vor mir. Deshalb lasse
ich den Leib und gehe mit dir ins Gericht"[182]. Vor allem aber ist mit der Gabe der Tora Gott
selbst von oben nach unten gegangen und hat Mose von unten nach oben gehen lassen: „Als
der Heilige, gesegnet er, seine Welt erschuf, fasste er einen Beschluss und sprach: ‚Der
Himmel ist der Himmel Adonajs, und die Erde hat er den Menschenkindern gegeben' (Ps
115,16). Als er die Tora geben wollte, löste er den ersten Beschluss auf und sprach: Die
Unteren sollen zu den Oberen hinaufsteigen und die Oberen zu den Unteren hinabsteigen;
und ich selbst mache den Anfang. ‚Und Adonaj stieg hinab auf den Berg Sinai' (Ex 19,20);
‚und zu Mose sprach er: Steige hinauf zu Adonaj!' (Ex 24,1)" (ShemR 12,3 [Shinan
S.247]).

24 Die Fortsetzung der Jesusrede in V.24 nimmt eine Aussage aus V.21 im Selbstzitat
    auf und führt sie weiter aus: „Ich habe euch also gesagt, dass ihr durch eure Sünden
    sterben werdet. Wenn ihr nämlich nicht glaubt, dass ich's bin, werdet ihr durch eure
    Sünden sterben." Wie schon in 6,20 lässt das „Ich bin's" die biblisch-jüdische Tradition anklingen, in der Gott selbst sein „Ich bin's" spricht[183]. In Jesus als seinem
    Beauftragten spricht Gott selbst; er identifiziert sich mit ihm und seinem Geschick.
    Das wird wiederum exklusiv gefasst: Denjenigen, die das nicht erkennen und die also
    darauf nicht setzen, wird gesagt: „Ihr werdet durch eure Sünden sterben." Gegenüber
    V.21 wird jetzt in V.24 zweimal der Plural „Sünden" gebraucht. Das Verhältnis zueinander kann so gedacht werden, dass einmal diejenigen keine Vergebung ihrer
    Sünden erlangen, die sich dem verweigern, der als „Lamm Gottes" „die Sünde der
    Welt trägt" (1,29), und dass zum anderen solche Verweigerung als die Sünde
    schlechthin gilt. Barrett spricht die exklusive Aussage des Verses in dieser Form
    nach: „Die einzige Möglichkeit, der Sünde und ihren Folgen zu entgehen, ist Glaube
    an Christus"[184]. Darf aber so gegenüber Juden formuliert werden, die u.a. Jahr für
    Jahr bis heute den Versöhnungstag begehen? Klingt es nicht seltsam, wenn Schna-

---

181 Nach anderen Handschriften lautet der zweite Bedingungssatz: „und wenn (er) nicht (sündigt)".
182 Auf den vorangehenden Seiten steht im selben Abschnitt eine Tradition, die begründet, warum
     Gott mit Leib und Seele als Einheit ins Gericht geht.
183 Vgl. o. die Ausführungen zu 6,20.
184 Komm. 346.

CKENBURG schreibt: „Die Juden sollten sich auf die Seite Gottes stellen", indem sie „glauben, daß Gott in Jesus sein ‚Ich bin es' spricht"?[185] Mit BLANK möchte ich den Vers positiv so aufnehmen, wobei ich allerdings in Klammern eine kleine Ergänzung hinzufüge: „Jesus selbst ist jetzt die Stätte der göttlichen Gegenwart, der ‚Ort', an dem der Mensch (aus den Völkern) in der Welt Gott begegnen kann"[186].

Die schroffe Antwort Jesu von V.23f. mit ihrer Zuweisung von „oben" und „un- 25 ten" und ihrem exklusiven Anspruch, die als mit drohendem Unterton gesprochen gehört werden konnte, löst in V.25a eine knappe Gegenfrage aus: „Wer bist du denn?" Angesichts der Stellen, nach denen man genau über Jesus Bescheid wusste (6,42; 7,15.41f.52), ist das keine echte, sondern eine rhetorische Frage: Wer bist du denn schon, dass du solche Ansprüche stellst? Dass die Gegenseite in diesem Abschnitt nur mit einem Missverständnis (V.22) und dieser rhetorischen Frage zu Wort kommt, lässt die verfahrene Situation und das festgefahrene Gespräch zur Zeit des Evangelisten erkennen. Das wird noch deutlicher, wenn Jesus nach V.25b ebenfalls rhetorisch fragt: „Was rede ich überhaupt noch zu euch?"[187] Was soll noch mehr gesagt werden, als was schon gesagt worden ist? Die Reaktionen sind immer dieselben. Hat es überhaupt noch Sinn, zu reden? Ist nicht das Ende des Dialogs schon längst erreicht? Aber hat hier überhaupt ein Dialog begonnen? Werden nicht nur Monologe geführt? „Wo Positionen beharrend festgestellt werden, ist ein Gesprächsfortschritt nicht mehr gegeben"[188]. Da aber dieses festgefahrene Gespräch von einer Seite nachgezeichnet wird, gerät die andere Seite zu einem negativen Gegnerbild, das sich in der Überlieferung und Auslegung des Textes verfestigt und unheilvoll ausgewirkt hat.

Trotz der sich in V.25 ausdrückenden Resignation, dass Reden sinnlos sei, redet 26 Jesus in V.26 weiter – allerdings in einer Weise, die einem wirklichen Dialog ebenfalls widerspricht: „Vieles habe ich über euch zu reden und zu urteilen." Auf die eigene Infragestellung durch die anderen, wer man denn schon sei, folgt die Ankündigung, viel Negatives über die anderen sagen zu können. Sie wird nicht ausgeführt, aber doch ausgesprochen, was dem Gesprächsklima gewiss nicht förderlich ist.

Jesus fällt sich in der Fortsetzung von V.26 sozusagen selbst ins Wort, und statt der Ausführung der angekündigten Möglichkeit folgt ein weiteres Mal die Beschreibung der eigenen Position: „Aber der mich geschickt hat, ist wahrhaftig, und was ich von ihm gehört habe, das rede ich zur Welt." Er sagt damit einmal mehr, wer er ist und was er tut. Der Text kann so gelesen werden, dass Jesus die rhetorische Frage

---

185 Komm. 2,254.
186 Komm. 1b,142.
187 Der Satz lässt sich nur dann ohne Zwang verstehen, wenn *tén archén* adverbial verstanden wird, wie das schon die alten griechischen Ausleger getan haben. Möglich ist auch die Übersetzung: „Dass ich überhaupt noch zu euch rede!" Als Beispiel für adverbiales *ten archén* vgl. Josephus, Bell 4,628 (zitiert im „Neuen Wettstein" zu Joh 8,25 Nr. 3 auf S.430).
188 BECKER, Komm. 1,348.

von V.25a doch ernst nimmt und sie beantwortet. Anstatt die Polemik auszuführen, wird das eigene Zeugnis durchgehalten: Er ist nichts als Bote des ihn Sendenden. Er betont zunächst die Wahrhaftigkeit, die Zuverlässigkeit seines Auftraggebers und beteuert dann, dass er nichts anderes tue, als den Auftrag auszuführen. Wie ein rechter Bote gibt er nur das vom Auftraggeber Gehörte weiter. Sein Wirken wird hier also rein formal als das eines Boten beschrieben. Als Adressat erscheint „die Welt". Damit kann im Gegenüber zum göttlichen Auftraggeber konkret die jüdische Welt gemeint sein (vgl. 18,20). Es kann aber auch anklingen, dass sich in Jesus der Gott Israels an die ganze Welt wendet.

27   Die Gesprächspartner Jesu kommen in diesem Abschnitt nicht mehr selbst zu Wort. Statt dessen macht Johannes in V.27 eine kommentierende Bemerkung über sie: „Sie erkannten nicht, dass er vom Vater zu ihnen sprach." Der Rückgang auf die formalen Kategorien des Botenrechts führt nicht unbedingt zum Erfolg. Man kann mit ihnen das Wirken Jesu noch so gut beschreiben – dass er wirklich der Gesandte Gottes ist, lässt sich damit noch lange nicht für alle evident machen. Daher ist mit der Aussage, dass sie nicht erkannten, nicht fehlendes intellektuelles Vermögen bezeichnet, sondern gemeint, dass sie die Präsenz Gottes in Jesus nicht anerkannten, weil sie ihnen nicht evident geworden war. In der Bemerkung von V.27 spiegelt sich die Erfahrung der Gemeinde des Evangelisten wider, dass ihr Zeugnis von ihren jüdischen Landsleuten nicht akzeptiert wird.

28   In V.28 wird Jesus erneut als Redender eingeführt. Indem er ein künftiges Erkennen in Aussicht stellt, knüpft er an die kommentierende Bemerkung von V.27 an, die damit so fungiert, als hätten die Gesprächspartner Jesu selbst geredet. Daran zeigt sich in aller Deutlichkeit, dass es sich hier in keiner Weise um Wiedergabe eines tatsächlichen Gesprächs zwischen Jesus und anderen Juden handeln kann, sondern es liegt eine auf der literarischen Ebene durchgeführte Reflexion des Evangelisten von Auseinandersetzungen seiner Zeit vor.

„Wenn ihr den Menschensohn erhöht, dann werdet ihr erkennen, dass ich's bin und nichts von mir aus tue, sondern wie mich der Vater gelehrt hat, das rede ich." Als Bedingung des Erkennens wird hier das Erhöhen des Menschensohnes genannt. Von ihm war schon in 3,14 die Rede[189] und wird in 12,32.34 gesprochen werden. An diesen Stellen wird im Passiv formuliert; Gott gilt damit als logisches Subjekt des Erhöhens. In 8,28 aber erscheinen die Angeredeten als dessen Subjekt[190]. An allen Stellen

---

[189] Vgl. z.St.

[190] Da sie vorher als „die Juden" gekennzeichnet wurden (V.22), könnte hier eine Tendenz gesehen werden, nach der die Juden überhaupt zu den Verantwortlichen für die Kreuzigung Jesu gemacht werden. Doch ist zu beachten, dass mit „den Juden" in V.22 „die Pharisäer" von V.13 aufgenommen werden, Johannes also konkret an „die führenden Juden" denken dürfte. Dem entspricht es, dass er in seinem Passionsbericht nicht die jüdische Bevölkerung auftreten lässt. „Viele von den Juden" kommen erst hinzu, als Jesus schon gekreuzigt ist (19,20). Zwar gebraucht Johannes auch im Passionsbericht die Wendung „die Juden", aber es ist vom Zusammenhang her klar, dass er dabei konkret an die Oberpriester und ihre Bediensteten denkt. Die macht er zu Hauptverant-

ist natürlich an die Kreuzigung gedacht, die von Menschen ausgeführt wird[191]. Als „Erhöhen" – nicht als bloß erhöhtes Anbringen am Hinrichtungspfahl, sondern im theologischen Sinn, was der Rede vom „Verherrlichen" entspricht – kann sie nur beschrieben werden, wenn gleichzeitig Gott Subjekt ist, wenn gerade in ihr Er selbst zum Zuge kommt.

Als Gegenstand der angekündigten Erkenntnis bei der Erhöhung erscheint wieder – wie schon in V.24 – das absolute „Ich bin's", ergänzt um die Aussage, dass Jesus nichts von sich aus tut, sondern nur auftragsgemäß redet. In der Ohnmacht des Kreuzes kann er in der Tat nicht von sich aus handeln. Aber dass sich gerade darin sein Auftrag vollendet (19,28–30), ist ja dem bloßen Faktum des Kreuzes nicht abzugewinnen, sondern geht nur denen auf, die es zugleich als „Erhöhung" begreifen. Da aber die Erkenntnis dieser „Erhöhung" wiederum den Glauben voraussetzt, ist deutlich, dass die Ankündigung von V.28 an den vorgestellten Adressaten vorbeigeht und vielmehr der Vergewisserung der eigenen Gemeinde gilt[192].

Der Fortgang der Rede in V.29, der sachlich V.16 Gesagtes aufnimmt, unter- **29** streicht, dass Jesus der Ort der Präsenz Gottes ist: „Und der mich geschickt hat, ist mit mir. Nicht hat er mich allein gelassen, denn ich tue jederzeit das ihm Wohlgefällige." Nachdem in V.28 der Tod Jesu in den Blick genommen worden war, dürften auch diese Aussagen von daher motiviert sein: Jesus hat sich bis zuletzt, bis in den Tod hinein auftragsgemäß verhalten und Gottes Willen getan[193]; Gott hat ihm seinerseits die Treue bewahrt, auch und gerade in seinem Tod, mit dem er sich identifiziert.

In V.30 wird die Szene mit einer überraschenden Bemerkung abgeschlossen: „Als **30** er das redete, glaubten viele an ihn." Der vorangehende Gesprächsverlauf mit seinen verhärteten Positionen legte eine solche Reaktion nicht nahe. Möglicherweise hat sich Johannes außer den direkten Gesprächspartnern Jesu, den führenden Juden, noch eine größere Zuhörerschaft vorgestellt, was bei der Verortung im Tempelbereich leicht denkbar ist. Auf Teile von ihr könnte sich diese Bemerkung beziehen. Doch wie dem auch sei, von großer Relevanz für den Fortgang des Gesprächs in der nächsten Szene, dass es nun einen besseren Verlauf nähme, ist diese Feststellung nicht. Die Fronten werden sich im Gegenteil weiter verhärten.

---

wortlichen der Kreuzigung Jesu, aber nicht zu Alleinverantwortlichen. Er gibt auch Pilatus Schuld (19,11).

[191] Damit zeigt sich hier auch ein Bezug zu V.22: Jesus entzieht sich nicht durch Selbstmord, sondern er wird legal ermordet werden. Aber gerade damit wird man ihn und sein Werk nicht totkriegen; er wird vielmehr eben dadurch erst eigentlich zur Wirkung kommen. Das wird mit der Rede vom „Erhöhen" zum Ausdruck gebracht.

[192] Vgl. BECKER, Komm. 1,345: „Auch das Erkenntnisangebot Jesu in V 28 an die Juden ist für sie kein ernsthaftes, sondern nur für die Gemeinde, die aus dem Glauben heraus die Erhöhung Jesu versteht, denn die Juden werden an der Kreuzigung ebensowenig die himmlische Dimension des Vorganges erkennen, wie sie an dem Irdischen die himmlische Sohnschaft sehen."

[193] Die Formulierung vom Tun des Gott Wohlgefälligen erinnert an das Gebet Hiskias in Jes 38,3: „Ach, Adonaj, gedenke doch dessen, dass ich vor Dir in Treue gewandelt bin und mit ganzem Herzen und das in deinen Augen Wohlgefällige getan habe."

c) Wahrheit, Freiheit und Abrahamskindschaft (8,31–59)

Ich stelle der Besprechung dieses letzten Abschnitts von Kap.8 einen Satz von D. FLUSSER voran: „Die Zurückweisung der christlichen Botschaft verursachte mit Sicherheit eine wachsende Aggressivität auf seiten der jüdischen Christen, und dies war wahrscheinlich eine der Ursachen, weshalb besonders in der ersten Zeit von Jamnia (Javne) zu Ende des ersten Jahrhunderts antichristliche Gefühle unter den Rabbinern entstanden"[194].

Der ganze Abschnitt ist von V.31 bis V.58 eine einzige, durch keine situationsschildernde oder kommentierende Bemerkung unterbrochene Wechselrede zwischen Jesus und „den Juden". Letztere werden zu Beginn als zum Glauben Gekommene charakterisiert (V.31). Davon ist aber alsbald überhaupt nichts mehr zu spüren. Die Wechselbeziehung setzt sich auch in V.59 fort, allerdings nicht mehr im Wort, sondern in handgreiflicher Tat: „Die Juden" heben Steine auf und wollen Jesus damit bewerfen. Er aber verbirgt sich und verlässt den Tempel. Der Schluss dokumentiert damit eindrücklich das Scheitern eines Dialogs.

Auf solches Scheitern ist er allerdings von vornherein in mehrfacher Hinsicht angelegt. Obwohl die Gesprächspartner Jesu als Glaubende eingeführt werden, schlägt dieser ihnen gegenüber sofort äußerst provokante Töne an und benennt sie schon nach wenigen Redegängen als Teufelssöhne. Das lässt sich auf der Ebene der Darstellung nicht erklären, sondern allenfalls auf der der Erfahrung, aus der diese Darstellung hervorgegangen ist.

Vom Gesamtaufbau her ist es aufschlussreich, dass Jesus das erste und letzte Wort erhält. Vor allem aber sind die Redeanteile ganz ungleich verteilt, nämlich etwa im Verhältnis von vier zu eins zu Jesu Gunsten. Auch das macht deutlich, dass hier weder ein wirklicher Dialog wiedergegeben ist noch auf der literarischen Ebene geführt wird, sondern dass es um Proklamationen zur Vergewisserung der eigenen Gruppe geht. Das zeigt sich auch an der Wiederholung der grundlegenden Thesen. Bei dem, was die Gegenseite von der eigenen Gruppe unterscheidet, wird sie als ihrer eigentlichen Sünde behaftet, so dass sich ihre Verteufelung geradezu zwangsläufig ergibt[195].

31   Die einführende Wendung in V.31: „Da sagte Jesus zu den **Juden, die ihm geglaubt hatten**", kann unterschiedlich verstanden werden. Da hier nicht lediglich Personalpronomen stehen („Er sagte ihnen"), sondern das redende Subjekt und das angeredete Objekt eigens genannt werden, liegt mit diesem Vers in jedem Fall ein Einschnitt vor. Sodann kann das hier gebrauchte Partizip Perfekt *(pepisteukótas)* die Bedeutung des Plusquamperfekts haben und solche bezeichnen, die an Jesus geglaubt hatten, aber jetzt nicht mehr an ihn glauben. Dann wären nicht die in V.30 genannten zum Glauben Gekommenen im Blick, sondern ganz

---

194   Das Schisma zwischen Judentum und Christentum, EvTh 40, 1980 (214–239), 223.
195   Eine Gliederung nach Sachthemen ist m.E. in diesem Abschnitt nicht möglich. Einen durchgehenden Topos bildet die Gestalt Abrahams. Bis V.46 kehrt auch das Stichwort „Wahrheit" immer wieder.

andere, nämlich Apostaten[196]. Das ist möglich. Aber auch die andere Annahme ist nicht ausgeschlossen, dass nun die in V.30 erwähnten Glaubenden angesprochen werden. Auch die Glaubensaussage von V.30 war vom vorangehenden Kontext her überhaupt nicht motiviert. Der Gesprächscharakter ist in 8,12–30 von dem in 8,31–59 nicht unterschieden. In beiden Abschnitten sind Gesprächspartner „die Juden"; die Erwähnung des Glaubens bleibt Episode. Wo im Neuen Testament sonst das Partizip Perfekt von *pisteúein* („glauben") gebraucht wird (Apg 15,5; 16,34; 18,27; 19,18; 21,20.25; Tit 3,8), hat es an keiner Stelle die Bedeutung des Plusquamperfekts. Auch bei dieser zweiten Annahme würde jedoch – da der Glaube Episode bleibt und die Gesprächspartner alsbald wieder „die Juden" sind – die Erfahrung von Apostasie im Hintergrund stehen. Es ist durchaus vorstellbar, dass ehemalige Gruppenmitglieder sich zur Kompensation ihres einstigen „Irrtums" bei der Bekämpfung der Ketzerei besonders hervorgetan haben. Die extreme Schärfe des Abschnitts 8,31–59 wäre dann auch von daher zu verstehen, dass Johannes Apostaten im Blick hat, die er in besonderer Weise für die als schlimm und bedrängend erfahrene Situation verantwortlich hält[197]. Aber auch eine solche Verortung macht die hier geführte Argumentation mit ihren Urteilen nicht zu einer unschuldigen.

Jesus beginnt in V.31 das Gespräch mit einer bedingten Zusage: „Wenn ihr bei meinem Wort bleibt, seid ihr in Wahrheit meine Schüler." Schülerschaft vollzieht sich im Hören und Bedenken der Worte des Lehrers und im gemeinsamen Leben mit ihm. Das war schon in der ersten Schülergeschichte des Evangeliums in 1,35–39 dargestellt worden[198]. In der dortigen Erzählung „blieben" die ersten beiden Schüler bei Jesus – nicht nur „jenen Tag". Hier in 8,31 scheint deutlich die nachösterliche Situation durch, wenn nun vom Bleiben beim Wort Jesu die Rede ist. In seinem Wort ist er präsent; und so bleibt bei ihm, wer sein Wort, wie es im Evangelium überliefert ist, liest und hört, es bedenkt und sich daran hält. So erweist sich wahre Schülerschaft Jesu nicht zuletzt in einer nicht abbrechenden Lektüre des Johannesevangeliums, die in ihm die verbindliche Stimme Jesu zu hören sucht[199]. Dabei ist zu beachten, dass das Johannesevangelium – so wenig wie die anderen – nicht für isolierte Privatlektüre geschrieben worden ist, sondern als Lesetext in der versammelten Gemeinde. Nur weil es auch so gebraucht wurde, ist es uns überhaupt erhalten.

„Und ihr werdet die Wahrheit erkennen", fährt V.32 fort. Das Bleiben ist nicht nur 32 Kriterium wahrer Schülerschaft, sondern ihm ist auch Erkenntnis der Wahrheit verheißen. Wahrheit als die in Jesus auf den Plan getretene Wirklichkeit Gottes ist of-

---

[196] Diese These wird von H. THYEN vertreten: Art. Johannesbriefe, TRE 17, 1988 (186–200), 191. Für den plusquamperfektischen Sinn eines Partizip Perfekt verweist er auf Joh 11,44; Mk 5,15. – Ein anachronistisches Bild, das den späteren Gegensatz zwischen Judentum und Christentum zurückprojiziert und also suggeriert, der Glaube an Jesus Christus müsste für Juden auch schon im 1.Jh. zu einem Bruch mit ihrem jüdischen Selbstverständnis führen, hat BRODIE. Er sieht in den in V.30f. Erwähnten „judaisierende Christen, also solche, die zwar bekennen, an Jesus zu glauben, aber doch noch der knechtischen Tradition (‚the enslaved tradition') des Judentums folgen" (Komm. 329; ähnlich SCHENKE, Komm. 174f.).

[197] Vgl. auch SCHNACKENBURG, Komm. 2,258–260.

[198] Vgl. o. z.St.

[199] Vgl. WILCKENS, Komm. 147: „Das ist als konkrete Praxis täglichen Umgangs mit Jesu Worten (also im Gebrauch des Joh[annesevangeliums] ...!) gemeint."

fenbar nicht Sache einer Augenblickserkenntnis, sondern erschließt sich dem beharr-
lichen Bei-der-Sache-Bleiben. Und das schließt ein Bleiben in der Gemeinde und
also in der Gemeinschaft der Schülerinnen und Schüler Jesu ein – in der Situation des
Johannes: im Ausharren in der Solidarität der Bedrängten. Wer – „von oben her neu
geboren" – da bleibt, erkennt die Wirklichkeit „von unten", wird aber auch Erfahrungen dessen machen, was wirklich trägt. „Solche Wahrheit" – das Mit-Sein Gottes auf
dem Weg Jesu bis zum Kreuz – „bietet zugleich eine letzte ‚Verläßlichkeit' für den
Menschen, den ‚festen Boden', auf dem man ‚stehen' und ‚bleiben' kann"[200].

Der Erkenntnis der Wahrheit folgt in V.32 eine weitere Verheißung, die ans Bleiben gebunden ist: „Und die Wahrheit wird euch frei machen"[201]. Die Wahrheit, dass
Gott den Weg Jesu bis in die tiefste Erniedrigung am Kreuz mitgeht – nur deshalb
kann Jesus in 14,6 von sich selbst als Weg, Wahrheit und Leben sprechen –, diese
Wahrheit, die sich im Wort Jesu zusagt und sich im Bleiben bei ihm als tragfähig
erweisen wird, macht in der Tat frei von der Kumpanei mit der starken Welt, der
Recht und Gerechtigkeit gleichgültig sind und die auch über Leichen geht. Das ist die
spezifische Sünde, die Johannes hier, wie der weitere Text zeigt, vor allem im Blick
hat. Von ihr wird frei, wer im Bleiben beim Wort Jesu auf den in ihm sich zusagenden Gott setzt. Die Zusage der Befreiung gilt nicht im Blick allein auf diese spezifische Sünde, da Jesus ja schon in 1,29 als „Lamm Gottes, das die Sünde der Welt
trägt", bezeugt worden ist.

Dass im rabbinischen Judentum **die Tora** nicht versklavt, sondern gerade **Freiheit gewährt**,
zeigt sehr schön ein Ausspruch des Rabbi Jehoschua ben Levi in mAv 6,2: „Frei ist nur, wer
sich mit dem Studium der Tora beschäftigt." Gerade die Bindung an das gebietende Wort
des einen Gottes macht frei gegenüber den Ansprüchen der vielen Götzen, denen sich Menschen nur allzu bereitwillig unterwerfen.

33 Auf die Verheißung der Befreiung reagieren die Angeredeten in V.33 verwundert.
Auch wenn in V.31 nicht von vornherein Apostaten im Blick waren, sondern die in
V.30 zum Glauben Gekommenen und also noch Glaubenden, so sind sie es doch
schon hier, wo sie zum ersten Mal selbst reden, nicht mehr, sondern wiederum „die
Juden", als die sie dann auch in V.48 ausdrücklich benannt werden. Die Verheißung
der Befreiung setzt gegenwärtige Versklavung voraus. Das ruft ihre Verwunderung
hervor: „Nachkommenschaft Abrahams sind wir und waren niemandem jemals versklavt. Wieso sagst du: Ihr werdet frei werden?" Die übliche Auslegung macht es
sich zu leicht, wenn sie die hier Redenden so interpretiert, als pochten sie auf „ihren
gesicherten religiösen Besitz"[202]. So muss der Text keineswegs gelesen werden. Er

---

[200] BLANK, Komm. 1b,151.
[201] Von „befreien" und „frei sein" spricht Johannes nur in dem kurzen Textabschnitt 8,32–36. Das
Substantiv „Freiheit" begegnet im Johannesevangelium nicht.
[202] So BARTH, Johannes-Evangelium 378. Nach BULTMANN fließt das im Folgenden geschilderte
Verhalten der Juden „aus der vermeintlichen Sicherheit ihres Besitzes"; sie machten „aus der

bringt die Verwunderung derer zum Ausdruck, die aus ihrer eigenen Geschichte und Tradition Erfahrungen der Befreiung und die Zusage und Verheißung von Befreiung durchaus schon kennen. Wenn Johannes sie allein an Jesus bindet, abstrahiert er dann nicht von der Geschichte Gottes mit seinem Volk, die mit der Erwählung Abrahams begann?

Hier stellt sich in der Tat ein Grundproblem, ja, eine Aporie der messianischen Verkündigung gegenüber dem Judentum, das fragt, was ihm denn dieser Messias Jesus ohne messianisches Reich bringe, was ihm nicht auch ohne ihn verkündigt und zugesagt wird. Die Art, wie Johannes darauf eingehen wird, zeigt, dass hier eine uneingestandene Verlegenheit besteht[203].

Indem sich die Gesprächspartner Jesu als „Nachkommenschaft Abrahams" bezeichnen und sich so auf Abraham beziehen, beziehen sie sich damit auf den erwählenden Gott. Mit Abraham beginnt das Mitgehen Gottes mit seinem Volk, das er den Vätern (und Müttern) bewährt, das er durch Mose dem in Ägypten versklavten Volk neu zusagen lässt (Ex 3,14) und mit dem er sich als Befreier aus Ägypten erweist. Er geht mit ins verheißene Land (Dtn 31,3.6–8), und er geht auch mit in jedes Exil[204]. Weil Gott von Abraham an mit Israel mitgegangen ist und sich ihm auch weiterhin zusagt, ist es frei.

Daher kann Rabbi Akiva im Zusammenhang einer Diskussion über Zahlung von Schmerzensgeld gegenüber der Meinung, es sei „nach dem Ansehen" zu verfahren, sagen: „Selbst Arme in Israel sieht man so an, als wären sie **Freie**, die von ihrem Vermögen heruntergekommen sind; denn sie sind **Söhne Abrahams**, Isaaks und Jakobs" (mBQ 8,6). Ein Midrasch bringt die Erwählung Jakobs und seiner Söhne durch Gott in einen unmittelbaren Zusammenhang mit der einstigen Befreiung aus Ägypten und mit der erhofften endzeitlichen Befreiung: „Nachdem der Heilige, gesegnet er, seine Welt erwählt hatte, setzte er die Anfänge der Monate und Jahre fest; und als er Jakob und seine Söhne erwählte, setzte er darin den Monatsanfang der Befreiung fest, an dem die Israeliten aus Ägypten befreit wurden und an dem sie künftig befreit werden; denn es ist gesagt: ‚Wie in den Tagen, als du aus dem Land Ägypten auszogst, werde ich ihn Wunder sehen lassen' (Mi 7,15)." Etwas weiter im Text wird ein Gleichnis erzählt: „Ein König führte seinen Sohn aus dem Gefängnis heraus. Er sprach: Macht diesen Tag alle Tage zu einem Feiertag, denn an ihm ging mein Sohn heraus aus Finsternis zum Licht, aus eisernem Joch zum Leben, aus Sklaverei zur Freiheit, aus Verknechtung zur Befreiung. So führte der Heilige, gesegnet er, Israel aus dem Gefängnis; denn es ist gesagt: ‚Er führt Gefangene heraus im Glück' (Ps 68,7), aus Finsternis und Todesschatten, denn es ist gesagt: ‚Und er führte sie heraus aus Finsternis und Todesschatten' (Ps 107,14), aus eisernem Joch zum Joch der Tora, aus Sklaverei zur Freiheit; denn es ist gesagt: ‚Kinder Adonajs seid ihr, eures Gottes' (Dtn 14,1), aus Verknechtung zur Befrei-

---

Abrahams-Kindschaft einen sicheren Besitz" (Komm. 338; vgl. auch 335 mit Anm. 6). Vgl. weiter Schnackenburg, Komm. 2,263, und Barrett, Komm. 349, die von „Stolz und Selbstruhm" bzw. „Anspruch" und „menschlichem Stolz" sprechen.

203 Diese Verlegenheit spiegelt sich auch in der inhaltsleeren Behauptung Barths wider, die er als Quintessenz von V.34 gibt: „Auch Abrahams Geschlecht ist nur frei, indem es durch den Sohn frei gemacht *wird*. Will es sich durch ihn nicht frei machen lassen, so *ist* es eben auch nicht frei" (Johannes-Evangelium 381).

204 Vgl. die o. zu 1,14 gebrachten Texte.

ung; denn es ist gesagt: ‚Ihr Befreier ist stark, Adonaj Z'vaot sein Name' (Jer 50,34)"
(ShemR 15,11 [Wilna 27d]). Aus erinnerter Befreiung lässt dieser Midrasch Befreiung erhoffen und sagt doch denen, die Kinder Gottes sind, auch jetzt schon Freiheit zu[205].

34 Die beginnende Antwort Jesu in V.34 wird wiederum durch die Einleitung mit dem
doppelten Amen hervorgehoben: „Alle, die die Sünde tun, sind Sklaven der Sünde."
Der durch die Abrahamskindschaft gewährten Freiheit wird das faktische Verfehlen
und damit der Verlust der Freiheit entgegengesetzt. Das wäre im Rahmen der jüdischen Tradition kein wirklicher Einwand. Auch nach ihr – das wird zu V.39 noch
gezeigt werden – müssen sich die Kinder Abrahams in einem Tun, das dem seinen
entspricht, bewähren. Auch nach ihr gilt, dass der Sünde immer mehr verfällt, wer
sich auf sie einlässt. Aber es gibt auch die Möglichkeit der Umkehr; und es gibt Vergebung.

Der Fortgang der Rede Jesu weist allerdings darauf hin, dass „Sünde" hier in
einem spezifischen Sinn verstanden ist. BULTMANN bemerkt zu V.34 im Rückblick
auf die jüdische Berufung auf Abraham in V.33: „Wohl hätte der Blick in die Vergangenheit, in die Geschichte, sein Recht, wenn es der Blick auf Gottes Taten wäre,
die zur Treue verpflichten, indem sie immer den Menschen von sich weg auf Gottes
Zukunft weisen"[206]. Was hier im Konjunktiv steht, findet sich z.B. in dem oben im
Exkurs zitierten Midrasch. BULTMANN setzt den Konjunktiv, weil er im vorangehenden Satz unterstellt: „Sie sollten aus der Abrahams-Kindschaft die Freiheit als göttliche Gabe verstehen; sie mißverstehen sie aber als einen Besitz, der ihnen zu eigen
ist." Und anschließend fährt er fort: „Ob das Haften der Juden an ihrer Geschichte
diese echte Tat ist, muß sich daran erweisen, ob sie Gottes Offenbarung in Jesus, die
sie in ihrem gegenwärtigen Sein in Frage stellt, anerkennen. Daß sie hier versagen,
daß ihre Treue zur Geschichte unecht ist, zeigt das Folgende"[207]. Wenn Jesus zum
alles entscheidenden Kriterium auch gegenüber Juden gemacht wird, dann können sie

---

[205] Der seltsame Umgang mit rabbinischen Texten in der deutschen neutestamentlichen Wissenschaft
bis in die Gegenwart hinein lässt sich an der Heranziehung eines kleinen Ausschnitts aus diesem
Midrasch für Joh 8,33 beobachten. SCHLATTER (Johannes 212) nimmt den Ausschnitt aus dem
Zitat aus Dtn 14,1 auf, indem er ihn so paraphrasiert: „Damit, daß zu Israel gesagt ist: ‚Ihr seid
Söhne dem Herrn eurem Gott', sind sie aus der Knechtschaft in die Freiheit geführt." Als Quelle
gibt er an: „R. Deut. 14,1". Nach seinem sonstigen Gebrauch bedeutet das: Midrasch Rabba zum
Deuteronomium, Parascha 14,1. DevR hat allerdings nur elf Paraschot; und Dtn 14,1 wird dort
nicht ausgelegt. SCHLATTER hat sich also, veranlasst durch das Bibelzitat aus Dtn 14,1, vertan.
Das kann vorkommen. Bei SCHNACKENBURG (Komm. 2,263 mit Anm. 2) findet sich Schlatters
Paraphrase als Zitat aus dem Midrasch, jedoch mit richtiger Stellenangabe: „Ex rabba 15,11" und
Hinweisen auf Schlatter und eine englische Übersetzung des Midrasch. Ohne diese Hinweise
bietet WILCKENS (Komm. 148) die Paraphrase Schlatters als Midrasch-Zitat, das hier als Beleg
des „Vorrechtsbewußtseins" herhalten muss. METZNER gibt das „Zitat nach R. SCHNACKENBURG"
(Sünde 176 Anm. 83).
[206] Komm. 337.
[207] Ebd. Vgl. auch SCHNACKENBURG, Komm. 2,263: „Es geht nicht um einzelne Sünden ..., sondern
um ‚die Sünde' als gottwidriges Verhalten schlechthin ... und die Sünde der Juden besteht in der
Abweisung dieses Einen, der ‚die Wahrheit spricht'."

– erkennen sie dieses Kriterium nicht an – sonst sagen und tun, was sie wollen, das Urteil wird immer dasselbe sein, dass nämlich keine „echte Treue" vorliege. Aufgrund dieser Exklusivität waltet dann eine geradezu zwanghafte Logik, die nur noch ein antithetisches Gegenüber zulässt und sehr schnell zur Verteufelung der anderen Seite führen wird. M. E. kommt es darauf an, diese Logik von ihrem Ansatz her zu durchschauen und in Frage zu stellen und sie nicht mehr nachzusprechen.

V.35 knüpft an den gerade genannten Begriff des Sklaven an und formuliert über 35 ihn im Vergleich mit dem Sohn einen Allgemeinsatz: „Der Sklave aber bleibt nicht auf immer im Haus; der Sohn bleibt auf immer."

Die hier gemachten Aussagen sind einleuchtender auf dem Hintergrund des jüdischen Rechts als auf dem des hellenistisch-römischen. Zwar konnte nach letzterem ein Sklave jederzeit verkauft werden; bei städtischen Hausklaven kam es auch relativ oft zu Freilassungen. Aber lebenslange Sklaverei war die Regel. Dagegen sieht **das biblisch-jüdische Sklavenrecht** grundsätzlich die Freilassung im siebten Jahr vor. Auf diesem Hintergrund nimmt sich die Ausdeutung dieser Stelle durch HIRSCH noch seltsamer aus: „Die Juden sind nicht Söhne im Hause Gottes, sondern Knechte (Sklaven), und so ist gewiß, daß sie aus dem Hause herausgeworfen werden" (Evangelium 218). Wieder ist auf das Erscheinungsjahr dieses Buches hinzuweisen: 1936!

Dieser Satz reißt unterschiedliche Aspekte an. Das Motiv des Bleibens nimmt Bezug auf die vom Abfall gekennzeichnete Situation. Im Zusammenhang mit V.34 gelesen, wird daher, wer nicht bleibt, als ein Sklave der Sünde gekennzeichnet. Als Sünde gilt dann in erster Linie die Apostasie. Wer bleibt, erweist sich als „Sohn", als zugehörig. Zugleich aber ist mit der Formulierung „der Sohn" – wie V.36 deutlich macht – Jesus im Blick. Der Sohn, der im Haus bleibt, ist der Erbe; ihm kommt souveräne Freiheit zu.

Als der, der in das Herrenrecht eintritt, kann „der Sohn" seinerseits frei machen. 36 So heißt es in V.36: „Wenn also der Sohn euch frei macht, werdet ihr wirklich frei sein." Nach dem vorangehenden Kontext geht es um Befreiung von der Sünde. Als die besondere Sünde war die Apostasie im Blick; und sie bedeutet in der Situation und Perspektive des Johannes den Überschritt aus erlittener Ohnmacht in eine Position – relativer – Macht. Demgegenüber hieße Befreiung durch den Sohn, in der Ohnmachtssituation auszuhalten, in ihr und nicht jenseits ihrer Stärke zu gewinnen im Vertrauen auf den im gekreuzigten Jesus präsenten Gott.

So gelesen, ist dieser Vers Zuspruch an die bedrängte Gemeinde. Er gibt sich aber als Anrede an diejenigen, die in V.48 wieder „die Juden" genannt werden. Ihnen wird hiermit implizit gesagt, dass sie nicht „wirklich frei" seien, weil sie sich nicht vom Sohn frei machen lassen. Dabei ist die Argumentation zirkulär. Von der Exklusivität des Anspruchs Jesu her ergibt sich als entscheidende Sünde, nicht an Jesus zu glauben (vgl. 16,9); von dieser Sünde macht er diejenigen frei, die an ihn glauben. Dass diese Argumentation aus der Sicht des Judentums seltsam erscheinen muss, liegt auf der Hand. Es scheint, dass ihr Johannes in der Weiterführung der Rede Jesu durch den in V.37 eingeführten Gedanken mehr Evidenz geben möchte. Aber er begibt sich damit auf eine schiefe Ebene, die ihn in zutiefst fragwürdige Folgerungen abgleiten lässt.

37   Am Beginn von V.37 gesteht Jesus seinen Gesprächspartner zunächst zu: „Ich weiß, dass ihr Nachkommenschaft Abrahams seid." Mit dem sofort folgenden Hinweis auf die unterstellte Absicht, Jesus zu töten, wird jedoch behauptet, dass sie faktisch nicht frei, sondern „Sklaven der Sünde" seien. Dieser Vorwurf, Jesus töten zu wollen, ist in der bisherigen Erzählung durch 5,18; 7,1.19.25 vorbereitet. Im jetzigen Kontext kommt er dennoch überraschend. Das gilt besonders für den Fall, dass es sich bei den Angeredeten um die nach V.30 zum Glauben Gekommenen handelt. Aber auch wenn seit V.31 Apostaten im Blick sind, ergibt er sich nicht aus dem bisherigen Gesprächsverlauf, in dem sie ja nichts sonst getan haben, als auf ihre Abrahamskindschaft hinzuweisen (V.33). Dass „die Juden" Jesus töteten, ist offenbar schon ein feststehender Topos, der für den Evangelisten und seine Gemeinde Evidenz hat.

Dieser Topos ist auf unterschiedlichen Ebenen zu betrachten. Dominant dürfte die eigene Erfahrung der johanneischen Gruppe sein. Es fanden sich gerade auch in diesem Abschnitt Indizien, dass das Problem der Apostasie eine Rolle spielte; und Apostaten mögen – wie schon gesagt – leicht dazu neigen, ihren einstigen „Irrtum" in Gestalt derjenigen zu bekämpfen, die ihm noch anhängen. Die **pauschale Fixierung „der Juden" auf die Tötungsabsicht gegenüber Jesus** dürfte Rückprojektion aus der eigenen Situation sein, in der man sich von der umgebenden jüdischen Mehrheit bedrängt fühlt. Die zweite Ebene ist die der Darstellung des Evangeliums. Hier ist es nun bemerkenswert, dass die in den Kapiteln 5, 7 und 8 pauschal „den Juden" unterstellte Tötungsabsicht in Spannung zu dem steht, was Johannes in der Passionsgeschichte tatsächlich erzählt. Dort gebraucht er zwar auch die Formulierung „die Juden", aber vom Kontext her ist deutlich, dass damit konkret nur die Oberpriester – und allenfalls noch ihre Diener – gemeint sind. Ihnen schreibt er größere Schuld zu als Pilatus (19,11). „Viele Juden" treten erst in 19,20 auf, als Jesus schon gekreuzigt ist. Im Blick auf die historische Ebene schließlich kann m.E. gerade die Darstellung des Johannesevangeliums Wahrscheinlichkeit beanspruchen, dass nämlich Repräsentanten der jüdischen Führung, vor allem die Oberpriesterschaft, aus Gründen politischer Opportunität Jesus als (potentiellen) Aufrührer dem römischen Präfekten in die Hände gespielt haben (vgl. Joh 11,47–50). Die geschichtliche Überlieferung darüber wird dann aus der Erfahrung der eigenen Zeit heraus, in der man sich um Jesu willen im Gegensatz zur jüdischen Mehrheit findet, pauschalisiert.

Mag die unterstellte Tötungsabsicht für Johannes und seine Gruppe aufgrund ihrer Erfahrung Evidenz gehabt haben, so erscheint es dennoch als zwanghaft, wie sie eingeführt und wie dann auf ihr beharrt wird. Da zudem unsere Erfahrung eine ganz andere ist, verbietet es sich in jedem Fall, diese Unterstellung nachzusprechen[208]. Sie

---

[208]   Wozu ein interpretierender Nachvollzug führt, kann BULTMANNS Auslegung zeigen. Nachdem er die Berufung der Juden auf die Abrahamskindschaft so gedeutet hat, dass sie diese damit zu

wird dadurch nicht besser, wie sie begründet wird: „... weil mein Wort bei euch nicht durchdringt". Gemeint sein kann auch: Es greift bei euch nicht Raum oder macht bei euch keine Fortschritte. In dieser Formulierung kann man wieder einen Hinweis darauf sehen, dass das Problem der Apostasie den unmittelbaren Hintergrund bildet. Wie schon in V.31 wird dem Wort Jesu die alles entscheidende Bedeutung zugeschrieben[209]. Die Besonderheit dieses Verses liegt in seiner negativen Fassung: Der Tatbestand, dass das Wort Jesu bei „den Juden" nicht „ankommt", begründet ihre Absicht, ihn zu töten. Diese Verbindung führt zu nichts Gutem; sie entwickelt schon hier eine Logik, die sofort zur Verteufelung der Gegenseite führt. Und in der brisanten Form von „den Juden" als „Ungläubigen" und „Gottesmördern" hat sie in der Geschichte der stark gewordenen Kirche immer wieder für Juden tödliche Folgen gehabt.

Die zur Verteufelung führende Logik tritt bereits in V.38 hervor. Zunächst wiederholt Jesus, was er schon mehrfach im Johannesevangelium gesagt hat: „Was ich beim Vater gesehen habe, rede ich"[210]. An anderen Stellen ist derselbe Anspruch, nämlich als Gesandter Gottes zu sprechen und zu handeln, mit „hören" zum Ausdruck gebracht[211]. „Sehen" und „Hören" standen nebeneinander in 3,32. Zu der Aussage, dass Jesus das rede, was er beim Vater gesehen habe, wird anschließend im Blick auf seine Gesprächspartner eine Analogie formuliert: „Und ihr nun – was ihr vom Vater gehört habt, tut ihr." Wenn aber jeweils das gesagt und getan wird, was beim Vater gesehen oder gehört worden ist, das Reden Jesu und das Tun seiner Gesprächspartner jedoch gerade nicht einander entsprechen, dann wird von solchen Prämissen die Behauptung einer unterschiedlichen Vaterschaft erzwungen. So steuert das Folgende konsequent auf die Teufelskindschaft „der Juden" zu. Die entscheidende Prämisse ist dabei die Fixierung des Gegenübers Jesu auf die Absicht, diesen zu töten. Es ist schon deutlich geworden, dass diese Prämisse entschieden in Frage gestellt werden muss.

Gegenüber der in V.38 implizit enthaltenen Bestreitung ihrer Abrahamskindschaft wiederholen die Gesprächspartner Jesu in V.39 ihre Ausgangsthese von V.33 in einer Formulierung, die aus V.38 den Vaterbegriff aufnimmt: „Unser Vater ist Abraham."

38

39

---

einem „sicheren Besitz" machen, womit „die zur bloßen Vergangenheit entstellte Geschichte zur zukunftraubenden, d. h. lebenraubenden Macht (wird)", fährt er unmittelbar anschließend fort: „... ihr Woher ist das des Todes; ihr Vater ist, wie V.38 andeutend sagen wird, der Teufel. Und so ist ihre Mordabsicht nur das ihrem Selbstverständis entsprechende Verhalten" (Komm. 338). Eine Seite weiter spricht er zweimal vom „Mordwillen der Juden". Auch hier ist auf das Erscheinungsjahr dieses Kommentars hinzuweisen: 1941. Sein Autor war alles andere als ein „Deutscher Christ"; und natürlich sind für ihn „die Juden" durchgängig „die Repräsentanten der Gott feindlichen Welt". Aber angesichts der zitierten Formulierungen scheint es mir offensichtlich zu sein, dass eine solche Hermeneutik nicht ausreicht.

209 WILCKENS schreibt zu dieser Stelle: „... es kann kein *Christsein* geben, das seine Zugehörigkeit zu Gott nicht exklusiv Jesus und seine Freiheit allein seiner Erlösung verdankt" (Komm. 149; Hervorhebung von mir). Die Frage ist jedoch, ob Christen anerkennen, dass es für Juden eine Zugehörigkeit zu Gott und also Freiheit ohne diese Bindung an Jesus Christus gibt.

210 Vgl. 3,11; 5,19.

211 Vgl. 8,26.40; 15,15.

„Abraham, unser Vater" ist eine so geläufige Wendung, dass sie geradezu das Aller-selbstverständlichste jüdischer Identität zum Ausdruck bringt. Wenn sie in Frage gestellt wird, zeigt das die ungeheure Schärfe der hier geführten Auseinandersetzung. Dabei dominiert die unterstellte Tötungsabsicht den Gedankengang. Bevor Jesus sie erneut ausspricht, sagt er, wie Abrahams Kinder sich verhalten müssten: „Wenn ihr Kinder Abrahams seid, dann tut die Werke Abrahams!"[212] Diese Argumentation, dass sich Abrahamskindschaft in Abrahams Werken äußern muss, findet sich auch im rabbinischen Judentum. So heißt es in bBez 32b, dass ein Jude, als ihm in Baby-lonien von seinen dortigen reichen Landsleuten weder Beschäftigung noch Nahrung gegeben wurde, sagte: „Diese (Leute) kommen von dem Völkergemisch[213] her; denn es steht geschrieben: ‚Und er wird dir Erbarmen geben und sich deiner erbarmen' (Dtn 13,18). Alle, die sich über die Menschen erbarmen, sind gewiss von der Nach-kommenschaft Abrahams, unseres Vaters; und alle, die sich nicht über die Menschen erbarmen, sind gewiss nicht von der Nachkommenschaft Abrahams, unseres Va-ters"[214].

Im Blick auf die sich in Joh 8 auf Abraham als ihren Vater berufenden Juden schreibt SCHNACKENBURG: „... es gibt auch rabbinische Äußerungen, die ein sittliches Nachahmen des Vaters Abraham fordern. Grundlegend aber blieb für die Juden die leibliche Abstam-mung, auf die sie ihre Heilsgewißheit (um der Verdienste Abrahams willen) stützten" (Komm. 2,282). Daß der mit „aber" angeschlossene zweite Satz negativ wertend verstanden ist, zeigt sich etwas weiter im Text, wenn es dort heißt: „befangen in ihrem menschlichen Dünkel". Dass bei einer solchen Satzfolge, wie Schnackenburg sie hier bietet, keineswegs negativ gewertet werden muss, zeigt eine mögliche strukturelle Analogie: „... es gibt auch neutestamentliche Äußerungen, die ein sittliches Nachahmen Jesu fordern. Grundlegend aber blieb für die Christen die Taufe auf Jesus Christus, auf die sie ihre Heilsgewissheit (um der Verdienste Jesu Christi willen) stützten." Nebenbei wird hier auch die Seltsamkeit deut-lich, die sich ergibt, wenn in solchen Zusammenhängen in Zeitformen der Vergangenheit geredet wird.

40 Abrahams Kinder erweisen sich daran, dass sie Abrahams Werke tun. V.40 unter-stellt den Gesprächspartnern Jesu, diesem Kriterium nicht zu entsprechen: „Jetzt aber sucht ihr mich zu töten – einen Menschen, der ich zu euch die Wahrheit geredet, die ich von Gott gehört habe. Das hat Abraham nicht getan." Der Vorwurf von V.37 wird wiederholt. Von der literarischen Darstellung her ist er hier genauso unmotiviert wie dort. Denn die Gesprächspartner Jesu haben in der Zwischenzeit nichts anderes ge-

---

[212] Zu einer anderen Möglichkeit, den Text zu lesen, die sich aber in der Sache nicht unterscheidet, vgl. o. zur Übersetzung.
[213] Vgl. Ex 12,38.
[214] K. BERGER, Art. Abraham II, TRE 1, 1977 (372–382) hat gezeigt, dass es in paränetischen Zusammenhängen eine gattungsbedingte Bestreitung der Abrahamskindschaft gibt. „Denn nur dann, wenn man den Vätern gleicht, nützen sie ihren Kindern" (377). Allerdings liegt in Joh 8,39 keine Mahnung an die dort von Jesus Angesprochenen vor, sondern es geht dem Evangelisten in der Abgrenzung um die Stabilisierung der eigenen Gruppe.

tan, als Abraham ihren Vater zu nennen. Für die Leser- und Hörerschaft des Evangeliums hat der Vorwurf nur darin Plausibilität, dass es schließlich doch zur Tötung Jesu gekommen ist; und dass dafür in erster Linie „die Juden" verantwortlich gemacht werden, dürfte darin begründet sein, dass sie die Auseinandersetzungen der eigenen Zeit so erfährt und deutet, dass Jesus, „der die Wahrheit geredet hat", mundtot gemacht werden soll.

Im Behaften bei der Tötungsabsicht werden „die Juden" in einen grundsätzlichen Gegensatz zu Abraham manövriert, womit immer deutlicher eine andere Vaterschaft für sie vorbereitet wird. Ohne dass dieser andere Vater benannt wird, heißt es in V.41: „Ihr tut die Werke eures Vaters." Vom vorher aufgebauten Gegensatz her ist es 41 klar, dass mit ihm nicht Abraham gemeint sein kann. Bevor daraus die Schlussfolgerung gezogen wird, bekommen noch einmal die Gesprächspartner Jesu kurz das Wort. Sie hören aus dem Zugeständnis einerseits, Abrahams Nachkommenschaft zu sein, und aus der Behauptung andererseits, nicht seine Werke zu tun, den Vorwurf, Abraham nur nominell zum Vater zu haben, wegen ihres Tuns aber nicht tatsächlich. Damit aber ist zugleich ihre ungeteilte Hinwendung zu Gott bestritten; denn Abrahamskindschaft bedeutet ja zugleich, in der Geschichte des Bundes Gottes mit Abraham zu leben und unter den Verpflichtungen dieses Bundes zu stehen. Diese finden ihren zusammenfassenden Ausdruck im Bekenntnis zur Einzigkeit Gottes. So wehren sich die Gesprächspartner Jesu mit der Verneinung dessen, aus Unzucht gezeugt zu sein, gegen den impliziten Vorwurf des Götzendienstes[215] und sagen ihre Zugehörigkeit zu dem einen Gott aus: *„Einen* haben wir zum Vater: Gott."

Abrahamskindschaft und Gotteskindschaft gehören daher unmittelbar zusammen. Von Gottes erwählendem Handeln her gilt Israels Gotteskindschaft unbedingt. Aber selbstverständlich muss sie sich im Lebensvollzug bewähren. Beides zeigt sich in der Zusammenstellung zweier gegensätzlich erscheinender Aussagen in SifDev § 96 (FINKELSTEIN/HOROVITZ S.157). Die Stelle wurde zu 1,12 zitiert. Nach Rabbi Meir gilt hier Israels Gotteskindschaft unbedingt, nach Rabbi Jehuda muss sie sich in einem Verhalten erweisen, wie es für Gotteskinder verpflichtend ist. Der eine hat Paränese im Blick, der andere Zusage und Trost. Beides hat seinen Ort und ist nicht gegeneinander auszuspielen.

Die Antwort Jesu in V.42 nimmt die These von der Vaterschaft Gottes auf und setzt 42 sie in einen Bedingungssatz, aus dem er eine Folgerung im Irrealis zieht: „Wenn Gott euer Vater wäre, liebtet ihr mich." Der unausgesprochene, aber sozusagen laut gedachte Umkehrschluss lautet: Da ihr mich nicht liebt, sondern mich im Gegenteil umbringen wollt, ist Gott auch nicht euer Vater. Wieder ist zu betonen, dass wesentlicher Bestandteil dieser Logik die unterstellte Tötungsabsicht ist. Dass ihn lieben müsste, wer Gott zum Vater hat, begründet Jesus einmal mehr damit, dass er nicht eigenmächtig handelt, sondern nichts anderes ist als von Gott beauftragter Bote:

---

215 „Unzucht" ist traditionelle Metapher für Götzendienst.

„Denn ich bin von Gott ausgegangen und komme (von ihm). Nicht von mir selbst nämlich bin ich gekommen, sondern jener hat mich gesandt"[216].

Die Behauptung der Vaterschaft Gottes allein für diejenigen, die Jesus lieben, wird in aller Bestimmtheit von BARTH nachgesprochen, ja, noch schärfer betont, als der Text es tut. Er schreibt: „Gott zum Vater haben heißt Jesu Jünger sein. Wo das Zweite … nicht eintritt, da ist auch das Erste *nicht* vorhanden. Offenbarung wäre eben nicht Offenbarung, wenn sie nicht in dieser Strenge und Ausschließlichkeit Gehorsam forderte. Ein Minimum von Toleranz und Nachsicht wäre die Leugnung der Offenbarung" (Johannes-Evangelium 384). Wahrscheinlich verleitet hier die Rede von „Offenbarung" zu dieser strengen Exklusivität. Wenn ich dem Evangelisten an dieser Stelle nicht nachspreche, geht es mir nicht um „Toleranz und Nachsicht", sondern einmal um Gerechtigkeit, was die unterstellte Tötungsabsicht betrifft, und zum anderen und vor allem um Anerkenntnis Gottes als des in Israel schon bekannten und weiter bekannten Gottes, der seine Geschichte mit diesem Volk hatte und weiter hat. Von daher und im Blick auf die inzwischen tatsächlich abgelaufene Geschichte zwischen Christen und Juden müsste V.42a als Anrede an Christen heute so gefasst werden: „Wenn ihr an den Sohn glaubet, durch den ihr zum Vater gekommen seid, liebtet ihr sein Volk, das er erwählt hat."

Der Schluss von V.42 hat gezeigt, dass es keine neuen Argumente mehr gibt. Dieselben Thesen werden unermüdlich wiederholt. Die Positionen stehen sich unversöhnlich gegenüber. So ist dann die Frage Jesu am Beginn von V.43 keine ernst gemeinte: „Warum erkennt ihr meine Rede nicht?" Man könnte auch übersetzen: „Warum versteht ihr meine Rede nicht?" Das griechische Wort *ginóskein* meint hier jedoch nicht ein bloßes Verstehen oder Erkennen, sondern zugleich damit ein Anerkennen. Denn ein intellektuelles Verstehensproblem liegt nicht vor. Das Botenrecht, mit dem die Sendung Jesu in V.42 ausgedrückt wurde, ist ja leicht nachvollziehbar. Das Problem ist nicht das Verstehen dieser Redeweise, sondern die Anerkenntnis des mit ihr Beanspruchten.

Dass die Frage Jesu keine echte Frage ist, zeigt sich daran, dass er die Antwort anschließend sofort in Form einer apodiktischen Behauptung parat hat: „Weil ihr mein Wort nicht hören könnt." Wie es bei *ginóskein* nicht um bloßes Verstehen ging, so geht es bei *akúein* nicht um ein bloß akustisches Phänomen – das ist ja gegeben –, sondern um ein Hören auf das Wort Jesu in dem Sinn, dass es sich zu eigen gemacht und ihm gehorcht wird. Dreimal wurde bisher in diesem Abschnitt das Wort Jesu erwähnt und an allen drei Stellen zu seinen Gesprächspartnern in Beziehung gesetzt. Dabei ist eine Steigerung zum Negativen unverkennbar. Zunächst wurde in V.31 das Bleiben im Wort zur Bedingung wahrer Schülerschaft erklärt und dabei ein zeitweiliger Aufenthalt im Raum dieses Wortes vorausgesetzt. In V.37 hieß es, dass das Wort Jesu bei diesen Hörern nicht durchdringe, nicht Raum greife bzw. keine Fortschritte

---

[216] Dass Jesus nichts von sich aus tut, hat er schon in 5,19.30 betont und in diesem Kapitel in V.28 wiederholt. In Kap.7 hat er gesagt, nicht von sich aus zu reden (V.17) und nicht von sich aus gekommen, sondern von Gott geschickt zu sein (V.28). In den Abschiedsreden wird er mehrfach betonen, von Gott gekommen zu sein: 13,3; 16, 27f.30; 17,8.

mache. Und jetzt wird schlicht konstatiert, dass sie gar nicht hören *könnten*. Mir scheint das Ausdruck dessen zu sein, dass es zwischen der johanneischen Gruppe und der jüdischen Mehrheit keine wirkliche Kommunikation mehr gab[217].

Dass Jesu Gesprächspartner sein Wort nicht hören können, soll wohl durch V.44 erläutert werden, der wahrscheinlich der problematischste im ganzen Johannesevangelium ist. „Ihr seid vom Vater, dem Teufel", stellt Jesus am Beginn von V.44 fest. Hier wird nun die Konsequenz gezogen, die im Vorangehenden vorbereitet worden war. Im Pochen auf die den Gesprächspartnern Jesu unterstellte Tötungsabsicht wurde ihnen bestritten, dass sie Kinder Abrahams, Kinder Gottes sein könnten; und so wird auf diesen anderen Vater geschlossen, den Teufel. Diese äußerste und schlimme Zuspitzung, die „die Juden" zu Kindern des Teufels erklärt, wird aus einer Wirlichkeit heraus vorgenommen, die Johannes mit seiner Gruppe als teuflisch erfährt[218].

Eine Analogie zeigt sich bei der Qumrangemeinde: Ihre Gründer waren gewaltsam aus Jerusalem verdrängt worden; von dorther sieht sich die Gemeinde auch weiterhin Anfeindungen und Nachstellungen ausgesetzt. Auch sie bezeichnet daraufhin ihre Feinde als Teufelskinder, als „Kinder Belials", wobei in Qumran so wenig wie im Johannesevangelium ein prinzipieller Dualismus besteht. So heißt es an einer Stelle: „„Und ich will dir Ruhe verschaffen vor allen deinen Feinden' (2Sam 7,11), d.h. dass er ihnen Ruhe verschaffen wird vor allen Kindern Belials, die sie straucheln lassen, um sie zu vernichten durch ihren Trug, wie sie mit einem Plan Belials kamen, um die Kinder des Lichts straucheln zu lassen und trügerische Pläne gegen sie zu planen, um sie für Belial zu ergreifen in schuldiger Verirrung"[219]. BECKER schreibt im Blick auf den Vergleich mit Qumran: „So lebt doch offenbar auch die joh(anneische) Gemeinde zunächst im Synagogenverband, wird wegen ihres speziellen Offenbarungsanspruchs ausgestoßen ... und reagiert darauf wie in Joh 8 zu lesen ist"[220]. Diese Reaktion macht nicht zuletzt das Elend einer verfahrenen Situation deutlich. Die als schlimm empfundene Erfahrung, ausgeschlossen worden zu sein, führt zur Verteufelung derer, von denen man sich verleumdet und bedroht fühlt.

BARTH schreibt zu **V.44** und seinem Kontext: „Sie (die Gesprächspartner Jesu) tun (v 41) – hier taucht das Furchtbarste in diesem Kapitel zuerst auf – die Werke *ihres* Vaters. Abrahams? Gottes gar? Nein, der kann nach den Prämissen ihr Vater nicht sein. Sondern (v 44) ihres Vaters, des Teufels, dessen Lüste sie vollbringen wollen" (Johannes-Evangelim 357).

---

217 Versuche, V.43 nachvollziehend zu interpretieren und einleuchtender zu machen, führen nur zu weiteren Unterstellungen gegenüber den jüdischen Gesprächspartnern Jesu. Das ist etwa der Fall, wenn SCHNACKENBURG in ihm „die Haltung von Menschen" findet, „die sich auf ihr Selbstverständnis festgelegt haben und durch nichts aus ihrer *menschlichen Sicherheit* herausrufen lassen" (Komm. 2,286; Hervorhebung von mir).

218 „Die darin sich zeigende ‚Bosheit' ist so groß, daß sie gleichsam die menschliche Verantwortung übersteigt und nur noch auf die ‚übermenschliche' Macht des Bösen zurückgeführt werden kann" (BLANK, Komm. 1b,163).

219 4QFlor I 7–9.

220 Komm. 1,360.

Will man dieses „Furchtbarste" nicht nachsprechen, wie es Barth und viele andere tun, muss man die Prämissen in Frage stellen. Diese Prämissen sind die Fixierung „der Juden" auf die Tötungsabsicht gegenüber Jesus und vor allem der „Umkehrschluss", der Juden Kenntnis Gottes abspricht, wenn sie ihn nicht in Jesus erkennen, also der auch gegenüber Juden erhobene Anspruch exklusiver Gotteserkenntnis in Jesus Christus. Wer den Text nachspricht, wie immer die Auslegung dann auch im Einzelnen aussehen mag, muss sich fragen lassen, wie solche Auslegung davor geschützt sein kann, antijüdisch zu wirken. Ein bemerkenswerter Umgang mit diesem Text findet sich bei ORIGENES. Er stellt die Aussagen von 8,41 („Ihr tut die Werke eures Vaters") und 8,44 („Ihr seid aus dem Teufel als eurem Vater") zusammen und bezieht sie mit Hilfe von 1Joh 3,8–10 („Wer die Sünde tut, ist aus dem Teufel usw.") auf „uns": „Solange wir Sünden tun, haben wir die Herkunft aus dem Teufel noch nicht ausgezogen, auch wenn wir meinen, an Jesus zu glauben. ... An den Früchten werden wir erkannt, wessen Kinder wir sind" (Komm. XX 13, S.103.105).

Joh 8,44 hatte jedenfalls eine verhängnisvolle Nachgeschichte. Unter anderen Bedingungen und veränderten Machtverhältnissen konnte diese ideologische Verteufelung, ursprünglich ein schlimmer Reflex leidvoller Erfahrung, bei höchst realen „Exorzismen" mitwirken. Leider kommt in dieser Beziehung Luther in eine schreckliche Nachbarschaft zu stehen. Angesichts politischer Machthaber, die die Juden nicht aus dem Land treiben, sondern „vielleicht jetzt auch barmherzig sein wollen über die Juden", schreibt er: „Was wollen wir armen Prediger indeß thun? Erstlich, wollen wir glauben, daß unser HErr JEsus Christus wahrhaftig sei, der von solchen Juden, die ihn nicht annahmen, sondern kreuzigten, ein solch Urtheil spricht: Ihr seid Schlangengezücht und Teufelskinder, wie sein Vorläufer, Johannes Baptista, auch sagt (Matth. 3,7.), und waren doch seine Blutsfreunde. Nun werden uns unsere Herrschaften und alle solche barmherzigen Heiligen, die den Juden wohlwollen, zum wenigsten den Raum lassen, daß wir glauben mögen JEsu Christo, unserm HErrn, der freilich alle Herzen besser kennt, denn solche barmherzigen Heiligen, daß diese Juden müssen Schlangengezüchte und Teufelskinder sein, das ist, die uns ebensoviel Gutes gönnen, als ihr Vater, der Teufel ..."[221]. Anschließend glaubt Luther „Historien" über Brunnenvergiftung und Kindermord durch Juden, die er zwanzig Jahre vorher noch als „Narrenwerk" abgetan hatte[222]. Er fährt dann fort: „Wer nun Lust hat, solche giftigen Schlangen und jungen Teufel, das ist, die ärgsten Feinde Christi, unseres Herrn, und unser aller, zu herbergen, zu fretzen, und zu ehren, und sich zu schinden, rauben, plündern, schänden, zu speien, zu fluchen und alles Uebels zu leiden begehrt, der lasse ihm diese Juden treulich befohlen sein. Ist's nicht genug, so lasse er ihm auch ins Maul thun, oder krieche ihnen in den Hintern und bete dasselbige Heiligthum an, rühme sich darnach, er sei barmherzig gewest, habe den Teufel und seinen jungen Teufel gestärkt, zu lästern unseren lieben HErrn und das theure Blut, damit wir Christen erkauft sind, so ist er denn ein vollkommener Christ, voller Werke der Barmherzigkeit, die ihm Christus belohnen wird am jüngsten Tage mit den Juden im ewigen höllischen Feuer"[223]. Luthers Ratschläge hatten in seiner Zeit nur mäßigen Erfolg[224]. Aber „mit unter dem Eindruck der eben herausgekommenen antijüdischen Schriften Luthers" wurde in einem Mandat vom 6. Mai 1543 den Juden der Aufenthalt im Kurfürstentum Sachsen und der Durchzug durch es verboten[225].

---

[221] Von den Juden und ihren Lügen; nach der Ausgabe von J. G. WALCH, [2]1880–1910, 20 (Nachdruck 1986), 1999.

[222] In der Schrift: Daß Jesus Christus ein geborner Jude sei; ebd. 1821.

[223] Ebd. 2000.

[224] Zur politischen Wirkung seiner Judenschriften von 1543 vgl. R. LEWIN, Luthers Stellung zu den Juden, 1911 (Neudruck 1973), 100–105.

[225] Vgl. W. MAURER, Die Zeit der Reformation, in: Kirche und Synagoge. Handbuch zur Geschichte von Christen und Juden, hg.v. K. H. RENGSTORF u. S. VON KORTZFLEISCH, Bd. 1, 1968 (363–452), 370 (dort auch das Zitat); LEWIN, a.a.O. 103.

In einem Sammelband über die Nazizeit ist ein Bild veröffentlicht, das den Ortseingang eines deutschen Dorfes zeigt[226]. Ein Bauer – Rechen und Sense auf der Schulter, die Pfeife im Mund – und Schulkinder betrachten ein Schild mit der Aufschrift: „Der Vater der Juden ist der Teufel." Die Folge war dann das weitere Schild, das allenthalben aufgestellt wurde: „Dieser Ort ist judenfrei."

Nachdem den von Jesus Angeredeten die Herkunft vom Teufel zugewiesen worden ist, wird diese Aussage sofort mit einem bestimmten Tun verbunden: „Und die Begierden eures Vaters wollt ihr tun." Im Blick ist damit wieder die den Kontext bestimmende Tötungsabsicht. War vorher in V.39f. eine Entsprechung zum Tun Abrahams als des beanspruchten Vaters verneint worden, so wird jetzt im Blick auf den Teufel als Vater eine Entsprechung zwischen Vater und Kindern konstatiert. Im Hintergrund steht die Deutung der Paradiesgeschichte von Gen 3, die in der Schlange den Teufel sieht. Dementsprechend wird der Teufel als „ein Mörder von Anfang an" bezeichnet[227]. Hier ist eine Deutung von Gen 3 vorausgesetzt, wie sie in SapSal 2,24 vorliegt: „Durch den Neid des Teufels kam der Tod in die Welt". Teuflisch ist, was Mord produziert, und teuflisch ist die Negation von Wahrheit. So wird parallel neben die Charakterisierung des Teufels als „eines Mörders von Anfang an" gestellt: „Und in der Wahrheit steht er nicht." Er hat seinen Ort nicht in der Wirklichkeit, jedenfalls nicht in der Wirklichkeit Gottes, die wirkliches Leben will, ermöglicht und bewirkt, sondern in ihrer Verneinung, „weil keine Wahrheit in ihm ist". Das ist „keine Begründung, sondern eine Tautologie"[228]. So wie er seinen Stand nicht in der Wahrheit hat, hat umgekehrt die Wahrheit bei ihm keinen Raum. „Wenn er die Lüge redet, redet er aus dem Eigenen, denn ein Lügner ist er und der Vater der Lüge"[229]. Lüge ist Anmaßung, der keine Wirklichkeit entspricht, Propaganda des Nichtigen, die Wirklichkeit vortäuscht und Tod produziert. „Wie auf der positiven Seite Wahrheit und Leben zusammengehören, so auf der negativen Seite Lüge und Tod bzw. Mord"[230].

---

[226] D. PEUKERT/J. REULECKE (Hg.), Die Reihen fest geschlossen. Beiträge zur Geschichte des Alltags unterm Nationalsozialismus, 1981, 385. Das Bild findet sich auch bei REIM, Jochanan 359.

[227] „Die Wendung ‚von Anfang an ...' will nicht nur den ‚geschichtlichen Anfang' bezeichnen, sondern mit diesem auch den ‚qualitativen Anfang' des Bösen, der freilich als Rätsel stehengelassen werden muß ... Das Böse fängt mit dem Bösen an, das heißt mit dem bösen Willen und der bösen Tat" (BLANK, Komm. 1b,169).

[228] BLANK, Komm. 1b,169f.

[229] Theoretisch möglich wäre am Schluss auch die Übersetzung: „... ein Lügner ist er und sein Vater" – wie am Anfang übersetzt werden könnte: „Ihr seid vom Vater des Teufels". Aber eine solche Mythologie ist durch nichts sonst im Johannesevangelium nahegelegt und ergibt auch an dieser Stelle keinen Sinn. Im griechischen Text steht am Schluss des Verses nur das Personalpronomen; es kann sich auch auf die vorher erwähnte „Lüge" beziehen. Eine andere Möglichkeit bietet sich, wenn die von einigen altlateinischen Handschriften statt ὅταν vorausgesetzte Lesart ὅς ἄν angenommen wird: „Wer immer die Lüge redet, redet aus dem Eigenen; denn ein Lügner ist er und sein Vater." – HAENCHEN sieht in diesem Vers nur philologische Probleme. Er stellt einleitend zu ihm fest: „44 hat den Erklärern viel Mühe gemacht", meint anschließend: „Er läßt sich aber unter drei Bedingungen verstehen" und erörtert dann ausschließlich philologische Fragen (Komm. 370f.). Auch bei der zusammenfassenden Besprechung des Abschnitts (372f.) geht er mit keinem Wort auf die sachliche Problematik ein.

[230] BLANK, Komm. 1b,169.

Doch darf nicht vergessen werden, dass Johannes hier nicht allgemein über „den Teufel" oder „das Böse" reflektiert, sondern bezogen auf eine bestimmte Situation lässt er Jesus zu einem bestimmten Gegenüber sprechen, das er damit verteufelt. In dieser gewiss als schlimm erfahrenen Situation werden „Wahrheit" und „Leben" exklusiv für die eigene Position beansprucht, so dass für die Gegenseite nur „Mord" und „Lüge" bleiben. Man kann so V.44 aus seiner Entstehungssituation heraus verstehen, aber seine Aussagen werden damit nicht zu unschuldigen. Sie sind es erst recht nicht, wenn sie in der Auslegungsgeschichte nachgesprochen werden. Es ist m.E. verfehlt, V.44 irgend einen positiven Sinn abgewinnen zu wollen. Auf der Textebene stehen Jesus "die Juden" gegenüber. Wie immer anders sie man deutet – sie müssen als Repräsentanten für etwas Negatives dienen; und dieses Negative wird auf die konkret existierenden Juden durchschlagen. Oft genug leistet dem schon unbedachtes Formulieren der Ausleger Vorschub[231].

45   Was Jesus in Fortführung seiner Rede in V.45 sagt, ist eine formal zwingende Folgerung aus dem gerade Ausgeführten: „Ich aber – weil ich die Wahrheit sage, glaubt ihr mir nicht"[232]. Wenn der eigene Anspruch exklusiv als Wahrheit gilt, bleibt die Gegenseite, solange sie diesen Anspruch nicht teilt, auf Unglaube und Lüge festgelegt. Dort erscheint umgekehrt die „Wahrheit", die Jesus sagt, dass er nichts als der Gesandte Gottes sei und also Gott selbst in ihm begegne, als Reden „aus dem Eigenen", als Anmaßung und Lüge. Die Tragik der Situation des Johannesevangeliums liegt darin, dass sich in härtester Auseinandersetzung alles auf diesen einen Punkt zuspitzt und allein an der Stellung zur Person Jesu Wahrheit und Lüge auseinandertreten. Denen nichts als Lüge zugesprochen wird – und damit Nicht-Wirklichkeit, wird schließlich auch die Existenzberechtigung abgesprochen werden, so dass Mord dann gerade mit dem eigenen absoluten Wahrheitsanspruch verbunden sein wird. Davon ist die Gemeinde des Johannesevangeliums weit entfernt. Aber unter geänderten Machtverhältnissen ist das keine bloß theoretische Gefährdung der Kirche geblieben, sondern mörderische Wirklichkeit geworden.

46   V.46a hat im Kontext lediglich die Funktion, die davor und danach begegnende Aussage zu stützen, dass Jesus die Wahrheit sagt: „Wer von euch überführt mich

---

231 Das sei an einigen Formulierungen BULTMANNS gezeigt, der natürlich die Feindschaft „des Menschen" überhaupt gegen die „Offenbarung" meint. „Die Pointe des Ganzen liegt ja zweifellos darin, den jüdischen Unglauben mit seiner Feindschaft gegen Wahrheit und Leben als der Teufelskindschaft entspringend zu charakterisieren" (Komm. 241). „Durch ihren Unglauben zeigen die ‚Juden', daß sie Teufelskinder sind. Diese Teufelskindschaft bestimmt ihr Sein: sie sind darauf aus, die Begierden ihres Vaters zu vollziehen; das heißt: sie sind auf Mord und Lüge aus" (242). „Es ist bei dem grundsätzlichen Charakter der Aussage nicht zu fragen, ob der den Juden indirekt gemachte *Vorwurf des Mordwillens* noch eine spezielle Motivierung hat. Die Feindschaft gegen die Offenbarung ist als solche Feindschaft gegen das Leben" (243). „Und deshalb darf nicht gefragt werden, inwiefern die Juden etwa in der vorliegenden Diskussion ‚gelogen' haben. Ihr ganzes Verhalten ist Lüge" (244).

232 Vgl. BULTMANN, Komm. 244: „Gerade, weil er die ‚Wahrheit' sagt, können sie, deren Wesen Feindschaft gegen die ‚Wahrheit' ist, ihm nicht glauben."

einer Sünde?" Die Frage ist rhetorisch gestellt; es wird nicht erwartet, dass die Gesprächspartner an dieser Stelle antworten, sondern selbstverständlich als Antwort ein „Niemand!" vorausgesetzt. Das aber zeigt, dass Johannes weniger die unmittelbar von Jesus Angeredeten im Blick hat. Die könnten nach der bisherigen und weiteren Erzählung des Evangeliums durchaus etwas anführen, da sie Jesus ja Sabbatbruch und Blasphemie vorwerfen (5,16.18; 9,14; 10,33). Mehr dürfte Johannes an seine Leser- und Hörerschaft denken. Sie kennt die Tradition: „Jesus ist ‚der Gerechte', der unschuldig gelitten hat"[233], aus der die Überzeugung von der Sündlosigkeit Jesu gewachsen ist[234]. Sie soll darin bestärkt werden, dass Jesus die Wahrheit sagt, die er selber ist, damit sie in seinem Wort bleibt und so wahre Schülerschaft bewährt.

Was in V.45a als Begründung stand, erscheint in V.46b in einem Bedingungssatz, und was in V.45 festgestellt wurde, findet sich jetzt in Gestalt einer Frage: „Wenn ich die Wahrheit sage, warum glaubt ihr mir nicht?" So wenig wie die formal ähnliche und sachlich genau entsprechende Frage in V.43 ist auch dies eine wirkliche Frage[235]. 47 In V.47 gibt auch hier Jesus die Antwort gleich selbst: „Wer von Gott ist, hört die Worte Gottes. Deswegen hört ihr nicht, weil ihr nicht von Gott seid." Nach dem Johannesevangelium ist ursprünglich nur Jesus selbst „von Gott" (z.B. 8,42). Er bezeugt, was er beim Vater gehört und gesehen hat (3,32); er ist der Exeget Gottes (1,18). Seine Schüler sind ursprünglich nicht „von Gott", sondern er hat sie „aus der Welt erwählt" (15,19). Sie hören dadurch die Worte Gottes, dass sie auf ihn hören. Sie sind dadurch „von Gott", dass sie sich in ihrem Leben von den Worten Jesu prägen und bestimmen lassen und in ihnen „bleiben". Die deterministisch klingende Sprache meint also keine vorangehende Festlegung oder Vorherbestimmung auf die eine oder andere Seite. Es erweist sich vielmehr im *Vollzug* des Hörens, wovon sich Menschen bestimmen lassen und wovon sie dann auch bestimmt sind[236]. Das Problem des Verses liegt allerdings darin, dass er gegenüber Juden das Hören der Worte Gottes exklusiv an das Hören der Worte Jesu bindet und es ihnen, da sie nicht auf

---

233 BLANK, Komm. 1b,171.
234 Vgl. 2Kor 5,21; Hebr 4,15; 7,26; 1Petr 2,22.
235 Hinter der Formulierung von V.46b verbirgt sich allerdings der Umstand, dass „Wahrheit" darauf angewiesen ist, auch Glauben zu finden. Soll es nicht zum Dschungelkampf aller gegen alle kommen, bedarf es des Vertrauens auf Wahrheit, um gedeihliches Zusammenleben zu ermöglichen. Auch das dürfte zur Erfahrung der johanneischen Gemeinde gehören, dass sie im Vertrauen auf die Präsenz Gottes im auferweckten Gekreuzigten und im Halten seines Vermächtnisses, einander zu lieben, mitten in ihrer Bedrängnis im solidarischen Miteinander Leben hat.
236 Vgl. BARTH, Johannes-Evangelium 389: „Das prinzipielle ἐκ θεοῦ oder *nicht* ἐκ θεοῦ εἶναι (= von Gott Sein) ist das Prinzipielle eines *Augenblicks* der Existenz dieser Menschen, und zwar eben des Augenblicks ihrer Begegnung mit dem Offenbarer. Glaubend oder nicht glaubend fällt in diesem Augenblick die Entscheidung *Gottes* über sie, der sie als Glaubende des ewigen Lebens teilhaftig machen will." Vgl. seine weiteren Ausführungen auf S.389f., die herausstellen, dass es „über den fruchtbaren oder unfruchtbaren Augenblick *hinaus*" auf den „nächsten Augenblick" ankommt.

Jesus hören, bestreitet, überhaupt auf Gott zu hören und von ihm bestimmt zu sein[237]. Dieser Argumentation sollten „wir heute aus guten Gründen" nicht nur „mit Zurückhaltung begegnen"[238]. Wir dürfen sie in keiner Weise nachsprechen, sondern müssen es wahrnehmen, dass es in der Geschichte und Gegenwart des Judentums ein aufmerksames Hören auf „die Worte Gottes" gibt.

48   Mit V.47 endet ein relativ langer Redeabschnitt Jesu. In V.48 kommen seine Gesprächspartner wieder zu Wort. Sie werden jetzt erstmals in diesem Abschnitt – und dann wieder in V.52.57 – ausdrücklich als „die Juden" bezeichnet, als die sie längst schon vorgestellt waren, selbst wenn mit der Wendung in V.31 nicht von vornherein Apostaten bezeichnet worden sind. Hier ist es nun das erste Mal in diesem Gespräch, dass das Gegenüber Jesu nicht in der Verteidigung bleibt, sondern zum Gegenangriff übergeht: „Sagen wir nicht zu Recht, dass du ein Samariter und besessen bist?" Die Einführung des hier gebrachten Vorwurfs mit: „Sagen wir nicht zu Recht?" kennzeichnet ihn als einen gängigen. Im Blick auf die Erzählung lässt sich das aber nur für die an zweiter Stelle genannte Besessenheit verifizieren. Dass Jesus besessen sei, wurde ihm schon in 7,20 gesagt. Das wird gleich in V.52 wiederholt werden und dann noch einmal in 10,20. Dagegen findet sich der an erster Stelle stehende Vorwurf, er sei ein Samariter, nur hier. Wenn er dennoch als gängiges Urteil gilt, weist das auf die Zeit des Evangelisten. Dessen Gruppe erscheint aus der Sicht der jüdischen Mehrheit auf derselben Ebene wie die Samariter[239]. Sie wird damit einerseits als außerhalb der eigenen Gemeinschaft stehend angesehen; und dementsprechend wird mit ihr umgegangen. Andererseits ist darin aber auch enthalten, dass es außerordentlich viel Gemeinsames gibt[240]. Ihre Mitglieder gelten zwar als Häretiker, aber sie sind nicht den Götzendienern gleichgestellt.

Mit dem Vorwurf, ein Samariter zu sein, ist in V.48 der der Besessenheit verbunden. Es ist für eine Mehrheit offenbar naheliegend, Verhalten, das von dem in ihr

---

[237] Vgl. LUTHER, Evangelien-Auslegung 4, 271: „So haben nun die Juden keine (andere) Ursache ihres Unglaubens als die, daß sie nicht Gottes Kinder sind. Darum fällt er auch das Urteil über sie und spricht: ‚Wer von Gott ist, höret Gottes Wort; darum höret ihr nicht, denn ihr seid nicht von Gott'; das ist nichts anderes als: Ihr seid des Teufels. Das konnten die Juden nicht leiden. Denn sie wollten Gottes Kinder und Volk sein."

[238] BLANK, Komm. 1b,171.

[239] Dass Jesus in V.48 als „Samariter" bezeichnet wird, kann dadurch veranlasst sein, dass „in der joh(anneischen) Geschichte die Samaritanermission (4,33–42) eine besondere Rolle (spielt)" (BECKER, Komm. 1,363).

[240] Gegenüber der Verzerrung des jüdisch-samaritischen Verhältnisses zu einem totalen Gegensatz sei auf die o. zu 4,9 wiedergegebene differenzierte Einschätzung der Samariter durch die Rabbinen hingewiesen. – In einigen rabbinischen Texten werden Häretiker und Samariter in einem Atemzug genannt. So heißt es in SifDev § 33 (FINKELSTEIN/HOROVITZ S.381): „‚Ich will auf meine Widersacher Vergeltung zurückkommen lassen' (Dtn 32,41): Das sind die Samariter; denn es ist gesagt: ‚Als die Widersacher Judas und Benjamins hörten' (Esr 4,1). ‚Und meinen Hassern bezahlen' (Dtn 32,41): Das sind die Häretiker; und so sagt sie (die Schrift): ‚Sollte ich nicht hassen, die Dich, Adonaj, hassen und mich grausen vor denen, die gegen Dich aufstehen?' (Ps 139,21)" Nach tHul 2,20 (ZUCKERMANDEL) gilt das Brot von Häretikern „als Brot eines Samariters", d.h. in diesem Kontext als nicht tauglich; vgl. bHul 13a.

gängigen abweicht, auf Besessenheit zurückzuführen. Das gilt besonders für Repräsentanten der politischen Ordnung gegenüber solchen, die diese Ordnung stören könnten. Als Gefahr für die Bemühungen um Stabilisierung in der schwierigen Lage nach dem jüdisch-römischen Krieg konnte auch die johanneische Gruppe erscheinen, insofern sie einen von den Römern Gekreuzigten für den Messias hielt.

Josephus spricht von bestimmten Menschen, die in der Zeit vor dem jüdisch-römischen Krieg wirkten, als „Schwarmgeister(n) und Betrüger(n), die unter dem Vorwand göttlicher Eingebung Unruhe und Aufruhr hervorriefen und die Menge durch ihr Wort in dämonische Begeisterung versetzten" (Bell 2, 259). An anderer Stelle erzählt er von einem Unheilspropheten, der vier Jahre vor dem Krieg am Laubhüttenfest auftrat. Über ihn ärgerten sich „angesehene Leute" und schlugen ihn. Daraufhin lieferten ihn „die Ratsherren" in der Meinung, er sei besessen, an den Prokurator Albinus aus. Der veranlasste seine Auspeitschung. Nachdem er in der anschließenden Befragung zu der Überzeugung gekommen war, er sei wahnsinnig, ließ er ihn laufen (vgl. Bell 6, 300–305).

Die Antwort Jesu in V.49 ist zunächst die bloße Verneinung des Vorwurfs der Besessenheit: „Ich bin nicht besessen." Auf den Vorwurf, ein Samariter zu sein, geht er nicht ein. Die positive Entgegensetzung: „… sondern ich ehre meinen Vater" deutet an – was sich dann auch im Folgenden klar herausstellen wird –, dass der Vorwurf der Besessenheit auf den hohen Anspruch Jesu bezogen ist. Was von außen als geradezu besessene Anmaßung erscheint, ist in der Innenperspektive Ehrung Gottes. Jesus ist nichts sonst als gehorsamer Sohn, der den Willen des Vaters ausführt und ihm damit die Ehre gibt. Da er allein darin seine Ehre sucht, wirft er denen, die ihm das als Besessenheit auslegen, am Ende des Verses vor: „Und ihr entehrt mich." **49**

„Ich aber suche nicht meine Herrlichkeit", fährt er in V.50 fort[241]. Darüber hat er schon in 5,41–45 und 7,18 gesprochen. Dass er nicht die eigene Ehre, die eigene Herrlichkeit sucht, leuchtet von der Darstellung des Evangeliums im Ganzen her unmittelbar ein; denn er geht in ihm den Weg in die äußerste Erniedrigung und Niedrigkeit, den Weg ans Kreuz. Da Gott aber seine Ehre im Kreuz Jesu gesucht hat[242], kann schon im Blick auf das Kreuz von „Verherrlichung" gesprochen werden. Dementsprechend fährt Jesus in V.50 fort: „Er ist da, der (sie) sucht und (der) urteilt." Jesus verweist auf Gott, bei dem seine Ehre aufgehoben ist; Gott ist der Richter, der ihm zum Recht verhelfen wird. **50**

Mit doppeltem Amen eingeleitet folgt in V.51 eine Verheißung mit vorangestelltem Bedingungssatz: „Wer mein Wort hält, sieht keinen Tod auf immer." Mit der Bedingung wird der Sache nach aufgenommen, was am Beginn des Abschnitts in **51**

---

241 In V.49 hatte Johannes Worte vom Stamm *tim-* gebraucht; hier steht nun das Wort *dóxa*. Das kann mit „Ehre" wiedergegeben werden. So habe ich es auch in 5,41.44 und 7,18 getan. Im Folgenden nimmt Johannes dieses Wort aber mit dem Verb *doxázo* auf, das angemessener mit „verherrlichen" wiedergegeben werden kann. Daher übersetze ich in diesem Kontext *dóxa* mit „Herrlichkeit".

242 Vgl. o. zu 5,44.

V.31 stand: „Wenn ihr bei meinem Wort bleibt". Man bleibt beim Wort Jesu, indem man es hält, es im Ausharren in der Gemeinde umsetzt in solidarische Praxis. Die Verheißung nimmt auf, was schon in 5,24 gesagt war: Der Überschritt vom Tod zum Leben ist geschehen in der Solidarität der bedrängten Schülerschaft Jesu. Das Wort, das er ihr sagt, mit dem er ihr die Liebe Gottes vermacht und als sein Vermächtnis das Liebesgebot hinterlässt (13,34f.), ist der tragfähige Grund, der Leben gibt und im Leben erhält, der Leben verheißt auch angesichts des Todes und trotz des Todes.

So kann die Leser- und Hörerschaft des Evangeliums dieses Wort hören und aufnehmen. Auf der erzählten Ebene ist es allerdings „den Juden" gesagt; und hier 52 hat es die Funktion, den Konflikt weiter voranzutreiben. Denn nach V.52 sehen sich die Konfliktpartner Jesu, eben „die Juden", in der V.48 ausgesprochenen Meinung bestätigt: „Jetzt haben wir erkannt, dass du besessen bist." In V.43 waren sie von Jesus gefragt worden: „Warum erkennt ihr meine Rede nicht?" Jetzt sprechen sie eine Erkenntnis aus. Aber deren Inhalt ist genau gegenteilig zum Anspruch jener Rede. Worauf diese Erkenntnis gründet, führt die Fortsetzung in V.52 aus: „Abraham ist gestorben, auch die Propheten – und du sagst: Wer mein Wort hält, schmeckt keinen Tod auf immer." Das Verheißungswort Jesu wird sprachlich leicht variiert, aber sachlich zutreffend wiederholt[243]. Dass die den Tod nicht schmecken sollen, die Jesu Wort halten, konfrontieren Jesu Gesprächspartner mit dem Schicksal Abrahams – auf ihn kommt der Abschnitt damit zurück – und der Propheten, die alle gestorben sind: Abraham, den Gott erwählt, dem er im Alter einen Sohn als Verheißungsträger geschenkt hat, die Propheten, die „So spricht Adonaj" sagen konnten. „Ein Mensch, der behauptet, er könne durch sein Wort ewiges Leben mitteilen, der kann ja gar nicht ‚normal' sein"[244]. Da jedoch Jesus, „der Sohn Josefs, dessen Vater und Mutter wir kennen" (6,42), von Haus aus nur allzu „normal" ist und dennoch solchen Anspruch erhebt, muss er besessen sein. Man sollte hier nicht vorschnell von einem Missverständnis reden. Die Gesprächspartner haben sehr wohl herausgehört, dass Jesus mit dem hier erhobenen Anspruch auf eine andere Ebene zu stehen kommt als Abraham 53 und die Propheten. Dementsprechend fragen sie in V.53 weiter: „Bist du etwa größer als unser Vater Abraham[245], der gestorben ist? Auch die Propheten sind gestorben." Für die Zeitebene des Evangelisten ist verschärfend hinzuzufügen: Dieser Abraham

---

243 „Den Tod nicht sehen" wird aufgenommen mit „den Tod nicht schmecken". Den Tod nicht zu schmecken, verheißt Jesus in Mk 9,1; Mt 16,28; Lk 9,27 und stellt daneben das Sehen des Reiches Gottes bzw. des Menschensohnes mit seinem Reich. Die Wendung vom Schmecken des Todes begegnet auch in der jüdischen Tradition: 4Esr 6,26; BerR 9,5 (mehrfach; THEODOR/ALBECK S.70f.); WaR 18,1 (MARGULIES S.397; parr. QohR 12,5 [WILNA 30a]); MTeh 72,6 (BUBER 164a); PesR Hosafa 1,1 (zweimal; FRIEDMANN 192a.194a). – Es ist also völlig verfehlt, den im Text vorgestellten „konkreten Hörer(n) Jesu" vorzuwerfen, sie hätten „nicht einmal genau zugehört und verdrehen Jesus das Wort im Munde" (so SCHENKE, Komm. 178; noch einmal 179 zu V.57; zu V.52 ähnlich BRODIE, Komm. 334).
244 BLANK, Komm. 1b,174.
245 Ganz entsprechend war Jesus in 4,12 von der Samariterin gefragt worden, ob er etwa größer sei „als unser Vater Jakob".

und die Propheten übersteigende Anspruch wird für jemanden erhoben, der nicht nur wie Abraham und die Propheten gestorben, sondern der gekreuzigt worden ist. Johannes versucht, Jesus mit der biblischen Tradition und ihren Gestalten zu verstehen. Zugleich ortet er ihn aber auf einer diesen überlegenen Ebene. Dazu veranlasst ihn, wie gleich auch in diesem Zusammenhang deutlich wird, das Osterzeugnis, dass Gott Jesus von den Toten auferweckt, dass er hier schon endzeitlich-neuschöpferisch gehandelt hat. Für diejenigen aber, die dieses Zeugnis nicht nachvollziehen können, birgt dieser die Tradition übersteigende Anspruch die Gefahr in sich, die Einheit und Einzigkeit Gottes zu beeinträchtigen und also Gott zu lästern. So lautet die Frage am Schluss von V.53: „Wozu machst du dich selbst?"[246]

Die Antwort, die Johannes in V.54 darauf geben lässt, zeigt, dass er an dieser entscheidenden Stelle nicht von irgendeinem großartigen und beeindruckenden Reden und Handeln Jesu her argumentiert, sondern allein von Gott, von seinem österlichen Handeln her: „Wenn ich mich selbst verherrliche, ist meine Herrlichkeit nichts." Jesus sucht ja gerade nicht die eigene Ehre, sondern geht den Weg in die größte Unehre: ans Kreuz. Auf diesem Weg kann er sich selbst gar nicht verherrlichen, sondern geht aller Ehre und Herrlichkeit radikal verlustig. Er kann sich nur ganz und gar Gott anheimgeben. Der aber sucht seinerseits seine Ehre im Kreuz Jesu: „Es ist mein Vater, der mich verherrlicht". Diese Aussage kann nur von Ostern her gemacht werden; daran hängt christliche Gewissheit. Nur der Glaube, dass in diesem Weg Jesu und gerade an seinem Ende Gott selbst zum Zuge kommt, lässt hier von „Herrlichkeit" sprechen.

Dieser in Jesus präsente Gott ist aber nicht irgendein Gott. Im Fortgang des Textes von V.54 wird er vielmehr so näher bestimmt: „Von dem ihr sagt: Unser Gott ist er." So ist auf alle Fälle festzuhalten: „Zwischen dem Gott der Juden und dem Gott Jesu besteht also kein Unterschied!"[247] Obwohl „die Juden" nur zehn Verse vorher bezichtigt worden sind, vom Teufel zu sein, den Teufel zum Vater zu haben, gilt doch, dass es derselbe Gott ist, den Jesus im Johannesevangelium seinen Vater nennt und von dem sie als ihrem Vater reden. Man wird sagen müssen, dass es gerade diese Voraussetzung desselben Gottes ist, die die Auseinandersetzung in der Situation des Evangelisten so unerbittlich scharf werden lässt[248]. Und die Schärfe der Auseinandersetz-

54

---

[246] Vgl. die in Anm. 30 zu Kap.5 angeführte Tradition über diejenigen, die sich selbst zu Gott machten. – Seltsam mutet die Auslegung BULTMANNS zu dieser Stelle an. Nachdem er im Blick auf V.52f. vom „erregten Widerspruch der Juden" gesprochen hat, meint er, dass sie den Anspruch Jesu „als den Ausdruck persönlicher Geltung (mißverstehen); sie messen ihn an sich selbst, die von unbändigem Geltungsbedürfnis erfüllt sind" (Komm. 246).

[247] BLANK, Komm. 1b,175. In der Auslegung von 8,54 durch BULTMANN (Komm. 226f.) wird der Schlusssatz des Verses überhaupt nicht erwähnt. WILCKENS behauptet das Gegenteil dessen, was dasteht: „Die Kluft zu den Juden tut sich wieder auf, indem Jesus Gott, der ihn verherrlicht, von dem abhebt, den sie ihren Gott nennen" (Komm. 152).

[248] Nach M. HENGEL erhält die Polemik des Johannes „nur deshalb solche Schärfe und Unerbittlichkeit, weil sich die jüdische Muttergemeinde und die johanneische Kirche immer noch relativ nahestehen ... Ein Streit in der eigenen Familie, der zum endgültigen Bruch hinführt, ist wohl unter

55 zung tritt ja auch sofort wieder zutage, wenn Jesus unmittelbar anschließend in V.55 fortfährt: „Und ihr habt ihn nicht erkannt; ich aber kenne ihn." Diese Schärfe zeigt sich ebenso auf der anderen Seite, wenn Rabbi Tarfon bei Gefahr einen Götzentempel betreten will, auf keinen Fall aber das Haus von Häretikern, und das damit begründet, dass Götzendiener Gott nicht kennen und ihn verleugnen, Häretiker ihn kennen und doch verleugnen[249]. Im Johannesevangelium wird „den Juden" vorgeworfen, dass „sie ihren eigenen Gott nicht (erkennen)"[250], weil sie ihn nicht in Jesus erkennen. Umgekehrt dürfte den an Jesus Glaubenden vorgeworfen worden sein, dass sie den Gott Israels verleugnen, weil sie behaupten, ihn in Jesus zu erkennen. Umstritten ist nicht die Selbigkeit Gottes, des Gottes Israels, sondern der Ort seiner Präsenz. Johannes spitzt diesen Streit um die Präsenz Gottes in Jesus zu einem scharfen Entweder-Oder über die Erkenntnis Gottes überhaupt zu. Wer die Präsenz Gottes in Jesus bestreitet, dem bestreitet er, Gott zu kennen[251].

Die Schärfe der Polemik tritt auch in der Fortsetzung der Rede Jesu in V.55 hervor: „Und wenn ich sage: Ich kenne ihn nicht, werde ich gleich euch zum Lügner." Vorher war in V.44 der Teufel als „Lügner" charakterisiert worden. Jetzt werden „die Juden" so bezeichnet. Weil sie die Präsenz Gottes in Jesus nicht wahrnehmen können, werden sie auf die Seite des Teufels gestellt. Solche Logik eines radikalen Entweder-Oder dürfte sich aus der realen Situation nähren, in der Christusbekenner als Häretiker eingeschätzt und behandelt wurden und sich ausgeschlossen erfuhren. Die Ausgeschlossenen schließen ihrerseits die Ausschließenden aus der Erkenntnis Gottes aus, indem sie diese exklusiv an die Anerkennung seiner Präsenz in Jesus binden.

Nachdem so die Möglichkeit, dass Jesus Gott etwa nicht kennen könnte, nur aufgetaucht war, um seine Gesprächspartner negativ zu qualifizieren, betont er am Schluss von V.55 noch einmal positiv: „Aber ich kenne ihn und halte sein Wort." Mit der letzten Aussage wird ein Bezug auf die Verheißung in V.51 hergestellt. Kenntnis Gottes und Halten seines Wortes gehören zusammen. Kenntnis Gottes gibt es durch sein Wort; und diese Kenntnis bewährt sich im Halten des Wortes. Indem Jesus sich als den charakterisiert, der Gottes Wort hält, macht er deutlich, dass sein Wort kein anderes ist als das Wort Gottes. Der Hinweis auf das Wort Gottes enthält zugleich die Möglichkeit, aus der den Kontext bestimmenden Logik des Entweder-Oder heraus-

---

allen Streitigkeiten am schmerzhaftesten" (Reich Christi, Reich Gottes und Weltreich im 4. Evangelium, ThBeitr 14, 1983 (201–216), 214. Vgl. auch I. BROER, Die Juden im Johannesevangelim. Ein beispielhafter und folgenreicher Konflikt, Diak. 14, 1983 (332–341), 337, und H. THYEN, „Das Heil kommt von den Juden", in: Kirche. FS Günther Bornkamm, hg. v. D. LÜHRMANN u. G. STRECKER, 1980 (163–184), 177, der herausstellt, dass der als „Unglück und Unrecht" empfundene Synagogenausschluß „nicht etwa mit der Verleugnung der eigenen Herkunft oder der Gründungslegende einer die Synagoge ablösenden ‚Kirche' quittiert (wird). So scheint es mir gerade diese enttäuschte Liebe zu sein, die den antijüdischen Passagen ihre verzweifelte Schärfe verleiht." Vgl. weiter ebd. 183.

249 Vgl. tShab 13,5 (LIEBERMAN).
250 BLANK, Komm. 1b,176.
251 Dieser Umkehrschluss ist schon in 5,37f.; 7,28f. und 8,19 begegnet.

zukommen – wenn Christen wahrnehmen, dass es Kennen und Halten des Wortes Gottes im Judentum gab und gibt.

Mit V.56 kommt Jesus auf die Gestalt Abrahams zurück. Es steht ja noch die 56 Beantwortung der Frage von V.53 aus, ob er denn größer sei als „unser Vater Abraham". Jesus antwortet so, dass er die Perspektive Abrahams einnimmt und diesen auf sich blicken lässt: „Abraham, euer Vater[252], hat darüber gejubelt, dass er meinen Tag sehen sollte. Und er hat (ihn) gesehen und sich gefreut." Nach jüdischen Traditionen hat Gott Abraham Zukünftiges gezeigt. „Er ließ ihn vier Dinge sehen: den Gehinnom, die Königreiche (= die großen Weltreiche), die Gabe der Tora und das Heiligtum"[253]. Nach einer weiteren Tradition offenbarte er ihm nach der ersten Meinung nur diese Weltzeit, nach der zweiten diese und die kommende Weltzeit[254]. Letzteres ist in V.56 vorausgesetzt, wenn es heißt, dass Abraham darüber gejubelt hat, den Tag Jesu zu sehen[255]. Dessen Zeit[256] gilt damit als die endzeitliche Heilsfülle, die Abraham prophetisch erblickt. So wird er Jesus zugeordnet. Wie sollte dieser daher nicht „größer" sein?

In V.57 kommen „die Juden" – wieder werden sie ausdrücklich benannt – zum 57 letzten Mal in diesem Abschnitt zu Wort: „Du bist noch keine fünfzig Jahre und hast Abraham gesehen?"[257] Hatte Jesus gesagt, dass Abraham ihn gesehen habe, hinterfragen seine Gesprächspartner, dass er Abraham gesehen habe. Diese Umkehrung ist kein Ausdruck von Unverständnis. Dass Abraham bis in die Gegenwart der Gesprächsteilnehmer gesehen hat, ist ja vorausgesetzte Tradition und wird nicht in Frage gestellt. Aber woher weiß Jesus, dass Abraham über das Sehen seines „Tages" gejubelt und sich gefreut hat? Das könnte er nur wissen, wenn er seinerseits Abraham

---

[252] Obwohl Jesus in V.39f. seinen Gesprächspartnern faktisch die Abrahamskindschaft abgesprochen hatte, redet er hier in aller Selbstverständlichkeit von Abraham als *„eurem* Vater"; und das geschieht in einem Satz, in dem er Abraham zu sich selbst in eine positive Beziehung setzt.

[253] BerR 44,21 (THEODOR/ALBECK S.443).

[254] Vgl. BerR 44,22 (THEODOR/ALBECK S.444f.). Weitere Texte sind zusammengestellt bei Bill. II 525f.

[255] Ihm ist damit zuteil geworden, was nach Mt 13,17/Lk 10,24 viele Propheten und Gerechte bzw. Könige zu sehen und zu hören begehrten, aber nicht erreichten.

[256] In diesem allgemeinen Sinn kann „Tag" hier verstanden sein. Es ist aber auch möglich, in diesem Tag – analog zur Bedeutung der „Stunde" im Johannesevangelium – „den Tag meiner Erhöhung, meine Verherrlichung, mich als den zum Vater Gehenden" zu erblicken (so BARTH, Johannes-Evangelium 396f.).

[257] Diese Altersangabe Jesu steht möglicherweise mit den Aussagen in 2,20f. in Zusammenhang, wo für die Bauzeit des Tempels 46 Jahre angegeben werden und dann gesagt wird, dass Jesus mit dem Tempel seinen Leib meinte. Diese Angabe im Johannesevangelium lässt sich nicht mit der in Lk 3,23 ausgleichen, nach der Jesus bei seinem Auftreten „ungefähr 30 Jahre" alt war. Mit „ungefähr dreißig Jahren" ist man gewiss auch „noch keine 50 Jahre"; aber so formuliert man nicht bei einem Dreißigjährigen. Irenäus verbindet beide Aussagen so, dass er Jesus zwar kurz vor Vollendung des dreißigsten Lebensjahres taufen lässt, sein Lehren aber in das Alter zwischen 40 und 50 verlegt. „So bezeugen es das Evangelium und alle Presbyter, die in (der Provinz) Asien noch mit Johannes, dem Schüler des Herrn, zusammengetroffen sind und dafür bürgen, daß Johannes selbst das überliefert hat" (Adversus Haereses. Gegen die Häresien II 22,5); Übersetzung von N. BROX, Fontes Christiani 8/2, 1993).

gesehen hätte. Dafür aber reicht sein Lebensalter bei weitem nicht weit genug zurück. Aus ihrer Perspektive gesehen dient die Erwähnung, dass Jesus noch keine 50 Jahre alt ist, also dazu, seinen Anspruch *ad absurdum* zu führen.

58   Johannes dient sie jedoch zur Vorbereitung dazu, in der Antwort Jesu – wieder gewichtig mit dem doppelten Amen eingeleitet – in V.58 herauszustellen, dass dieser auf einer anderen Ebene als der chronologisch ablaufender Zeit zu verstehen ist: „Eher als Abraham da war, bin ich." Johannes schreibt nicht, dass Jesus vor Abraham *war*, sondern er setzt wieder das absolute „Ich bin"[258], das das „Ich bin" Gottes aus dem Jesajabuch und auch die Selbstvorstellung Gottes gegenüber Mose aus Ex 3,14 aufnimmt. In Jesus spricht Gott selbst sein „Ich bin da", ist er präsent. Diese Aussage kann angesichts des Todes Jesu nur von Ostern her gemacht werden, dass Gott in der Auferweckung Jesu endzeitlich neue Schöpfung heraufgeführt hat und so im verkündigten Jesus weiter spricht und schafft, wie er im Anfang durch das Wort geschaffen hat. Dass Jesus so in die Dimension Gottes gehört, hatte schon der Prolog herausgestellt. In dieser Weise, die die Kategorie der fortlaufenden Zeit sprengt, ist er vor Abraham.

59   Wo aber die Voraussetzung, der Osterglaube, nicht geteilt wird, muss diese ungeheure Dichte, in der hier Gott und Jesus zusammengedacht werden, befremden, erscheint sie als gotteslästerlich. So schildert Johannes in V.59 eine handgreifliche Reaktion der bisherigen Gesprächspartner Jesu: „Da hoben sie Steine auf, um auf ihn zu werfen." Ohne dass es verbalisiert wird, ist damit ausgedrückt, dass das Reden Jesu als Gotteslästerung gilt; denn nach Lev 24,11–16 soll der Gotteslästerer gesteinigt werden[259]. Aber auch hier stellt Johannes Jesus als den Überlegenen dar: „Jesus aber verbarg sich und ging aus dem Heiligtum"[260]. Die Begründung dafür dürfte Johannes in dem sehen, was er schon zweimal angeführt hat: „… weil seine Stunde noch nicht gekommen war" (7,30; 8,20). Hatte er schon das letzte Wort, so beschließt er die Szene auch durch seine Tat. Damit ist diese quälende Diskussion beendet.

3. Die Heilung eines Blindgeborenen (9,1–10,21)

1 Und im Vorübergehen erblickte er einen von Geburt an Blinden. 2 Da fragten ihn seine Schüler: Rabbi, wer hat gesündigt, er oder seine Eltern, so dass er blind geboren wurde? 3 Jesus antwortete: Weder er hat gesündigt noch seine Eltern, sondern die Werke Gottes sollten an ihm offenbar gemacht wer-

---

[258] Vgl. 6,20; 8,24.28.
[259] Mit diesem Erzählzug wird zugleich die vorher unterstellte Tötungsabsicht bestätigt.
[260] Dass hiermit die Entfernung der göttlichen Gegenwart, der *sch'chináh*, aus dem Tempel geschildert werden solle (so z.B. BARRETT, Komm. 356, in Aufnahme von Vorgängern), ist abwegig. Dagegen spricht schon, dass sich Jesus nach dem Johannesevangelium noch öfter im Tempel aufhalten wird.

den. 4 Die Werke dessen, der mich geschickt hat, müssen wir wirken, solange es Tag ist. Es kommt die Nacht, da niemand wirken kann. 5 Wann immer ich in der Welt bin, bin ich das Licht der Welt. 6 Als er das gesagt hatte, spuckte er zur Erde, machte aus der Spucke Schlamm, bestrich mit dem Schlamm seine Augen 7 und sprach zu ihm: Auf, wasch dich im Teich Schiloach! Das wird übersetzt mit „Gesandter". Da ging er weg, wusch sich und kam sehend zurück.

8 Da sagten die Nachbarn und die ihn vorher als Bettler gesehen hatten: Ist das nicht der, der dasaß und bettelte? 9 Einige sagten: Das ist er. Andere sagten: Nein, er ist ihm nur ähnlich. Jener sagte: Ich bin's. 10 Da sagten sie ihm: Wie sind dir denn die Augen geöffnet worden? 11 Jener antwortete: Der Mensch, der Jesus heißt, machte Schlamm, bestrich damit meine Augen und sprach zu mir: Auf zum Schiloach und wasch dich! Nachdem ich also hingegangen war und mich gewaschen hatte, konnte ich sehen. 12 Da sprachen sie zu ihm: Wo ist jener? Er sagte: Ich weiß es nicht.

13 Sie brachten ihn zu den (leitenden) Pharisäern, den ehemals Blinden. 14 Es war aber Sabbat an dem Tag, als Jesus den Schlamm gemacht und ihm die Augen geöffnet hatte. 15 Da fragten ihn abermals auch die(se) Pharisäer, wie er sehend geworden wäre. Er aber sprach zu ihnen: Schlamm hat er mir auf die Augen gelegt, und ich habe mich gewaschen und sehe. 16 Da sagten einige von d(ies)en Pharisäern: Nicht von Gott ist dieser Mensch, da er den Sabbat nicht hält. Andere sagten: Wie kann ein sündiger Mensch solche Zeichen tun? Und es gab eine Spaltung unter ihnen. 17 Da sagten sie wiederum zu dem Blinden: Was sagst du über ihn, dass er dir die Augen geöffnet hat? Er aber sprach: Ein Prophet ist er.

18 Da glaubten die(se führenden) Juden nicht von ihm, dass er blind gewesen und sehend geworden war, bis sie die Eltern des Sehendgewordenen herbeirufen ließen 19 und sie befragten: Das hier ist euer Sohn, von dem ihr sagt, er sei blind geboren? Wieso denn sieht er jetzt? 20 Da antworteten seine Eltern und sprachen: Wir wissen, dass das unser Sohn ist und dass er blind geboren wurde. 21 Wieso er aber jetzt sieht, wissen wir nicht; oder wer ihm die Augen geöffnet hat, wissen wir jedenfalls nicht. Fragt ihn selbst! Er hat das entsprechende Alter. Er soll für sich selbst reden. 22 Das aber sprachen seine Eltern, weil sie die(se führenden) Juden fürchteten. Denn schon hatten die(se) Juden untereinander beschlossen, dass – wer immer ihn als Gesalbten bekenne – aus der Synagoge ausgeschlossen würde. 23 Deshalb sprachen seine Eltern: Er hat das entsprechende Alter; fragt ihn selbst!

24 Da ließen sie den Menschen, der blind gewesen war, zum zweiten Mal herbeirufen und sprachen zu ihm: Gib Gott die Ehre! Wir wissen, dass dieser Mensch ein Sünder ist. 25 Da antwortete jener: Ob er ein Sünder ist, weiß ich nicht. Eins weiß ich, dass ich, der ich doch blind war, jetzt sehe. 26 Da sprachen sie zu ihm: Was hat er mit dir gemacht? Wie hat er dir die Augen geöffnet? 27 Er antwortete ihnen: Ich habe es euch schon gesagt, und ihr habt nicht darauf gehört. Was wollt ihr's nochmal hören? Wollt etwa auch ihr seine Schüler werden? 28 Da beschimpften sie ihn und sprachen: Du bist ein Schüler von jenem; wir aber sind Moses Schüler. 29 Dass mit Mose Gott geredet hat, wissen wir. Von diesem aber wissen wir nicht, woher er ist. 30 Der Mensch antwortete und sprach zu ihnen: Darin besteht ja das Erstaunliche, dass ihr nicht wisst, woher er ist, und er mir die Augen geöffnet hat. 31 Wir wissen, dass Gott auf Sünder nicht hört. Vielmehr, wenn jemand gottesfürchtig

ist und seinen Willen tut, auf den hört er. 32 Von Urzeit an ist nicht gehört worden, dass jemand einem Blindgeborenen die Augen geöffnet hat. 33 Wenn dieser nicht von Gott wäre, könnte er gar nichts tun. 34 Sie antworteten und sprachen zu ihm: Du bist ganz und gar in Sünden geboren und willst uns belehren? Und sie stießen ihn aus.

35 Jesus hörte, dass sie ihn ausgestoßen hatten; und als er ihn gefunden hatte, sprach er: Glaubst du an den Menschensohn? 36 Jener antwortete und sprach: Und wer ist es, (mein) Herr, damit ich an ihn glaube? 37 Jesus sprach zu ihm: Du hast ihn doch gesehen; der mit dir redet, der ist es. 38 Er aber sagte: Ich glaube, Herr. Und er fiel vor ihm nieder.

39 Da sprach Jesus: Zum Gericht bin ich in diese Welt gekommen, damit die Nichtsehenden sehen und die Sehenden blind werden. 40 Das hörten welche von den Pharisäern, die bei ihm waren, und sprachen zu ihm: Sind etwa auch wir blind? 41 Jesus sprach zu ihnen: Wenn ihr blind wärt, hättet ihr keine Sünde. Jetzt aber sagt ihr: Wir sehen. Da bleibt eure Sünde. 10,1 Amen, amen, ich sage euch: Wer nicht durch die Tür in die Schafhürde hineingeht, sondern von anderswo einsteigt, der ist ein Dieb und Räuber. 2 Wer durch die Tür hineingeht, ist der Hirte der Schafe. 3 Dem öffnet der Türhüter, und die Schafe hören auf seine Stimme. Seine Schafe ruft er Name um Name und führt sie heraus. 4 Wenn er die Seinen alle hinausgebracht hat, geht er vor ihnen her, und die Schafe folgen ihm, da sie seine Stimme kennen. 5 Einem Fremden aber werden sie gewiss nicht folgen, sondern vor ihm fliehen, da sie die Stimme der Fremden nicht kennen. 6 Diese Gleichnisrede sprach Jesus zu ihnen. Sie aber erkannten nicht, was es war, das er zu ihnen redete. 7 Da sprach Jesus wiederum: Amen, amen, ich sage euch: Ich bin die Tür zu den Schafen. 8 Alle, die vor mir kamen, sind Diebe und Räuber. Aber die Schafe haben nicht auf sie gehört. 9 Ich bin die Tür. Wer durch mich hineingeht, wird gerettet werden und ein und aus gehen und Weide finden. 10 Der Dieb kommt nur, auf dass er stehle, schlachte und zugrunderichte. Ich bin gekommen, auf dass sie Leben haben und Überfluss haben. 11 Ich bin der gute Hirte. Der gute Hirte setzt sein Leben für die Schafe ein. 12 Der Lohnknecht, der ja kein Hirte ist und dem die Schafe nicht zu eigen sind, sieht den Wolf kommen, lässt die Schafe und flieht; und der Wolf raubt und zerstreut sie. 13 Denn wer Lohnknecht ist, dem liegt nichts an den Schafen. 14 Ich bin der gute Hirte; und ich kenne die Meinen, und die Meinen kennen mich, 15 wie mich der Vater kennt und ich den Vater kenne. Ja, mein Leben setze ich für die Schafe ein. 16 Auch andere Schafe habe ich, die nicht aus dieser Hürde sind. Auch die muss ich führen, und sie werden auf meine Stimme hören; und es wird *eine* Herde sein, *ein* Hirte. 17 Deswegen liebt mich der Vater, weil ich mein Leben einsetze, auf dass ich es wieder erhalte. 18 Niemand nimmt es mir weg, sondern ich setze es von mir aus ein. Befugnis habe ich, es einzusetzen; und Befugnis habe ich, es wieder zu erhalten. Dieses Gebot habe ich von meinem Vater erhalten. 19 Wiederum gab es eine Spaltung unter den (führenden) Juden um dieser Worte willen. 20 Viele von ihnen sagten: Er ist besessen und von Sinnen. Was hört ihr auf ihn? 21 Andere sagten: Das sind nicht Worte eines Besessenen. Kann denn ein Dämon Blinden die Augen öffnen?

Mit dem Steinigungsversuch in 8,59 und dem Herausgehen Jesu aus dem Tempel hat der in 8,12 begonnene Zusammenhang seinen Abschluss gefunden. Mit 9,1 wird ein

neuer eröffnet, der zeitlich unmittelbar anschließt und örtlich außerhalb des Tempel-
bereichs in Jerusalem spielt[261]. Den Ausgangspunkt für diesen neuen großen Zusammenhang und zugleich dessen erste Szene bildet die Begegnung Jesu mit einem
Blindgeborenen, den er heilt (V.1–7). In der zweiten Szene reagieren Außenstehende
auf den Geheilten, diskutieren über seine Identität und befragen ihn über die Heilung.
Damit wird zugleich bestätigt, dass sie tatsächlich eingetreten ist (V.8–12). Dass sie
am Sabbat erfolgte, wie nun bemerkt wird, begründet es, dass in der dritten Szene der
Geheilte vor die Behörde – als „die Pharisäer" bezeichnet – gebracht wird, die ihn
vernimmt (V.13–17). In der vierten Szene bezweifelt es die Behörde – jetzt sind es
wieder „die Juden" –, dass es sich tatsächlich um einen ehemals Blinden handelt, und
vernimmt deshalb dessen Eltern (V.18–23). Als das, aus Sicht der Behörde, zu keinem Erfolg führt, wird der Geheilte in der fünften Szene erneut vernommen und aufgrund seines renitenten Verhaltens ausgestoßen (V.24–34). In der sechsten Szene
trifft Jesus den gerade Ausgestoßenen; es kommt zu dessen Bekenntnis zu Jesus als
dem Menschensohn (V.35–38). Das darauf bezogene Wort Jesu führt in der siebten
und letzten Szene zur direkten Konfrontation Jesu mit „welchen von den Pharisäern".
Diese Konfrontation gab es bisher in diesem Kapitel nur indirekt in der Person des
Geheilten, der gegenüber der Behörde beharrlich bei dem geblieben war, was Jesus
an ihm getan hatte. Was Jesus gegenüber seinen jetzigen Gesprächspartnern anführt,
ist mit der Aussage in V.41 nicht abgeschlossen, sondern wird in 10,1–18 breit entfaltet. Die spätere Kapiteleinteilung suggeriert mit dem Beginn von Kap.10 einen
Neuanfang, der nicht gegeben ist. Die in 9,41 begonnene Rede Jesu wird ja in 10,1
unmittelbar fortgesetzt. Der jetzt gebrauchte Bildbereich ist zwar ein anderer, aber
die vorgestellte Szene bleibt dieselbe, und die Angeredeten bleiben dieselben. Die
Rede Jesu wird in V.6 durch eine Zwischenbemerkung des Evangelisten, die die negative Zielangabe des Wirkens Jesu am Schluss von V.39 bestätigt, unterbrochen und
in V.7 neu aufgenommen. In V.19–21 wird diese Szene und zugleich auch der Gesamtzusammenhang von 9,1 an beschlossen. Die Feststellung, dass es „wiederum
eine Spaltung" – jetzt wieder „unter den Juden" – gab, weist auf 9,16 zurück; und das
Votum der zweiten Gruppe in V.21 bezieht sich ausdrücklich auf die zu Anfang erzählte Blindenheilung. Zwischen 10,21 und 10,22 liegt ein deutlicher Einschnitt vor.
Denn in V.22f. begegnet einmal mit Chanukka eine neue Zeitangabe, und es wird

---

261 Die Szenenfolge in Kap.9 ist spannend gestaltet. Die Transparenz auf die Situation der Gemeinde
des Evangelisten ist hier besonders deutlich. J. L. MARTYN hat in seinem wichtigen Buch (History
and Theology in the Fourth Gospel, ²1979) vor allem an diesem Kapitel zu zeigen versucht, dass
hier ein synchrones Geschehen auf zwei Ebenen zur Darstellung kommt: einmal die erzählte
Geschichte, die in der Zeit Jesu spielt, und gleichsam auf einer Bühne darüber die Auseinandersetzungen zwischen an Jesus glaubenden und nicht an Jesus glaubenden Juden im jüdischen
Viertel der Stadt, in der der Evangelist und seine Gemeinde lebten.

zum anderen auch der Ort gewechselt, indem jetzt Jesus an einer bestimmten Stelle des Tempels vorgestellt ist[262].

a) Das Gespräch über einen Blindgeborenen und dessen Heilung (9,1–7)

An die Begegnung Jesu mit einem von Geburt an Blinden (V.1) schließt sich zunächst eine Frage seiner Schüler an (V.2), auf die Jesus antwortet (V.3–5). Danach wird die Handlung erzählt, die zur Heilung führt, und deren Erfolg festgestellt (V.6f.).

1   Das jetzt erzählte Geschehen schließt unmittelbar an das vorangehende an. Nach 8,59 hatte sich Jesus einer ihm drohenden Steinigung entzogen, indem er sich verbarg und aus dem Bereich des Tempels hinausging; „und im Vorübergehen erblickte er einen von Geburt an Blinden" (V.1). Woran es denn zu erkennen gewesen sei, dass sich der Blinde von Geburt an in dieser Situation befand, ist keine Frage von Interesse. Es genügt, dass Johannes hiermit seiner Leser- und Hörerschaft diese Information gibt und sie bei den in der Erzählung Beteiligten als bekannt voraussetzt. Dass mit der Angabe „von Geburt an" die Schwere des Falles und damit die Schwierigkeit der Heilung unterstrichen werden solle, wird zumindest nicht ausdrücklich

2   gemacht. Sie bildet den Anknüpfungspunkt für eine Frage der Schüler (V.2). Mit ihr wird – im Zusammenhang mit der Erwähnung von Blindheit – für die Leser- und Hörerschaft ein bedeutungsvolles Signal gegeben, das auf die grundlegende Auseinandersetzung in ihrer eigenen Zeit verweist[263]. Jesu Schüler waren innerhalb der Erzählung zuletzt in Kap.6 aufgetreten (V.60–71) und danach noch von anderen als seine Begleiter in 7,3 genannt worden. Dass sie jetzt ganz selbstverständlich das Wort ergreifen, zeigt, dass Johannes ihre Anwesenheit bei Jesus als eine ständige voraussetzt. Sind Jesus und seine Schüler ausnahmsweise nicht zusammen, wird das ausdrücklich erwähnt (6,15.22). Angesichts des von Geburt an Blinden fragen die Schüler Jesus: „Rabbi, wer hat gesündigt, er oder seine Eltern, so dass er blind geboren wurde?"

---

262 Vgl. SCHENKE, Komm. 179: „Unbeschadet einer weiteren Untergliederung hat der Autor den gesamten Textkomplex (9,1–10,21) als Einheit konzipiert. Es finden sich keinerlei trennende Szenenangaben. Vielmehr herrscht Einheit von Szene, Zeit und Personen." Vor allem ist in diesem Zusammenhang hinzuweisen auf BEATE KOWALSKI: Die Hirtenrede (Joh 10,1–18) im Kontext des Johannesevangeliums, SBB 31, Stuttgart 1996. Sie legt die formale und inhaltliche Verbindung der Kapitel 9 und 10 überzeugend dar und lässt den Abschnitt 9,1–10,21 als eine bewusst gestaltete Einheit erkennen (180–194).

263 Die Eröffnung dieser Leseperspektive verdanke ich der Arbeit von KRIENER, Glauben, auf die im Folgenden noch öfter hingewiesen werden wird.

Bis in neueste Kommentare hinein finden hier Ausleger **„das jüdische Vergeltungs-dogma"**, das dann in V.3 von Jesus zurückgewiesen werde[264]. Ich halte das für eine vulgär-christliche Auslegung, die weder den jüdischen Texten noch dem Text des Johannesevange-liums gerecht wird. Dass der Tun-Ergehen-Zusammenhang nicht als „Vergeltungsdogma" diffamiert und nicht mit seiner Verkehrung, wie etwa Hiobs Freunde sie üben, als erledigt betrachtet werden darf, ist oben zu 5,14 ausgeführt worden und braucht hier nicht wiederholt zu werden. Gegen das auf Joh 9,1f. bezogene Bild vom „jüdischen Vergeltungsglauben" zitiere ich eine Stelle aus dem Jerusalemer Talmud, die SCHLATTER anführt, aber nicht recht auswertet[265]. In jBer 9,1 (63b; Krotoschin 13b) heißt es: „Wer einen Schwarzen, einen Roten, einen Weißen, einen Ungestalteten oder einen Gedrungenen sieht, spricht: ‚Gesegnet der, welcher die Geschöpfe unterschiedlich macht!' Wer einen Amputierten, Blinden oder mit Aussatz Geschlagenen sieht, spricht: ‚Gesegnet der Richter der Wahrheit!' Die Mischna meint den Fall, dass sie ganz waren und verändert wurden. Wenn es aber von Mutterleib an so war, spricht man: ‚Gesegnet der, welcher die Geschöpfe unterschiedlich macht!'"[266] Wie Menschen „von Mutterleib an" sind, wird also nicht durch irgendwelche Verfehlungen und Gottes strafendes Handeln „erklärt", sondern in seinem souveränen Schöpferwirken begrün-det. Nach SCHLATTER wird mit der Benediktion: „Gesegnet der Richter der Wahrheit!" „die Verstümmelung des Menschen als von Gott verhängte Strafe gedeutet"[267]. Das ist nicht ausgeschlossen. Man wird jedoch viel vorsichtiger sagen müssen: Mit ihr wird auch die Erfahrung von Bösem mit Gott in Zusammenhang gebracht. Der Verwendungsbereich dieser Benediktion ist wesentlich breiter. Nach mBer 9,2 wird sie auf das Hören schlechter Nachrichten hin gesprochen. Bei ihr und verwandten Aussagen geht es darum, „das Lob Gottes über der Erfahrung von Bösem nicht verstummen zu lassen"[268]. Im Midrasch Hiob 24 zu Hiob 4,4 wird erwartet, dass Gott in der kommenden Weltzeit körperliche Behinderungen aufheben wird. Es heißt dort von Hiob: „Wenn ein Hinkender zu ihm kam, pflegte er zu sagen: So wird der Heilige, gesegnet er, sich an dir verherrlichen; denn es ist gesagt: ‚Springen wie der Hirsch wird der Lahme' (Jes 35,6). Und wenn ein Blinder zu ihm kam, pflegte er zu sagen: Der Heilige, gesegnet er, wird sich an dir verherrlichen; denn es ist ge-sagt: ‚Dann werden den Blinden die Augen geöffnet' (Jes 35,5)"[269].

Aber gibt es nicht doch auch Texte, die die Rede von „jüdischer Vergeltungslehre" begründen können? Die Kommentare berufen sich auf das von BILLERBECK zu Joh 9,2 be-reitgestellte Material (Bill. II 527–529). Nach ihm „gibt es einige Stellen, aus denen klar erhellt, daß die rabbin(ischen) Gelehrten ein Sündigen des Kindes im Mutterleib durchaus für möglich gehalten haben" (528). Allerdings können die beigebrachten Belege diese These nicht tragen. In BerR 63,6 (THEODOR/ALBECK S.682f.)[270] wird die Aussage von Gen 25,22,

---

[264] SCHENKE, Komm. 183. Kurz vorher hatte er gemeint: „Die Schwere der Krankheit wirft nach jüdischer Vergeltungslehre die Frage nach Art und Schwere der zugrundeliegenden Sünde auf." Dass HIRSCH hier den „Kampf gegen den jüdischen Vergeltungsglauben" geführt sieht, der „einen furchtbaren Gott (freilich eher einen Dämon als einen Gott)" zeige (Evangelium 237; vgl. 235f.), verwundert nicht weiter. Aber auch BULTMANN spricht von der „Absurdität der jüdischen Anschauung" (Komm. 251). WILCKENS behauptet: „Ist doch nach jüdischer Meinung jede (!) Krankheit die Folge einer Sünde" (Komm. 156).

[265] Johannes 222. Von BULTMANN, Komm. 251 Anm. 2, wird dieser Hinweis SCHLATTERS völlig falsch aufgenommen.

[266] Ohne den dritten Teil findet sich eine Parallele in tBer 6,3 (LIEBERMAN). Eine Sachparallele zum Ganzen steht bBer 58b. Danach ist die Benediktion: „Gesegnet der, welcher die Geschöpfe unter-schiedlich macht!" auch zu sprechen, wenn man „einen Elefanten, einen Affen oder eine Meer-katze (? Eule?)" sieht.

[267] Johannes 222.

[268] LENHARDT/OSTEN-SACKEN, Akiva 35; vgl. 34f.

[269] Batej Midraschot 2 (WERTHEIMER S.168); vgl. TanB Wajischlach 8 (84a)

[270] Parallelen an weiteren Stellen.

dass Esau und Jakob im Mutterleib einander stießen, unterschiedlich interpretiert. Das Gegeneinander von Esau und Jakob sowie der Kampf „Esaus" gegen „Jakob" werden hier schon präformiert gesehen. Entsprechend heißt es schließlich: „Wenn sie (Rebekka) an Götzendienst-Häusern vorbeigeht, zappelt Esau, um herauszukommen; das meint, was geschrieben ist: ‚Abgewichen sind die Frevler vom Mutterschoß an' usw. (Ps 58,4); wenn sie an Synagogen und Lehrhäusern vorbeigeht, zappelt Jakob, um herauszukommen; das meint, was geschrieben ist: ‚Bevor ich dich im Bauch gebildet habe, erkannte ich dich' usw. (Jer 1,5)." Im Blick auf das Folgende sei als bemerkenswert festgehalten, dass es hier um die Alternative der Verehrung Gottes oder des Dienstes gegenüber Götzen geht[271]. Eine Theorie über vorgeburtliches „Sündigen" und späteres „Bestraftwerden" wird hier nirgends gewonnen.

Im zweiten Fall ist sich BILLERBECK sehr sicher: „Ganz geläufig aber ist den altjüdischen Gelehrten die andre Vorstellung gewesen, daß körperliche Gebrechen der Kinder auf Versündigungen der Eltern zurückzuführen seien" (529). Zu dieser allgemein gehaltenen Aussage stehen die angeführten „Belege" in einem krassen Missverhältnis. An den entsprechenden Stellen geht es um Umstände und Art der Ausübungen des Geschlechtsverkehrs. Dabei werden Behauptungen aufgestellt, dass bestimmte Umstände und Praktiken bei den so gezeugten Kindern Schädigungen hervorriefen. In bPes 112b gilt als Baraita, dass epileptische Kinder bekommt, wer den Geschlechtsverkehr beim Licht der Lampe vollzieht. Ähnliches – und noch mehr, als BILLERBECK zitiert – steht bGit 70a. Am ausführlichsten wird in dieser Hinsicht die Meinung des Rabbi Jochanan ben Dahavaj wiedergegeben (bNed 20a), der auch Blindheit entsprechend „erklärt". Das Gewicht liegt nicht auf solchen „Erklärungen", sondern es geht um Mahnungen hinsichtlich des Geschlechtsverkehrs. In bNed 20b wird ausdrücklich als Meinung „der Weisen" festgehalten – von BILLERBECK ebenfalls zitiert –, dass „die Halacha nicht gemäß Jochanan ben Dahavaj" ist, sondern dass Umstände und Praktiken des Geschlechtsverkehrs freigestellt sind[272].

Zum Verstehen der Frage der Schüler geht es also nicht an, auf „bekannte jüdische Anschauungen", nämlich die „Sphäre des jüdischen Vergeltungsglaubens, der Krankheit auf Sünde zurückführt"[273], zu verweisen. Allerdings gibt es in der hebräischen Bibel den Fall, dass Nachkommen die Verfehlungen der Vorfahren zu tragen haben. Doch betrifft er nur ein einziges Vergehen, nämlich den Götzendienst[274]. So findet sich die Nachkommensanktion im Dekalog beim zweiten Gebot (Ex 20,4f.; Dtn 5,8f.). KRIENER hat alle Stellen des hebräischen und griechischen Kanons, die die Nachkommensanktion enthalten und sich mit ihr auseinandersetzen, untersucht mit dem Ergebnis, dass – wenn benannt – der Götzendienst im Blick ist und mit Verlust des Landes sanktioniert wird und dass dieses Thema „für Leser und Hörer der

---

[271]　Das ist auch der Fall in der von BILLERBECK auf S.529 genannten und auf S.535f. gebrachten Tradition, wo allerdings von einem aktiven Handeln des Kindes im Mutterleib gar nicht die Rede ist; es wird "mitgenommen", wenn die Mutter in einen heidnischen Tempel geht.

[272]　Von daher mutet es seltsam an, wenn SCHNACKENBURG in Bezug hierauf von „Mahnungen für ein sauberes Eheleben" spricht (Komm. 2,305 Anm. 4).

[273]　BULTMANN, Komm. 251.182.

[274]　„Das einzige Vergehen in der Tora, das mit einer generationenübergreifenden Sanktion bedroht wird, ist Götzendienst" (KRIENER, Glauben 38).

kanonischen biblischen Schriften kein marginales …, sondern deutlich im Bewußtsein war, ganz gleich, wie sie sich dann dazu stellen mochten"[275].

KRIENER hat das Thema in der außerkanonischen jüdischen Literatur weiter verfolgt und ist dabei besonders in rabbinischen Schriften fündig geworden. „Wenn die Möglichkeit einer Sanktionierung von Vergehen von Vorfahren an deren Nachkommen überhaupt erwogen wird, dann im Fall von Fremdkult"[276]. Allerdings: „Kennzeichnend für das ‚geistige Milieu' der rabbinischen Literatur ist die Aufhebung der Nachkommensanktion", was darin motiviert ist, „daß ein bestimmter Zug der Gottesvorstellung stark gemacht werden soll …: Charakteristisch für Israels Gott ist seine weit überwiegende Gnade und Barmherzigkeit; er ist kein nachtragender, rachsüchtiger Despot"[277].

In der Frage der Schüler, ob der Blindgeborene selbst gesündigt hat, kann mitschwingen, ob er einer wie Esau sei, der schon im Mutterleib auf Götzendienst aus war; und in der Frage, ob seine Eltern gesündigt haben, klingt das Thema von der generationenübergreifenden Sanktion im Falle von Götzendienst an. Nimmt man hinzu, dass in der biblisch-jüdischen Tradition Blindheit Metapher für Götzendienst sein kann[278], wird der Leser- und Hörerschaft durch V.2 ein Signal auf Götzendienst hin gegeben. Die Erzählung bekommt damit von vornherein eine weitere Dimension: Der Blinde, dem durch Jesu Handeln die Augen geöffnet werden und der sich als sehend Gewordener zu Jesus bekennt und gerade dadurch „sehend" ist, kann damit nicht als Götzendiener angesehen werden. Johannes vergewissert so seine Leser- und Hörerschaft, dass ihr Bekenntnis zu Jesus nicht Götzendienst ist, sondern Ausdruck des Bekenntnisses zum Gott Israels.

Auf die Frage seiner Schüler antwortete Jesus in V.3: „Weder er hat gesündigt 3 noch seine Eltern, sondern die Werke Gottes sollten an ihm offenbar gemacht werden." Auf der erzählten Ebene stehen beide Satzhälften in derselben Spannung zueinander wie die oben im Exkurs zitierten rabbinischen Texte, von denen der eine angesichts von Geburt an Behinderter zu sagen gebietet: „Gesegnet der, welcher die Geschöpfe unterschiedlich macht!" und der andere in Aufnahme von Jes 35,5f. die endzeitliche Behebung von Behinderungen verheißt. Wenn bei dem von Geburt an Blinden menschliches Verschulden ausgeschlossen wird, muss der Schöpfer als verantwortlich angesehen werden. Aber die vorgefundene Blindheit gilt nicht als sein letztes Wort. An diesem Blinden sollen „die Werke Gottes" offenbar gemacht werden. Was biblisch-rabbinisch für die Endzeit erwartet wird, geschieht in diesem Fall durch Gottes Handeln in Jesus schon jetzt. Hier zu räsonnieren: „Daß die Leser diese Erklärung als grausam empfinden könnten (ein Mensch muß viele Jahre die Not der

---

[275] Glauben 38–61, das Zitat auf S.60.
[276] Glauben 97.
[277] Glauben 96. Vgl. die Besprechung der rabbinischen Texte S.71–97; das Ergebnis auf S.96f. sowie die Folgerungen für Joh 9,2f. auf S.97f.
[278] Vgl. KRIENER, Glauben 99–118.

Blindheit ertragen, damit einmal seine Heilung die Macht Gottes zeigen wird), ist dem Erzähler ebensowenig in den Sinn gekommen wie in 11,4"[279], ist angesichts erfahrener Wirklichkeit und ihrer erhofften Veränderung unnütz. Auch auf der metaphorischen Ebene wird allein darauf abgehoben, „was Gott tut, um die Blindheit als äußere Form der fehlenden Gotteserkenntnis zu beheben"[280].

4   Die Fortführung der Rede Jesu in V.4 nimmt „die Werke Gottes", die gerade erwähnt wurden, auf als „die Werke dessen, der mich geschickt hat". Diese Werke, die Jesus auf seinem Weg tut, sind zusammengefasst in seiner Sendung als ganzer, die sich am Kreuz vollendet[281]. Von ihnen sagt er jetzt, dass „wir (sie) tun müssen". Der auffällige Plural „wir"[282] bezieht die Schüler Jesu in sein Wirken mit ein. Damit scheint zugleich die Zeit auf, in der er nicht mehr leibhaftig unter ihnen ist. Sie sind es, die seine Sendung fortsetzen (20,21). „So wird das Wort auch zu einem Appell an die Jünger, angesichts von Leid und Not der Menschen und trotz Feindschaft und Verfolgung, die sie selbst zu erwarten haben, das ihnen jeweils aufgetragene Werk Gottes zu tun"[283]. Sie können und sollen wirken, „solange es Tag ist". Den unmittelbaren Hintergrund bildet hier der Tag als Arbeitszeit, der mit seiner natürlichen Helligkeit die Voraussetzung zum Arbeiten bietet. Der „Tag" hat dann auch metaphorisch die Bedeutung der Lebenszeit, die es in ihren Möglichkeiten auszuschöpfen gilt, wie das in dem Spruch Rabbi Tarfons der Fall ist: „Der Tag ist kurz und die Arbeit viel; die Arbeiter sind träge, der Lohn ist viel, und der Hausherr drängt"[284].

„Es kommt die Nacht, da niemand wirken kann." Auch hier ist unmittelbarer Hintergrund, dass die Nacht aufgrund des fehlenden Lichtes arbeitsfreie Zeit war[285]. Wie der Tag für die Lebenszeit stehen kann, so die Nacht für den Tod. Der Hinweis auf die Nacht wird damit zur Mahnung, die gegebene Zeit auch zu nutzen.

5   Von V.5 her wird deutlich, dass im Zusammenhang des Abschnitts bei der Rede von „Tag" und „Nacht" noch eine weitere Dimension mitschwingt. Als „Licht der Welt" (8,12) eröffnet Jesus denen, die in der Nacht des Götzendienstes befangen sind, die Möglichkeit, „die Werke Gottes" zu wirken und also rechten Gottesdienst zu üben. So heißt es in V.5: „Wann immer ich in der Welt bin, bin ich das Licht der Welt." Im Unterschied zu V.4 wird jetzt nicht formuliert „solange", sondern „wann

---

279 So HAENCHEN, Komm. 377.
280 KRIENER, Glauben 123 Anm. 247.
281 Vgl. zu 5,36.
282 Die vom Vaticanus und einigen anderen Handschriften gebotene Differenzierung zwischen „*wir* müssen wirken" und „der *mich* geschickt hat" dürfte gegenüber den jeweiligen Angleichungen der ursprüngliche Text sein.
283 SCHNACKENBURG, Komm. 2,306; vgl. 307.
284 mAv 2,15; vgl. auch die Maxime des Rabbi Schim'on ben Elasar: „Wirke, solange du Gelegenheit und Mittel hast und es noch in deiner Macht steht" (bShab 151b). Beide Texte bei Bill. II 529.
285 Dass es jedoch auch in der Antike im Bereich des Handwerks schon Nachtarbeit gab, zeigt im Neuen Testament 1Thess 2,9. Aber vor allem in der Landarbeit war die Arbeitszeit durch das Tageslicht begrenzt.

immer"[286]. In seiner Funktion als „Licht der Welt", als derjenige, der seinen Schülern Helligkeit zur Nachfolge gibt, ist Jesus nicht auf die Zeit seiner leiblichen Anwesenheit beschränkt. Gerade jenseits dieser Zeit sollen seine Schüler ja wirken können. Das werden eindrucksvoll die Abschiedsreden zeigen. In V.5 ist die Gegenwart Jesu im Geist nach Ostern im Blick. Es geht um das Wirken der Seinen im Lichte seines Wirkens. V.5 ist vor allem Verheißung für sie, dass Jesus ihrem Leben Helligkeit verschafft, in der sie sehen, was in seiner Nachfolge zu tun ist und was getan werden kann.

Auf der Ebene der Darstellung handelt Jesus in V.6 selbst. „Die Werke Gottes" zu 6 wirken, ist ja zuerst und vor allem Inhalt seiner Sendung; und deren Zeit ist ebenfalls begrenzt. So schreitet er nach der Antwort auf die Frage der Schüler sofort zur Tat. „Als er das gesagt hatte, spuckte er zur Erde, machte aus der Spucke Schlamm und bestrich mit dem Schlamm seine Augen." Diese Szene zeigt eine gewisse Ähnlichkeit mit der Mk 8,22–26 erzählten Blindenheilung. Dort spuckt Jesus dem Blinden auf die Augen und legt ihm die Hände auf. Demgegenüber erbringt er hier mit dem Zubereiten des Schlammes und dessen Aufstreichen auf die Augen eine größere „Arbeitsleistung". Das könnte deshalb so erzählt werden, um den dann in V.16 konstatierten Sabbatbruch evidenter zu machen. Denn nach mShab 7,2 gehört das Kneten von Teig zu den 39 am Sabbat verbotenen Hauptarbeiten.

Aus einer Reihe von Stellen der rabbinischen Tradition geht hervor, daß dem **Speichel** – besonders dem eines Nüchternen – **heilende Kraft** gegen Augenleiden zugeschrieben wird (vgl. z.B. jShab 14,4 [76a; Krotoschin 14d] und WaR 9,9 [MARGULIES S.191–193]). Auch nach Plinius sind triefende Augen durch morgendliches Einreiben mit Speichel eines Nüchternen zu behandeln (Naturkunde XXVIII 7 [37]). Bei Petronius hilft mit Spucke vermischter Staub bei einer akuten Potenzstörung (Satyrica 131,4–7). Tacitus berichtet von einer Blindenheilung mit Spucke durch den gerade Kaiser gewordenen Vespasian. In Alexandria habe ihn einer, der sein Augenlicht verloren hatte, auf Eingebung des Gottes Serapis hin gebeten, „ihm Wangen und Augenlider mit dem Speichel seines Mundes zu bestreichen. Ein anderer, der ein Leiden an der Hand hatte, bat auf Geheiß des gleichen Gottes den Fürsten, sie mit seiner Fußsohle zu berühren." Vespasian zögert. „Schließlich verlangte er ein ärztliches Gutachten, ob denn eine solche Erblindung, eine derartige Gebrechlichkeit der Hand durch menschliche Hilfe heilbar seien." Das fällt nicht ganz eindeutig aus; „das Augenlicht (sei) nicht eigentlich erloschen", „die Gliedmaßen (seien) wie verrenkt". „Vielleicht liege den Göttern an der Sache, und vielleicht sei er, der Fürst, als Werkzeug der Gottheit ausersehen." Vespasian wagt die Sache, und sie klappt[287]. Auf einer „wahrscheinlich aus dem Asklepiostempel auf der Tiberinsel in Rom" stammenden Marmortafel „aus der Zeit nach

---

[286] Eigenartigerweise wird in den Kommentaren fast durchgängig auch in V.5 mit „solange" übersetzt. BAUER, der ὅταν in seinem Kommentar an dieser Stelle mit „so lange" wiedergibt (128), führt in seinem Wörterbuch unter dem Stichwort ὅταν diese Bedeutung zu Recht nicht an. Besonders seltsam äußert sich BARRETT: „Es wäre besser gewesen, das ἕως des vorhergehenden Verses zu wiederholen" (Komm. 360). Das ist arge Besserwisserei.

[287] Tacitus, Historien IV 81; Übersetzung von J. BORST. In der Darstellung Suetons ist der zweite Behinderte ein Lahmer. Zugleich wird von ihm herausgestellt, dass die Geschichte der Legitimation der noch jungen Herrschaft Vespasians dient (Vespasian 7,2).

138 n.Chr." heißt es: „Dem Valerios Apros [Aper], einem blinden Soldaten, gab der Gott die Weisung, hinzugehen und Blut zu nehmen von einem weißen Hahn, dazu Honig, und daraus eine Salbe zu reiben und drei Tage lang die Augen damit zu bestreichen. Und er konnte wieder sehen und kam und dankte öffentlich dem Gotte"[288]. In der jüdischen Tradition wird im Buch Tobit in der griechischen Bibel von einer Blindenheilung erzählt. Der Engel Rafael leitet Tobias an, seinem Vater die Galle eines von ihm gefangenen besonderen Fisches in die Augen zu träufeln, der daraufhin wieder sehen kann (6,1–9; 11,1–16). In BemR 18,22 (Wilna 77d) ist es die Berührung mit dem Mirjamsbrunnen, die einen Blinden sehen läßt: „In Schichin stieg einmal ein Blinder hinab ins Wasser, um einzutauchen. Es traf auf ihn der Brunnen der Mirjam; und er tauchte ein und wurde geheilt"[289].

Das Motiv, dass die erblindeten Augen mit einer heilkräftigen Masse bestrichen werden, teilt die Erzählung bei Johannes mit der im Buch Tobit, aber auch mit dem auf der Asklepiosinschrift und dem von Tacitus und Sueton über Vespasian Berichteten. Bei diesen beiden Berichten ist allerdings die Nähe zur Medizin auffällig, während es „in den beiden biblischen Berichten ... um punktuelle Interventionen Gottes (geht), um Wunder mithin, die nicht in Rezeptform Eingang in ein Medizinhandbuch finden könnten"[290].

7   Nachdem Jesus dem Blinden die Augen bestrichen hat, fordert er ihn in V.7 auf: „Auf, wasch dich im Teich Schiloach!" Er muss zu seiner Heilung auch selbst etwas beitragen. „Eine gew(isse) Analogie ist die Sendung des aussätzigen Naeman zum Jordan" (2Kön 5,10)[291]. Der Teich befindet sich an der „Südspitze des Stadthügels". Er heißt „Schiloach", weil er von einem „Kanal"[292] gespeist wird, der das Wasser der Gichonquelle in ihn leitet[293]. Johannes gewinnt aus dem Namen des Teiches eine weitere Bedeutung: "Das wird übersetzt mit ‚Gesandter‘." Diese Bedeutung ergibt sich aus dem Konsonantenbestand des hebräischen Wortes durch eine andere Vokalisierung[294]. Damit stellt er einen Bezug auf Jesus her: „Der Blinde wurde in diesem Wasser durch den Gesandten Gottes geheilt"[295].

---

[288] Text und Übersetzung bei A. DEISSMANN, Licht vom Osten, ⁴1923, 108. Ganz ohne Einwirken eines Wundertäters wird bei Pausanias erzählt: „Es geschah auch, daß Ophioneus, dieser Seher, der von Geburt an blind gewesen war, sehend wurde zum größten Erstaunen der Leute; es befiehl ihn ein starker Kopfschmerz, und danach konnte er sehen" (Reisen in Griechenland IV 12,10; Übersetzung E. MEYER).

[289] Parallelen in Tan Chukat 1 (Wilna 278a); TanB Chukat 1 (50a). Zum Mirjamsbrunnen vgl. den Exkurs o. zu 5,7.

[290] KRIENER, Glauben 124 Anm. 251.

[291] BULTMANN, Komm. 253 Anm. 4 von S. 252.

[292] Die hebräische Bezeichnung *ha-schilóach* meint hier „das Senden" von Wasser und hat so die Bedeutung „Kanal".

[293] Es handelt sich um den „Kanal bzw. das System von Kanälen, die von der Gihonquelle her die Wasserversorgung Jerusalems bei Belagerung sowie die Nutzung des Wassers für die Gärten im Kidrontal sicherten" (H. J. STOEBE, Art. Siloah, BHH 3, 1966, 1795; auf Sp.1796 findet sich eine Skizze mit Beschreibung). In Lk 13,4 wird „der Turm am Schiloach" erwähnt, der bei seinem Einsturz achtzehn Menschen tötete.

[294] HIRSCH meint: „Die vom Verfasser gegebne Übersetzung ... ist sehr von ungefähr und spricht nicht für gute Kenntnis des Semitischen" (Evangelium 232). Das Gegenteil ist richtig. Die Art der Übersetzung des Johannes an dieser Stelle entspricht genau dem häufig angewandten rabbi-

Der Schluss von V.7 beschreibt, dass der Blinde die Aufforderung Jesu ausführte und dass er geheilt wurde: „Da ging er weg, wusch sich und kam sehend zurück." Mit dem Konstatieren der erfolgten Heilung durch Außenstehende und mit einem Lob Gottes könnte die Wundergeschichte eindrucksvoll abgeschlossen werden. Aber wie sie schon mit der Frage der Schüler und der Antwort Jesu darauf eigenartig begann, so wird sie auch eigenartig weitergeführt. Die dort eröffnete metaphorische Dimension wäre mit einer stilgemäß zu Ende erzählten Wundergeschichte noch nicht hinreichend ausgefüllt worden. So wird das Motiv von der Konstatierung des Wunders durch Außenstehende zu einer eigenen Szene ausgebildet, die als Übergang für weitergehende Auseinandersetzungen dient.

b) Verwunderung der Leute (9,8–12)

In diesem Abschnitt reagieren Außenstehende auf das Wunder. Die den Blinden kannten, fragen angesichts des Sehenden, ob es sich um dieselbe Person handelt (V.8f.). Nachdem die Frage der Identität geklärt ist, fragen sie weiter, wie es zu der auffälligen Veränderung bei dieser Person gekommen ist (V.10). Nachdem sie auch das erfahren haben (V.11), geht die Frage auf den Verbleib dessen, der für diese Veränderung verantwortlich ist (V.12).

„Da sagten die Nachbarn und die ihn vorher als Bettler gesehen hatten: Ist das 8 nicht der, der dasaß und bettelte?" (V.8) Dass der ehemals Blinde ein Bettler war, wird erst jetzt in dieser Frage nachgetragen. Das dürfte jedoch keine für eine antike Leser- und Hörerschaft überraschende Information gewesen sein. Was sollte ein Blinder auch anderes tun? Die verwunderte Frage bestätigt das Wunder. In der Erzählung ist sie jedoch nicht bloß rhetorisch. Sie findet in V.9 unterschiedliche Ant- 9 worten: „Einige sagten: Das ist er. Andere sagten: Nein, er ist ihm nur ähnlich." Der Wechsel von Blindheit zum Sehen gilt als so stark, dass sich die Frage nach der Identität stellt. Sie wird von dem Geheilten selbst geklärt: „Jener sagte: Ich bin's." Dieses „Ich bin's" ist zunächst natürlich nichts anderes als ein schlichtes Bekenntnis zur eigenen Identität. Der jetzt sehen kann, ist kein anderer als der, der vorher blind war. Aber weil er durch Jesus sehend geworden ist, ist seine Identität als Sehender untrennbar mit Jesus verbunden, scheint in seinem schlichten „Ich bin's" für die Leser- und Hörerschaft des Evangeliums das „Ich bin's" Jesu auf[296]. An dieser Verbindung, dass er durch Jesus sehend geworden ist, wird der Geheilte in der Fortsetzung

---

nischen Verfahren, durch andere Vokalisierung eine weitere Bedeutung aus einem Text herauszuholen.

[295] SCHNACKENBURG, Komm. 2,308.

[296] Nach WILCKENS wird „der Leser den Gleichklang mit dem Offenbarungswort Jesu nicht … überhören können und so das Ich dieses Geheilten vom ICH BIN dessen, der ihn geheilt hat, umfangen erkennen" (Komm. 158); vgl. auch BRODIE, Komm. 347f.

der Erzählung beharrlich festhalten; dadurch gelangt er zu immer weitergehender Erkenntnis Jesu.

10   Das am Ende von V.9 ausgesprochene Bekenntnis des Geheilten zur eigenen Identität, die doch zugleich eine veränderte ist, ruft in V.10 die Frage nach dem Vorgang der Veränderung hervor: „Wie sind dir denn die Augen geöffnet worden?" Er

11   antwortet darauf in V.11, indem er erzählt, was er an sich erfahren hat: „Der Mensch, der Jesus heißt, machte Schlamm, bestrich damit meine Augen und sprach zu mir: Auf zum Schiloach und wasch dich! Nachdem ich also hingegangen war und mich gewaschen hatte, konnte ich sehen." Im Unterschied zu dem ehemals Gelähmten (5,12f.) weiß der geheilte Blindgeborene, wer ihn geheilt hat: „der Mensch, der Jesus heißt". „Bei dieser neutralen Bezeichnung wird er nicht bleiben. Je öfter er von da an seine Heilung bezeugen muß, desto klarer erkennt er, daß Jesus von Gott kommt"[297]. Ähnlich wie die Samariterin in Kap.4 wird er in seiner Erkenntnis Jesu weitergeleitet: In V.17 nennt er ihn einen Propheten; in V.33 schließt er, dass er „von Gott" sein muss; und in V.35–38 bekennt er sich zu ihm als „dem Menschensohn".

Der Bericht des Geheilten orientiert sich – mit nur geringer Kürzung – eng an dem, was vorher in V.6f. über die Heilung erzählt worden war. Auf die Frage nach dem Wie der Heilung kann er „nur mit einer Erzählung antworten, durch die Jesus ganz selbstverständlich in den Mittelpunkt der Auseinandersetzung rückt"[298] – obwohl dieser selbst erst wieder in V.35 innerhalb der Handlung auftritt.

12   Auf die Erzählung des Geheilten reagieren die Fragesteller in V.12 mit einer weiteren Frage: „Wo ist jener?" Dass die Intention dieser Frage keine freundliche ist, ergibt sich erst aus dem Fortgang des Textes. Anders als der Geheilte in Kap.5, der Jesus denunziert, sobald er dazu in der Lage ist (V.15), unternimmt der geheilte Blindgeborene nichts dergleichen. Er antwortet: „Ich weiß es nicht." So bleibt Jesus für die Fragesteller ungreifbar.

c) Erste Vernehmung des Geheilten (9,13–17)

13   Die neue Szene knüpft unmittelbar an die vorangehende an. Von denen, die den Geheilten befragt hatten, heißt es in V.13 in knappem Berichtsstil: „Sie brachten ihn zu den Pharisäern, den ehemals Blinden." Die Wiederholung des Objekts am Ende des Satzes wäre nicht notwendig. Wenn sie dennoch erfolgt, liegt darauf der Ton. Objekt ist „der ehemals Blinde", einer, der sich verändert hat. Er wird nicht in Ruhe gelassen. Auch hier dürfte wieder die Situation der johanneischen Gruppe durchscheinen. Da Jesus als Verursacher der eingetretenen Veränderung nicht greifbar ist, halten sich

---

[297] SCHENKE, Komm. 185.
[298] BLANK, Komm. 1b,197.

die Fragesteller an den, den sie vor sich haben, der gerade das Handeln Jesu an ihm bezeugt hat. Sie führen ihn zu „den Pharisäern". Diese sind offenbar die amtliche Instanz, vor die der Fall zu bringen ist. „Die Darstellung bekommt jetzt den Charakter eines regelrechten Verhörs, sie wird offiziell"[299]. Wieso es überhaupt etwas zu vernehmen gibt, wird erst mit V.14 deutlich: „Es war aber Sabbat an dem Tag, als 14 Jesus den Schlamm gemacht und ihm die Augen geöffnet hatte". Hier wird eine Leser- und Hörerschaft vorausgesetzt, die sofort erkennt, dass das beschriebene Handeln Jesu als Sabbatbruch gewertet werden kann[300]. Wie in der Geschichte von der Lahmenheilung in Kap.5 wird nachgetragen, dass die Aktion an einem Sabbat erfolgte. Dass Johannes beide Male so verfährt, weist darauf hin, dass es in seiner Zeit Streit um die Sabbathalacha gegeben haben muss[301]. Die weitere Darstellung des Konflikts sowohl in Kap.5 als auch in Kap.9 macht allerdings auch deutlich, dass der entscheidende Streitpunkt die Christologie war[302].

In V.15 sind es nun die Pharisäer als vernehmende Behörde, die den Geheilten 15 befragen, „wie er sehend geworden sei". Im Unterschied zu V.11 antwortet er darauf in äußerst knapper Form: „Schlamm hat er mir auf die Augen gelegt, und ich habe mich gewaschen und sehe." Diese Verkürzung ist nicht nur darin begründet, dass die Leser- und Hörerschaft den Vorgang schon zweimal mitbekommen hat und also nur noch kurz daran erinnert zu werden braucht. Sie ist zugleich auch „erzählerischer Realismus. Vor den Behörden schwelgt man nicht in dem Erlebten, sondern macht nur die unumgänglichen Minimalangaben"[303]. Obwohl der Geheilte nicht einmal den 16 für die Heilung Verantwortlichen benannt hat, ist in der Reaktion der Vernehmenden in V.16 vorausgesetzt, dass sie schon wissen, um welche Person es geht. Wie in 7,43 unter der Menge gibt es nun unter ihnen eine Spaltung. „Da sagten einige von den Pharisäern: Nicht von Gott ist dieser Mensch, da er den Sabbat nicht hält." Was hier die Streitfrage ist, steht am Anfang: ob Jesus „von Gott" ist oder nicht. Für die zuerst genannte Position reicht selbst der knappe Bericht des Geheilten über das Auflegen des Schlammes auf seine Augen – dass Jesus ihn selbst bereitet habe, sagt er hier nicht –, um einen Sabbatbruch zu konstatieren und daraus zu folgern, dass dessen Täter „nicht von Gott" sein könne.

BILLERBECK zitiert eine interessante rabbinische Diskussion aus bAS 28b darüber, **ob man „ein Auge, das rebelliert"** (hervortritt?), **am Sabbat mit Salbe bestreichen darf**: „Rav Sutra bar Tuvja sagte im Namen Ravs: Es ist erlaubt, ein Auge, das rebelliert, am Sabbat zu

---

[299] BLANK, Komm. 1b,198. Diese Art der Darstellung weist wiederum auf die Zeit der Entstehung des Johannesevangeliums nach 70 n.Chr. „Die Pharisäer" als vernehmende Behörde lassen sich in der Zeit vor 70 historisch nicht verorten.

[300] Vgl. o. zu V.6 den Hinweis auf mShab 7 sowie THOMAS, Gospel 172f.

[301] Nicht um den Sabbat überhaupt! Das zeigt die Argumentation Jesu in 7,22f.

[302] „Die Frage der Sabbatobservanz ist lediglich der Ausgangspunkt des Streites in Joh 5 und 9, der im Ganzen eine ausgesprochen *christologische* Kontroverse ist" (MEEKS, Prophet-King 294).

[303] KRIENER, Glauben 126.

bestreichen. Von daher könnte man meinen, es sei nur erlaubt, wenn die Salbe am Vortag bereitet worden ist, aber es sei nicht erlaubt, sie am Sabbat zu bereiten und über öffentliches Gebiet zu bringen. Einer von den Schülern der Rabbanan namens Rabbi Jakob sagte ihm jedoch: Mir hat Rav Jehuda erklärt, dass es auch erlaubt sei, (die Salbe) am Sabbat zu bereiten und über öffentliches Gebiet zu bringen. Rav Jehuda erlaubte es, am Sabbat ein Auge zu bestreichen. Rav Schmu'el bar Jehuda sagte zu ihm: Wer wird Jehuda gehorchen, der den Sabbat entweiht? Schließlich litt er selbst an seinen Augen. Er sandte zu ihm: Ist es erlaubt oder verboten? Er sandte zu ihm: Der ganzen Welt ist es erlaubt, die aber verboten."[304]

„Andere sagten: Wie kann ein sündiger Mensch solche Zeichen tun?" Was hier von Jesus bezeugt wird, dass er einem Blinden die Augen geöffnet hat – ein schöpferisches Tun, das Gott selbst zukommt (Ps 146,8) –, hat damit Verweischarakter auf Gott[305]. Wie sollte solches Tun einem „sündigen Menschen" möglich sein? Die tendenziell positive Meinung über Jesus und die dadurch verursachte Spaltung[306] bleiben ohne Konsequenz für das Handeln der Behörde in der weiteren Darstellung. Diese Meinung soll wohl vor allem dazu dienen, der Leser- und Hörerschaft ein Argument an die Hand zu geben, an das sie sich halten kann – wie es beispielhaft der Geheilte im Fortgang der Erzählung tut. Was von Jesus erzählt wird, spricht dafür, dass er „von Gott" ist (vgl. 20,30f.).

17   Schon in V.17 erscheinen die, die gerade noch in geteilter Meinung dargestellt wurden, als einheitliches Subjekt: „Da sagten sie wiederum zu dem Blinden: Was sagst du über ihn, dass[307] er dir die Augen geöffnet hat?" Diese Darstellung kann so verstanden werden, dass die eigene Uneinigkeit überspielt werden soll, indem der Geheilte nach seiner Ansicht gefragt wird. In Entgegensetzung zu ihm lässt sich dann wieder eine gemeinsame Front bilden.

Hatte der Geheilte in V.11 in der Nacherzählung dessen, was ihm geschehen war, noch einfach von „dem Menschen, der Jesus heißt" gesprochen, so kann er jetzt angesichts der ausdrücklichen Nachfrage nach der Person dessen, der ihn geheilt hat, das ihm Widerfahrene nur so erklären, dass er den Menschen Jesus als einen Propheten bekennt. Ein Prophet aber – so er denn ein wahrer und kein falscher ist – handelt im Auftrag Gottes. Ist aber Jesus ein Prophet, dann ist auch die Streitfrage entschieden, ob er von Gott ist oder nicht. Dieses Bekenntnis zu Jesus als einem Propheten treibt die Erörterung weiter, indem die Behörde den Tatbestand, der zur positiven Meinung über Jesus führt, in Frage stellt[308].

---

[304] Bill. II 533f. Die Zitate sind nicht nach Billerbeck gegeben, sondern eigene Übersetzungen. Die Auswertung Billerbecks steht in einem seltsamen Kontrast zum zitierten Text.

[305] Der Plural „solche Zeichen" bezieht die anderen schon erzählten Taten Jesu mit ein.

[306] Zum Bemühen der rabbinischen Weisen, Spaltungen zu vermeiden, vgl. o. den Exkurs zu 7,43.

[307] Zum Verständis des ὅτι als „im Blick auf die Tatsache, dass" vgl. BARRETT, Komm. 362.

[308] KRIENER hat gezeigt, dass „das Bekenntnis zu Jesus als Propheten nicht so harmlos (ist), wie es sich zunächst anhört" (Glauben 127). Mit Verweis auf Theudas und „den Mann aus Ägypten", von denen Josephus erzählt (Ant 20,97–99.167–172), macht er deutlich, dass „der Titel Prophet … durchaus messianische Konnotationen (hatte)" (126 Anm. 257). Zudem erinnert „der Zusammenhang von Prophetenbekenntnis, Halachaübertretung und Wunder … an Dtn 13,1–5" (127).

d) Vernehmung der Eltern des Geheilten (9,18–23)

„Da glaubten die Juden nicht von ihm, dass er blind gewesen und sehend geworden 18 war" (V.18). Ließe sich der Mensch als Schwindler entlarven, der Blindheit nur vorgegeben hatte, wäre das Problem für die Vernehmenden[309] schnell geklärt. Für die Zeitebene des Johannes hieße das: Die sich auf Jesus beziehen, unterliegen einer Täuschung.

So werden die Eltern des Geheilten herbeizitiert und befragt. Vordergründig geht 19 es dabei zunächst nur um die „Personenstandsaufnahme"[310]. Doch diese Vernehmung zeigt sehr schnell ihre Abgründigkeit. „Das hier ist euer Sohn, von dem ihr sagt, er sei blind geboren? Wieso denn sieht er jetzt?" (V.19) Sie sollen also einmal die Identität des Vorgeführten als ihres Sohnes bestätigen, von dem es offenkundig ist, dass er jetzt sieht, und von dem behauptet wird, dass er blind geboren wurde; und zum anderen sollen sie den Wechsel – wenn es ihn denn gegeben hat – erklären. Ihre Antwort ist bezeichnend. Mit dem ersten Fragenteil haben sie keinerlei Schwierig- 20 keiten, und so sagen sie ohne alle Umschweife: „Wir wissen, dass das unser Sohn ist und dass er blind geboren wurde" (V.20). Sie bestätigen die Identität ihres Sohnes und seine einstige Blindheit und werden damit implizit zu unwiderlegbaren Zeugen seiner inzwischen eingetretenen Heilung. Die Schwierigkeiten beginnen aber für die 21 Eltern sofort da, wo die Person Jesu ins Spiel kommen müsste; mit ihr wollen sie auch nicht indirekt in Beziehung gesetzt werden. So beantworten sie die zweite Frage ausweichend: „Wieso er aber jetzt sieht, wissen wir nicht; oder wer ihm die Augen geöffnet hat, wissen wir jedenfalls nicht. Fragt ihn selbst! Er hat das entsprechende Alter. Er soll für sich selbst reden" (V.21). Zweimal geben sie Nichtwissen vor, das zweite Mal besonders betont[311]. Zudem weisen sie von sich weg auf ihren Sohn, der alt genug und damit für sich selbst verantwortlich sei[312].

In V.22 gibt Johannes eine kommentierende Bemerkung zum Verhalten der Eltern, 22 die höchst aufschlussreich ist, insofern sie deutlich macht, dass er mehr ein Geschehen seiner eigenen Zeit im Blick hat als ein Ereignis der Zeit Jesu. Er konstatiert zu-

---

309 Sie werden jetzt wieder als „die Juden" bezeichnet. Es sind dieselben Personen gemeint, die im vorigen Abschnitt „die Pharisäer" genannt wurden. Dass sich Johannes keinen Wechsel des Subjekts vorstellt, ergibt sich eindeutig aus V.24, wo der Geheilte von denen, die gerade seine Eltern vernommen hatten – „die Juden" –, „ein zweites Mal" verhört wird. Es geht weiter aus V.27 hervor, wenn er den dort Verhörenden – „den Juden" – sagt, dass er ihnen schon beim ersten Mal – als „den Pharisäern" – geantwortet hat.

310 BECKER, Komm. 1,375.

311 Die Betonung erfolgt durch hinzugefügtes *hemeîs* (= „wir"), was in der Übersetzung durch „jedenfalls" zum Ausdruck zu bringen versucht worden ist.

312 BILLERBECK weist für die Wendung „das Alter haben" als Entsprechung auf die Formulierung „die Zeit (*pérek*; gemeint ist die Zeit der Geschlechtsreife) erreichen" in jJev 13,7 (74a; Krotoschin 13d) hin (Bill. II 534f.). Sie begegnet noch öfter (z.B. tJev 6,9; tJad 1,2; tUq 2,8). Es liegt allerdings keine wirkliche Entsprechung vor, da nach bShab 80b das Erreichen der Geschlechtsreife und das „Erreichen der Jahre" (in einem rechtlichen Sinn) auseinanderfallen können (parr. bPes 43a; bMQ 9b).

nächst: „Das aber sagten seine Eltern, weil sie die Juden fürchteten." Auf die Seltsamkeit dieser Aussage, bezogen auf das Jerusalem der Zeit Jesu, und die daraus zu
ziehenden Folgerungen ist schon in der Einleitung eingegangen worden[313]. Ebenfalls
wurde bereits dort die für die Furcht der Eltern gegebene Begründung besprochen:
„Denn schon hatten die Juden untereinander beschlossen, dass – wer immer ihn als
Gesalbten bekenne – aus der Synagoge ausgeschlossen würde." Vor allem das Wörtchen „schon" weist darauf hin, dass eine dem Evangelisten und seiner ersten Leser-
und Hörerschaft gegenwärtige Erfahrung im Blick ist.

Als Grund des Ausschlusses gilt, Jesus als Gesalbten zu bekennen. Der Name Jesus wird in V.22 gar nicht ausdrücklich genannt, lediglich von „ihm" wird gesprochen. Doch ist es klar, dass der Streit um Jesus geht. Dass das Bekenntnis zu ihm als
Gesalbtem den Ausschluss begründet, ist vom Kontext dieser Geschichte her überraschend. Der Titel „Gesalbter" *(christós)* wird von ihm nicht nahegelegt. Wenn er
dennoch an dieser Stelle begegnet, dann doch wohl deshalb, weil er sich in dem hier
angesprochenen Zusammenhang des Ausschlusses aus der Synagoge von den Auseinandersetzungen zur Zeit des Evangelisten her aufdrängte. Immer wieder wird im
Johannesevangelium von jüdischer Seite bestritten, dass Jesus der Gesalbte, der Messias, sei[314]; und umgekehrt gibt es Johannes als Ziel seines Evangeliums an, gerade
zum Glauben an Jesus als Messias zu führen (20,31). Mit dem Synagogenausschluss
wird also in 9,22 eine innerjüdische Abgrenzung sichtbar. „Die Juden" erscheinen
hier als behördliche Macht, die rigoros gegen Abweichler im eigenen Bereich vorgeht. Diese Abgrenzung verlief für die Ausgegrenzten offenbar schmerzhaft und verbreitete über deren Kreis hinaus Angst. Denn in dieser Erzählung geht es bei den
Eltern ja gar nicht darum, ob sie ein Bekenntnis zur Messianität Jesu ablegen oder
nicht. Sie haben schon Angst, überhaupt mit Jesus in einen Zusammenhang gebracht
zu werden, und wollen deshalb sicherheitshalber mit dieser Sache, in die ihr Sohn
hineingeraten ist, gar nichts zu tun haben. Das unterstreicht noch einmal die den Ab-
23 schnitt in V.23 abschließende Bemerkung: „Deshalb sagten seine Eltern: Er hat das
entsprechende Alter. Fragt ihn selbst!" Es ist seine Angelegenheit; sie selbst halten
sich da heraus.

Mit der Bezeichnung **„aus der Synagoge ausgeschlossen werden"** dürfte ein einschneiden-
der Trennungsprozess im Blick sein[315]. In ihm erschienen in der Sicht der jüdischen Mehrheit, die sich unter Führung vor allem pharisäischer Lehrer nach der Katastrophe des Jahres
70 neu konstituierte und konsolidierte, die an Jesus als Messias glaubenden Juden als Ketzer
(miním) und wurden entsprechend behandelt. Rabbinische Stellen halten dazu an, gegenüber
Ketzern alle Bindungen abzuschneiden, jeden persönlichen und geschäftlichen Verkehr zu
unterbinden und Hilfe in jeder Richtung auszuschließen. Es geht also nicht um eine isolierte
religiöse Maßnahme, sondern um ein die ganzen Lebensverhältnisse einschneidend verän-

---

[313] Vgl. o.S.22f.
[314] Vgl. vor allem Kap.7.
[315] Vgl. dazu ausführlich WENGST, Gemeinde 89–104.

derndes Geschehen, das vor allem auch Auswirkungen auf die ökonomische Basis hatte. So heißt es tHul 2,21 (ZUCKERMANDEL): „Man verkauft ihnen nicht und kauft von ihnen nicht. Man nimmt von ihnen nicht und gibt ihnen nicht. Man lehrt ihre Söhne kein Handwerk, und man lässt sich von ihnen nicht ärztlich behandeln, weder eine ärztliche Behandlung von Besitz noch eine ärztliche Behandlung von Personen." Hiernach waren also gegenüber Ketzern wirtschaftliche Boykottmaßnahmen zu verhängen und ihre Söhne faktisch einem Ausbildungsverbot zu unterwerfen. Die Einschätzung als Ketzer hatte daher für die Betroffenen schwerwiegende soziale und wirtschaftliche Folgen. Von daher ist es verständlich, dass Johannes diese Erfahrung mit „aus der Synagoge ausgeschlossen werden" auf den Begriff bringen konnte. Es war die Erfahrung, nicht mehr an der synagogalen Gemeinschaft teilhaben zu können, wenn man an dem festhalten wollte, was die Mehrheit als Ketzerei ansah.

e) Wiederholte Vernehmung und Ausstoßung des Geheilten (9,24–34)

Nachdem die Vernehmung der Eltern im Sinne derer, die sie führten, nichts erbracht 24 hat, halten sie sich in dieser Szene wieder an den Geheilten, der erneut herbeizitiert wird. Ihn fordern sie in V.24 auf: „Gib Gott die Ehre!" Das klingt deutlich an Jos 7,19 an, wo Josua zu dem seiner Schuld überführten Achan sagt: „Mein Sohn, gib Adonaj die Ehre, dem Gott Israels!" und ihn weiter auffordert, sein verfehltes Handeln einzugestehen und darzulegen.

Die Stelle **Jos 7,19** ist **in mSan 6,2** aufgenommen, wonach der zur Steinigung Geführte zehn Ellen vor der Hinrichtungsstätte aufgefordert wird, seine Schuld einzugestehen; „denn alle, die (ihre Schuld) eingestehen, haben Anteil an der kommenden Welt". Dabei ist jedoch zu beachten, dass es die Praxis von Hinrichtungen nicht gab, wohl aber dieser Grundsatz lebendige Erfahrung widerspiegelt: Im Eingeständnis der Schuld gibt der Mensch Gott die Ehre und überlässt sich Gottes Vergebung.

Von der biblisch-jüdischen Tradition her ist es also deutlich, dass mit der Aufforderung, Gott die Ehre zu geben, der Geheilte zugleich angehalten wird, Schuld einzugestehen. Was für eine Schuld aber soll er bekennen, da er ja doch in dem bisher Berichteten gar keine Übertretung begangen hat – im Unterschied zu dem ehemals Gelähmten in Kap.5, der am Sabbat seine Matte trug? Wo die ihn Vernehmenden seine Schuld sehen, deutet sich an, wenn sie weiter zu ihm sprechen: „Wir wissen, dass dieser Mensch ein Sünder ist." Selbstverständlich machen sie ihn damit nicht für die Verfehlung verantwortlich, die in ihren Augen Jesus begangen hat. Aber nach dem bisherigen Verlauf sahen sie ihn bereits in zu enger Verbindung mit dieser Person. Daraus soll er sich in aller Eindeutigkeit lösen. Schon im Kommentar des Evangelisten in V.22f. war deutlich geworden, dass es im Zentrum der Auseinandersetzung um die Stellung zu Jesus geht. Das tritt nun auch in der Erzählung immer klarer in den Vordergrund. Nicht die Heilung, bei der darüber gestritten werden kann, ob ein Sabbatbruch vorliegt oder nicht, steht im Mittelpunkt, sondern die Bedeutung „dieses Menschen". Von ihm hat der Geheilte Gutes erfahren; so steht er in Gefahr, sich zu ihm zu bekennen. Deshalb wird ihm entgegengehalten, dass „dieser Mensch ein Sünder" sei. Das geben die hier Redenden als sicheres Wissen aus. Daher kann in ihrer Sicht der Geheilte Gott nur so die Ehre geben, dass er sich von diesem Menschen distanziert. Damit gibt sich in der Erzählung mehr und mehr die Zeit des Evangelisten zu erkennen[316].

25   Nach V.25 lässt sich der Geheilte nicht in die von der vernehmenden Behörde gewünschte Richtung drängen. Er nimmt keine Distanzierung von Jesus vor. Andererseits legt er aber auch kein ausdrückliches Bekenntnis zu Jesus ab. Gegenüber dem behaupteten Wissen, mit dem er konfrontiert wurde, Jesus sei ein Sünder, stellt er schlicht fest, was er nicht weiß und was er weiß, und hebt damit noch einmal das für ihn entscheidende Faktum hervor: „Ob er ein Sünder ist, weiß ich nicht[317]. Eins weiß ich, dass ich, der ich doch blind war, jetzt sehe." Damit ist deutlich herausgestellt, dass Jesus das nun feststehende und auch durch die Vernehmung der Eltern bezeugte Faktum der Heilung verursacht hat. Indem er darauf beharrt, dass Jesus ihm die Augen geöffnet hat, kann er sich nicht – was immer sonst die Behörde einwenden mag – von ihm distanzieren[318].

26   Auf das Beharren bei der durch Jesus gewirkten Tat wissen die Vernehmenden nicht anders zu reagieren, als dass sie noch einmal von vorn anfangen und wie zu Beginn der ersten Vernehmung nach dem Tathergang fragen: „Was hat er mit dir gemacht? Wie hat er dir die Augen geöffnet?"[319] Durch diesen Rückgang verlieren sie gleichsam die Initiative; der Geheilte tritt immer selbstbewusster auf und bestimmt seinerseits das Gespräch, während sie nur noch reagieren. So verweigert er in
27   V.27 zunächst eine nochmalige Auskunft: „Ich habe es euch schon gesagt, und ihr habt nicht darauf gehört." Fast von selbst wird er hier zum bewussten Zeugen Jesu, indem er den Vernehmenden vorwirft, das von ihm Gehörte nicht gebührend beach-

---

[316]   KRIENER macht darauf aufmerksam, dass „die gegenseitigen Vorwürfe … einander spiegelbildlich (entsprechen): Die jüdische ‚Behörde' verdächtigt die Jesus-Anhänger, Gott nicht zu verehren; das Johannesevangelium wirft ‚den Juden' dasselbe vor" (Glauben 129). Den einen wird vorgeworfen, Gott nicht die Ehre zu geben, weil sie Jesus bekennen; den anderen wird abgesprochen, Gott die Ehre zu geben, weil sie Jesus nicht ehren.

[317]   Nach CHR. BURCHARD könnte auch übersetzt werden: „Daß er ein Sünder ist, ist mir nicht bekannt" (εἰ nach einem Ausdruck des Wissens oder Nichtwissens, ZNW 52, 1961 [73–82], 81).

[318]   BARRETT erkennt in seiner Interpretation dieses Verses eine grundsätzliche Lösung vom „Gesetz": „Die einzig mögliche Schlußfolgerung, die man aus den zwei gegebenen Tatsachen (der wiederhergestellten Sehfähigkeit des Mannes und der Überführung Jesu als Sünder durch das Gesetz) ziehen konnte, war: das Gesetz ist nun selbst abgelöst … Das Gesetz verdammt sich selbst, und dies tun auch seine Vertreter, wenn sie Jesus verurteilen und ihn verdammen" (Komm. 364). Diese Argumentation setzt voraus, dass das „in V.16 formulierte Dilemma" auch für Johannes gelte und von ihm nur zur anderen Seite hin gelöst werde. Das aber ist nicht der Fall. In 7,22f. hat er Jesus im Blick auf die Heilung des Gelähmten halachisch argumentieren lassen. Sein heilendes Handeln am Sabbat löst die Tora des Mose so wenig auf, wie es die am Sabbat vorgenommene Beschneidung tut. Dasselbe Problem wird grundsätzlicher und deutlicher gleich noch einmal in V.28f. begegnen.

[319]   SCHNACKENBURG vermutet: „Ihre Fragen haben wahrscheinlich den Sinn, den Mann in Widersprüche zu verwickeln" (Komm. 2,318). Wie dem auch sei, der Geheilte lässt sich darauf jedenfalls nicht ein.

tet, sich nicht zu Herzen genommen zu haben. Sie hätten es sich zum Zeichen werden lassen müssen, das auf den hinweist, der es getan hat. Dementsprechend fragt er sie ironisch und provozierend weiter: „Was wollt ihr's nochmal hören? Wollt etwa auch ihr seine Schüler werden?" Allerdings, dem sollte die Erzählung des Zeichens dienen: der Einweisung in die Schülerschaft Jesu. Es ist deutlich, dass hier durch den Geheilten der Evangelist spricht. Denn auf der Ebene der Erzählung ist der Geheilte in der eigenen Erkenntnis noch gar nicht so weit vorgedrungen. Dazu wird es in V.35–38 noch einer Begegnung mit Jesus bedürfen.

Angesichts des provokant vorgetragenen Zeugnisses des Geheilten lassen die Ver- 28 nehmenden ihre Forderung nach erneuter Schilderung des Tathergangs stillschweigend fallen; sie müssen nun reagieren. Sie tun es, indem sie in V.28 zwischen sich und dem Geheilten einen Gegensatz feststellen und diesen in dem von ihnen gesehenen Gegensatz zwischen Mose und Jesus verankern: „Du bist ein Schüler von jenem; wir aber sind Moses Schüler"[320].

Das rabbinische Judentum versteht sich **in der Nachfolge des Mose**. Das spiegelt sich auch in Mt 23,2 wider, wonach „die Schriftgelehrten und die Pharisäer", die rabbinischen Weisen zur Zeit des Evangelisten, auf dem Katheder des Mose sitzen[321]. Mose steht am Anfang der Überlieferung. Er „empfing Tora vom Sinai" (mAv 1,1), nicht nur die schriftliche. Auch die mündliche Tora ist „Tora des Mose vom Sinai" (vgl. z.B. bMen 29b). Als „Schüler des Mose" gilt natürlich Josua (vgl. BemR 15,15 [Wilna 66c]; par. Tan Beha'alotcha 10 [Wilna 262b]), dem er nach mAv 1,1 Tora direkt überlieferte, aber auch Elija (vgl. tSot 4,7; tEd 3,4; bSot 13a). Im Plural ist von „Schülern des Mose" in bJom 4a die Rede[322]: „Aaron sonderte sich sieben Tage ab und diente einen Tag; und Mose überlieferte ihm all die sieben Tage, (was zu tun war,) um ihn in den Dienst einzuweisen. So auch für künftige Generationen: Der Hohepriester sondert sich sieben Tage ab und dient einen Tag; und zwei Schüler der Weisen von den Schülern des Mose, ausgenommen Sadduzäer, überliefern ihm all die sieben Tage, (was zu tun ist,) um ihn in den Dienst einzuweisen." Hier ist deutlich, dass rabbinische Schriftgelehrte sich in der Tradition des Mose als „Schüler des Mose" verstehen. An der von SCHLATTER (Johannes 230) angeführten Stelle SifDev § 26 (FINKELSTEIN/HOROVITZ S.38f.) wird indirekt von Schülern des Mose und David gesprochen. Ich zitiere sie im ganzen, weil sie sehr schön deutlich macht, dass Mose und seine Schülerschaft nichts zu tun haben mit „Gesetzlichkeit" und „Leistungsanspruch" aufgrund von guten Werken: „Zwei gute Leiter traten für die Israeliten auf: Mose und David, der König Israels. Sie vermochten es, mit ihren guten Taten die Welt in der Schwebe zu halten; und doch baten sie den Ort (= Gott), dass er ihnen nur umsonst gebe. Legt sich da nicht ein Schluss vom Leichten auf das Schwere nahe? Wenn schon diese, die mit ihren guten Taten die Welt in der Schwebe zu halten vermochten, den Heiligen, gesegnet er, baten, dass er ihnen nur umsonst gebe, um wieviel mehr wird der, der nicht einmal einer von tausend der Tausende und Zehntausende

---

320 Dass die Kennzeichnung des Geheilten als Schüler Jesu als ein „Beschimpfen", „Schmähen" eingeführt wird, zeigt, „daß das Bekenntnis zu Jesus im sozialen Kontext der zeitgenössischen jüdischen Gemeinde nicht einfach als andere Meinung galt, sondern Verachtung und Herabsetzung mit sich brachte" (KRIENER, Glauben 129).

321 Vgl. dazu H.-J. BECKER, Auf der Kathedra des Mose, 1990, 17–51.

322 BILLERBECK, der diese Stelle nennt, setzt ein „zB" davor (Bill. II 535). M.W. handelt es sich aber um die einzige Stelle, die ausdrücklich von „Schülern des Mose" spricht.

von den Schülern ihrer Schüler ist, den Heiligen, gesegnet er, bitten, dass er ihm umsonst gebe?"

Die Vernehmenden in V.28, hinter denen die rabbinischen Lehrer zur Zeit des Evangelisten stehen, setzen also einen Gegensatz zwischen Mose und Jesus. Daher schließen aus ihrer Sicht Schülerschaft des Mose und Schülerschaft Jesu einander aus. BARRETT meint, dass Johannes diese Sicht – mit genau umgekehrter Wertung – teile. Er gebrauche den Ausdruck „Schüler des Mose", „um den Gegensatz zwischen Jesus und dem Gesetz, der sich bereits in der Sabbatheilung gezeigt hatte, herauszuarbeiten. Die Menschen müssen sich jetzt entweder auf die Seite der neuen oder der alten Autorität schlagen"[323]. Für Johannes ist es jedoch entscheidend, seinerseits diese Alternative gerade nicht aufzunehmen. Er kann schlechterdings nicht auf Mose und die Tora – und das heißt ja auch: die Schrift – verzichten, wie die Gegenseite sehr wohl auf Jesus verzichten kann. Das hat sich an den bisherigen Stellen gezeigt, an denen er sich auf Mose, die Tora oder die Schrift bezog, und das wird sich noch öfter zeigen[324].

29   In V.29 erläutern die Vernehmenden ihre Entgegensetzung von Mose und Jesus: „Dass mit Mose Gott geredet hat, wissen wir; von diesem aber wissen wir nicht, woher er ist." Sie gehen nicht darauf ein, dass Jesus in ihren Augen den Sabbat gebrochen hat, sondern gegenüber der ausgewiesenen Autorität des Mose heben sie darauf ab, dass der Anspruch Jesu für sie völlig unausgewiesen ist. Von Mose heißt es in der Schrift, dass Gott mit ihm „von Angesicht zu Angesicht redete, wie ein Mann mit seinem Nächsten redet" (Ex 33,11; vgl. Num 12,8). Wenn sie demgegenüber von Jesus sagen, dass sie nicht wissen, „woher er ist", bedeutet das, dass er für sie nicht legitimiert ist. An anderer Stelle wusste man genau, woher er ist (vgl. 7,27 im Zusammenhang mit 6,42; 7,41.52) – aber gerade das ließ ja ebenfalls seine Legitimation bestreiten[325].

Der Geheilte, der zunächst – aus Sicht der Vernehmenden – nur in Gefahr stand, sich zu Jesus zu bekennen, gerät durch diese Auseinandersetzung immer mehr auf die Seite Jesu. Von seiner Seite aus geschieht das dadurch, dass er hartnäckig auf dem insistiert, was ihm widerfahren ist. Mögen die anderen darauf verweisen, dass gegenüber der ausgewiesenen Autorität des Mose Jesu Anspruch, „von Gott" zu sein, nicht ausgewiesen und er also nicht legitimiert ist, so hält er dem in V.30 entgegen: „Darin besteht ja das Erstaunliche, dass ihr nicht wisst, woher er ist, und er mir die Augen geöffnet hat." An ihm ist ein „Werk Gottes" gewirkt worden. Jesus hat es getan. Wie sollte er da nicht „von Gott" sein? Dass genau diese Aussage intendiert ist und also

---

die Zurückweisung der in V.16 getroffenen Feststellung, „dieser Mensch" sei „nicht von Gott", wird in V.31 deutlich. Gegenüber dem in V.29 geäußerten Wissen der ihn 31 Vernehmenden spricht nun der Geheilte seinerseits ein Wissen aus, mit dem er sich aber nicht zu ihnen in Gegensatz stellt, sondern sich mit ihnen zusammenfasst. Er sagt etwas, das gemeinsamer Zustimmung fähig ist, indem er zunächst feststellt: „Wir wissen, dass Gott auf Sünder nicht hört. Vielmehr, wenn jemand gottesfürchtig ist und seinen Willen tut, auf den hört er." Das ist biblisch begründet, wie etwa auf der negativen Seite Jes 1,15; Ps 66,18 und auf der positiven Ps 145,19; Spr 15,8.29 zeigen, und auch dem rabbinischen Judentum geläufig. So heißt es unter Berufung auf Pred 12,13 in bBer 6b: „Erhört werden die Worte jedes Menschen, in dem Furcht vor dem Himmel ist"[326]. Und in ShemR 21,3 (Wilna 40b) wird gesagt: „Jeden, der den Willen des Ortes (= Gottes) tut und sein Herz im Gebet (auf ihn) ausrichtet, erhört er in dieser Weltzeit und so auch für die kommende Weltzeit"[327]. An der Argumentation von V.31 im Kontext dieser Erzählung wird auch deutlich, dass das Wunder hier verstanden ist wie im Judentum üblich: als Gebetserhörung durch Gott. Gott ist der in ihm Handelnde[328].

In V.32 streicht der Geheilte die Besonderheit der ihm widerfahrenen Tat heraus. 32 Er hebt damit nicht sich hervor, sondern den Täter: „Von Urzeit an ist nicht gehört worden, dass jemand einem Blindgeborenen die Augen geöffnet hat." Im Umkreis des Johannes kannte man die Heilung des erblindeten Tobias aus dem Buch Tobit und allenfalls noch eine Heilung durch Berührung mit dem Mirjamsbrunnen[329]. Aus 33 der Besonderheit seiner Heilung und der zuvor genannten Voraussetzung, dass Gott nur die erhört, die seinen Willen tun, zieht der Geheilte in V.33 die Folgerung, die die positive Gegenthese zu V.16a und 24b bildet: „Wenn dieser nicht von Gott wäre, könnte er gar nichts tun." Indem er vom Tun Jesu auf dessen Herkunft schließt, hat

---

326 Vgl. Bill. II 535.
327 Angabe und Zitation der Stelle bei SCHLATTER, Johannes 230. HAENCHEN bemerkt zu V.31: „Es ist deutlich, daß die Theologie dieser Geschichte nicht die des Evangelisten ist, sondern der von Nikodemus in 3,2 vorgetragenen entspricht" (Komm. 383). Sein eigenes Verständnis habe der Evangelist nur in V.5 und 39 „angedeutet". Er „hat also eine ihm innerlich fremde Geschichte übernommen" (ebd.). Das ist gewiss ein Fehlurteil. Sicherlich entspricht 9,31 der Aussage des Nikodemus in 3,2. Aber weder hier noch dort deutet Johannes an, dass er dazu in Distanz stünde. Nikodemus und der Geheilte machen jeweils eine zutreffende Aussage. Es ist zwar im Blick auf die Erkenntnis Jesu noch keine hinreichende. Beide sollen von hier aus weitergeführt werden. Bei Nikodemus ist das nicht gelungen; beim Geheilten wird es gelingen.
328 Vgl. die o. zu 4,53 zitierte Erzählung über Chanina ben Dosa. Was den menschlichen Wunder-„täter" auszeichnet, ist seine besondere Beziehung zu Gott. Am Schluss der Erzählung, die in bBer 34b auf die eben erwähnte folgt, wird Chanina ben Dosas Verhältnis zu Gott mit dem eines „Sklaven vor dem König" verglichen: Er hat immer unmittelbaren Zugang wie ein königlicher Kammerdiener. Ähnlich gilt nach mTaan 3,8 Choni der Kreiszieher vor Gott wie ein quengelnder Sohn, dem sein ihn liebender Vater jeden Willen tut.
329 Vgl. o. den Exkurs zu V.6. Im nichtjüdischen Bereich vgl. über die dort genannten Stellen hinaus W. SCHRAGE, Art. τυφλός κτλ., ThWNT 8 (270–294), 273–275. Ausdrücklich vom Sehendwerden eines Blindgeborenen ist m.W. nur an der o.S.357 Anm. 285 zitierten Pausanias-Stelle die Rede. Schrage erwähnt noch eine Heilung eines Blindgeborenen durch Hadrian, die aber als Täuschung angezweifelt wird (Scriptores Historiae Augustae I 26).

somit die Auseinandersetzung für ihn zu einem Bekenntnis zu Jesus geführt. Er weiß jetzt, was die Vernehmenden nicht wissen, dass nämlich Jesus „von Gott" ist.

34   Das hat für ihn sofort negative Konsequenzen. Zunächst bekommt er in V.34a den mündlichen Protest der ihn Vernehmenden zu hören, die es sich verbitten, von ihm belehrt zu werden: „Du bist ganz und gar in Sünden geboren und willst uns belehren?" Die Betonung durch „ganz und gar" und die Entgegenstellung von „du" und „uns" schließen es aus, dass die Aussage „in Sünden geboren" als allgemein anthropologische verstanden werden soll, dass der Mensch von Anfang an unter der Sünde steht. So heißt es etwa in Ps 51,7: „Siehe, in Sünde wurde ich geboren, und in Verfehlung empfing mich meine Mutter."

Johannes lässt die Vernehmenden implizit den Rückschluss der Freunde Hiobs vom Ergehen auf das Tun machen[330], so dass sie den Blindgeborenen als völlig inkompetent hinstellen können, um sie, die doch „Schüler des Mose" und also von dessen Autorität gedeckt sind, zu belehren. Damit wird nun nicht mehr in der Sache, sondern formal argumentiert[331]. Das hat entsprechendes Handeln zur Folge: „Und sie stießen ihn aus." Diese Formulierung „dürfte bewußt doppelsinnig gebraucht sein"[332]. Einmal ist vordergründig der Hinauswurf aus dem Versammlungsraum in der erzählten Situation im Blick. Zum anderen aber kann dieser Satz nicht ohne Bezug auf V.22 gelesen und gehört werden. Was dort die Eltern befürchteten und wovor sie sich durch klug taktierendes Verhalten zu schützen wussten, das trifft hier ihren Sohn: Er wird aus der Synagoge ausgeschlossen.

f) Das Bekenntnis des Geheilten zu Jesus (9,35–38)

35   Mit V.35 betritt Jesus selbst wieder die Szene. Obwohl er in den vorangehenden Vernehmungen nicht persönlich anwesend war, stand er doch immer im Mittelpunkt. Er, der die nicht ausstößt, die zu ihm kommen (vgl. 6,37), greift nun selbst in das Geschehen ein, nachdem der von ihm Geheilte ausgestoßen worden ist[333]. Er „findet" ihn, wie er in 1,43 den Schüler Philippus und in 5,14 den ehemals Gelähmten gefunden hatte.

Anders als in Kap.5 und wie in Kap.1 kommt es nun zur Schülerschaft. Den Gefundenen konfrontiert Jesus mit der Frage: „Glaubst du an den Menschensohn?" Was gewinnt Johannes damit, dass er Jesus jetzt diesen Titel gebrauchen lässt? Im

---

330 Vgl. o. zu V.2.
331 Die Argumentation ist an ihr Ende gekommen. So wie der Geheilte sie in dieser Szene geführt hat, ist sie zwingend. Aber sie ist es nur in der Erzählung mit den in ihr gemachten Voraussetzungen. Die Erzählung selbst kann die bestärken, denen durch Jesus schon „die Augen geöffnet" sind. Das soll sie auch im Sinne des Evangelisten.
332 SCHNACKENBURG, Komm. 2,320
333 Auf diesen Bezug zu 6,37 macht SCHNACKENBURG aufmerksam (vgl. Komm. 2,320).

bisherigen Evangelium war er vor allem verbunden mit den Motiven des „Hinauf-steigens" (3,13; 6,62) und der „Erhöhung" (3,14; 8,28), aber auch dem des endzeitli-chen Gerichts (5,27). Das Gerichtsthema wird Jesus gleich in V.39 aufnehmen. Auf der Ebene der das Evangelium lesenden und hörenden Gemeinde wird damit die Frage des Glaubens an Jesus im Hinblick darauf gestellt, ob er sich angesichts des Kreuzes bewährt, ob er gerade an dieser Stelle den rettenden Gott am Werk zu sehen vermag, der den hier Gerichteten zum Richter macht[334].

Der nach dem Glauben an den Menschensohn Gefragte fragt in V.36 seinerseits 36 nach dessen Identität: „Und wer ist es, (mein) Herr, damit ich an ihn glaube?" Ohne den Bezug auf eine bestimmte Person wäre der Glaube an den Menschensohn ein abstrakter Glaube, ein Glaubenssatz der Dogmatik über die letzten Dinge, wie ihn in 4,25 die Samariterin über den Messias formuliert hatte: „Ich weiß, dass der Messias kommt ... Wenn der kommt, wird er uns alles vermelden." Das ist ein unbestimmtes Bild, ein Bild ohne klare Konturen. Davon kann sich allenfalls Hoffnung nähren, aber nicht der Glaube. Er muss sich auf Bekanntes beziehen können.

Wie sich Jesus in 4,26 gegenüber der Samariterin selbst als Gesalbten ausgewiesen 37 hatte, so tut er es jetzt hier in V.37 als Menschensohn gegenüber dem Geheilten, wo-bei er nicht nur auf das Hören, sondern – im Kontext der Blindenheilung naheliegend – auch auf das Sehen abhebt: „Du hast ihn doch gesehen; der mit dir redet, der ist es." Worauf der Geheilte schon während der Vernehmung gegen den Willen der Ver-nehmenden mehr und mehr hingeführt worden war, davor wird er jetzt direkt gestellt. Er wird mit dem Anspruch Jesu konfrontiert, dessen helfendes Handeln er schon er-fahren hat[335].

In V.38 gibt der Gefragte seine Antwort: „Ich glaube, Herr." Zu diesem glauben- 38 den Bekennen tritt noch eine auffällige Handlung hinzu: „Und er fiel vor ihm nie-der." Das hier gebrauchte Wort *proskynein* findet sich im Johannesevangelium außer in 12,20 von den zum Fest hinaufziehenden Griechen, die dort im Tempel „anbeten" wollen, sonst nur noch in dem Abschnitt 4,20–24. Dort war vom Anbeten auf dem Garisim und in Jerusalem die Rede und vom künftigen wahren „Anbeten" in Geist und Wahrheit. Wenn Johannes dieses Wort hier aufnimmt, will er offenbar solches „wahre Anbeten" darstellen, was heißt, dass dem in Jesus auf den Plan getretenen Gott die Ehre gegeben wird. Wenn der Ausgestoßene vor Jesus niederfällt, bedeutet das, „daß er in Jesus den Ort der Gegenwart Gottes anerkennt"[336].

---

334 BLANK erkennt im Begriff „Menschensohn" an dieser Stelle „eine ‚umfassende Glaubensformel', die Person und Geschick Jesu in einem Begriff zusammenfaßt" (Komm. 1b,206).

335 Vgl. BULTMANN, Komm. 257: „Wie ohne das von jenseits gesprochene Wort die eigene Erfah-rung des Menschen unverstanden wäre, so ist das Wort seinerseits verständlich, weil es den Sinn der Erfahrung aufdeckt."

336 BLANK, Komm. 1b,207. Nach SCHNACKENBURG wird in dem *proskynein* „der Fortschritt des Mannes von seinem jüdischen Glauben (V 31–33) zum christlichen Glauben manifestiert" (Komm. 2,323). Im Blick auf die Redeweise vom „christlichen Glauben" sei angemerkt, dass die

g) Zum Zweck des Kommens Jesu (9,39–10,21)

Dass die spätere Kapiteleinteilung den falschen Eindruck erweckt, zwischen 9,41 und 10,1 liege ein Einschnitt, ist schon bei der Einleitung in den Gesamtzusammenhang von 9,1–10,21 besprochen worden. Die Rede Jesu geht in 10,1 unvermittelt weiter. Die vorgestellte Situation und die Gesprächspartner bleiben dieselben[337]. Als diese Gesprächspartner tauchen in V.40 wieder Pharisäer in Konfrontation mit Jesus auf. In ihr ist es begründet, dass bei der Fortführung der Rede Jesu der Wechsel in einen anderen Bildbereich, nämlich den vom Hirten und den Schafen, in 10,1 negativ einsetzt. Die szenische Zwischenbemerkung in V.6 charakterisiert die Einheit V.1–5 über den Dieb und Räuber sowie den Hirten im Verhältnis zu den Schafen als Gleichnisrede, die von den Angeredeten nicht verstanden wurde. Im Folgenden legt Jesus einzelne Bildelemente dieser Gleichnisrede weiterführend aus, wobei er auch einen bisher nicht genannten Aspekt, das unterschiedliche Verhalten von Hirt und Lohnknecht angesichts des Wolfes einbringt. Die Auslegung erfolgt in zwei Abschnitten, in V.7–10, wo sich Jesus zweimal als Tür für die Schafe, die zum Leben führt, im Gegensatz zum Dieb darstellt, und in V.11–18, wo er sich zweimal als den guten Hirten im Gegensatz zum Lohnknecht beschreibt und dabei seine Verbundenheit mit dem Vater betont. Der Zusammenhang wird in V.19–21 mit einer szenischen Schlußbemerkung abgeschlossen, die wiederum eine Spaltung in der Hörerschaft feststellt. Dabei greifen die zuletzt genannten positiv Reagierenden ausdrücklich auf die Blindenheilung zurück.

39   Die Szene zwischen Jesus und dem Geheilten ist mit dessen Bekenntnis abgeschlossen. Er tritt im Weiteren nicht mehr auf. Ohne dass zunächst eine neue Szene angegeben wird, ergreift Jesus in V.39 wieder das Wort. Dass jetzt andere Gesprächspartner im Blick sind, wird in der Fortsetzung gleich deutlich werden. Auf die vorangehende Erzählung zurückblickend macht Jesus eine grundsätzliche Aussage über den Zweck seines Kommens: „Zum Gericht bin ich in diese Welt gekommen, damit die Nichtsehenden sehen und die Sehenden blind werden"[338]. Spätestens hier liegt das Recht einer metaphorischen Interpretation der Geschichte von der Blindenheilung offen auf der Hand. Denn nach dieser Erzählung ist zwar ein im eigentlichen Sinn Nichtsehender sehend geworden, jedoch kein im eigentlichen Sinn Sehender

---

Distanzierungsprozesse des „Christlichen" vom Jüdischen hier erst beginnen. Völlig problematisch ist allerdings die Kategorie des „Fortschritts".

[337] BARRETT sieht den Zusammenhang zwischen Kap.9 und Kap.10 so: „Dort ist ein instruktives Beispiel des Versagens der Hirten, die nur Mietlinge sind, gegeben worden. Anstatt angemessen für den Blinden zu sorgen, haben ihn die Pharisäer ausgestoßen (9,34). Jesus als der gute Hirte dagegen fand ihn (9,35 ...) und brachte ihn mithin zur wahren Herde" (Komm. 368).

[338] In 3,17 hatte es geheißen: „Nicht nämlich hat Gott seinen Sohn in die Welt gesandt, dass er die Welt richte, sondern dass die Welt durch ihn gerettet werde." Die folgenden Verse 18–21 hatten jedoch gezeigt, dass sich gerade darin gleichsam zur Linken auch das Gericht vollzieht. Vgl. die Auslegung z. St.

blind. Wohl aber haben sich Menschen mit theologischem Urteilsvermögen als blind gegenüber Jesus erwiesen. Das Gericht vollzieht sich hier als Scheidung im Hören oder Nichthören auf die Worte Jesu. An dieser Stelle deutet sich auch schon eine Verknüpfung mit dem ersten Teil von Kap.10 an: Der Blindgeborene gehört zu den Schafen, die die Stimme des guten Hirten hören. Er erweist sich als sehend, indem er in der Stimme Jesu den Ruf Gottes vernimmt.

Die das Gericht als Scheidung beschreibende Aussage Jesu, dass Blinde sehend 40 und Sehende blind werden, ruft in V.40 eine Reaktion hervor. Im ganzen neunten Kapitel gab es bisher keine direkte Konfrontation zwischen Jesus und „den Juden" bzw. „den Pharisäern". Das ist nun wieder der Fall. Was Jesus in V.39 rückblickend auf die in diesem Kapitel erzählte Geschichte gesagt hatte, „hörten welche von den Pharisäern, die bei ihm waren". Damit sind diese Pharisäer sicherlich nicht als ständige Begleiter Jesu gedacht. Johannes braucht sie jetzt wieder als Gesprächspartner Jesu, und so lässt er sie „bei ihm" sein wie in 11,31 „die Juden" im Haus der Maria, „die bei ihr waren". In Bezug auf die Aussage Jesu von V.39 fragen sie: „Sind etwa auch wir blind?" Mehr Gesprächsanteil als diese Frage, die deutlich macht, dass es um Blindheit im metaphorischen Sinn geht, räumt ihnen Johannes nicht ein. In der szenischen Zwischenbemerkung in 10,6 stellt er lediglich ihr Nichtverstehen fest, und die Abschlussbemerkung in 10,19–21 über eine Spaltung unter ihnen wiederholt variierend die unterschiedlichen Stimmen von 9,16.

Jesus antwortet in V.41 nicht mit Ja oder Nein: „Wenn ihr blind wärt, hättet ihr 41 keine Sünde. Jetzt aber sagt ihr: Wir sehen. Da bleibt eure Sünde." Als Einfältige, Ungebildete wären sie noch im Stadium der Unschuld und könnten „sehend" werden. Da sie aber meinen zu sehen und gerade deshalb nicht auf Jesus hören wollen, erweisen sie sich ihm gegenüber als blind. Das macht in der Sicht des Johannes ihre Sünde manifest. Der Konflikt, in dem er sich vorfindet und den er sich nicht ausgesucht hat, treibt ihn zu einer Konzentration auf die Christologie. Diese christologische Konzentration wirkt ihrerseits konfliktverschärfend. Da alles auf die an Jesus sich vollziehende Scheidung zugespitzt wird, kann für die Gegenseite nur noch „Sünde", die „bleibt", festgestellt werden. Eine Johannes an dieser Stelle nachsprechende Exegese nimmt sein Entweder-Oder auf und kann dann „die Juden" bzw. „die Pharisäer" nur auf der Seite der Finsternis und des Unglaubens verorten.

So heißt es z.B. bei SCHNELLE: „Allein im Ja oder Nein zur Offenbarung Gottes in Jesus von Nazareth zeigt sich, ob ein Mensch zum Bereich des Lichtes gehört oder in der Finsternis bleibt." Während der Blindgeborene „in einem doppelten Sinn sehend geworden" ist, sind „die Pharisäer nur vermeintlich Sehende" und „nicht zum Glauben gekommen, so daß sie in der Sünde schlechthin verbleiben: der Ablehnung des Offenbarers". Daher „verfallen die Juden der Krisis, weil sie im Unglauben verharren" (Komm. 174). Sieht man, dass es im Johannesevangelium keinen isoliert auf Jesus bezogenen Glauben gibt, sondern dass es beim Glauben an Jesus immer um den Glauben an Gott geht (vgl. besonders 12,44), verbietet es sich angesichts des weitergehenden jüdischen Zeugnisses von selbst, vom **„Unglauben der**

Juden" zu sprechen. Überhaupt bleibt zu beachten, was BLANK zu diesem Kapitel sagt: „Es ist ein ‚Konflikt zwischen feindlichen Brüdern', die ja bekanntlich besonders heftig zu sein pflegen; ein Konflikt zwischen rivalisierenden Gruppen, der in der wirklichen Geschichte stattfindet, wo solche Prozesse gewöhnlich nicht friedlich verlaufen … Wobei wieder einmal deutlich wird, wie wichtig es ist, auch die neutestamentlichen Aussagen in ihrer unmittelbaren historischen Situation, in ihrer Verortung in einem gegebenen Kontext zu sehen und zu verstehen, und ihnen nicht vorschnell die Bedeutung eines überzeitlichen Gotteswortes zuzusprechen. Ein dogmatistisches Verständnis historisch bedingter Aussagen tut diesen Texten unrecht und ist außerdem, wie wir heute nach neunzehnhundertjähriger Erfahrung sagen müssen, auch äußerst gefährlich" (Komm. 1b,211).

Wie die von BILLERBECK zu 9,41 zitierte Stelle zeigt (vgl. Bill. II 536), kennt im Übrigen auch das rabbinische Judentum eine besondere Verantwortung der theologischen Lehrer. In bBM 33b heißt es von Rabbi Jehuda ben Elaj in Auslegung von Jes 58,1: „‚Sage meinem Volk ihre Sünde', das sind die Schüler der Weisen; denn Irrtümer gelten für sie wie absichtliche Übertretungen. ‚Und dem Haus Jakob ihre Verfehlung', das sind die Landleute; denn absichtliche Übertretungen gelten für sie wie Irrtümer. Das ist es, was wir gelernt haben: Rabbi Jehuda sagt: Sei vorsichtig bei der Lehre! Denn ein Irrtum in der Lehre wird als absichtliche Übertretung gerechnet." Der Ausspruch Rabbi Jehudas ist Zitat aus mAv 4,13.

1 In der Fortführung der Rede Jesu in 10,1 wechselt der Bildbereich. Der vorher herausgestellte exklusive Bezug auf ihn wird nun mit dem Hirtenbild erläutert, und dabei wird – nach dem Moment des Sehens in Kap.9 – nun zunächst in dem Abschnitt V.1–5 das Moment des Hörens betont. Das neue Bild findet sich wieder mit dem doppelten Amen gewichtig eingeleitet[339]. An der durch V.6 abgegrenzten und als Gleichnisrede bezeichneten kleinen Einheit V.1–5 ist in formaler Hinsicht einmal auffällig, dass sie in V.1f. und V.4f. antithetisch gerahmt[340], und zum anderen, dass die Antithese zu Beginn in Definitionssätzen gegeben wird[341]. Das weist darauf hin, dass sich die Polemik von 9,39.41 fortsetzt. In V.41 waren zuletzt „welche von den Pharisäern" hart angegangen worden. Sie dürften daher im Blick sein, wenn V.1 negativ einsetzt: „Wer nicht durch die Tür in die Schafhürde hineingeht, sondern von anderswo einsteigt, der ist ein Dieb und Räuber." Entworfen wird das Bild von Schafen, die in einem im Freien errichteten Pferch oder in einem an ein Haus angrenzenden umfriedeten Hof übernachten. Der Definition, dass ein Dieb oder Räuber ist, wer „nicht durch die Tür" zu den Schafen geht, „sondern von anderswo einsteigt", wird niemand widersprechen. Worauf aber wird diese Definition bezogen? Die in der vorgestellten Situation Angeredeten verstehen das nicht, wie V.6 feststellt. Die das Evangelium Lesenden und Hörenden werden durch den vorangehenden Kontext angeleitet, gerade die Angeredeten damit zu verbinden. Was aber bringt sie in diese Verbindung? Im Definitionssatz ist entscheidend das vorangestellte negative Kriterium: „nicht durch die Tür". Es gibt hiernach nur einen legitimen Zugang. Damit aber

---

[339] Im Blick auf die Verbindung von Kap.9 und 10 macht schon WEISS darauf aufmerksam, dass „das feierliche ἀμὴν ἀμὴν λέγω ὑμῖν … nie den Anfang einer neuen Rede bildet" (Komm. 374).
[340] Vgl. DSCHULNIGG, Hirt 6.8.
[341] Vgl. SCHENKE, Komm. 191.

ist die Frage vorbereitet, die erst später beantwortet wird: Was ist mit der Tür gemeint?

Auch der Definitionssatz in V.2 sagt etwas Selbstverständliches: „Wer durch die 2 Tür hineingeht, ist der Hirte der Schafe." So ist es, dass am Morgen der Hirte durch die Tür zu den Schafen geht. Wie es geschieht und was unmittelbar weiter folgt, wird in V.3 erzählt: „Dem öffnet der Türhüter, und die Schafe hören auf seine Stimme. 3 Seine Schafe ruft er Name um Name und führt sie heraus"[342]. Diese Erzählung enthält an einer Stelle eine Übertreibung, dass nämlich der Hirte alle Schafe einzeln mit Namen ruft. Hier dringt ein Zug von der gemeinten Sache her ein[343]; darauf ist zurückzukommen. V.4 führt die Erzählung fort: „Wenn er die Seinen alle hinausge- 4 bracht[344] hat, geht er vor ihnen her, und die Schafe folgen ihm, da sie seine Stimme kennen."

Die in der Erzählung in V.3f. besonders betonten Momente, dass **die Schafe die Stimme ihres Hirten kennen und auf sie hören und ihm deshalb folgen**, finden sich eindrücklich beschrieben in einer Szene des Buches von C. T. WILSON, Peasant Life in the Holy Land, London 1906, 164f.: „Vor einigen Jahren verbrachte ich die Nacht in einigen Hirtenzelten in Gilead. Die Zelte, etwa zehn bis zwölf an der Zahl, waren in einem großen Umkreis aufgeschlagen und schlossen einen beträchtlichen Raum ein. Am Abend wurden etwa sechs oder sieben Herden in das Lager hineingebracht, um ihnen Schutz zu geben. Als am Morgen die Zeit für die Hirten kam, ihre Schützlinge zum Weiden hinauszubringen, versuchten sie nicht etwa, ihre jeweiligen Herden aus der Menge der Schafe und Ziegen abzusondern, die alle durcheinander über den ganzen Raum zerstreut waren. Vielmehr ging jeder ein kurzes Stück hinter den von den Zelten gebildeten Ring und gab dort stehend seinen je besonderen Ruf von sich. Sofort geriet die ganze Menge der Schafe und Ziegen in Bewegung, und während die Hirten weiter riefen, trennten sich die verschiedenen Herden von selbst. Alle strömten aus dem Lager hinaus in der Richtung ihrer jeweiligen Führer. Und nach fünf Minuten war kein Schaf und keine Ziege mehr im Innenraum. Wiederum ein wenig später konnte man sehen, wie die unterschiedlichen Herden in alle Himmelsrichtungen auseinandergingen, wobei jede ihrem eigenen Hirten folgte."

„Während der Gegensatz zwischen dem Dieb in der Nacht und dem Hirten am Morgen einen lebhaften Hintergrund bildet, konzentriert sich der Handlungsablauf im Wesentlichen auf die Interaktion zwischen dem Hirten und den Schafen"[345]. Indem der Schluss von V.4 betont herausstellt, dass die Schafe die Stimme ihres Hirten kennen, wird damit einmal die Verbundenheit und Vertrautheit zwischen ihnen unterstrichen. Die Lesenden und Hörenden sollen darin gewiss ihr Verhältnis zu Jesus

---

342 CALVIN bemerkt: „Töricht handeln meiner Meinung nach die, welche die einzelnen Teile dieses Gleichnisses allzu scharfsinnig auszudeuten versuchen" (Komm. 260), hält sich freilich dann selbst nicht konsequent an den hinter dieser Aussage stehenden guten Rat.

343 Vgl. SCHNACKENBURG, Komm. 2,353f.

344 Im griechischen Text steht dasselbe Wort wie in 9,34f., das ich dort mit „ausstoßen" übersetzt habe. Hier geht es um das Hinaustreiben der Schafe aus dem Pferch. Vgl. SCHNACKENBURG, Komm. 2,353: „Er ruft und lockt ‚seine' Schafe, muß auch … einigen nachhelfen, um ‚alle hinauszutreiben'."

345 BRODIE, Komm. 363.

wiedererkennen. Darin wird auch die erzählerische Übertreibung begründet sein, dass der Hirte „seine Schafe Name um Name ruft". Wer mit Namen gerufen ist, kann sich darauf verlassen, wichtig zu sein und dazuzugehören – und soll dann auch dabeibleiben[346].

5   Zum anderen bereitet die Betonung dessen, dass die Schafe die Stimme ihres Hirten kennen, am Schluss von V.4 die Verneinung des Gegensatzes in V.5 vor: „Einem Fremden aber werden sie gewiss nicht folgen, sondern vor ihm fliehen, da sie die Stimme der Fremden nicht kennen." Auf der Bildebene handelt es sich nicht um die Wiederaufnahme von Dieb und Räuber aus V.1; der war ja anders definiert. Es kommen andere (Hirten) in den Blick, die eine andere Stimme haben, der die Schafe nicht folgen, sondern vor der sie weichen, wenn sie zu nahe kommt. Die Formulierung als Gewissheitsaussage im Futur weist darauf hin, dass das damit Gemeinte feste Hoffnung des Evangelisten ist, es möge so sein[347]. Auf dieser Ebene, der des Gemeinten, sind „die Fremden" in der Antithese von V.4f. sicher keine anderen als diejenigen, auf die in der von V.1f. mit „Dieb und Räuber" gezielt war. Sie kommen jetzt unter einem anderen Aspekt des Bildes in den Blick.

6   So weit reicht die Gleichnisrede, die die Angeredeten nach V.6 nicht verstehen. Aber die das Evangelium lesende und hörende Gemeinde konnte und sollte schon Aspekte des Gemeinten erkennen. Dafür ist sie auch durch die biblische Tradition vorbereitet[348].

Nach Ps 95,7; 100,3 ist **Gott** selbst **der Hirte seines Volkes Israel**. Die mit dem Bild zum Ausdruck gebrachten Aspekte sind die der Lebensgabe und der sicheren Leitung. Letzteres allein wird in Ps 77,21 angeführt: „Wie Schafe hast Du Dein Volk geführt durch die Hand Moses und Aarons" (vgl. Ps 80,2; Jes 40,11). Nach Num 27,15ff. setzt Gott Josua als Hirten über Israel ein. Nach 2Sam 5,2 sagt Gott zu David: „Du wirst mein Volk Israel weiden; und du wirst Fürst über Israel sein" (vgl. Ps 78,70–72). Ez 34 übt scharfe Kritik an den selbstsüchtigen „Hirten Israels" und kündigt an, dass Gott selbst sich seiner Herde annehmen will, indem er ihr einen Davididen als „einzigen Hirten" gibt (vgl. Jer 23,1–8).

In BemR 23,2 (Wilna 93c) wird Ps 77,21 so ausgelegt: „Überallhin, wohin der Hirte sie (die Herde) führt, folgt sie ihm nach. So auch Israel: An jeden Ort, an den Mose und Aaron sie ziehen ließen, zogen sie ihnen nach." Über die Einsetzung Moses als Hirten Israels heißt es ShemR 2,2 (SHINAN S.106): „Unsere Lehrer sprachen: Als Mose die Schafe Jitros in der Wüste weidete, entfloh ein einzelnes Böckchen vor ihm, und er lief ihm nach, bis es eine

---

346   Wieder schimmert hier die Situation einer angefochtenen Gemeinde durch, die vergewissert werden soll. Das ist die Funktion dieser Bilder. Ihre situativ-funktionale Einseitigkeit darf nicht in eine ekklesiologische Theorie überführt werden, die im Gegensatz zu anderen Aussagen des Evangeliums stünde. So verfährt BECKER, der die sich dann ergebenden Gegensätze unterschiedlichen Schichten zuweist: „Christus ist nicht zur Welt gesandt (3,16 usw.), sein Werk beschränkt sich vielmehr auf die Betreuung der längst festgelegten Gotteskinder. Kirche ist Sammlung der Determinierten aus der Welt" (Komm. 1,382).

347   Im Vorangehenden war es der geheilte „Blinde, *welcher der Stimme seiner Volksleiter nicht Gehör gab, wohl aber der Jesu*" (THOLUCK, Komm. 281). SCHNACKENBURG nennt ihn den „Prototyp eines Menschen, der die Stimme Jesu ... hört und ihm gläubig folgt" (Komm. 2,357).

348   Vgl. DSCHULNIGG, Hirt 10f.

Bergschlucht erreichte. Nachdem es die erreicht hatte, traf es dort auf einen Teich; und das Böckchen blieb stehen, um zu trinken. Nachdem Mose es erreicht hatte, sprach er zu ihm: Ich habe nicht gewusst, dass du von mir weggelaufen warst, weil du (vor Durst) erschöpft bist. Er ließ es auf seiner Schulter reiten und ging (zurück). Der Heilige, gesegnet er, sprach zu ihm: Du hast Erbarmen, um die Schafe von Fleisch und Blut (= die Schafe, die einem Menschen gehören) zu leiten. Bei deinem Leben: Du wirst meine Schafe leiten."

Auf dem Hintergrund dieser Tradition und aufgrund der bisherigen Lektüre des Evangeliums kann die Gemeinde in Jesus den von Gott eingesetzten Messias als ihren Hirten schon in der Gleichnisrede von V.1–5 erkennen, als den er sich im übernächsten Abschnitt ausdrücklich bezeichnen wird[349]. Dessen Stimme kennt sie; und darauf soll sie hören. Dagegen soll sie sich von denen distanzieren, die sich in Distanz und Gegensatz zu Jesus stellen. Sie erscheinen in der vorgestellten Erzählsituation als Angeredete, die nicht verstehen.

Dass die in ihnen anvisierten Lehrer zur Zeit des Johannes, die die jüdische Mehrheit führten und zu denen er und die Seinen in Distanz standen, treue Hüter der Herde zu sein suchten, steht auf einem anderen Blatt, das aber wahrgenommen werden muss. Darüber wird an späterer Stelle des Kapitels noch zu reden sein. Von daher ist es unangemessen, dieses antithetische Gegenüber Jesu im Text des Evangeliums nun auch in der Auslegung nachsprechend negativ abzuqualifizieren und diese negative Qualifizierung durchscheinen zu lassen auf jüdische Lehrer überhaupt bis in die Gegenwart. Ein extremes Beispiel dafür bietet HIRSCH, der im Gegenbild den „jüdischen Gesetzeslehrer" erkennt und von der „Selbstsucht und Herrschsucht der geistlichen Führer in einer gesetzlichen Religion" spricht (Evangelium 255). Vorher sah er in Jesus den Hirten, „der die Seinen … hinausführt aus dem ummauerten Schafhof des jüdischen Gesetzes auf die freie Weide des Evangeliums". Es handle sich hier um das „Zerschneiden jedes Bandes zwischen denen, die Jesu sind, und der jüdischen Volks- und Religionsgemeinde". Das habe darin „seine tiefere Rechtfertigung, daß jüdischer Dienst dort und Glaube an Jesus hier sich wie Finsternis und Licht, Knechtschaft und Freiheit, Schuld und Vergebung, Verblendung und Erkenntnis, Gesetz und Evangelium gegenüberstehn" (254).

Die Gleichnisrede hatte in V.1 mit einem negativ formulierten Definitionssatz begonnen. Vom vorangehenden Kontext in Kap.9 her mussten beim „Dieb und Räuber" die Angeredeten im Blick sein. Er wurde dadurch gekennzeichnet, dass er „nicht durch die Tür" kommt. Von daher war die Frage gestellt, was mit der Tür gemeint ist. Diese Frage wird nun in dem Abschnitt V.7–10 beantwortet. Zweimal bezeichnet sich Jesus als die Tür[350]. Dabei werden unterschiedliche Aspekte betont. Einmal geht

7

---

[349] WILCKENS meint: „Der Unterschied in Ez 34 zwischen Gott und dem von ihm eingesetzten König aus Davids Geschlecht fällt in Joh 10 in Jesus zusammen" (Komm. 164). Dass auch Joh 10 diesen Unterschied wahrt, wird noch deutlich werden.

[350] Dass auf dem Hintergrund der aufgenommenen biblischen Metaphorik der schon zuvor im Evangelium als Messias dargestellte Jesus als Hirte identifiziert wird, wie es ab V.11 geschieht, versteht sich gleichsam von selbst. Seine jetzt vorangehende Kennzeichnung als Tür ist bedingt durch den Definitionssatz in V.1. Der Auslegung der Gleichnisrede ist also nicht vorzuwerfen, sie erfolge „nicht einmal konsequent …, sondern willkürlich und partiell" (so jedoch BECKER, Komm. 1,381). Sie nimmt die für den Kontext des Evangeliums wesentlichen Teile auf. „In der

es um den Zugang zu den Schafen, zum anderen um die Tür für die Schafe. Beide
Male bilden – in Aufnahme von V.1 – „Diebe und Räuber" (V.8) bzw. „der Dieb"
(V.10) einen negativen Gegensatz. Darauf folgt aber jeweils noch ein Blick auf die
Schafe (V.8b.10b), am Schluss innerhalb einer positiven Bestimmung des Kommens
Jesu.

Nach der szenischen Zwischenbemerkung von V.6 wird Jesus in V.7 erneut als
Redender eingeführt. Wie schon in V.1 setzt er seine Rede mit der doppelten Amen-
Einleitung fort. Auf sie folgt die seitdem ausstehende Antwort: „Ich bin die Tür der
Schafe." Die Genitivverbindung ist hier unter dem Aspekt des Zugangs zu verstehen,
da es sich in V.7 zusammen mit V.8 deutlich um eine weiterführende Aufnahme von
V.1 handelt, wo es den Dieb und Räuber ausmachte, dass er „nicht durch die Tür"
kommt, „sondern von anderswo einsteigt". Auf dem Hintergrund der traditionellen
biblischen Metaphorik von Israel als der Herde Gottes bringt diese Identifizierung
mit der Tür zum Ausdruck, dass in und durch Jesus Gott selbst zu seinem Volk Israel
kommt[351].

8   Die Ablehnung dieses Anspruchs – und nur sie – macht die Kontrahenten Jesu in
der Darstellung des Evangeliums zu „Dieben und Räubern". Als die werden sie in
Aufnahme von V.1 in V.8 beschrieben: „Alle, die vor mir gekommen, sind Diebe
und Räuber." Da in V.1 das Bild vom Dieb und Räuber unmittelbar an die scharfe
Kritik an den Gesprächspartnern Jesu in 9,41 anknüpfte und also auf sie zu beziehen
war, dürften sie auch jetzt bei der Wiederaufnahme dieses Bildes im Blick sein[352]. Es
sind „welche von den Pharisäern", die zu denen gehören, die den geheilten Blindgeborenen nach dessen Bekenntnis zu Jesus ausgestoßen hatten (9,34)[353]. Damit sind
auf der zeitlichen Ebene des Evangelisten die führenden Lehrer der jüdischen Mehrheit gemeint, die diejenigen als Häretiker ausgrenzen, die sich zu Jesus bekennen[354].
Von daher ist die Aussage von V.8 nicht in einem allgemeinen und grundsätzlichen
Sinn zu verstehen[355], sondern im Zusammenhang des Gegenübers, in das Jesus und

---

Deutung werden einzelne Aspekte jeweils für sich beleuchtet, die auf der Bild-Ebene verschieden
sind, aber auf der Sinnebene zusammengehören" (WILCKENS, Komm. 165).

[351] Vgl. KRIENER, Glauben 135: „Wenn das Joh Jesus als Tür bezeichnet, weist es ihm somit zunächst
die Funktion zu, Zugang Gottes zu seiner Herde Israel zu sein." Ähnlich DSCHULNIGG, Hirt 12:
„Er ist als Messias der wahre und alleinige Zugang Gottes zum Volk Gottes; alle anderen, die vor
oder neben ihm Anspruch auf Leitung des Volkes Gottes erhoben haben, sind Diebe und Räuber."

[352] Vgl. BARRETT, Komm. 371, der allerdings an „falsche Messiasprätendenten und trügerische
‚Heilande'" denkt.

[353] Vgl. DSCHULNIGG, Hirt 21: „Mit den Dieben und Räubern in Kap.10 dürften denn auch im Kontext von Kap.9 besonders die Pharisäer gemeint sein."

[354] Vgl. SCHLATTER, Johannes 235f.: „Wahrscheinlich geht der Blick bei diesem Wort ausschließlich
auf die gegenwärtigen Verhältnisse ..., auf die, die jetzt die Führung der Gemeinde als ihr Recht
beanspruchen." Vgl. auch schon WEISS, Komm. 378: „Der Ausdruck verliert jede Schwierigkeit,
sobald man dem Zusammenhange und der geschichtlichen Situation gemäss an die Pharisäer
denkt, welche Jesus als Volksführer *vorgefunden* hatte ..." Gedacht ist hier allerdings an die Zeit
Jesu, nicht die des Johannes.

[355] So allerdings BULTMANN, Komm. 286: „Das Wort hat grundsätzlichen Sinn, und so sind alle
angeblichen Offenbarer, alle angeblichen Heilande gemeint, die einst Menschen zu sich riefen,

„welche von den Pharisäern" im Kontext des Evangeliums hier gestellt werden. Die Art der Formulierung – „alle, die vor mir gekommen sind" – lässt sich mit SCHNACKENBURG als Nachwirkung des Bildes aus der Gleichnisrede erklären: „Diebe und Räuber kommen in der Nacht, vor dem Hirten, der am Morgen durch das Tor in den Hof eintritt"[356]. Innerhalb des Gegenübers – auf der Zeitebene des Evangelisten ist es das zwischen seiner Gruppe und der jüdischen Mehrheit – macht er allerdings Jesus zum exklusiven Kriterium. Wer nicht durch diese Tür geht, wer also nicht anerkennt, dass in und durch Jesus Gott zu seinem Volk kommt, sondern einen anderen Zugang hat, erweist sich eben damit als Dieb und Räuber. Diese Sicht hat Folgen, wie gleich an V.8b deutlich wird.

Gegenüber den als Diebe und Räuber Gekennzeichneten stellt die Fortsetzung der Rede Jesu in V.8b fest: „Aber die Schafe haben nicht auf sie gehört." In der metaphorischen Tradition, die Johannes hier einspielt, sind die Schafe das Volk Israel. Das hört in seiner Mehrheit zur Zeit des Johannes auf diejenigen, die er als Diebe und Räuber abqualifiziert. Wenn er hier Jesus sagen lässt, die Schafe hätten nicht auf sie gehört, erfolgt implizit eine Einschränkung, insofern als „Schafe" nur diejenigen gelten, die auf die Stimme des Hirten (V.3) und nicht auf „Diebe und Räuber" hören. Johannes versteht so nur die eigene Gruppe als das wahre Volk Gottes oder als dessen allein angemessene Repräsentanz. Aus dieser Gegenüberstellung einer jüdischen Minderheit zur jüdischen Mehrheit wird in der nichtjüdischen Rezeption eine Entgegensetzung der Kirche zum Judentum, in der sie sich als das „wahre Israel" versteht. Will sich die Kirche heute nicht mehr in dieser Weise antijüdisch behaupten und an die Stelle Israels setzen, wird sie es auch Johannes nicht nachsprechen, dass die jüdischen Lehrer seiner Zeit „Diebe und Räuber" waren, sondern deren eigenen Zugang achten.

In V.9 sagt Jesus noch einmal von sich: „Ich bin die Tür." Im Unterschied zu V.7 9 wird die Tür jetzt nicht näher durch einen Genitiv gekennzeichnet. Von der Fortsetzung her ist es deutlich, dass Jesus nun als Tür für die Schafe im Blick ist: „Wer durch mich hineingeht, wird gerettet werden und ein und aus gehen und Weide finden." Es wird eine Bedingung genannt, an die Verheißungen geknüpft sind. Die Bedingung ist dieselbe, wie sie zuvor im Blick auf die „Diebe und Räuber" als nicht

---

denen einst Menschen folgten." Ein paar Zeilen vorher hatte er gemeint: „Der Offenbarer stellt sich in diesem Worte allen angeblichen Offenbarern früherer Zeiten gegenüber als der Einzige." Davon muss er freilich wegen 5,39 und anderer Stellen für den Evangelisten – nicht für die behauptete Quelle – „Mose und die Propheten" ausnehmen (286f.) und lässt ihn „ganz allgemein die heidnischen Religionen im Sinne" haben bzw. „an die Offenbarer und Heilande der hellenistisch-gnostischen Welt denken" (287). Zu diesem grundsätzlichen – vom Kontext her durch nichts angedeuteten – Verständnis wird Bultmann durch seine Fixierung auf die Offenbarungsterminologie geführt, die in diesem Abschnitt zu 10,7–10 wieder besonders gehäuft begegnet, vierzigmal auf weniger als vier Seiten. Auf derselben Linie liegt die Interpretation von BECKER, nach der „Jesus die einzige legitime Offenbarung und vor seinem Kommen Gott unbekannt ist" (Komm. 1,386).

[356] Komm. 2,366; auch von SCHNELLE aufgenommen (vgl. Komm. 178).

erfüllt beschrieben worden war, die „nicht durch die Tür" hineingehen. Jetzt gilt es für die Schafe, durch Jesus als die Tür hineinzugehen. Bild und Sache sind eigenartig miteinander verbunden. Gemeint ist, sich darauf einzulassen und zu verlassen, dass in Jesus Gott begegnet und sich in ihm als helfend und rettend zusagt. So stellt auch die erste Verheißung das Gerettetwerden heraus. Hier ist kaum noch das Bild von Schafen im Blick, die durch das Hineingehen in den Pferch „gerettet werden". Das wäre auch eine ungewöhnliche Ausdrucksweise. Im Johannesevangelium wird „retten" von der zeitlichen und vor allem endzeitlichen Hilfe und Bewahrung durch Gott bzw. durch Jesus als seinen Beauftragten gebraucht[357].

Die drei weiteren Aussagen in V.9 sind im Zusammenhang miteinander zu verstehen: ein und aus gehen und Weide finden. Obwohl mit der letzten Aussage die Hirtenmetaphorik wieder aufgenommen ist, steht das Bild von zur Weide gehenden Schafen nicht im Zentrum, sondern deutet nur eben den Hintergrund an. Wäre das Bild betont, müsste die Reihenfolge bei den ersten beiden Aussagen umgekehrt sein; denn das Weiden liegt zwischen dem Hinausgehen und dem Hineingehen. Schon CALVIN hat treffend beobachtet: „Mit *Eingehen und Ausgehen* bezeichnet die Schrift oft alles Tun im Leben"[358]. Dass dieses Tun sich als gesegnet erweist und so das Leben gutes Auskommen und volles Genügen hat, wird mit der Wendung vom „Weide finden" zum Ausdruck gebracht[359]. Der Sache nach ist damit aufgenommen, was etwa in Kap.4 unter dem Bild des Wassers und in Kap.6 unter dem des Brotes verheißen war: erfülltes Leben.

10   Bevor dieser Begriff am Ende von V.10 ausdrücklich genannt wird, zeichnet zunächst V.10a ein Gegenbild: „Der Dieb kommt nur, auf dass er stehle, schlachte und zugrunderichte." Die Aussage bleibt jetzt wieder in starkem Maße auf der Bildebene. Das ist es, was der Schafdieb tut: stehlen und schlachten. Damit bewirkt er für die Schafe das genaue Gegenteil von Lebensgabe. Diese den Effekt benennende Aussage könnte auf das sachlich Gemeinte zielen.

Ist es Zufall, dass Johannes an dieser Stelle so sehr im Bild bleibt? Man könnte sie dann als bloßes Gegenbild verstehen, das die durch Jesus bewirkte Lebensgabe nur um so stärker herausstellen soll. Allerdings ist „der Dieb" in V.10 auch Wiederaufnahme der „Diebe und Räuber" von V.8 und des „Diebes und Räubers" von V.1, mit denen im Text des Evangeliums die Angeredeten und in der Situation des Evangelisten die die jüdische Mehrheit leitenden Lehrer im Blick waren. Damit ist für V.10 die Unterstellung angelegt, dass ihr Wirken nicht Leben fördernd, sondern zerstörerisch und Verderben bringend sei. Demgegenüber ist zu beachten, dass es nach der Katastrophe des Krieges gegen die Römer und der Zerstörung Jerusalems und des Tempels diese Lehrer waren, die – zunächst vom Lehrhaus in Javne aus – jüdisches Überleben und jüdisches Leben ermöglichten.

---

[357] Vgl. 3,17; 5,34; 11,12; 12,27.47.
[358] Komm. 264. Vgl. Dtn 28,6; Ps 121,8; Num 27,21. An der letztgenannten Stelle ist die Wendung ebenfalls mit dem Hirtenbild verbunden.
[359] Biblisch begegnet sie im eigentlichen Sinn in 1Chr 4,40 und metaphorisch in Klgl 1,6.

Mit einer positiven Bestimmung seines Auftretens schließt Jesus in V.10b diesen Abschnitt seiner Rede ab: „Ich bin gekommen, dass sie Leben haben und Überfluss haben." Was bei den Verheißungen in V.9 schon im Blick war, wird hier nun ausdrücklich als Zweck und Ziel des Wirkens Jesu benannt: die Vermittlung von Leben, von erfülltem Leben[360].

Zwischen dem Ich-bin-Wort von der Tür (10,7.9) und dem vom Weg (14,6) ist zu Recht immer wieder eine große Nähe festgestellt worden[361]. Beide finden sich an einem markanten Punkt ihrer Wirkungsgeschichte miteinander verbunden: **Joh 14,6 und 10,1.9** bilden zusammen das neutestamentliche Zitat **am Beginn der ersten These der Barmer Theologischen Erklärung von 1934**[362]. In Barths Entwurf war es allein Joh 10,1.9. Von daher konnte Jesus Christus als „das eine Wort Gottes" dem entgegengesetzt werden, dass daneben „noch andere Ereignisse und Mächte, Gestalten und Wahrheiten" Quelle kirchlicher Verkündigung sein könnten. Gegen heutige Versuche, das Verhältnis der Kirche zum Judentum neu zu bestimmen und dabei anzuerkennen, dass das jüdische Volk seinem eigenen Weg im Bund mit Gott in Treue zu entsprechen sucht, wird gelegentlich die erste Barmer These mit ihrer exklusiven Bindung an Jesus Christus angeführt. Wer das tut, sollte dann nicht gleichzeitig bedauern, dass in Barmen die Juden nicht in den Blick gekommen sind. Wenn das aber als bedauerlich gelten muss, ist zu fragen, ob es nicht auch damit zusammenhängt, dass die erste These exklusiv christologisch ansetzt. Das kann ein Gedankenspiel verdeutlichen. Hätte die erste These nicht dasselbe leisten können, wenn sie auch theologisch angesetzt worden wäre, etwa in Verbindung mit dem „Höre, Israel" (Dtn 6,4f.) oder dem – biblisch gefassten – ersten Gebot (Ex 20,2f.; Dtn 5,6f.)? Dann wären die Juden gleichsam von selbst in den Blick gekommen. Diese Erwägungen sollen und dürfen keineswegs als Anklage gegen die Verfasser der Barmer Theologischen Erklärung verstanden werden, sehr wohl aber als Kritik an denjenigen, die sich heute unter ungeschichtlicher Berufung auf die erste Barmer These einer grundlegenden Veränderung des Verhältnisses der Kirche zum Judentum verweigern.

Der Abschnitt V.11–18 wird von dem Motiv bestimmt, dass Jesus sein Leben einsetzt (V.11.15.17f.). Das kennzeichnet den „guten Hirten", als den er sich hier zweimal bezeichnet (V.11.14)[363]. Der gute Hirte wird zunächst im Gegensatz zum Lohnknecht beschrieben (V.11–13), sodann damit, dass er die Seinen kennt und die Seinen ihn kennen, sofort begründend verbunden mit der gegenseitigen Kenntnis von Vater und Sohn, so dass Jesus gleichsam die Mitte zwischen „dem Vater" und „den Seinen" bildet. Nach der betonten Wiederholung der Aussage, dass Jesus sein Leben für die Schafe einsetzt, kommen in V.16 „andere Schafe" in den Blick, die er ebenfalls führen muss. Die abschließende kleine Meditation über das Motiv des Lebenseinsatzes (V.17f.) beendet zugleich diese Rede.

11

---

[360] Vgl. zu 5,24f.
[361] Vgl. z.B. SCHNACKENBURG, Komm. 2,368: „Das Tür-Wort nähert sich am meisten dem Wort vom Weg."
[362] Vgl. die Übersicht bei C. NICOLAISEN, Der Weg nach Barmen. Die Entstehungsgeschichte der Theologischen Erklärung von 1934, 1985, 169–172.
[363] Dabei gilt: „Für Jesus als dem (sic!) guten Hirten ist der Lebenseinsatz immer schon Lebenshingabe (V.17f.)" (BECKER, Komm. 1,388).

Hatte Jesus die Gleichnisrede V.1–5 im vorigen Abschnitt so aufgenommen, dass er sich als „die Tür" auslegte, so bezieht er nun in V.11 die Gestalt des Hirten auf sich: „Ich bin der gute Hirte." In der Bibel wird Gott selbst als Hirte seines Volkes Israel vorgestellt: „Ja, Er ist unser Gott und wir das Volk seiner Weide und die Schafe seiner Hand" (Ps 95,7; vgl. 100,3). Gott kann einen Beauftragten zum Hirten machen. So wird in Ps 78,70–72 im Rückblick von David als Hirten gesprochen. In Ez 34,23 heißt es in einer Gottesrede im messianischen Vorblick: „Und ich werde über sie einen einzigen Hirten aufstehen lassen, dass er sie weide, meinen Knecht David. Er wird sie weiden, und er wird ihnen zum Hirten" (vgl. 37,24). Im Midrasch wird in Auslegung von Ex 14,31 Mose als „treuer Hirte" bezeichnet: „Wenn sie Mose glaubten, gilt der Schluss vom Leichten aufs Schwere, dass sie Adonaj glaubten. Das ist gekommen, um dich zu lehren, dass jeder, der dem treuen Hirten glaubt, so ist, als ob er dem Wort dessen glaubt, der sprach, und es ward die Welt"[364]. Der Glaube an Mose als treuen Hirten ist keine eigenständige Größe, sondern nichts anderes als Glaube an den durch ihn wirkenden Gott. Das gilt ganz entsprechend auch für den „guten Hirten" Jesus.

12f.   Was Jesus als den „guten Hirten" vor allem auszeichnet, ist sein Lebenseinsatz für die Schafe[365]. Das wird in V.12f. am Gegenbild des Lohnknechts erläutert: „Der Lohnknecht, der ja kein Hirte ist und dem die Schafe nicht zu eigen sind, sieht den Wolf kommen, lässt die Schafe und flieht; und der Wolf raubt und zerstreut sie. Denn wer Lohnknecht ist, dem liegt nichts an den Schafen." Der Lohnknecht, wie er hier geschildert wird, darf nicht schlechtgemacht werden. Er verhält sich so, wie es von ihm nicht anders erwartet werden kann. Warum sollte ihm das Leben von ein paar fremden Schafen wichtiger sein als sein eigenes?

Die rabbinischen Rechtsvorschriften unterscheiden „höhere Gewalt", für die ein **Lohnhüter** nicht zur Rechenschaft gezogen werden kann, von Dingen, für die er verantwortlich und also im Schadensfall auch ersatzpflichtig ist. Er bezahlt bei Verlust und Diebstahl und ist frei bei Bruch, Raub und Tod (mBM 7,8; mShevu 8,1; vgl. MekhJ Mischpatim [Nesiqin] 16 [HOROVITZ/RABIN S.307]). „Ein einzelner Wolf ist nicht höhere Gewalt, zwei Wölfe sind höhere Gewalt. Rabbi Jehuda sagt: In der Zeit einer Wolfsplage gilt auch *ein* Wolf als höhere Gewalt" – auf den einen könnten ja noch weitere folgen (mBM 7,9). Selbst wenn ein Hirte die Herde verlassen hat und in die Stadt gegangen ist und in seiner Abwesenheit ein Wolf oder Löwe die Herde angefallen hat, wird er nicht in jedem Fall zur Rechenschaft gezogen: „Vielmehr schätzt man ihn ein. Wenn er zu retten vermochte, ist er (zum Ersatz) verpflichtet, wenn nicht, ist er frei" (bBM 93b).

---

[364] MekhJ Beschallach (Wajehi) 6 (HOROVITZ/RABIN S.114).
[365] Wie diese Aussage antijüdisch gewendet werden kann, deutet die Auslegung CALVINS an: „Daraus folgt, daß die mehr als undankbar, ja hundertfältigen Verderbens würdig sind, die eine so gütige und liebevolle Hut ihres Hirten verächtlich zurückweisen. Sie setzen sich dadurch verdientermaßen jeder Art von Schaden aus" (Komm. 265).

Nach BULTMANN und vielen anderen darf der Lohnknecht „nicht auf eine bestimmte Größe gedeutet werden, etwa auf die jüdischen Autoritäten"[366]. Liest man Joh 10,1–18 im Zusammenhang mit 9,39–41, ist ein solcher Bezug jedoch keineswegs abwegig[367]. Nach KRIENER kann in dem Lohnknecht „über eine Figur, die repräsentativ für das rabbinische Judentum steht, hinaus Jochanan Ben Zakkai, die Gründungsgestalt des rabbinischen Judentums, erkannt werden. Seine Flucht vor der ‚römischen Wölfin' und sein Arrangement mit Vespasian werden im Kontrast zu Jesu Märtyrertod als Verlassen der Seinen gewertet, und daraus zieht das Joh(annesevangelium) den Schluß, daß den Rabbinen überhaupt ihre ‚Schäfchen' nicht am Herzen liegen"[368]. Er verweist dazu einmal auf die Tradition, nach der „Vespasian Leute hatte, die an den Mauern Jerusalems betrunken (taten) und alle Worte, die sie hörten, auf Pfeile schrieben und außerhalb der Mauer warfen. Die sagten: Rabban Jochanan ben Sakkaj gehört zu den Freunden des Kaisers"[369]. Zum anderen führt er den Vorwurf gegen Rabban Jochanan ben Sakkaj an, der in der Darstellung seiner Flucht aus Jerusalem und seiner Begegnung mit Vespasian referiert wird: „Er hätte ihn bitten sollen, sie diesmal zu verschonen"[370]. Nach BULTMANN gilt jedoch: „Erst recht darf der Wolf nicht allegorisiert werden; nach Schwartz bildet er die Römer ab, – aber vor diesen rettet Jesus die Herde ja gar nicht!"[371] Beachtet man jedoch, wie Johannes die Verhaftung Jesu schildert (18,1–11), drängt sich dieser Bezug des Wolfes auf die „römische Wölfin" geradezu auf: Dort werden zwar auch „Diener von den Oberpriestern und von den Pharisäern" angeführt, in der Hauptsache aber ist es eine römische Kohorte, die Jesus festnimmt (V.3.12). Ihr tritt er entgegen und stellt sich selbst von sich aus. Im Blick auf seine Schüler sagt er: „Wenn ihr nun mich sucht, lasst diese laufen" (V.8) – damit er niemanden verloren gehen lasse (V.9). Spielt der Text mit dem vor dem Wolf fliehenden und die Schafe verlassenden Lohnknecht auf Jochanan ben Sakkaj als repräsentativen Leiter der jüdischen Gemeinde an, so ist einmal zu betonen, dass seine Flucht zu Vespasian nicht feiger Verrat um der eigenen Lebensrettung willen war. Die Gründung des Lehrhauses in Javne ermöglichte jüdisches Überleben und Weiterleben nach der Katastrophe des Krieges mit der Zerstörung des Tempels[372]. Zum anderen ist darauf hinzuweisen, dass die jüdische Ge-

---

[366] Komm. 282 Anm. 1.

[367] Abwegig ist jedoch BULTMANNs Wertung in der unmittelbaren Fortsetzung seines Textes: „... wenngleich es richtig ist, daß deren Verhältnis zum jüdischen Volk dem des μισθ. (= Mietlings) zur Herde entspricht."

[368] Glauben 136.

[369] ARN (A) 4 (SCHECHTER 11b–12a).

[370] bGit 56b.

[371] Komm. 282 Anm. 1.

[372] Zur Flucht Jochanans und zu seiner Bitte an Vespasian um das Lehrhaus in Javne vgl. J. EBACH, Des Treulosen Treue. Versuch über Jochanan ben Zakkai, in: Einwürfe 5, hg. v. F.-W. MARQUARDT u.a., 1988, 28–39.

schichte viele Lehrer kennt, die in Treue zu Gott und in Treue zur Tora ihr Leben einsetzten. Darauf wird zu V.18 einzugehen sein.

Dass der Hirte, dem die Schafe gehören, ein anderes Verhältnis zu ihnen hat als der Lohnknecht, liegt auf der Hand. Aber es ist in der Realität ja keineswegs der Normalfall, dass er sein Leben für die Schafe einsetzt. Ein Schäfer weidet seine Herde, pflegt und schützt sie. Aber er gibt nicht sein Leben für sie. Der Normalfall ist, dass er von ihr lebt. Er melkt und schert sie, verarbeitet Wolle und Milch, und ab und an schlachtet er durchaus auch ein Schaf oder Lamm. So ist das. Gegenüber dieser Normalität ist „der gute Hirte", der sein Leben für die Schafe gibt, – zugespitzt gesagt – ein dummes Schaf[373]. Johannes der Täufer hat schon in 1,29 im Blick auf Jesus gesagt: „Siehe, das Lamm Gottes, das die Sünde der Welt trägt." Als der gute Hirte, der sein Leben für die Schafe einsetzt, wird Jesus von seinem erfolgten und gedeuteten Tod her gekennzeichnet.

14f.   In V.14 nimmt die Rede Jesu noch einmal auf, was schon in V.11 gesagt war: „Ich bin der gute Hirte", und verbindet das mit dem Motiv des Kennens. Damit werden Elemente aus der Gleichnisrede aufgenommen: Der Hirte ruft seine Schafe mit Namen, und sie kennen seine Stimme (V.3f.). Diese Gegenseitigkeit wird nun prägnant in einer Doppelbeziehung zum Ausdruck gebracht, wobei die zweite die erste begründet: „Und ich kenne die Meinen, und die Meinen kennen mich, wie mich der Vater kennt und ich den Vater kenne" (V.14f.). Nach der biblischen Tradition hat Gott Israel als sein Volk erkannt, und erkennt Israel ihn als seinen Gott[374]. Das Israel aus den Völkern hervorhebende Handeln Gottes, sonst als „erwählen" bezeichnet, erscheint in Am 3,2 als „erkennen": „Aus allen Völkern der Erde habe ich allein euch erkannt." Gott zu erkennen, hat nach Hos 6,1–3 zur Voraussetzung, dass er sich seinerseits Israel – wieder – zugewandt hat. Gottes Erwählen führt aufseiten Israels zu Erkenntnis und Zeugenschaft (Jes 43,10). Dasselbe Verb „erkennen" ist auf beiden Seiten in Hos 13,4f. gebraucht: „Und ich bin Adonaj, dein Gott, vom Land Ägypten an, und einen Gott außer mir wirst du nicht erkennen; und es gibt keinen Retter sonst als mich; ich habe dich erkannt in der Wüste, im Land der Dürre". In Ez 34,30f. ist das Erkennen des Volkes, begründet im Israel restituierenden Handeln Gottes, verbunden mit der Hirtenmetaphorik: „Und sie werden erkennen, dass ich, Adonaj, ihr Gott, mit ihnen bin und sie mein Volk sind, das Haus Israel, Spruch Adonajs, Gottes. Und ihr seid meine Herde, die Herde meiner Weide, Menschen ihr, ich euer Gott, Spruch Adonajs, Gottes."

Das in der hebräischen Bibel beschriebene und in der jüdischen Tradition weiter ausgeführte partnerschaftliche Verhältnis zwischen Gott und seinem Volk Israel er-

---

[373] Diese prägnante Formulierung habe ich vor über zwanzig Jahren im Universitätsgottesdienst in Bonn in einer Predigt über Joh 10 von Rainer Stuhlmann gehört.

[374] In anderer Terminologie ist die Gegenseitigkeit am prägnantesten in Dtn 26,16–19 ausgedrückt, wo die Partner den jeweils anderen sagen lassen, für sich Volk bzw. Gott zu sein.

scheint in V.14f. aufgeschlüsselt in einer Doppelbeziehung, in der Jesus einmal an erster, zum anderen an zweiter Stelle steht, einmal in Beziehung zu den Seinen, dann in Beziehung zum Vater. Die beiden Kreise überschneiden sich in seiner Person; er bildet sozusagen die Schnittmenge und damit die verbindende Mitte. „Christus stellt sich hier einfach in die Mitte zwischen ihn (den Vater) und uns, wie er ja das Band ist, das uns mit Gott verbindet"[375]. Das Kennen bezieht sich auf Jesus als den guten Hirten, der vorher durch den Einsatz seines Lebens gekennzeichnet worden war; und diese Kennzeichnung wird am Ende von V.15 wiederholt. Jesus kennt die Seinen, indem er sie mit letztem Einsatz liebt: „In Liebe zu den Seinen, die in der Welt sind, liebte er sie ganz und gar und bis zum Ende" (13,1)[376]. Jesus erkennt den Vater als den, der ihn bei seinem „Einsatz", der zum Einsatz und zur Hingabe seines Lebens wird, nicht allein lässt (16,32). Und so erkennt der Vater diesen Einsatz Jesu an, macht ihn sich zu eigen als Ausdruck seiner Liebe zur Welt (3,16). Daher wird Jesus als der gute Hirte erkannt, mit dem Gott bis in die Hingabe seines Lebens mitgeht und sie zum Leben wendet (V.17f.).

Es ist wahrzunehmen, dass die biblisch grundgelegte Verbindung zwischen Gott 16 und Israel als seinem Volk bis in die Gegenwart hinein als weiter bestehend bezeugt wird. Als verbindende Mitte hat sich Jesus faktisch für die erwiesen, die in V.16 in den Blick kommen: „Auch andere Schafe habe ich, die nicht aus dieser Hürde sind. Auch die muss ich führen, und sie werden auf meine Stimme hören; und es wird *eine* Herde sein, *ein* Hirte." Mit den „Schafen", „die nicht aus dieser Hürde sind" und die auf die Stimme Jesu hören *werden*, kommen die Menschen aus den Völkern in den Blick. Sie sind gleichsam die Zugelaufenen. CALVIN steht für die allermeisten Ausleger, wenn er „keinen Zweifel darüber" hat, „daß Christus dabei nur an die Berufung von Jüngern aus den Heiden gedacht hat"[377]. Nach SCHNACKENBURG hat „der Gedanke an seine Lebenshingabe (V.15b) … diesen Horizont aufgerissen"[378]. In Ez 34,23 und 37,24 wird der messianische Davidide als „einziger Hirte" des Volkes Israel erhofft. Hier ist Jesus der „eine Hirte" der „einen Herde" aus Juden und Nichtjuden. Wiederum nach SCHNACKENBURG treten „die von Jesus gesammelten Gotteskinder … an die Stelle des erwählten Gottesvolkes Israel"[379]. Ob Johannes wirklich im Sinne einer definitiven Ersetzung gedacht hat, sei dahingestellt. Wir müssen jedenfalls bedenken, dass es „die Kirche aus Juden und Heiden" nicht gibt. Eine Nur-Völkerkirche, wie sie faktisch seit vielen Jahrhunderten existiert, hat Johannes gewiss nicht im Blick gehabt, sondern „auch andere Schafe", die Jesus als Hirte „auch führen muss". Wenn wir wahrnehmen, dass Gott nach wie vor als Hirte Israels be-

---

[375] CALVIN, Komm. 267.
[376] Vgl. hierzu die Ausführungen von WILCKENS, Komm. 176.
[377] Komm. 268.
[378] Komm. 2,377; in 12,23f.32 erscheine die „Heidenmission" als „Frucht seines Todes".
[379] Komm. 2,377.

zeugt wird (Ez 34,30f.), kann die Einheit, von der V.16 spricht, nicht allein in der Einheit der Völkerkirche erstrebt werden noch gar in dem Versuch einer zu restituierenden „Kirche aus Juden und Heiden" bestehen, sondern im Suchen nach dem, was Christen mit Juden verbindet[380].

17f.   Am Schluss seiner Rede legt Jesus in V.17f. noch einmal den Ton auf den Einsatz des Lebens, den er als guter Hirte nicht nur riskiert, sondern auch tatsächlich gebracht hat. Die Formulierung ist in zweierlei Hinsicht auffällig. Zum einen werden zweimal „das Leben einsetzen" und „das Leben erhalten" unmittelbar in Zusammenhang miteinander gebracht. „Deswegen liebt mich der Vater, weil ich mein Leben einsetze, auf dass ich es wieder erhalte" (V.17). „Befugnis habe ich, es einzusetzen; und Befugnis habe ich, es wieder zu erhalten" (V.18b). So kann nur von Ostern her formuliert werden. Damit wird auf das Geheimnis und die Gewissheit angespielt, dass der Tod Jesu nicht unglückliches Scheitern war, sondern doch zum Leben gewendet wurde[381]. Zum anderen wird der Lebenseinsatz Jesu zugleich als freiwillig und geboten dargestellt. „Niemand nimmt es mir weg, sondern ich setze es von mir aus ein" (V.18a). „Dieses Gebot habe ich von meinem Vater erhalten" (V.18c). „Beide Gedanken sind unlöslich miteinander verbunden und dialektisch aufeinander bezogen"[382]. P. GERHARDT hat das in seinem Passionslied „Ein Lämmlein geht und trägt die Schuld" (EG 83) dramatisch ausgestaltet und in der Aussage des „Lämmleins" am Beginn der dritten Strophe verdichtet: „Ja, Vater, ja von Herzensgrund, leg auf, ich will dir's tragen; mein Wollen hängt an deinem Mund, mein Wirken ist dein Sagen." Entsprechend stehen „Befugnis" – das griechische Wort könnte auch mit „Macht" oder „Vollmacht" übersetzt werden – und „Gebot" unmittelbar nebeneinander. Wer das von Gott Gebotene bejaht, wird – als Zeuge Gottes – souverän gegenüber widerstreitenden Ansprüchen anderer Mächte, selbst wenn diese Mächte tödliche Gewalt ausüben. Die Passionsgeschichte wird das an Jesus im Gegenüber zu Pilatus als dem Repräsentanten der römischen Macht zeigen.

In der jüdischen Tradition ist Rabbi Akiva ein herausragendes Beispiel für den **Einsatz des Lebens für Gottes Gebot**. Nach mBer 9,5 ist Gott wie für das Gute so auch für das Üble zu segnen. Das wird mit einer Auslegung des Gebotes, Gott zu lieben (Dtn 6,5), begründet. Zur Forderung, Gott „mit deinem ganzen Leben" zu lieben, heißt es: „auch wenn er dir dein Leben nimmt"[383]. In der Aufnahme dieser Stelle in bBer 61b wird erzählt, dass Rabbi Akiva

---

380   Nach CALVIN „sind wir in der Einheit des Glaubens als dem Kern des Bundes mit den Juden vereint" (Komm. 269); vgl. überhaupt seine Ausführungen zu diesem Vers auf S. 268f., die weiterzudenken wären.

381   Vgl. SCHNACKENBURG, Komm. 2,379: „Der gleich gebaute Doppelsatz bringt den Gedanken zur Geltung, daß Tod und Auferstehung Jesu unlöslich zusammengehören und ein einziges Geschehen sind, über das der Sohn verfügt."

382   SCHNACKENBURG, Komm. 2,378.

383   An der Parallelstelle SifDev § 32 (FINKELSTEIN/HOROVITZ S.55) wird fortgefahren: „Und so sagt sie (die Schrift): ‚Ja, um Deinetwillen werden wir Tag für Tag getötet und sind wir geachtet wie Schlachtschafe' (Ps 44,23)."

trotz des Verbots der römischen Regierung öffentlich Tora lehrte, deshalb verhaftet und zum Tode verurteilt wurde. Er versteht seinen Märtyrertod als Auslegung und Aufrichtung des Schriftverses, Gott zu lieben „,mit deinem ganzen Leben' – auch wenn er dir das Leben nimmt". Während seiner Hinrichtung ist die Zeit, das Sch'ma Jisrael (Dtn 6,4) zu rezitieren. Er tut es und haucht sein Leben mit dem Bekenntnis zur Einzigkeit Gottes aus. „Dieses Gebot habe ich von meinem Vater erhalten."

Auf dieselbe Zeit nach dem zweiten jüdisch-römischen Krieg bezieht sich ein Abschnitt in MekhJ Jitro (BaChodesch) 6 (HOROVITZ/RABIN S.227): „Rabbi Natan sagt: ,Denen, die mich lieben und meine Gebote halten'(Ex 20,6): Das sind die Israeliten, die im Land Israel wohnen und ihr Leben für die Gebote einsetzen. Warum gehst du hinaus, um (mit dem Schwert) hingerichtet zu werden? Weil ich meinen Sohn beschnitten habe. Warum gehst du hinaus, um verbrannt zu werden? Weil ich in der Tora gelesen habe. Warum gehst du hinaus, um gekreuzigt zu werden? Weil ich Mazzen gegessen habe. Warum bekommst du (Schläge) mit der Peitsche? Weil ich den Lulav genommen habe. Und sie (die Schrift) sagt: ,Weil ich geschlagen werde im Haus derer, die mich beliebt machen' (Sach 13,6). Diese Schläge haben es mir verursacht, geliebt zu werden von meinem Vater im Himmel." „Deswegen liebt mich der Vater, weil ich mein Leben einsetze."

Mit der in V.19–21 beschriebenen Szene wird der in 9,39 begonnene Abschnitt abgeschlossen. Zugleich steht sie am Ende des gesamten Zusammenhangs von 9,1 an. Das Gericht bzw. die Scheidung, wovon Jesus in 9,39 sprach, stellt sich hier dar in einer Spaltung[384]. Wie schon in 7,43 und 9,16 ist also wieder von einer Spaltung die Rede. Erfolgte sie in 7,43 unter der Menge und in 9,16 unter den Pharisäern, so jetzt „unter den Juden". Aber mit diesen Juden werden ja innerhalb der Szene 9,39–10,21 die in 9,40 eingeführten „Leute von den Pharisäern" aufgenommen. Die jetzige Spaltung entspricht also der von 9,16, auf die auch mit „wiederum" Bezug genommen wird[385]. Auch inhaltlich zeigt sich in scharfer Ablehnung Jesu und verhaltener Zustimmung bei dieser Spaltung Nähe zu jener. In quantitativer Hinsicht liegt nun ein stärkeres Gewicht auf der negativen Stellungnahme. Gab es 7,40–42 zwei positive Stellungnahmen und eine negative, vorgetragen von „welchen", „anderen" und „wieder anderen", und standen sich 9,16 „einige" und „andere" gegenüber, so jetzt „viele" und „andere".

Was die „Vielen" in V.20 sagen, nimmt den schon in 7,20; 8,48.52 geäußerten Vorwurf gegen Jesus auf und führt ihn weiter aus: „Er ist besessen und von Sinnen"[386]. Wie sich an der dem entgegengesetzten Frage in V.21 zeigen wird, ist dieser Vorwurf hier sehr bewusst platziert. Nach KRIENER handelt es sich dabei um „eine naheliegende Reaktion, wenn jemand behauptet, er könne sein Leben geben und wieder nehmen. Das würde voraussetzen, daß er über die Schöpferkraft Gottes verfügt.

---

384 „Als Jesus zunächst das Gleichnis erzählte (V.1–5), begegnete ihm Unverständnis. Nachdem er es nun erklärt hat, kommt es zur Spaltung" (BRODIE, Komm. 373).

385 So schon THOLUCK, Komm. 291f.

386 „Es gibt an dieser Stelle nur einen Vorwurf, nicht zwei; die Verrücktheit wird nicht von der dämonischen Besessenheit unterschieden, sondern als ihr Ergebnis betrachtet" (BARRETT, Komm. 377).

Wenn ein Mensch so etwas behauptet, kann er nur verrückt sein …"[387]. Damit erweist sich Jesus als nicht zurechnungsfähig, und man kann rhetorisch fragen: „Was hört ihr auf ihn?"

21   Dem halten in V.21 andere entgegen: „Das sind nicht Worte eines Besessenen." Sie begründen ihre Einschätzung mit einem Rückgriff auf die Blindenheilung: „Kann denn ein Dämon Blinden die Augen öffnen?" Die Leser- und Hörerschaft des Evangeliums weiß aus Ps 146,8: „Adonaj öffnet Blinden die Augen." Gott also war hier am Werk, nicht ein Dämon. In dem, was Jesus sagt und tut, ist Gott präsent, kommt er zum Zuge. So gerät in dieser abschließenden Szene noch einmal der ganze Zusammenhang von 9,1 an und vor allem sein zentrales Problem des Verhältnisses von Gott und Jesus in den Blick. Damit bereitet sie zugleich den nächsten Abschnitt vor, der dieses Problem aufs äußerste zuspitzt und zu klären versucht. Dessen Bedeutung stellt Johannes auch dadurch heraus, dass er ihn zeitlich und räumlich von dem in 9,1–10,21 erzählten Geschehen absetzt und so zu einer eigenen Einheit gestaltet[388].

4. Erneute Auseinandersetzung an Chanukka und Rückzug Jesu (10,22–42)

22 Darauf kam Chanukka in Jerusalem – es war Winter –, 23 und Jesus ging im Heiligtum in der Säulenhalle Salomos umher. 24 Da umringten ihn die (anwesenden) Juden und sagten ihm: Wie lange hältst du uns hin? Wenn du der Gesalbte bist, sage es uns offen! 25 Jesus antwortete ihnen: Ich habe es euch gesagt, aber ihr glaubt nicht. Die Werke, die ich im Namen meines Vaters tue – die legen Zeugnis für mich ab. 26 Aber ihr glaubt nicht, weil ihr nicht von meinen Schafen seid. 27 Meine Schafe hören auf meine Stimme, und ich kenne sie, und sie folgen mir; 28 und ich gebe ihnen ewiges Leben, und sie gehen nie und nimmer verloren, und niemand wird sie aus meiner Hand rauben. 29 Was mein Vater mir gegeben hat, ist größer als alles, und niemand kann es aus der Hand des Vaters rauben. 30 Ich und der Vater: eins sind wir. 31 Die (anwesenden) Juden hoben wiederum Steine auf, dass sie ihn steinigten. 32 Jesus antwortete ihnen: Viele gute Werke habe ich euch vom Vater gezeigt. Um welches von ihnen willen wollt ihr mich steinigen? 33 Die (beteiligten) Juden antworteten ihm: Für ein gutes Werk wollen wir dich nicht steinigen, sondern für Lästerung, und zwar weil du, obwohl du ein Mensch bist, dich

---

[387] Glauben 137.
[388] Das ist gegen die Argumentation von Schnackenburg anzuführen, nach 10,21 könne man „keinen größeren Sinneinschnitt annehmen, weil Bildwort und Thema von Hirt und Schafen V 26–29 eng mit V 1–18 verbinden und in dieser expliziten Weise im ganzen Ev(angelium) sonst nicht zur Sprache kommen" (Komm. 2,347). Es ist außerdem bei Johannes nicht unüblich, dass er ein Motiv aus dem Vorangehenden aufnimmt, auch wenn die erzählte Zeit weiter fortgeschritten ist. Die Lesezeit liegt ja so weit nicht zurück, dass die Lesenden und Hörenden sich nicht erinnern könnten. In derselben Weise bezieht sich 7,21 auf Kap.5, wo der Leseabstand größer ist.

gott(gleich) machst. 34 Jesus antwortete ihnen: Steht nicht in eurer Tora geschrieben: Ich habe gesagt: Götter seid ihr? 35 Wenn er jene Götter nannte, an die das Wort Gottes erging – und die Schrift kann nicht aufgelöst werden –, 36 dürft ihr dann dem, den der Vater geheiligt und in die Welt gesandt hat, sagen: Du lästerst, weil ich gesprochen habe: Sohn Gottes bin ich? 37 Wenn ich nicht die Werke meines Vaters tue, glaubt mir nicht! 38 Wenn ich sie aber tue – auch wenn ihr mir nicht glaubt –, glaubt den Werken, damit ihr erkennt und wisst, dass in mir der Vater ist und ich im Vater bin. 39 Da wollten sie ihn wiederum festnehmen, aber er entkam aus ihrer Hand. 40 Und er ging wiederum weg über den Jordan hinüber an den Ort, wo Johannes zuerst getauft hatte, und blieb dort. 41 Und viele kamen zu ihm und sagten: Johannes hat zwar kein einziges Zeichen getan; aber alles, was Johannes über diesen gesprochen hat, war wahr. 42 Und viele kamen dort zum Glauben an ihn.

„Der Mittelteil des Evangeliums (Kap.7–10) endet mit einem anderen Abschnitt, der hauptsächlich christologisch ist. Die Frage, wer Jesus sei, wird geradeheraus gestellt (V.24) und beantwortet, zwar nicht in dem Sinn, in welchem sie gestellt wurde, aber doch mit gleicher Direktheit"[389]. Nach der Angabe von Zeit und Ort (V.22f.) wird in V.24 die Situation geschildert: „Die Juden" fordern Jesus zu einer klaren Stellungnahme über sich selbst auf. Jesus antwortet in einer Beschreibung der Relation zwischen „dem Vater" und ihm, bezogen auf seine „Schafe" (V.25–30). Das führt zu einem Steinigungsversuch (V.31), den Jesus mit einer Frage beantwortet und ihn damit zunächst aussetzt (V.32). Mit einer Begründung der beabsichtigten Steinigung kommen die Gesprächspartner Jesu noch einmal knapp zu Wort (V.33), bevor dieser mit einer Argumentation aus der Schrift und daraus gezogenen Folgerung kontert und dabei mit einer ähnlichen Aussage wie in V.30 schließt (V.34–38). Dem darauf folgenden Versuch einer Festnahme kann er sich wiederum entziehen (V.39). So zeigt sich eine deutliche Zweiteilung. „Beide Gedankengänge enden mit einem Spitzensatz johanneischer Theologie" (V.30.38), worauf „jeweils eine aggressive Handlung der Gegner folgt" (V.31.39)[390]. Indem an das Entkommen Jesu sein Rückzug an den Ort anschließt, an dem sein Auftreten begann (V.40–42), wird hier ein besonderer Einschnitt in der Darstellung des Evangeliums markiert. Damit wird dieser Abschnitt – durch die neue Situationsschilderung am Anfang vom Vorangehenden abgehoben – dem gesamten Zusammenhang Kap.7–10 als betonter Schlusspunkt zugeordnet.

V.22 bestimmt die Situation der neuen Szene hinsichtlich Zeit und Ort: Chanukka **22** in Jerusalem[391]. Als letzter zeitlicher Fixpunkt war der letzte Tag von Sukkot genannt worden (7,37). Damit wurden die folgenden Auseinandersetzungen und Ereignisse in engem Zusammenhang gesehen. An dem gut zwei Monate später beginnenden Fest

---

[389]   BARRETT, Komm. 378.
[390]   SCHENKE, Komm. 204.
[391]   „Der jüdische Festkalender wird als bekannt behandelt" (SCHLATTER, Johannes 240).

Chanukka wird die Anwesenheit Jesu in Jerusalem immer noch vorausgesetzt. Dass er sich zwischenzeitlich anderswo aufgehalten habe, ist durch nichts angedeutet[392]. Die Entstehung von Chanukka beschreibt 1Makk 4,36–59. Genau drei Jahre nach der Entweihung des Tempels durch Antiochus IV. wurde er nach seiner Reinigung und nach der Neuerrichtung des Brandopferaltars am 25. Kislev 165 v.Chr. durch Judas Makkabäus wieder geweiht (Chanukka = Einweihung) – mit darauf folgender achttägiger Feier und der Anordnung, diese jährlich zu wiederholen[393].

23   In V.23 erfolgt eine örtliche Präzisierung: „Und Jesus ging im Heiligtum in der Säulenhalle Salomos umher." Er hält sich also wieder in dem Bereich auf, den er nach 8,59 verlassen hatte. Genauer wird jetzt „die Säulenhalle Salomos" angegeben. „Der äußere Vorhof des Tempels war rings mit einer Mauer umgeben, an deren Innenseite sich um den ganzen Tempelplatz bedeckte Säulengänge hinzogen … die Säulenhalle auf der Ostseite … hieß, weil angeblich von Salomo erbaut, die ‚Halle Salomos'"[394]. Sie wird auch Apg 3,11; 5,12 erwähnt, an der letztgenannten Stelle als nachösterlicher Versammlungsort der Schüler Jesu[395].

24   Der Anfang von V.24 vervollständigt die Szenerie: „Da umringten ihn die Juden und sagten ihm." Ihre Aufforderung an Jesus legt sie nicht von vornherein auf Feindschaft fest. Aber dazu führt das weitere Gespräch. Am Ende stehen Versuche, Jesus zu steinigen bzw. ihn festzunehmen. Es ist quälend, wie das Gespräch immer wieder neu beginnt und dann doch jedesmal völlig zusammenbricht. Das bestimmt fast schematisch die einzelnen Abschnitte des großen Mittelteils: Was als Gespräch beginnt, endet handgreiflich. Am Johannesevangelium wird hier deutlich, was das Gespräch zwischen Christen und Juden *nicht* tun darf: sich auf den Gegensatz fixieren. Natürlich dürfen Unterschiede und Gegensätze im Gespräch nicht verdrängt und verschleiert, sondern müssen benannt werden. Aber das Gespräch wäre so zu führen, dass sie ausgehalten werden können. Auch nach dem Johannesevangelium gibt es genug Gemeinsames, um das zu ermöglichen.

Die an Jesus in V.24 gerichtete Aufforderung lautet: „Wie lange hältst du uns hin? Wenn du der Gesalbte bist, sage es uns offen!" Das erinnert an die Aufforderung der

---

392   Die Argumentation ZAHNS für einen Aufenthalt Jesu außerhalb Jerusalems zwischen 10,21 und 22 (Komm. 463f.) zeugt zwar von historisierendem Scharfsinn, geht aber am literarischen Charakter des Textes vorbei.

393   Zur Feier dieses Festes in Geschichte und Gegenwart vgl. die Artikel Hanukkah und Hanukkah Lamp in EJ 7, Sp.1280–1315 (mit zahlreichen Abbildungen); weiter TRE 11, 1983, 102f.114. – HIRSCH behauptet: „Man kann wohl sagen, daß es das dem Christentumsverständnis des Verfassers fremdeste Fest der Judenschaft ist: es feiert die Erneuerung des Tempeldienstes, der für ihn von Jesus verneint ist … Es hat ihm also offensichtlich an einem möglichst scharfen Kontrast gelegen" (Evangelium 264f.; von BULTMANN unkommentiert referiert: Komm. 274 Anm. 5). „Offensichtlich" ist das freilich in keiner Weise. Es findet sich nicht die mindeste Andeutung einer Distanzierung.

394   Bill. II 625.

395   Gegen den oft wiederholten meteorologischen Unsinn, Jesus habe dort „Schutz vor den kalten Ostwinden" gesucht (so zuletzt wieder WILCKENS, Komm. 170), vgl. KRIENER, Glauben 137 Anm. 294.

Brüder in 7,3f. und nimmt überhaupt die Diskussionen um die Messianität Jesu aus Kap.7 wieder auf[396]. „Die entscheidende Frage, die hier von von ‚den Juden' gestellt wird, ist die Messiasfrage"[397]. Dass das eine Frage war, „die offenbar im Ablösungs-prozeß des joh(anneischen) Christentums aus dem Synagogenverband eine Rolle spielte"[398], ist vor allem in Kap.7 und 9 deutlich geworden. Als Messias hat Jesus sich ausdrücklich gegenüber der Samariterin in 4,25f. bekannt. Die letzte Erwähnung dieses Titels erfolgte in 9,22, wonach „die Juden" beschlossen hatten, aus der Syna-goge auszuschließen, wer immer ihn als solchen bekennt. Für die Leser- und Hörer-schaft des Evangeliums ist von diesen Stellen her damit die Sache schon klar und die in V.25 folgende Antwort Jesu keine Überraschung: „Ich habe es euch gesagt, aber 25 ihr glaubt nicht." Auf der Ebene der Darstellung jedoch, auf der jetzt „die Juden" angesprochen werden, kann daran nicht gedacht sein. Es muss der von Jesus erhobe-ne Anspruch gemeint sein, wie er in unterschiedlichen Formulierungen in Kap.5–8 immer wieder erhoben wurde. Dabei begegnete – im Munde anderer – in Kap.7 auch mehrfach der Messiastitel (V.26f.31.41f.). Warum lässt Johannes von neuem danach fragen? Die Fortsetzung der Antwort Jesu in V.25 zeigt, dass damit auch die Forderung gestellt war, die Legitimation auszuweisen. Aber auch diese Forderung ist nicht neu. Wenn sie immer wieder erhoben und zu beantworten versucht wird, zeigt das, dass die Gruppe des Evangelisten unter Legitimationsdruck stand.

Als Legitimationsausweis nennt Jesus in V.25b seine Taten: „Die Werke, die ich im Namen meines Vaters tue – die legen Zeugnis für mich ab." Auch das ist kein neues Argument. Es wurde schon in 5,36 vorgetragen. Wird nach der Legitimation Jesu gefragt, wird auf das verwiesen, was er getan hat, auf seine „Werke", seine „Zeichen", die doch alle hinauslaufen auf die eine Tat, dass er sein Leben einsetzt, auf dass er es wieder erhalte (10,17f.) – also auf die Einheit von Jesu Tod und Auf-erstehung.

Es wird jetzt also nur gesagt, was schon gesagt worden ist[399]. So stellt der Beginn 26 von V.26 noch einmal fast resignierend fest: „Aber ihr glaubt nicht." Auch die gleich dazu gegebene Begründung variiert schon Gesagtes: „weil ihr nicht von meinen Schafen seid" (vgl. 8,43.47 und vor allem die Reflexion in 6,36–46). Terminologisch wird hier auf die erste Hälfte von Kap.10 zurückgegriffen. Die prädestinatianisch klingende Aussage ist Ausdruck einer als verstellt erfahrenen Situation: Dass das, wovon man selbst zutiefst überzeugt ist, von anderen, mit denen man an denselben Gott glaubt und mit denen man „die Schrift" als sein ansprechendes Wort teilt, radi-kal abgelehnt wird, gilt als schlechterdings unbegreiflich und wird auf Gottes eigenes

---

[396] Vgl. KRIENER, Glauben 138: „Diese Wiederaufnahme wird veranlaßt durch die Hirtenmetapher, die starke messianische Konnotationen hat."

[397] BLANK, Komm. 1b,219. Zum ganzen Abschnitt vgl. PANCARO, Law 63–76. 175–192.

[398] BECKER, Komm. 1,393.

[399] „Das Gespräch kennt also keinen Erkenntnisfortschritt, sondern lebt von dem Beharren auf jeweiliger positioneller Abgrenzung" (BECKER, Komm. 1,394).

Handeln zurückgeführt. Dass Jüdinnen und Juden, die in Jesus nicht den Messias erkennen, nicht zu den „Schafen" Jesu gehören, weil „der Vater" sie ihm nicht gegeben hat (vgl. 6,37; 10,29), wäre allerdings anders zu werten, als der Evangelist es tut: Sie sind und bleiben „Schafe" Gottes, weil in Geltung bleibt, was nach Ez 34,31 Gott seinem Volk zusagt: „Und ihr seid meine Herde, die Herde meiner Weide."

27 Nach der negativen Aussage über die in V.26 Angesprochenen folgt in V.27 eine positive über die „Schafe" Jesu und das Verhältnis zwischen ihm und ihnen. Sie wird damit über die Adressaten in der Erzählung hinweg zu einer direkten Vergewisserung der Leser- und Hörerschaft des Evangeliums: „Meine Schafe hören auf meine Stimme, und ich kenne sie, und sie folgen mir." Damit werden auch hier Motive aus dem ersten Teil von Kap.10 aufgenommen. Dass es trotz allem solche gibt, die an Jesus glauben und ihm treu bleiben, die im Hören auf seine Stimme in der Nachfolge ausharren, wird auf Jesus selbst zurückgeführt, der das Hirtenamt ausübt und die Sei-

28 nen leitet und schützt. Die Verheißung an die „Schafe" wird in V.28 fortgesetzt: „Und ich gebe ihnen ewiges Leben." Die Verheißung ewigen Lebens ist im Johannesevangelium schon oft gegeben worden (vgl. vor allem 5,24f.) Dass Jesus trotz und in aller Bedrängnis „Leben" gibt, dass im Vertrauen auf ihn wirklich gelebt werden kann, scheint eine Grunderfahrung der johanneischen Gemeinde zu sein. Dass dieses Leben auch angesichts des Todes gilt und bleibt, wird besonders eindrücklich in 11,25f. gesagt werden. Die Verheißung wird mit zwei entschiedenen Negationen negativer Aussagen fortgeführt: „Und sie gehen nie und nimmer verloren, und niemand wird sie aus meiner Hand rauben." Diese Motive, von denen das erste schon 3,15f.; 6,39 begegnete, sind gewiss auch aus der Situation erfahrenen und weiter drohenden Abfalls zu verstehen und dienen dem Umgang mit dieser Situation und der Festigung derer, die noch da sind und bleiben sollen.

29 In V.29 gewinnt die Verheißung ihren letzten Grund, indem Gott selbst als Garant des Bewahrt- und Gehaltenwerdens erscheint: „Was mein Vater mir gegeben hat, ist größer als alles, und niemand kann es aus der Hand des Vaters rauben"[400]. Die „Schafe" Jesu haben ihre Größe nicht in sich selbst; sie sind ein „Gegebenes", das sich ganz und gar „dem Vater" verdankt. Weil aber der Gebende eben „der Vater" ist, sind sie in der Tat über alles andere hinaus ausgezeichnet, weil es sie unverlierbar macht: Was aus der Hand des Vaters gegeben ist, darüber hält er weiter seine Hand, so dass es nicht entrissen werden kann und nicht verloren geht[401].

---

[400] Möglich ist auch die Lesart: „Mein Vater, der (sie) mir gegeben hat, ist größer …". Nach BAR-RETT, der sie für ursprünglich hält, „ergibt sich folgender Gedankengang: Keiner soll sie aus meiner Hand reißen; mein Vater, der sie mir gegeben hat, ist größer als alle anderen, deshalb kann niemand sie aus seiner Hand reißen" (Komm. 381). Eine definitive Entscheidung scheint mir kaum möglich zu sein.

[401] Nach ZAHN ist Jesus nicht „der Stellvertreter eines Abwesenden, sondern das persönliche und menschliche Werkzeug des lebendigen und allgegenwärtigen Gottes, welcher in ihm und durch ihn wirkt. Wer in der Hand Jesu geborgen ist, ist eben damit in Gottes Hand geborgen" (Komm.

Die beiden letzten Verse hatten jeweils mit sachlich identischen Aussagen 30 geschlossen: Niemand kann die Schafe aus der Hand Jesu rauben; niemand kann sie aus der Hand des Vaters rauben. In Jesu Hand sind sie dadurch gekommen, dass sie ihm der Vater „gegeben" hat. Jesus erscheint damit als Beauftragter Gottes, der ihnen gegenüber an der Stelle Gottes steht, sozusagen „Hand in Hand" mit Gott zusammenarbeitet. Von daher kann Jesus in V.30 in prägnanter Kürze formulieren: „Ich und der Vater: eins sind wir." BRODIE gibt als Übereinstimmung moderner Kommentatoren wieder, „dass die wesentliche Absicht des Textes darin besteht, von funktionaler Einheit zu sprechen, einer Einheit des Vermögens und Wirkens"[402]. Für ein funktionales Verständnis spricht auch die neutrische Formulierung[403], die eine Parallele in 1Kor 3,8 hat, wo Paulus – bezogen auf sich und Apollos – schreibt: „Der da pflanzt und der da begießt, sind eins", d. h. sie wirken zusammen. So gilt hier, dass in Wort und Werk Jesu Gott selbst begegnet, präsent ist[404].

Sachlich entspricht dem **das Verhältnis zwischen Gott und Mose**, wie es MekhJ Beschallach (Wajehi) 4 (HOROVITZ/RABIN S.102f.) beschrieben wird. Nach Ex 14,21 „neigte Mose seine Hand über das Meer", dass es sich spalte. Unmittelbar anschließend heißt es, dass Gott das Meer zurückweichen lässt. Das nimmt der Midrasch zum Anlass zu erzählen, dass sich das Meer dem Mose zunächst widersetzt habe. Dazu wird ein Gleichnis geboten von einem König, der einen Garten verkauft. Der Käufer aber wird vom Wächter des Gartens erst eingelassen, als der König selbst kommt. „So stand Mose am Meer. Mose sprach zu ihm im Namen des Heiligen, gesegnet er, dass es sich spalte; aber es akzeptierte das nicht. Er zeigte ihm den Stab, aber es akzeptierte das nicht, bis der Heilige, gesegnet er, sich über ihm in seiner Herrlichkeit offenbarte. Aber als der Heilige, gesegnet er, sich in seiner Herrlichkeit und Macht offenbarte, begann das Meer zu fliehen. Denn es ist gesagt: ‚Das Meer sah und floh' (Ps 114,3). Mose sprach zu ihm: Den ganzen Tag habe ich zu dir im Namen des Heiligen, gesegnet er, gesprochen, aber du hast es nicht akzeptiert, wovor fliehst du jetzt? ‚Was ist dir, Meer, dass du fliehst?' (Ps 114,5) Es sprach zu ihm: Nicht vor dir, Sohn Amrams, fliehe ich; vielmehr: ‚Vor dem Herrn erbebe, Erde, vor dem Gott Jakobs, der den Fels in einen Wasserteich wandelt, einen Kiesel zu Wasserquellen' (Ps 114,7f.)."
Den **Begriff des Wesens für das Verständnis von Joh 10,30** bringt SÖDING wieder ins Spiel. Nach ihm steht in diesem „christologisch-theologischen Kernsatz" „eine proto- und eschatologische Einheit des Wesens und Wirkens" in Rede (Christologie 197). Soweit er das

---

467). Vgl. auch CALVIN, Komm. 275: „Kurz, das Heil ist uns deshalb gewiß, weil es in Gottes Hand liegt."
402 Komm 376. Vgl. aber schon CALVIN, Komm. 275: „Die alten Ausleger haben diese Stelle fälschlich dazu verwandt, zu beweisen, Christus sei mit dem Vater eines Wesens. Doch Christus spricht hier nicht von seiner Wesenseinheit mit Gott, sondern von der Übereinstimmung zwischen ihm und dem Vater." Und ein paar Seiten weiter: „Dahin zielt alles, daß in seinem Wirken kein Unterschied zwischen ihm und dem Vater sei" (279). Änigmatisch SCHNACKENBURG: "In dem kurzen Satz öffnet sich der Blick für die metaphysische Tiefe des Verhältnisses zwischen Jesus und seinem Vater" (Komm. 2,387).
403 Vgl. HAENCHEN, Komm. 392: „Jesus und der Vater sind nicht eine einzige Person – das würde εἷς erfordern –, sondern eins, so daß Jesus eben das tut, was Gott tut."
404 Vgl. DENKER, Wort 191. BULTMANN stellt dabei wiederum überspitzt die Exklusivität heraus, wie es an dieser Stelle das Johannesevangelium selbst nicht tut: „In Jesus *und nur in ihm* begegnet Gott den Menschen" (Komm. 295). Ähnlich SCHNELLE, Komm. 182: „In Jesus wurde Gott Mensch, und Gott begegnet *nur* im Menschen Jesus." (Hervorhebungen von mir.)

Wirken entfaltet, sind mir seine Ausführungen nachvollziehbar. Wieso aber die Aussage von der Präsenz Gottes in Jesus Christus auf den Begriff des Wesens gebracht werden muss und wieso dieser Begriff außerhalb griechischer Ontologie hilfreich sein kann, ist mir nicht einsichtig. Wo Söding ihn entfaltet, spricht er doch von einem Wirken (197f.) oder bietet gewichtige Begriffe in einer Aneinanderreihung, deren erhellender Wert mir jedenfalls verborgen geblieben ist: „Wesen" solle natürlich „nicht im Sinn der metaphysischen Ontologie platonischer Prägung" gebraucht werden, „in der die großen Konzilien denken". „Gemeint ist jenes ‚Wesen', das im ἐγώ εἰμί (Ich bin's) angesprochen wird: also eine präexistente, geschichtliche, eschatologische Präsenz, die im ‚Ich' Jesu wurzelt, das gerade in der Relation zum Vater, in seiner Menschwerdung, seinem Tod ‚für' andere und seiner Erhöhung am Kreuz und seiner Wiederkunft sein ‚Ich' vollzieht" (198 Anm. 87). Demgegenüber ist mit MARQUARDT zu betonen: „Die Trinitätslehre sollte die Unversehrtheit des einen Gottes angesichts des Christus-Widerfahrnis(ses) schützen helfen. Insofern ist auch das Wort Jesu: ‚Ich und der Vater sind eins' (Joh 10,30) sehr schutzbedürftig. … (Der Johannes-Evangelist ist in der Substanz seines Zeugnisses viel sensibler jüdisch, als die Interpreten wahrhaben wollen, die ihn zu einem antijüdischen Christen schlechthin stempeln.)" (Utopie 566)

31   Die Aussage von der Einheit mit dem Vater löst bei den Gesprächspartnern in V.31 handgreiflichen Protest aus: „Die (anwesenden) Juden hoben wiederum Steine auf, dass sie ihn steinigten." Sie hatten der Sache nach einen Legitimationsausweis für die beanspruchte Messianität verlangt. Als Antwort begegnet ihnen schließlich ein Anspruch, der als Verletzung der Einzigkeit Gottes verstanden werden konnte. Deshalb wollen sie zur Steinigung übergehen, der „Todesstrafe, mit der Blasphemie – theoretisch – geahndet wurde"[405]. Damit liegt die gleiche Situation vor wie in 8,59. Aber anders als dort kommt es hier noch einmal zum Gespräch – um dann schließlich doch an vergleichbarer Stelle zu enden.

32   Wie schon in V.25 verweist die Antwort Jesu in V.32 auf seine Taten, die „vom Vater" ausgehen: „Viele gute Werke habe ich euch vom Vater gezeigt." „Die Argumentation des johanneischen Jesus bezieht sich immer und immer wieder auf die Werke, die er tut – ist also funktional orientiert. Damit soll die auf die Wesensidentität zielende Kritik der antichristologischen Kritik der Rabbinen unterlaufen werden"[406]. Gegenüber der Frage: „Um welches von ihnen willen wollt ihr mich steini-
33   gen?" macht die Antwort „der Juden" in V.33, die der Sache nach den Vorwurf von 5,18 wiederholt, deutlich, wo der Anstoß liegt: „Für ein gutes Werk wollen wir dich nicht steinigen, sondern für Lästerung, und zwar weil du, obwohl du ein Mensch bist, dich gott(gleich)[407] machst." Damit ist auch klar, dass es um einen Anstoß geht, der auf der Ebene der Gemeinde des Evangelisten und ihrer Kontrahenten eine Rolle spielt. Auf der Zeitebene Jesu ist ein solcher Vorwurf nicht gut denkbar, wohl aber gegenüber der Verkündigung der nachösterlichen Gemeinde. Zur Debatte steht der von ihr für ihn erhobene hohe Anspruch – gleichgültig, was er Gutes getan haben

---

[405] KRIENER, Glauben 142. Näheres vgl. zu V.33.
[406] KRIENER, Glauben 142.
[407] „Gott" steht hier wie in 1,1 ohne Artikel; vgl. dort.

mag –, und der wird als Gotteslästerung empfunden und gilt deshalb als unerträglich. Worin die Blasphemie besteht, erläutert die zweite Vershälfte: in der Vergötzung eines Menschen. „Die Leser kennen diesen Vorwurf. Es ist *der* jüdische Vorwurf gegen die Christologie der johanneischen Jüngerschaft: Sie vergöttlichen einen Menschen!"[408] Der Gotteslästerer „streckt seine Hand nach der Hauptsache (= Gott) aus"[409], „vergreift" sich damit an Gott selbst[410] und verdient deshalb den Tod[411]. Es geht also um die Wahrung des ersten Gebots. Das will selbstverständlich auch der Evangelist mit dem Glauben an Jesus nicht verletzten, wie die gleich folgende Argumentation deutlich macht.

Beides wird auch von WILCKENS, Komm. 171, herausgestellt. Dann aber formuliert er: „Nur im Glauben an Jesus kann man wissen, daß das Bekenntnis zu Jesus im Sinne von Joh 10,30 ... die Wahrheit des 1. Gebots nicht verletzt." Trifft dieses „Nur" wirklich zu? Müsste nicht ein solches Wissen in einer Situation, die die Wahrheitsfähigkeit des anderen anerkennt, dem anderen vermittelbar sein? Was bei dem Ansatz „nur im Glauben" herauskommt, zeigt die Fortsetzung bei WILCKENS, die ihrerseits dem anderen die Wahrung des ersten Gebots bestreitet: „... sondern sie vielmehr definitiv bekräftigt. Nur also wenn die Juden zum Glauben kämen, könnten sie sich davon überzeugen lassen, daß ihr Blasphemievorwurf gegen Jesus selbst das 1. Gebot verletzt!"[412]

Die in V.34 beginnende Antwort Jesu bezieht sich auf die Schrift als gemeinsame 34 Basis, eingeleitet mit der Wendung: „Steht nicht in eurer Tora geschrieben?" Die Formulierung „eure Tora" bedeutet nicht, dass Jesus sich von ihr distanziere[413], bezeichnet er die herangezogene Stelle doch gleich anschließend als „Schrift", die nicht aufgelöst werden kann[414]. Da diese Stelle den Psalmen entnommen ist, bezeichnet

---

[408] SCHENKE, Komm. 206. Vgl. auch R. E. BROWN, The Community of the Beloved Disciple, 1979, 47: „In den Augen ‚der Juden' verkündigten die johanneischen Christen einen zweiten Gott und verletzten damit das Grundprinzip israelitischer Identität: ‚Höre, Israel, der HERR, unser Gott, der HERR ist einer' (Dtn 6,4). Kein Wunder also, daß die jüdischen Autoritäten meinten, solche Leute sollten aus den Synagogen ausgeschlossen, ja sogar ausgerottet werden wegen ihrer Gotteslästerung."

[409] SifDev § 221 (FINKELSTEIN/HOROVITZ S.253f.).

[410] Die treffende Umschreibung von „die Hand ausstrecken" mit „sich vergreifen" bietet H. BIETENHARD in seiner Übersetzung von Sifre Deuteronomium, 1984, 524 Anm. 23.

[411] In Aufnahme des oben von KRIENER gebrachten Zitates ist noch einmal betont, dass die Aussagen über Hinrichtungen, wie sie sich auch in SifDev § 221 finden, rein theoretischer Natur sind und keine Entsprechungen in tatsächlich vollzogenen Hinrichtungen haben.

[412] Bei BULTMANN wirkt sich an dieser Stelle die den Juden unterstellte Leistungsideologie wiederholt antijüdisch aus: „Ihr Unglaube ist aber nicht ein bloßes Ablehnen, bloßes Nein-sagen, sondern positive Feindschaft, Haß, Angriff, – wie es nicht anders sein kann, wenn das Gute nicht als Geschenk Gottes, sondern als Ziel menschlicher Leistung, in der sich der Mensch selbst verwirklicht, verstanden wird" (Komm. 296).

[413] Vgl. zu 8,17. Hingewiesen sei noch auf PesK 10,6 (MANDELBAUM S.167), wo innerhalb einer Diskussion auf der gemeinsamen Basis der Schrift ein Samariter zu Rabbi Meir spricht: „Sagt ihr nicht, dass euer Vater Jakob aufrichtig sei?" Selbstverständlich beanspruchen die Samariter Jakob auch und gerade als ihren Vater; vgl. Joh 4,12.

[414] Auffällig ist allerdings, dass zwar von „eurer Tora", nicht jedoch von „eurer Schrift" gesprochen wird. Das könnte darin begründet sein, dass der Begriff „Tora" auf der Gegenseite besonders

„Tora" hier die ganze Schrift. Zitiert wird die griechische Übersetzung von Ps 81,6: „Ich habe gesagt: Götter seid ihr." Sie entspricht genau dem hebräischen Text von Ps 82,6[415].

Zum Vorwurf der Vergötzung und zur **Bezeichnung von Menschen als Göttern** bietet TanB Waera 7f. aufschlussreiche Ausführungen. Sie sind oben zu 5,18 angeführt worden. Ergänzend ist auf TanB Qedoschim 5 (37b) hinzuweisen, wo unter Verweis auf Ps 82,6 der Name „Gott" nicht nur auf die Person des Mose, sondern auf ganz Israel bezogen wird: „Die Israeliten wurden mit dem Namen des Heiligen, gesegnet er, genannt. Er wurde ‚Gott' genannt, und er nannte die Israeliten ‚Götter'. Denn es ist gesagt: ‚Ich habe gesagt: Götter seid ihr.'" In TanB Waera 9 (13b) heißt es in einer auf Rabbi Elasar, den Sohn des Rabbi Jose des Galiäers, zurückgeführten Tradition als Gottesrede: „Wenn der Todesengel kommt und zu mir spricht: Warum bin ich geschaffen worden?, sage ich ihm: Als ich dich geschaffen habe, habe ich dich wegen der Völker der Welt geschaffen, aber nicht wegen meiner Kinder. Warum? Weil ich sie zu Göttern gemacht habe. Denn es ist gesagt: ‚Ich habe gesagt: Götter seid ihr und Kinder des Höchsten ihr alle' (Ps 82,6). Demgemäß sprach er zu ihnen, als er kam, ihnen die Worte zu geben: Hört, was ich euch sage! Daher ist gesagt: ‚Höre doch, mein Volk, und ich will reden, Israel, und ich will Zeugnis geben unter dir; Gott, dein Gott, bin ich' (Ps 50,7)." Die Israeliten werden also nach dieser Auslegung deshalb „Götter" und „Kinder des Höchsten" genannt, weil Gott seine Worte an sie gerichtet hat.

Gegenüber dem Vorwurf, dass der Mensch Jesus vergötzt werde, setzt also Johannes in der Antwort, die er Jesus geben lässt, so an, dass er eine Schriftstelle zitiert, in der Gott selbst Menschen – nach dem Verständnis der zitierten Auslegungen: alle Israeliten – als Götter bezeichnet. Darauf baut er die weitere Argumentation auf, indem er

35 zunächst in V.35a die erste Hälfte eines Schlusses vom Leichten aufs Schwere bringt: „Wenn er jene Götter nannte, an die das Wort Gottes erging." Johannes versteht also Ps 82,6 in genau derselben Weise wie Rabbi Elasar: Alle Israeliten werden aufgrund dessen, dass Gott sein Wort an sie richtete, von ihm „Götter" genannt. KRIENER stellt daher zu Recht heraus, „daß die Bedeutung des johanneischen Jesus somit grundlegend auf derselben Ebene mit der Bedeutung Israels gesucht wird … Die Kategorien für das Verstehen werden in positiver Anknüpfung an Aussagen der Schrift und jüdisches Selbstverständnis gewonnen und nicht in der Entgegensetzung"[416].

Bevor Johannes den zweiten Teil des Schlusses vom Leichten aufs Schwere folgen

---

herausgestellt wurde, und zwar in polemischer Entgegenstellung (vgl. 12,34; 19,7). So wird von „eurer Tora" gesprochen, wenn der Kontrahent auf seinem eigenen Feld überwunden werden soll.

[415]   „Erstaunlich ist, daß der zweite Teil des Psalmverses ‚und Söhne des Höchsten seid ihr alle', der in den Beweisgang vorzüglich hineinpaßt …, nicht mitzitiert wird; aber sicherlich soll man ihn nach der oft verkürzten Zitationsweise mithören" (SCHNACKENBURG, Komm. 2,389f.).

[416]   Glauben 144. CALVIN spielt diesen Sachverhalt als bloße Akkomodation herunter: „Indessen stellt er sich mit seinem Wort mehr auf seine Hörer ein, als daß er die wahre Sachlage genauer darlegte" (Komm. 277). In anderer Weise handelt BULTMANN entsprechend. Nach ihm „befremdet" diese Argumentation innerhalb des Evangeliums. Er hält sie entweder für einen Einschub der Redaktion, oder man müsse sie „als eine Persiflage der jüdischen Schrifttheologie auffassen" (Komm. 297). Gegen Letzteres spricht entschieden die Fortsetzung des Textes in V.35b. Nicht nachvollziehbar ist mir der sachlich nicht ausgewiesene Einwand SÖDINGS gegen Kriener (Christologie 186 Anm. 32).

lässt, fügt er in V.35b eine Parenthese ein: „Und die Schrift kann nicht aufgelöst werden." Wovon er in V.34 als „eurer Tora" sprach, nennt er nun „die Schrift" und pocht auf ihre Geltung. „Eure Tora" ist identisch mit „der Schrift", auf die er sich beruft; und er tut es an dieser Stelle besonders energisch. Diese ausdrückliche Betonung könnte darauf hindeuten, dass die Psalmstelle, um deren Auslegung es hier geht, in entsprechenden Diskussionen schon herangezogen und von der Gegenseite heruntergespielt worden ist. Demgegenüber beharrt Johannes darauf, dass in der Schrift Menschen bloß deshalb schon „Götter" genannt werden, weil sie Adressaten des Wortes Gottes sind.

In V.36 bietet er die Folgerung: „Dürft ihr dann dem, den der Vater geheiligt und 36 in die Welt gesandt hat, sagen: Du lästerst, weil ich gesprochen habe: Sohn Gottes bin ich?" Wenn also schon alle Adressaten des Gotteswortes „Götter" und „Söhne des Höchsten" genannt werden, um wieviel weniger verdient dann Jesus aufgrund seines Anspruchs, Sohn Gottes zu sein, die Anklage der Lästerung, da er doch von Gott geheiligt und in die Welt gesandt worden ist! Dass jetzt für Jesus wieder der Titel „Sohn Gottes" gebraucht wird[417], könnte durch die nicht mitzitierte, aber wohl doch mitgemeinte und mitgehörte zweite Hälfte von Ps 82,6 veranlasst sein. Zugleich liegt ein Rückbezug auf den in V.24 genannten Messiastitel vor, mit dem er im Rahmen der königlichen Messianologie – auch im Johannesevangelium (20,31) – zusammengehört. Schließlich wird hier deutlich, dass er funktional verstanden ist: von Gott angeredet und beauftragt sein.

Die Folgerichtigkeit des Schlusses hängt an der Aussage, dass Gott Jesus „geheiligt und in die Welt gesandt" habe. Die erneute Aufnahme des Sendungsmotivs unterstreicht, dass Jesus in der Autorität des ihn Sendenden auftritt. Mit ihm verbunden ist hier das Motiv der Heiligung. Heiligen „wird in seinem normalen biblischen Sinn gebraucht – ‚jemanden aussondern für Gott'"[418]. Johannes könnte hier besonders an Jer 1,5 anknüpfen, wonach Gott Jeremia von Mutterleib an geheiligt und zum Propheten bestimmt hat. Die Heiligung ist also Beschlagnahme vonseiten Gottes und an dieser Stelle verbunden mit prophetischer Beauftragung. Von daher versucht Johannes, den für Jesus erhobenen Anspruch verständlich zu machen: In dem, was Jesus sagt und tut, redet und handelt, begegnet Gott selbst. In der Weise gilt es, dass er und der Vater eins sind, dass er „gott(gleich)" ist und „Sohn Gottes". Es geht nicht um die Vergötzung eines Menschen, sondern um die Präsenz Gottes in Jesus. „Jesus ist eins

---

417 Bisher im Evangelium in 1,34.49; 3,18; 5,25.
418 BARRETT, Komm. 384. Das ist auch der in der jüdischen Tradition bewahrte Sinn. Nach SifBam §
95 (HOROVITZ S.95) gewinnt Mose die 70 Ältesten aus den sechsmal zwölf Kandidaten der
Stämme durch ein Losverfahren. Wer ein Los gezogen hat, auf dem „Ältester" steht, zu dem sagt
er: „Schon hat der Ort (= Gott) dich geheiligt." Wie auch bei diesem Motiv „die Bedeutung des
johanneischen Jesus … auf derselben Ebene mit der Bedeutung Israels gesucht wird" (so
KRIENER; s. Anm. 413), zeigt ein Blick auf tBer 6,13 (LIEBERMANN S.37). Danach hat Gott
Abraham „von Mutterleib an geheiligt" und durch das Zeichen des Bundes, die Beschneidung,
alle seine Sprösslinge versiegelt und geheiligt.

mit dem Vater, weder ein zweiter Gott noch ein subalterner Bote oder gehorsamer Prophet. Gerade darin, dass Gott selbst sich hier sinnlich wahrnehmbar macht und seine Liebe zur Welt im Sterben Jesu vollendet, bleibt Israels Monotheismus unangetastet"[419]. Die Möglichkeit, von Jesus zu reden, wie er es tut, hat Johannes in V.34–36 von der Schrift her aufgezeigt. Aber ob der in seinem Schluss vom Leichten aufs Schwere für Jesus erhobene Anspruch, dass Gott selbst in ihm präsent ist, zu Recht besteht, lässt sich außerhalb des Glaubens nicht erweisen.

37f.   Um die in der Voraussetzung genannte „Behauptung in den Augen der Juden zu stützen, kann sich Jesus wieder nur ... auf seine Werke berufen"[420]. So sagt er in V.37f.: „Wenn ich nicht die Werke meines Vaters tue, glaubt mir nicht! Wenn ich sie aber tue – auch wenn ihr mir nicht glaubt –, glaubt den Werken!" Der Sache nach wird damit das in V.25 Gesagte wiederholt und weiter ausgeführt[421]. Jesu Tun wird zum Kriterium seiner Glaubwürdigkeit. „Ob Jesus geglaubt werden kann, ob also ein christologisches Bekenntnis zulässig ist, entscheidet sich daran, ob in Jesu Wirken Gottes Werke kenntlich werden, ob das christologische Bekenntnis also die theologische Erkenntnis befördert"[422]. Von dem, was Jesus tut, wird erhofft, dass es sich als evident erweist, „Werke des Vaters" zu sein. Das führt zu der Zielbestimmung am Schluss von V.38: „damit ihr erkennt und wisst[423], dass in mir der Vater ist und ich im Vater bin." Damit wird in anderer Form die Aussage von V.30 wieder aufgenommen. So wenig wie dort eine Wesensidentität von Gott und Jesus behauptet wurde, geht es hier um die Beschreibung mystischen Einsseins. Dagegen sprechen die vorangehenden Ausführungen über die Werke.

Einen möglichen biblischen Hintergrund bilden die Stellen, die vom **Einwohnen Gottes inmitten seines Volkes Israel** sprechen (Ex 25,8; Lev 26,11; Ez 37,27). „Rabbi Elasar ben Asarja sagt: Groß ist die Arbeit. Denn nicht lagerte Gott in seiner Gegenwart in Israel, bis

---

[419] H. THYEN, Johannesevangelium 221. Vgl. auch J. P. MIRANDA, Die Sendung Jesu im vierten Evangelium, 1977, 78, nach dem aus 5,18f.; 10,33–36 hervorgeht, „daß nur im Munde der Gegner Jesu seine Gottessohnschaft im *metaphysischen* Sinn (= wesenhafte Gleichheit mit Gott) verstanden wird, was aber nach der Auffassung des Evangelisten geradezu als *Unterstellung* seiner rabbinischen Gegner demaskiert und als deren *Mißverständnis* hingestellt wird. Seine eigene Auffassung aber kommt Joh 5,19 und Joh 10,36 deutlich zur Sprache: hier wird die Gottessohnschaft Jesu in *funktionaler* Bedeutung verstanden, nämlich als *messianisches Wirken und messianische Sendung*".

[420] SCHNACKENBURG, Komm. 2,392.

[421] Vgl. schon 5,36.

[422] KRIENER, Glauben 145. Im darauf folgenden Satz spitzt er noch einmal zu: „Christologie, die nicht im Dienste der Erkenntnis des Vaters Jesu, der der Gott Israels ist, steht, verdient keinen Glauben." Auf S.146 stellt er die sich hier findende Bereitschaft als bemerkenswert heraus, „die Frage der Rolle Jesu – also die Christologie – zugunsten der göttlichen ‚Ökonomie' völlig zurücktreten zu lassen." Diese vom Duktus des johanneischen Textes her gemachten Aussagen kann man nicht mit der Formulierung abtun, dass hier jemand „auf die Idee (verfällt)" (so SÖDING, Christologie 178 Anm. 5).

[423] Im griechischen Text steht jeweils dasselbe Verb, jedoch in unterschiedlichen Aktionsformen: „... damit ihr zur Erkenntniss gelangt und (dauernd) erkennt, den Erkenntniss-Akt und Zustand unterscheidend" (WEISS, Komm. 395).

dass sie eine Arbeit getan hatten. Denn es ist gesagt: ‚Und macht mir ein Heiligtum, und ich werde unter euch wohnen' (Ex 25,8)" (MekhSh Jitro 20,9 [EPSTEIN/MELAMED S.149][424]). Gott nimmt seinen Ort in Israel, aber das geschieht nicht unabhängig von Israels Handeln. Dieses Handeln wird natürlich nicht auf den kultischen Bereich beschränkt. „Frevler entfernen Gott in seiner Gegenwart (*sch'chináh*) aus dem Land, aber die Gerechten lassen Gott in seiner Gegenwart im Land wohnen", heißt es in Auslegung von Ps 37,29 in BemR 13,2 (Wilna 51b). Gott hat seinen Ort in Israel so, dass er in einem seiner Heiligkeit entsprechenden Handeln Israels zum Zuge kommt. „Der Heilige, gesegnet er, sprach zu Israel: Meine Kinder, bei eurem Leben!, um deswillen, dass ihr das Rechtswesen bewahrt, werde ich erhöht. Woher? Denn es ist gesagt: ‚Und Adonaj Z'vaot wird erhöht durch Recht' (Jes 5,16a). Und weil ihr mich erhöht durch das Rechtswesen, tue auch ich Gerechtigkeit und lasse meine Heiligkeit unter euch lagern. Woher? Denn es ist gesagt: ‚Und der heilige Gott wird geheiligt durch Gerechtigkeit' (Jes 5,16b)" (DevR 5,7 [Wilna 110c])[425]. Indem Israel in Entsprechung zum heiligen Gott handelt und also Recht und Gerechtigkeit hält, lebt es in der Gegenwart Gottes, hat es sozusagen seinen Ort in Gott. So kommt es in der jüdischen Tradition zu den Aussagen über die enge Partnerschaft zwischen Gott und Israel, die bis zu gegenseitiger Abhängigkeit gehen. Zum Verständnis von V.37f. im jüdischen Kontext vgl. auch MARQUARDT, Prolegomena 215f.

Ist diese Tradition des Verhältnisses von Gott und Israel im Blick, stünde auch in der Zielaussage von V.38 eine Entsprechung im Hintergrund, wie sie in V.34–36 ausdrücklich dargelegt worden ist, und es würde auch hier wieder „die Bedeutung des johanneischen Jesus … auf derselben Ebene mit der Bedeutung Israels gesucht". „In mir ist der Vater": Gott hat seinen Ort so in Jesus, dass er in dessen Handeln zum Zuge kommt. Und indem das geschieht, hat Jesus seinen Ort in Gott: „Und ich bin im Vater."

Nachdem die Rede Jesu der Sache nach wieder da angekommen ist, wo sie in V.30 schon einmal war, wird in V.39 eine Reaktion seiner Kontrahenten berichtet, die der 39 von V.31 entspricht: „Da wollten sie ihn wiederum festnehmen, aber er entkam aus ihrer Hand." Da „seine Stunde noch nicht gekommen ist", kommt es auch noch nicht zur Festnahme[426].

Im folgenden V.40 lässt der Evangelist Jesus einen weiten Rückzug vornehmen: 40 „Und er ging wiederum weg über den Jordan hinüber an den Ort, wo Johannes zuerst getauft hatte, und blieb dort." In 1,28 war dieser Ort als „Betanien" (= Batanäa) benannt worden. Als Ort des ersten Taufens des Johannes ist diese Landschaft nach der

---

[424] Die nur leicht variierenden Parallelstellen in ARN (A) 11 (SCHECHTER 23a) und ARN (B) 21 (SCHECHTER 22b) führen diese Tradition auf Rabbi Tarfon bzw. Rabbi Jose zurück.

[425] Vgl. auch WaR 24,1 (MARGULIES S.549), wo die Aufforderung von Lev 19,2, heilig zu sein, mit Jes 5,16 verbunden wird. In TanB Qedoschim 1 (36b) heißt es in Auslegung von Jes 5,16: „Der Heilige, gesegnet er, sprach zu Israel: Ich werde durch dich geheiligt. Denn es ist gesagt: ‚Wann immer er seine Kinder, das Werk meiner Hände, in seiner Mitte sieht, werden sie meinen Namen heiligen, und sie heiligen den Heiligen Jakobs usw.' (Jes 29,23). Und ebenso spricht er: ‚Israel, an dir verherrliche ich mich' (Jes 49,3). Und ihr werdet durch mich geheiligt, und ich werde durch euch geheiligt. Denn es ist gesagt: ‚Heilig sollt ihr sein, denn heilig bin ich'. (Lev 11,44)." Vgl. Tan Qedoschim 1 (220a).

[426] Vgl. 7,30.44; 8,20.59.

Darstellung des Johannesevangeliums zugleich der Ort des ersten Auftretens Jesu. „Am Ende des großen Mittelabschnitts des Evangeliums bringt er (der Evangelist Johannes) Jesus zu dem Ort zurück, an welchem sein Wirken begann"[427]. Obwohl er
41f. ihn hier nicht als handelnd darstellt, berichtet er in V.41f. doch von einer Wirkung seiner Anwesenheit: „Und viele kamen zu ihm und sagten: Johannes hat zwar kein einziges Zeichen getan; aber alles, was Johannes über diesen gesprochen hat, war wahr. Und viele kamen dort zum Glauben an ihn." „Während Jesus jenseits des Jordan bleibt, begegnet ihm genau das, wonach er bei der Konfrontation an Chanukka gefragt hatte und was nicht eingetroffen war: Menschen, die glauben aufgrund von Wort und Zeichen (Werk)"[428].

---

[427] BARRETT, Komm. 386. Er fährt fort: „Die nächsten beiden Kapitel leiten die Passion ein und fassen das Wirken Jesu als Ganzes zusammen."
[428] BRODIE, Komm. 380.

Stellenregister